ŒUVRES COMPLÈTES

DE

CHATEAUBRIAND

TOME III

PARIS. — IMPRIMERIE DE J. CLAYE
RUE SAINT-BENOIT, 7

ŒUVRES COMPLÈTES

DE

CHATEAUBRIAND

NOUVELLE ÉDITION

REVUE AVEC SOIN SUR LES ÉDITIONS ORIGINALES

PRÉCÉDÉE D'UNE

ÉTUDE LITTÉRAIRE SUR CHATEAUBRIAND

PAR

M. SAINTE-BEUVE

DE L'ACADÉMIE FRANÇAISE

Vignettes dessinées par G. Staal, Racinet, etc., et gravées par F. Delannoy,
G. Thibault, Outhwaitte, Massard, etc.

—◇—

ATALA — RENÉ — LE DERNIER ABENCERAGE
LES NATCHEZ — POÉSIES

—◇—

PARIS

GARNIER FRÈRES, ÉDITEURS

6 RUE DES SAINTS-PÈRES 6

PRÉFACE

DE LA PREMIÈRE ÉDITION D'ATALA.

On voit par la lettre précédente [1] ce qui a donné lieu à la publication d'*Atala* avant mon ouvrage sur le *Génie du Christianisme*, dont elle fait partie. Il ne me reste plus qu'à rendre compte de la manière dont cette histoire a été composée.

J'étois encore très-jeune lorsque je conçus l'idée de faire l'*épopée de l'homme de la nature*, ou de peindre les mœurs des sauvages, en les liant à quelque événement connu. Après la découverte de l'Amérique, je ne vis pas de sujet plus intéressant, surtout pour les François, que le massacre de la colonie des Natchez à la Louisiane, en 1727. Toutes les tribus indiennes conspirant, après

---

1. La lettre dont il s'agit ici avoit été publiée dans le *Journal des Débats* et dans *le Publiciste* (1800), et reproduite en tête de la première édition d'*Atala*; la voici :

« CITOYEN,

« Dans mon ouvrage sur le *Génie du Christianisme, ou les beautés de la religion chrétienne*, il se trouve une partie entière consacrée à la *poétique du Christianisme*. Cette partie se divise en quatre livres : poésie, beaux-arts, littérature, harmonies de la religion avec les scènes de la nature et les passions du cœur humain. Dans ce livre, j'examine plusieurs sujets qui n'ont pu entrer dans les précédents, tels que les effets des ruines gothiques comparées aux autres sortes de ruines, les sites des monastères

deux siècles d'oppression, pour rendre la liberté au Nouveau-Monde me parurent offrir un sujet presque aussi heureux que la conquête du Mexique. Je jetai quelques fragments de cet ouvrage sur le papier; mais je m'aperçus bientôt que je manquois des vraies couleurs, et que si je voulois faire une image semblable, il falloit, à l'exemple d'Homère, visiter les peuples que je voulois peindre.

En 1789, je fis part à M. de Malesherbes du dessein que j'avois de passer en Amérique. Mais, désirant en même temps donner un but utile à mon voyage, je formai le dessein de découvrir par terre le *passage* tant recherché et sur lequel Cook même avoit laissé des doutes. Je partis, je vis les solitudes américaines, et je revins avec des plans pour un second voyage, qui devoit durer neuf ans. Je me proposois de traverser tout le continent de l'Amérique septentrionale, de remonter ensuite le long des côtes, au nord de la Californie, et de revenir par la baie d'Hudson, en tournant sur le pôle [1]. M. de Malesherbes se chargea de présenter mes plans au gouvernement, et ce fut alors qu'il entendit les premiers fragments du petit ouvrage que je donne aujourd'hui au public. La révolution mit fin à tous mes projets. Couvert du sang de mon frère unique, de ma belle-sœur, de celui de l'illustre vieillard leur père, ayant vu ma mère et une autre sœur pleine de talents mourir des suites du traitement qu'elles avoient éprouvé dans les cachots, j'ai erré sur les terres étrangères, où le seul ami que j'eusse conservé s'est poignardé dans mes bras [2].

dans la solitude, etc. Ce livre est terminé par une anecdote extraite de mes voyages en Amérique et écrite sous les huttes mêmes des sauvages; elle est intitulée *Atala*, etc. Quelques épreuves de cette petite histoire s'étant trouvées égarées, pour prévenir un accident qui me causeroit un tort infini, je me vois obligé de l'imprimer à part, avant mon grand ouvrage.

« Si vous vouliez, citoyen, me faire le plaisir de publier ma lettre, vous me rendriez un important service.

« J'ai l'honneur d'être, etc. »

1. M. Mackenzie a depuis exécuté une partie de ce plan.
2. Nous avions été tous deux cinq jours sans nourriture. Tandis que ma famille étoit ainsi massacrée, emprisonnée et bannie, une de mes sœurs, qui devoit sa liberté à la mort de son mari, se trouvoit à Fougères, petite ville de Bretagne. L'armée royaliste arrive; huit cents hommes de l'armée républicaine sont pris et condamnés à être fusillés. Ma sœur se jette aux pieds de M. de La Rochejaquelein, et obtient la grâce des prisonniers. Aussitôt elle vole à Rennes, se présente au tribunal révolutionnaire avec les certificats qui prouvent qu'elle a sauvé la vie à huit cents hommes, et demande pour seule récompense qu'on mette ses sœurs en liberté. Le président du tribunal lui répond : *Il faut que tu sois une coquine de royaliste, que je ferai guillotiner, puisque les brigands ont tant de défé-*

De tous mes manuscrits sur l'Amérique je n'ai sauvé que quelques fragments, en particulier *Atala*, qui n'étoit elle-même qu'un épisode des *Natchez*[1]. *Atala* a été écrite dans le désert et sous les huttes des sauvages. Je ne sais si le public goûtera cette histoire, qui sort de toutes les routes connues et qui présente une nature et des mœurs tout à fait étrangères à l'Europe. Il n'y a point d'aventure dans *Atala*. C'est une sorte de poëme[2], moitié descriptif, moitié dramatique : tout consiste dans la peinture de deux amants qui marchent et causent dans la solitude, et dans le tableau des troubles de l'amour au milieu du calme des déserts. J'ai essayé de donner à cet ouvrage les formes les plus antiques; il est divisé en *prologue*, *récit* et *épilogue*. Les principales parties du récit prennent une dénomination, comme *les chasseurs, les laboureurs*, etc.; et c'étoit ainsi que dans les premiers siècles de la Grèce les rhapsodes chantoient sous divers titres les fragments de l'*Iliade* et de l'*Odyssée*.

Je dirai aussi que mon but n'a pas été d'arracher beaucoup de larmes : il me semble que c'est une dangereuse erreur avancée, comme tant d'autres, par Voltaire, que *les bons ouvrages sont ceux qui font le plus pleurer*. Il y a tel drame dont personne ne voudroit être l'auteur, et qui déchire le cœur bien autrement que l'*Énéide*. On n'est point un grand écrivain parce qu'on met l'âme à la torture. Les vraies larmes sont celles que fait couler une belle poésie; il faut qu'il s'y mêle autant d'admiration que de douleur.

C'est Priam, disant à Achille :

Ἀνδρὸς παιδοφόνοιο ποτὶ στόμα χεῖρ' ὀρέγεσθαι.

Juge de l'excès de mon malheur, puisque je baise la main qui a tué mon fils.

C'est Joseph s'écriant :

Ego sum Joseph, frater vester, quem vendidistis in Ægyptum.

Je suis Joseph, votre frère, que vous avez vendu pour l'Égypte.

---

rence pour toi. D'ailleurs, la république ne te sait aucun gré de ce que tu as fait : elle n'a que trop de défenseurs, et elle manque de pain. Voilà les hommes dont Buonaparte a délivré la France !

1. Voyez la Préface des *Natchez*.
2. Je suis obligé d'avertir que si je me sers ici du mot de *poëme*, c'est faute de savoir comment me faire entendre autrement. Je ne suis point de ceux qui confondent la prose et les vers. Le poëte, quoi qu'on en dise, est toujours l'homme par excellence, et des volumes entiers de prose descriptive ne valent pas cinquante beaux vers d'Homère, de Virgile ou de Racine.

Voilà les seules larmes qui doivent mouiller les cordes de la lyre. Les Muses sont des femmes célestes, qui ne défigurent point leurs traits par des grimaces; quand elles pleurent, c'est avec un secret dessein de s'embellir.

Au reste, je ne suis point, comme Rousseau, un enthousiaste des sauvages, et, quoique j'aie peut-être autant à me plaindre de la société que ce philosophe avoit à s'en louer, je ne crois point que la *pure nature* soit la plus belle chose du monde. Je l'ai toujours trouvée fort laide, partout où j'ai eu occasion de la voir. Bien loin d'être d'opinion que l'homme qui pense soit un *animal dépravé*, je crois que c'est la pensée qui fait l'homme. Avec ce mot de *nature* on a tout perdu. Peignons la nature, mais la belle nature : l'art ne doit pas s'occuper de l'imitation des monstres.

Les moralités que j'ai voulu faire dans *Atala* sont faciles à découvrir; et comme elles sont résumées dans l'épilogue, je n'en parlerai point ici, je dirai seulement un mot de Chactas, l'amant d'Atala.

C'est un sauvage qui est plus qu'à demi civilisé, puisque non-seulement il sait les langues vivantes, mais encore les langues mortes de l'Europe. Il doit donc s'exprimer dans un style mêlé, convenable à la ligne sur laquelle il marche, entre la société et la nature. Cela m'a donné quelques avantages, en le faisant parler en sauvage dans la peinture des mœurs, et en Européen dans le drame de la narration. Sans cela il eût fallu renoncer à l'ouvrage : si je m'étois toujours servi du style indien, *Atala* eût été de l'hébreu pour le lecteur.

Quant au missionnaire, c'est un simple prêtre, qui parle sans rougir *de la croix, du sang de son divin Maître, de la chair corrompue*, etc.; en un mot, c'est le prêtre tel qu'il est. Je sais qu'il est difficile de peindre un pareil caractère sans réveiller dans l'esprit de certains lecteurs des idées de ridicule. Si je n'attendris pas, je ferai rire : on en jugera.

Il me reste une chose à dire : je ne sais par quel hasard une lettre que j'avois adressée à M. de Fontanes a excité l'attention du public beaucoup plus que je ne m'y attendois. Je croyois que quelques lignes d'un auteur inconnu passeroient sans être aperçues; cependant les papiers publics ont bien voulu parler de cette lettre[1]. En réfléchissant sur ce caprice du public, qui a fait attention à une chose de si peu de valeur, j'ai pensé que cela pouvoit venir du titre de mon grand ouvrage : *Génie du Christianisme*, etc. On s'est peut-être figuré qu'il s'agissoit d'une affaire de parti, et que je dirois dans ce livre beaucoup de mal de la révolution et des philosophes.

---

1. Voyez cette lettre à la fin du *Génie du Christianisme*.

PRÉFACE.

Il est sans doute permis à présent, sous un gouvernement qui ne proscrit aucune opinion paisible, de prendre la défense du christianisme. Il a été un temps où les adversaires de cette religion avoient seuls le droit de parler. Maintenant la lice est ouverte, et ceux qui pensent que le christianisme est poétique et moral peuvent le dire tout haut, comme les philosophes peuvent soutenir le contraire. J'ose croire que si le grand ouvrage que j'ai entrepris, et qui ne tardera pas à paroître, étoit traité par une main plus habile que la mienne, la question seroit décidée.

Quoi qu'il en soit, je suis obligé de déclarer qu'il n'est pas question de la révolution dans le *Génie du Christianisme* : en général, j'y ai gardé une mesure que, selon toutes les apparences, on ne gardera pas envers moi.

On m'a dit que la femme célèbre[1] dont l'ouvrage formoit le sujet de ma lettre s'est plainte d'un passage de cette lettre. Je prendrai la liberté de faire observer que ce n'est pas moi qui ai employé le premier l'arme que l'on me reproche et qui m'est odieuse ; je n'ai fait que repousser le coup qu'on portoit à un homme dont je fais profession d'admirer les talents et d'aimer tendrement la personne. Mais dès lors que j'ai offensé, j'ai été trop loin : qu'il soit donc tenu pour effacé, ce passage. Au reste, quand on a l'existence brillante et les talents de Mme de Staël, on doit oublier facilement les petites blessures que nous peut faire un solitaire et un homme aussi ignoré que je le suis.

Je dirai un dernier mot sur *Atala* : le sujet n'est pas entièrement de mon invention ; il est certain qu'il y a eu un sauvage aux galères et à la cour de Louis XIV ; il est certain qu'un missionnaire françois a fait les choses que j'ai rapportées ; il est certain que j'ai trouvé dans les forêts de l'Amérique des sauvages emportant les os de leurs aïeux et une jeune mère exposant le corps de son enfant sur les branches d'un arbre. Quelques autres circonstances aussi sont véritables, mais comme elles ne sont pas d'un intérêt général, je suis dispensé d'en parler.

1. Madame de Staël.

AVIS

SUR LA TROISIÈME ÉDITION D'ATALA.

J'ai profité de toutes les critiques pour rendre ce petit ouvrage plus digne des succès qu'il a obtenus. J'ai eu le bonheur de voir que la vraie philosophie et la vraie religion sont une même chose, car des personnes fort distinguées, qui ne pensent pas comme moi sur le christianisme, ont été les premières à faire la fortune d'*Atala*. Ce seul fait répond à ceux qui voudroient faire croire que la *vogue* de cette anecdote indienne est une affaire de parti. Cependant j'ai été amèrement, pour ne pas dire grossièrement, censuré ; on a été jusqu'à tourner en ridicule cette apostrophe aux Indiens [1] :

« Indiens infortunés, que j'ai vus errer dans les déserts du Nouveau-Monde avec les cendres de vos aïeux ; vous qui m'aviez donné l'hospitalité, malgré votre misère ! je ne pourrois vous l'offrir aujourd'hui, car j'erre ainsi que vous à la merci des hommes, et, moins heureux dans mon exil, je n'ai point emporté les os de mes pères. »

Les cendres de ma famille confondues avec celles de M. de Malesherbes, six ans d'exil et d'infortunes, n'ont donc paru qu'un sujet de plaisanterie ! Puisse le critique n'avoir jamais à regretter les tombeaux de ses pères !

Au reste, il est facile de concilier les divers jugements qu'on a portés d'*Atala* : ceux qui m'ont blâmé n'ont songé qu'à mes talents, ceux qui m'ont loué n'ont pensé qu'à mes malheurs.

AVIS

SUR LA CINQUIÈME ÉDITION D'ATALA.

Depuis quelque temps il a paru de nouvelles critiques d'*Atala*. Je n'ai pu en profiter dans cette cinquième édition. Les conseils qu'on m'a fait l'honneur de m'adresser auraient exigé trop de changements, et le public semble maintenant accoutumé à ce petit ouvrage avec tous ses défauts. Cette nouvelle édition est donc parfaitement semblable à la quatrième ; j'ai seulement rétabli dans quelques endroits le texte des trois premières.

1. *Décade philosophique*, n° 22, dans une note.

PRÉFACE

D'ATALA ET DE RENÉ (ÉDITION IN-12 DE 1805).

L'indulgence avec laquelle on a bien voulu accueillir mes ouvrages m'a imposé la loi d'obéir au goût du public et de céder au conseil de la critique.

Quant au premier, j'ai mis tous mes soins à le satisfaire. Des personnes chargées de l'instruction de la jeunesse ont désiré avoir une édition du *Génie du Christianisme* qui fût dépouillée de cette partie de l'Apologie, uniquement destinée aux gens du monde : malgré la répugnance naturelle que j'avois à mutiler mon ouvrage, et ne considérant que l'utilité publique, j'ai publié l'abrégé que l'on attendoit de moi.

Une autre classe de lecteurs demandoit une édition séparée des deux épisodes de l'ouvrage : je donne aujourd'hui cette édition.

Je dirai maintenant ce que j'ai fait relativement à la critique.

Je me suis arrêté, pour le *Génie du Christianisme*, à des idées différentes de celles que j'ai adoptées pour ses épisodes.

Il m'a semblé d'abord que, par égard pour les personnes qui ont acheté les premières éditions, je ne devois faire, du moins à présent, aucun changement notable à un livre qui se vend aussi cher que le *Génie du Christianisme*. L'amour-propre et l'intérêt ne m'ont pas paru des raisons assez bonnes, même dans ce siècle, pour manquer à la délicatesse.

En second lieu, il ne s'est pas écoulé assez de temps depuis la publication du *Génie du Christianisme* pour que je sois parfaitement éclairé sur les défauts d'un ouvrage de cette étendue. Où trouverois-je la vérité parmi une foule d'opinions contradictoires ? L'un vante mon sujet aux dépens de mon style ; l'autre approuve mon style et désapprouve mon sujet. Si l'on m'assure, d'une part, que le *Génie du Christianisme* est un monument à jamais mémorable pour la main qui l'éleva et pour le commencement du XIXe siècle [1], de l'autre, on a pris soin de m'avertir, un mois ou deux après la publication de l'ouvrage, que les critiques venoient trop tard, puisque cet ouvrage étoit déjà oublié [2].

Je sais qu'un amour-propre plus affermi que le mien trouveroit peut-être quelque motif d'espérance pour se rassurer contre cette dernière assertion. Les

---

1. M. de Fontanes.   2. M. Ginguené. (*Décad. philosoph.*)

éditions du *Génie du Christianisme* se multiplient, malgré les circonstances qui ont ôté à la cause que j'ai défendue le puissant intérêt du malheur. L'ouvrage, si je ne m'abuse, paroît même augmenter d'estime dans l'opinion publique à mesure qu'il vieillit, et il semble que l'on commence à y voir autre chose qu'un ouvrage de *pure imagination*. Mais à Dieu ne plaise que je prétende persuader de mon foible mérite ceux qui ont sans doute de bonnes raisons pour ne pas y croire! Hors la religion et l'honneur, j'estime trop peu de choses dans le monde pour ne pas souscrire aux arrêts de la critique la plus rigoureuse. Je suis si peu aveuglé par quelques succès et si loin de regarder quelques éloges comme un jugement définitif en ma faveur, que je n'ai pas cru devoir mettre la dernière main à mon ouvrage. J'attendrai encore afin de laisser le temps aux préjugés de se calmer, à l'esprit de parti de s'éteindre : alors l'opinion qui se sera formée sur mon livre sera sans doute la véritable opinion : je saurai ce qu'il faudra changer au *Génie du Christianisme* pour le rendre tel que je désire le laisser après moi, s'il me survit [1].

Mais si j'ai résisté à la censure dirigée contre l'ouvrage entier par les raisons que je viens de déduire, j'ai suivi pour *Atala*, prise séparément, un système absolument opposé. Je n'ai pu être arrêté dans les corrections ni par la considération du prix du livre ni par celle de la longueur de l'ouvrage. Quelques années ont été plus que suffisantes pour me faire connaître les endroits foibles ou vicieux de cet épisode. Docile sur ce point à la critique, jusqu'à me faire reprocher mon trop de facilité, j'ai prouvé à ceux qui m'attaquoient que je ne suis jamais volontairement dans l'erreur, et que dans tous les temps et sur tous les sujets je suis prêt à céder à des lumières supérieures aux miennes. *Atala* a été réimprimée onze fois : cinq fois séparément et six fois dans le *Génie du Christianisme*; si l'on confrontoit ces onze éditions, à peine en trouveroit-on deux tout à fait semblables.

La douzième, que je publie aujourd'hui, a été revue avec le plus grand soin. J'ai consulté des *amis prompts à me censurer;* j'ai pesé chaque phrase, examiné chaque mot. Le style, dégagé des épithètes qui l'embarrassoient, marche peut-être avec plus de naturel et de simplicité. J'ai mis plus d'ordre et de suite dans quelques idées; j'ai fait disparoître jusqu'aux moindres incorrections de langage. M. de La Harpe me disoit au sujet d'*Atala:* « Si vous voulez vous enfermer avec moi seulement quelques heures, ce temps nous suffira pour effacer les taches qui font crier si haut vos censeurs. » J'ai passé quatre ans à revoir

---

1. C'est ce qui a été fait dans l'édition des Œuvres complètes de l'auteur; Paris, 1828.

cet épisode, mais aussi il est tel qu'il doit rester. C'est la seule *Atala* que je reconnoîtrai à l'avenir.

Cependant il y a des points sur lesquels je n'ai pas cédé entièrement à la critique. On a prétendu que quelques sentiments exprimés par le père Aubry renfermoient une doctrine désolante. On a, par exemple, été révolté de ce passage (nous avons aujourd'hui tant de sensibilité!)

« Que dis-je! ô vanité des vanités! Que parlé-je de la puissance des amitiés de la terre! Voulez-vous, ma chère fille, en connoître l'étendue? Si un homme, revenoit à la lumière quelques années après sa mort, je doute qu'il fût revu avec joie par ceux-là même qui ont donné le plus de larmes à sa mémoire, tant on forme vite d'autres liaisons, tant on prend facilement d'autres habitudes, tant l'inconstance est naturelle à l'homme, tant notre vie est peu de chose, même dans le cœur de nos amis! »

Il ne s'agit pas de savoir si ce sentiment est pénible à avouer, mais s'il est vrai et fondé sur la commune expérience. Il seroit difficile de ne pas en convenir. Ce n'est pas surtout chez les François que l'on peut avoir la prétention de ne rien oublier. Sans parler des morts dont on ne se souvient guère, que de vivants sont revenus dans leurs familles et n'y ont trouvé que l'oubli, l'humeur et le dégoût! D'ailleurs quel est ici le but du père Aubry? N'est-ce pas d'ôter à Atala tout regret d'une existence qu'elle vient de s'arracher volontairement et à laquelle elle voudroit en vain revenir? Dans cette intention, le missionnaire, en exagérant même à cette infortunée les maux de la vie, ne feroit encore qu'un acte d'humanité. Mais il n'est pas nécessaire de recourir à cette explication. Le père Aubry exprime une chose malheureusement trop vraie. S'il ne faut pas calomnier la nature humaine, il est aussi très-inutile de la voir meilleure qu'elle ne l'est en effet.

Le même critique, M. l'abbé Morellet, s'est encore élevé contre cette autre pensée, comme fausse et paradoxale :

« Croyez-moi, mon fils, les douleurs ne sont point éternelles : il faut tôt ou tard qu'elles finissent, parce que le cœur de l'homme est fini. C'est une de nos grandes misères : nous ne sommes pas capables d'être longtemps malheureux. »

Le critique prétend que cette sorte d'incapacité de l'homme pour la douleur est au contraire un des grands biens de la vie. Je ne lui répondrai pas que si cette réflexion est vraie, elle détruit l'observation qu'il a faite sur le premier passage du discours du père Aubry. En effet, ce seroit soutenir, d'un côté, que l'on n'oublie jamais ses amis, et de l'autre qu'on est très-heureux de n'y plus penser. Je remarquerai seulement que l'habile grammairien me semble ici confondre les mots. Je n'ai pas dit : « C'est une de nos grandes *infortunes*, » ce qui seroit faux, sans doute, mais : « C'est une de nos grandes *misères*, » ce qui est très-vrai. Eh! qui ne sent que cette impuissance où est le cœur de l'homme de nourrir longtemps un sentiment, même celui de la douleur, est la preuve la plus complète de sa stérilité, de son indigence, de sa *misère?* M. l'abbé Morellet paroît faire, avec beaucoup de raison, un cas infini du bon sens, du jugement, du naturel; mais suit-il toujours dans la pratique la théorie qu'il professe? Il seroit assez singulier que ses idées riantes sur l'homme et sur la vie me donnassent le droit de le soupçonner à mon tour de porter dans ces sentiments l'exaltation et les illusions de la jeunesse.

La nouvelle nature et les mœurs nouvelles que j'ai peintes m'ont attiré encore un autre reproche peu réfléchi. On m'a cru l'inventeur de quelques détails extraordinaires, lorsque je rappelois seulement des choses connues de tous les voyageurs. Des notes ajoutées à cette édition d'*Atala* m'auroient aisément justifié, mais, s'il en avoit fallu mettre dans tous les endroits où chaque lecteur pouvoit en avoir besoin, elles auroient bientôt surpassé la longueur de l'ouvrage. J'ai donc renoncé à faire des notes. Je me contenterai de transcrire ici un passage de la *Défense du Génie du Christianisme*. Il s'agit des ours enivrés de raisin, que les doctes censeurs avoient pris pour une gaieté de mon imagination. Après avoir cité des autorités respectables et le témoignage de Carver, Bartram, Imley, Charlevoix, j'ajoute : « Quand on trouve dans un auteur une circonstance qui ne fait pas beauté en elle-même et qui ne sert qu'à donner de la ressemblance au tableau, si cet auteur a d'ailleurs montré quelque sens commun, il seroit assez naturel de supposer qu'il n'a pas inventé cette circonstance et qu'il n'a fait que rapporter une chose réelle, bien qu'elle ne soit pas très-connue. Rien n'empêche qu'on ne trouve *Atala* une méchante production, mais j'ose dire que la nature américaine y est peinte avec la plus scrupuleuse exactitude. C'est une justice que lui rendent tous les voyageurs qui ont visité la Louisiane et les Florides. Les deux traductions angloises d'*Atala* sont parvenues en Amérique, les papiers publics ont annoncé, en outre, une troisième traduction publiée à Philadelphie avec succès. Si les tableaux de cette histoire eussent manqué de vérité, auroient-ils réussi chez un peuple qui pouvoit dire à chaque pas : Ce ne sont pas là nos fleuves, nos montagnes, nos forêts? Atala est retournée au désert, et il semble que sa patrie l'ait reconnue pour véritable enfant de la solitude [1]. »

René, qui accompagne *Atala* dans la présente édition, n'avoit point encore

---

1. *Défense du Génie du Christianisme.*

été imprimé à part. Je ne sais s'il continuera d'obtenir la préférence que plusieurs personnes lui donnent sur *Atala*. Il fait suite naturelle à cet épisode, dont il diffère néanmoins par le style et par le ton. Ce sont à la vérité les mêmes lieux et les mêmes personnages, mais ce sont d'autres mœurs et un autre ordre de sentiments et d'idées. Pour toute préface, je citerai encore les passages du *Génie du Christianisme* et de la *Défense* qui se rapportent à *René*.

EXTRAIT DU GÉNIE DU CHRISTIANISME,

IIe PARTIE, LIV. III, CHAP. IX,

INTITULÉ : DU VAGUE DES PASSIONS.

« Il reste à parler d'un état de l'âme qui, ce nous semble, n'a pas encore été bien observé : c'est celui qui précède le développement des grandes passions, lorsque toutes les facultés jeunes, actives, entières, mais renfermées, ne se sont exercées que sur elles-mêmes, sans but et sans objet. Plus les peuples avancent en civilisation, plus cet état du vague des passions augmente; car il arrive alors une chose fort triste : le grand nombre d'exemples qu'on a sous les yeux, la multitude de livres qui traitent de l'homme et de ses sentiments, rendent habile sans expérience. On est détrompé sans avoir joui; il reste encore des désirs, et l'on n'a plus d'illusions. L'imagination est riche, abondante et merveilleuse, l'existence pauvre, sèche et désenchantée. On habite, avec un cœur plein, un monde vide, et, sans avoir usé de rien, on est désabusé de tout.

« L'amertume que cet état de l'âme répand sur la vie est incroyable; le cœur se retourne et se replie en cent manières pour employer des forces qu'il sent lui être inutiles. Les anciens ont peu connu cette inquiétude secrète, cette aigreur des passions étouffées qui fermentent toutes ensemble : une grande existence politique, les jeux du gymnase et du champ de Mars, les affaires du forum et de la place publique, remplissoient tous leurs moments, et ne laissoient aucune place aux ennuis du cœur.

« D'une autre part, ils n'étoient pas enclins aux exagérations, aux espérances, aux craintes sans objet, à la mobilité des idées et des sentiments, à la perpétuelle inconstance, qui n'est qu'un dégoût constant, dispositions que nous acquérons dans la société intime des femmes. Les femmes, chez les peuples modernes, indépendamment de la passion qu'elles inspirent, influent encore sur tous les autres sentiments. Elles ont dans leur existence un certain abandon qu'elles font passer dans la nôtre ; elles rendent notre caractère d'homme moins décidé, et nos passions, amollies par le mélange des leurs, prennent à la fois quelque chose d'incertain et de tendre...

« Il suffiroit de joindre quelques infortunes à cet état indéterminé des passions pour qu'il pût servir de fond à un drame admirable. Il est étonnant que les écrivains modernes n'aient pas encore songé à peindre cette singulière position de l'âme. Puisque nous manquons d'exemples, nous seroit-il permis de donner aux lecteurs un épisode extrait, comme Atala, de nos anciens Natchez? C'est la vie de ce jeune René, à qui Chactas a raconté son histoire, etc., etc. »

EXTRAIT

DE LA DÉFENSE DU GÉNIE DU CHRISTIANISME.

« On a déjà fait remarquer la tendre sollicitude des critiques[1] pour la pureté de la religion : on devoit donc s'attendre qu'ils se formaliseroient des deux épisodes que l'auteur a introduits dans son livre. Cette objection particulière rentre dans la grande objection qu'ils ont opposée à tout l'ouvrage, et elle se détruit par la réponse générale qu'on y a faite plus haut. Encore une fois, l'auteur a dû combattre des poëmes et des romans impies avec des poëmes et des romans pieux ; il s'est couvert des mêmes armes dont il voyoit l'ennemi revêtu : c'étoit une conséquence naturelle et nécessaire du genre d'apologie qu'il avoit choisi. Il a cherché à donner l'exemple avec le précepte. Dans la partie théorique de son ouvrage, il avoit dit que la religion embellit notre existence, corrige les passions sans les éteindre, jette un intérêt singulier sur tous les sujets où elle est employée ; il avoit dit que sa doctrine et son culte se mêlent merveilleusement aux émotions du cœur et aux scènes de la nature ; qu'elle est enfin la seule ressource dans les grands malheurs de la vie : il ne suffisoit pas d'avancer tout cela, il falloit encore le prouver. C'est ce que l'auteur a essayé de faire dans les deux épisodes de son livre. Ces épisodes étoient en outre une amorce préparée à l'espèce de lecteurs pour qui l'ouvrage est spécialement écrit. L'auteur avoit-il donc si mal connu le cœur humain, lorsqu'il a tendu ce piège innocent aux incrédules? Et n'est-il pas

---

[1]. Il s'agit ici des PHILOSOPHES uniquement.

probable que tel lecteur n'eût jamais ouvert le *Génie du Christianisme* s'il n'y avoit cherché René et Atala?

> Sa che la corre il mondo, ove più versi
> Delle sue dolcezze il lusinghier Parnaso,
> E che 'l verso, condito in molli versi,
> I più schivi allettando, ha persuaso.

« Tout ce qu'un critique impartial qui veut entrer dans l'esprit de l'ouvrage étoit en droit d'exiger de l'auteur, c'est que les épisodes de cet ouvrage eussent une tendance visible à faire aimer la religion et à en démontrer l'utilité. Or, la nécessité des cloîtres pour certains malheurs de la vie, et pour ceux-là même qui sont les plus grands, la puissance d'une religion qui peut seule fermer des plaies que tous les baumes de la terre ne sauroient guérir, ne sont-elles pas invinciblement prouvées dans l'histoire de René? L'auteur y combat en outre le travers particulier des jeunes gens du siècle, le travers qui mène directement au suicide. C'est J.-J. Rousseau qui introduisit le premier parmi nous ces rêveries si désastreuses et si coupables. En s'isolant des hommes, en s'abandonnant à ses songes, il a fait croire à une foule de jeunes gens qu'il est beau de se jeter ainsi dans le vague de la vie. Le roman de *Werther* a développé depuis ce germe de poison. L'auteur du *Génie du Christianisme*, obligé de faire entrer dans le cadre de son Apologie quelques tableaux pour l'imagination, a voulu dénoncer cette espèce de vice nouveau, et peindre les funestes conséquences de l'amour outré de la solitude. Les couvents offroient autrefois des retraites à ces âmes contemplatives que la nature appelle impérieusement aux méditations. Elles y trouvoient auprès de Dieu de quoi remplir le vide qu'elles sentent en elles-mêmes et souvent l'occasion d'exercer de rares et sublimes vertus. Mais depuis la destruction des monastères et les progrès de l'incrédulité on doit s'attendre à voir se multiplier au milieu de la société (comme il est arrivé en Angleterre) des espèces de solitaires tout à la fois passionnés et philosophes, qui, ne pouvant ni renoncer aux vices du siècle ni aimer ce siècle, prendront la haine des hommes pour l'élévation du génie, renonceront à tout devoir divin et humain, se nourriront à l'écart des plus vaines chimères et se plongeront de plus en plus dans une misanthropie orgueilleuse qui les conduira à la folie ou à la mort.

« Afin d'inspirer plus d'éloignement pour ces rêveries criminelles, l'auteur a pensé qu'il devoit prendre la punition de René dans le cercle de ces malheurs épouvantables qui appartiennent moins à l'individu qu'à la famille de l'homme, et que les anciens attribuoient à la fatalité. L'auteur eût choisi le sujet de Phèdre s'il n'eût été traité par Racine. Il ne restoit que celui d'Érope et de Thyeste[1] chez les Grecs, ou d'Amnon et de Thamar chez les Hébreux[2]; et, bien qu'il ait été aussi transporté sur notre scène[3], il est toutefois moins connu que celui de Phèdre. Peut-être aussi s'applique-t-il mieux aux caractères que l'auteur a voulu peindre. En effet, les folles rêveries de René commencent le mal et ses extravagances l'achèvent : par les premières il égare l'imagination d'une foible femme; par les dernières, en voulant attenter à ses jours, il oblige cette infortunée à se réunir à lui : ainsi le malheur naît du sujet, et la punition sort de la faute.

« Il ne restoit qu'à sanctifier par le christianisme cette catastrophe empruntée à la fois de l'antiquité païenne et de l'antiquité sacrée. L'auteur, même alors, n'eut pas tout à faire, car il trouva cette histoire presque naturalisée chrétienne dans une vieille ballade de pèlerin que les paysans chantent encore dans plusieurs provinces[4]. Ce n'est pas par les maximes répandues dans un ouvrage, mais par l'impression que cet ouvrage laisse au fond de l'âme, que l'on doit juger de sa moralité. Or, la sorte d'épouvante et de mystère qui règne dans l'épisode de René serre et contriste le cœur sans y exciter d'émotion criminelle. Il ne faut pas perdre de vue qu'Amélie meurt heureuse et guérie et que René finit misérablement. Ainsi le vrai coupable est puni, tandis que sa trop foible victime, remettant son âme blessée entre les mains de *celui qui retourne le malade sur sa couche*, sent renaître une joie ineffable du fond même des tristesses de son cœur. Au reste, le discours du père Souël ne laisse aucun doute sur le but et les moralités religieuses de l'histoire de René. »

On voit, par le chapitre cité du *Génie du Christianisme*, quelle espèce de passion nouvelle j'ai essayé de peindre, et, par l'extrait de la *Défense*, quel vice non encore attaqué j'ai voulu combattre. J'ajouterai que, quant au style, *René* a été revu avec autant de soin qu'*Atala*, et qu'il a reçu le degré de perfection que je suis capable de lui donner.

1. SEN. *in Atr. e. Th.* Voyez aussi *Canacé et Macareus*, et *Caune et Byblis* dans les *Métamorphoses* et dans les *Héroïdes* d'OVIDE. J'ai rejeté comme trop abominable le sujet de Myrra, qu'on retrouve encore dans celui de Lot et de ses filles.
2. *Reg.*, 13.   3. Dans l'*Abufar* de M. DUCIS.
4. C'est le chevalier des Landes :

Malheureux chevalier, etc.

ATALA.

ATALA

PROLOGUE.

La France possédoit autrefois dans l'Amérique septentrionale un vaste empire, qui s'étendoit depuis le Labrador jusqu'aux Florides, et depuis les rivages de l'Atlantique jusqu'aux lacs les plus reculés du haut Canada.

Quatre grands fleuves, ayant leurs sources dans les mêmes montagnes, divisoient ces régions immenses : le fleuve Saint-Laurent, qui se perd à l'est dans le golfe de son nom ; la rivière de l'Ouest, qui porte ses eaux à des mers inconnues ; le fleuve Bourbon, qui se précipite du midi au nord dans la baie d'Hudson, et le Meschacebé[1], qui tombe du nord au midi dans le golfe du Mexique.

Ce dernier fleuve, dans un cours de plus de mille lieues, arrose une délicieuse contrée, que les habitants des États-Unis appellent le *nouvel Éden*, et à laquelle les François ont laissé le doux nom de *Louisiane*. Mille autres fleuves, tributaires du Meschacebé, le Missouri, l'Illinois, l'Akanza, l'Ohio, le Wabache, le Tenase, l'engraissent de leur limon et la fertilisent de leurs eaux. Quand tous ces fleuves se sont gonflés des déluges de l'hiver, quand les tempêtes ont abattu des pans entiers de forêts, les arbres déracinés s'assemblent sur les sources. Bientôt la vase les cimente, les lianes les enchaînent, et des plantes, y prenant racine de toutes parts, achèvent de consolider ces débris. Charriés par les vagues écumantes, ils descendent au Meschacebé : le fleuve s'en empare, les pousse au golfe Mexicain, les échoue sur des bancs de sable, et accroît ainsi le nombre de ses embouchures. Par intervalle, il élève sa voix en passant sur les monts, et répand ses eaux débordées

---

1. Vrai nom du Mississipi ou Meschassipi.

autour des colonnades des forêts et des pyramides des tombeaux indiens ; c'est le Nil des déserts. Mais la grâce est toujours unie à la magnificence dans les scènes de la nature : tandis que le courant du milieu entraîne vers la mer les cadavres des pins et des chênes, on voit sur les deux courants latéraux remonter, le long des rivages, des îles flottantes de pistia et de nénuphar, dont les roses jaunes s'élèvent comme de petits pavillons. Des serpents verts, des hérons bleus, des flammants roses, de jeunes crocodiles, s'embarquent passagers sur ces vaisseaux de fleurs, et la colonie, déployant au vent ses voiles d'or, va aborder endormie dans quelque anse retirée du fleuve.

Les deux rives du Meschacebé présentent le tableau le plus extraordinaire. Sur le bord occidental, des savanes se déroulent à perte de vue ; leurs flots de verdure, en s'éloignant, semblent monter dans l'azur du ciel, où ils s'évanouissent. On voit dans ces prairies sans bornes errer à l'aventure des troupeaux de trois ou quatre mille buffles sauvages. Quelquefois un bison chargé d'années, fendant les flots à la nage, se vient coucher, parmi de hautes herbes, dans une île du Meschacebé. A son front orné de deux croissants, à sa barbe antique et limoneuse, vous le prendriez pour le dieu du fleuve, qui jette un œil satisfait sur la grandeur de ses ondes et la sauvage abondance de ses rives.

Telle est la scène sur le bord occidental ; mais elle change sur le bord opposé, et forme avec la première un admirable contraste. Suspendus sur le cours des eaux, groupés sur les rochers et sur les montagnes, dispersés dans les vallées, des arbres de toutes les formes, de toutes les couleurs, de tous les parfums, se mêlent, croissent ensemble, montent dans les airs à des hauteurs qui fatiguent les regards. Les vignes sauvages, les bignonias, les coloquintes, s'entrelacent au pied de ces arbres, escaladent leurs rameaux, grimpent à l'extrémité des branches, s'élancent de l'érable au tulipier, du tulipier à l'alcée, en formant mille grottes, mille voûtes, mille portiques. Souvent, égarées d'arbre en arbre, ces lianes traversent des bras de rivière sur lesquels elles jettent des ponts de fleurs. Du sein de ces massifs le magnolia élève son cône immobile ; surmonté de ses larges roses blanches, il domine toute la forêt, et n'a d'autre rival que le palmier, qui balance légèrement auprès de lui ses éventails de verdure.

Une multitude d'animaux placés dans ces retraites par la main du Créateur y répandent l'enchantement et la vie. De l'extrémité des avenues on aperçoit des ours, enivrés de raisins, qui chancellent sur les branches des ormeaux; des cariboux se baignent dans un lac; des écureuils noirs se jouent dans l'épaisseur des feuillages; des oiseaux moqueurs, des colombes de Virginie, de la grosseur d'un passereau, descendent sur les gazons rougis par les fraises; des perroquets verts à tête jaune, des piverts empourprés, des cardinaux de feu, grimpent en circulant au haut des cyprès; des colibris étincellent sur le jasmin des Florides, et des serpents-oiseleurs sifflent suspendus aux dômes des bois en s'y balançant comme des lianes.

Si tout est silence et repos dans les savanes de l'autre côté du fleuve, tout ici, au contraire, est mouvement et murmure : des coups de bec contre le tronc des chênes, des froissements d'animaux qui marchent, broutent ou broient entre leurs dents les noyaux des fruits; des bruissements d'ondes, de foibles gémissements, de sourds meuglements, de doux roucoulements, remplissent ces déserts d'une tendre et sauvage harmonie. Mais quand une brise vient à animer ces solitudes, à balancer ces corps flottants, à confondre ces masses de blanc, d'azur, de vert, de rose, à mêler toutes les couleurs, à réunir tous les murmures, alors il sort de tels bruits du fond des forêts, il se passe de telles choses aux yeux, que j'essayerois en vain de les décrire à ceux qui n'ont point parcouru ces champs primitifs de la nature.

Après la découverte du Meschacebé par le père Marquette et l'infortuné La Salle, les premiers François qui s'établirent au Biloxi et à la Nouvelle-Orléans firent alliance avec les Natchez, nation indienne dont la puissance étoit redoutable dans ces contrées. Des querelles et des jalousies ensanglantèrent dans la suite la terre de l'hospitalité. Il y avoit parmi ces sauvages un vieillard nommé *Chactas*[1], qui, par son âge, sa sagesse et sa science dans les choses de la vie, étoit le patriarche et l'amour des déserts. Comme tous les hommes, il avoit acheté la vertu par l'infortune. Non-seulement les forêts du Nouveau-Monde furent remplies de ses malheurs, mais il les porta jusque sur les rivages de la France. Retenu aux galères à Marseille par une cruelle injustice, rendu à la liberté, présenté à Louis XIV, il avoit conversé avec les grands hommes de ce siècle et assisté aux fêtes de Versailles, aux tragédies de Racine, aux oraisons funèbres de Bossuet; en un mot, le sauvage avoit contemplé la société à son plus haut point de splendeur.

Depuis plusieurs années, rentré dans le sein de sa patrie, Chactas

---

1. La voix harmonieuse.

jouissoit du repos. Toutefois le ciel lui vendoit encore cher cette faveur : le vieillard étoit devenu aveugle. Une jeune fille l'accompagnoit sur les coteaux du Meschacebé, comme Antigone guidoit les pas d'Œdipe sur le Cythéron, ou comme Malvina conduisoit Ossian sur les rochers de Morven.

Malgré les nombreuses injustices que Chactas avoit éprouvées de la part des François, il les aimoit. Il se souvenoit toujours de Fénelon, dont il avoit été l'hôte, et désiroit pouvoir rendre quelque service aux compatriotes de cet homme vertueux. Il s'en présenta une occasion favorable. En 1725, un François nommé *René*, poussé par des passions et des malheurs, arriva à la Louisiane. Il remonta le Meschacebé jusqu'aux Natchez, et demanda à être reçu guerrier de cette nation. Chactas l'ayant interrogé, et le trouvant inébranlable dans sa résolution, l'adopta pour fils, et lui donna pour épouse une Indienne appelée *Céluta*. Peu de temps après ce mariage, les sauvages se préparèrent à la chasse du castor.

Chactas, quoique aveugle, est désigné par le conseil des Sachems[1] pour commander l'expédition, à cause du respect que les tribus indiennes lui portoient. Les prières et les jeûnes commencent; les Jongleurs interprètent les songes; on consulte les Manitous; on fait des sacrifices de petun; on brûle des filets de langue d'orignal; on examine s'ils pétillent dans la flamme, afin de découvrir la volonté des Génies; on part enfin, après avoir mangé le chien sacré. René est de la troupe. A l'aide des contre-courants, les pirogues remontent le Meschacebé, et entrent dans le lit de l'Ohio. C'est en automne. Les magnifiques déserts du Kentucky se déploient aux yeux étonnés du jeune François. Une nuit, à la clarté de la lune, tandis que tous les Natchez dorment au fond de leurs pirogues, et que la flotte indienne, élevant ses voiles de peaux de bêtes, fuit devant une légère brise, René, demeuré seul avec Chactas, lui demande le récit de ses aventures. Le vieillard consent à le satisfaire, et, assis avec lui sur la poupe de la pirogue, il commence en ces mots :

---

1. Vieillards ou conseillers.

LE RÉCIT.

LES CHASSEURS.

« C'est une singulière destinée, mon cher fils, que celle qui nous réunit. Je vois en toi l'homme civilisé qui s'est fait sauvage ; tu vois en moi l'homme sauvage que le grand Esprit (j'ignore pour quel dessein) a voulu civiliser. Entrés l'un et l'autre dans la carrière de la vie par les deux bouts opposés, tu es venu te reposer à ma place, et j'ai été m'asseoir à la tienne : ainsi nous avons dû avoir des objets une vue totalement différente. Qui, de toi ou de moi, a le plus gagné ou le plus perdu à ce changement de position ? C'est ce que savent les Génies, dont le moins savant a plus de sagesse que tous les hommes ensemble.

« A la prochaine lune des fleurs[1], il y aura sept fois dix neiges, et trois neiges de plus[2], que ma mère me mit au monde sur les bords du Meschacebé. Les Espagnols s'étoient depuis peu établis dans la baie de Pensacola, mais aucun blanc n'habitoit encore la Louisiane. Je comptois à peine dix-sept chutes de feuilles lorsque je marchai avec mon père, le guerrier Outalissi, contre les Muscogulges, nation puissante des Florides. Nous nous joignîmes aux Espagnols, nos alliés, et le combat se donna sur une des branches de la Maubile. Areskoui[3] et les Manitous ne nous furent pas favorables. Les ennemis triomphèrent ; mon père perdit la vie ; je fus blessé deux fois en le défendant. Oh ! que ne descendis-je alors dans le pays des âmes[4] ! j'aurois évité les malheurs qui m'attendoient sur la terre. Les Esprits en ordonnèrent autrement : je fus entraîné par les fuyards à Saint-Augustin.

« Dans cette ville, nouvellement bâtie par les Espagnols, je courois le risque d'être enlevé pour les mines de Mexico, lorsqu'un vieux Castillan nommé *Lopez*, touché de ma jeunesse et de ma simplicité, m'offrit un asile et me présenta à une sœur avec laquelle il vivoit sans épouse.

« Tous les deux prirent pour moi les sentiments les plus tendres. On m'éleva avec beaucoup de soin ; on me donna toutes sortes de maîtres. Mais, après avoir passé trente lunes à Saint-Augustin, je fus saisi du dégoût de la vie des cités. Je dépérissois à vue d'œil : tantôt je

---

1. Mois de mai.
2. Neige pour année ; soixante-treize ans.
3. Dieu de la guerre.
4. Les enfers.

demeurois immobile pendant des heures à contempler la cime des lointaines forêts; tantôt on me trouvoit assis au bord d'un fleuve, que je regardois tristement couler. Je me peignois les bois à travers lesquels cette onde avoit passé, et mon âme étoit tout entière à la solitude.

« Ne pouvant plus résister à l'envie de retourner au désert, un matin je me présentai à Lopez, vêtu de mes habits de sauvage, tenant d'une main mon arc et mes flèches et de l'autre mes vêtements européens. Je les remis à mon généreux protecteur, aux pieds duquel je tombai en versant des torrents de larmes. Je me donnai des noms odieux; je m'accusai d'ingratitude : « Mais enfin, lui dis-je, ô mon « père! tu le vois toi-même : je meurs si je ne reprends la vie de « l'Indien. »

« Lopez, frappé d'étonnement, voulut me détourner de mon dessein. Il me représenta les dangers que j'allois courir en m'exposant à tomber de nouveau entre les mains des Muscogulges. Mais, voyant que j'étois résolu à tout entreprendre, fondant en pleurs et me serrant dans ses bras : « Va, s'écria-t-il, enfant de la nature! reprends « cette indépendance de l'homme que Lopez ne te veut point ravir. Si « j'étois plus jeune moi-même, je t'accompagnerois au désert (où j'ai « aussi de doux souvenirs!), et je te remettrois dans les bras de ta « mère. Quand tu seras dans tes forêts, songe quelquefois à ce vieil « Espagnol qui te donna l'hospitalité, et rappelle-toi, pour te porter « à l'amour de tes semblables, que la première expérience que tu as « faite du cœur humain a été tout en sa faveur. » Lopez finit par une prière au Dieu des chrétiens, dont j'avois refusé d'embrasser le culte, et nous nous quittâmes avec des sanglots.

« Je ne tardai pas à être puni de mon ingratitude. Mon inexpérience m'égara dans les bois, et je fus pris par un parti de Muscogulges et de Siminoles, comme Lopez me l'avoit prédit. Je fus reconnu pour Natchez à mon vêtement et aux plumes qui ornoient ma tête. On m'enchaîna, mais légèrement, à cause de ma jeunesse. Simaghan, le chef de la troupe, voulut savoir mon nom; je répondis : « Je m'appelle « *Chactas*, fils d'Outalissi, fils de Miscou, qui ont enlevé plus de cent « chevelures aux héros muscogulges. » Simaghan me dit : « Chactas, « fils d'Outalissi, fils de Miscou, réjouis-toi : tu seras brûlé au grand « village. » Je repartis : « Voilà qui va bien; » et j'entonnai ma chanson de mort.

« Tout prisonnier que j'étois, je ne pouvois, durant les premiers jours, m'empêcher d'admirer mes ennemis. Le Muscogulge, et surtout son allié, le Siminole, respire la gaieté, l'amour, le contentement. Sa démarche est légère, son abord ouvert et serein. Il parle beaucoup et avec volubilité; son langage est harmonieux et facile. L'âge même ne peut ravir aux Sachems cette simplicité joyeuse : comme les vieux oiseaux de nos bois, ils mêlent encore leurs vieilles chansons aux airs nouveaux de leur jeune postérité.

« Les femmes qui accompagnoient la troupe témoignoient pour ma jeunesse une pitié tendre et une curiosité aimable. Elles me questionnoient sur ma mère, sur les premiers jours de ma vie; elles vouloient savoir si l'on suspendoit mon berceau de mousse aux branches fleuries des érables, si les brises m'y balançoient auprès du nid des petits oiseaux. C'étoient ensuite mille autres questions sur l'état de mon cœur : elles me demandoient si j'avois vu une biche blanche dans mes songes et si les arbres de la vallée secrète m'avoient conseillé d'aimer. Je répondois avec naïveté aux mères, aux filles et aux épouses des hommes. Je leur disois : « Vous êtes les grâces du jour, et la nuit vous
« aime comme la rosée. L'homme sort de votre sein pour se suspendre
« à votre mamelle et à votre bouche; vous savez des paroles magiques
« qui endorment toutes les douleurs. Voilà ce que m'a dit celle qui
« m'a mis au monde, et qui ne me reverra plus ! Elle m'a dit encore
« que les vierges étoient des fleurs mystérieuses, qu'on trouve dans
« les lieux solitaires. »

« Ces louanges faisoient beaucoup de plaisir aux femmes : elles me combloient de toutes sortes de dons; elles m'apportoient de la crème de noix, du sucre d'érable, de la sagamité¹, des jambons d'ours, des peaux de castors, des coquillages pour me parer et des mousses pour ma couche. Elles chantoient, elles rioient avec moi, et puis elles se prenoient à verser des larmes en songeant que je serois brûlé.

« Une nuit que les Muscogulges avoient placé leur camp sur le bord d'une forêt, j'étois assis auprès du *feu de la guerre*, avec le chasseur commis à ma garde. Tout à coup j'entendis le murmure d'un vêtement sur l'herbe, et une femme à demi voilée vint s'asseoir à mes côtés. Des pleurs rouloient sous sa paupière; à la lueur du feu un petit crucifix d'or brilloit sur son sein. Elle étoit régulièrement belle; l'on remarquoit sur son visage je ne sais quoi de vertueux et de passionné, dont l'attrait étoit irrésistible. Elle joignoit à cela des grâces plus tendres : une extrême sensibilité unie à une mélancolie profonde respiroit dans ses regards; son sourire étoit céleste.

« Je crus que c'étoit la *Vierge des dernières amours*, cette vierge qu'on envoie au prisonnier de guerre pour enchanter sa tombe. Dans

---

1. Sorte de pâte de maïs.

cette persuasion, je lui dis en balbutiant et avec un trouble qui pourtant ne venoit pas de la crainte du bûcher : « Vierge, vous êtes digne « des premières amours, et vous n'êtes pas faite pour les dernières. « Les mouvements d'un cœur qui va bientôt cesser de battre répon- « droient mal aux mouvements du vôtre. Comment mêler la mort et « la vie? Vous me feriez trop regretter le jour. Qu'un autre soit plus « heureux que moi, et que de longs embrassements unissent la liane « et le chêne ! »

« La jeune fille me dit alors : « Je ne suis point la *Vierge des der-* « *nières amours.* Es-tu chrétien? » Je répondis que je n'avois point trahi les Génies de ma cabane. A ces mots, l'Indienne fit un mouvement involontaire. Elle me dit : « Je te plains de n'être qu'un méchant « idolâtre. Ma mère m'a faite chrétienne ; je me nomme *Atala,* fille « de Simaghan aux bracelets d'or et chef des guerriers de cette « troupe. Nous nous rendons à Apalachucla, où tu seras brûlé. » En prononçant ces mots, Atala se lève et s'éloigne. »

Ici Chactas fut contraint d'interrompre son récit. Les souvenirs se pressèrent en foule dans son âme; ses yeux éteints inondèrent de larmes ses joues flétries : telles deux sources cachées dans la profonde nuit de la terre se décèlent par les eaux qu'elles laissent filtrer entre les rochers.

« O mon fils ! reprit-il enfin ; tu vois que Chactas est bien peu sage, malgré sa renommée de sagesse ! Hélas ! mon cher enfant, les hommes ne peuvent déjà plus voir, qu'ils peuvent encore pleurer ! Plusieurs jours s'écoulèrent ; la fille du Sachem revenoit chaque soir me parler. Le sommeil avoit fui de mes yeux, et Atala étoit dans mon cœur comme le souvenir de la couche de mes pères.

« Le dix-septième jour de marche, vers le temps où l'éphémère sort des eaux, nous entrâmes sur la grande savane Alachua. Elle est environnée de coteaux qui, fuyant les uns derrière les autres, portent, en s'élevant jusqu'aux nues, des forêts étagées de copalmes, de citronniers, de magnolias et de chênes verts. Le chef poussa le cri d'arrivée, et la troupe campa au pied des collines. On me relégua à quelque distance, au bord d'un de ces *puits naturels* si fameux dans les Florides. J'étois attaché au pied d'un arbre ; un guerrier veilloit impatiemment auprès de moi. J'avois à peine passé quelques instants dans ce lieu, qu'Atala parut sous les liquidambars de la fontaine. « Chas- « seur, dit-elle au héros muscogulge, si tu veux poursuivre le che- « vreuil, je garderai le prisonnier. » Le guerrier bondit de joie à cette parole de la fille du chef; il s'élance du sommet de la colline, et allonge ses pas dans la plaine.

« Étrange contradiction du cœur de l'homme! Moi qui avois tant désiré de dire les choses du mystère à celle que j'aimois déjà comme le soleil, maintenant interdit et confus, je crois que j'eusse préféré d'être jeté aux crocodiles de la fontaine à me trouver seul ainsi avec Atala. La fille du désert étoit aussi troublée que son prisonnier; nous gardions un profond silence; les Génies de l'amour avoient dérobé nos paroles. Enfin Atala, faisant un effort, dit ceci : « Guerrier, vous êtes « retenu foiblement; vous pouvez aisément vous échapper. » A ces mots, la hardiesse revint sur ma langue; je répondis : « Foiblement « retenu, ô femme...! » Je ne sus comment achever. Atala hésita quelques moments, puis elle dit : « Sauvez-vous. » Et elle me détacha du tronc de l'arbre. Je saisis la corde, je la remis dans la main de la fille étrangère, en forçant ses beaux doigts à se fermer sur ma chaîne. « Reprenez-la ! reprenez-la ! » m'écriai-je. — « Vous êtes un insensé, « dit Atala d'une voix émue. Malheureux! ne sais-tu pas que tu seras « brûlé? Que prétends-tu? Songes-tu bien que je suis la fille d'un « redoutable Sachem? » — « Il fut un temps, répliquai-je avec des « larmes, que j'étois aussi porté dans une peau de castor aux épaules « d'une mère. Mon père avoit aussi une belle hutte, et ses chevreuils « buvoient les eaux de mille torrents; mais j'erre maintenant sans « patrie. Quand je ne serai plus, aucun ami ne mettra un peu d'herbe « sur mon corps pour le garantir des mouches. Le corps d'un étran- « ger malheureux n'intéresse personne. »

« Ces mots attendrirent Atala. Ses larmes tombèrent dans la fon- taine. « Ah! repris-je avec vivacité, si votre cœur parloit comme le « mien! Le désert n'est-il pas libre? Les forêts n'ont-elles point de « replis où nous cacher? Faut-il donc, pour être heureux, tant de « choses aux enfants des cabanes! O fille plus belle que le premier « songe de l'époux! ô ma bien-aimée! ose suivre mes pas. » Telles furent mes paroles. Atala me répondit d'une voix tendre : « Mon jeune « ami, vous avez appris le langage des blancs; il est aisé de tromper « une Indienne. » — « Quoi! m'écriai-je, vous m'appelez votre jeune « ami! Ah! si un pauvre esclave... » — « Eh bien, dit-elle en se pen- « chant sur moi, un pauvre esclave... » Je repris avec ardeur : « Qu'un « baiser l'assure de ta foi! » Atala écouta ma prière. Comme un faon semble pendre aux fleurs de lianes roses, qu'il saisit de sa langue délicate dans l'escarpement de la montagne, ainsi je restai suspendu aux lèvres de ma bien-aimée.

« Hélas! mon cher fils, la douleur touche de près au plaisir! Qui eût pu croire que le moment où Atala me donnoit le premier gage de son amour seroit celui-là même où elle détruiroit mes espérances?

Cheveux blanchis du vieux Chactas, quel fut votre étonnement lorsque la fille du Sachem prononça ces paroles! « Beau prisonnier, j'ai folle-
« ment cédé à ton désir; mais où nous conduira cette passion? Ma
« religion me sépare de toi pour toujours... O ma mère! qu'as-tu
« fait?... » Atala se tut tout à coup, et retint je ne sus quel fatal secret près d'échapper à ses lèvres. Ses paroles me plongèrent dans le désespoir. « Eh bien! m'écriai-je, je serai aussi cruel que vous : je ne
« fuirai point. Vous me verrez dans le cadre de feu; vous entendrez
« les gémissements de ma chair et vous serez pleine de joie. » Atala saisit mes mains entre les deux siennes. « Pauvre jeune idolâtre,
« s'écria-t-elle, tu me fais réellement pitié! Tu veux donc que je
« pleure tout mon cœur? Quel dommage que je ne puisse fuir avec
« toi! Malheureux a été le ventre de ta mère, ô Atala! Que ne te jettes-
« tu au crocodile de la fontaine? »

« Dans ce moment même, les crocodiles, aux approches du coucher du soleil, commençoient à faire entendre leurs rugissements. Atala me dit : « Quittons ces lieux. » J'entraînai la fille de Simaghan au pied des coteaux qui formoient des golfes de verdure en avançant leurs promontoires dans la savane. Tout étoit calme et superbe au désert. La cigogne crioit sur son nid; les bois retentissoient du chant monotone des cailles, du sifflement des perruches, du mugissement des bisons et du hennissement des cavales siminoles.

« Notre promenade fut presque muette. Je marchois à côté d'Atala; elle tenoit le bout de la corde que je l'avois forcée de reprendre. Quelquefois nous versions des pleurs, quelquefois nous essayions de sourire. Un regard tantôt levé vers le ciel, tantôt attaché à la terre, une oreille attentive au chant de l'oiseau, un geste vers le soleil couchant, une main tendrement serrée, un sein tour à tour palpitant, tour à tour tranquille, les noms de Chactas et d'Atala doucement répétés par intervalle..... O première promenade de l'amour! il faut que votre souvenir soit bien puissant, puisque après tant d'années d'infortune vous remuez encore le cœur du vieux Chactas!

« Qu'ils sont incompréhensibles les mortels agités par des passions! Je venois d'abandonner le généreux Lopez, je venois de m'exposer à tous les dangers pour être libre : dans un instant le regard d'une femme avoit changé mes goûts, mes résolutions, mes pensées! Oubliant mon pays, ma mère, ma cabane et la mort affreuse qui m'attendoit, j'étois devenu indifférent à tout ce qui n'étoit pas Atala. Sans force pour m'élever à la raison de l'homme, j'étois retombé tout à coup dans une espèce d'enfance; et loin de pouvoir rien faire pour me soustraire aux maux qui m'attendoient, j'aurois eu presque besoin qu'on s'occupât de mon sommeil et de ma nourriture.

« Ce fut donc vainement qu'après nos courses dans la savane, Atala, se jetant à mes genoux, m'invita de nouveau à la quitter. Je lui protestai que je retournerois seul au camp si elle refusoit de me rattacher au pied de mon arbre. Elle fut obligée de me satisfaire, espérant me convaincre une autre fois.

« Le lendemain de cette journée, qui décida du destin de ma vie, on s'arrêta dans une vallée, non loin de Cuscowilla, capitale des Siminoles. Ces Indiens, unis aux Muscogulges, forment avec eux la confédération des Creeks. La fille du pays des palmiers vint me trouver au milieu de la nuit. Elle me conduisit dans une grande forêt de pins, et renouvela ses prières pour m'engager à la fuite. Sans lui répondre, je pris sa main dans ma main, et je forçai cette biche altérée d'errer avec moi dans la forêt. La nuit étoit délicieuse. Le Génie des airs secouoit sa chevelure bleue, embaumée de la senteur des pins, et l'on respiroit la foible odeur d'ambre qu'exhaloient les crocodiles couchés sous les tamarins des fleuves. La lune brilloit au milieu d'un azur sans tache, et sa lumière gris de perle descendoit sur la cime indéterminée des forêts. Aucun bruit ne se faisoit entendre, hors je ne sais quelle harmonie lointaine qui régnait dans la profondeur des bois : on eût dit que l'âme de la solitude soupiroit dans toute l'étendue du désert.

« Nous aperçûmes à travers les arbres un jeune homme qui, tenant à la main un flambeau, ressembloit au Génie du printemps parcourant les forêts pour ranimer la nature ; c'étoit un amant qui alloit s'instruire de son sort à la cabane de sa maîtresse.

« Si la vierge éteint le flambeau, elle accepte les vœux offerts ; si elle se voile sans l'éteindre, elle rejette un époux.

« Le guerrier, en se glissant dans les ombres, chantoit à demi-voix ces paroles :

« Je devancerai les pas du jour sur le sommet des montagnes pour
« chercher ma colombe solitaire parmi les chênes de la forêt.

« J'ai attaché à son cou un collier de porcelaines[1] ; on y voit trois
« grains rouges pour mon amour, trois violets pour mes craintes, trois
« bleus pour mes espérances.

« Mila a les yeux d'une hermine et la chevelure légère d'un champ
« de riz ; sa bouche est un coquillage rose garni de perles ; ses deux
« seins sont comme deux petits chevreaux sans tache, nés au même
« jour, d'une seule mère.

---

1. Sorte de coquillage.

« Puisse Mila éteindre ce flambeau! Puisse sa bouche verser sur lui
« une ombre voluptueuse! Je fertiliserai son sein. L'espoir de la
« patrie pendra à sa mamelle féconde, et je fumerai mon calumet de
« paix sur le berceau de mon fils.

« Ah! laissez-moi devancer les pas du jour sur le sommet des mon-
« tagnes pour chercher ma colombe solitaire parmi les chênes de la
« forêt! »

« Ainsi chantoit ce jeune homme, dont les accents portèrent le trouble jusqu'au fond de mon âme et firent changer de visage à Atala. Nos mains unies frémirent l'une dans l'autre. Mais nous fûmes distraits de cette scène par une scène non moins dangereuse pour nous.

« Nous passâmes auprès du tombeau d'un enfant, qui servoit de limites à deux nations. On l'avoit placé au bord du chemin, selon l'usage, afin que les jeunes femmes, en allant à la fontaine, pussent attirer dans leur sein l'âme de l'innocente créature et la rendre à la patrie. On y voyoit dans ce moment des épouses nouvelles qui, désirant les douceurs de la maternité, cherchoient, en entr'ouvrant leurs lèvres, à recueillir l'âme du petit enfant, qu'elles croyoient voir errer sur les fleurs. La véritable mère vint ensuite déposer une gerbe de maïs et des fleurs de lis blanc sur le tombeau. Elle arrosa la terre de son lait, s'assit sur le gazon humide et parla à son enfant d'une voix attendrie :

« Pourquoi te pleuré-je dans ton berceau de terre, ô mon nouveau-
« né! Quand le petit oiseau devient grand, il faut qu'il cherche sa
« nourriture, et il trouve dans le désert bien des graines amères. Du
« moins tu as ignoré les pleurs; du moins ton cœur n'a point été
« exposé au souffle dévorant des hommes. Le bouton qui sèche dans
« son enveloppe passe avec tous ses parfums, comme toi, ô mon fils!
« avec toute ton innocence. Heureux ceux qui meurent au berceau : ils
« n'ont connu que les baisers et les souris d'une mère! »

« Déjà subjugués par notre propre cœur, nous fûmes accablés par ces images d'amour et de maternité, qui sembloient nous poursuivre dans ces solitudes enchantées. J'emportai Atala dans mes bras au fond de la forêt, et je lui dis des choses qu'aujourd'hui je chercherois en vain sur mes lèvres. Le vent du midi, mon cher fils, perd sa chaleur en passant sur des montagnes de glace. Les souvenirs de l'amour dans le cœur d'un vieillard sont comme les feux du jour réfléchis par l'orbe paisible de la lune, lorsque le soleil est couché et que le silence plane sur la hutte des sauvages.

« Qui pouvoit sauver Atala? qui pouvoit l'empêcher de succomber à la nature? Rien qu'un miracle, sans doute ; et ce miracle fut fait! La fille de Simaghan eut recours au Dieu des chrétiens ; elle se précipita sur la terre, et prononça une fervente oraison, adressée à sa mère et à la Reine des vierges. C'est de ce moment, ô René! que j'ai conçu une merveilleuse idée de cette religion qui dans les forêts, au milieu de toutes les privations de la vie, peut remplir de mille dons les infortunés ; de cette religion qui, opposant sa puissance au torrent des passions, suffit seule pour les vaincre, lorsque tout les favorise, et le secret des bois, et l'absence des hommes, et la fidélité des ombres. Ah! qu'elle me parut divine, la simple sauvage, l'ignorante Atala, qui à genoux devant un vieux pin tombé, comme au pied d'un autel, offroit à son Dieu des vœux pour un amant idolâtre! Ses yeux levés vers l'astre de la nuit, ses joues brillantes des pleurs de la religion et de l'amour, étoient d'une beauté immortelle. Plusieurs fois il me sembla qu'elle alloit prendre son vol vers les cieux ; plusieurs fois je crus voir descendre sur les rayons de la lune et entendre dans les branches des arbres ces Génies que le Dieu des chrétiens envoie aux ermites des rochers, lorsqu'il se dispose à les rappeler à lui. J'en fus affligé, car je craignis qu'Atala n'eût que peu de temps à passer sur la terre.

« Cependant elle versa tant de larmes, elle se montra si malheureuse, que j'allois peut-être consentir à m'éloigner, lorsque le cri de mort retentit dans la forêt. Quatre hommes armés se précipitent sur moi : nous avions été découverts ; le chef de guerre avoit donné l'ordre de nous poursuivre.

« Atala, qui ressembloit à une reine pour l'orgueil de la démarche, dédaigna de parler à ces guerriers. Elle leur lança un regard superbe, et se rendit auprès de Simaghan.

« Elle ne put rien obtenir. On redoubla mes gardes, on multiplia mes chaînes, on écarta mon amante. Cinq nuits s'écoulent, et nous apercevons Apalachucla, situé au bord de la rivière Chata-Uche. Aussitôt on me couronne de fleurs ; on me peint le visage d'azur et de vermillon ; on m'attache des perles au nez et aux oreilles et l'on me met à la main un chichikoué[1].

« Ainsi paré pour le sacrifice, j'entre dans Apalachucla aux cris répétés de la foule. C'en étoit fait de ma vie, quand tout à coup le bruit d'une conque se fait entendre, et le Mico, ou chef de la nation, ordonne de s'assembler.

« Tu connois, mon fils, les tourments que les sauvages font subir aux prisonniers de guerre. Les missionnaires chrétiens, au péril de

---

1. Instrument de musique des sauvages.

leurs jours et avec une charité infatigable, étoient parvenus chez plusieurs nations à faire substituer un esclavage assez doux aux horreurs du bûcher. Les Muscogulges n'avoient point encore adopté cette coutume, mais un parti nombreux s'étoit déclaré en sa faveur. C'étoit pour prononcer sur cette importante affaire que le Mico convoquoit les Sachems. On me conduit au lieu des délibérations.

« Non loin d'Apalachucla s'élevoit, sur un tertre isolé, le pavillon du conseil. Trois cercles de colonnes formoient l'élégante architecture de cette rotonde. Les colonnes étoient de cyprès poli et sculpté; elles augmentoient en hauteur et en épaisseur et diminuoient en nombre à mesure qu'elles se rapprochoient du centre, marqué par un pilier unique. Du sommet de ce pilier partoient des bandes d'écorce, qui, passant sur le sommet des autres colonnes, couvroient le pavillon en forme d'éventail à jour.

« Le conseil s'assemble. Cinquante vieillards, en manteau de castor, se rangent sur des espèces de gradins faisant face à la porte du pavillon. Le grand chef est assis au milieu d'eux, tenant à la main le calumet de paix à demi coloré pour la guerre. A la droite des vieillards se placent cinquante femmes couvertes d'une robe de plumes de cygne. Les chefs de guerre, le tomahawk[1] à la main, le pennage en tête, les bras et la poitrine teints de sang, prennent la gauche.

« Au pied de la colonne centrale brûle le feu du conseil. Le premier jongleur, environné des huit gardiens du temple, vêtu de longs habits et portant un hibou empaillé sur la tête, verse du baume de copalme sur la flamme et offre un sacrifice au soleil. Ce triple rang de vieillards, de matrones, de guerriers; ces prêtres, ces nuages d'encens, ce sacrifice, tout sert à donner à ce conseil un appareil imposant.

« J'étois debout enchaîné au milieu de l'assemblée. Le sacrifice achevé, le Mico prend la parole, et expose avec simplicité l'affaire qui rassemble le conseil. Il jette un collier bleu dans la salle, en témoignage de ce qu'il vient de dire.

« Alors un Sachem de la tribu de l'Aigle se lève, et parle ainsi :

« Mon père le Mico, Sachems, matrones, guerriers des quatre tribus
« de l'Aigle, du Castor, du Serpent et de la Tortue, ne changeons rien
« aux mœurs de nos aïeux; brûlons le prisonnier, et n'amollissons
« point nos courages. C'est une coutume des blancs qu'on vous pro-
« pose, elle ne peut être que pernicieuse. Donnez un collier rouge qui
« contienne mes paroles. J'ai dit. »

« Et il jette un collier rouge dans l'assemblée.

---

1. La hache.

« Une matrone se lève, et dit :

« Mon père l'Aigle, vous avez l'esprit d'un renard et la prudente
« lenteur d'une tortue. Je veux polir avec vous la chaîne d'ami-
« tié, et nous planterons ensemble l'arbre de paix. Mais chan-
« geons les coutumes de nos aïeux en ce qu'elles ont de funeste.
« Ayons des esclaves qui cultivent nos champs, et n'entendons
« plus les cris des prisonniers, qui troublent le sein des mères.
« J'ai dit. »

« Comme on voit les flots de la mer se briser pendant un orage, comme en automne les feuilles séchées sont enlevées par un tourbillon, comme les roseaux du Meschacebé plient et se relèvent dans une inondation subite, comme un grand troupeau de cerfs brame au fond d'une forêt, ainsi s'agitoit et murmuroit le conseil. Des Sachems, des guerriers, des matrones parlent tour à tour ou tous ensemble. Les intérêts se choquent, les opinions se divisent, le conseil va se dissoudre, mais enfin l'usage antique l'emporte et je suis condamné au bûcher.

« Une circonstance vint retarder mon supplice : la *Fête des morts* ou le *Festin des âmes* approchoit. Il est d'usage de ne faire mourir aucun captif pendant les jours consacrés à cette cérémonie. On me confia à une garde sévère, et sans doute les Sachems éloignèrent la fille de Simaghan, car je ne la revis plus.

« Cependant les nations de plus de trois cents lieues à la ronde arrivoient en foule pour célébrer le *Festin des âmes*. On avoit bâti une longue hutte sur un site écarté. Au jour marqué, chaque cabane exhuma les restes de ses pères de leurs tombeaux particuliers, et l'on suspendit les squelettes, par ordre et par famille, aux murs de la *Salle commune des aïeux*. Les vents (une tempête s'étoit élevée), les forêts, les cataractes mugissoient au dehors, tandis que les vieillards des diverses nations concluoient entre eux des traités de paix et d'alliance sur les os de leurs pères.

« On célèbre les jeux funèbres, la course, la balle, les osselets. Deux vierges cherchent à s'arracher une baguette de saule. Les boutons de leurs seins viennent se toucher; leurs mains voltigent sur la baguette, qu'elles élèvent au-dessus de leurs têtes. Leurs beaux pieds nus s'entrelacent, leurs bouches se rencontrent, leurs douces haleines se confondent; elles se penchent et mêlent leurs chevelures; elles regardent leurs mères, rougissent : on applaudit[1]. Le Jongleur invoque Michabou, génie des eaux. Il raconte les guerres du grand Lièvre

---

1. La rougeur est sensible chez les jeunes sauvages.

contre Matchimanitou, dieu du mal. Il dit le premier homme et Atahensic la première femme précipités du ciel pour avoir perdu l'innocence, la terre rougie du sang fraternel, Jouskeka l'impie immolant le juste Tahouistsaron, le déluge descendant à la voix du grand Esprit, Massou sauvé seul dans son canot d'écorce, et le corbeau envoyé à la découverte de la terre; il dit encore la belle Endaé, retirée de la contrée des âmes par les douces chansons de son époux.

« Après ces jeux et ces cantiques, on se prépare à donner aux aïeux une éternelle sépulture.

« Sur les bords de la rivière Chata-Uche se voyoit un figuier sauvage, que le culte des peuples avoit consacré. Les vierges avoient accoutumé de laver leurs robes d'écorce dans ce lieu et de les exposer au souffle du désert, sur les rameaux de l'arbre antique. C'étoit là qu'on avoit creusé un immense tombeau. On part de la salle funèbre en chantant l'hymne à la mort; chaque famille porte quelques débris sacrés. On arrive à la tombe, on y descend les reliques; on les y étend par couche, on les sépare avec des peaux d'ours et de castor; le mont du tombeau s'élève, et l'on y plante l'*Arbre des pleurs et du sommeil*.

« Plaignons les hommes, mon cher fils! Ces mêmes Indiens dont les coutumes sont si touchantes, ces mêmes femmes qui m'avoient témoigné un intérêt si tendre, demandoient maintenant mon supplice à grands cris, et des nations entières retardoient leur départ pour avoir le plaisir de voir un jeune homme souffrir des tourments épouvantables.

« Dans une vallée au nord, à quelque distance du grand village, s'élevoit un bois de cyprès et de sapins, appelé le *Bois du sang*. On y arrivoit par les ruines d'un de ces monuments dont on ignore l'origine, et qui sont l'ouvrage d'un peuple maintenant inconnu. Au centre de ce bois s'étendoit une arène où l'on sacrifioit les prisonniers de guerre. On m'y conduit en triomphe. Tout se prépare pour ma mort : on plante le poteau d'Areskoui; les pins, les ormes, les cyprès, tombent sous la cognée; le bûcher s'élève; les spectateurs bâtissent des amphithéâtres avec des branches et des troncs d'arbres. Chacun invente un supplice : l'un se propose de m'arracher la peau du crâne, l'autre de me brûler les yeux avec des haches ardentes. Je commence ma chanson de mort :

« Je ne crains point les tourments : je suis brave, ô Muscogulges!
« je vous défie; je vous méprise plus que des femmes. Mon père
« Outalissi, fils de Miscou, a bu dans le crâne de vos plus fameux
« guerriers; vous n'arracherez pas un soupir de mon cœur. »

« Provoqué par ma chanson, un guerrier me perça le bras d'une flèche ; je dis : « Frère, je te remercie. »

« Malgré l'activité des bourreaux, les préparatifs du supplice ne purent être achevés avant le coucher du soleil. On consulta le Jongleur, qui défendit de troubler les Génies des ombres, et ma mort fut encore suspendue jusqu'au lendemain. Mais, dans l'impatience de jouir du spectacle et pour être plus tôt prêts au lever de l'aurore, les Indiens ne quittèrent point le *Bois du sang ;* ils allumèrent de grands feux et commencèrent des festins et des danses.

« Cependant on m'avoit étendu sur le dos. Des cordes partant de mon cou, de mes pieds, de mes bras, alloient s'attacher à des piquets enfoncés en terre. Des guerriers étoient couchés sur ces cordes, et je ne pouvois faire un mouvement sans qu'ils n'en fussent avertis. La nuit s'avance : les chants et les danses cessent par degré ; les feux ne jettent plus que des lueurs rougeâtres, devant lesquelles on voit encore passer les ombres de quelques sauvages ; tout s'endort : à mesure que le bruit des hommes s'affoiblit, celui du désert augmente, et au tumulte des voix succèdent les plaintes du vent dans la forêt.

« C'étoit l'heure où une jeune Indienne qui vient d'être mère se réveille en sursaut au milieu de la nuit, car elle a cru entendre les cris de son premier-né, qui lui demande la douce nourriture. Les yeux attachés au ciel, où le croissant de la lune erroit dans les nuages, je réfléchissois sur ma destinée. Atala me sembloit un monstre d'ingratitude : m'abandonner au moment du supplice, moi qui m'étois dévoué aux flammes plutôt que de la quitter ! Et pourtant je sentois que je l'aimois toujours et que je mourrois avec joie pour elle.

« Il est dans les extrêmes plaisirs un aiguillon qui nous éveille, comme pour nous avertir de profiter de ce moment rapide ; dans les grandes douleurs, au contraire, je ne sais quoi de pesant nous endort : des yeux fatigués par les larmes cherchent naturellement à se fermer, et la bonté de la Providence se fait ainsi remarquer jusque dans nos infortunes. Je cédai malgré moi à ce lourd sommeil que goûtent quelquefois les misérables. Je rêvois qu'on m'ôtoit mes chaînes ; je croyois sentir ce soulagement qu'on éprouve lorsque, après avoir été fortement pressé, une main secourable relâche nos fers.

« Cette sensation devint si vive qu'elle me fit soulever les paupières. A la clarté de la lune, dont un rayon s'échappoit entre deux nuages, j'entrevois une grande figure blanche penchée sur moi et occupée à dénouer silencieusement mes liens. J'allois pousser un cri, lorsqu'une main, que je reconnus à l'instant, me ferma la bouche. Une seule corde restoit, mais il paroissoit impossible de la couper sans toucher un guerrier qui la couvroit tout entière de son corps. Atala y porte la main ; le guerrier s'éveille à demi, et se dresse sur son séant. Atala reste immobile et le regarde. L'Indien croit voir l'Esprit des ruines ; il se recouche en fermant les yeux et en invoquant son Manitou. Le lien est brisé. Je me lève ; je suis ma libératrice, qui me tend le bout d'un arc dont elle tient l'autre extrémité. Mais que de dangers nous environnent ! Tantôt nous sommes près de heurter des sauvages endormis ; tantôt une garde nous interroge, et Atala répond en changeant sa voix. Des enfants poussent des cris, des dogues aboient. A peine sommes-nous sortis de l'enceinte funeste, que des hurlements ébranlent la forêt. Le camp se réveille, mille feux s'allument, on voit courir de tous côtés des sauvages avec des flambeaux : nous précipitons notre course.

« Quand l'aurore se leva sur les Apalaches, nous étions déjà loin. Quelle fut ma félicité lorsque je me trouvai encore une fois dans la solitude avec Atala, avec Atala ma libératrice, avec Atala qui se donnoit à moi pour toujours ! Les paroles manquèrent à ma langue ; je tombai à genoux, et je dis à la fille de Simaghan : « Les hommes sont « bien peu de chose ; mais quand les Génies les visitent, alors ils ne « sont rien du tout. Vous êtes un Génie, vous m'avez visité, et je ne « puis parler devant vous. » Atala me tendit la main avec un sourire : « Il faut bien, dit-elle, que je vous suive, puisque vous ne voulez pas « fuir sans moi. Cette nuit, j'ai séduit le Jongleur par des présents, « j'ai enivré vos bourreaux avec de l'essence de feu[1], et j'ai dû hasar- « der ma vie pour vous, puisque vous aviez donné la vôtre pour moi. « Oui, jeune idolâtre, ajouta-t-elle avec un accent qui m'effraya, le « sacrifice sera réciproque. »

« Atala me remit les armes qu'elle avoit eu soin d'apporter ; ensuite elle pansa ma blessure. En l'essuyant avec une feuille de papaya, elle la mouilloit de ses larmes. « C'est un baume, lui dis-je, que tu « répands sur ma plaie. — Je crains plutôt que ce ne soit un poison, » répondit-elle. Elle déchira un des voiles de son sein, dont elle fit une première compresse, qu'elle attacha avec une boucle de ses cheveux.

« L'ivresse, qui dure longtemps chez les sauvages et qui est pour eux une espèce de maladie, les empêcha sans doute de nous poursuivre durant les premières journées. S'ils nous cherchèrent ensuite, il est probable que ce fut du côté du couchant, persuadés que nous aurions essayé de nous rendre au Meschacebé ; mais nous avions pris notre

---

1. De l'eau-de-vie.

route vers l'étoile immobile[1]; en nous dirigeant sur la mousse du tronc des arbres.

« Nous ne tardâmes pas à nous apercevoir que nous avions peu gagné à ma délivrance. Le désert dérouloit maintenant devant nous ses solitudes démesurées. Sans expérience de la vie des forêts, détournés de notre vrai chemin et marchant à l'aventure, qu'allions-nous devenir? Souvent, en regardant Atala, je me rappelois cette antique histoire d'Agar, que Lopez m'avoit fait lire, et qui est arrivée dans le désert de Bersabée, il y a bien longtemps, alors que les hommes vivoient trois âges de chêne.

« Atala me fit un manteau avec la seconde écorce du frêne, car j'étois presque nu. Elle me broda des mocassines[2] de peau de rat musqué avec du poil de porc-épic. Je prenois soin à mon tour de sa parure. Tantôt je lui mettois sur la tête une couronne de ces mauves bleues que nous trouvions sur notre route, dans des cimetières indiens abandonnés; tantôt je lui faisois des colliers avec des graines rouges d'azalea, et puis je me prenois à sourire en contemplant sa merveilleuse beauté.

« Quand nous rencontrions un fleuve, nous le passions sur un radeau ou à la nage. Atala appuyoit une de ses mains sur mon épaule, et, comme deux cygnes voyageurs, nous traversions ces ondes solitaires.

« Souvent, dans les grandes chaleurs du jour, nous cherchions un abri sous les mousses des cèdres. Presque tous les arbres de la Floride, en particulier le cèdre et le chêne vert, sont couverts d'une mousse blanche qui descend de leurs rameaux jusqu'à terre. Quand la nuit, au clair de la lune, vous apercevez sur la nudité d'une savane une yeuse isolée revêtue de cette draperie, vous croiriez voir un fantôme traînant après lui ses longs voiles. La scène n'est pas moins pittoresque au grand jour, car une foule de papillons, de mouches brillantes, de colibris, de perruches vertes, de geais d'azur, vient s'accrocher à ces mousses, qui produisent alors l'effet d'une tapisserie en laine blanche où l'ouvrier européen auroit brodé des insectes et des oiseaux éclatants.

« C'étoit dans ces riantes hôtelleries, préparées par le grand Esprit, que nous nous reposions à l'ombre. Lorsque les vents descendoient du ciel pour balancer ce grand cèdre, que le château aérien bâti sur ses branches alloit flottant avec les oiseaux et les voyageurs endormis sous ses abris, que mille soupirs sortoient des corridors et des voûtes

---

1. Le nord.   2. Chaussure indienne.

du mobile édifice, jamais les merveilles de l'ancien Monde n'ont approché de ce monument du désert.

« Chaque soir nous allumions un grand feu et nous bâtissions la hutte du voyage avec une écorce élevée sur quatre piquets. Si j'avois tué une dinde sauvage, un ramier, un faisan des bois, nous le suspendions devant le chêne embrasé, au bout d'une gaule plantée en terre, et nous abandonnions au vent le soin de tourner la proie du chasseur. Nous mangions des mousses appelées *tripes de roche,* des écorces sucrées de bouleau, et des pommes de mai, qui ont le goût de la pêche et de la framboise. Le noyer noir, l'érable, le sumac, fournissoient le vin à notre table. Quelquefois j'allois chercher parmi les roseaux une plante dont la fleur allongée en cornet contenoit un verre de la plus pure rosée. Nous bénissions la Providence, qui sur la foible tige d'une fleur avoit placé cette source limpide au milieu des marais corrompus, comme elle a mis l'espérance au fond des cœurs ulcérés par le chagrin, comme elle a fait jaillir la vertu du sein des misères de la vie!

« Hélas! je découvris bientôt que je m'étois trompé sur le calme apparent d'Atala. A mesure que nous avancions, elle devenoit triste. Souvent elle tressailloit sans cause et tournoit précipitamment la tête. Je la surprenois attachant sur moi un regard passionné qu'elle reportoit vers le ciel avec une profonde mélancolie. Ce qui m'effrayoit surtout étoit un secret, une pensée cachée au fond de son âme, que j'entrevoyois dans ses yeux. Toujours m'attirant et me repoussant, ranimant et détruisant mes espérances quand je croyois avoir fait un peu de chemin dans son cœur, je me retrouvois au même point. Que de fois elle m'a dit : « O mon jeune amant! je t'aime comme
« l'ombre des bois au milieu du jour! Tu es beau comme le désert
« avec toutes ses fleurs et toutes ses brises. Si je me penche sur toi,
« je frémis; si ma main tombe sur la tienne, il me semble que je
« vais mourir. L'autre jour le vent jeta tes cheveux sur mon visage
« tandis que tu te délassois sur mon sein, je crus sentir le léger tou-
« cher des Esprits invisibles. Oui, j'ai vu les chevrettes de la mon-
« tagne d'Occone, j'ai entendu les propos des hommes rassasiés de
« jours : mais la douceur des chevreaux et la sagesse des vieillards
« sont moins plaisantes et moins fortes que tes paroles. Eh bien,
« pauvre Chactas, je ne serai jamais ton épouse! »

« Les perpétuelles contradictions de l'amour et de la religion d'Atala, l'abandon de sa tendresse et la chasteté de ses mœurs, la fierté de son caractère et sa profonde sensibilité, l'élévation de son âme dans les grandes choses, sa susceptibilité dans les petites, tout en faisoit pour moi un être incompréhensible. Atala ne pouvoit pas prendre sur un homme un foible empire : pleine de passions, elle étoit pleine de puissance ; il falloit ou l'adorer ou la haïr.

« Après quinze nuits d'une marche précipitée, nous entrâmes dans la chaîne des monts Allégànys et nous atteignîmes une des branches du Tenase, fleuve qui se jette dans l'Ohio. Aidé des conseils d'Atala, je bâtis un canot, que j'enduisis de gomme de prunier, après en avoir recousu les écorces avec des racines de sapin. Ensuite je m'embarquai avec Atala, et nous nous abandonnâmes au cours du fleuve.

« Le village indien de Sticoé, avec ses tombes pyramidales et ses huttes en ruine, se montroit à notre gauche, au détour d'un promontoire ; nous laissions à droite la vallée de Keow, terminée par la perspective des cabanes de Jore, suspendues au front de la montagne du même nom. Le fleuve qui nous entraînoit couloit entre de hautes falaises, au bout desquelles on apercevoit le soleil couchant. Ces profondes solitudes n'étoient point troublées par la présence de l'homme. Nous ne vîmes qu'un chasseur indien, qui, appuyé sur son arc et immobile sur la pointe d'un rocher, ressembloit à une statue élevée dans la montagne au Génie de ces déserts.

« Atala et moi nous joignions notre silence au silence de cette scène. Tout à coup la fille de l'exil fit éclater dans les airs une voix pleine d'émotion et de mélancolie ; elle chantoit la patrie absente :

« Heureux ceux qui n'ont point vu la fumée des fêtes de l'étranger
« et qui ne se sont assis qu'aux festins de leurs pères !

« Si le geai bleu du Meschacebé disoit à la nonpareille des Flo-
« rides : Pourquoi vous plaignez-vous si tristement ? n'avez-vous pas
« ici de belles eaux et de beaux ombrages, et toutes sortes de pâtures
« comme dans vos forêts ? — Oui, répondroit la nonpareille fugitive,
« mais mon nid est dans le jasmin : qui me l'apportera ? Et le soleil
« de ma savane, l'avez-vous ?

« Heureux ceux qui n'ont point vu la fumée des fêtes de l'étranger
« et qui ne se sont assis qu'aux festins de leurs pères !

« Après les heures d'une marche pénible, le voyageur s'assied tran-
« quillement. Il contemple autour de lui les toits des hommes ; le
« voyageur n'a pas un lieu où reposer sa tête. Le voyageur frappe à
« la cabane, il met son arc derrière la porte, il demande l'hospitalité ;
« le maître fait un geste de la main ; le voyageur reprend son arc, et
« retourne au désert !

« Heureux ceux qui n'ont point vu la fumée des fêtes de l'étranger
« et qui ne se sont assis qu'aux festins de leurs pères !

« Merveilleuses histoires racontées autour du foyer, tendres épan-
« chements du cœur, longues habitudes d'aimer si nécessaires à la
« vie, vous avez rempli les journées de ceux qui n'ont point quitté
« leur pays natal! Leurs tombeaux sont dans leur patrie, avec le
« soleil couchant, les pleurs de leurs amis et les charmes de la
« religion.

« Heureux ceux qui n'ont point vu la fumée des fêtes de l'étranger
« et qui ne se sont assis qu'aux festins de leurs pères! »

« Ainsi chantoit Atala. Rien n'interrompoit ses plaintes, hors le bruit insensible de notre canot sur les ondes. En deux ou trois endroits seulement elles furent recueillies par un foible écho, qui les redit à un second plus foible, et celui-ci à un troisième plus foible encore : on eût cru que les âmes de deux amants jadis infortunés comme nous, attirées par cette mélodie touchante, se plaisoient à en soupirer les derniers sons dans la montagne.

« Cependant la solitude, la présence continuelle de l'objet aimé, nos malheurs mêmes, redoubloient à chaque instant notre amour. Les forces d'Atala commençoient à l'abandonner, et les passions, en abattant son corps, alloient triompher de sa vertu. Elle prioit continuellement sa mère, dont elle avoit l'air de vouloir apaiser l'ombre irritée. Quelquefois elle me demandoit si je n'entendois pas une voix plaintive, si je ne voyois pas des flammes sortir de la terre. Pour moi, épuisé de fatigue, mais toujours brûlant de désir, songeant que j'étois peut-être perdu sans retour au milieu de ces forêts, cent fois je fus prêt à saisir mon épouse dans mes bras, cent fois je lui proposai de bâtir une hutte sur ces rivages et de nous y ensevelir ensemble. Mais elle me résista toujours : « Songez, me disoit-elle,
« mon jeune ami, qu'un guerrier se doit à sa patrie. Qu'est-ce qu'une
« femme auprès des devoirs que tu as à remplir? Prends courage, fils
« d'Outalissi; ne murmure point contre ta destinée. Le cœur de
« l'homme est comme l'éponge du fleuve, qui tantôt boit une onde
« pure dans les temps de sérénité, tantôt s'enfle d'une eau bourbeuse
« quand le ciel a troublé les eaux. L'éponge a-t-elle le droit de dire :
« Je croyois qu'il n'y auroit jamais d'orages, que le soleil ne seroit
« jamais brûlant? »

« O René! si tu crains les troubles du cœur, défie-toi de la solitude : les grandes passions sont solitaires, et les transporter au désert, c'est les rendre à leur empire. Accablés de soucis et de craintes, exposés à tomber entre les mains des Indiens ennemis, à être engloutis dans les eaux, piqués des serpents, dévorés des bêtes, trouvant difficilement une chétive nourriture, et ne sachant plus de quel côté tourner nos pas, nos maux sembloient ne pouvoir plus s'accroître, lorsqu'un accident y vint mettre le comble.

« C'étoit le vingt-septième soleil depuis notre départ des cabanes : la *lune de feu*[1] avoit commencé son cours, et tout annonçoit un orage. Vers l'heure où les matrones indiennes suspendent la crosse du labour aux branches du savinier et où les perruches se retirent dans le creux des cyprès, le ciel commença à se couvrir. Les voix de la solitude s'éteignirent, le désert fit silence et les forêts demeurèrent dans un calme universel. Bientôt les roulements d'un tonnerre lointain, se prolongeant dans ces bois aussi vieux que le monde, en firent sortir des bruits sublimes. Craignant d'être submergés, nous nous hâtâmes de gagner le bord du fleuve et de nous retirer dans une forêt.

« Ce lieu étoit un terrain marécageux. Nous avancions avec peine sous une voûte de smilax, parmi des ceps de vigne, des indigos, des faséoles, des lianes rampantes, qui entravoient nos pieds comme des filets. Le sol spongieux trembloit autour de nous, et à chaque instant nous étions près d'être engloutis dans des fondrières. Des insectes sans nombre, d'énormes chauves-souris, nous aveugloient ; les serpents à sonnettes bruissoient de toutes parts, et les loups, les ours, les carcajous, les petits tigres, qui venoient se cacher dans ces retraites, les remplissoient de leurs rugissements.

« Cependant l'obscurité redouble : les nuages abaissés entrent sous l'ombrage des bois. La nue se déchire, et l'éclair trace un rapide losange de feu. Un vent impétueux, sorti du couchant, roule les nuages sur les nuages ; les forêts plient, le ciel s'ouvre coup sur coup, et à travers ses crevasses on aperçoit de nouveaux cieux et des campagnes ardentes. Quel affreux, quel magnifique spectacle ! La foudre met le feu dans les bois ; l'incendie s'étend comme une chevelure de flammes ; des colonnes d'étincelles et de fumée assiègent les nues, qui vomissent leurs foudres dans le vaste embrasement. Alors le grand Esprit couvre les montagnes d'épaisses ténèbres ; du milieu de ce vaste chaos s'élève un mugissement confus formé par le fracas des vents, le gémissement des arbres, le hurlement des bêtes féroces, le bourdonnement de l'incendie et la chute répétée du tonnerre qui siffle en s'éteignant dans les eaux.

« Le grand Esprit le sait ! Dans ce moment je ne vis qu'Atala, je ne pensai qu'à elle. Sous le tronc penché d'un bouleau, je parvins à la garantir des torrents de la pluie. Assis moi-même sous

---

1. Mois de juillet.

l'arbre, tenant ma bien-aimée sur mes genoux, et réchauffant ses pieds nus entre mes mains, j'étois plus heureux que la nouvelle épouse qui sent pour la première fois son fruit tressaillir dans son sein.

« Nous prêtions l'oreille au bruit de la tempête ; tout à coup je sentis une larme d'Atala tomber sur mon sein : « Orage du cœur, « m'écriai-je, est-ce une goutte de votre pluie ? » Puis, embrassant étroitement celle que j'aimois : « Atala, lui dis-je, vous me cachez « quelque chose. Ouvre-moi ton cœur, ô ma beauté ! cela fait tant de « bien quand un ami regarde dans notre âme ! Raconte-moi cet autre « secret de la douleur, que tu t'obstines à taire. Ah ! je le vois, tu « pleures ta patrie. » Elle repartit aussitôt : « Enfant des hommes, « comment pleurerois-je ma patrie, puisque mon père n'étoit pas du « pays des palmiers ! — Quoi ! répliquai-je avec un profond étonne- « ment, votre père n'étoit point du pays des palmiers ! Quel est donc « celui qui vous a mise sur cette terre ? Répondez. » Atala dit ces paroles :

« Avant que ma mère eût apporté en mariage au guerrier Simaghan « trente cavales, vingt buffles, cent mesures d'huile de glands, cin- « quante peaux de castors et beaucoup d'autres richesses, elle avoit « connu un homme de la chair blanche. Or, la mère de ma mère lui « jeta de l'eau au visage, et la contraignit d'épouser le magnanime « Simaghan, tout semblable à un roi et honoré des peuples comme « un Génie. Mais ma mère dit à son nouvel époux : « Mon ventre a « conçu, tuez-moi. » Simaghan lui répondit : « Le grand Esprit me « garde d'une si mauvaise action ! Je ne vous mutilerai point, je ne « vous couperai point le nez ni les oreilles, parce que vous avez été « sincère et que vous n'avez point trompé ma couche. Le fruit de vos « entrailles sera mon fruit, et je ne vous visiterai qu'après le départ « de l'oiseau de rizière, lorsque la treizième lune aura brillé. » En ce « temps-là je brisai le sein de ma mère et je commençai à croître, « fière comme une Espagnole et comme une sauvage. Ma mère me « fit chrétienne, afin que son Dieu et le Dieu de mon père fût aussi « mon Dieu. Ensuite le chagrin d'amour vint la chercher, et elle « descendit dans la petite cave garnie de peaux d'où l'on ne sort « jamais. »

« Telle fut l'histoire d'Atala. « Et quel étoit donc ton père, pauvre « orpheline ? lui dis-je ; comment les hommes l'appeloient-ils sur la « terre et quel nom portoit-il parmi les Génies ? — Je n'ai jamais lavé « les pieds de mon père, dit Atala ; je sais seulement qu'il vivoit avec « sa sœur à Saint-Augustin et qu'il a toujours été fidèle à ma mère :

« *Philippe* étoit son nom parmi les anges, et les hommes le nommoient
« *Lopez*. »

« A ces mots je poussai un cri qui retentit dans toute la solitude ; le bruit de mes transports se mêla au bruit de l'orage. Serrant Atala sur mon cœur, je m'écriai avec des sanglots : « O ma sœur ! ô fille de Lopez ! fille de mon bienfaiteur ! » Atala, effrayée, me demanda d'où venoit mon trouble ; mais quand elle sut que Lopez étoit cet hôte généreux qui m'avoit adopté à Saint-Augustin, et que j'avois quitté pour être libre, elle fut saisie elle-même de confusion et de joie.

« C'en étoit trop pour nos cœurs que cette amitié fraternelle qui venoit nous visiter et joindre son amour à notre amour. Désormais les combats d'Atala alloient devenir inutiles ; en vain je la sentis porter une main à son sein et faire un mouvement extraordinaire : déjà je l'avois saisie, déjà je m'étois enivré de son souffle, déjà j'avois bu toute la magie de l'amour sur ses lèvres. Les yeux levés vers le ciel, à la lueur des éclairs, je tenois mon épouse dans mes bras en présence de l'Éternel. Pompe nuptiale, digne de nos malheurs et de la grandeur de nos amours ; superbes forêts qui agitiez vos lianes et vos dômes comme les rideaux et le ciel de notre couche, pins embrasés qui formiez les flambeaux de notre hymen, fleuve débordé, montagnes mugissantes, affreuse et sublime nature, n'étiez-vous donc qu'un appareil préparé pour nous tromper, et ne pûtes-vous cacher un moment dans vos mystérieuses horreurs la félicité d'un homme ?

« Atala n'offroit plus qu'une foible résistance ; je touchois au moment du bonheur quand tout à coup un impétueux éclair, suivi d'un éclat de la foudre, sillonne l'épaisseur des ombres, remplit la forêt de soufre et de lumière et brise un arbre à nos pieds. Nous fuyons. O surprise !... dans le silence qui succède nous entendons le son d'une cloche ! Tous deux interdits, nous prêtons l'oreille à ce bruit, si étrange dans un désert. A l'instant un chien aboie dans le lointain ; il approche, il redouble ses cris, il arrive, il hurle de joie à nos pieds ; un vieux solitaire portant une petite lanterne le suit à travers les ténèbres de la forêt. « La Providence soit bénie ! s'écria-t-il aussitôt
« qu'il nous aperçut. Il y a bien longtemps que je vous cherche !
« Notre chien vous a sentis dès le commencement de l'orage, et il
« m'a conduit ici. Bon Dieu ! comme ils sont jeunes ! Pauvres enfants !
« comme ils ont dû souffrir ! Allons ! j'ai apporté une peau d'ours, ce
« sera pour cette jeune femme ; voici un peu de vin dans notre cale-
« basse. Que Dieu soit loué dans toutes ses œuvres ! sa miséricorde
« est bien grande, et sa bonté est infinie ! »

« Atala étoit aux pieds du religieux : « Chef de la prière, lui disoit-
« elle, je suis chrétienne. C'est le ciel qui t'envoie pour me sauver. —
« Ma fille, dit l'ermite en la relevant, nous sonnons ordinairement la
« cloche de la mission pendant la nuit et pendant les tempêtes pour
« appeler les étrangers, et, à l'exemple de nos frères des Alpes et du
« Liban, nous avons appris à notre chien à découvrir les voyageurs
« égarés. » Pour moi, je comprenois à peine l'ermite ; cette charité
me sembloit si fort au-dessus de l'homme, que je croyois faire un
songe. A la lueur de la petite lanterne que tenoit le religieux, j'entrevoyois sa barbe et ses cheveux tout trempés d'eau ; ses pieds, ses
mains et son visage étoient ensanglantés par les ronces. « Vieillard,
« m'écriai-je enfin, quel cœur as-tu donc, toi qui n'as pas craint d'être
« frappé par la foudre ? — Craindre ! repartit le père avec une sorte
« de chaleur ; craindre lorsqu'il y a des hommes en péril et que je
« leur puis être utile ! je serois donc un bien indigne serviteur de
« Jésus-Christ ! — Mais sais-tu, lui dis-je, que je ne suis pas chrétien ?
« — Jeune homme, répondit l'ermite, vous ai-je demandé votre reli-
« gion ? Jésus-Christ n'a pas dit : « Mon sang lavera celui-ci, et non
« celui-là. » Il est mort pour le Juif et le gentil, et il n'a vu dans tous
« les hommes que des frères et des infortunés. Ce que je fais ici pour
« vous est fort peu de chose, et vous trouveriez ailleurs bien d'autres
« secours ; mais la gloire n'en doit point retomber sur les prêtres. Que
« sommes-nous, foibles solitaires, sinon de grossiers instruments d'une
« œuvre céleste ? Eh ! quel seroit le soldat assez lâche pour reculer
« lorsque son chef, la croix à la main et le front couronné d'épines,
« marche devant lui au secours des hommes ? »

« Ces paroles saisirent mon cœur ; des larmes d'admiration et de
tendresse tombèrent de mes yeux. « Mes chers enfants, dit le mis-
« sionnaire, je gouverne dans ces forêts un petit troupeau de vos
« frères sauvages. Ma grotte est assez près d'ici dans la montagne :
« venez vous réchauffer chez moi ; vous n'y trouverez pas les commo-
« dités de la vie, mais vous y aurez un abri, et il faut encore en
« remercier la bonté divine, car il y a bien des hommes qui en man-
« quent. »

LES LABOUREURS.

« Il y a des justes dont la conscience est si tranquille, qu'on ne peut
approcher d'eux sans participer à la paix qui s'exhale pour ainsi
dire de leur cœur et de leurs discours. A mesure que le solitaire par-

loit, je sentois les passions s'apaiser dans mon sein et l'orage même du ciel sembloit s'éloigner à sa voix. Les nuages furent bientôt assez dispersés pour nous permettre de quitter notre retraite. Nous sortîmes de la forêt, et nous commençâmes à gravir le revers d'une haute montagne. Le chien marchoit devant nous en portant au bout d'un bâton la lanterne éteinte. Je tenois la main d'Atala, et nous suivions le missionnaire. Il se détournoit souvent pour nous regarder, contemplant avec pitié nos malheurs et notre jeunesse. Un livre étoit suspendu à son cou; il s'appuyoit sur un bâton blanc. Sa taille étoit élevée, sa figure pâle et maigre, sa physionomie simple et sincère. Il n'avoit pas les traits morts et effacés de l'homme né sans passions; on voyoit que ses jours avoient été mauvais, et les rides de son front montroient les belles cicatrices des passions guéries par la vertu et par l'amour de Dieu et des hommes. Quand il nous parloit debout et immobile, sa longue barbe, ses yeux modestement baissés, le son affectueux de sa voix, tout en lui avoit quelque chose de calme et de sublime. Quiconque a vu, comme moi, le père Aubry cheminant seul avec son bâton et son bréviaire dans le désert, a une véritable idée du voyageur chrétien sur la terre.

« Après une demi-heure d'une marche dangereuse par les sentiers de la montagne, nous arrivâmes à la grotte du missionnaire. Nous y entrâmes à travers les lierres et les giraumonts humides, que la pluie avoit abattus des rochers. Il n'y avoit dans ce lieu qu'une natte de feuilles de papaya, une calebasse pour puiser de l'eau, quelques vases de bois, une bêche, un serpent familier et, sur une pierre qui servoit de table, un crucifix et le livre des chrétiens.

« L'homme des anciens jours se hâta d'allumer du feu avec des lianes sèches; il brisa du maïs entre deux pierres, et, en ayant fait un gâteau, il le mit cuire sous la cendre. Quand ce gâteau eut pris au feu une belle couleur dorée, il nous le servit tout brûlant, avec de la crème de noix dans un vase d'érable. Le soir ayant ramené la sérénité, le serviteur du grand Esprit nous proposa d'aller nous asseoir à l'entrée de la grotte. Nous le suivîmes dans ce lieu, qui commandoit une vue immense. Les restes de l'orage étoient jetés en désordre vers l'orient; les feux de l'incendie allumé dans les forêts par la foudre brilloient encore dans le lointain; au pied de la montagne, un bois de pins tout entier étoit renversé dans la vase, et le fleuve rouloit pêle-mêle les argiles détrempées, les troncs des arbres, les corps des animaux et les poissons morts, dont on voyoit le ventre argenté flotter à la surface des eaux.

« Ce fut au milieu de cette scène qu'Atala raconta notre histoire au

grand Génie de la montagne. Son cœur parut touché, et des larmes tombèrent sur sa barbe. « Mon enfant, dit-il à Atala, il faut offrir vos
« souffrances à Dieu, pour la gloire de qui vous avez déjà fait tant de
« choses, il vous rendra le repos. Voyez fumer ces forêts : sécher ces tor-
« rents, se dissiper ces nuages : croyez-vous que celui qui peut calmer
« une pareille tempête ne pourra pas apaiser les troubles du cœur de
« l'homme? Si vous n'avez pas de meilleure retraite, ma chère fille, je
« vous offre une place au milieu du troupeau que j'ai eu le bonheur
« d'appeler à Jésus-Christ. J'instruirai Chactas, et je vous le donnerai
« pour époux quand il sera digne de l'être. »

« A ces mots je tombai aux genoux du solitaire en versant des pleurs de joie; mais Atala devint pâle comme la mort. Le vieillard me releva avec bénignité, et je m'aperçus alors qu'il avoit les deux mains mutilées. Atala comprit sur-le-champ ses malheurs. « Les barbares! » s'écria-t-elle.

« Ma fille, reprit le père avec un doux sourire, qu'est-ce que cela
« auprès de ce qu'a enduré mon divin Maître? Si les Indiens idolâtres
« m'ont affligé, ce sont de pauvres aveugles que Dieu éclairera un jour.
« Je les chéris même davantage en proportion des maux qu'ils m'ont
« faits. Je n'ai pu rester dans ma patrie, où j'étois retourné, et où
« une illustre reine m'a fait l'honneur de vouloir contempler ces
« foibles marques de mon apostolat. Et quelle récompense plus glo-
« rieuse pouvois-je recevoir de mes travaux que d'avoir obtenu du chef
« de notre religion la permission de célébrer le divin sacrifice avec
« ces mains mutilées? Il ne me restoit plus, après un tel honneur,
« qu'à tâcher de m'en rendre digne : je suis revenu au Nouveau-
« Monde consumer le reste de ma vie au service de mon Dieu. Il y a
« bientôt trente ans que j'habite cette solitude, et il y en aura demain
« vingt-deux que j'ai pris possession de ce rocher. Quand j'arrivai
« dans ces lieux, je n'y trouvai que des familles vagabondes, dont les
« mœurs étoient féroces et la vie fort misérable. Je leur ai fait entendre
« la parole de paix, et leurs mœurs se sont graduellement adoucies.
« Ils vivent maintenant rassemblés au bas de cette montagne. J'ai
« tâché, en leur enseignant les voies du salut, de leur apprendre les
« premiers arts de la vie, mais sans les porter trop loin, et en rete-
« nant ces honnêtes gens dans cette simplicité qui fait le bonheur.
« Pour moi, craignant de les gêner par ma présence, je me suis
« retiré sous cette grotte, où ils viennent me consulter. C'est ici
« que, loin des hommes, j'admire Dieu dans la grandeur de ces soli-
« tudes et que je me prépare à la mort, que m'annoncent mes vieux
« jours. »

« En achevant ces mots, le solitaire se mit à genoux, et nous imitâmes son exemple. Il commença à haute voix une prière, à laquelle Atala répondoit. De muets éclairs ouvroient encore les cieux dans l'orient, et sur les nuages du couchant trois soleils brilloient ensemble. Quelques renards dispersés par l'orage allongeoient leurs museaux noirs au bord des précipices, et l'on entendoit le frémissement des plantes qui, séchant à la brise du soir, relevoient de toutes parts leurs tiges abattues.

« Nous rentrâmes dans la grotte, où l'ermite étendit un lit de mousse de cyprès pour Atala. Une profonde langueur se peignoit dans les yeux et dans les mouvements de cette vierge; elle regardoit le père Aubry, comme si elle eût voulu lui communiquer un secret, mais quelque chose sembloit la retenir, soit ma présence, soit une certaine honte, soit l'inutilité de l'aveu. Je l'entendis se lever au milieu de la nuit; elle cherchoit le solitaire, mais comme il lui avoit donné sa couche, il étoit allé contempler la beauté du ciel et prier Dieu sur le sommet de la montagne. Il me dit le lendemain que c'étoit assez sa coutume, même pendant l'hiver, aimant à voir les forêts balancer leurs cimes dépouillées, les nuages voler dans les cieux, et à entendre les vents et les torrents gronder dans la solitude. Ma sœur fut donc obligée de retourner à sa couche, où elle s'assoupit. Hélas! comblé d'espérance, je ne vis dans la foiblesse d'Atala que des marques passagères de lassitude!

« Le lendemain, je m'éveillai aux chants des cardinaux et des oiseaux moqueurs nichés dans les acacias et les lauriers qui environnoient la grotte. J'allai cueillir une rose de magnolia, et je la déposai, humectée des larmes du matin, sur la tête d'Atala endormie. J'espérois, selon la religion de mon pays, que l'âme de quelque enfant mort à la mamelle seroit descendue sur cette fleur dans une goutte de rosée, et qu'un heureux songe la porteroit au sein de ma future épouse. Je cherchai ensuite mon hôte; je le trouvai la robe relevée dans ses deux poches, un chapelet à la main et m'attendant assis sur le tronc d'un pin tombé de vieillesse. Il me proposa d'aller avec lui à la Mission, tandis qu'Atala reposoit encore; j'acceptai son offre, et nous nous mîmes en route à l'instant.

« En descendant la montagne, j'aperçus des chênes où les Génies sembloient avoir dessiné des caractères étrangers. L'ermite me dit qu'il les avoit tracés lui-même, que c'étoient des vers d'un ancien poëte appelé *Homère* et quelques sentences d'un autre poëte plus ancien encore, nommé *Salomon*. Il y avoit je ne sais quelle mystérieuse harmonie entre cette sagesse des temps, ces vers rongés de mousse, ce vieux solitaire qui les avoit gravés et ces vieux chênes qui lui servoient de livres.

« Son nom, son âge, la date de sa mission, étoient aussi marqués sur un roseau de savane, au pied de ces arbres. Je m'étonnai de la fragilité du dernier monument : « Il durera encore plus que moi, me « répondit le père, et aura toujours plus de valeur que le peu de bien « que j'ai fait. »

« De là nous arrivâmes à l'entrée d'une vallée, où je vis un ouvrage merveilleux : c'étoit un pont naturel, semblable à celui de la Virginie, dont tu as peut-être entendu parler. Les hommes, mon fils, surtout ceux de ton pays, imitent souvent la nature, et leurs copies sont toujours petites ; il n'en est pas ainsi de la nature quand elle a l'air d'imiter les travaux des hommes, en leur offrant en effet des modèles. C'est alors qu'elle jette des ponts du sommet d'une montagne au sommet d'une autre montagne, suspend des chemins dans les nues, répand des fleuves pour canaux, sculpte des monts pour colonnes et pour bassins creuse des mers.

« Nous passâmes sous l'arche unique de ce pont, et nous nous trouvâmes devant une autre merveille : c'étoit le cimetière des Indiens de la Mission, ou *les Bocages de la mort*. Le père Aubry avoit permis à ses néophytes d'ensevelir leurs morts à leur manière et de conserver au lieu de leurs sépultures son nom sauvage ; il avoit seulement sanctifié ce lieu par une croix[1]. Le sol en étoit divisé, comme le champ commun des moissons, en autant de lots qu'il y avoit de familles. Chaque lot faisoit à lui seul un bois qui varioit selon le goût de ceux qui l'avoient planté. Un ruisseau serpentoit sans bruit au milieu de ces bocages ; on l'appeloit *le Ruisseau de la paix*. Ce riant asile des âmes étoit fermé à l'orient par le pont sous lequel nous avions passé ; deux collines le bornoient au septentrion et au midi ; il ne s'ouvroit qu'à l'occident, où s'élevoit un grand bois de sapins. Les troncs de ces arbres, rouge marbré de vert, montant sans branches jusqu'à leurs cimes, ressembloient à de hautes colonnes, et formoient le péristyle de ce temple de la mort ; il y régnoit un bruit religieux, semblable au sourd mugissement de l'orgue sous les voûtes d'une église ; mais lorsqu'on pénétroit au fond du sanctuaire, on n'entendoit plus que les hymnes des oiseaux qui célébroient à la mémoire des morts une fête éternelle.

« En sortant de ce bois, nous découvrîmes le village de la Mission,

---

1. Le père Aubry avoit fait comme les Jésuites à la Chine, qui permettoient aux Chinois d'enterrer leurs parents dans leurs jardins, selon leur ancienne coutume.

situé au bord d'un lac, au milieu d'une savane semée de fleurs. On y arrivoit par une avenue de magnolias et de chênes verts, qui bordoient une de ces anciennes routes que l'on trouve vers les montagnes qui divisent le Kentucky des Florides. Aussitôt que les Indiens aperçurent leur pasteur dans la plaine, ils abandonnèrent leurs travaux, et accoururent au-devant de lui. Les uns baisoient sa robe, les autres aidoient ses pas; les mères élevoient dans leurs bras leurs petits enfants pour leur faire voir l'homme de Jésus-Christ, qui répandoit des larmes. Il s'informoit en marchant de ce qui se passoit au village; il donnoit un conseil à celui-ci, réprimandoit doucement celui-là; il parloit des moissons à recueillir, des enfants à instruire, des peines à consoler, et il mêloit Dieu à tous ses discours,

« Ainsi escortés, nous arrivâmes au pied d'une grande croix qui se trouvoit sur le chemin. C'étoit là que le serviteur de Dieu avoit accoutumé de célébrer les mystères de sa religion : « Mes chers néophytes, « dit-il en se tournant vers la foule, il vous est arrivé un frère et une « sœur, et, pour surcroît de bonheur, je vois que la divine Providence « a épargné hier vos moissons : voilà deux grandes raisons de la « remercier. Offrons donc le saint sacrifice, et que chacun y apporte « un recueillement profond, une foi vive, une reconnoissance infinie « et un cœur humilié. »

Aussitôt le prêtre divin revêt une tunique blanche d'écorce de mûrier, les vases sacrés sont tirés d'un tabernacle au pied de la croix, l'autel se prépare sur un quartier de roche, l'eau se puise dans le torrent voisin, et une grappe de raisin sauvage fournit le vin du sacrifice. Nous nous mettons tous à genoux dans les hautes herbes; le mystère commence.

« L'aurore, paroissant derrière les montagnes, enflammoit l'orient. Tout étoit d'or ou de rose dans la solitude. L'astre annoncé par tant de splendeur sortit enfin d'un abîme de lumière, et son premier rayon rencontra l'hostie consacrée, que le prêtre en ce moment même élevoit dans les airs. O charme de la religion! O magnificence du culte chrétien! Pour sacrificateur un vieil ermite, pour autel un rocher, pour église le désert, pour assistance d'innocents sauvages! Non, je ne doute point qu'au moment où nous nous prosternâmes le grand mystère ne s'accomplît et que Dieu ne descendît sur la terre, car je le sentis descendre dans mon cœur.

« Après le sacrifice, où il ne manqua pour moi que la fille de Lopez, nous nous rendîmes au village. Là régnoit le mélange le plus touchant de la vie sociale et de la vie de la nature : au coin d'une cyprière de l'antique désert on découvroit une culture naissante; les épis rouloient à flots d'or sur le tronc du chêne abattu, et la gerbe d'un été remplaçoit l'arbre de trois siècles. Partout on voyoit les forêts livrées aux flammes pousser de grosses fumées dans les airs et la charrue se promener lentement entre les débris de leurs racines. Des arpenteurs avec de longues chaînes alloient mesurant le terrain ; des arbitres établissoient les premières propriétés ; l'oiseau cédoit son nid ; le repaire de la bête féroce se changeoit en une cabane ; on entendoit gronder des forges, et les coups de la cognée faisoient pour la dernière fois mugir des échos, expirant eux-mêmes avec les arbres qui leur servoient d'asile.

« J'errois avec ravissement au milieu de ces tableaux, rendus plus doux par l'image d'Atala et par les rêves de félicité dont je berçois mon cœur. J'admirois le triomphe du christianisme sur la vie sauvage ; je voyois l'Indien se civilisant à la voix de la religion ; j'assistois aux noces primitives de l'homme et de la terre : l'homme, par ce grand contrat, abandonnant à la terre l'héritage de ses sueurs, et la terre s'engageant en retour à porter fidèlement les moissons, les fils et les cendres de l'homme.

« Cependant on présenta un enfant au missionnaire, qui le baptisa parmi des jasmins en fleurs, au bord d'une source, tandis qu'un cercueil, au milieu des jeux et des travaux, se rendoit aux Bocages de la mort. Deux époux reçurent la bénédiction nuptiale sous un chêne, et nous allâmes ensuite les établir dans un coin du désert. Le pasteur marchoit devant nous, bénissant çà et là, et le rocher, et l'arbre, et la fontaine, comme autrefois, selon le livre des chrétiens, Dieu bénit la terre inculte en la donnant en héritage à Adam. Cette procession, qui pêle-mêle avec ses troupeaux suivoit de rocher en rocher son chef vénérable, représentoit à mon cœur attendri ces migrations des premières familles, alors que Sem, avec ses enfants, s'avançoit à travers le monde inconnu, en suivant le soleil qui marchoit devant lui.

« Je voulus savoir du saint ermite comment il gouvernoit ses enfants ; il me répondit avec une grande complaisance : « Je ne leur
« ai donné aucune loi ; je leur ai seulement enseigné à s'aimer, à
« prier Dieu et à espérer une meilleure vie : toutes les lois du monde
« sont là-dedans. Vous voyez au milieu du village une cabane plus
« grande que les autres : elle sert de chapelle dans la saison des
« pluies. On s'y assemble soir et matin pour louer le Seigneur, et
« quand je suis absent, c'est un vieillard qui fait la prière, car la
« vieillesse est, comme la maternité, une espèce de sacerdoce.
« Ensuite on va travailler dans les champs, et si les propriétés sont
« divisées, afin que chacun puisse apprendre l'économie sociale, les

« moissons sont déposées dans des greniers communs, pour maintenir
« la charité fraternelle. Quatre vieillards distribuent avec égalité le
« produit du labeur. Ajoutez à cela des cérémonies religieuses, beau-
« coup de cantiques; la croix où j'ai célébré les mystères, l'ormeau
« sous lequel je prêche dans les bons jours, nos tombeaux tout près
« de nos champs de blé, nos fleuves, où je plonge les petits enfants et
« les saints Jean de cette nouvelle Béthanie, vous aurez une idée com-
« plète de ce royaume de Jésus-Christ. »

« Les paroles du solitaire me ravirent, et je sentis la supériorité de
cette vie stable et occupée sur la vie errante et oisive du sauvage.

« Ah, René! je ne murmure point contre la Providence, mais j'avoue
que je ne me rappelle jamais cette société évangélique sans éprouver
l'amertume des regrets. Qu'une hutte avec Atala sur ces bords eût
rendu ma vie heureuse! Là finissoient toutes mes courses; là, avec
une épouse, inconnu des hommes, cachant mon bonheur au fond des
forêts, j'aurois passé comme ces fleuves qui n'ont pas même un nom
dans le désert. Au lieu de cette paix que j'osois alors me promettre,
dans quel trouble n'ai-je point coulé mes jours! Jouet continuel de la
fortune, brisé sur tous les rivages, longtemps exilé de mon pays, et
n'y trouvant à mon retour qu'une cabane en ruine et des amis dans
la tombe, telle devoit être la destinée de Chactas. »

LE DRAME.

« Si mon songe de bonheur fut vif, il fut aussi d'une courte durée,
et le réveil m'attendoit à la grotte du solitaire. Je fus surpris, en y
arrivant au milieu du jour, de ne pas voir Atala accourir au-devant de
nos pas. Je ne sais quelle soudaine horreur me saisit. En approchant
de la grotte, je n'osois appeler la fille de Lopez : mon imagination étoit
également épouvantée, ou du bruit, ou du silence qui succéderoit à
mes cris. Encore plus effrayé de la nuit qui régnoit à l'entrée du
rocher, je dis au missionnaire : « O vous que le ciel accompagne et
« fortifie, pénétrez dans ces ombres. »

« Qu'il est foible celui que les passions dominent! qu'il est fort celui
qui se repose en Dieu! Il y avoit plus de courage dans ce cœur religieux, flétri par soixante-seize années, que dans toute l'ardeur de ma
jeunesse. L'homme de paix entra dans la grotte, et je restai au dehors,
plein de terreur. Bientôt un foible murmure semblable à des plaintes
sortit du fond du rocher et vint frapper mon oreille. Poussant un cri

et retrouvant mes forces, je m'élançai dans la nuit de la caverne... Esprits de mes pères, vous savez seuls le spectacle qui frappa mes yeux !

« Le solitaire avoit allumé un flambeau de pin ; il le tenoit d'une main tremblante au-dessus de la couche d'Atala. Cette belle et jeune femme, à moitié soulevée sur le coude, se montroit pâle et échevelée. Les gouttes d'une sueur pénible brilloient sur son front ; ses regards à demi éteints cherchoient encore à m'exprimer son amour, et sa bouche essayoit de sourire. Frappé comme d'un coup de foudre, les yeux fixés, les bras étendus, les lèvres entr'ouvertes, je demeurai immobile. Un profond silence règne un moment parmi les trois personnages de cette scène de douleur. Le solitaire le rompt le premier : « Ceci, dit-il, ne « sera qu'une fièvre occasionnée par la fatigue, et si nous nous rési-« gnons à la volonté de Dieu, il aura pitié de nous. »

« A ces paroles, le sang suspendu reprit son cours dans mon cœur, et, avec la mobilité du sauvage, je passai subitement de l'excès de la crainte à l'excès de la confiance. Mais Atala ne m'y laissa pas longtemps. Balançant tristement la tête, elle nous fit signe de nous approcher de sa couche.

« Mon père, dit-elle d'une voix affoiblie en s'adressant au religieux, « je touche au moment de la mort. O Chactas ! écoute sans désespoir « le funeste secret que je t'ai caché, pour ne pas te rendre trop misé-« rable et pour obéir à ma mère. Tâche de ne pas m'interrompre par « des marques d'une douleur qui précipiteroit le peu d'instants que « j'ai à vivre. J'ai beaucoup de choses à raconter, et aux battements « de ce cœur, qui se ralentissent... à je ne sais quel fardeau glacé « que mon sein soulève à peine... je sens que je ne me saurois trop « hâter. »

« Après quelques moments de silence, Atala poursuivit ainsi :

« Ma triste destinée a commencé presque avant que j'eusse vu la « lumière. Ma mère m'avoit conçue dans le malheur ; je fatiguois son « sein, et elle me mit au monde avec de grands déchirements d'en-« trailles ; on désespéra de ma vie. Pour sauver mes jours, ma mère fit « un vœu, elle promit à la Reine des Anges que je lui consacrerois ma « virginité si j'échappois à la mort... Vœu fatal, qui me précipite au « tombeau !

« J'entrois dans ma seizième année lorsque je perdis ma mère. « Quelques heures avant de mourir, elle m'appela au bord de sa « couche. « Ma fille, me dit-elle en présence d'un missionnaire qui con-« soloit ses derniers instants ; ma fille, tu sais le vœu que j'ai fait pour « toi. Voudrois-tu démentir ta mère ? O mon Atala ! je te laisse dans

« un monde qui n'est pas digne de posséder une chrétienne, au milieu
« d'idolâtres qui persécutent le Dieu de ton père et le mien, le Dieu
« qui, après t'avoir donné le jour, te l'a conservé par un miracle. Eh!
« ma chère enfant, en acceptant le voile des vierges, tu ne fais que
« renoncer aux soucis de la cabane et aux funestes passions qui ont
« troublé le sein de ta mère! Viens donc, ma bien-aimée, viens, jure
« sur cette image de la Mère du Sauveur, entre les mains de ce saint
« prêtre et de ta mère expirante, que tu ne me trahiras point à la face
« du ciel. Songe que je me suis engagée pour toi, afin de te sauver
« la vie, et que si tu ne tiens ma promesse, tu plongeras l'âme de ta
« mère dans des tourments éternels. »

« O ma mère! pourquoi parlâtes-vous ainsi! O religion qui fais à la
« fois mes maux et ma félicité, qui me perds et qui me consoles! Et
« toi, cher et triste objet d'une passion qui me consume jusque dans
« les bras de la mort, tu vois maintenant, ô Chactas, ce qui a fait la
« rigueur de notre destinée!... Fondant en pleurs et me précipitant
« dans le sein maternel, je promis tout ce qu'on me voulut faire
« promettre. Le missionnaire prononça sur moi les paroles redou-
« tables, et me donna le scapulaire qui me lie pour jamais. Ma
« mère me menaça de sa malédiction si jamais je rompois mes
« vœux, et après m'avoir recommandé un secret inviolable envers
« les païens, persécuteurs de ma religion, elle expira en me tenant
« embrassée.

« Je ne connus pas d'abord le danger de mes serments. Pleine d'ar-
« deur et chrétienne véritable, fière du sang espagnol qui coule dans
« mes veines, je n'aperçus autour de moi que des hommes indignes
« de recevoir ma main; je m'applaudis de n'avoir d'autre époux que
« le Dieu de ma mère. Je te vis, jeune et beau prisonnier, je m'atten-
« dris sur ton sort, je t'osai parler au bûcher de la forêt : alors je
« sentis tout le poids de mes vœux. »

« Comme Atala achevoit de prononcer ces paroles, serrant les poings
et regardant le missionnaire d'un air menaçant, je m'écriai : « La
« voilà donc cette religion que vous m'avez tant vantée! Périsse le
« serment qui m'enlève Atala! Périsse le Dieu qui contrarie la nature!
« Homme prêtre, qu'es-tu venu faire dans ces forêts? »

« — Te sauver, dit le vieillard d'une voix terrible, dompter tes pas-
« sions et t'empêcher, blasphémateur, d'attirer sur toi la colère
« céleste! Il te sied bien, jeune homme à peine entré dans la vie, de
« te plaindre de tes douleurs! Où sont les marques de tes souffrances?
« Où sont les injustices que tu as supportées? Où sont tes vertus, qui
« seules pourroient te donner quelques droits à la plainte? Quel ser-

« vice as-tu rendu? Quel bien as-tu fait? Eh, malheureux! tu ne
« m'offres que des passions, et tu oses accuser le ciel! Quand tu auras,
« comme le père Aubry, passé trente années exilé sur les montagnes,
« tu seras moins prompt à juger des desseins de la Providence; tu com-
« prendras alors que tu ne sais rien, que tu n'es rien, et qu'il n'y a
« point de châtiments si rigoureux, point de maux si terribles, que la
« chair corrompue ne mérite de souffrir. »

« Les éclairs qui sortoient des yeux du vieillard, sa barbe, qui frappoit sa poitrine, ses paroles foudroyantes, le rendoient semblable à
un dieu. Accablé de sa majesté, je tombai à ses genoux, et lui demandai pardon de mes emportements. « Mon fils, me répondit-il avec un
« accent si doux que le remords entra dans mon âme, mon fils, ce
« n'est pas pour moi-même que je vous ai réprimandé. Hélas! vous
« avez raison, mon cher enfant : je suis venu faire bien peu de chose
« dans ces forêts, et Dieu n'a pas de serviteur plus indigne que moi.
« Mais, mon fils, le ciel, le ciel, voilà ce qu'il ne faut jamais accuser!
« Pardonnez-moi si je vous ai offensé, mais écoutons votre sœur. Il y
« a peut-être du remède, ne nous lassons point d'espérer. Chactas,
« c'est une religion bien divine que celle-là qui a fait une vertu de
« l'espérance! »

« — Mon jeune ami, reprit Atala, tu as été témoin de mes combats,
« et cependant tu n'en as vu que la moindre partie; je te cachois le
« reste. Non, l'esclave noir qui arrose de ses sueurs les sables ardents
« de la Floride est moins misérable que n'a été Atala. Te sollicitant à
« la fuite, et pourtant certaine de mourir si tu t'éloignois de moi;
« craignant de fuir avec toi dans les déserts, et cependant haletant
« après l'ombrage des bois... Ah! s'il n'avoit fallu que quitter parents,
« amis, patrie; si même (chose affreuse!) il n'y eût eu que la perte
« de mon âme!... Mais ton ombre, ô ma mère! ton ombre étoit tou-
« jours là, me reprochant ses tourments! J'entendois tes plaintes, je
« voyois les flammes de l'enfer te consumer. Mes nuits étoient arides
« et pleines de fantômes, mes jours étoient désolés; la rosée du soir
« séchoit en tombant sur ma peau brûlante; j'entrouvois mes lèvres
« aux brises, et les brises, loin de m'apporter la fraîcheur, s'embra-
« soient du feu de mon souffle. Quel tourment de te voir sans cesse
« auprès de moi, loin de tous les hommes, dans de profondes soli-
« tudes, et de sentir entre toi et moi une barrière invincible! Passer
« ma vie à tes pieds, te servir comme ton esclave, apprêter ton repas
« et ta couche dans quelque coin ignoré de l'univers, eût été pour moi
« le bonheur suprême; ce bonheur, j'y touchois, et je ne pouvois en
« jouir. Quel dessein n'ai-je point rêvé! Quel songe n'est point sorti

« de ce cœur si triste! Quelquefois, en attachant mes yeux sur toi,
« j'allois jusqu'à former des désirs aussi insensés que coupables :
« tantôt j'aurois voulu être avec toi la seule créature vivante sur la
« terre; tantôt, sentant une divinité qui m'arrêtoit dans mes horribles
« transports, j'aurois désiré que cette divinité se fût anéantie, pourvu
« que, serrée dans tes bras, j'eusse roulé d'abîme en abîme avec
« les débris de Dieu et du monde! A présent même..., le dirai-je!
« à présent que l'éternité va m'engloutir, que je vais paroître
« devant le Juge inexorable, au moment où, pour obéir à ma
« mère, je vois avec joie ma virginité dévorer ma vie, eh bien!
« par une affreuse contradiction, j'emporte le regret de n'avoir pas
« été à toi!... »

« — Ma fille, interrompit le missionnaire, votre douleur vous égare.
« Cet excès de passion auquel vous vous livrez est rarement juste, il
« n'est pas même dans la nature ; et en cela il est moins coupable aux
« yeux de Dieu, parce que c'est plutôt quelque chose de faux dans
« l'esprit que de vicieux dans le cœur. Il faut donc éloigner de vous
« ces emportements, qui ne sont pas dignes de votre innocence. Mais
« aussi, ma chère enfant, votre imagination impétueuse vous a trop
« alarmée sur vos vœux. La religion n'exige point de sacrifice plus
« qu'humain. Ses sentiments vrais, ses vertus tempérées, sont bien
« au-dessus des sentiments exaltés et des vertus forcées d'un prétendu
« héroïsme. Si vous aviez succombé, eh bien! pauvre brebis égarée,
« le bon Pasteur vous auroit cherchée pour vous ramener au troupeau.
« Les trésors du repentir vous étoient ouverts : il faut des torrents de
« sang pour effacer nos fautes aux yeux des hommes, une seule larme
« suffit à Dieu. Rassurez-vous donc, ma chère fille, votre situation
« exige du calme; adressons-nous à Dieu, qui guérit toutes les plaies
« de ses serviteurs. Si c'est sa volonté, comme je l'espère, que vous
« échappiez à cette maladie, j'écrirai à l'évêque de Québec : il a les
« pouvoirs nécessaires pour vous relever de vos vœux, qui ne sont
« que des vœux simples, et vous achèverez vos jours près de moi avec
« Chactas votre époux. »

« A ces paroles du vieillard, Atala fut saisie d'une longue convulsion, dont elle ne sortit que pour donner des marques d'une douleur effrayante. « Quoi! dit-elle en joignant les deux mains avec passion,
« il y avoit du remède! Je pouvois être relevée de mes vœux! » —
« Oui, ma fille, répondit le père, et vous le pouvez encore. » — « Il
« est trop tard, il est trop tard! s'écria-t-elle. Faut-il mourir au
« moment où j'apprends que j'aurois pu être heureuse! Que n'ai-je
« connu plus tôt ce saint vieillard! Aujourd'hui, de quel bonheur je

« jouirois avec toi, avec Chactas chrétien... consolée, rassurée par
« ce prêtre auguste... dans ce désert... pour toujours... oh! c'eût
« été trop de félicité! » — « Calme-toi, lui dis-je en saisissant une
« des mains de l'infortunée; calme-toi, ce bonheur, nous allons le
« goûter. » — « Jamais! jamais! » dit Atala. — « Comment? » repar-
« tis-je. — « Tu ne sais pas tout, s'écria la vierge : c'est hier... pen-
« dant l'orage... J'allois violer mes vœux : j'allois plonger ma mère
« dans les flammes de l'abîme; déjà sa malédiction étoit sur moi, déjà
« je mentois au Dieu qui m'a sauvé la vie... Quand tu baisois mes
« lèvres tremblantes, tu ne savois pas que tu n'embrassois que la
« mort! » — « O ciel! s'écria le missionnaire, chère enfant, qu'avez-
« vous fait? » — « Un crime, mon père, dit Atala les yeux égarés;
« mais je ne perdois que moi, et je sauvois ma mère. » — « Achève
« donc, » m'écriai-je plein d'épouvante. — « Eh bien! dit-elle, j'avois
« prévu ma foiblesse; en quittant les cabanes, j'ai emporté avec
« moi... » — « Quoi? » repris-je avec horreur. — « Un poison? » dit
« le père. « Il est dans mon sein, » s'écria Atala.

« Le flambeau échappe de la main du solitaire, je tombe mourant
près de la fille de Lopez; le vieillard nous saisit l'un et l'autre dans
ses bras, et tous trois, dans l'ombre, nous mêlons un moment nos
sanglots sur cette couche funèbre.

« Réveillons-nous, réveillons-nous! dit bientôt le courageux ermite
« en allumant une lampe. Nous perdons des moments précieux : intré-
« pides chrétiens, bravons les assauts de l'adversité : la corde au cou,
« la cendre sur la tête, jetons-nous aux pieds du Très-Haut pour
« implorer sa clémence, pour nous soumettre à ses décrets. Peut-être
« est-il temps encore. Ma fille, vous eussiez dû m'avertir hier au
« soir. »

— « Hélas! mon père, dit Atala, je vous ai cherché la nuit dernière,
« mais le ciel, en punition de mes fautes, vous a éloigné de moi. Tout
« secours eût d'ailleurs été inutile, car les Indiens mêmes, si habiles
« dans ce qui regarde les poisons, ne connoissent point de remède à
« celui que j'ai pris. O Chactas! juge de mon étonnement quand j'ai
« vu que le coup n'étoit pas aussi subit que je m'y attendois! Mon
« amour a redoublé mes forces, mon âme n'a pu si vite se séparer
« de toi. »

« Ce ne fut plus ici par des sanglots que je troublai le récit d'Atala,
ce fut par ces emportements qui ne sont connus que des sauvages. Je
me roulai furieux sur la terre en me tordant les bras et en me dévorant les mains. Le vieux prêtre, avec une tendresse merveilleuse,
couroit du frère à la sœur, et nous prodiguoit mille secours. Dans le

calme de son cœur et sous le fardeau des ans, il savoit se faire entendre à notre jeunesse, et sa religion lui fournissoit des accents plus tendres et plus brûlants que nos passions mêmes. Ce prêtre, qui depuis quarante années s'immoloit chaque jour au service de Dieu et des hommes dans ces montagnes, ne te rappelle-t-il pas ces holocaustes d'Israel fumant perpétuellement sur les hauts lieux, devant le Seigneur?

« Hélas! ce fut en vain qu'il essaya d'apporter quelque remède aux maux d'Atala. La fatigue, le chagrin, le poison, et une passion plus mortelle que tous les poisons ensemble, se réunissoient pour ravir cette fleur à la solitude. Vers le soir, des symptômes effrayants se manifestèrent; un engourdissement général saisit les membres d'Atala, et les extrémités de son corps commencèrent à refroidir : « Touche « mes doigts, me disoit-elle : ne les trouves-tu pas bien glacés? » Je ne savois que répondre, et mes cheveux se hérissoient d'horreur; ensuite elle ajoutoit : « Hier encore, mon bien-aimé, ton seul toucher « me faisoit tressaillir, et voilà que je ne sens plus ta main, je n'en- « tends presque plus ta voix, les objets de la grotte disparoissent tour « à tour. Ne sont-ce pas les oiseaux qui chantent? Le soleil doit être « près de se coucher maintenant; Chactas, ses rayons seront bien « beaux au désert, sur ma tombe! »

« Atala, s'apercevant que ces paroles nous faisoient fondre en pleurs, nous dit : « Pardonnez-moi, mes bons amis; je suis bien « foible, mais peut-être que je vais devenir plus forte. Cependant « mourir si jeune, tout à la fois, quand mon cœur étoit si plein de « vie! Chef de la prière, aie pitié de moi; soutiens-moi. Crois-tu que « ma mère soit contente et que Dieu me pardonne ce que j'ai fait? »

— « Ma fille, » répondit le bon religieux en versant des larmes et les essuyant avec ses doigts tremblants et mutilés; « ma fille, tous vos « malheurs viennent de votre ignorance; c'est votre éducation sauvage « et le manque d'instruction nécessaire qui vous ont perdue; vous ne « saviez pas qu'une chrétienne ne peut disposer de sa vie. Consolez- « vous donc, ma chère brebis; Dieu vous pardonera à cause de la « simplicité de votre cœur. Votre mère et l'imprudent missionnaire « qui la dirigeoit ont été plus coupables que vous; ils ont passé leurs « pouvoirs en vous arrachant un vœu indiscret; mais que la paix du « Seigneur soit avec eux! Vous offrez tous trois un terrible exemple des « dangers de l'enthousiasme et du défaut de lumières en matière de « religion. Rassurez-vous, mon enfant : celui qui sonde les reins et les « cœurs vous jugera sur vos intentions, qui étoient pures, et non sur « votre action, qui est condamnable.

« Quant à la vie, si le moment est arrivé de vous endormir dans le
« Seigneur, ah, ma chère enfant, que vous perdez peu de chose en
« perdant ce monde! Malgré la solitude où vous avez vécu, vous avez
« connu les chagrins : que penseriez-vous donc si vous eussiez été
« témoin des maux de la société? si, en abordant sur les rivages de
« l'Europe, votre oreille eût été frappée de ce long cri de douleur qui
« s'élève de cette vieille terre? L'habitant de la cabane et celui des
« palais, tout souffre, tout gémit ici-bas; les reines ont été vues pleu-
« rant comme de simples femmes, et l'on s'est étonné de la quantité
« de larmes que contiennent les yeux des rois!

« Est-ce votre amour que vous regrettez? Ma fille, il faudroit autant
« pleurer un songe. Connoissez-vous le cœur de l'homme, et pourriez-
« vous compter les inconstances de son désir? Vous calculeriez plutôt
« le nombre des vagues que la mer roule dans une tempête. Atala, les
« sacrifices, les bienfaits, ne sont pas des liens éternels : un jour peut-
« être le dégoût fût venu avec la satiété, le passé eût été compté pour
« rien, et l'on n'eût plus aperçu que les inconvénients d'une union
« pauvre et méprisée. Sans doute, ma fille, les plus belles amours
« furent celles de cet homme et de cette femme sortis de la main du
« Créateur. Un paradis avoit été formé pour eux, ils étaient inno-
« cents et immortels. Parfaits de l'âme et du corps, ils se convenoient
« en tout : Ève avoit été créée pour Adam, et Adam pour Ève. S'ils n'ont
« pu toutefois se maintenir dans cet état de bonheur, quels couples le
« pourront après eux? Je ne vous parlerai point des mariages des pre-
« miers-nés des hommes, de ces unions ineffables, alors que la sœur
« étoit l'épouse du frère, que l'amour et l'amitié fraternelle se confon-
« doient dans le même cœur et que la pureté de l'une augmentoit les
« délices de l'autre. Toutes ces unions ont été troublées; la jalousie
« s'est glissée à l'autel de gazon où l'on immoloit le chevreau, elle a
« régné sous la tente d'Abraham et dans ces couches mêmes où les
« patriarches goûtoient tant de joie qu'ils oublioient la mort de leurs
« mères.

« Vous seriez-vous donc flattée, mon enfant, d'être plus innocente et
« plus heureuse dans vos liens que ces saintes familles dont Jésus-
« Christ a voulu descendre? Je vous épargne les détails des soucis du
« ménage, les disputes, les reproches mutuels, les inquiétudes, et
« toutes ces peines secrètes qui veillent sur l'oreiller du lit conjugal.
« La femme renouvelle ses douleurs chaque fois qu'elle est mère, et
« elle se marie en pleurant. Que de maux dans la seule perte d'un
« nouveau-né à qui l'on donnoit le lait et qui meurt sur votre sein! La
« montagne a été pleine de gémissements; rien ne pouvoit consoler

« Rachel, parce que ses fils n'étoient plus. Ces amertumes attachées
« aux tendresses humaines sont si fortes, que j'ai vu dans ma patrie
« de grandes dames, aimées par des rois, quitter la cour pour s'ense-
« velir dans des cloîtres et mutiler cette chair révoltée dont les plai-
« sirs ne sont que des douleurs.

« Mais peut-être direz-vous que ces derniers exemples ne vous
« regardent pas; que toute votre ambition se réduisoit à vivre dans
« une obscure cabane avec l'homme de votre choix; que vous cher-
« chiez moins les douceurs du mariage que les charmes de cette folie
« que la jeunesse appelle *amour*? Illusion, chimère, vanité, rêve d'une
« imagination blessée! Et moi aussi, ma fille, j'ai connu les troubles
« du cœur; cette tête n'a pas toujours été chauve ni ce sein aussi tran-
« quille qu'il vous le paroît aujourd'hui. Croyez-en mon expérience:
« si l'homme, constant dans ses affections, pouvoit sans cesse fournir
« à un sentiment renouvelé sans cesse, sans doute la solitude et l'amour
« l'égaleroient à Dieu même, car ce sont là les deux éternels plaisirs
« du grand Être. Mais l'âme de l'homme se fatigue, et jamais elle
« n'aime longtemps le même objet avec plénitude. Il y a toujours
« quelques points par où deux cœurs ne se touchent pas, et ces points
« suffisent à la longue pour rendre la vie insupportable.

« Enfin, ma chère fille, le grand tort des hommes, dans leur songe
« de bonheur, est d'oublier cette infirmité de la mort attachée à leur
« nature: il faut finir. Tôt ou tard, qu'elle qu'eût été votre félicité,
« ce beau visage se fût changé en cette figure uniforme que le sépulcre
« donne à la famille d'Adam; l'œil même de Chactas n'auroit pu vous
« reconnoître entre vos sœurs de la tombe. L'amour n'étend point son
« empire sur les vers du cercueil. Que dis-je! (ô vanité des vanités!)
« que parlé-je de la puissances des amitiés de la terre! Voulez-vous,
« ma chère fille, en connoître l'étendue? Si un homme revenoit à la
« lumière quelques années après sa mort, je doute qu'il fût revu
« avec joie par ceux-là mêmes qui ont donné le plus de larmes à
« sa mémoire: tant on forme vite d'autres liaisons, tant on prend
« facilement d'autres habitudes, tant l'inconstance est naturelle à
« l'homme, tant notre vie est peu de chose, même dans le cœur de
« nos amis!

« Remerciez donc la bonté divine, ma chère fille, qui vous retire si
« vite de cette vallée de misère. Déjà le vêtement blanc et la couronne
« éclatante des vierges se préparent pour vous sur les nuées; déjà
« j'entends la Reine des Anges qui vous crie: Venez, ma digne ser-
« vante, venez, ma colombe, venez vous asseoir sur un trône de can-
« deur, parmi toutes ces filles qui ont sacrifié leur beauté et leur jeu-

« nesse au service de l'humanité, à l'éducation des enfants et aux
« chefs-d'œuvre de la pénitence. Venez, rose mystique, vous reposer
« sur le sein de Jésus-Christ. Ce cercueil, lit nuptial que vous vous
« êtes choisi, ne sera point trompé, et les embrassements de votre
« céleste époux ne finiront jamais! »

« Comme le dernier rayon du jour abat les vents et répand le calme dans le ciel, ainsi la parole tranquille du vieillard apaisa les passions dans le sein de mon amante. Elle ne parut plus occupée que de ma douleur et des moyens de me faire supporter sa perte. Tantôt elle me disoit qu'elle mourroit heureuse si je lui promettois de sécher mes pleurs; tantôt elle me parloit de ma mère, de ma patrie; elle cherchoit à me distraire de la douleur présente en réveillant en moi une douleur passée. Elle m'exhortoit à la patience, à la vertu. « Tu ne seras pas
« toujours malheureux, disoit-elle : si le ciel t'éprouve aujourd'hui,
« c'est seulement pour te rendre plus compatissant aux maux des
« autres. Le cœur, ô Chactas! est comme ces sortes d'arbres qui ne
« donnent leur baume pour les blessures des hommes que lorsque le
« fer les a blessés eux-mêmes. »

« Quand elle avoit ainsi parlé, elle se tournoit vers le missionnaire, cherchoit auprès de lui le soulagement qu'elle m'avoit fait éprouver, et, tour à tour consolante et consolée, elle donnoit et recevoit la parole de vie sur la couche de la mort.

« Cependant l'ermite redoubloit de zèle. Ses vieux os s'étoient rallumés par l'ardeur de la charité, et toujours préparant des remèdes, rallumant le feu, rafraîchissant la couche, il faisoit d'admirables discours sur Dieu et sur le bonheur des justes. Le flambeau de la religion à la main, il sembloit précéder Atala dans la tombe, pour lui en montrer les secrètes merveilles. L'humble grotte étoit remplie de la grandeur de ce trépas chrétien, et les esprits célestes étoient sans doute attentifs à cette scène où la religion luttoit seule contre l'amour, la jeunesse et la mort.

« Elle triomphoit, cette religion divine, et l'on s'apercevoit de sa victoire à une sainte tristesse qui succédoit dans nos cœurs aux premiers transports des passions. Vers le milieu de la nuit, Atala sembla se ranimer pour répéter des prières que le religieux prononçoit au bord de sa couche. Peu de temps après elle me tendit la main, et avec une voix qu'on entendoit à peine, elle me dit : « Fils d'Outalissi,
« te rappelles-tu cette première nuit où tu me pris pour la Vierge des
« dernières amours? Singulier présage de notre destinée! » Elle s'arrêta, puis elle reprit : « Quand je songe que je te quitte pour tou-
« jours, mon cœur fait un tel effort pour revivre, que je me sens

« presque le pouvoir de me rendre immortelle à force d'aimer. Mais,
« ô mon Dieu, que votre volonté soit faite ! » Atala se tut pendant quelques instants ; elle ajouta : « Il ne me reste plus qu'à vous demander
« pardon des maux que je vous ai causés. Je vous ai beaucoup tour-
« menté par mon orgueil et mes caprices. Chactas, un peu de terre
« jeté sur mon corps va mettre tout un monde entre vous et moi et
« vous délivrer pour toujours du poids de mes infortunes. »

« — Vous pardonner ! répondis-je noyé de larmes : n'est-ce pas
« moi qui ai causé tous vos malheurs? — Mon ami, dit-elle en m'in-
« terrompant, vous m'avez rendue très-heureuse, et si j'étois à recom-
« mencer la vie, je préférerois encore le bonheur de vous avoir aimé
« quelques instants dans un exil infortuné à toute une vie de repos
« dans ma patrie. »

« Ici la voix d'Atala s'éteignit ; les ombres de la mort se répandirent autour de ses yeux et de sa bouche ; ses doigts errants cherchoient à toucher quelque chose ; elle conversoit tout bas avec des esprits invisibles. Bientôt, faisant un effort, elle essaya, mais en vain, de détacher de son cou le petit crucifix ; elle me pria de le dénouer moi-même, et elle me dit :

« Quand je te parlai pour la première fois, tu vis cette croix briller
« à la lueur du feu sur mon sein ; c'est le seul bien que possède Atala.
« Lopez, ton père et le mien l'envoya à ma mère peu de jours après
« ma naissance. Reçois donc de moi cet héritage, ô mon frère ! con-
« serve-le en mémoire de mes malheurs. Tu auras recours à ce Dieu
« des infortunés dans les chagrins de ta vie. Chactas, j'ai une dernière
« prière à te faire. Ami, notre union auroit été courte sur la terre,
« mais il est après cette vie une plus longue vie. Qu'il seroit affreux
« d'être séparé de toi pour jamais ! Je ne fais que te devancer aujour-
« d'hui, et je te vais attendre dans l'empire céleste. Si tu m'as aimée,
« fais-toi instruire dans la religion chrétienne, qui préparera notre
« réunion. Elle fait sous tes yeux un grand miracle, cette religion,
« puisqu'elle me rend capable de te quitter sans mourir dans les
« angoisses du désespoir. Cependant, Chactas, je ne veux de toi
« qu'une simple promesse, je sais trop ce qu'il en coûte pour te
« demander un serment. Peut-être ce vœu te sépareroit-il de quelque
« femme plus heureuse que moi... O ma mère ! pardonne à ta fille.
« O Vierge ! retenez votre courroux. Je retombe dans mes foiblesses,
« et je te dérobe, ô mon Dieu ! des pensées qui ne devroient être que
« pour toi. »

« Navré de douleur, je promis à Atala d'embrasser un jour la religion chrétienne. A ce spectacle, le solitaire, se levant d'un air inspiré

et étendant les bras vers la voûte de la grotte : « Il est temps, s'écria-
« t-il, il est temps d'appeler Dieu ici! »

« A peine a-t-il prononcé ces mots qu'une force surnaturelle me contraint de tomber à genoux et m'incline la tête au pied du lit d'Atala. Le prêtre ouvre un lieu secret où étoit enfermée une urne d'or couverte d'un voile de soie; il se prosterne, et adore profondément. La grotte parut soudain illuminée; on entendit dans les airs les paroles des anges et les frémissements des harpes célestes; et lorsque le solitaire tira le vase sacré de son tabernacle, je crus voir Dieu lui-même sortir du flanc de la montagne.

« Le prêtre ouvrit le calice; il prit entre ses deux doigts une hostie blanche comme la neige, et s'approcha d'Atala en prononçant des mots mystérieux. Cette sainte avoit les yeux levés au ciel, en extase. Toutes ses douleurs parurent suspendues, toute sa vie se rassembla sur sa bouche; ses lèvres s'entr'ouvrirent, et vinrent avec respect chercher le Dieu caché sous le pain mystique. Ensuite le divin vieillard trempe un peu de coton dans une huile consacrée; il en frotte les tempes d'Atala, il regarde un moment la fille mourante, et tout à coup ces fortes paroles lui échappent : « Partez, âme chrétienne, allez « rejoindre votre Créateur! » Relevant alors ma tête abattue, je m'écriai en regardant le vase où étoit l'huile sainte : « Mon père, ce « remède rendra-t-il la vie à Atala? — Oui, mon fils, dit le vieillard « en tombant dans mes bras, la vie éternelle! » Atala venoit d'expirer. »

Dans cet endroit, pour la seconde fois depuis le commencement de son récit, Chactas fut obligé de s'interrompre. Ses pleurs l'inondoient, et sa voix ne laissoit échapper que des mots entrecoupés. Le Sachem aveugle ouvrit son sein, il en tira le crucifix d'Atala. « Le voilà, s'écria-t-il, ce gage de l'adversité! O René! ô mon fils! tu le vois, et moi je ne le vois plus! Dis-moi, après tant d'années, l'or n'en est-il point altéré? n'y vois-tu point la trace de mes larmes? Pourrois-tu reconnoître l'endroit qu'une sainte a touché de ses lèvres? Comment Chactas n'est-il point encore chrétien? Quelles frivoles raisons de politique et de patrie l'ont jusqu'à présent retenu dans les erreurs de ses pères? Non, je ne veux pas tarder plus longtemps. La terre me crie : Quand donc descendras-tu dans la tombe, et qu'attends-tu pour embrasser une religion divine?... O terre! vous ne m'attendrez pas longtemps : aussitôt qu'un prêtre aura rajeuni dans l'onde cette tête blanchie par les chagrins, j'espère me réunir à Atala... Mais achevons ce qui me reste à conter de mon histoire. »

LES FUNÉRAILLES.

« Je n'entreprendrai point, ô René! de te peindre aujourd'hui le désespoir qui saisit mon âme lorsque Atala eut rendu le dernier soupir. Il faudroit avoir plus de chaleur qu'il ne m'en reste; il faudroit que mes yeux fermés se pussent rouvrir au soleil pour lui demander compte des pleurs qu'ils versèrent à sa lumière. Oui, cette lune qui brille à présent sur nos têtes se lassera d'éclairer les solitudes du Kentucky; oui, le fleuve qui porte maintenant nos pirogues suspendra le cours de ses eaux avant que mes larmes cessent de couler pour Atala! Pendant deux jours entiers je fus insensible aux discours de l'ermite. En essayant de calmer mes peines, cet excellent homme ne se servoit point des vaines raisons de la terre, il se contentoit de me dire : « Mon fils, c'est la volonté de Dieu; » et il me pressoit dans ses bras. Je n'aurois jamais cru qu'il y eût tant de consolation dans ce peu de mots du chrétien résigné, si je ne l'avois éprouvé moi-même.

« La tendresse, l'onction, l'inaltérable patience du vieux serviteur de Dieu, vainquirent enfin l'obstination de ma douleur. J'eus honte des larmes que je lui faisois répandre. « Mon père, lui dis-je, c'en est
« trop : que les passions d'un jeune homme ne troublent plus la paix
« de tes jours. Laisse-moi emporter les restes de mon épouse; je
« les ensevelirai dans quelque coin du désert, et si je suis encore
« condamné à la vie, je tâcherai de me rendre digne de ces noces
« éternelles qui m'ont été promises par Atala. »

« A ce retour inespéré de courage, le bon père tressaillit de joie; il s'écria : « O sang de Jésus-Christ, sang de mon divin Maître, je recon-
« nois là tes mérites! Tu sauveras sans doute ce jeune homme. Mon
« Dieu! achève ton ouvrage; rends la paix à cette âme troublée, et ne
« lui laisse de ses malheurs que d'humbles et utiles souvenirs! »

« Le juste refusa de m'abandonner le corps de la fille de Lopez, mais il me proposa de faire venir ses néophytes et de l'enterrer avec toute la pompe chrétienne; je m'y refusai à mon tour. « Les malheurs
« et les vertus d'Atala, lui dis-je, ont été inconnus des hommes; que
« sa tombe, creusée furtivement par nos mains, partage cette obscu-
« rité. » Nous convînmes que nous partirions le lendemain, au lever du soleil, pour enterrer Atala sous l'arche du pont naturel, à l'entrée des Bocages de la mort. Il fut aussi résolu que nous passerions la nuit en prière auprès du corps de cette sainte.

« Vers le soir, nous transportâmes ses précieux restes à une ouverture de la grotte qui donnoit vers le nord. L'ermite les avoit roulés dans une pièce de lin d'Europe, filé par sa mère : c'étoit le seul bien qui lui restât de sa patrie, et depuis longtemps il le destinoit à son propre tombeau. Atala étoit couchée sur un gazon de sensitives des montagnes; ses pieds, sa tête, ses épaules et une partie de son sein étoient découverts. On voyoit dans ses cheveux une fleur de magnolia fanée... celle-là même que j'avois déposée sur le lit de la vierge pour la rendre féconde. Ses lèvres, comme un bouton de rose cueilli depuis deux matins, sembloient languir et sourire. Dans ses joues, d'une blancheur éclatante, on distinguoit quelques veines bleues. Ses beaux yeux étoient fermés, ses pieds modestes étoient joints, et ses mains d'albâtre pressoient sur son cœur un crucifix d'ébène; le scapulaire de ses vœux étoit passé à son cou. Elle paroissoit enchantée par l'Ange de la mélancolie et par le double sommeil de l'innocence et de la tombe : je n'ai rien vu de plus céleste. Quiconque eût ignoré que cette jeune fille avoit joui de la lumière auroit pu la prendre pour la statue de la Virginité endormie.

« Le religieux ne cessa de prier toute la nuit. J'étois assis en silence au chevet du lit funèbre de mon Atala. Que de fois, durant son sommeil, j'avois supporté sur mes genoux cette tête charmante! Que de fois je m'étois penché sur elle pour entendre et pour respirer son souffle! Mais à présent aucun bruit ne sortoit de ce sein immobile, et c'étoit en vain que j'attendois le réveil de la beauté!

« La lune prêta son pâle flambeau à cette veillée funèbre. Elle se leva au milieu de la nuit, comme un blanche vestale qui vient pleurer sur le cercueil d'une compagne. Bientôt elle répandit dans les bois ce grand secret de mélancolie qu'elle aime à raconter aux vieux chênes et aux rivages antiques des mers. De temps en temps le religieux plongeoit un rameau fleuri dans une eau consacrée, puis, secouant la branche humide, il parfumoit la nuit des baumes du ciel. Parfois il répétoit sur un air antique quelques vers d'un vieux poëte nommé *Job;* il disoit :

« J'ai passé comme une fleur; j'ai séché comme l'herbe des champs.

« Pourquoi la lumière a-t-elle été donnée à un misérable et la vie
« à ceux qui sont dans l'amertume du cœur? »

« Ainsi chantoit l'ancien des hommes. Sa voix grave et peu cadencée alloit roulant dans le silence des déserts. Le nom de Dieu et du tombeau sortoit de tous les échos, de tous les torrents, de toutes les forêts. Les roucoulements de la colombe de Virginie, la chute d'un torrent dans la montagne, les tintements de la cloche qui appeloit les voyageurs, se mêloient à ces chants funèbres, et l'on croyoit entendre dans les Bocages de la mort le chœur lointain des décédés, qui répondoit à la voix du solitaire.

« Cependant une barre d'or se forma dans l'orient. Les éperviers crioient sur les rochers et les martres rentroient dans le creux des ormes : c'étoit le signal du convoi d'Atala. Je chargeai le corps sur mes épaules; l'ermite marchoit devant moi, une bêche à la main. Nous commençâmes à descendre de rocher en rocher; la vieillesse et la mort ralentissoient également nos pas. A la vue du chien qui nous avoit trouvés dans la forêt, et qui maintenant, bondissant de joie, nous traçoit une autre route, je me mis à fondre en larmes. Souvent la longue chevelure d'Atala, jouet des brises matinales, étendoit son voile d'or sur mes yeux; souvent, pliant sous le fardeau, j'étois obligé de le déposer sur la mousse et de m'asseoir auprès, pour reprendre des forces. Enfin, nous arrivâmes au lieu marqué par ma douleur; nous descendîmes sous l'arche du pont. O mon fils! il eût fallu voir un jeune sauvage et un vieil ermite à genoux l'un vis-à-vis de l'autre dans un désert, creusant avec leurs mains un tombeau pour une pauvre fille dont le corps étoit étendu près de là, dans la ravine desséchée d'un torrent.

« Quand notre ouvrage fut achevé, nous transportâmes la beauté dans son lit d'argile. Hélas! j'avois espéré de préparer une autre couche pour elle! Prenant alors un peu de poussière dans ma main et gardant un silence effroyable, j'attachai pour la dernière fois mes yeux sur le visage d'Atala. Ensuite je répandis la terre du sommeil sur un front de dix-huit printemps; je vis graduellement disparoître les traits de ma sœur et ses grâces se cacher sous le rideau de l'éternité; son sein surmonta quelque temps le sol noirci, comme un lis blanc s'élève du milieu d'une sombre argile : « Lopez, m'écriai-je alors, vois « ton fils inhumer ta fille! » et j'achevai de couvrir Atala de la terre du sommeil.

« Nous retournâmes à la grotte, et je fis part au missionnaire du projet que j'avois formé de me fixer près de lui. Le saint, qui connoissoit merveilleusement le cœur de l'homme, découvrit ma pensée et la ruse de ma douleur. Il me dit : « Chactas, fils d'Outalissi, tandis « qu'Atala a vécu je vous ai sollicité moi-même de demeurer auprès « de moi, mais à présent votre sort est changé, vous vous devez à « votre patrie. Croyez-moi, mon fils, les douleurs ne sont point éter- « nelles; il faut tôt ou tard qu'elles finissent, parce que le cœur de « l'homme est fini; c'est une de nos grandes misères : nous ne sommes « pas même capables d'être longtemps malheureux. Retournez au

« Meschacebé ; allez consoler votre mère, qui vous pleure tous les
« jours et qui a besoin de votre appui. Faites-vous instruire dans la
« religion de votre Atala, lorsque vous en trouverez l'occasion, et sou-
« venez-vous que vous lui avez promis d'être vertueux et chrétien.
« Moi, je veillerai ici sur son tombeau. Partez, mon fils. Dieu, l'âme
« de votre sœur et le cœur de votre vieil ami vous suivront. »

« Telles furent les paroles de l'homme du rocher ; son autorité étoit trop grande, sa sagesse trop profonde, pour ne lui obéir pas. Dès le lendemain je quittai mon vénérable hôte, qui, me pressant sur son cœur, me donna ses derniers conseils, sa dernière bénédiction et ses dernières larmes. Je passai au tombeau ; je fus surpris d'y trouver une petite croix qui se montroit au-dessus de la mort, comme on aperçoit encore le mât d'un vaisseau qui a fait naufrage. Je jugeai que le solitaire étoit venu prier au tombeau pendant la nuit : cette marque d'amitié et de religion fit couler mes pleurs en abondance. Je fut tenté de rouvrir la fosse et de voir encore une fois ma bien-aimée ; une crainte religieuse me retint. Je m'assis sur la terre fraîchement remuée. Un coude appuyé sur mes genoux et la tête soutenue dans ma main, je demeurai enseveli dans la plus amère rêverie. O René ! c'est là que je fis pour la première fois des réflexions sérieuses sur la vanité de nos jours et la plus grande vanité de nos projets ! Eh, mon enfant ! qui ne les a point faites, ces réflexions ? Je ne suis plus qu'un vieux cerf blanchi par les hivers ; mes ans le disputent à ceux de la corneille : eh bien, malgré tant de jours accumulés sur ma tête, malgré une si longue expérience de la vie, je n'ai point encore rencontré d'homme qui n'eût été trompé dans ses rêves de félicité, point de cœur qui n'entretînt une plaie cachée. Le cœur le plus serein en apparence ressemble au puits naturel de la savane Alachua : la surface en paroît calme et pure, mais quand vous regardez au fond du bassin, vous apercevez un large crocodile, que le puits nourrit dans ses eaux.

« Ayant ainsi vu le soleil se lever et se coucher sur ce lieu de douleur, le lendemain, au premier cri de la cigogne, je me préparai à quitter la sépulture sacrée. J'en partis comme de la borne d'où je voulois m'élancer dans la carrière de la vertu. Trois fois j'évoquai l'âme d'Atala ; trois fois le Génie du désert répondit à mes cris sous l'arche funèbre. Je saluai ensuite l'orient, et je découvris au loin, dans les sentiers de la montagne, l'ermite qui se rendoit à la cabane de quelque infortuné. Tombant à genoux et embrassant étroitement la fosse, je m'écriai : « Dors en paix dans cette terre étrangère, fille trop
« malheureuse ! Pour prix de ton amour, de ton exil et de ta mort, tu

« vas être abandonnée, même de Chactas! » Alors, versant des flots de larmes, je me séparai de la fille de Lopez ; alors je m'arrachai de ces lieux, laissant au pied du monument de la nature un monument plus auguste : l'humble tombeau de la vertu. »

ÉPILOGUE.

Chactas, fils d'Outalissi le Natchez, a fait cette histoire à René l'Européen. Les pères l'ont redite aux enfants, et moi, voyageur aux terres lointaines, j'ai fidèlement rapporté ce que des Indiens m'en ont appris. Je vis dans ce récit le tableau du peuple chasseur et du peuple laboureur, la religion, première législatrice des hommes, les dangers de l'ignorance et de l'enthousiasme religieux opposés aux lumières, à la charité et au véritable esprit de l'Évangile, les combats des passions et des vertus dans un cœur simple, enfin le triomphe du christianisme sur le sentiment le plus fougueux et la crainte la plus terrible : l'amour et la mort.

Quand un Siminole me raconta cette histoire, je la trouvai fort instructive et parfaitement belle, parce qu'il y mit la fleur du désert, la grâce de la cabane et une simplicité à conter la douleur que je ne me flatte pas d'avoir conservées. Mais une chose me restoit à savoir. Je demandois ce qu'étoit devenu le père Aubry, et personne ne me le pouvoit dire. Je l'aurois toujours ignoré, si la Providence, qui conduit tout, ne m'avoit découvert ce que je cherchois. Voici comme la chose se passa :

J'avois parcouru les rivages du Meschacebé, qui formoient autrefois la barrière méridionale de la Nouvelle-France, et j'étois curieux de voir, au nord, l'autre merveille de cet empire, la cataracte de Niagara. J'étois arrivé tout près de cette chute, dans l'ancien pays des Agannonsioni[1], lorsqu'un matin, en traversant une plaine, j'aperçus une femme assise sous un arbre et tenant un enfant mort sur ses genoux. Je m'approchai doucement de la jeune mère, et je l'entendis qui disoit :

« Si tu étois resté parmi nous, cher enfant, comme ta main eût
« bandé l'arc avec grâce! Ton bras eût dompté l'ours en fureur, et
« sur le sommet de la montagne tes pas auroient défié le chevreuil à
« la course. Blanche hermine du rocher, si jeune être allé dans le

---

1. Les Iroquois.

« pays des âmes! Comment feras-tu pour y vivre? Ton père n'y est
« point pour t'y nourrir de sa chasse. Tu auras froid, et aucun Esprit
« ne te donnera des peaux pour te couvrir. Oh! il faut que je me hâte
« de t'aller rejoindre pour te chanter des chansons et te présenter
« mon sein. »

Et la jeune mère chantoit d'une voix tremblante, balançoit l'enfant sur ses genoux, humectoit ses lèvres du lait maternel et prodiguoit à la mort tous les soins qu'on donne à la vie.

Cette femme vouloit faire sécher le corps de son fils sur les branches d'un arbre, selon la coutume indienne, afin de l'emporter ensuite aux tombeaux de ses pères. Elle dépouilla donc le nouveau-né, et respirant quelques instants sur sa bouche, elle dit : « Ame de mon fils,
« âme charmante, ton père t'a créée jadis sur mes lèvres par un bai-
« ser; hélas! les miens n'ont pas le pouvoir de te donner une seconde
« naissance. » Ensuite elle découvrit son sein, et embrassa ses restes glacés, qui se fussent ranimés au feu du cœur maternel si Dieu ne s'étoit réservé le souffle qui donne la vie.

Elle se leva, et chercha des yeux un arbre sur les branches duquel elle pût exposer son enfant. Elle choisit un érable à fleurs rouges, festonné de guirlandes d'apios, et qui exhaloit les parfums les plus suaves. D'une main elle en abaissa les rameaux inférieurs, de l'autre elle y plaça le corps; laissant alors échapper la branche, la branche retourna à sa position naturelle, emportant la dépouille de l'innocence, cachée dans un feuillage odorant. Oh! que cette coutume indienne est touchante! Je vous ai vus dans vos campagnes désolées, pompeux monuments des Crassus et des Césars, et je vous préfère encore ces tombeaux aériens du sauvage, ces mausolées de fleurs et de verdure que parfume l'abeille, que balance le zéphyr, et où le rossignol bâtit son nid et fait entendre sa plaintive mélodie. Si c'est la dépouille d'une jeune fille que la main d'un amant a suspendue à l'arbre de la mort, si ce sont les restes d'un enfant chéri qu'une mère a placés dans la demeure des petits oiseaux, le charme redouble encore. Je m'approchai de celle qui gémissoit au pied de l'érable; je lui imposai les mains sur la tête en poussant les trois cris de douleur. Ensuite, sans lui parler, prenant comme elle un rameau, j'écartai les insectes qui bourdonnoient autour du corps de l'enfant. Mais je me donnai de garde d'effrayer une colombe voisine. L'Indienne lui disoit : « Colombe, si tu n'es pas l'âme de mon fils qui s'est envolée, tu es sans doute une mère qui cherche quelque chose pour faire un nid. Prends de ces cheveux, que je ne laverai plus dans l'eau d'esquine; prends-en pour coucher tes petits : puisse le grand Esprit te les conserver! »

Cependant la mère pleuroit de joie en voyant la politesse de l'étranger. Comme nous faisions ceci, un jeune homme approcha : « Fille de Céluta, retire notre enfant ; nous ne séjournerons pas plus longtemps ici et nous partirons au premier soleil. » Je dis alors : « Frère, je te souhaite un ciel bleu, beaucoup de chevreuils, un manteau de castor et l'espérance. Tu n'es donc pas de ce désert ? — Non, répondit le jeune homme, nous sommes des exilés, et nous allons chercher une patrie. » En disant cela le guerrier baissa la tête dans son sein, et avec le bout de son arc il abattoit la tête des fleurs. Je vis qu'il y avoit des larmes au fond de cette histoire, et je me tus. La femme retira son fils des branches de l'arbre, et elle le donna à porter à son époux. Alors je dis : « Voulez-vous me permettre d'allumer votre feu cette nuit ? — Nous n'avons point de cabane, reprit le guerrier ; si vous voulez nous suivre, nous campons au bord de la chute. — Je le veux bien, » répondis-je, et nous partîmes ensemble.

Nous arrivâmes bientôt au bord de la cataracte, qui s'annonçoit par d'affreux mugissements. Elle est formée par la rivière Niagara, qui sort du lac Érié et se jette dans le lac Ontario ; sa hauteur perpendiculaire est de cent quarante-quatre pieds. Depuis le lac Érié jusqu'au Saut, le fleuve accourt par une pente rapide, et au moment de la chute c'est moins un fleuve qu'une mer dont les torrents se pressent à la bouche béante d'un gouffre. La cataracte se divise en deux branches et se courbe en fer à cheval. Entre les deux chutes s'avance une île creusée en dessous, qui pend avec tous ses arbres sur le chaos des ondes. La masse du fleuve qui se précipite au midi s'arrondit en un vaste cylindre, puis se déroule en nappe de neige et brille au soleil de toutes les couleurs ; celle qui tombe au levant descend dans une ombre effrayante ; on diroit d'une colonne d'eau du déluge. Mille arcs-en-ciel se courbent et se croisent sur l'abîme. Frappant le roc ébranlé, l'eau rejaillit en tourbillons d'écume, qui s'élèvent au-dessus des forêts comme les fumées d'un vaste embrasement. Des pins, des noyers sauvages, des rochers taillés en forme de fantômes, décorent la scène. Des aigles entraînés par le courant d'air descendent en tournoyant au fond du gouffre, et des carcajous se suspendent par leurs queues flexibles au bout d'une branche abaissée pour saisir dans l'abîme les cadavres brisés des élans et des ours.

Tandis qu'avec un plaisir mêlé de terreur je contemplois ce spectacle, l'Indienne et son époux me quittèrent. Je les cherchai en remontant le fleuve au-dessus de la chute, et bientôt je les trouvai dans un endroit convenable à leur deuil. Ils étoient couchés sur l'herbe, avec des vieillards, auprès de quelques ossements humains enveloppés dans

des peaux de bêtes. Étonné de tout ce que je voyois depuis quelques
heures, je m'assis auprès de la jeune mère, et lui dis : « Qu'est-ce que
« tout ceci, ma sœur? » Elle me répondit : « Mon frère, c'est la terre
« de la patrie, ce sont les cendres de nos aïeux, qui nous suivent dans
« notre exil. — Et comment, m'écriai-je, avez-vous été réduits à un tel
« malheur? » La fille de Céluta repartit : « Nous sommes les restes
« des Natchez. Après le massacre que les François firent de notre
« nation pour venger leurs frères, ceux de nos frères qui échappèrent
« aux vainqueurs trouvèrent un asile chez les Chikassas, nos voisins.
« Nous y sommes demeurés assez longtemps tranquilles ; mais il y a
« sept lunes que les blancs de la Virginie se sont emparés de nos
« terres, en disant qu'elles leur ont été données par un roi d'Europe.
« Nous avons levé les yeux au ciel, et, chargés des restes de nos
« aïeux, nous avons pris notre route à travers le désert. Je suis accou-
« chée pendant la marche ; et comme mon lait étoit mauvais, à cause
« de la douleur, il a fait mourir mon enfant. » En disant cela, la jeune
mère essuya ses yeux avec sa chevelure ; je pleurois aussi.

« Or, je dis bientôt : « Ma sœur, adorons le grand Esprit, tout
« arrive par son ordre. Nous sommes tous voyageurs, nos pères l'ont
« été comme nous ; mais il y a un lieu où nous nous reposerons. Si je
« ne craignois d'avoir la langue aussi légère que celle d'un blanc, je
« vous demanderois si vous avez entendu parler de Chactas le Nat-
« chez. » A ces mots, l'Indienne me regarda, et me dit : « Qui est-ce
« qui vous a parlé de Chactas le Natchez? » Je répondis : « C'est la
« Sagesse. » L'Indienne reprit : « Je vous dirai ce que je sais, parce
« que vous avez éloigné les mouches du corps de mon fils et que
« vous venez de dire de belles paroles sur le grand Esprit. Je suis la
« fille de la fille de René l'Européen, que Chactas avoit adopté.
« Chactas, qui avoit reçu le baptême, et René, mon aïeul si malheu-
« reux, ont péri dans le massacre. — L'homme va toujours de douleur
« en douleur, répondis-je en m'inclinant. Vous pourriez donc aussi
« m'apprendre des nouvelles du père Aubry? — Il n'a pas été plus
« heureux que Chactas, dit l'Indienne. Les Chéroquois, ennemis des
« François, pénétrèrent à sa Mission ; ils y furent conduits par le son
« de la cloche qu'on sonnoit pour secourir les voyageurs. Le père
« Aubry se pouvoit sauver, mais il ne voulut pas abandonner ses
« enfants, et il demeura pour les encourager à mourir par son
« exemple. Il fut brûlé avec de grandes tortures ; jamais on ne put
« tirer de lui un cri qui tournât à la honte de son Dieu ou au déshon-
« neur de sa patrie. Il ne cessa, durant le supplice, de prier pour ses
« bourreaux et de compatir au sort des victimes. Pour lui arracher

« une marque de foiblesse, les Chéroquois amenèrent à ses pieds un
« sauvage chrétien qu'ils avoient horiblement mutilé. Mais ils furent
« bien surpris quand ils virent le jeune homme se jeter à genoux et
« baiser les plaies du vieil ermite, qui lui crioit : « Mon enfant, nous
« avons été mis en spectacle aux anges et aux hommes. » Les Indiens
« furieux lui plongèrent un fer rouge dans la gorge pour l'empêcher
« de parler. Alors, ne pouvant plus consoler les hommes, il expira.

« On dit que les Chéroquois, tout accoutumés qu'ils étoient à voir
« des sauvages souffrir avec constance, ne purent s'empêcher d'avouer
« qu'il y avoit dans l'humble courage du père Aubry quelque chose
« qui leur étoit inconnu et qui surpassoit tous les courages de la
« terre. Plusieurs d'entre eux, frappés de cette mort, se sont faits
« chrétiens.

« Quelques années après, Chactas, à son retour de la terre des
« blancs, ayant appris les malheurs du chef de la prière, partit pour
« aller recueillir ses cendres et celles d'Atala. Il arriva à l'endroit où
« étoit située la Mission, mais il put à peine le reconnoître. Le lac
« s'étoit débordé et la savane étoit changée en un marais ; le pont
« naturel, en s'écroulant, avoit enseveli sous ses débris le tombeau
« d'Atala et les Bocages de la mort. Chactas erra longtemps dans ce
« lieu ; il visita la grotte du solitaire, qu'il trouva remplie de ronces et
« de framboisiers, et dans laquelle une biche allaitoit son faon. Il
« s'assit sur le rocher de la Veillée de la mort, où il ne vit que quelques
« plumes tombées de l'aile de l'oiseau de passage. Tandis qu'il y
« pleuroit, le serpent familier du missionnaire sortit des broussailles
« voisines, et vint s'entortiller à ses pieds. Chactas réchauffa dans son
« sein ce fidèle ami, resté seul au milieu de ces ruines. Le fils d'Ou-
« talissi a raconté que plusieurs fois, aux approches de la nuit, il
« avoit cru voir les ombres d'Atala et du père Aubry s'élever dans la
« vapeur du crépuscule. Ces visions le remplirent d'une religieuse
« frayeur et d'une joie triste.

« Après avoir cherché vainement le tombeau de sa sœur et celui de
« l'ermite, il étoit près d'abandonner ces lieux, lorsque la biche de la
« grotte se mit à bondir devant lui. Elle s'arrêta au pied de la croix de
« la Mission. Cette croix étoit alors à moitié entourée d'eau ; son bois
« étoit rongé de mousse, et le pélican du désert aimoit à se percher sur
« ses bras vermoulus. Chactas jugea que la biche reconnoissante
« l'avoit conduit au tombeau de son hôte. Il creusa sous la roche qui
« jadis servoit d'autel, et il y trouva les restes d'un homme et d'une
« femme. Il ne douta point que ce ne fussent ceux du prêtre et de la
« vierge, que les anges avoient peut-être ensevelis dans ce lieu ; il les

« enveloppa dans des peaux d'ours, et reprit le chemin de son pays,
« emportant ces précieux restes, qui résonnoient sur ses épaules
« comme le carquois de la mort. La nuit, il les mettoit sous sa tête
« et il avoit des songes d'amour et de vertu. O étranger! tu peux
« contempler ici cette poussière avec celle de Chactas lui-même. »

Comme l'Indienne achevoit de prononcer ces mots, je me levai; je m'approchai des cendres sacrées et me prosternai devant elles en silence. Puis, m'éloignant à grands pas, je m'écriai : « Ainsi passe sur « la terre tout ce qui fut bon, vertueux, sensible! Homme, tu n'es « qu'un songe rapide, un rêve douloureux; tu n'existes que par le « malheur; tu n'es quelque chose que par la tristesse de ton âme et « l'éternelle mélancolie de ta pensée! »

Ces réflexions m'occupèrent toute la nuit. Le lendemain, au point du jour, mes hôtes me quittèrent. Les jeunes guerriers ouvroient la marche et les épouses la fermoient; les premiers étoient chargés des saintes reliques; les secondes portoient leurs nouveaux nés; les vieillards cheminoient lentement au milieu, placés entre leurs aïeux et leur postérité, entre les souvenirs et l'espérance, entre la patrie perdue et la patrie à venir. Oh! que de larmes sont répandues lorsqu'on abandonne ainsi la terre natale, lorsque du haut de la colline de l'exil on découvre pour la dernière fois le toit où l'on fut nourri et le fleuve de la cabane qui continue de couler tristement à travers les champs solitaires de la patrie!

Indiens infortunés que j'ai vus errer dans les déserts du Nouveau-Monde avec les cendres de vos aïeux! vous qui m'aviez donné l'hospitalité malgré votre misère! je ne pourrois vous la rendre aujourd'hui, car j'erre, ainsi que vous, à la merci des hommes, et, moins heureux dans mon exil, je n'ai point emporté les os de mes pères!

FIN D'ATALA.

RENÉ.

RENÉ

En arrivant chez les Natchez, René avoit été obligé de prendre une épouse, pour se conformer aux mœurs des Indiens, mais il ne vivoit point avec elle. Un penchant mélancolique l'entraînoit au fond des bois; il y passoit seul des journées entières, et sembloit sauvage parmi les sauvages. Hors Chactas, son père adoptif, et le père Souël, missionnaire au fort Rosalie[1], il avoit renoncé au commerce des hommes. Ces deux vieillards avoient pris beaucoup d'empire sur son cœur : le premier, par une indulgence aimable; l'autre, au contraire, par une extrême sévérité. Depuis la chasse du castor, où le Sachem aveugle raconta ses aventures à René, celui-ci n'avoit jamais voulu parler des siennes. Cependant Chactas et le missionnaire désiroient vivement connoître par quel malheur un Européen bien né avoit été conduit à l'étrange résolution de s'ensevelir dans les déserts de la Louisiane. René avoit toujours donné pour motif de ses refus le peu d'intérêt de son histoire, qui se bornoit, disoit-il, à celle de ses pensées et de ses sentiments. « Quant à l'événement qui m'a déterminé à passer « en Amérique, ajoutoit-il, je le dois ensevelir dans un éternel « oubli. »

Quelques années s'écoulèrent de la sorte, sans que les deux vieillards lui pussent arracher son secret. Une lettre qu'il reçut d'Europe, par le bureau des Missions étrangères, redoubla tellement sa tristesse, qu'il fuyoit jusqu'à ses vieux amis. Ils n'en furent que plus ardents à le presser de leur ouvrir son cœur; ils y mirent tant de discrétion, de

---

1. Colonie françoise aux Natchez.

douceur et d'autorité, qu'il fut enfin obligé de les satisfaire. Il prit donc jour avec eux pour leur raconter, non les aventures de sa vie, puisqu'il n'en avoit point éprouvé, mais les sentiments secrets de son âme.

Le 21 de ce mois que les sauvages appellent *la lune des fleurs,* René se rendit à la cabane de Chactas. Il donna le bras au Sachem, et le conduisit sous un sassafras, au bord du Meschacebé. Le père Souël ne tarda pas à arriver au rendez-vous. L'aurore se levoit : à quelque distance dans la plaine, on apercevoit le village des Natchez, avec son bocage de mûriers et ses cabanes qui ressemblent à des ruches d'abeilles. La colonie françoise et le fort Rosalie se montroient sur la droite, au bord du fleuve. Des tentes, des maisons à moitié bâties, des forteresses commencées, des défrichements couverts de nègres, des groupes de blancs et d'Indiens, présentoient, dans ce petit espace, le contraste des mœurs sociales et des mœurs sauvages. Vers l'orient, au fond de la perspective, le soleil commençoit à paroître entre les sommets brisés des Apalaches, qui se dessinoient comme des caractères d'azur dans les hauteurs dorées du ciel; à l'occident, le Meschacebé rouloit ses ondes dans un silence magnifique et formoit la bordure du tableau avec une inconcevable grandeur.

Le jeune homme et le missionnaire admirèrent quelque temps cette belle scène, en plaignant le Sachem, qui ne pouvoit plus en jouir; ensuite le père Souël et Chactas s'assirent sur le gazon, au pied de l'arbre; René prit sa place au milieu d'eux, et, après un moment de silence, il parla de la sorte à ses vieux amis :

« Je ne puis, en commençant mon récit, me défendre d'un mouvement de honte. La paix de vos cœurs, respectables vieillards, et le calme de la nature autour de moi me font rougir du trouble et de l'agitation de mon âme.

« Combien vous aurez pitié de moi ! que mes éternelles inquiétudes vous paroîtront misérables ! Vous qui avez épuisé tous les chagrins de la vie, que penserez-vous d'un jeune homme sans force et sans vertu, qui trouve en lui-même son tourment et ne peut guère se plaindre que des maux qu'il se fait à lui-même ? Hélas ! ne le condamnez pas : il a été trop puni !

« J'ai coûté la vie à ma mère en venant au monde; j'ai été tiré de son sein avec le fer. J'avois un frère, que mon père bénit, parce qu'il voyoit en lui son fils aîné. Pour moi, livré de bonne heure à des mains étrangères, je fus élevé loin du toit paternel.

« Mon humeur étoit impétueuse, mon caractère inégal. Tour à tour bruyant et joyeux, silencieux et triste, je rassemblois autour de moi mes jeunes compagnons, puis, les abandonnant tout à coup, j'allois m'asseoir à l'écart pour contempler la nue fugitive ou entendre la pluie tomber sur le feuillage.

« Chaque automne je revenois au château paternel, situé au milieu des forêts, près d'un lac, dans une province reculée.

« Timide et contraint devant mon père, je ne trouvois l'aise et le contentement qu'auprès de ma sœur Amélie. Une douce conformité d'humeur et de goûts m'unissoit étroitement à cette sœur ; elle étoit un peu plus âgée que moi. Nous aimions à gravir les coteaux ensemble, à voguer sur le lac, à parcourir les bois à la chute des feuilles : promenades dont le souvenir remplit encore mon âme de délices. O illusions de l'enfance et de la patrie, ne perdez-vous jamais vos douceurs !

« Tantôt nous marchions en silence, prêtant l'oreille au sourd mugissement de l'automne ou au bruit des feuilles séchées que nous traînions tristement sous nos pas ; tantôt, dans nos jeux innocents, nous poursuivions l'hirondelle dans la prairie, l'arc-en-ciel sur les collines pluvieuses ; quelquefois aussi nous murmurions des vers que nous inspiroit le spectacle de la nature. Jeune, je cultivois les Muses ; il n'y a rien de plus poétique, dans la fraîcheur de ses passions, qu'un cœur de seize années. Le matin de la vie est comme le matin du jour, plein de pureté, d'images et d'harmonies.

« Les dimanches et les jours de fête, j'ai souvent entendu dans le grand bois, à travers les arbres, les sons de la cloche lointaine qui appeloit au temple l'homme des champs. Appuyé contre le tronc d'un ormeau, j'écoutois en silence le pieux murmure. Chaque frémissement de l'airain portoit à mon âme naïve l'innocence des mœurs champêtres, le calme de la solitude, le charme de la religion et la délectable mélancolie des souvenirs de ma première enfance ! Oh ! quel cœur si mal fait n'a tressailli au bruit des cloches de son lieu natal, de ces cloches qui frémirent de joie sur son berceau, qui annoncèrent son avénement à la vie, qui marquèrent le premier battement de son cœur, qui publièrent dans tous les lieux d'alentour la sainte allégresse de son père, les douleurs et les joies encore plus ineffables de sa mère ! Tout se trouve dans les rêveries enchantées où nous plonge le bruit de la cloche natale : religion, famille, patrie, et le berceau et la tombe, et le passé et l'avenir.

« Il est vrai qu'Amélie et moi nous jouissions plus que personne de ces idées graves et tendres, car nous avions tous les deux un peu de tristesse au fond du cœur : nous tenions cela de Dieu ou de notre mère.

« Cependant mon père fut atteint d'une maladie qui le conduisit en peu de jours au tombeau. Il expira dans mes bras. J'appris à connoître la mort sur les lèvres de celui qui m'avoit donné la vie. Cette impression fut grande ; elle dure encore. C'est la première fois que l'immortalité de l'âme s'est présentée clairement à mes yeux. Je ne pus croire que ce corps inanimé étoit en moi l'auteur de la pensée ; je sentis qu'elle me devoit venir d'une autre source, et, dans une sainte douleur, qui approchoit de la joie, j'espérai me rejoindre un jour à l'esprit de mon père.

« Un autre phénomène me confirma dans cette haute idée. Les traits paternels avoient pris au cercueil quelque chose de sublime. Pourquoi cet étonnant mystère ne seroit-il pas l'indice de notre immortalité ? Pourquoi la mort, qui sait tout, n'auroit-elle pas gravé sur le front de sa victime les secrets d'un autre univers ? Pourquoi n'y auroit-il pas dans la tombe quelque grande vision de l'éternité ?

« Amélie, accablée de douleur, étoit retirée au fond d'une tour, d'où elle entendit retentir, sous les voûtes du château gothique, le chant des prêtres du convoi et les sons de la cloche funèbre.

« J'accompagnai mon père à son dernier asile ; la terre se referma sur sa dépouille ; l'éternité et l'oubli le pressèrent de tout leur poids : le soir même l'indifférent passoit sur sa tombe ; hors pour sa fille et pour son fils, c'étoit déjà comme s'il n'avoit jamais été.

« Il fallut quitter le toit paternel, devenu l'héritage de mon frère : je me retirai avec Amélie chez de vieux parents.

« Arrêté à l'entrée des voies trompeuses de la vie, je les considérois l'une après l'autre sans m'y oser engager. Amélie m'entretenoit souvent du bonheur de la vie religieuse ; elle me disoit que j'étois le seul lien qui la retînt dans le monde, et ses yeux s'attachoient sur moi avec tristesse.

« Le cœur ému par ces conversations pieuses, je portois souvent mes pas vers un monastère voisin de mon nouveau séjour ; un moment même j'eus la tentation d'y cacher ma vie. Heureux ceux qui ont fini leur voyage sans avoir quitté le port, et qui n'ont point, comme moi, traîné d'inutiles jours sur la terre !

« Les Européens, incessamment agités, sont obligés de se bâtir des solitudes. Plus notre cœur est tumultueux et bruyant, plus le calme et le silence nous attirent. Ces hospices de mon pays, ouverts aux malheureux et aux foibles, sont souvent cachés dans des vallons qui portent au cœur le vague sentiment de l'infortune et l'espérance d'un abri ; quelquefois aussi on les découvre sur de hauts sites où l'âme religieuse, comme une plante des montagnes, semble s'élever vers le ciel pour lui offrir ses parfums.

« Je vois encore le mélange majestueux des eaux et des bois de cette antique abbaye où je pensai dérober ma vie aux caprices du sort ; j'erre encore au déclin du jour dans ces cloîtres retentissants et solitaires. Lorsque la lune éclairoit à demi les piliers des arcades et dessinoit leur ombre sur le mur opposé, je m'arrêtois à contempler la croix qui marquoit le champ de la mort et les longues herbes qui croissoient entre les pierres des tombes. O hommes qui, ayant vécu loin du monde, avez passé du silence de la vie au silence de la mort, de quel dégoût de la terre vos tombeaux ne remplissoient-ils point mon cœur !

« Soit inconstance naturelle, soit préjugé contre la vie monastique, je changeai mes desseins, je me résolus à voyager. Je dis adieu à ma sœur ; elle me serra dans ses bras avec un mouvement qui ressembloit à de la joie, comme si elle eût été heureuse de me quitter ; je ne pus me défendre d'une réflexion amère sur l'inconséquence des amitiés humaines.

« Cependant, plein d'ardeur, je m'élançai seul sur cet orageux océan du monde, dont je ne connoissois ni les ports ni les écueils. Je visitai d'abord les peuples qui ne sont plus : je m'en allai, m'asseyant sur les débris de Rome et de la Grèce, pays de forte et d'ingénieuse mémoire, où les palais sont ensevelis dans la poudre et les mausolées des rois cachés sous les ronces. Force de la nature et foiblesse de l'homme ! un brin d'herbe perce souvent le marbre le plus dur de ces tombeaux, que tous ces morts, si puissants, ne soulèveront jamais !

« Quelquefois une haute colonne se montroit seule debout dans un désert, comme une grande pensée s'élève par intervalles dans une âme que le temps et le malheur ont dévastée.

« Je méditai sur ces monuments dans tous les accidents et à toutes les heures de la journée. Tantôt ce même soleil qui avoit vu jeter les fondements de ces cités se couchoit majestueusement à mes yeux sur leurs ruines ; tantôt la lune se levant dans un ciel pur, entre deux urnes cinéraires à moitié brisées, me montroit les pâles tombeaux. Souvent, aux rayons de cet astre qui alimente les rêveries, j'ai cru voir le Génie des souvenirs assis tout pensif à mes côtés.

« Mais je me lassai de fouiller dans des cercueils, où je ne remuois trop souvent qu'une poussière criminelle.

« Je voulus voir si les races vivantes m'offriroient plus de vertus ou moins de malheurs que les races évanouies. Comme je me promenois un jour dans une grande cité, en passant derrière un palais, dans une cour retirée et déserte, j'aperçus une statue qui indiquoit du doigt un lieu fameux par un sacrifice[1]. Je fus frappé du silence de ces lieux ; le vent seul gémissoit autour du marbre tragique. Des manœuvres étoient couchés avec indifférence au pied de la statue ou tailloient des pierres en sifflant. Je leur demandai ce que signifioit ce monument : les uns purent à peine me le dire, les autres ignoroient la catastrophe qu'il retraçoit. Rien ne m'a plus donné la juste mesure des événements de la vie et du peu que nous sommes. Que sont devenus ces personnages qui firent tant de bruit ? Le temps a fait un pas, et la face de la terre a été renouvelée.

« Je recherchai surtout dans mes voyages les artistes et ces hommes divins qui chantent les dieux sur la lyre et la félicité des peuples qui honorent les lois, la religion et les tombeaux.

« Ces chantres sont de race divine, ils possèdent le seul talent incontestable dont le ciel ait fait présent à la terre. Leur vie est à la fois naïve et sublime ; ils célèbrent les dieux avec une bouche d'or, et sont les plus simples des hommes ; ils causent comme des immortels ou comme de petits enfants ; ils expliquent les lois de l'univers, et ne peuvent comprendre les affaires les plus innocentes de la vie ; ils ont des idées merveilleuses de la mort, et meurent sans s'en apercevoir, comme des nouveau-nés.

« Sur les monts de la Calédonie, le dernier barde qu'on ait ouï dans ces déserts me chanta les poëmes dont un héros consoloit jadis sa vieillesse. Nous étions assis sur quatre pierres rongées de mousse ; un torrent couloit à nos pieds ; le chevreuil paissoit à quelque distance parmi les débris d'une tour, et le vent des mers siffloit sur la bruyère de Cona. Maintenant la religion chrétienne, fille aussi des hautes montagnes, à placé des croix sur les monuments des héros de Morven et touché la harpe de David au bord du même torrent où Ossian fit gémir la sienne. Aussi pacifique que les divinités de Selma étoient guerrières, elle garde des troupeaux où Fingal livroit des combats, et elle a répandu des anges de paix dans les nuages qu'habitoient des fantômes homicides.

« L'ancienne et riante Italie m'offrit la foule de ses chefs-d'œuvre. Avec quelle sainte et poétique horreur j'errois dans ces vastes édifices consacrés par les arts à la religion ! Quel labyrinthe de colonnes ! Quelle succession d'arches et de voûtes ! Qu'ils sont beaux ces bruits, qu'on entend autour des dômes, semblables aux rumeurs des flots dans l'Océan, aux murmures des vents dans les forêts ou à la voix de

---

1. A Londres, derrière White-Hall, la statue de Charles II.

Dieu dans son temple! L'architecte bâtit, pour ainsi dire, les idées du poëte, et les fait toucher aux sens.

« Cependant qu'avois-je appris jusque alors avec tant de fatigue? Rien de certain parmi les anciens, rien de beau parmi les modernes. Le passé et le présent sont deux statues incomplètes : l'une a été retirée toute mutilée du débris des âges, l'autre n'a pas encore reçu sa perfection de l'avenir.

« Mais peut-être, mes vieux amis, vous surtout, habitants du désert, êtes-vous étonnés que, dans ce récit de mes voyages, je ne vous aie pas une seule fois entretenus des monuments de la nature?

« Un jour j'étois monté au sommet de l'Etna, volcan qui brûle au milieu d'une île. Je vis le soleil se lever dans l'immensité de l'horizon au-dessous de moi, la Sicile resserrée comme un point à mes pieds et la mer déroulée au loin dans les espaces. Dans cette vue perpendiculaire du tableau, les fleuves ne me sembloient plus que des lignes géographiques tracées sur une carte; mais, tandis que d'un côté mon œil apercevoit ces objets, de l'autre il plongeoit dans le cratère de l'Etna, dont je découvrois les entrailles brûlantes entre les bouffées d'une noire vapeur.

« Un jeune homme plein de passions, assis sur la bouche d'un volcan, et pleurant sur les mortels dont à peine il voyoit à ses pieds les demeures, n'est sans doute, ô vieillards! qu'un objet digne de votre pitié; mais, quoi que vous puissiez penser de René, ce tableau vous offre l'image de son caractère et de son existence : c'est ainsi que toute ma vie j'ai eu devant les yeux une création à la fois immense et imperceptible et un abîme ouvert à mes côtés. »

En prononçant ces derniers mots, René se tut et tomba subitement dans la rêverie. Le père Souël le regardoit avec étonnement, et le vieux Sachem aveugle, qui n'entendoit plus parler le jeune homme, ne savoit que penser de ce silence.

René avoit les yeux attachés sur un groupe d'Indiens qui passoient gaiement dans la plaine. Tout à coup sa physionomie s'attendrit, des larmes coulent de ses yeux; il s'écrie :

« Heureux sauvages! oh! que ne puis-je jouir de la paix qui vous accompagne toujours! Tandis qu'avec si peu de fruit je parcourois tant de contrées, vous, assis tranquillement sous vos chênes, vous laissiez couler les jours sans les compter. Votre raison n'étoit que vos besoins, et vous arriviez mieux que moi au résultat de la sagesse, comme l'enfant, entre les jeux et le sommeil. Si cette mélancolie qui s'engendre de l'excès du bonheur atteignoit quelquefois votre âme, bientôt vous sortiez de cette tristesse passagère et votre regard levé vers le ciel cherchoit avec attendrissement ce je ne sais quoi inconnu qui prend pitié du pauvre sauvage. »

Ici la voix de René expira de nouveau, et le jeune homme pencha la tête sur sa poitrine. Chactas, étendant le bras dans l'ombre et prenant le bras de son fils, lui cria d'un ton ému : « Mon fils ! mon cher fils ! » A ces accents, le frère d'Amélie, revenant à lui et rougissant de son trouble, pria son père de lui pardonner.

Alors le vieux sauvage : « Mon jeune ami, les mouvements d'un
« cœur comme le tien ne sauroient être égaux ; modère seulement ce
« caractère qui t'a déjà fait tant de mal. Si tu souffres plus qu'un
« autre des choses de la vie, il ne faut pas t'en étonner : une grande
« âme doit contenir plus de douleurs qu'une petite. Continue ton
« récit. Tu nous as fait parcourir une partie de l'Europe, fais-nous
« connoître ta patrie. Tu sais que j'ai vu la France et quels liens m'y
« ont attaché ; j'aimerai à entendre parler de ce grand chef[1] qui n'est
« plus et dont j'ai visité la superbe cabane. Mon enfant, je ne vis
« plus que par la mémoire. Un vieillard avec ses souvenirs ressemble
« au chêne décrépit de nos bois : ce chêne ne se décore plus de son
« propre feuillage, mais il couvre quelquefois sa nudité des plantes
« étrangères qui ont végété sur ses antiques rameaux. »

Le frère d'Amélie, calmé par ces paroles, reprit ainsi l'histoire de son cœur :

« Hélas, mon père ! je ne pourrai t'entretenir de ce grand siècle dont je n'ai vu que la fin dans mon enfance, et qui n'étoit plus lorsque je rentrai dans ma patrie. Jamais un changement plus étonnant et plus soudain ne s'est opéré chez un peuple. De la hauteur du génie, du respect pour la religion, de la gravité des mœurs, tout étoit subitement descendu à la souplesse de l'esprit, à l'impiété, à la corruption.

« C'étoit donc bien vainement que j'avois espéré retrouver dans mon pays de quoi calmer cette inquiétude, cette ardeur de désir qui me suit partout. L'étude du monde ne m'avoit rien appris, et pourtant je n'avois plus la douceur de l'ignorance.

« Ma sœur, par une conduite inexplicable, sembloit se plaire à augmenter mon ennui ; elle avoit quitté Paris quelques jours avant mon arrivée. Je lui écrivis que je comptois l'aller rejoindre ; elle se hâta de me répondre pour me détourner de ce projet, sous prétexte qu'elle étoit incertaine du lieu où l'appelleroient ses affaires. Quelles tristes réflexions ne fis-je point alors sur l'amitié, que la présence

---

1. Louis XIV.

attiédit, que l'absence efface, qui ne résiste point au malheur, et encore moins à la prospérité !

« Je me trouvai bientôt plus isolé dans ma patrie que je ne l'avois été sur une terre étrangère. Je voulus me jeter pendant quelque temps dans un monde qui ne me disoit rien et qui ne m'entendoit pas. Mon âme, qu'aucune passion n'avoit encore usée, cherchoit un objet qui pût l'attacher ; mais je m'aperçus que je donnois plus que je ne recevois. Ce n'étoit ni un langage élevé ni un sentiment profond qu'on demandoit de moi. Je n'étois occupé qu'à rapetisser ma vie, pour la mettre au niveau de la société. Traité partout d'esprit romanesque, honteux du rôle que je jouois, dégoûté de plus en plus des choses et des hommes, je pris le parti de me retirer dans un faubourg pour y vivre totalement ignoré.

« Je trouvai d'abord assez de plaisir dans cette vie obscure et indépendante. Inconnu, je me mêlois à la foule : vaste désert d'hommes !

« Souvent assis dans une église peu fréquentée, je passois des heures entières en méditation. Je voyois de pauvres femmes venir se prosterner devant le Très-Haut, ou des pécheurs s'agenouiller au tribunal de la pénitence. Nul ne sortoit de ces lieux sans un visage plus serein, et les sourdes clameurs qu'on entendoit au dehors sembloient être les flots des passions et les orages du monde qui venoient expirer au pied du temple du Seigneur. Grand Dieu, qui vis en secret couler mes larmes dans ces retraites sacrées, tu sais combien de fois je me jetai à tes pieds pour te supplier de me décharger du poids de l'existence, ou de changer en moi le vieil homme ! Ah ! qui n'a senti quelquefois le besoin de se régénérer, de se rajeunir aux eaux du torrent, de retremper son âme à la fontaine de vie ! Qui ne se trouve quelquefois accablé du fardeau de sa propre corruption et incapable de rien faire de grand, de noble, de juste !

« Quand le soir étoit venu, reprenant le chemin de ma retraite, je m'arrêtois sur les ponts pour voir se coucher le soleil. L'astre, enflammant les vapeurs de la cité, sembloit osciller lentement dans un fluide d'or, comme le pendule de l'horloge des siècles. Je me retirois ensuite avec la nuit, à travers un labyrinthe de rues solitaires. En regardant les lumières qui brilloient dans la demeure des hommes, je me transportois par la pensée au milieu des scènes de douleur et de joie qu'elles éclairoient, et je songeois que sous tant de toits habités je n'avois pas un ami. Au milieu de mes réflexions, l'heure venoit frapper à coups mesurés dans la tour de la cathédrale gothique ; elle alloit se répétant sur tous les tons, et à toutes les distances, d'église en église. Hélas! chaque heure dans la société ouvre un tombeau et fait couler des larmes.

« Cette vie, qui m'avoit d'abord enchanté, ne tarda pas à me devenir insupportable. Je me fatiguai de la répétition des mêmes scènes et des mêmes idées. Je me mis à sonder mon cœur, à me demander ce que je désirois. Je ne le savois pas, mais je crus tout à coup que les bois me seroient délicieux. Me voilà soudain résolu d'achever dans un exil champêtre une carrière à peine commencée et dans laquelle j'avois déjà dévoré des siècles.

« J'embrassai ce projet avec l'ardeur que je mets à tous mes desseins; je partis précipitamment pour m'ensevelir dans une chaumière, comme j'étois parti autrefois pour faire le tour du monde.

« On m'accuse d'avoir des goûts inconstants, de ne pouvoir jouir longtemps de la même chimère, d'être la proie d'une imagination qui se hâte d'arriver au fond de mes plaisirs, comme si elle étoit accablée de leur durée; on m'accuse de passer toujours le but que je puis atteindre : hélas! je cherche seulement un bien inconnu dont l'instinct me poursuit. Est-ce ma faute si je trouve partout des bornes, si ce qui est fini n'a pour moi aucune valeur? Cependant je sens que j'aime la monotonie des sentiments de la vie, et si j'avois encore la folie de croire au bonheur, je le chercherois dans l'habitude.

« La solitude absolue, le spectacle de la nature, me plongèrent bientôt dans un état presque impossible à décrire. Sans parents, sans amis, pour ainsi dire, sur la terre, n'ayant point encore aimé, j'étois accablé d'une surabondance de vie. Quelquefois je rougissois subitement, et je sentois couler dans mon cœur comme des ruisseaux d'une lave ardente; quelquefois je poussois des cris involontaires, et la nuit étoit également troublée de mes songes et de mes veilles. Il me manquoit quelque chose pour remplir l'abîme de mon existence : je descendois dans la vallée, je m'élevois sur la montagne, appelant de toute la force de mes désirs l'idéal objet d'une flamme future; je l'embrassois dans les vents; je croyois l'entendre dans les gémissements du fleuve; tout étoit ce fantôme imaginaire, et les astres dans les cieux, et le principe même de vie dans l'univers.

« Toutefois cet état de calme et de trouble, d'indigence et de richesse, n'étoit pas sans quelques charmes : un jour je m'étois amusé à effeuiller une branche de saule sur un ruisseau et à attacher une idée à chaque feuille que le courant entraînoit. Un roi qui craint de perdre sa couronne par une révolution subite ne ressent pas des angoisses plus vives que les miennes à chaque accident qui menaçoit les débris de mon rameau. O foiblesse des mortels! ô enfance du cœur humain qui ne vieillit jamais ! voilà donc à quel degré de puérilité notre superbe raison peut descendre ! Et encore est-il vrai que bien des hommes attachent leur destinée à des choses d'aussi peu de valeur que mes feuilles de saule.

« Mais comment exprimer cette foule de sensations fugitives que j'éprouvois dans mes promenades ? Les sons que rendent les passions dans le vide d'un cœur solitaire ressemblent au murmure que les vents et les eaux font entendre dans le silence d'un désert : on en jouit, mais on ne peut les peindre.

« L'automne me surprit au milieu de ces incertitudes : j'entrai avec ravissement dans les mois des tempêtes. Tantôt j'aurois voulu être un de ces guerriers errant au milieu des vents, des nuages et des fantômes ; tantôt j'enviois jusqu'au sort du pâtre que je voyois réchauffer ses mains à l'humble feu de broussailles qu'il avoit allumé au coin d'un bois. J'écoutois ses chants mélancoliques, qui me rappeloient que dans tout pays le chant naturel de l'homme est triste, lors même qu'il exprime le bonheur. Notre cœur est un instrument incomplet, une lyre où il manque des cordes et où nous sommes forcés de rendre les accents de la joie sur le ton consacré aux soupirs.

« Le jour, je m'égarois sur de grandes bruyères terminées par des forêts. Qu'il falloit peu de chose à ma rêverie ! une feuille séchée que le vent chassoit devant moi, une cabane dont la fumée s'élevoit dans la cime dépouillée des arbres, la mousse qui trembloit au souffle du nord sur le tronc d'un chêne, une roche écartée, un étang désert où le jonc flétri murmuroit ! Le clocher solitaire s'élevant au loin dans la vallée a souvent attiré mes regards ; souvent j'ai suivi des yeux les oiseaux de passage qui voloient au-dessus de ma tête. Je me figurois les bords ignorés, les climats lointains où ils se rendent ; j'aurois voulu être sur leurs ailes. Un secret instinct me tourmentoit ; je sentois que je n'étois moi-même qu'un voyageur, mais une voix du ciel sembloit me dire : « Homme, la saison de ta migration n'est pas encore « venue ; attends que le vent de la mort se lève, alors tu déploieras « ton vol vers ces régions inconnues que ton cœur demande. »

« Levez-vous vite, orages désirés qui devez emporter René dans les espaces d'une autre vie ! Ainsi disant, je marchois à grands pas, le visage enflammé, le vent sifflant dans ma chevelure, ne sentant ni pluie, ni frimas, enchanté, tourmenté et comme possédé par le démon de mon cœur.

« La nuit, lorsque l'aquilon ébranloit ma chaumière, que les pluies tomboient en torrent sur mon toit, qu'à travers ma fenêtre je voyois la lune sillonner les nuages amoncelés, comme un pâle vaisseau qui laboure les vagues, il me sembloit que la vie redoubloit au fond de mon cœur, que j'aurois la puissance de créer des mondes. Ah! si j'avois pu faire partager à une autre les transports que j'éprouvois! O Dieu! si tu m'avois donné une femme selon mes désirs; si, comme à notre premier père, tu m'eusses amené par la main une Ève tirée de moi-même... Beauté céleste! je me serois prosterné devant toi, puis, te prenant dans mes bras, j'aurois prié l'Éternel de te donner le reste de ma vie!

« Hélas! j'étois seul, seul sur la terre! Une langueur secrète s'emparoit de mon corps. Ce dégoût de la vie que j'avois ressenti dès mon enfance revenoit avec une force nouvelle. Bientôt mon cœur ne fournit plus d'aliment à ma pensée, et je ne m'apercevois de mon existence que par un profond sentiment d'ennui.

« Je luttai quelque temps contre mon mal, mais avec indifférence et sans avoir la ferme résolution de le vaincre. Enfin, ne pouvant trouver de remède à cette étrange blessure de mon cœur, qui n'étoit nulle part et qui étoit partout, je résolus de quitter la vie.

« Prêtre du Très-Haut, qui m'entendez, pardonnez à un malheureux que le ciel avoit presque privé de la raison. J'étois plein de religion, et je raisonnois en impie; mon cœur aimoit Dieu, et mon esprit le méconnoissoit; ma conduite, mes discours, mes sentiments, mes pensées, n'étoient que contradiction, ténèbres, mensonges. Mais l'homme sait-il bien toujours ce qu'il veut, est-il toujours sûr de ce qu'il pense?

« Tout m'échappoit à la fois, l'amitié, le monde, la retraite. J'avois essayé de tout, et tout m'avoit été fatal. Repoussé par la société, abandonné d'Amélie quand la solitude vint à me manquer, que me restoit-il? C'étoit la dernière planche sur laquelle j'avois espéré me sauver, et je la sentois encore s'enfoncer dans l'abîme!

« Décidé que j'étois à me débarrasser du poids de la vie, je résolus de mettre toute ma raison dans cet acte insensé. Rien ne me pressoit; je ne fixai point le moment du départ, afin de savourer à longs traits les derniers moments de l'existence et de recueillir toutes mes forces, à l'exemple d'un ancien, pour sentir mon âme s'échapper.

« Cependant je crus nécessaire de prendre des arrangements concernant ma fortune, et je fus obligé d'écrire à Amélie. Il m'échappa quelques plaintes sur son oubli, et je laissai sans doute percer l'attendrissement qui surmontoit peu à peu mon cœur. Je m'imaginois pourtant avoir bien dissimulé mon secret; mais ma sœur, accoutumée à lire dans les replis de mon âme, le devina sans peine. Elle fut alarmée du ton de contrainte qui régnoit dans ma lettre et de mes questions sur des affaires dont je ne m'étois jamais occupé. Au lieu de me répondre, elle me vint tout à coup surprendre.

« Pour bien sentir quelle dut être dans la suite l'amertume de ma douleur et quels furent mes premiers transports en revoyant Amélie, il faut vous figurer que c'étoit la seule personne au monde que j'eusse aimée, que tous mes sentiments se venoient confondre en elle avec la douceur des souvenirs de mon enfance. Je reçus donc Amélie dans une sorte d'extase de cœur. Il y avoit si longtemps que je n'avois trouvé quelqu'un qui m'entendît et devant qui je pusse ouvrir mon âme !

« Amélie se jetant dans mes bras me dit : « Ingrat, tu veux mourir, « et ta sœur existe ! Tu soupçonnes son cœur ! Ne t'explique point, « ne t'excuse point, je sais tout ; j'ai tout compris, comme si j'avois « été avec toi. Est-ce moi que l'on trompe, moi qui ai vu naître tes « premiers sentiments ? Voilà ton malheureux caractère, tes dégoûts, « tes injustices. Jure, tandis que je te presse sur mon cœur, jure que « c'est la dernière fois que tu te livreras à tes folies ; fais le serment « de ne jamais attenter à tes jours. »

« En prononçant ces mots Amélie me regardoit avec compassion et tendresse, et couvroit mon front de ses baisers ; c'étoit presque une mère, c'étoit quelque chose de plus tendre. Hélas ! mon cœur se rouvrit à toutes les joies ; comme un enfant, je ne demandois qu'à être consolé ; je cédai à l'empire d'Amélie : elle exigea un serment solennel ; je le fis sans hésiter, ne soupçonnant même pas que désormais je pusse être malheureux.

« Nous fûmes plus d'un mois à nous accoutumer à l'enchantement d'être ensemble. Quand le matin, au lieu de me trouver seul, j'entendois la voix de ma sœur, j'éprouvois un tressaillement de joie et de bonheur. Amélie avoit reçu de la nature quelque chose de divin ; son âme avoit les mêmes grâces innocentes que son corps ; la douceur de ses sentiments étoit infinie ; il n'y avoit rien que de suave et d'un peu rêveur dans son esprit ; on eût dit que son cœur, sa pensée et sa voix soupiroient comme de concert ; elle tenoit de la femme la timidité et l'amour, et de l'ange la pureté et la mélodie.

« Le moment étoit venu où j'allois expier toutes mes inconséquences. Dans mon délire, j'avois été jusqu'à désirer d'éprouver un malheur, pour avoir du moins un objet réel de souffrance : épouvantable souhait que Dieu, dans sa colère, a trop exaucé !

« Que vais-je vous révéler, ô mes amis ! voyez les pleurs qui coulent de mes yeux. Puis-je même... Il y a quelques jours, rien n'auroit pu m'arracher ce secret... A présent, tout est fini !

« Toutefois, ô vieillards ! que cette histoire soit à jamais ensevelie dans le silence : souvenez-vous qu'elle n'a été racontée que sous l'arbre du désert.

« L'hiver finissoit lorsque je m'aperçus qu'Amélie perdoit le repos et la santé, qu'elle commençoit à me rendre. Elle maigrissoit ; ses yeux se creusoient, sa démarche étoit languissante et sa voix troublée. Un jour je la surpris tout en larmes au pied d'un crucifix. Le monde, la solitude, mon absence, ma présence, la nuit, le jour, tout l'alarmoit. D'involontaires soupirs venoient expirer sur ses lèvres ; tantôt elle soutenoit sans se fatiguer une longue course ; tantôt elle se traînoit à peine ; elle prenoit et laissoit son ouvrage, ouvroit un livre sans pouvoir lire, commençoit une phrase qu'elle n'achevoit pas, fondoit tout à coup en pleurs, et se retiroit pour prier.

« En vain je cherchois à découvrir son secret. Quand je l'interrogeois en la pressant dans mes bras, elle me répondoit avec un sourire qu'elle étoit comme moi, qu'elle ne savoit pas ce qu'elle avoit.

« Trois mois se passèrent de la sorte, et son état devenoit pire chaque jour. Une correspondance mystérieuse me sembloit être la cause de ses larmes, car elle paroissoit, ou plus tranquille, ou plus émue, selon les lettres qu'elle recevoit. Enfin, un matin, l'heure à laquelle nous déjeunions ensemble étant passée, je monte à son appartement ; je frappe : on ne me répond point ; j'entr'ouvre la porte : il n'y avoit personne dans la chambre. J'aperçois sur la cheminée un paquet à mon adresse. Je le saisis en tremblant, je l'ouvre, et je lis cette lettre, que je conserve pour m'ôter à l'avenir tout mouvement de joie.

A RENÉ.

« Le ciel m'est témoin, mon frère, que je donnerois mille fois
« ma vie pour vous épargner un moment de peine ; mais, infor-
« tunée que je suis, je ne puis rien pour votre bonheur. Vous me
« pardonnerez donc de m'être dérobée de chez vous comme une cou-
« pable ; je n'aurois jamais pu résister à vos prières, et cependant il
« falloit partir... Mon Dieu, ayez pitié de moi !

« Vous savez, René, que j'ai toujours eu du penchant pour la vie
« religieuse ; il est temps que je mette à profit les avertissements du
« ciel. Pourquoi ai-je attendu si tard ! Dieu m'en punit. J'étois restée
« pour vous dans le monde... Pardonnez, je suis toute troublée par le
« chagrin que j'ai de vous quitter.

« C'est à présent, mon cher frère, que je sens bien la nécessité de

« ces asiles contre lesquels je vous ai vu souvent vous élever. Il est
« des malheurs qui nous séparent pour toujours des hommes : que
« deviendroient alors de pauvres infortunées!... Je suis persuadée que
« vous-même, mon frère, vous trouveriez le repos dans ces retraites
« de la religion : la terre n'offre rien qui soit digne de vous.

« Je ne vous rappellerai point votre serment : je connois la fidélité
« de votre parole. Vous l'avez juré, vous vivrez pour moi. Y a-t-il rien
« de plus misérable que de songer sans cesse à quitter la vie ? Pour
« un homme de votre caractère, il est si aisé de mourir! Croyez-en
« votre sœur, il est plus difficile de vivre.

« Mais, mon frère, sortez au plus vite de la solitude, qui ne vous est
« pas bonne; cherchez quelque occupation. Je sais que vous riez
« amèrement de cette nécessité où l'on est en France de *prendre un état*.
« Ne méprisez pas tant l'expérience et la sagesse de nos pères. Il vaut
« mieux, mon cher René, ressembler un peu plus au commun des
« hommes et avoir un peu moins de malheur.

« Peut-être trouveriez-vous dans le mariage un soulagement à vos
« ennuis. Une femme, des enfants occuperoient vos jours. Et quelle
« est la femme qui ne chercheroit pas à vous rendre heureux! L'ar-
« deur de votre âme, la beauté de votre génie, votre air noble et
« passionné, ce regard fier et tendre, tout vous assureroit de son
« amour et de sa fidélité. Ah! avec quelles délices ne te presseroit-elle
« pas dans ses bras et sur son cœur! Comme tous ses regards, toutes
« ses pensées, seroient attachés sur toi pour prévenir tes moindres
« peines! Elle seroit tout amour, tout innocence devant toi : tu croirois
« retrouver une sœur.

« Je pars pour le couvent de... Ce monastère, bâti au bord de la
« mer, convient à la situation de mon âme. La nuit, du fond de ma
» cellule, j'entendrai le murmure des flots qui baignent les murs du
« couvent; je songerai à ces promenades que je faisois avec vous au
« milieu des bois, alors que nous croyions retrouver le bruit des mers
« dans la cime agitée des pins. Aimable compagnon de mon enfance,
« est-ce que je ne vous verrai plus? A peine plus âgée que vous, je
« vous balançois dans votre berceau; souvent nous avons dormi
« ensemble. Ah! si un même tombeau nous réunissoit un jour! Mais
« non, je dois dormir seule sous les marbres glacés de ce sanctuaire
« où reposent pour jamais ces filles qui n'ont point aimé.

« Je ne sais si vous pourrez lire ces lignes à demi effacées par mes
« larmes. Après tout, mon ami, un peu plus tôt, un peu plus tard,
« n'auroit-il pas fallu nous quitter? Qu'ai-je besoin de vous entretenir
« de l'incertitude et du peu de valeur de la vie? Vous vous rappelez le

« jeune M... qui fit naufrage à l'Ile-de-France. Quand vous reçûtes sa
« dernière lettre, quelques mois après sa mort, sa dépouille terrestre
« n'existoit même plus, et l'instant où vous commenciez son deuil en
« Europe étoit celui où on le finissoit aux Indes. Qu'est ce donc que
« l'homme, dont la mémoire périt si vite? Une partie de ses amis ne
« peut apprendre sa mort que l'autre n'en soit déjà consolée! Quoi,
« cher et trop cher René, mon souvenir s'effacera-t-il si promptement
« de ton cœur? O mon frère! si je m'arrache à vous dans le temps,
« c'est pour n'être pas séparée de vous dans l'éternité.

« Amélie. »

P. S. « Je joins ici l'acte de la donation de mes biens; j'espère que
« vous ne refuserez pas cette marque de mon amitié. »

« La foudre qui fût tombée à mes pieds ne m'eût pas causé plus
d'effroi que cette lettre. Quel secret Amélie me cachoit-elle? Qui la
forçoit si subitement à embrasser la vie religieuse? Ne m'avoit-elle
rattaché à l'existence par le charme de l'amitié que pour me délaisser
tout à coup? Oh! pourquoi étoit-elle venue me détourner de mon
dessein! Un mouvement de pitié l'avoit rappelée auprès de moi; mais
bientôt, fatiguée d'un pénible devoir, elle se hâte de quitter un malheureux qui n'avoit qu'elle sur la terre. On croit avoir tout fait quand
on a empêché un homme de mourir! Telles étoient mes plaintes. Puis,
faisant un retour sur moi-même : « Ingrate Amélie, disois-je, si tu
avois été à ma place, si comme moi tu avois été perdue dans le vide
de tes jours, ah! tu n'aurois pas été abandonnée de ton frère! »

« Cependant, quand je relisois la lettre, j'y trouvois je ne sais quoi
de si triste et de si tendre, que tout mon cœur se fondoit. Tout à coup
il me vint une idée qui me donna quelque espérance : je m'imaginai
qu'Amélie avoit peut-être conçu une passion pour un homme qu'elle
n'osoit avouer. Ce soupçon sembla m'expliquer sa mélancolie, sa correspondance mystérieuse et le ton passionné qui respiroit dans sa
lettre. Je lui écrivis aussitôt pour la supplier de m'ouvrir son cœur.

« Elle ne tarda pas à me répondre, mais sans me découvrir son
secret : elle me mandoit seulement qu'elle avoit obtenu les dispenses
du noviciat et qu'elle alloit prononcer ses vœux.

« Je fus révolté de l'obstination d'Amélie, du mystère de ses paroles,
et de son peu de confiance en mon amitié.

« Après avoir hésité un moment sur le parti que j'avois à prendre
je résolus d'aller à B... pour faire un dernier effort auprès de ma sœur.
La terre où j'avois été élevé se trouvoit sur la route. Quand j'aperçus

les bois où j'avois passé les seuls moments heureux de ma vie, je ne pus retenir mes larmes, et il me fut impossible de résister à la tentation de leur dire un dernier adieu.

« Mon frère aîné avoit vendu l'héritage paternel, et le nouveau propriétaire ne l'habitoit pas. J'arrivai au château par la longue avenue de sapins; je traversai à pied les cours désertes; je m'arrêtai à regarder les fenêtres fermées ou demi-brisées, le chardon qui croissoit au pied des murs, les feuilles qui jonchoient le seuil des portes, et ce perron solitaire où j'avois vu si souvent mon père et ses fidèles serviteurs. Les marches étoient déjà couvertes de mousse; le violier jaune croissoit entre leurs pierres déjointes et tremblantes. Un gardien inconnu m'ouvrit brusquement les portes. J'hésitois à franchir le seuil; cet homme s'écria : « Eh bien! allez-vous faire comme cette « étrangère qui vint ici il y a quelques jours? Quand ce fut pour « entrer, elle s'évanouit, et je fus obligé de la reporter à sa voiture. » Il me fut aisé de reconnoître l'*étrangère* qui, comme moi, étoit venue chercher dans ces lieux des pleurs et des souvenirs!

« Couvrant un moment mes yeux de mon mouchoir, j'entrai sous le toit de mes ancêtres. Je parcourus les appartements sonores où l'on n'entendoit que le bruit de mes pas. Les chambres étoient à peine éclairées par la foible lumière qui pénétroit entre les volets fermés; je visitai celle où ma mère avoit perdu la vie en me mettant au monde, celle où se retiroit mon père, celle où j'avois dormi dans mon berceau, celle enfin où l'amitié avoit reçu mes premiers vœux dans le sein d'une sœur. Partout les salles étoient détendues, et l'araignée filoit sa toile dans les couches abandonnées. Je sortis précipitamment de ces lieux, je m'en éloignai à grands pas, sans oser tourner la tête. Qu'ils sont doux, mais qu'ils sont rapides, les moments que les frères et les sœurs passent dans leurs jeunes années, réunis sous l'aile de leurs vieux parents! La famille de l'homme n'est que d'un jour; le souffle de Dieu la disperse comme une fumée. A peine le fils connoît-il le père, le père le fils, le frère la sœur, la sœur le frère! Le chêne voit germer ses glands autour de lui : il n'en est pas ainsi des enfants des hommes!

« En arrivant à B... je me fis conduire au couvent; je demandai à parler à ma sœur. On me dit qu'elle ne recevoit personne. Je lui écrivis : elle me répondit que, sur le point de se consacrer à Dieu, il ne lui étoit pas permis de donner une pensée au monde; que si je l'aimois, j'éviterois de l'accabler de ma douleur. Elle ajoutoit : « Cependant, si votre projet est de paroître à l'autel le jour de ma « profession, daignez m'y servir de père : ce rôle est le seul digne

« de votre courage, le seul qui convienne à notre amitié et à mon
« repos. »

« Cette froide fermeté qu'on opposoit à l'ardeur de mon amitié me
jeta dans de violents transports. Tantôt j'étois près de retourner sur
mes pas; tantôt je voulois rester, uniquement pour troubler le sacrifice. L'enfer me suscitoit jusqu'à la pensée de me poignarder dans
l'église et de mêler mes derniers soupirs aux vœux qui m'arrachoient
ma sœur. La supérieure du couvent me fit prévenir qu'on avoit préparé un banc dans le sanctuaire, et elle m'invitoit à me rendre à la
cérémonie, qui devoit avoir lieu dès le lendemain.

« Au lever de l'aube, j'entendis le premier son des cloches... Vers
dix heures, dans une sorte d'agonie, je me traînai au monastère. Rien
ne peut plus être tragique quand on a assisté à un pareil spectacle;
rien ne peut plus être douloureux quand on y a survécu.

« Un peuple immense remplissoit l'église. On me conduit au banc
du sanctuaire; je me précipite à genoux sans presque savoir où j'étois
ni à quoi j'étois résolu. Déjà le prêtre attendoit à l'autel; tout à coup
la grille mystérieuse s'ouvre, et Amélie s'avance, parée de toutes les
pompes du monde. Elle étoit si belle, il y avoit sur son visage quelque
chose de si divin, qu'elle excita un mouvement de surprise et d'admiration. Vaincu par la glorieuse douleur de la sainte, abattu par les
grandeurs de la religion, tous mes projets de violence s'évanouirent;
ma force m'abandonna; je me sentis lié par une main toute-puissante,
et, au lieu de blasphèmes et de menaces, je ne trouvai dans mon cœur
que de profondes adorations et les gémissements de l'humilité.

« Amélie se place sous un dais. Le sacrifice commence à la lueur
des flambeaux, au milieu des fleurs et des parfums, qui devoient
rendre l'holocauste agréable. A l'offertoire, le prêtre se dépouilla de
ses ornements, ne conserva qu'une tunique de lin, monta en chaire,
et, dans un discours simple et pathétique, peignit le bonheur de la
vierge qui se consacre au Seigneur. Quand il prononça ces mots :
« Elle a paru comme l'encens qui se consume dans le feu, » un grand
calme et des odeurs célestes semblèrent se répandre dans l'auditoire;
on se sentit comme à l'abri sous les ailes de la colombe mystique, et
l'on eût cru voir les anges descendre sur l'autel et remonter vers les
cieux avec des parfums et des couronnes.

« Le prêtre achève son discours, reprend ses vêtements, continue
le sacrifice. Amélie, soutenue de deux jeunes religieuses, se met à
genoux sur la dernière marche de l'autel. On vient alors me chercher
pour remplir les fonctions paternelles. Au bruit de mes pas chancelants
dans le sanctuaire, Amélie est prête à défaillir. On me place à côté du

prêtre pour lui présenter les ciseaux. En ce moment je sens renaître mes transports ; ma fureur va éclater, quand Amélie, rappelant son courage, me lance un regard où il y a tant de reproche et de douleur, que j'en suis atterré. La religion triomphe. Ma sœur profite de mon trouble ; elle avance hardiment la tête. Sa superbe chevelure tombe de toutes parts sous le fer sacré ; une longue robe d'étamine remplace pour elle les ornements du siècle sans la rendre moins touchante ; les ennuis de son front se cachent sous un bandeau de lin, et le voile mystérieux, double symbole de la virginité et de la religion, accompagne sa tête dépouillée. Jamais elle n'avoit paru si belle. L'œil de la pénitente étoit attaché sur la poussière du monde, et son âme étoit dans le ciel.

« Cependant Amélie n'avoit point encore prononcé ses vœux, et pour mourir au monde il falloit qu'elle passât à travers le tombeau. Ma sœur se couche sur le marbre ; on étend sur elle un drap mortuaire ; quatre flambeaux en marquent les quatre coins. Le prêtre, l'étole au cou, le livre à la main, commence l'Office des morts ; de jeunes vierges le continuent. O joies de la religion, que vous êtes grandes, mais que vous êtes terribles ! On m'avoit contraint de me placer à genoux près de ce lugubre appareil. Tout à coup un murmure confus sort de dessous le voile sépulcral ; je m'incline, et ces paroles épouvantables (que je fus seul à entendre) viennent frapper mon oreille : « Dieu de miséricorde, fais que je ne me relève jamais de « cette couche funèbre, et comble de tes biens un frère qui n'a point « partagé ma criminelle passion ! »

A ces mots échappés du cercueil, l'affreuse vérité m'éclaire ; ma raison s'égare ; je me laisse tomber sur le linceul de la mort, je presse ma sœur dans mes bras ; je m'écrie : « Chaste épouse de Jésus-Christ, « reçois mes derniers embrassements à travers les glaces du trépas et « les profondeurs de l'éternité, qui te séparent déjà de ton frère ! »

« Ce mouvement, ce cri, ces larmes, troublent la cérémonie : le prêtre s'interrompt, les religieuses ferment la grille, la foule s'agite et se presse vers l'autel ; on m'emporte sans connoissance. Que je sus peu de gré à ceux qui me rappelèrent au jour ! J'appris, en rouvrant les yeux, que le sacrifice étoit consommé et que ma sœur avoit été saisie d'une fièvre ardente. Elle me faisoit prier de ne plus chercher à la voir. O misère de ma vie ! une sœur craindre de parler à un frère, et un frère craindre de faire entendre sa voix à une sœur ! Je sortis du monastère comme de ce lieu d'expiation où des flammes nous préparent pour la vie céleste, où l'on a tout perdu comme aux enfers, hors l'espérance.

« On peut trouver des forces dans son âme contre un malheur personnel, mais devenir la cause involontaire du malheur d'un autre, cela est tout à fait insupportable. Éclairé sur les maux de ma sœur, je me figurois ce qu'elle avoit dû souffrir. Alors s'expliquèrent pour moi plusieurs choses que je n'avois pu comprendre : ce mélange de joie et de tristesse qu'Amélie avoit fait paroître au moment de mon départ pour mes voyages, le soin qu'elle prit de m'éviter à mon retour, et cependant cette foiblesse qui l'empêcha si longtemps d'entrer dans un monastère : sans doute la fille malheureuse s'étoit flattée de guérir ! Ses projets de retraite, la dispense du noviciat, la disposition de ses biens en ma faveur, avoient apparemment produit cette correspondance secrète qui servit à me tromper.

« O mes amis ! je sus donc ce que c'étoit que de verser des larmes pour un mal qui n'étoit point imaginaire ! Mes passions, si longtemps indéterminées, se précipitèrent sur cette première proie avec fureur. Je trouvai même une sorte de satisfaction inattendue dans la plénitude de mon chagrin, et je m'aperçus, avec un secret mouvement de joie, que la douleur n'est pas une affection qu'on épuise comme le plaisir.

« J'avois voulu quitter la terre avant l'ordre du Tout-Puissant ; c'étoit un grand crime : Dieu m'avoit envoyé Amélie à la fois pour me sauver et pour me punir. Ainsi, toute pensée coupable, toute action criminelle entraîne après elle des désordres et des malheurs. Amélie me prioit de vivre, et je lui devois bien de ne pas aggraver ses maux. D'ailleurs (chose étrange !) je n'avois plus envie de mourir depuis que j'étois réellement malheureux. Mon chagrin étoit devenu une occupation qui remplissoit tous mes moments : tant mon cœur est naturellement pétri d'ennui et de misère !

« Je pris donc subitement une autre résolution ; je me déterminai à quitter l'Europe et à passer en Amérique.

« On équipoit dans ce moment même, au port de B...., une flotte pour la Louisiane ; je m'arrangeai avec un des capitaines de vaisseau ; je fis savoir mon projet à Amélie, et je m'occupai de mon départ.

« Ma sœur avoit touché aux portes de la mort ; mais Dieu, qui lui destinoit la première palme des vierges, ne voulut pas la rappeler si vite à lui ; son épreuve ici-bas fut prolongée. Descendue une seconde fois dans la pénible carrière de la vie, l'héroïne, courbée sous la croix, s'avança courageusement à l'encontre des douleurs, ne voyant plus que le triomphe dans le combat, et dans l'excès des souffrances l'excès de la gloire.

« La vente du peu de bien qui me restoit, et que je cédai à mon frère, les longs préparatifs d'un convoi, les vents contraires, me retinrent longtemps dans le port. J'allois chaque matin m'informer des nouvelles d'Amélie, et je revenois toujours avec de nouveaux motifs d'admiration et de larmes.

« J'errois sans cesse autour du monastère, bâti au bord de la mer. J'apercevois souvent, à une petite fenêtre grillée qui donnoit sur une plage déserte, une religieuse assise dans une attitude pensive ; elle rêvoit à l'aspect de l'Océan où apparoissoit quelque vaisseau cinglant aux extrémités de la terre. Plusieurs fois, à la clarté de la lune, j'ai revu la même religieuse aux barreaux de la même fenêtre : elle contemploit la mer, éclairée par l'astre de la nuit, et sembloit prêter l'oreille au bruit des vagues qui se brisoient tristement sur des grèves solitaires.

« Je crois encore entendre la cloche qui, pendant la nuit, appeloit les religieuses aux veilles et aux prières. Tandis qu'elle tintoit avec lenteur et que les vierges s'avançoient en silence à l'autel du Tout-Puissant, je courois au monastère : là, seul au pied des murs, j'écoutois dans une sainte extase les derniers sons des cantiques, qui se mêloient sous les voûtes du temple au foible bruissement des flots.

« Je ne sais comment toutes ces choses, qui auroient dû nourrir mes peines, en émoussoient au contraire l'aiguillon. Mes larmes avoient moins d'amertume, lorsque je les répandois sur les rochers et parmi les vents. Mon chagrin même, par sa nature extraordinaire, portoit avec lui quelque remède : on jouit de ce qui n'est pas commun, même quand cette chose est un malheur. J'en conçus presque l'espérance que ma sœur deviendroit à son tour moins misérable.

« Une lettre que je reçus d'elle avant mon départ sembla me confirmer dans ces idées. Amélie se plaignoit tendrement de ma douleur et m'assuroit que le temps diminuoit la sienne. « Je ne désespère pas
« de mon bonheur, me disoit-elle. L'excès même du sacrifice, à pré-
« sent que le sacrifice est consommé, sert à me rendre quelque paix.
« La simplicité de mes compagnes, la pureté de leurs vœux, la régu-
« larité de leur vie, tout répand du baume sur mes jours. Quand
« j'entends gronder les orages et que l'oiseau de mer vient battre des
« ailes à ma fenêtre, moi, pauvre colombe du ciel, je songe au bon-
« heur que j'ai eu de trouver un abri contre la tempête. C'est ici la
« sainte montagne, le sommet élevé d'où l'on entend les derniers
« bruits de la terre et les premiers concerts du ciel ; c'est ici que la
« religion trompe doucement une âme sensible : aux plus violentes
« amours elle substitue une sorte de chasteté brûlante où l'amante

« et la vierge sont unies; elle épure les soupirs, elle change en une
« flamme incorruptible une flamme périssable, elle mêle divinement
« son calme et son innocence à ce reste de trouble et de volupté d'un
« cœur qui cherche à se reposer et d'une vie qui se retire. »

« Je ne sais ce que le ciel me réserve, et s'il a voulu m'avertir que les orages accompagneroient partout mes pas. L'ordre étoit donné pour le départ de la flotte; déjà plusieurs vaisseaux avoient appareillé au briser du soleil; je m'étois arrangé pour passer la dernière nuit à terre, afin d'écrire ma lettre d'adieux à Amélie. Vers minuit, tandis que je m'occupe de ce soin et que je mouille mon papier de mes larmes, le bruit des vents vient frapper mon oreille. J'écoute, et au milieu de la tempête je distingue les coups de canon d'alarme mêlés au glas de la cloche monastique. Je vole sur le rivage où tout étoit désert et où l'on n'entendoit que le rugissement des flots. Je m'assieds sur un rocher. D'un côté s'étendent les vagues étincelantes, de l'autre les murs sombres du monastère se perdent confusément dans les cieux. Une petite lumière paroissoit à la fenêtre grillée. Étoit-ce toi, ô mon Amélie! qui, prosternée au pied du crucifix, priois le Dieu des orages d'épargner ton malheureux frère? La tempête sur les flots, le calme dans ta retraite; des hommes brisés sur des écueils, au pied de l'asile que rien ne peut troubler; l'infini de l'autre côté du mur d'une cellule; les fanaux agités des vaisseaux, le phare immobile du couvent; l'incertitude des destinées du navigateur, la vestale connoissant dans un seul jour tous les jours futurs de sa vie; d'une autre part, une âme telle que la tienne, ô Amélie, orageuse comme l'Océan; un naufrage plus affreux que celui du marinier : tout ce tableau est encore profondément gravé dans ma mémoire. Soleil de ce ciel nouveau, maintenant témoin de mes larmes, échos du rivage américain qui répétez les accents de René, ce fut le lendemain de cette nuit terrible qu'appuyé sur le gaillard de mon vaisseau je vis s'éloigner pour jamais ma terre natale! Je contemplai longtemps sur la côte les derniers balancements des arbres de la patrie et les faîtes du monastère qui s'abaissoient à l'horizon. »

Comme René achevoit de raconter son histoire, il tira un papier de son sein, et le donna au père Souël, puis, se jetant dans les bras de Chactas et étouffant ses sanglots, il laissa le temps au missionnaire de parcourir la lettre qu'il venoit de lui remettre.

Elle étoit de la supérieure de... Elle contenoit le récit des derniers moments de la sœur Amélie de la Miséricorde, morte victime de son zèle et de sa charité en soignant ses compagnes attaquées d'une maladie contagieuse. Toute la communauté étoit inconsolable et l'on y regardoit Amélie comme une sainte. La supérieure ajoutoit que, depuis trente ans qu'elle étoit à la tête de la maison, elle n'avoit jamais vu de religieuse d'une humeur aussi douce et aussi égale, ni qui fût plus contente d'avoir quitté les tribulations du monde.

Chactas pressoit René dans ses bras ; le vieillard pleuroit. « Mon enfant, dit-il à son fils, je voudrois que le père Aubry fût ici ; il tiroit du fond de son cœur je ne sais quelle paix qui, en les calmant, ne sembloit cependant point étrangère aux tempêtes : c'étoit la lune dans une nuit orageuse. Les nuages errants ne peuvent l'emporter dans leur course ; pure et inaltérable, elle s'avance tranquille au-dessus d'eux. Hélas ! pour moi, tout me trouble et m'entraîne ! »

Jusque alors le père Souël, sans proférer une parole, avoit écouté d'un air austère l'histoire de René. Il portoit en secret un cœur compatissant, mais il montroit au dehors un caractère inflexible ; la sensibilité du Sachem le fit sortir du silence :

« Rien, dit-il au frère d'Amélie, rien ne mérite dans cette histoire la pitié qu'on vous montre ici. Je vois un jeune homme entêté de chimères, à qui tout déplaît, et qui s'est soustrait aux charges de la société pour se livrer à d'inutiles rêveries. On n'est point, monsieur, un homme supérieur parce qu'on aperçoit le monde sous un jour odieux. On ne hait les hommes et la vie que faute de voir assez loin. Étendez un peu plus votre regard, et vous serez bientôt convaincu que tous ces maux dont vous vous plaignez sont de purs néants. Mais quelle honte de ne pouvoir songer au seul malheur réel de votre vie sans être forcé de rougir ! Toute la pureté, toute la vertu, toute la religion, toutes les couronnes d'une sainte rendent à peine tolérable la seule idée de vos chagrins. Votre sœur a expié sa faute ; mais, s'il faut ici dire ma pensée, je crains que, par une épouvantable justice, un aveu sorti du sein de la tombe n'ait troublé votre âme à son tour. Que faites-vous seul au fond des forêts où vous consumez vos jours, négligeant tous vos devoirs ? Des saints, me direz-vous, se sont ensevelis dans les déserts. Ils y étoient avec leurs larmes, et employoient à éteindre leurs passions le temps que vous perdez peut-être à allumer les vôtres. Jeune présomptueux, qui avez cru que l'homme se peut suffire à lui-même, la solitude est mauvaise à celui qui n'y vit pas avec Dieu ; elle redouble les puissances de l'âme en même temps qu'elle leur ôte tout sujet pour s'exercer. Quiconque a reçu des forces doit les consacrer au service de ses semblables : s'il les laisse inutiles, il en est d'abord puni par une secrète misère, et tôt ou tard le ciel lui envoie un châtiment effroyable. »

Troublé par ces paroles, René releva du sein de Chactas sa tête humiliée. Le Sachem aveugle se prit à sourire, et ce sourire de la bouche, qui ne se marioit plus à celui des yeux, avoit quelque chose de mystérieux et de céleste. « Mon fils, dit le vieil amant d'Atala, il nous parle sévèrement ; il corrige et le vieillard et le jeune homme, et il a raison. Oui, il faut que tu renonces à cette vie extraordinaire qui n'est pleine que de soucis : il n'y a de bonheur que dans les voies communes.

« Un jour le Meschacebé, encore assez près de sa source, se lassa de n'être qu'un limpide ruisseau. Il demande des neiges aux montagnes, des eaux aux torrents, des pluies aux tempêtes, il franchit ses rives, et désole ses bords charmants. L'orgueilleux ruisseau s'applaudit d'abord de sa puissance ; mais, voyant que tout devenoit désert sur son passage, qu'il couloit abandonné dans la solitude, que ses eaux étoient toujours troublées, il regretta l'humble lit que lui avoit creusé la nature, les oiseaux, les fleurs, les arbres et les ruisseaux, jadis modestes compagnons de son paisible cours. »

Chactas cessa de parler, et l'on entendit la voix du flammant qui, retiré dans les roseaux du Meschacebé, annonçoit un orage pour le milieu du jour. Les trois amis reprirent la route de leurs cabanes : René marchoit en silence entre le missionnaire, qui prioit Dieu, et le Sachem aveugle, qui cherchoit sa route. On dit que, pressé par les deux vieillards, il retourna chez son épouse, mais sans y trouver le bonheur. Il périt peu de temps après avec Chactas et le père Souël dans le massacre des François et des Natchez à la Louisiane. On montre encore un rocher où il alloit s'asseoir au soleil couchant.

FIN DE RENÉ.

LES AVENTURES

DU

DERNIER ABENCERAGE.

AVERTISSEMENT.

Les Aventures du dernier Abencerage sont écrites depuis à peu près une vingtaine d'années : le portrait que j'ai tracé des Espagnols explique assez pourquoi cette Nouvelle n'a pu être imprimée sous le gouvernement impérial. La résistance des Espagnols à Buonaparte, d'un peuple désarmé à ce conquérant qui avoit vaincu les meilleurs soldats de l'Europe, excitoit alors l'enthousiasme de tous les cœurs susceptibles d'être touchés par les grands dévouements et les nobles sacrifices. Les ruines de Saragosse fumoient encore, et la censure n'auroit pas permis des éloges où elle eût découvert, avec raison, un intérêt caché pour les victimes. La peinture des vieilles mœurs de l'Europe, les souvenirs de la gloire d'un autre temps et ceux de la cour d'un de nos plus brillants monarques, n'auroient pas été plus agréables à la censure, qui d'ailleurs commençoit à se repentir de m'avoir tant de fois laissé parler de l'ancienne monarchie et de la religion de nos pères : ces morts que j'évoquois sans cesse faisoient trop penser aux vivants.

On place souvent dans les tableaux quelque personnage difforme pour faire ressortir la beauté des autres : dans cette Nouvelle, j'ai voulu peindre trois hommes d'un caractère également élevé, mais ne sortant point de la nature et conservant, avec des passions, les mœurs et les préjugés mêmes de leur pays. Le caractère de la femme est aussi dessiné dans les mêmes proportions. Il faut au moins que le monde chimérique, quand on s'y transporte, nous dédommage du monde réel.

On s'apercevra facilement que cette Nouvelle est l'ouvrage d'un homme qui a senti les chagrins de l'exil et dont le cœur est tout à sa patrie.

C'est sur les lieux mêmes que j'ai pris, pour ainsi dire, les vues de Grenade, de l'Alhambra et de cette mosquée transformée en église qui n'est autre chose que la cathédrale de Cordoue. Ces descriptions sont donc une espèce d'addition à ce passage de l'*Itinéraire* :

« De Cadix je me rendis à Cordoue : j'admirai la mosquée qui fait aujourd'hui la cathédrale de cette ville. Je parcourus l'ancienne Bétique, où les poëtes avoient placé le bonheur. Je remontai jusqu'à Andujar, et je revins sur mes pas pour voir Grenade. L'Alhambra me parut digne d'être regardé même après les temples de la Grèce. La vallée de Grenade est délicieuse, et ressemble beaucoup à celle de Sparte : on conçoit que les Maures regrettent un pareil pays. » (*Itinéraire,* VIIIe et dernière partie.)

Il est souvent fait allusion dans cette Nouvelle à l'histoire des Zégris et des Abencerages ; cette histoire est si connue qu'il m'a semblé superflu d'en donner un précis dans cet Avertissement. La Nouvelle d'ailleurs contient les détails suffisants pour l'intelligence du texte.

LES AVENTURES

DU

DERNIER ABENCERAGE.

Lorsque Boabdil, dernier roi de Grenade, fut obligé d'abandonner le royaume de ses pères, il s'arrêta au sommet du mont Padul. De ce lieu élevé on découvroit la mer où l'infortuné monarque alloit s'embarquer pour l'Afrique; on apercevoit aussi Grenade, la Véga et le Xénil, au bord duquel s'élevoient les tentes de Ferdinand et d'Isabelle. A la vue de ce beau pays et des cyprès qui marquoient encore çà et là les tombeaux des musulmans, Boabdil se prit à verser des larmes. La sultane Aïxa, sa mère, qui l'accompagnoit dans son exil avec les grands qui composoient jadis sa cour, lui dit : « Pleure maintenant comme une femme un royaume que tu n'as pas su défendre comme un homme! » Ils descendirent de la montagne, et Grenade disparut à leurs yeux pour toujours.

Les Maures d'Espagne qui partagèrent le sort de leur roi se dispersèrent en Afrique. Les tribus des Zégris et des Gomèles s'établirent dans le royaume de Fez, dont elles tiroient leur origine. Les Vanégas et les Alabès s'arrêtèrent sur la côte, depuis Oran jusqu'à Alger; enfin les Abencerages se fixèrent dans les environs de Tunis. Ils formèrent, à la vue des ruines de Carthage, une colonie que l'on distingue encore aujourd'hui des Maures d'Afrique par l'élégance de ses mœurs et la douceur de ses lois.

Ces familles portèrent dans leur patrie nouvelle le souvenir de leur ancienne patrie. Le *Paradis de Grenade* vivoit toujours dans leur mémoire; les mères en redisoient le nom aux enfants qui suçoient encore la mamelle. Elles les berçoient avec les romances des Zégris et des Abencerages. Tous les cinq jours on prioit dans la mosquée, en se tournant vers Grenade. On invoquoit Allah, afin qu'il rendît à ses élus cette terre de délices. En vain le pays des Lotophages offroit aux exilés ses fruits, ses eaux, sa verdure, son brillant soleil : loin des *Tours vermeilles*[1], il n'y avoit ni fruits agréables, ni fontaines limpides, ni fraîche verdure, ni soleil digne d'être regardé. Si l'on montroit à quelque banni les plaines de la Bagrada, il secouoit la tête, et s'écrioit en soupirant : « Grenade ! »

Les Abencerages surtout conservoient le plus tendre et le plus fidèle souvenir de la patrie. Ils avoient quitté avec un mortel regret le théâtre de leur gloire et les bords qu'ils firent si souvent retentir de ce cri d'armes : « Honneur et amour. » Ne pouvant plus lever la lance dans les déserts ni se couvrir du casque dans une colonie de laboureurs, ils s'étoient consacrés à l'étude des simples, profession estimée chez les Arabes à l'égal du métier des armes. Ainsi cette race de guerriers qui jadis faisoit des blessures s'occupoit maintenant de l'art de les guérir. En cela elle avoit retenu quelque chose de son premier génie, car les chevaliers pansoient souvent eux-mêmes les plaies de l'ennemi qu'ils avoient abattu.

La cabane de cette famille, qui jadis eut des palais, n'étoit point placée dans le hameau des autres exilés, au pied de la montagne du Mamelife ; elle étoit bâtie parmi les débris mêmes de Carthage, au bord de la mer, dans l'endroit où saint Louis mourut sur la cendre et où l'on voit aujourd'hui un ermitage mahométan. Aux murailles de la cabane étoient attachés des boucliers de peau de lion, qui portoient empreintes sur un champ d'azur deux figures de sauvages brisant une ville avec une massue. Autour de cette devise on lisoit ces mots : « *C'est peu de chose !* » armes et devise des Abencerages. Des lances ornées de pennons blancs et bleus, des alburnos, des casaques de satin taillad é, étoient rangés auprès des boucliers et brilloient au milieu des cimeterres et des poignards. On voyoit encore suspendus çà et là des gantelets, des mors enrichis de pierreries, de larges étriers d'argent, de longues épées dont le fourreau avoit été brodé par les mains des princesses, et des éperons d'or que les Yseult, les Genièvre, les Oriane, chaussèrent jadis à de vaillants chevaliers.

Sur des tables, au pied de ces trophées de la gloire, étoient posés des trophées d'une vie pacifique : c'étoient des plantes cueillies sur les sommets de l'Atlas et dans le désert de Zaara ; plusieurs même avoient

---

1. Tours du palais de Grenade.

été apportées de la plaine de Grenade. Les unes étoient propres à soulager les maux du corps, les autres devoient étendre leur pouvoir jusque sur les chagrins de l'âme. Les Abencérages estimoient surtout celles qui servoient à calmer les vains regrets, à dissiper les folles illusions et ces espérances de bonheur toujours naissantes, toujours déçues. Malheureusement ces simples avoient des vertus opposées, et souvent le parfum d'une fleur de la patrie étoit comme une espèce de poison pour les illustres bannis.

Vingt-quatre ans s'étoient écoulés depuis la prise de Grenade. Dans ce court espace de temps quatorze Abencerages avoient péri par l'influence d'un nouveau climat, par les accidents d'une vie errante et surtout par le chagrin, qui mine sourdement les forces de l'homme. Un seul rejeton étoit tout l'espoir de cette maison fameuse. Aben-Hamet portoit le nom de cet Abencerage qui fut accusé par les Zégris d'avoir séduit la sultane Alfaïma. Il réunissoit en lui la beauté, la valeur, la courtoisie, la générosité de ses ancêtres, avec ce doux éclat et cette légère expression de tristesse que donne le malheur noblement supporté. Il n'avait que vingt-deux ans lorsqu'il perdit son père ; il résolut alors de faire un pèlerinage au pays de ses aïeux, afin de satisfaire au besoin de son cœur et d'accomplir un dessein qu'il cacha soigneusement à sa mère.

Il s'embarqua à l'échelle de Tunis ; un vent favorable le conduit à Carthagène, il descend du navire et prend aussitôt la route de Grenade : il s'annonçoit comme un médecin arabe qui venoit herboriser parmi les rochers de la Sierra-Nevada. Une mule paisible le portoit lentement dans le pays où les Abencerages voloient jadis sur de belliqueux coursiers ; un guide marchoit en avant, conduisant deux autres mules ornées de sonnettes et de touffes de laine de diverses couleurs. Aben-Hamet traversa les grandes bruyères et les bois de palmiers du royaume de Murcie : à la vieillesse de ces palmiers il jugea qu'ils devoient avoir été plantés par ses pères, et son cœur fut pénétré de regrets. Là s'élevoit une tour où veilloit la sentinelle au temps de la guerre des Maures et des chrétiens ; ici se montroit une ruine dont l'architecture annonçoit une origine mauresque, autre sujet de douleur pour l'Abencerage ! Il descendoit de sa mule, et, sous prétexte de chercher des plantes, il se cachoit un moment dans ces débris pour donner un libre cours à ses larmes. Il reprenoit ensuite sa route en rêvant au bruit des sonnettes de la caravane et au chant monotone de son guide. Celui-ci n'interrompoit sa longue romance que pour encourager ses mules, en leur donnant le nom de *belles* et de *valeureuses,* ou pour les gourmander, en les appelant *paresseuses* et *obstinées.*

Des troupeaux de moutons qu'un berger conduisoit comme une armée dans des plaines jaunes et incultes, quelques voyageurs solitaires, loin de répandre la vie sur le chemin, ne servoient qu'à le faire paroître plus triste et plus désert. Ces voyageurs portoient tous une épée à la ceinture; ils étoient enveloppés dans un manteau et un large chapeau rabattu leur couvroit à demi le visage. Ils saluoient en passant Aben-Hamet, qui ne distinguoit dans ce noble salut que le nom de *Dieu,* de *seigneur* et de *chevalier.* Le soir, à la *venta,* l'Abencerage prenoit sa place au milieu des étrangers, sans être importuné de leur curiosité indiscrète. On ne lui parloit point, on ne le questionnoit point; son turban, sa robe, ses armes, n'excitoient aucun mouvement. Puisque Allah avoit voulu que les Maures d'Espagne perdissent leur belle patrie, Aben-Hamet ne pouvoit s'empêcher d'en estimer les graves conquérants.

Des émotions encore plus vives attendoient l'Abencerage au terme de sa course. Grenade est bâtie au pied de la Sierra-Nevada, sur deux hautes collines que sépare une profonde vallée. Les maisons placées sur la pente des coteaux, dans l'enfoncement de la vallée, donnent à la ville l'air et la forme d'une grenade entr'ouverte, d'où lui est venu son nom. Deux rivières, le Xénil et le Douro, dont l'une roule des paillettes d'or et l'autre des sables d'argent, lavent le pied des collines, se réunissent et serpentent ensuite au milieu d'une plaine charmante appelée la Véga. Cette plaine, que domine Grenade, est couverte de vignes, de grenadiers, de figuiers, de mûriers, d'orangers; elle est entourée par des montagnes d'une forme et d'une couleur admirables. Un ciel enchanté, un air pur et délicieux, portent dans l'âme une langueur secrète dont le voyageur qui ne fait que passer a même de la peine à se défendre. On sent que dans ce pays les tendres passions auroient promptement étouffé les passions héroïques, si l'amour, pour être véritable, n'avoit pas toujours besoin d'être accompagné de la gloire.

Lorsque Aben-Hamet découvrit le faîte des premiers édifices de Grenade, le cœur lui battit avec tant de violence qu'il fut obligé d'arrêter sa mule. Il croisa les bras sur sa poitrine, et, les yeux attachés sur la ville sacrée, il resta muet et immobile. Le guide s'arrêta à son tour, et comme tous les sentiments élevés sont aisément compris d'un Espagnol, il parut touché et devina que le Maure revoyoit son ancienne patrie. L'Abencerage rompit enfin le silence.

« Guide, s'écria-t-il, sois heureux! ne me cache point la vérité, car le calme régnoit dans les flots le jour de ta naissance et la lune entroit dans son croissant. Quelles sont ces tours qui brillent comme des étoiles au-dessus d'une verte forêt?

« C'est l'Alhambra, » répond le guide.

« Et cet autre château sur cette autre colline? » dit Aben-Hamet.

« C'est le Généralife, répliqua l'Espagnol. Il y a dans ce château un jardin planté de myrtes où l'on prétend qu'Abencerage fut surpris avec la sultane Alfaïma. Plus loin vous voyez l'Albaïzyn, et plus près de nous les Tours vermeilles. »

Chaque mot du guide perçoit le cœur d'Aben-Hamet. Qu'il est cruel d'avoir recours à des étrangers pour apprendre à connoître les monuments de ses pères et de se faire raconter par des indifférents l'histoire de sa famille et de ses amis! Le guide, mettant fin aux réflexions d'Aben-Hamet, s'écria : « Marchons, seigneur maure, marchons, Dieu l'a voulu! Prenez courage! François Ier n'est-il pas aujourd'hui même prisonnier dans notre Madrid? Dieu l'a voulu. » Il ôta son chapeau, fit un grand signe de croix et frappa ses mules. L'Abencerage, pressant la sienne à son tour, s'écria : « C'étoit écrit[1]; » et ils descendirent vers Grenade.

Ils passèrent près du gros frêne célèbre par le combat de Muça et du grand-maître de Calatrava, sous le dernier roi de Grenade. Ils firent le tour de la promenade Alaméida, et pénétrèrent dans la cité par la porte d'Elvire. Ils remontèrent le Rambla, et arrivèrent bientôt sur une place qu'environnoient de toutes parts des maisons d'architecture moresque. Un kan étoit ouvert sur cette place pour les Maures d'Afrique, que le commerce de soies de la Véga attiroit en foule à Grenade. Ce fut là que le guide conduisit Aben-Hamet.

L'Abencerage étoit trop agité pour goûter un peu de repos dans sa nouvelle demeure; la patrie le tourmentoit. Ne pouvant résister aux sentiments qui troubloient son cœur, il sortit au milieu de la nuit pour errer dans les rues de Grenade. Il essayoit de reconnoître avec ses yeux ou ses mains quelques-uns des monuments que les vieillards lui avoient si souvent décrits. Peut-être que ce haut édifice dont il entrevoyoit les murs à travers les ténèbres étoit autrefois la demeure des Abencerages; peut-être étoit-ce sur cette place solitaire que se donnoient ces fêtes qui portèrent la gloire de Grenade jusqu'aux nues. Là passoient les quadrilles superbement vêtus de brocarts, là s'avançoient les galères chargées d'armes et de fleurs, les dragons qui lançoient des feux et qui recéloient dans leurs flancs d'illustres guerriers, ingénieuses inventions du plaisir et de la galanterie.

Mais, hélas! au lieu du son des anafins, du bruit des trompettes et

---

[1]. Expression que les musulmans ont sans cesse à la bouche et qu'ils appliquent à la plupart des événements de la vie.

des chants d'amour, un silence profond régnoit autour d'Aben-Hamet. Cette ville muette avoit changé d'habitants, et les vainqueurs reposoient sur la couche des vaincus. « Ils dorment donc, ces fiers Espagnols, s'écrioit le jeune Maure indigné, sous ces toits dont ils ont exilé mes aïeux! Et moi, Abencerage, je veille inconnu, solitaire, délaissé, à la porte du palais de mes pères ! »

Aben-Hamet réfléchissoit alors sur les destinées humaines, sur les vicissitudes de la fortune, sur la chute des empires, sur cette Grenade enfin, surprise par ses ennemis au milieu des plaisirs et changeant tout à coup ses guirlandes de fleurs contre des chaînes ; il lui sembloit voir ses citoyens abandonnant leurs foyers en habits de fête, comme des convives qui, dans le désordre de leur parure, sont tout à coup chassés de la salle du festin par un incendie.

Toutes ces images, toutes ces pensées, se pressoient dans l'âme d'Aben-Hamet ; plein de douleur et de regret, il songeoit surtout à exécuter le projet qui l'avoit amené à Grenade : le jour le surprit. L'Abencerage s'étoit égaré : il se trouvoit loin du kan, dans un faubourg écarté de la ville. Tout dormoit, aucun bruit ne troubloit le silence des rues ; les portes et les fenêtres des maisons étoient fermées : seulement la voix du coq proclamoit dans l'habitation du pauvre le retour des peines et des travaux.

Après avoir erré longtemps sans pouvoir retrouver sa route, Aben-Hamet entendit une porte s'ouvrir. Il vit sortir une jeune femme, vêtue à peu près comme ces reines gothiques sculptées sur les monuments de nos anciennes abbayes. Son corset noir, garni de jais, serroit sa taille élégante ; son jupon court, étroit et sans plis, découvroit une jambe fine et un pied charmant ; une mantille également noire étoit jetée sur sa tête ; elle tenoit avec sa main gauche cette mantille croisée et fermée comme une guimpe au-dessous de son menton, de sorte que l'on n'apercevoit de tout son visage que ses grands yeux et sa bouche de rose. Une duègne accompagnoit ses pas ; un page portoit devant elle un livre d'église ; deux varlets, parés de ses couleurs, suivoient à quelque distance la belle inconnue : elle se rendoit à la prière matinale, que les tintements d'une cloche annonçoient dans un monastère voisin.

Aben-Hamet crut voir l'ange Israfil ou la plus jeune des houris. L'Espagnole, non moins surprise, regardoit l'Abencerage, dont le turban, la robe et les armes embellissoient encore la noble figure. Revenue de son premier étonnement, elle fit signe à l'étranger de s'approcher avec une grâce et une liberté particulières aux femmes de ce pays. « Seigneur Maure, lui dit-elle, vous paroissez nouvellement arrivé à Grenade : vous seriez-vous égaré ? »

« Sultane des fleurs, répondit Aben-Hamet, délices des yeux des hommes, ô esclave chrétienne, plus belle que les vierges de la Géorgie, tu l'as deviné! je suis étranger dans cette ville : perdu au milieu de ces palais, je n'ai pu retrouver le kan des Maures. Que Mahomet touche ton cœur et récompense ton hospitalité! »

« Les Maures sont renommés pour leur galanterie, reprit l'Espagnole avec le plus doux sourire, mais je ne suis ni sultane des fleurs, ni esclave, ni contente d'être recommandée à Mahomet. Suivez-moi, seigneur chevalier, je vais vous reconduire au kan des Maures. »

Elle marcha légèrement devant l'Abencerage, le mena jusqu'à la porte du kan, le lui montra de la main, passa derrière un palais, et disparut.

A quoi tient donc le repos de la vie! La patrie n'occupe plus seule et tout entière l'âme d'Aben-Hamet : Grenade a cessé d'être pour lui déserte, abandonnée, veuve, solitaire; elle est plus chère que jamais à son cœur, mais c'est un prestige nouveau qui embellit ses ruines; au souvenir des aïeux se mêle à présent un autre charme. Aben-Hamet a découvert le cimetière où reposent les cendres des Abencerages; mais en priant, mais en se prosternant, mais en versant des larmes filiales, il songe que la jeune Espagnole a passé quelquefois sur ces tombeaux, et il ne trouve plus ses ancêtres si malheureux.

C'est en vain qu'il ne veut s'occuper que de son pèlerinage au pays de ses pères; c'est en vain qu'il parcourt les coteaux du Douro et du Xénil, pour y recueillir des plantes au lever de l'aurore : la fleur qu'il cherche maintenant, c'est la belle chrétienne. Que d'inutiles efforts il a déjà tentés pour retrouver le palais de son enchanteresse! Que de fois il a essayé de repasser par les chemins que lui fit parcourir son divin guide! Que de fois il a cru reconnoître le son de cette cloche, le chant de ce coq qu'il entendit près de la demeure de l'Espagnole! Trompé par des bruits pareils, il court aussitôt de ce côté, et le palais magique ne s'offre point à ses regards! Souvent encore le vêtement uniforme des femmes de Grenade lui donnoit un moment d'espoir : de loin toutes les chrétiennes ressembloient à la maîtresse de son cœur; de près, pas une n'avoit sa beauté ou sa grâce. Aben-Hamet avoit enfin parcouru les églises pour découvrir l'étrangère; il avoit même pénétré jusqu'à la tombe de Ferdinand et d'Isabelle, mais c'étoit aussi le plus grand sacrifice qu'il eût jusque alors fait à l'amour.

Un jour il herborisoit dans la vallée du Douro. Le coteau du midi soutenoit sur sa pente fleurie les murailles de l'Alhambra et les jardins du Généralife; la colline du nord étoit décorée par l'Albaïzyn, par de riants vergers et par des grottes qu'habitoit un peuple nombreux. A l'extrémité occidentale de la vallée on découvroit les clochers de Grenade, qui s'élevoient en groupe du milieu des chênes verts et des cyprès. A l'autre extrémité, vers l'orient, l'œil rencontroit sur des pointes de rochers des couvents, des ermitages, quelques ruines de l'ancienne Illibérie, et dans le lointain les sommets de la Sierra-Nevada. Le Douro rouloit au milieu du vallon et présentoit le long de son cours de frais moulins, de bruyantes cascades, les arches brisées d'un aqueduc romain et les restes d'un pont du temps des Maures.

Aben-Hamet n'étoit plus ni assez infortuné, ni assez heureux, pour bien goûter le charme de la solitude : il parcouroit avec distraction et indifférence ces bords enchantés. En marchant à l'aventure, il suivit une allée d'arbres qui circuloit sur la pente du coteau de l'Albaïzyn. Une maison de campagne, environnée d'un bocage d'orangers, s'offrit bientôt à ses yeux : en approchant du bocage, il entendit les sons d'une voix et d'une guitare. Entre la voix, les traits et les regards d'une femme, il y a des rapports qui ne trompent jamais un homme que l'amour possède. « C'est ma houri ! » dit Aben-Hamet ; et il écoute, le cœur palpitant : au nom des Abencerages plusieurs fois répété, son cœur bat encore plus vite. L'inconnue chantoit une romance castillane qui retraçoit l'histoire des Abencerages et des Zégris. Aben-Hamet ne peut plus résister à son émotion ; il s'élance à travers une haie de myrtes et tombe au milieu d'une troupe de jeunes femmes effrayées qui fuient en poussant des cris. L'Espagnole, qui venoit de chanter et qui tenoit encore la guitare, s'écrie : « C'est le seigneur Maure ! » Et elle rappelle ses compagnes. « Favorite des Génies, dit l'Abencerage, je te cherchois comme l'Arabe cherche une source dans l'ardeur du midi ; j'ai entendu les sons de ta guitare, tu célébrois les héros de mon pays, je t'ai devinée à la beauté de tes accents, et j'apporte à tes pieds le cœur d'Aben-Hamet. »

« Et moi, répondit dona Blanca, c'étoit en pensant à vous que je redisois la romance des Abencerages. Depuis que je vous ai vu, je me suis figuré que ces chevaliers Maures vous ressembloient. »

Une légère rougeur monta au front de Blanca en prononçant ces mots. Aben-Hamet se sentit prêt à tomber aux genoux de la jeune chrétienne, à lui déclarer qu'il étoit le dernier Abencerage ; mais un reste de prudence le retint ; il craignit que son nom, trop fameux à Grenade, ne donnât des inquiétudes au gouverneur. La guerre des Morisques étoit à peine terminée, et la présence d'un Abencerage dans ce moment pouvoit inspirer aux Espagnols de justes craintes. Ce n'est pas qu'Aben-Hamet s'effrayât d'aucun péril, mais il frémissoit à la pensée d'être obligé de s'éloigner pour jamais de la fille de don Rodrigue.

Dona Blanca descendoit d'une famille qui tiroit son origine du Cid de Bivar et de Chimène, fille du comte Gomez de Gormas. La postérité du vainqueur de Valence la Belle tomba, par l'ingratitude de la cour de Castille, dans une extrême pauvreté ; on crut même pendant plusieurs siècles qu'elle s'étoit éteinte, tant elle devint obscure. Mais, vers le temps de la conquête de Grenade, un dernier rejeton de la race des Bivar, l'aïeul de Blanca, se fit reconnoître moins encore à ses titres qu'à l'éclat de sa valeur. Après l'expulsion des infidèles, Ferdinand donna au descendant du Cid les biens de plusieurs familles maures et le créa duc de Santa-Fé. Le nouveau duc fixa sa demeure à Grenade, et mourut jeune encore, laissant un fils unique déjà marié, don Rodrigue, père de Blanca.

Dona Thérésa de Xérès, femme de don Rodrigue, mit au jour un fils qui reçut à sa naissance le nom de Rodrigue, comme tous ses aïeux, mais que l'on appela don Carlos, pour le distinguer de son père. Les grands événements que don Carlos eut sous les yeux dès sa plus tendre jeunesse, les périls auxquels il fut exposé presque au sortir de l'enfance, ne firent que rendre plus grave et plus rigide un caractère naturellement porté à l'austérité. Don Carlos comptoit à peine quatorze ans lorsqu'il suivit Cortez au Mexique : il avoit supporté tous les dangers, il avoit été témoin de toutes les horreurs de cette étonnante aventure ; il avoit assisté à la chute du dernier roi d'un monde jusque alors inconnu. Trois ans après cette catastrophe, don Carlos s'étoit trouvé en Europe à la bataille de Pavie, comme pour voir l'honneur et la vaillance couronnés succomber sous les coups de la fortune. L'aspect d'un nouvel univers, de longs voyages sur des mers non encore parcourues, le spectacle des révolutions et des vicissitudes du sort, avoient fortement ébranlé l'imagination religieuse et mélancolique de don Carlos : il étoit entré dans l'ordre chevaleresque de Calatavra, et, renonçant au mariage malgré les prières de don Rodrigue, il destinoit tous ses biens à sa sœur.

Blanca de Bivar, sœur unique de don Carlos et beaucoup plus jeune que lui, étoit l'idole de son père : elle avoit perdu sa mère, et elle entroit dans sa dix-huitième année lorsque Aben-Hamet parut à Grenade. Tout étoit séduction dans cette femme enchanteresse ; sa voix étoit ravissante, sa danse plus légère que le zéphyr ; tantôt elle se plaisoit à guider un char comme Armide, tantôt elle voloit sur le dos du plus rapide coursier d'Andalousie, comme ces fées charmantes qui apparoissoient à Tristan et à Galaor dans les forêts. Athènes l'eût prise pour Aspasie et Paris pour Diane de Poitiers, qui commençoit à briller à la cour. Mais avec les charmes d'une Françoise elle avait les passions d'une Espagnole, et sa coquetterie naturelle n'ôtoit rien à la sûreté, à la constance, à la force, à l'élévation des sentiments de son cœur.

Aux cris qu'avoient poussés les jeunes Espagnoles lorsque Aben-Hamet s'étoit élancé dans le bocage, don Rodrigue étoit accouru. « Mon père, dit Blanca, voilà le seigneur Maure dont je vous ai parlé. Il m'a entendue chanter, il m'a reconnue; il est entré dans le jardin pour me remercier de lui avoir enseigné sa route. »

Le duc de Santa-Fé reçut l'Abencerage avec la politesse grave et pourtant naïve des Espagnols. On ne remarque chez cette nation aucun de ces airs serviles, aucun de ces tours de phrase qui annoncent l'abjection des pensées et la dégradation de l'âme. La langue du grand seigneur et du paysan est la même, le salut le même, les compliments, les habitudes, les usages, sont les mêmes. Autant la confiance et la générosité de ce peuple envers les étrangers sont sans bornes, autant sa vengeance est terrible quand on le trahit. D'un courage héroïque, d'une patience à toute épreuve, incapable de céder à la mauvaise fortune, il faut qu'il la dompte ou qu'il en soit écrasé. Il a peu de ce qu'on appelle esprit; mais les passions exaltées lui tiennent lieu de cette lumière qui vient de la finesse et de l'abondance des idées. Un Espagnol qui passe le jour sans parler, qui n'a rien vu, qui ne se soucie de rien voir, qui n'a rien lu, rien étudié, rien comparé, trouvera dans la grandeur de ses résolutions les ressources nécessaires au moment de l'adversité.

C'étoit le jour de la naissance de don Rodrigue, et Blanca donnoit à son père une *tertullia*, ou petite fête, dans cette charmante solitude. Le duc de Santa-Fé invita Aben-Hamet à s'asseoir au milieu des jeunes femmes, qui s'amusoient du turban et de la robe de l'étranger. On apporta des carreaux de velours, et l'Abencerage se reposa sur ces carreaux à la façon des Maures. On lui fit des questions sur son pays et sur ses aventures; il y répondit avec esprit et gaieté. Il parloit le castillan le plus pur; on auroit pu le prendre pour un Espagnol, s'il n'eût presque toujours dit *toi* au lieu de *vous*. Ce mot avoit quelque chose de si doux dans sa bouche, que Blanca ne pouvoit se défendre d'un secret dépit lorsqu'il s'adressoit à l'une de ses compagnes.

De nombreux serviteurs parurent : ils portoient le chocolat, les pâtes de fruits et les petits pains de sucre de Malaga, blancs comme la neige, poreux et légers comme des éponges. Après le *refresco*, on pria Blanca d'exécuter une de ces danses de caractère où elle surpassoit les plus habiles gitanas. Elle fut obligée de céder aux vœux de ses amies. Aben-Hamet avoit gardé le silence, mais ses regards suppliants parloient au défaut de sa bouche. Blanca choisit une Zambra, danse expressive que les Espagnols ont empruntée des Maures.

Une des jeunes femmes commence à jouer sur la guitare l'air de la danse étrangère. La fille de don Rodrigue ôte son voile et attache à ses mains blanches des castagnettes de bois d'ébène. Ses cheveux noirs tombent en boucles sur son cou d'albâtre; sa bouche et ses yeux sourient de concert; son teint est animé par le mouvement de son cœur. Tout à coup elle fait retentir le bruyant ébène, frappe trois fois la mesure, entonne le chant de la Zambra et, mêlant sa voix au son de la guitare, elle part comme un éclair.

Quelle variété dans ses pas! quelle élégance dans ses attitudes! Tantôt elle lève ses bras avec vivacité, tantôt elle les laisse retomber avec mollesse. Quelquefois elle s'élance comme enivrée de plaisir et se retire comme accablée de douleur. Elle tourne la tête, semble appeler quelqu'un d'invisible, tend modestement une joue vermeille au baiser d'un nouvel époux, fuit honteuse, revient brillante et consolée, marche d'un pas noble et presque guerrier, puis voltige de nouveau sur le gazon. L'harmonie de ses pas, de ses chants et des sons de sa guitare étoit parfaite. La voix de Blanca, légèrement voilée, avoit cette sorte d'accent qui remue les passions jusqu'au fond de l'âme. La musique espagnole, composée de soupirs et de mouvements vifs, de refrains tristes, de chants subitement arrêtés, offre un singulier mélange de gaieté et de mélancolie. Cette musique et cette danse fixèrent sans retour le destin du dernier Abencerage : elles auroient suffi pour troubler un cœur moins malade que le sien.

On retourna le soir à Grenade par la vallée du Douro. Don Rodrigue, charmé des manières nobles et polies d'Aben-Hamet, ne voulut point se séparer de lui qu'il ne lui eût promis de venir souvent amuser Blanca des merveilleux récits de l'Orient. Le Maure, au comble de ses vœux, accepta l'invitation du duc de Santa-Fé, et dès le lendemain il se rendit au palais où respiroit celle qu'il aimoit plus que la lumière du jour.

Blanca se trouva bientôt engagée dans une passion profonde par l'impossibilité même où elle crut être d'éprouver jamais cette passion. Aimer un infidèle, un Maure, un inconnu, lui paroissoit une chose si étrange, qu'elle ne prit aucune précaution contre le mal qui commençoit à se glisser dans ses veines; mais aussitôt qu'elle en reconnut les atteintes, elle accepta ce mal en véritable Espagnole. Les périls et les chagrins qu'elle prévit ne la firent point reculer au bord de l'abîme ni délibérer longtemps avec son cœur. Elle se dit : « Qu'Aben-Hamet soit chrétien, qu'il m'aime, et je le suis au bout de la terre. »

L'Abencerage ressentoit de son côté toute la puissance d'une passion irrésistible : il ne vivoit plus que pour Blanca. Il ne s'occupoit plus des projets qui l'avoient amené à Grenade; il lui étoit facile d'obtenir les éclaircissements qu'il étoit venu chercher, mais tout autre intérêt que celui de son amour s'étoit évanoui à ses yeux. Il redoutoit même des lumières qui auroient pu apporter des changements dans sa vie. Il ne demandoit rien, il ne vouloit rien connoître; il se disoit : « Que Blanca soit musulmane, qu'elle m'aime, et je la sers jusqu'à mon dernier soupir. »

Aben-Hamet et Blanca, ainsi fixés dans leur résolution, n'attendoient que le moment de se découvrir leurs sentiments. On étoit alors dans les plus beaux jours de l'année. « Vous n'avez point encore vu l'Alhambra, dit la fille du duc de Santa-Fé à l'Abencerage. Si j'en crois quelques paroles qui vous sont échappées, votre famille est originaire de Grenade. Peut-être serez-vous bien aise de visiter le palais de vos anciens rois? Je veux moi-même ce soir vous servir de guide. »

Aben-Hamet jura par le prophète que jamais promenade ne pouvoit lui être plus agréable.

L'heure fixée pour le pèlerinage de l'Alhambra étant arrivée, la fille de don Rodrigue monta sur une haquenée blanche accoutumée à gravir les rochers comme un chevreuil. Aben-Hamet accompagnoit la brillante Espagnole sur un cheval andalou équipé à la manière des Turcs. Dans la course rapide du jeune Maure, sa robe de pourpre s'enfloit derrière lui, son sabre recourbé retentissoit sur la selle élevée et le vent agitoit l'aigrette dont son turban étoit surmonté. Le peuple, charmé de sa bonne grâce, disoit en le regardant passer : « C'est un prince infidèle que dona Blanca va convertir. »

Ils suivirent d'abord une longue rue qui portoit encore le nom d'une illustre famille maure; cette rue aboutissoit à l'enceinte extérieure de l'Alhambra. Ils traversèrent ensuite un bois d'ormeaux, arrivèrent à une fontaine, et se trouvèrent bientôt devant l'enceinte intérieure du palais de Boabdil. Dans une muraille flanquée de tours et surmontée de créneaux s'ouvroit une porte appelée *la Porte du Jugement*. Ils franchirent cette première porte, et s'avancèrent par un chemin étroit qui serpentoit entre de hauts murs et des masures à demi ruinées. Ce chemin les conduisit à la place des Algibes, près de laquelle Charles Quint faisoit alors élever un palais. De là, tournant vers le nord, ils s'arrêtèrent dans une cour déserte, au pied d'un mur sans ornements et dégradé par les âges. Aben-Hamet, sautant légèrement à terre, offrit la main à Blanca pour descendre de sa mule. Les serviteurs frappèrent à une porte abandonnée dont l'herbe cachoit le seuil : la porte s'ouvrit et laissa voir tout à coup les réduits secrets de l'Alhambra.

Tous les charmes, tous les regrets de la patrie, mêlés aux prestiges de l'amour, saisirent le cœur du dernier Abencerage. Immobile et muet, il plongeoit des regards étonnés dans cette habitation des Génies : il croyoit être transporté à l'entrée d'un de ces palais dont on lit la description dans les contes arabes. De légères galeries, des canaux de marbre blanc bordés de citronniers et d'orangers en fleur, des fontaines, des cours solitaires, s'offroient de toutes parts aux yeux d'Aben-Hamet, et à travers les voûtes allongées des portiques il apercevoit d'autres labyrinthes et de nouveaux enchantements. L'azur du plus beau ciel se montroit entre des colonnes qui soutenoient une chaîne d'arceaux gothiques. Les murs, chargés d'arabesques, imitoient à la vue ces étoffes de l'Orient que brode dans l'ennui du harem le caprice d'une femme esclave. Quelque chose de voluptueux, de religieux et de guerrier, sembloit respirer dans ce magique édifice, espèce de cloître de l'amour, retraite mystérieuse où les rois maures goûtoient tous les plaisirs et oublioient tous les devoirs de la vie.

Après quelques instants de surprise et de silence, les deux amants entrèrent dans ce séjour de la puissance évanouie et des félicités passées. Ils firent d'abord le tour de la salle des Mésucar, au milieu du parfum des fleurs et de la fraîcheur des eaux. Ils pénétrèrent ensuite dans la cour des Lions. L'émotion d'Aben-Hamet augmentoit à chaque pas. « Si tu ne remplissois mon âme de délices, dit-il à Blanca, avec quel chagrin me verrois-je obligé de te demander, à toi Espagnole, l'histoire de ces demeures ! Ah ! ces lieux sont faits pour servir de retraite au bonheur, et moi... ! »

Aben-Hamet aperçut le nom de Boabdil enchâssé dans des mosaïques. « O mon roi ! s'écria-t-il, qu'es-tu devenu ? Où te trouverai-je dans ton Alhambra désert ? » Et les larmes de la fidélité, de la loyauté et de l'honneur couvroient les yeux du jeune Maure. « Vos anciens maîtres, dit Blanca, ou plutôt les rois de vos pères étoient des ingrats. — Qu'importe ? repartit l'Abencerage : ils ont été malheureux ! »

Comme il prononçoit ces mots, Blanca le conduisit dans un cabinet qui sembloit être le sanctuaire même du temple de l'Amour. Rien n'égaloit l'élégance de cet asile : la voûte entière, peinte d'azur et d'or et composée d'arabesques découpées à jour, laissoit passer la lumière comme à travers un tissu de fleurs. Une fontaine jaillissoit au milieu de l'édifice, et ses eaux, retombant en rosée, étoient recueillies dans une conque d'albâtre. « Aben-Hamet, dit la fille du duc de Santa-Fé, regardez bien cette fontaine : elle reçut les têtes défigurées des Abencerages. Vous voyez encore sur le marbre la tache du sang des infortunés que Boabdil sacrifia à ses soupçons. C'est ainsi qu'on traite dans votre pays les hommes qui séduisent les femmes crédules. »

Aben-Hamet n'écoutoit plus Blanca ; il s'étoit prosterné et baisoit avec respect la trace du sang de ses ancêtres. Il se relève et s'écrie : « O Blanca ! je jure par le sang de ces chevaliers de t'aimer avec la constance, la fidélité et l'ardeur d'un Abencerage. »

« Vous m'aimez donc ? » repartit Blanca en joignant ses deux belles mains et levant ses regards au ciel. « Mais songez-vous que vous êtes un infidèle, un Maure, un ennemi, et que je suis chrétienne et Espagnole ? »

« O saint prophète ! dit Aben-Hamet, soyez témoin de mes serments !... » Blanca l'interrompant : « Quelle foi voulez-vous que j'ajoute aux serments d'un persécuteur de mon Dieu ? Savez-vous si je vous aime ? Qui vous a donné l'assurance de me tenir un pareil langage ? »

Aben-Hamet, consterné, répondit : « Il est vrai, je ne suis que ton esclave ; tu ne m'as pas choisi pour ton chevalier. »

« Maure, dit Blanca, laisse là la ruse ; tu as vu dans mes regards que je t'aimois ; ma folie pour toi passe toute mesure ; sois chrétien, et rien ne pourra m'empêcher d'être à toi. Mais si la fille du duc de Santa-Fé ose te parler avec cette franchise, tu peux juger par cela même qu'elle saura se vaincre et que jamais un ennemi des chrétiens n'aura aucun droit sur elle. »

Aben-Hamet, dans un transport de passion, saisit les mains de Blanca, les posa sur son turban et ensuite sur son cœur. « Allah est puissant, s'écria-t-il, et Aben-Hamet est heureux ! O Mahomet ! que cette chrétienne connoisse ta loi, et rien ne pourra... » — « Tu blasphèmes, dit Blanca : sortons d'ici ! »

Elle s'appuya sur le bras du Maure, et s'approcha de la fontaine des Douze-Lions, qui donne son nom à l'une des cours de l'Alhambra : « Étranger, dit la naïve Espagnole, quand je regarde ta robe, ton turban, tes armes, et que je songe à nos amours, je crois voir l'ombre du bel Abencerage se promenant dans cette retraite abandonnée avec l'infortunée Alfaïma. Explique-moi l'inscription arabe gravée sur le marbre de cette fontaine. »

Aben-Hamet lut ces mots[1] :

La belle princesse qui se promène couverte de perles dans son jardin

---

1. Cette inscription existe avec quelques autres. Il est inutile de répéter que j'ai fait cette description de l'Alhambra sur les lieux mêmes.

en augmente si prodigieusement la beauté... : le reste de l'inscription étoit effacé.

« C'est pour toi qu'elle a été faite, cette inscription, dit Aben-Hamet. Sultane aimée, ces palais n'ont jamais été aussi beaux dans leur jeunesse qu'ils le sont aujourd'hui dans leurs ruines. Écoute le bruit des fontaines dont la mousse a détourné les eaux ; regarde les jardins qui se montrent à travers ces arcades à demi tombées ; contemple l'astre du jour qui se couche par delà tous ces portiques : qu'il est doux d'errer avec toi dans ces lieux ! Tes paroles embaument ces retraites, comme les roses de l'hymen. Avec quel charme je reconnois dans ton langage quelques accents de la langue de mes pères ! Le seul frémissement de ta robe sur ces marbres me fait tressaillir. L'air n'est parfumé que parce qu'il a touché ta chevelure. Tu es belle comme le Génie de ma patrie au milieu de ces débris. Mais Aben-Hamet peut-il espérer de fixer ton cœur? Qu'est-il auprès de toi? Il a parcouru les montagnes avec son père ; il connoît les plantes du désert... hélas ! il n'en est pas une seule qui pût le guérir de la blessure que tu lui as faite ! Il porte des armes, mais il n'est point chevalier. Je me disois autrefois : L'eau de la mer qui dort à l'abri dans le creux du rocher est tranquille et muette, tandis que tout auprès la grande mer est agitée et bruyante. Aben-Hamet! ainsi sera ta vie, silencieuse, paisible, ignorée dans un coin de terre inconnu, tandis que la cour du sultan est bouleversée par les orages. Je me disois cela, jeune chrétienne, et tu m'as prouvé que la tempête peut aussi troubler la goutte d'eau dans le creux du rocher. »

Blanca écoutoit avec ravissement ce langage nouveau pour elle, et dont le tour oriental sembloit si bien convenir à la demeure des Fées, qu'elle parcouroit avec son amant. L'amour pénétroit dans son cœur de toutes parts ; elle sentoit chanceler ses genoux, elle étoit obligée de s'appuyer plus fortement sur le bras de son guide. Aben-Hamet soutenoit le doux fardeau, et répétoit en marchant : « Ah! que ne suis-je un brillant Abencerage ! »

« Tu me plairois moins, dit Blanca, car je serois plus tourmentée : reste obscur et vis pour moi. Souvent un chevalier célèbre oublie l'amour pour la renommée. »

« Tu n'aurois pas ce danger à craindre, » répliqua vivement Aben-Hamet.

« Et comment m'aimerois-tu donc si tu étois un Abencerage? » dit la descendante de Chimène.

« Je t'aimerois, répondit le Maure, plus que la gloire et moins que l'honneur. »

Le soleil étoit descendu sous l'horizon pendant la promenade des deux amants. Ils avoient parcouru tout l'Alhambra. Quels souvenirs offerts à la pensée d'Aben-Hamet! Ici la sultane recevoit par des soupiraux la fumée des parfums qu'on brûloit au-dessous d'elle. Là, dans cet asile écarté, elle se paroit de tous les atours de l'Orient. Et c'étoit Blanca, c'étoit une femme adorée qui racontoit ces détails au beau jeune homme qu'elle idolâtroit.

La lune, en se levant, répandit sa clarté douteuse dans les sanctuaires abandonnés et dans les parvis déserts de l'Alhambra. Ses blancs rayons dessinoient sur le gazon des parterres, sur les murs des salles, la dentelle d'une architecture aérienne, les cintres des cloîtres, l'ombre mobile des eaux jaillissantes et celle des arbustes balancés par le zéphyr. Le rossignol chantoit dans un cyprès qui perçoit les dômes d'une mosquée en ruine, et les échos répétoient ses plaintes. Aben-Hamet écrivit au clair de la lune le nom de Blanca sur le marbre de la salle des Deux-Sœurs : il traça ce nom en caractères arabes, afin que le voyageur eût un mystère de plus à deviner dans ce palais des mystères.

« Maure, ces lieux sont cruels, dit Blanca : quittons ces lieux. Le destin de ma vie est fixé pour jamais. Retiens bien ces mots : Musulman, je suis ton amante sans espoir; chrétien, je suis ton épouse fortunée. »

Aben-Hamet répondit : « Chrétienne, je suis ton esclave désolé; musulmane, je suis ton époux glorieux. »

Et ces nobles amants sortirent de ce dangereux palais.

La passion de Blanca s'augmenta de jour en jour, et celle d'Aben-Hamet s'accrut avec la même violence. Il étoit si enchanté d'être aimé pour lui seul, de ne devoir à aucune cause étrangère les sentiments qu'il inspiroit, qu'il ne révéla point le secret de sa naissance à la fille du duc de Santa-Fé : il se faisoit un plaisir délicat de lui apprendre qu'il portoit un nom illustre, le jour même où elle consentiroit à lui donner sa main. Mais il fut tout à coup rappelé à Tunis : sa mère, atteinte d'un mal sans remède, vouloit embrasser son fils et le bénir avant d'abandonner la vie. Aben-Hamet se présente au palais de Blanca. « Sultane, lui dit-il, ma mère va mourir. Elle me demande pour lui fermer les yeux. Me conserveras-tu ton amour? »

« Tu me quittes, répondit Blanca pâlissante. Te reverrai-je jamais? »

« Viens, dit Aben-Hamet. Je veux exiger de toi un serment, et t'en faire un que la mort seule pourra briser. Suis-moi. »

Ils sortent; ils arrivent à un cimetière qui fut jadis celui des Maures.

On voyoit encore çà et là de petites colonnes funèbres autour desquelles le sculpteur figura jadis un turban, mais les chrétiens avoient depuis remplacé ce turban par une croix. Aben-Hamet conduisit Blanca au pied de ces colonnes.

« Blanca, dit-il, mes ancêtres reposent ici : je jure par leurs cendres de t'aimer jusqu'au jour où l'ange du jugement m'appellera au tribunal d'Allah. Je te promets de ne jamais engager mon cœur à une autre femme et de te prendre pour épouse aussitôt que tu connoîtras la sainte lumière du prophète. Chaque année, à cette époque, je reviendrai à Grenade pour voir si tu m'as gardé ta foi et si tu veux renoncer à tes erreurs. »

« Et moi, dit Blanca en larmes, je t'attendrai tous les ans ; je te conserverai jusqu'à mon dernier soupir la foi que je t'ai jurée, et je te recevrai pour époux lorsque le Dieu des chrétiens, plus puissant que ton amante, aura touché ton cœur infidèle. »

Aben-Hamet part ; les vents l'emportent aux bords africains ; sa mère venoit d'expirer. Il la pleure, il embrasse son cercueil. Les mois s'écoulent : tantôt errant parmi les ruines de Carthage, tantôt assis sur le tombeau de saint Louis, l'Abencerage exilé appelle le jour qui doit le ramener à Grenade. Ce jour se lève enfin : Aben-Hamet monte sur un vaisseau et fait tourner la proue vers Malaga. Avec quel transport, avec quelle joie mêlée de crainte il aperçut les premiers promontoires de l'Espagne ! Blanca l'attend-elle sur ces bords ? Se souvient-elle encore d'un pauvre Arabe qui ne cessa de l'adorer sous le palmier du désert ?

La fille du duc de Santa-Fé n'étoit point infidèle à ses serments. Elle avoit prié son père de la conduire à Malaga. Du haut des montagnes qui bordoient la côte inhabitée, elle suivoit des yeux les vaisseaux lointains et les voiles fugitives. Pendant la tempête, elle contemploit avec effroi la mer soulevée par les vents : elle aimoit alors à se perdre dans les nuages, à s'exposer dans les passages dangereux, à se sentir baignée par les mêmes vagues, enlevée par le même tourbillon, qui menaçoient les jours d'Aben-Hamet. Quand elle voyoit la mouette plaintive raser les flots avec ses grandes ailes recourbées et voler vers les rivages de l'Afrique, elle la chargeoit de toutes ces paroles d'amour, de tous ces vœux insensés qui sortent d'un cœur que la passion dévore.

Un jour qu'elle erroit sur les grèves, elle aperçut une longue barque dont la proue élevée, le mât penché et la voile latine annonçoient l'élégant génie des Maures. Blanca court au port, et voit bientôt entrer le vaisseau barbaresque, qui faisoit écumer l'onde sous la rapidité de sa course. Un Maure couvert de superbes habits se tenoit debout sur la proue. Derrière lui deux esclaves noirs arrêtoient par le frein un cheval arabe dont les naseaux fumants et les crins épars annonçoient à la fois son naturel ardent et la frayeur que lui inspiroit le bruit des vagues. La barque arrive, abaisse ses voiles, touche au môle, présente le flanc : le Maure s'élance sur la rive, qui retentit du son de ses armes. Les esclaves font sortir le coursier tigré comme un léopard, qui hennit et bondit de joie en retrouvant la terre. D'autres esclaves descendent doucement une corbeille où reposoit une gazelle couchée parmi des feuilles de palmier. Ses jambes fines étoient attachées et ployées sous elle, de peur qu'elles ne se fussent brisées dans les mouvements du vaisseau ; elle portoit un collier de grains d'aloès, et sur une plaque d'or qui servoit à rejoindre les deux bouts du collier étoient gravés en arabe un nom et un talisman.

Blanca reconnoît Aben-Hamet : elle n'ose se trahir aux yeux de la foule, elle se retire et envoie Dorothée, une de ses femmes, avertir l'Abencerage qu'elle l'attend au palais des Maures. Aben-Hamet présentoit dans ce moment au gouverneur son firman, écrit en lettres d'azur sur un vélin precieux et renfermé dans un fourreau de soie. Dorothée s'approche, et conduit l'heureux Abencerage aux pieds de Blanca. Quels transports en se retrouvant tous deux fidèles ! quel bonheur de se revoir après avoir été si longtemps séparés ! Quels nouveaux serments de s'aimer toujours !

Les deux esclaves noirs amènent le cheval numide, qui, au lieu de selle, n'avoit sur le dos qu'une peau de lion rattachée par une zone de pourpre. On apporte ensuite la gazelle. « Sultane, dit Aben-Hamet, c'est un chevreuil de mon pays, presque aussi léger que toi. » Blanca détache elle-même l'animal charmant, qui sembloit la remercier en jetant sur elle les regards les plus doux. Pendant l'absence de l'Abencerage, la fille du duc de Santa-Fé avoit étudié l'arabe : elle lut avec des yeux attendris son propre nom sur le collier de la gazelle. Celle-ci, rendue à la liberté, se soutenoit à peine sur ses pieds si longtemps enchaînés ; elle se couchoit à terre et appuyoit sa tête sur les genoux de sa maîtresse. Blanca lui présentoit des dattes nouvelles et caressoit cette chevrette du désert, dont la peau fine avoit retenu l'odeur du bois d'aloès et de la rose de Tunis.

L'Abencerage, le duc de Santa-Fé et sa fille partirent ensemble pour Grenade. Les jours du couple heureux s'écoulèrent comme ceux de l'année précédente : mêmes promenades, même regret à la vue de la patrie, même amour ou plutôt amour toujours croissant, toujours partagé, mais aussi même attachement dans les deux amants à la religion de leurs pères. « Sois chrétien, » disoit Blanca; « Sois musulmane, » disoit Aben-Hamet : et ils se séparèrent encore une fois sans avoir succombé à la passion qui les entraînoit l'un vers l'autre.

Aben-Hamet reparut la troisième année, comme ces oiseaux voyageurs que l'amour ramène au printemps dans nos climats. Il ne trouva point Blanca au rivage, mais une lettre de cette femme adorée apprit au fidèle Arabe le départ du duc de Santa-Fé pour Madrid et l'arrivée de don Carlos à Grenade. Don Carlos étoit accompagné d'un prisonnier françois, ami du frère de Blanca. Le Maure sentit son cœur se serrer à la lecture de cette lettre. Il partit de Malaga pour Grenade avec les plus tristes pressentiments. Les montagnes lui parurent d'une solitude effrayante, et il tourna plusieurs fois la tête pour regarder la mer qu'il venoit de traverser.

Blanca, pendant l'absence de son père, n'avoit pu quitter un frère qu'elle aimoit, un frère qui vouloit en sa faveur se dépouiller de tous ses biens et qu'elle revoyoit après sept années d'absence. Don Carlos avoit tout le courage et toute la fierté de sa nation : terrible comme les conquérants du Nouveau-Monde, parmi lesquels il avoit fait ses premières armes; religieux comme les chevaliers espagnols vainqueurs des Maures, il nourrissoit dans son cœur contre les infidèles la haine qu'il avoit héritée du sang du Cid.

Thomas de Lautrec, de l'illustre maison de Foix, où la beauté dans les femmes et la valeur dans les hommes passoient pour un don héréditaire, étoit frère cadet de la comtesse de Foix et du brave et malheureux Odet de Foix, seigneur de Lautrec. A l'âge de dix-huit ans, Thomas avoit été armé chevalier par Bayard, dans cette retraite qui coûta la vie au Chevalier sans peur et sans reproche. Quelque temps après, Thomas fut percé de coups et fait prisonnier à Pavie, en défendant le roi chevalier qui perdit tout alors, *fors l'honneur*.

Don Carlos de Bivar, témoin de la vaillance de Lautrec, avoit fait prendre soin des blessures du jeune François, et bientôt il s'établit entre eux une de ces amitiés héroïques dont l'estime et la vertu sont les fondements. François Ier étoit retourné en France, mais Charles Quint retint les autres prisonniers. Lautrec avoit eu l'honneur de partager la captivité de son roi et de coucher à ses pieds dans la prison. Resté en Espagne après le départ du monarque, il avoit été remis sur sa parole à don Carlos, qui venoit de l'amener à Grenade.

Lorsque Aben-Hamet se présenta au palais de don Rodrigue et fut introduit dans la salle où se trouvoit la fille du duc de Santa-Fé, il sentit des tourments jusque alors inconnus pour lui. Aux pieds de dona Blanca étoit assis un jeune homme qui la regardoit en silence, dans une espèce de ravissement. Ce jeune homme portoit un haut-de-chausses de buffle et un pourpoint de même couleur, serré par un ceinturon d'où pendoit une épée aux fleurs de lis. Un manteau de soie étoit jeté sur ses épaules, et sa tête étoit couverte d'un chapeau à petits bords, ombragé de plumes ; une fraise de dentelle, rabattue sur sa poitrine, laissoit voir son cou découvert. Deux moustaches noires comme l'ébène donnoient à son visage naturellement doux un air mâle et guerrier. De larges bottes qui tomboient et se replioient sur ses pieds portoient l'éperon d'or, marque de la chevalerie.

A quelque distance, un autre chevalier se tenoit debout appuyé sur la croix de fer de sa longue épée : il étoit vêtu comme l'autre chevalier, mais il paroissoit plus âgé. Son air austère, bien qu'ardent et passionné, inspiroit le respect et la crainte. La croix rouge de Calatrava étoit brodée sur son pourpoint avec cette devise : *Pour elle et pour mon roi.*

Un cri involontaire s'échappa de la bouche de Blanca lorsqu'elle aperçut Aben-Hamet. « Chevaliers, dit-elle aussitôt, voici l'infidèle dont je vous ai tant parlé : craignez qu'il ne remporte la victoire. Les Abencerages étoient faits comme lui, et nul ne les surpassoit en loyauté, courage et galanterie. »

Don Carlos s'avança au-devant d'Aben-Hamet. « Seigneur Maure, dit-il, mon père et ma sœur m'ont appris votre nom ; on vous croit d'une race noble et brave ; vous-même, vous êtes distingué par votre courtoisie. Bientôt Charles Quint, mon maître, doit porter la guerre à Tunis, et nous nous verrons, j'espère, au champ d'honneur. »

Aben-Hamet posa la main sur son sein, s'assit à terre sans répondre, et resta les yeux attachés sur Blanca et sur Lautrec. Celui-ci admiroit, avec la curiosité de son pays, la robe superbe, les armes brillantes, la beauté du Maure ; Blanca ne paroissoit point embarrassée ; toute son âme étoit dans ses yeux : la sincère Espagnole n'essayoit point de cacher le secret de son cœur. Après quelques moments de silence, Aben-Hamet se leva, s'inclina devant la fille de don Rodrigue, et se retira. Étonné du maintien du Maure et des regards de Blanca, Lautrec sortit avec un soupçon qui se changea bientôt en certitude.

Don Carlos resta seul avec sa sœur. « Blanca, lui dit-il, expliquez-vous. D'où naît le trouble que vous a causé la vue de cet étranger ? »

« Mon frère, répondit Blanca, j'aime Aben-Hamet ! et s'il veut se faire chrétien, ma main est à lui. »

« Quoi ! s'écria don Carlos, vous aimez Aben-Hamet ! la fille des Bivar aime un Maure, un infidèle, un ennemi que nous avons chassé de ces palais ! »

« Don Carlos, répliqua Blanca, j'aime Aben-Hamet; Aben-Hamet m'aime; depuis trois ans il renonce à moi plutôt que de renoncer à la religion de ses pères. Noblesse, honneur, chevalerie, sont en lui; jusqu'à mon dernier soupir je l'adorerai. »

Don Carlos étoit digne de sentir ce que la résolution d'Aben-Hamet avoit de généreux, quoiqu'il déplorât l'aveuglement de cet infidèle. « Infortunée Blanca, dit-il, où te conduira cet amour? J'avois espéré que Lautrec, mon ami, deviendroit mon frère. »

« Tu t'étois trompé, répondit Blanca : je ne puis aimer cet étranger. Quant à mes sentiments pour Aben-Hamet, je n'en dois compte à personne. Garde tes serments de chevalerie comme je garderai mes serments d'amour. Sache seulement, pour te consoler, que jamais Blanca ne sera l'épouse d'un infidèle. »

« Notre famille disparoîtra donc de la terre! » s'écria don Carlos.

« C'est à toi de la faire revivre, dit Blanca. Qu'importent d'ailleurs des fils que tu ne verras point et qui dégénéreront de ta vertu? Don Carlos, je sens que nous sommes les derniers de notre race; nous sortons trop de l'ordre commun pour que notre sang fleurisse après nous : le Cid fut notre aïeul, il sera notre postérité. » Blanca sortit.

Don Carlos vole chez l'Abencerage. « Maure, lui dit-il, renonce à ma sœur ou accepte le combat. »

« Es-tu chargé par ta sœur, répondit Aben-Hamet, de me redemander les serments qu'elle m'a faits? »

« Non, répliqua don Carlos : elle t'aime plus que jamais. »

« Ah! digne frère de Blanca! s'écria Aben-Hamet en l'interrompant, je dois tenir tout mon bonheur de ton sang! O fortuné Aben-Hamet! O heureux jour! je croyois Blanca infidèle pour ce chevalier françois... »

« Et c'est là ton malheur, s'écria à son tour don Carlos hors de lui: Lautrec est mon ami; sans toi il seroit mon frère. Rends-moi raison des larmes que tu fais verser à ma famille. »

« Je le veux bien, répondit Aben-Hamet; mais, né d'une race qui peut-être a combattu la tienne, je ne suis pourtant point chevalier. Je ne vois ici personne pour me conférer l'ordre qui te permettra de te mesurer avec moi sans descendre de ton rang. »

Don Carlos, frappé de la réflexion du Maure, le regarda avec un mélange d'admiration et de fureur. Puis tout à coup : « C'est moi qui t'armerai chevalier! tu en es digne. »

Aben-Hamet fléchit le genou devant don Carlos, qui lui donne l'accolade en lui frappant trois fois l'épaule du plat de son épée; ensuite don Carlos lui ceint cette même épée que l'Abencerage va peut-être lui plonger dans la poitrine : tel étoit l'antique honneur.

Tous deux s'élancent sur leurs coursiers, sortent des murs de Grenade, et volent à la fontaine du Pin. Les duels des Maures et des chrétiens avoient depuis longtemps rendu cette source célèbre. C'étoit là que Malique Alabès s'étoit battu contre Ponce de Léon, et que le grand-maître de Calatrava avoit donné la mort au valeureux Abayados. On voyoit encore les débris des armes de ce chevalier maure suspendus aux branches du pin, et l'on apercevoit sur l'écorce de l'arbre quelques lettres d'une inscription funèbre. Don Carlos montra de la main la tombe d'Abayados à l'Abencerage : « Imite, lui cria-t-il, ce brave infidèle, et reçois le baptême et la mort de ma main. »

« La mort peut-être, répondit Aben-Hamet, mais vivent Allah et le Prophète ! »

Ils prirent aussitôt du champ, et coururent l'un sur l'autre avec furie. Il n'avoient que leurs épées : Aben-Hamet étoit moins habile dans les combats que don Carlos, mais la bonté de ses armes, trempées à Damas, et la légèreté de son cheval arabe, lui donnoient encore l'avantage sur son ennemi. Il lança son coursier comme les Maures, et avec son large étrier tranchant il coupa la jambe droite du cheval de don Carlos au-dessous du genou. Le cheval blessé s'abattit, et don Carlos, démonté par ce coup heureux, marche sur Aben-Hamet l'épée haute. Aben-Hamet saute à terre et reçoit don Carlos avec intrépidité. Il pare les premiers coups de l'Espagnol, qui brise son épée sur le fer de Damas. Trompé deux fois par la fortune, don Carlos verse des pleurs de rage et crie à son ennemi : « Frappe, Maure, frappe ! don Carlos désarmé te défie, toi et toute ta race infidèle. »

« Tu pouvois me tuer, répond l'Abencerage, mais je n'ai jamais songé à te faire la moindre blessure : j'ai voulu seulement te prouver que j'étois digne d'être ton frère, et t'empêcher de me mépriser. »

Dans cet instant on aperçoit un nuage de poussière : Lautrec et Blanca pressoient deux cavales de Fez, plus légères que les vents. Ils arrivent à la fontaine du Pin et voient le combat suspendu.

« Je suis vaincu, dit don Carlos ; ce chevalier m'a donné la vie. Lautrec, vous serez peut-être plus heureux que moi. »

« Mes blessures, dit Lautrec d'une voix noble et gracieuse, me permettent de refuser le combat contre ce chevalier courtois. Je ne veux point, ajouta-t-il en rougissant, connoître le sujet de votre querelle et pénétrer un secret qui porteroit peut-être la mort dans mon sein. Bientôt mon absence fera renaître la paix parmi vous, à moins que Blanca ne m'ordonne de rester à ses pieds. »

« Chevalier, dit Blanca, vous demeurerez auprès de mon frère, vous me regarderez comme votre sœur. Tous les cœurs qui sont ici éprouvent des chagrins : vous apprendrez de nous à supporter les maux de la vie. »

Blanca voulut contraindre les trois chevaliers à se donner la main : tous les trois s'y refusèrent : « Je hais Aben-Hamet! » s'écria don Carlos. — « Je l'envie, » dit Lautrec. — « Et moi, dit l'Abencerage, j'estime don Carlos et je plains Lautrec, mais je ne saurois les aimer. »

« Voyons-nous toujours, dit Blanca, et tôt ou tard l'amitié suivra l'estime. Que l'événement fatal qui nous rassemble ici soit à jamais ignoré de Grenade. »

Aben-Hamet devint dès ce moment mille fois plus cher à la fille du duc de Santa-Fé : l'amour aime la vaillance ; il ne manquoit plus rien à l'Abencerage, puisqu'il étoit brave et que don Carlos lui devoit la vie. Aben-Hamet, par le conseil de Blanca, s'abstint pendant quelques jours de se présenter au palais, afin de laisser se calmer la colère de don Carlos. Un mélange de sentiments doux et amers remplissoit l'âme de l'Abencerage : si d'un côté l'assurance d'être aimé avec tant de fidélité et d'ardeur étoit pour lui une source inépuisable de délices, d'un autre côté la certitude de n'être jamais heureux sans renoncer à la religion de ses pères accabloit le courage d'Aben-Hamet. Déjà plusieurs années s'étoient écoulées sans apporter de remède à ses maux : verroit-il ainsi s'écouler le reste de sa vie?

Il étoit plongé dans un abîme de réflexions les plus sérieuses et les plus tendres, lorsqu'un soir il entendit sonner cette prière chrétienne qui annonce la fin du jour. Il lui vint en pensée d'entrer dans le temple du Dieu de Blanca et de demander des conseils au Maître de la nature.

Il sort, il arrive à la porte d'une ancienne mosquée convertie en église par les fidèles. Le cœur saisi de tristesse et de religion, il pénètre dans le temple qui fut autrefois celui de son Dieu et de sa patrie. La prière venoit de finir : il n'y avoit plus personne dans l'église. Une sainte obscurité régnoit à travers une multitude de colonnes qui ressembloient au tronc des arbres d'une forêt régulièrement plantée. L'architecture légère des Arabes s'étoit mariée à l'architecture gothique, et, sans rien perdre de son élégance, elle avoit pris une gravité plus convenable aux méditations. Quelques lampes éclairoient à peine les enfoncements des voûtes ; mais à la clarté de plusieurs cierges allumés on voyoit encore briller l'autel du sanctuaire : il étinceloit d'or et de pierreries. Les Espagnols mettent toute leur gloire à se dépouiller de leurs richesses pour en parer les objets de leur culte, et l'image du Dieu vivant placée au milieu des voiles de dentelles, des couronnes de perles et des gerbes de rubis, est adorée par un peuple à demi nu.

On ne remarquoit aucun siége au milieu de la vaste enceinte : un pavé de marbre qui recouvroit des cercueils servoit aux grands comme aux petits pour se prosterner devant le Seigneur. Aben-Hamet s'avançoit lentement dans les nefs désertes qui retentissoient du seul bruit de ses pas. Son esprit étoit partagé entre les souvenirs que cet ancien édifice de la religion des Maures retraçoit à sa mémoire et les sentiments que la religion des chrétiens faisoit naître dans son cœur. Il entrevit au pied d'une colonne une figure immobile, qu'il prit d'abord pour une statue sur un tombeau; il s'en approche; il distingue un jeune chevalier à genoux, le front respectueusement incliné et les deux bras croisés sur sa poitrine. Ce chevalier ne fit aucun mouvement au bruit des pas d'Aben-Hamet; aucune distraction, aucun signe extérieur de vie ne troubla sa profonde prière. Son épée étoit couchée à terre devant lui, et son chapeau, chargé de plumes, étoit posé sur le marbre à ses côtés : il avoit l'air d'être fixé dans cette attitude par l'effet d'un enchantement. C'étoit Lautrec : « Ah! dit l'Abencerage en lui-même, ce jeune et beau François demande au ciel quelque faveur signalée ; ce guerrier, déjà célèbre par son courage, répand ici son cœur devant le souverain du ciel, comme le plus humble et le plus obscur des hommes. Prions donc aussi le Dieu des chevaliers et de la gloire. »

Aben-Hamet alloit se précipiter sur le marbre, lorsqu'il aperçut, à la lueur d'une lampe, des caractères arabes et un verset du Coran qui paroissoient sous un plâtre à demi tombé. Les remords rentrent dans son cœur, et il se hâte de quitter l'édifice où il a pensé devenir infidèle à sa religion et à sa patrie.

Le cimetière qui environnoit cette ancienne mosquée étoit une espèce de jardin planté d'orangers, de cyprès, de palmiers, et arrosé par deux fontaines ; un cloître régnoit alentour. Aben-Hamet, en passant sous un des portiques, aperçut une femme prête à entrer dans l'église. Quoiqu'elle fût enveloppée d'un voile, l'Abencerage reconnut la fille du duc de Santa-Fé ; il l'arrête, et lui dit : « Viens-tu chercher Lautrec dans ce temple? »

« Laisse là ces vulgaires jalousies, répondit Blanca : si je ne t'aimois plus, je te le dirois; je dédaignerois de te tromper. Je viens ici prier pour toi; toi seul es maintenant l'objet de mes vœux : j'oublie mon âme pour la tienne. Il ne falloit pas m'enivrer du poison de ton amour, ou il falloit consentir à servir le Dieu que je sers. Tu troubles toute ma famille, mon frère te hait; mon père est accablé de chagrin, parce que je refuse de choisir un époux. Ne t'aperçois-tu pas que ma santé s'altère? Vois cet asile de la mort; il est enchanté! Je m'y reposerai bientôt, si tu ne te hâtes de recevoir ma foi au pied de l'autel des chrétiens. Les combats que j'éprouve minent peu à peu ma vie; la passion que tu m'inspires ne soutiendra pas toujours ma frêle existence : songe, ô Maure! pour te parler ton langage, que le feu qui allume le flambeau est aussi le feu qui le consume. »

Blanca entre dans l'église, et laisse Aben-Hamet accablé de ces dernières paroles.

C'en est fait : l'Abencerage est vaincu; il va renoncer aux erreurs de son culte; assez longtemps il a combattu. La crainte de voir Blanca mourir l'emporte sur tout autre sentiment dans le cœur d'Aben-Hamet. Après tout, se disoit-il, le Dieu des chrétiens est peut-être le Dieu véritable. Ce Dieu est toujours le Dieu des nobles âmes, puisqu'il est celui de Blanca, de don Carlos et de Lautrec.

Dans cette pensée, Aben-Hamet attendit avec impatience le lendemain pour faire connoître sa résolution à Blanca et changer une vie de tristesse et de larmes en une vie de joie et de bonheur. Il ne put se rendre au palais du duc de Santa-Fé que le soir. Il apprit que Blanca étoit allée avec son frère au Généralife, où Lautrec donnoit une fête. Aben-Hamet, agité de nouveaux soupçons, vole sur les traces de Blanca. Lautrec rougit en voyant paroître l'Abencerage; quant à don Carlos, il reçut le Maure avec une froide politesse, mais à travers laquelle perçoit l'estime.

Lautrec avoit fait servir les plus beaux fruits de l'Espagne et de l'Afrique dans une des salles du Généralife appelée la salle des Chevaliers. Tout autour de cette salle étoient suspendus les portraits des princes et des chevaliers vainqueurs des Maures, Pélasge, le Cid, Gonzalve de Cordoue. L'épée du dernier roi de Grenade étoit attachée au-dessous de ces portraits. Aben-Hamet renferma sa douleur en lui-même, et dit seulement comme le lion, en regardant ces tableaux : « Nous ne savons pas peindre. »

Le généreux Lautrec, qui voyoit les yeux de l'Abencerage se tourner malgré lui vers l'épée de Boabdil, lui dit : « Chevalier Maure, si j'avois prévu que vous m'eussiez fait l'honneur de venir à cette fête, je ne vous aurois pas reçu ici. On perd tous les jours une épée, et j'ai vu le plus vaillant des rois remettre la sienne à son heureux ennemi. »

« Ah! s'écria le Maure en se couvrant le visage d'un pan de sa robe, on peut la perdre comme François Ier, mais comme Boabdil!... »

La nuit vint : on apporta des flambeaux; la conversation changea de cours. On pria don Carlos de raconter la découverte du Mexique.

Il parla de ce monde inconnu avec l'éloquence pompeuse naturelle à la nation espagnole. Il dit les malheurs de Montézume, les mœurs des Américains, les prodiges de la valeur castillane et même les cruautés de ses compatriotes, qui ne lui sembloient mériter ni blâme ni louange. Ces récits enchantoient Aben-Hamet, dont la passion pour les histoires merveilleuses trahissoit le sang arabe. Il fit à son tour le tableau de l'empire ottoman, nouvellement assis sur les ruines de Constantinople, non sans donner des regrets au premier empire de Mahomet; temps heureux où le commandeur des croyants voyoit briller autour de lui Zobéide, Fleur de Beauté, Force des Cœurs, Tourmente, et ce généreux Ganem, esclave par amour. Quant à Lautrec, il peignit la cour galante de François Ier, les arts renaissant du sein de la barbarie, l'honneur, la loyauté, la chevalerie des anciens temps, unis à la politesse des siècles civilisés, les tourelles gothiques ornées des ordres de la Grèce, et les dames gauloises rehaussant la richesse de leurs atours par l'élégance athénienne.

Après ces discours, Lautrec, qui vouloit amuser la divinité de cette fête, prit une guitare, et chanta cette romance qu'il avoit composée sur un air des montagnes de son pays :

> Combien j'ai douce souvenance [1]
> Du joli lieu de ma naissance!
> Ma sœur, qu'ils étoient beaux, les jours
> De France!
> O mon pays, sois mes amours
> Toujours!
>
> Te souvient-il que notre mère,
> Au foyer de notre chaumière,
> Nous pressoit sur son cœur joyeux,
> Ma chère;
> Et nous baisions ses blancs cheveux
> Tous deux?
>
> Ma sœur, te souvient-il encore
> Du château que baignoit la Dore!
> Et de cette tant vieille tour
> Du Maure,
> Où l'airain sonnoit le retour
> Du jour?
>
> Te souvient-il du lac tranquille
> Qu'effleuroit l'hirondelle agile,

---

1. Cette romance est déjà connue du public. J'en avois composé les paroles pour un air des montagnes d'Auvergne, remarquable par sa douceur et sa simplicité.

Du vent qui courboit le roseau
    Mobile,
Et du soleil couchant sur l'eau,
    Si beau ?

Oh! qui me rendra mon Hélène,
Et ma montagne et le grand chêne ?
Leur souvenir fait tous les jours
    Ma peine :
Mon pays sera mes amours
    Toujours !

Lautrec, en achevant le dernier couplet, essuya avec son gant une larme que lui arrachoit le souvenir du gentil pays de France. Les regrets du beau prisonnier furent vivement sentis par Aben-Hamet, qui déploroit comme Lautrec la perte de sa patrie. Sollicité de prendre à son tour la guitare, il s'en excusa, en disant qu'il ne savoit qu'une romance, et qu'elle seroit peu agréable à des chrétiens.

« Si ce sont des infidèles qui gémissent de nos victoires, repartit dédaigneusement don Carlos, vous pouvez chanter : les larmes sont permises aux vaincus. »

« Oui, dit Blanca, et c'est pour cela que nos pères, soumis autrefois au joug des Maures, nous ont laissé tant de complaintes. »

Aben-Hamet chanta donc cette ballade, qu'il avoit apprise d'un poëte de la tribu des Abencerages [1] :

Le roi don Juan,
Un jour chevauchant,
Vit sur la montagne
Grenade d'Espagne ;
Il lui dit soudain :
    Cité mignonne,
    Mon cœur te donne
    Avec ma main.

Je t'épouserai,
Puis apporterai
En dons à ta ville,
Cordoue et Séville.
Superbes atours
    Et perle fine
    Je te destine
    Pour nos amours.

---

1. En traversant un pays montagneux entre Algésiras et Cadix, je m'arrêtai dans une *venta* située au milieu d'un bois. Je n'y trouvai qu'un petit garçon de quatorze à quinze ans et une petite fille à peu près du même âge, frère et sœur, qui tressoient auprès du feu des nattes de jonc. Ils chantoient une romance dont je ne comprenois pas les paroles, mais dont l'air étoit simple et naïf. Il faisoit un temps affreux ; je restai deux heures à la *venta*. Mes jeunes hôtes répétèrent si longtemps les couplets de leur romance, qu'il me fut aisé d'en apprendre l'air par cœur. C'est sur cet air que j'ai composé la romance de l'Abencerage. Peut-être étoit-il question d'Aben-Hamet dans la chanson de mes deux petits Espagnols. Au reste, le dialogue de Grenade et du roi de Léon est imité d'une romance espagnole.

     ᵃde répond :　　　　　　Jamais le chameau
    nd roi de Léon,　　　　　N'apporte au tombeau,
    Au Maure liée,　　　　　　Près de la piscine,
    Je suis mariée.　　　　　　L'Haggi de Médine.
    Garde tes présents :　　　Un chrétien maudit
     J'ai pour parure　　　　　　D'Abencerage
     Riche ceinture　　　　　　Tient l'héritage :
     Et beaux enfants.　　　　　C'étoit écrit !

    Ainsi tu disois;　　　　　　O bel Alhambra !
    Ainsi tu mentois;　　　　　O palais d'Allah !
    O mortelle injure !　　　　Cité des fontaines !
    Grenade est parjure !　　　Fleuve aux vertes plaines !
    Un chrétien maudit　　　　Un chrétien maudit
    D'Abencerage　　　　　　　D'Abencerage
    Tient l'héritage :　　　　　Tient l'héritage :
    C'étoit écrit !　　　　　　　C'étoit écrit !

  La naïveté de ces plaintes avoit touché jusqu'au superbe don Carlos, malgré les imprécations prononcées contre les chrétiens. Il auroit bien désiré qu'on le dispensât de chanter lui-même, mais par courtoisie pour Lautrec il crut devoir céder à ses prières. Aben-Hamet donna la guitare au frère de Blanca, qui célébra les exploits du Cid son illustre aïeul :

    Prêt à partir pour la rive africaine [1],
    Le Cid armé, tout brillant de valeur,
    Sur sa guitare, au pied de sa Chimène,
    Chantoit ces vers que lui dictoit l'honneur :

    Chimène a dit : Va combattre le Maure;
    De ce combat surtout reviens vainqueur.
    Oui, je croirai que Rodrigue m'adore
    S'il fait céder son amour à l'honneur.

    Donnez, donnez et mon casque et ma lance !
    Je vais montrer que Rodrigue a du cœur :
    Dans les combats signalant sa vaillance,
    Son cri sera pour sa dame et l'honneur.

---

1. Tout le monde connoit l'air des *Folies d'Espagne*. Cet air étoit sans paroles, du moins il n'y avoit point de paroles qui en rendissent le caractère grave, religieux et chevaleresque. J'ai essayé d'exprimer ce caractère dans la romance du *Cid*. Cette romance s'étant répandue dans le public sans mon aveu, des maîtres célèbres m'ont fait l'honneur de l'embellir de leur musique. Mais comme je l'avois expressément composée pour l'air des *Folies d'Espagne*, il y a un couplet qui devient un vrai galimatias, s'il ne se rapporte à mon intention primitive :

    . . . . . Mon noble chant vainqueur,
   D'Espagne un jour deviendra *la folie*, etc.

  Enfin ces trois romances n'ont quelque mérite qu'autant qu'elles sont chantées sur trois vieux airs véritablement nationaux; elles amènent d'ailleurs le dénouement.

> Maure vanté pour ta galanterie,
> De tes accents mon noble chant vainqueur
> D'Espagne un jour deviendra la folie,
> Car il peindra l'amour avec l'honneur.
>
> Dans le vallon de notre Andalousie,
> Les vieux chrétiens conteront ma valeur :
> Il préféra, diront-ils, à la vie
> Son Dieu, son roi, sa Chimène et l'honneur.

Don Carlos avoit paru si fier en chantant ces paroles d'une voix mâle et sonore, qu'on l'auroit pris pour le Cid lui-même. Lautrec partageoit l'enthousiasme guerrier de son ami ; mais l'Abencerage avoit pâli au nom du Cid.

« Ce chevalier, dit-il, que les chrétiens appellent la Fleur des batailles, porte parmi nous le nom de cruel. Si sa générosité avoit égalé sa valeur... »

« Sa générosité, repartit vivement don Carlos interrompant Aben-Hamet, surpassoit encore son courage, et il n'y a que des Maures qui puissent calomnier le héros à qui ma famille doit le jour. »

« Que dis-tu ? s'écria Aben-Hamet s'élançant du siége où il étoit à demi couché : tu comptes le Cid parmi tes aïeux ? »

« Son sang coule dans mes veines, répliqua don Carlos, et je me reconnois de ce noble sang à la haine qui brûle dans mon cœur contre les ennemis de mon Dieu. »

« Ainsi, dit Aben-Hamet regardant Blanca, vous êtes de la maison de ces Bivar qui, après la conquête de Grenade, envahirent les foyers des malheureux Abencerages et donnèrent la mort à un vieux chevalier de ce nom qui voulut défendre le tombeau de ses aïeux ! »

« Maure ! s'écria don Carlos enflammé de colère, sache que je ne me laisse point interroger. Si je possède aujourd'hui la dépouille des Abencerages, mes ancêtres l'ont acquise au prix de leur sang, et ils ne la doivent qu'à leur épée. »

« Encore un mot, dit Aben-Hamet toujours plus ému : nous avons ignoré dans notre exil que les Bivar eussent porté le titre de Santa-Fé, c'est ce qui a causé mon erreur. »

« Ce fut, répondit don Carlos, à ce même Bivar, vainqueur des Abencerages, que ce titre fut conféré par Ferdinand le Catholique. »

La tête d'Aben-Hamet se pencha dans son sein : il resta debout au milieu de don Carlos, de Lautrec et de Blanca étonnés. Deux torrents de larmes coulèrent de ses yeux sur le poignard attaché à sa ceinture. « Pardonnez, dit-il ; les hommes, je le sais, ne doivent pas répandre des larmes : désormais les miennes ne couleront plus au dehors, quoiqu'il me reste beaucoup à pleurer ; écoutez-moi.

« Blanca, mon amour pour toi égale l'ardeur des vents brûlants de l'Arabie. J'étois vaincu ; je ne pouvois plus vivre sans toi. Hier, la vue de ce chevalier françois en prières, tes paroles dans le cimetière du temple, m'avoient fait prendre la résolution de connoître ton Dieu et de t'offrir ma foi. »

Un mouvement de joie de Blanca et de surprise de don Carlos interrompit Aben-Hamet ; Lautrec cacha son visage dans ses deux mains. Le Maure devina sa pensée, et secouant la tête avec un sourire déchirant : « Chevalier, dit-il, ne perds pas toute espérance ; et toi, Blanca, pleure à jamais sur le dernier Abencerage ! »

Blanca, don Carlos, Lautrec, lèvent tous trois les mains au ciel, et s'écrient : « Le dernier Abencerage ! »

Le silence règne ; la crainte, l'espoir, la haine, l'amour, l'étonnement, la jalousie, agitent tous les cœurs ; Blanca tombe bientôt à genoux. « Dieu de bonté ! dit-elle, tu justifies mon choix, je ne pouvois aimer que le descendant des héros. »

« Ma sœur, s'écria don Carlos irrité, songez donc que vous êtes ici devant Lautrec ! »

« Don Carlos, dit Aben-Hamet, suspends ta colère ; c'est à moi à vous rendre le repos. » Alors s'adressant à Blanca, qui s'étoit assise de nouveau :

« Houri du ciel, Génie de l'amour et de la beauté, Aben-Hamet sera ton esclave jusqu'à son dernier soupir : mais connois toute l'étendue de son malheur. Le vieillard immolé par ton aïeul en défendant ses foyers étoit le père de mon père ; apprends encore un secret que je t'ai caché, ou plutôt que tu m'avois fait oublier. Lorsque je vins la première fois visiter cette triste patrie, j'avois surtout pour dessein de chercher quelque fils des Bivar qui pût me rendre compte du sang que ses pères avoient versé. »

« Eh bien ! » dit Blanca d'une voix douloureuse, mais soutenue par l'accent d'une grande âme, « quelle est ta résolution ? »

« La seule qui soit digne de toi, répondit Aben-Hamet : te rendre tes serments, satisfaire par mon éternelle absence et par ma mort à ce que nous devons l'un et l'autre à l'inimitié de nos dieux, de nos patries et de nos familles. Si jamais mon image s'effaçoit de ton cœur, si le temps, qui détruit tout, emportoit de ta mémoire le souvenir d'Abencerage... ce chevalier françois... Tu dois ce sacrifice à ton frère. »

Lautrec se lève avec impétuosité, se jette dans les bras du Maure.

« Aben-Hamet! s'écrie-t-il, ne crois pas me vaincre en générosité : je suis François; Bayard m'arma chevalier; j'ai versé mon sang pour mon roi; je serai, comme mon parrain et comme mon prince, sans peur et sans reproche. Si tu restes parmi nous, je supplie don Carlos de t'accorder la main de sa sœur; si tu quittes Grenade, jamais un mot de mon amour ne troublera ton amante. Tu n'emporteras point dans ton exil la funeste idée que Lautrec, insensible à ta vertu, cherche à profiter de ton malheur. »

Et le jeune chevalier pressoit le Maure sur son sein avec la chaleur et la vivacité d'un François.

« Chevaliers, dit don Carlos à son tour, je n'attendois pas moins de vos illustres races. Aben-Hamet, à quelle marque puis-je vous reconnoître pour le dernier Abencerage? »

« A ma conduite, » répondit Aben-Hamet.

« Je l'admire, dit l'Espagnol ; mais, avant de m'expliquer, montrez-moi quelque signe de votre naissance. »

Aben-Hamet tira de son sein l'anneau héréditaire des Abencerages, qu'il portoit suspendu à une chaîne d'or.

A ce signe, don Carlos tendit la main au malheureux Aben-Hamet. « Sire chevalier, dit-il, je vous tiens pour prud'homme et véritable fils de rois. Vous m'honorez par vos projets sur ma famille, j'accepte le combat que vous étiez venu secrètement chercher. Si je suis vaincu, tous mes biens, autrefois tous les vôtres, vous seront fidèlement remis. Si vous renoncez au projet de combattre, acceptez à votre tour ce que je vous offre : soyez chrétien et recevez la main de ma sœur, que Lautrec a demandée pour vous. »

La tentation était grande, mais elle n'étoit pas au-dessus des forces d'Aben-Hamet. Si l'amour dans toute sa puissance parloit au cœur de l'Abencerage, d'une autre part il ne pensoit qu'avec épouvante à l'idée d'unir le sang des persécuteurs au sang des persécutés. Il croyoit voir l'ombre de son aïeul sortir du tombeau et lui reprocher cette alliance sacrilége. Transpercé de douleur, Aben-Hamet s'écrie : « Ah! faut-il que je rencontre ici tant d'âmes sublimes, tant de caractères généreux, pour mieux sentir ce que je perds! Que Blanca prononce; qu'elle dise ce qu'il faut que je fasse pour être plus digne de son amour! »

Blanca s'écrie : « Retourne au désert! » et elle s'évanouit.

Aben-Hamet se prosterna, adora Blanca encore plus que le ciel, et sortit sans prononcer une seule parole. Dès la nuit même il partit pour Malaga, et s'embarqua sur un vaisseau qui devoit toucher à Oran. Il trouva campée près de cette ville la caravane qui tous les trois ans sort de Maroc, traverse l'Afrique, se rend en Égypte et rejoint dans l'Yémen

LES AVENTURES DU DERNIER ABENCERAGE.

la caravane de La Mecque. Aben-Hamet se mit au nombre des pèlerins. Blanca, dont les jours furent d'abord menacés, revint à la vie. Lautrec, fidèle à la parole qu'il avoit donnée à l'Abencerage, s'éloigna, et jamais un mot de son amour ou de sa douleur ne troubla la mélancolie de la fille du duc de Santa-Fé. Chaque année Blanca alloit errer sur les montagnes de Malaga, à l'époque où son amant avoit coutume de revenir d'Afrique; elle s'asseyoit sur les rochers, regardoit la mer, les vaisseaux lointains, et retournoit ensuite à Grenade; elle passoit le reste de ses jours parmi les ruines de l'Alhambra. Elle ne se plaignoit point, elle ne pleuroit point, elle ne parloit jamais d'Aben-Hamet: un étranger l'auroit crue heureuse. Elle resta seule de sa famille. Son père mourut de chagrin, et don Carlos fut tué dans un duel où Lautrec lui servit de second. On n'a jamais su quelle fut la destinée d'Aben-Hamet.

Lorsqu'on sort de Tunis par la porte qui conduit aux ruines de Carthage, on trouve un cimetière: sous un palmier, dans un coin de ce cimetière, on m'a montré un tombeau qu'on appelle *le tombeau du dernier Abencerage*. Il n'a rien de remarquable, la pierre sépulcrale en est tout unie; seulement, d'après une coutume des Maures, on a creusé au milieu de cette pierre un léger enfoncement avec le ciseau. L'eau de la pluie se rassemble au fond de cette coupe funèbre et sert, dans un climat brûlant, à désaltérer l'oiseau du ciel.

FIN DU DERNIER ABENCERAGE.

POËMES

TRADUITS DU GALLIQUE EN ANGLOIS

PAR JOHN SMITH

PRÉFACE.

Le succès des poëmes d'Ossian en Angleterre fit naître une foule d'imitateurs de Macpherson. De toutes parts on prétendit découvrir des poésies erses ou galliques; trésors enfouis que l'on déterroit, comme ceux de quelques mines de la Cornouaille, oubliées depuis le temps des Carthaginois. Les pays de Galles et d'Irlande rivalisèrent de patriotisme avec l'Écosse; toute la littérature se divisa : les uns soutenoient avec Blair que les poëmes d'Ossian étoient originaux; les autres prétendoient avec Johnson qu'Ossian n'étoit autre que Macpherson. On se porta des défis; on demanda des preuves matérielles : il fut impossible de les donner, car les textes imprimés des chants du fils de Fingal ne sont que des traductions galliques des prétendues traductions angloises d'Ossian.

Lorsqu'en 1793 la révolution me jeta en Angleterre, j'étois grand partisan du barde écossois : j'aurois, la lance au poing, soutenu son existence envers et contre tous, comme celle du vieil Homère. Je lus avec avidité une foule de poëmes inconnus en France, lesquels, mis en lumière par divers auteurs, étoient indubitablement à mes yeux du père d'Oscar, tout aussi bien que les manuscrits runiques de Macpherson. Dans l'ardeur de mon admiration et de mon zèle, tout malade et tout occupé que j'étois [1], je traduisis quelques productions *ossianiques* de John Smith. Smith n'est pas l'inventeur du genre; il n'a pas la noblesse et la verve épique de Macpherson, mais peut-être son talent a-t-il quelque chose de plus élégant et de plus tendre. Au reste, ce pseudonyme, en voulant peindre des hommes barbares et des mœurs sauvages,

---

[1]. Voyez la Préface de l'*Essai historique*, OEuvres complètes.

trahit à tout moment, dans ses images et dans ses pensées, les mœurs et la civilisation des temps modernes.

J'avois traduit Smith presque en entier : je ne donne que les trois poëmes de *Dargo*, de *Duthona* et de *Gaul*. C'est pour l'art une bonne étude que celle de ces auteurs ou de ces langues qui commencent la phrase par tous les bouts, par tous les mots, depuis le verbe jusqu'à la conjonction, et qui vous obligent à conserver la clarté du sens au milieu des inversions les plus audacieuses. J'ai fait disparoître les redites et les obscurités du texte anglois : ces chants qui sortent les uns des autres, ces histoires qui se placent comme des parenthèses dans des histoires, ces lacunes supposées d'un manuscrit inventé peuvent avoir leur mérite chez nos voisins ; mais nous voulons en France des choses *qui se conçoivent bien et qui s'énoncent clairement*. Notre langue a horreur de ce qui est confus, notre esprit repousse ce qu'il ne comprend pas tout d'abord. Quant à moi, je l'avoue, le vague et le ténébreux me sont antipathiques : un nominatif qui se perd, des relatifs qui s'embarrassent, des amphibologies qui se forment me désolent. Je suis persuadé qu'on peut toujours dégager une pensée des mots qui la voilent, à moins que cette pensée ne soit un lieu commun guindé dans des nuages : l'auteur qui a la conscience de ce lieu commun n'ose le faire descendre du milieu des vapeurs, de crainte qu'il ne s'évanouisse.

Je répète ici ce que j'ai dit ailleurs : je ne crois plus à l'authenticité des ouvrages d'Ossian, je n'ai plus aussi pour eux le même enthousiasme : j'écoute cependant encore la harpe du barde, comme on écouteroit une voix, monotone il est vrai, mais douce et plaintive. Macpherson a ajouté aux *chants des Muses* une note jusqu'à lui inconnue ; c'est assez pour le faire vivre. *OEdipe et Antigone* sont les types d'Ossian et de Malvina, déjà reproduits dans *le Roi Lear*. Les débris des tours de Morven, frappés des rayons de l'astre de la nuit, ont leur charme ; mais combien est plus touchante dans ses ruines la Grèce, éclairée, pour ainsi dire, de sa gloire passée !

DARGO

POËME

CHANT PREMIER.

Dargo est appuyé contre un arbre solitaire; il écoute le vent qui murmure tristement dans le feuillage : l'ombre de Crimoïna se lève sur les flots azurés du lac. Les chevreuils l'aperçoivent sans en être effrayés, et passent avec lenteur sur la colline; aucun chasseur ne trouble leur paix, car Dargo est triste, et les ardents compagnons de ses chasses aboient inutilement à ses côtés. Et moi aussi, ô Dargo ! je sens tes infortunes. Les larmes tremblent dans mes yeux comme la rosée sur l'herbe des prairies, quand je me souviens de tes malheurs.

Comhal étoit assis au lieu où les daims paissent maintenant sur sa tombe : un chêne sans feuillage et trois pierres grisâtres rongées par la mousse des ans marquent les cendres du héros. Les guerriers de Comhal étoient rangés autour de lui : penchés sur leurs boucliers, ils écoutoient la chanson du barde. Tout à coup ils tournent les yeux vers la mer : un nuage paroît parmi les vagues lointaines; nous reconnoissons le vaisseau d'Inisfail; au haut de ses mâts est suspendu le signal de détresse.

« Déployez mes voiles ! s'écrie Comhal ; volons pour secourir nos amis ! »

La nuit nous surprit sur l'abîme. Les vagues enfloient leur sein écumant et les vents mugissoient dans nos voiles : la nuit de la tempête est sombre, mais une île déserte est voisine, et ses bras se courbent comme mon arc lorsque j'envoie la mort à l'ennemi. Nous abordons à cette île ; là nous attendons le retour de la lumière, là des matelots rêvent aux dangers qui ne sont plus.

Nous sommes dans la baie de Botha. L'oiseau des morts crie ; une voix triste sort du fond d'une caverne. « C'est l'ombre de Dargo qui gémit, dit Comhal, de Dargo que nous avons perdu en revenant des guerres de Lochlin. »

« Les vagues confondoient leurs sommets blanchis parmi les nuages, et leurs flancs bleuâtres s'élevoient entre nous et la terre. Dargo monte au haut du mât pour découvrir Morven, mais il ne voit point Morven. Les cuirs humides glissent dans ses mains, il tombe et s'ensevelit dans les flots; un tourbillon chasse au loin nos navires, notre chef échappe à nos yeux. Nous chantâmes un chant à sa gloire, nous invitâmes les ombres de ses pères à le recevoir dans leur palais de nuages, ils n'écoutèrent point nos vœux. L'ombre de Dargo habite encore les rochers : elle n'est point errante sur les blondes collines, dans les détours verdoyants des vallées. Chante, ô Ullin! les louanges du héros, il reconnoîtra ta voix et se réjouira au bruit de sa renommée. »

Ainsi parle Comhal, et le barde saisit sa harpe : « Paix à ton ombre, toi qui as soutenu quelquefois seul les efforts de toute une armée! paix à ton ombre, ô Dargo! Que ton sommeil soit profond, enfant de la caverne, sur un rivage étranger! »

A peine Ullin a-t-il cessé ses chants, qu'une voix se fait entendre : « M'ordonnes-tu de demeurer sur ces roches désertes, ô barde de Comhal? les guerriers de Morven abandonnent-ils leurs amis dans l'infortune? » Ainsi disoit Dargo lui-même en descendant la colline.

Galchos, ancien ami de Dargo, reconnoît sa voix; il y répond par les cris joyeux dont jadis il appeloit son ami à la poursuite des hôtes des forêts : il est déjà dans les bras de Dargo; les étoiles virent entre les nuages brisés le bonheur des deux guerriers. Dargo se présente à Comhal. « Tu vis! s'écria Comhal; comment échappas-tu à l'Océan lorsqu'il roula ses flots sur ta tête? »

« La vague, répondit Dargo, me jeta sur ces bords. Depuis ce temps, la lune a vu sept fois s'éteindre et sept fois se rallumer sa lumière; mais sept années ne sont pas plus longues sur la cime rembrunie de Morven. Toujours assis sur le rocher, en murmurant les chants de nos bardes, je prêtois l'oreille ou au bruit des vagues, ou au cri de l'oiseau qui planoit sur leurs déserts en jetant des voix plaintives. Ce temps marcha peu, car lents sont les pas du soleil, et paresseuse la lumière de la lune sur cette rive solitaire. »

Dargo s'interrompit tout à coup. « Pourquoi, reprit-il en regardant Comhal, pourquoi ces larmes silencieuses? pourquoi ces regards attendris? Ah! ils ne sont pas pour le récit de mes peines, ils sont pour la mort d'Évella! Oui, je le sais, Évella n'est plus; j'ai vu son ombre glisser dans la vapeur abaissée, lorsque l'astre des nuits brilloit à travers le voile d'une légère ondée sur la surface unie de la mer. J'ai vu mon amour, mais son visage étoit pâle; des gouttes humides tomboient de ses beaux cheveux, comme si elle eût sorti du sein de l'Océan; le cours de ses larmes étoit tracé sur ses joues. J'ai reconnu Évella, j'ai pressenti son malheur. En vain j'ai appelé mon amante : les ombres des vierges de Morven me l'ont ravie ; elles chantoient autour d'elle, leurs voix ressembloient aux derniers soupirs du vent dans un soir d'automne, lorsque la nuit descend par degrés dans la vallée de Cona, et que de foibles murmures se font entendre parmi les roseaux qui bordent les ondes. Évella suivit les gracieux fantômes, mais elle me jeta un regard douloureux sur mon rocher. La suave musique cessa, la belle vision s'évanouit. Depuis ce temps, je n'ai cessé de pleurer au lever du soleil, de pleurer au coucher du soleil. Quand te reverrai-je, Évella ? Dis-moi, Comhal, quelle fut la destinée de la fille de Morven ? »

« Évella apprit ton malheur, répondit Comhal. Durant trois soleils elle reposa sa tête inclinée sur son bras d'albâtre ; au quatrième soleil elle descendit sur le rivage de la mer, et chercha le corps de Dargo. Les filles de Morven la virent du sommet de la colline ; elles essuyèrent leurs larmes avec les boucles de leur chevelure. Elles s'avancèrent en silence pour consoler Évella ; mais elles la trouvèrent affaissée comme un monceau de neige, et belle encore comme un cygne du rivage. Les filles de Morven pleurèrent, et les bardes firent entendre des chants. Puisses-tu, ô Dargo ! vivre comme Évella dans la renommée ! puisse ainsi durer notre mémoire, quand nous nous enfoncerons dans la tombe ! »

Ainsi dit Comhal. Mais nous apercevons une grande lumière dans Inisfail ; nous découvrons le signal qui annonce le danger du roi. Aussitôt nous nous précipitons dans nos vaisseaux ; Dargo est avec nous, nous quittons l'île déserte ; nous nous hâtons pour disperser les ennemis d'Inisfail.

Les vents de Morven viennent à notre aide, ils remplissent le sein de nos voiles ; les mariniers se courbent et se redressent sur la rame qui brise, en écumant, la tête sombre et mobile des flots. Chaque héros a les yeux fixés sur le rivage : toutes les âmes sont déjà dans le champ du carnage ; mais l'on est encore à quelque distance d'Inisfail. Dargo seul ne ressent point la joie du péril ; ses yeux sont baissés, son front est appuyé sur son bras, qui repose sur le bord d'un bouclier. Comhal observe la tristesse de ce chef, il fait un signe à Ullin, afin que le chant du barde réveille le cœur de Dargo. Ullin chante au bruit des vaisseaux qui sillonnent les vagues.

« Colda vivoit aux jours de Trenmor. Il poursuivoit les daims autour de la baie d'Étha : les rochers couverts de forêts répondoient à ses cris, et les fils légers de la montagne tombèrent. Mélina l'aperçut d'un autre rivage : elle veut traverser la baie sur un esquif bondissant. Un tourbillon descend du ciel et renverse la nef ; Mélina s'attache à la carène :

« Je meurs ! s'écrie-t-elle : Colda, mon guerrier, viens à mon secours ! »

« La nuit déploya ses ombres : plus foiblement alors la voix murmura des plaintes ; plus foiblement encore elle fut répétée par les échos du rivage ; elle s'évanouit enfin dans les ténèbres. Colda trouva Mélina à demi ensevelie dans le sable ; il éleva pour elle la pierre du tombeau sous un chêne auprès d'un torrent. Le chasseur aime ce lieu solitaire ; il s'y repose à l'ombre quand le soleil brûle la plaine. Colda fut longtemps triste ; il s'égaroit seul à travers les bois des coteaux d'Étha ; chaque nuit les oiseaux des mers écoutoient ses soupirs. Mais l'ennemi vint, et le bouclier de Trenmor retentit ; Colda saisit sa lance, et fut vainqueur. La joie reparut peu à peu sur son visage comme le soleil sur la bruyère quand la tempête est passée. »

« Le souvenir de ce chef, dit Dargo, revit dans ma mémoire, mais comme les foibles traces d'un songe depuis longtemps évanoui. Colda conduisit souvent les pas de mon enfance au chêne d'Étha ; les larmes tomboient de ses yeux en s'avançant sur les grèves abandonnées. Je lui demandois pourquoi il pleuroit ; il me répondoit : C'est ici que dort Mélina. O Colda ! je me suis reposé sur sa tombe et sur la tienne ! Puisse ma renommée me survivre, de même que ta gloire est restée après toi, lorsque je serai errant dans les nuages avec la belle Évella ! »

« Oui, ton nom demeurera parmi les hommes, dit Comhal ; mais nous touchons au rivage. Vois-tu ces boucliers roulant comme la lune à travers le brouillard ? Leurs bosses reluisent aux rayons du matin. Les guerriers d'Inisfail sont là ; le roi regarde par la fenêtre de son palais ; il aperçoit un nuage grisâtre. Des larmes tombent sur la pierre de la fenêtre. Nos voiles sont le nuage grisâtre ; le roi les a reconnues ; la joie éclate dans ses yeux ; il s'écrie : Voici Comhal ! »

Les chefs de Lochlin ont aussi reconnu les guerriers de Morven, qui viennent au secours d'Inisfail. Leur armée se courbe, et s'avance à la rencontre de ces guerriers. Armor la conduit : il s'élève au-dessus des héros comme le chef rougeâtre au-dessus des troupeaux de biches dans les bois de Morven. Comhal s'écrie : « Ceignez vos épées ; rappelez les jours de votre gloire et les anciennes batailles de Morven. Dargo, présente ton large bouclier ; Carril, que ton glaive rapide jette encore des ondes de lumière ; lève cette lance, ô Comhal ! qui si souvent joncha la terre de morts ; et toi, Ullin, que ta voix nous anime aux combats sanglants. »

Nous fondons sur l'ennemi ; il étoit immobile comme le chêne de Malaor, que ne peut ébranler la tempête. Inisfail nous vit, et se précipita dans la vallée pour se joindre à nous. Lochlin plie sous les coups de l'orage : ses branches arrachées couvrent les champs. Armor combattit le chef d'Inisfail ; mais la lance du roi cloua le bouclier d'Armor à sa poitrine. Lochlin, Morven et Inisfail pleurèrent la mort du jeune chef si tôt abattu. Son barde entonna le chant de la tombe :

« Ta taille, ô Armor ! étoit celle du pin. L'aile de l'aigle marin n'égaloit pas la rapidité de ta course ; ton bras descendoit sur les guerriers comme le tourbillon de Loda, et mortelle étoit ton épée comme les brouillards du Légo.

« Pourquoi, ô mon héros ! es-tu tombé dans ta jeunesse ? Comment apprendre à ton père qu'il n'a plus de fils ? comment dire à Crimoïna qu'elle n'a plus d'amant ? Je vois ton père courbé sous le poids des années : sa main est incertaine sur le bâton qui l'appuie ; sa tête, qu'ombragent encore quelques cheveux gris, vacille comme la feuille du tremble. Chaque nuage éloigné trompe ses débiles regards lorsqu'ils cherchent ton navire sur les flots.

« Comme un rayon de soleil sur la fougère desséchée, l'espérance brille sur le front du vieillard. Quand le vénérable guerrier, s'adressant aux enfants qui jouent autour de lui, leur dit : « Ne vois-je pas « le vaisseau de mon fils ? » les enfants regardent aussitôt la mer bleuâtre, et ils répondent au vieillard : « Nous n'apercevons qu'une « vapeur passagère. »

« Crimoïna, tu souris dans le songe du matin, tu crois recevoir ton amant dans toute sa beauté ; tes lèvres l'appellent par des mots à demi formés ; tes bras s'entr'ouvrent et s'avancent pour le presser contre ton sein : ah ! Crimoïna, ce n'est qu'un songe !

« Armor est tombé, il ne reverra plus sa terre natale ; il dort dans la poussière d'Inisfail.

« Crimoïna, tu sortiras de ton sommeil : mais quand Armor se réveillera-t-il ?

« Quand le son du cor fera-t-il tressaillir le jeune chasseur ? quand le choc des boucliers l'appellera-t-il au combat ? Enfants des forêts, Armor est couché ; n'attendez pas qu'il se lève. Fils de la lance, la bataille rugira sans Armor.

« Ta taille étoit comme celle du chêne, ô chef de Lochlin ! l'aile de l'aigle marin étoit moins rapide que ta course ; ton bras descendoit sur les guerriers comme le tourbillon de Loda, et mortelle étoit ton épée comme les brouillards du Légo. »

Ainsi chantoit le barde. La tombe d'Armor s'élève ; les guerriers de Lochlin fuient ; leurs vaisseaux, repassant les mers, pèsent sur l'abîme : par intervalles, on entendoit la chanson des bardes étrangers ; leurs accents étoient tristes.

CHANT II.

L'histoire des temps qui ne sont plus est pour le barde un trait de lumière ; c'est le rayon de soleil qui court légèrement sur les bruyères, mais rayon bientôt effacé, car les pas de l'ombre le poursuivent ; ils le joignent sur la montagne : le consolant rayon a disparu. Ainsi le souvenir de Dargo brille rapidement dans mon âme, de nouveau bientôt obscurcie.

Après la bataille où tomba le vaillant Armor, Morven passa la nuit dans les tours grisâtres d'Inisfail ; par intervalles une plainte lointaine frappoit nos oreilles. « Bardes, dit Comhal, Ullin, et vous, Salma, cherchez l'enfant des hommes qui gémit. » Nous sortons, nous trouvons Crimoïna assise sur le tombeau d'Armor ; elle avoit suivi en secret son amant aux champs d'Inisfail. Après la bataille, elle se fit un lit de douleur de la dernière couche de son héros : nous l'enlevâmes de ce lieu funeste. Nos larmes descendoient en silence : l'infortune de cette femme étoit grande, et nous n'avions que des soupirs. Nous transportâmes Crimoïna dans la salle des fêtes. La tristesse, comme une obscure vapeur, se répandit sur tous les visages. Ullin saisit sa harpe ; il en tira des sons mélodieux : ses doigts erroient sur l'instrument ; une douce et religieuse mélancolie sembloit s'échapper des cordes tremblantes. La musique attendrit les âmes : elle endort le chagrin dans les cœurs agités. Ils chantoient :

« Quelle ombre se penche ainsi sur sa nue vaporeuse ! La profonde blessure est encore dans sa poitrine ; le chevreuil aérien est à ses côtés. Qui peut-elle être, cette ombre, si ce n'est celle du beau Morglan ?

« Morglan vint avec l'ennemi de Morven. Son amante l'accompagnoit, la fille de Sora, Minona à la main blanche, à la longue chevelure. Morglan poursuivit les daims sur la colline ; Minona demeure sous le chêne. L'épais brouillard descend ; la nuit arrive avec tous ses nuages ; le torrent rugit, les ombres crient le long de ses rives profondes. Minona regarde autour d'elle : elle croit entrevoir un chevreuil à travers le brouillard, et pose sur l'arc sa main de neige. La corde est tendue, la flèche vole. Ah ! que n'a-t-elle erré loin du but. La flèche s'est enfoncée dans le jeune sein de Morglan.

« Nous élevâmes la tombe du héros sur la colline ; nous plaçâmes la flèche et le bois d'un chevreuil dans l'étroite demeure. Là fut aussi couché le dogue de Morglan, pour poursuivre devant l'ombre du chasseur les cerfs dans les nuages. Minona vouloit dormir auprès de son amant ; nous la transportâmes au palais de ses pères ; longtemps elle y parut triste. Les rapides années emportent la douleur : à présent Minona se réjouit avec les filles de Sora, bien qu'elle soupire quelquefois encore. »

Ainsi chantoit le barde. L'aube peignit de sa lumière d'albâtre les rochers d'Inisfail : « Ullin, dit Comhal, conduis sur ton vaisseau Crimoïna à sa patrie ; qu'au milieu de ses compagnes elle puisse encore se lever comme la lune, lorsqu'elle montre sa tête au-dessus des nuages et qu'elle sourit aux vallées silencieuses. »

« Béni soit, dit Crimoïna, le chef de Morven, l'ami du foible dans les jours du danger. Mais que feroit Crimoïna aux champs de ses pères, où chaque rocher, chaque ruisseau réveilleroit ses chagrins assoupis ? Les jeunes filles me diroient : « Où est ton Armor ? » Vous pourrez le dire, ô jeunes filles ! mais je ne vous entendrai pas. J'irai vivre dans une terre éloignée ; j'achèverai mes jours avec les vierges de Morven : leur cœur, comme celui de leur roi, s'ouvre aux pleurs des infortunés. »

Nous emmenâmes Crimoïna avec nous dans notre patrie. Nous joignîmes sa main à celle de Dargo, mais la fille étrangère ne sourioit plus : elle confioit souvent des soupirs au cours d'une onde ignorée. Crimoïna, tes heures furent rapides : les cordes de ta harpe sont humides quand le barde soupire ton histoire.

Un jour, comme nous poursuivions les daims sur les bruyères de Morven, les vaisseaux de Lochlin apparurent avec leurs voiles blanches et leurs mâts élevés. Nous crûmes qu'ils venoient réclamer Crimoïna. « Je ne combattrai pas pour elle, dit Connas, un de nos chefs, avant que je ne sache si cette étrangère aime notre race. Perçons le sanglier ; teignons avec son sang la robe de Dargo ; nous porterons Dargo au palais : Crimoïna déplorera-t-elle sa perte ? »

O malheur ! nous écoutons l'avis de Connas ! Nous terrassons le sanglier écumant ; Connas le frappe de son épée. Nous enveloppons Dargo dans une robe ensanglantée, nous le portons sur nos épaules à Crimoïna. Connas marchoit devant nous avec la dépouille du sanglier : « J'ai tué le monstre, disoit-il, mais auparavant sa dent mortelle a percé ton amant, ô Crimoïna ! »

Crimoïna écouta ces paroles de mort : silencieuse et pâle, elle reste immobile comme les colonnes de glace que l'hiver fixe au sommet du Mora. Elle demande sa harpe ; elle la fait résonner à la louange du héros qu'elle croyoit expiré. Dargo vouloit se lever ; nous l'en empêchâmes jusqu'à la fin de la chanson, car la voix de Crimoïna étoit douce comme la voix du cygne blessé, lorsque ses compagnons nagent tristement autour de lui.

« Penchez-vous, disoit Crimoïna, sur le bord de vos nuages, ô vous, ancêtres de Dargo ! et transportez votre fils au palais de votre repos.

Et vous, filles des champs aériens de Trenmor, préparez la robe de vapeur transparente et colorée. Dargo, pourquoi m'avois-tu fait oublier Armor? Pourquoi t'aimois-je tant? Pourquoi étois-je tant aimée? Nous étions deux fleurs qui croissoient ensemble dans les fentes du rocher; nos têtes humides de rosée sourioient aux rayons du soleil. Ces fleurs avoient pris racine dans le roc aride. Les vierges de Morven disoient : « Elles sont solitaires, mais elles sont charmantes. » Le daim dans sa course s'élançoit par-dessus ces fleurs, et le chevreuil épargnoit leurs tiges délicates.

« Le soleil de Morven est couché pour moi. Il brilla pour moi, ce soleil, dans la nuit de mes premiers malheurs, au défaut du soleil de ma patrie : mais il vient de disparoître à son tour ; il me laisse dans une ombre éternelle.

« Dargo, pourquoi t'es-tu retiré si vite? Pourquoi ce cœur brûlant s'est-il glacé? Ta voix mélodieuse est-elle muette? Ta main, qui naguère manioit la lance à la tête des guerriers, ne peut plus rien tenir ; tes pieds légers, qui ce matin encore devançoient ceux de tes compagnons, sont à présent immobiles comme la terre qu'ils effleuroient.

« Partout sur les mers, au sommet des collines, dans les profondes vallées, j'ai suivi ta course. En vain mon père espéra mon retour ; en vain ma mère pleura mon absence : leurs yeux mesurèrent souvent l'étendue des flots ; souvent les rochers répétèrent leurs cris. Parents, amis, je fus sourde à votre voix ! toutes mes pensées étoient pour Dargo ; je l'aimois de toute la force de mes souvenirs pour Armor. Dargo, l'autre nuit j'ai goûté le sommeil à tes côtés sur la bruyère. N'est-il pas de place cette nuit dans ta nouvelle couche? Ta Crimoïna veut reposer auprès de toi, dormir pour toujours à tes côtés. »

Le chant de Crimoïna alloit en s'affoiblissant à mesure qu'il approchoit de sa fin ; par degrés s'éteignoit la voix de l'étrangère : l'instrument échappa aux bras d'albâtre de la fille de Lochlin. Dargo se lève : il étoit trop tard ! l'âme de Crimoïna avoit fui sur les sons de la harpe. Dargo creusa la tombe de son épouse auprès de celle d'Évella, et prépara pour lui-même la pierre du sommeil.

Dix étés ont brûlé la plaine, dix hivers ont dépouillé les bois ; durant ces longues années, l'enfant du malheur, Dargo, a vécu dans la caverne ; il n'aime que les accents de la tristesse. Souvent je chante au chef infortuné des airs mélancoliques dans le calme du midi, lorsque Crimoïna se penche sur le bord de sa nue pour écouter les soupirs du barde.

FIN DE DARGO.

DUTHONA

POËME

« Pourquoi, ô mers ! élevez-vous votre voix parmi les rochers de Morven ? Vent du midi, pourquoi épuises-tu ta rage sur mes collines ? Est-ce pour retenir ma voile loin des rivages de l'ennemi, pour arrêter le cours de ma gloire ? Mais, ô mers ! vos flots mugissent en vain ; vent du midi, tu peux souffler, mais tu n'empêcheras point les vaisseaux de Fingal de voler à la contrée lointaine de Dorla : ta fureur se calmera, et la surface azurée de l'Océan deviendra tranquille et brillante. Oui, le bruit de la tempête cessera, mais la mémoire de Fingal ne périra point. »

Ainsi parla le roi, et ses guerriers se rangèrent autour de lui. Le vent siffle dans les cheveux touffus de Dumolach ; Leth se penche sur son bouclier d'airain, tout ridé de mille cicatrices ; Molo agite dans les airs sa lance étincelante ; la joie de la bataille est dans les yeux de Gormalon.

Nous cinglons à travers l'écume houleuse de l'Océan : les baleines effrayées plongent au fond de l'abîme, les îles fuient ; elles s'abaissent tour à tour derrière nous sous l'onde, et Duthona sort peu à peu devant nous du sein des flots. Les vagues roulantes et élevées nous en dérobent de temps en temps la vue. « C'est la terre de Connar, dit Fingal, le pays de l'ami de mon peuple. »

La nuit descend ; le ciel est ténébreux ; le pilote cherche en vain de ses regards l'étoile qui nous guide ; il l'entrevoit quelquefois à travers le voile déchiré d'un nuage : mais l'ouverture se referme, et le flambeau de notre route se cache. « Les pas de la nuit sur l'abîme, dit Fingal, sont menaçants ; que notre vaisseau se repose au rivage jusqu'au retour de la lumière. »

DUTHONA.

Nous entrons dans la baie de Duthona. Quelle ombre terrible se **tient sur** le rocher, en s'appuyant sur un pin? Son bouclier est un **nuage;** derrière ce bouclier passe la lune errante. L'ombre a pour lance une colonne de brouillard d'un bleu sombre, surmontée d'une étoile sanglante; un météore lui sert d'épée; les vents, dans leurs jeux, élèvent la chevelure du fantôme comme une fumée; deux flammes qui sortent de deux cavernes creusées dans les nuages sont les yeux menaçants de cet enfant de la nuit. Souvent Fingal a vu se manifester ainsi le signe de la bataille; mais qui pourroit y croire dans la patrie de Connar, ami du peuple de Fingal?

Le roi monte sur le rocher; le glaive de Luno jette dans sa main des ondes de lumières; Carrill marche derrière le roi. Le fantôme aperçoit Fingal, et sur l'aile d'un tourbillon s'envole; le héros le poursuit du geste et de la voix. Cette voix est entendue sur les collines de Duthona, qui s'agitent avec tous leurs rochers et tous leurs arbres; le peuple tressaille, se réveille en rêvant le péril, et les feux d'alarme sont allumés de toutes parts.

« Levez-vous, dit le roi revenant parmi ses guerriers, levez-vous: que chacun endosse son armure et place devant lui son bouclier. Il nous faut combattre. Nos amis nous vont attaquer au milieu de la nuit: Fingal ne leur dira pas son nom, car nos ennemis s'écrieroient ensuite: « Les guerriers de Morven furent effrayés! ils dirent leur « nom pour éviter le combat! » Que chacun endosse son armure et place devant lui son bouclier; mais que nos lances errent loin du but, que nos flèches soient emportées par les vents. A la lumière du matin, nos amis nous reconnoîtront, et la joie sera grande dans Duthona. »

Nous rencontrâmes la colonne mouvante et sombre des guerriers de Duthona. Comme la grêle échappée des flancs de l'orage, leurs flèches tombent sur nos boucliers; ils nous environnent comme un rocher entouré par les flots. Fingal vit que son peuple alloit périr ou qu'il seroit forcé de combattre: il descendit de la colline ainsi qu'une ombre qui se plaît à rouler avec les tempêtes. La lune, dans ce moment, leva sa tête au-dessus de la montagne et réfléchit sa lumière sur l'épée de Luno; l'épée étincelle dans la main du roi, comme un pilier de glace pendant l'hiver, à la chute devenue muette du Lara. Duthona vit la flamme, et n'en put supporter la splendeur; ses guerriers se retirèrent comme les ténèbres devant le jour; ils s'enfoncèrent dans un bois.

Avançant à leur suite, nous nous arrêtâmes au bord d'un profond ruisseau qui couloit devant nous à travers la bruyère. Son lit se creusoit entre deux rivages semés de fougères et ombragés de quelques bouleaux vieillis. Là, nous nous entretînmes du récit des combats et des actions des premiers héros. Carrill redit les faits du temps passé, Ossian célébra la gloire de Connar : sa harpe ne put oublier la tendre beauté de Minla.

Les chants cessèrent, une brise murmura le long du ruisseau ; elle nous apporta les soupirs de l'infortune : ils étoient doux comme la voix des ombres au milieu d'un bois solitaire, quand elles passent sur la tombe des morts.

« Allez, Ossian, dit le roi ; quelque guerrier languit sur son bouclier ; qu'il soit apporté à Fingal : s'il est blessé, qu'on applique les herbes de la montagne sur sa plaie. Aucun nuage ne doit obscurcir notre joie dans la terre de Duthona. »

Je marchai guidé par la chanson du malheur.

« Triste et abandonnée est ma demeure, disoit la chanson ; aucune voix ne s'y fait entendre, si ce n'est celle de la chouette. Nul barde ne charme la longueur de mes nuits ; les ténèbres et la lumière sont égales pour moi. Le soleil ne luit point dans ma caverne ; je ne vois point flotter la chevelure dorée du matin, ni couler les flots de pourpre que verse l'astre du jour à son couchant. Mes yeux ne suivent point la lune à travers les pâles nuages ; je ne vois point ses rayons trembler à travers les arbres dans les ondes du ruisseau ; ils ne visitent point la caverne de Connar.

« Ah ! que ne suis-je tombé dans la tempête de Dorla ! ma renommée ne se seroit pas évanouie comme le silencieux rayon de l'automne qui court sur les champs jaunis, entre les ombres et les brouillards. Les enfants sous le chêne ont senti un moment la chaleur du rayon, et l'ont bénie ; mais il passe : les enfants poursuivent leurs jeux, et le rayon est oublié.

« Oubliez-moi aussi, enfants de mon peuple, si vous n'êtes pas tombés comme moi, si Dorla, qui a envahi Duthona, n'a point soufflé sur vous dans votre jeunesse, comme l'haleine d'une gelée tardive sur les bourgeons du printemps. Que n'ai-je autrefois trouvé la mort à vos yeux, quand je marchai avec Fingal au-devant des forces de Swaran ! Le roi eût élevé ma tombe ; Ossian eût chanté ma gloire ; les bardes des futures années, en s'asseyant autour du foyer, eussent dit à l'ouverture de la fête : « Écoutez la chanson de Connar. »

« A présent, enchaîné dans cette caverne, je mourrai tout entier : ma tombe ne sera point connue ; le voyageur écartera sous ses pas, avec la pointe de sa lance, une herbe longue et flétrie ; il découvrira une pierre poudreuse : « Qui dort dans cette étroite demeure ? » demandera-t-il à l'enfant de la vallée, et l'enfant de la vallée lui répondra : « Son nom n'est point dans la chanson. »

« Ton nom sera dans la chanson, m'écriai-je; tu ne seras point oublié par Ossian. Sors de la caverne où t'a caché la destinée, et viens lever encore la lance dans la bataille. Viens, Fingal sera auprès de toi; il te vengera. Viens, les oppresseurs de Duthona sécheront à ton aspect comme la fougère atteinte par la bise : ton nom refleurira comme le chêne qui ombrage les salles de tes fêtes, quand, après les rigueurs de l'hiver, il se rajeunit au printemps. »

Connar prit la voix d'Ossian pour celle d'une ombre : « Ta voix m'est agréable, enfant de la nuit, dit-il, car les fantômes n'effrayent point mon âme; ta voix est douce à Connar abandonné. Converse avec moi dans la caverne; notre entretien sera de la tombe et de la demeure aérienne des héros. Nous ne parlerons point de Duthona; nous serons silencieux sur ma gloire, elle s'est évanouie. Mes amis aussi sont loin : ils dorment sur leurs boucliers; mon souvenir ne trouble point leur repos. Ah! qu'ils continuent de sommeiller en paix!

« Ombre amie, ma demeure sera bientôt avec la tienne. Nous visiterons ensemble les enfants du malheur dans leur caverne; nous leur ferons oublier leurs chagrins dans les illusions des songes; nous les conduirons en pensée dans les champs de leur renommée : ils croiront briller dans les combats; leur tunique d'esclave s'allongera en robe ondoyante; leurs prisons souterraines deviendront les nobles salles de Fingal; le murmure du vent sera pour eux et pour nous la mélodie des harpes, le frissonnement des gazons deviendra le soupir des vierges. Ombre amie, en attendant que je m'unisse à toi dans les nuages, descends souvent à la caverne de Connar! Fantôme de la nuit, ta voix est charmante à mon cœur! »

Je me plonge dans la caverne de Connar; je coupe les liens dont les guerriers de Dorla avoient entouré les mains du chef : je conduis le roi délivré à Fingal; leurs visages brillèrent de joie au milieu de leurs cheveux gris, car Fingal et Connar se souviennent de leurs jeunes années, de ces premiers jours de la vie où ils tendoient ensemble leurs arcs au bord du torrent. « Connar, dit Fingal, qui a pu confiner l'ami de Morven dans la caverne? Puissant devoit être son bras, inévitable son épée! »

« Dorla, répondit Connar, apprit que la force de mon bras s'étoit évanouie dans la vieillesse. Il attaqua mes salles pendant la nuit, lorsque j'étois seul avec ma fille Niala, et que mes guerriers étoient absents. Je combattis : le nombre prévalut. Dorla est resté dans Duthona, et mes peuples sont dispersés dans leurs vallons ignorés. »

Fingal entendit les paroles de Connar; il fronce le sourcil; les rides de son front sont comme les nuages qui couvent la tempête. Il agite dans sa main sa lance mortelle et regarde l'épée de Luno.

« Il n'est pas temps de reposer, s'écrie-t-il, quand celui qui dépouilla mon ami est si près. Les guerriers de Dorla sont nombreux ; ils nous ont attaqués cette nuit, et nous avons cru, en les respectant, que c'étoient les bataillons de Connar. Ossian et Gormalon, avancez le long du rivage. Dumolach et Leth, volez aux salles de Connar, et si vous y trouvez Niala, étendez devant elle vos boucliers protecteurs. Molo, observe l'ennemi, afin qu'il ne puisse livrer ses voiles au vent sans combattre. Et toi, Carrill, où es-tu ? Barde aux douces chansons, reste auprès du chef de Duthona avec ta harpe : sa mélodie est un rayon de lumière qui se glisse au milieu de l'orage. »

Carrill vint avec sa harpe : les sons de cette harpe étoient légers comme le mouvement des ombres glissant dans un air pur sur les rivages de Lara. Coulez en silence, ruisseaux de la nuit, que nous entendions la chanson du barde.

« Au bord des torrents de Lara se penche un chêne qui laisse tomber de ses feuilles, sur le courant d'eau, les pleurs de la rosée. Là, on voit errer deux ombres lorsque le soleil illumine la plaine et que le silence est dans Morven : l'une est ton ombre, vénérable Uval ; l'autre est celle de ta fille, la belle chasseresse. Les jeunes guerriers de Lara poursuivoient les chevreuils ; ils célébroient la fête dans la cabane lointaine du désert. Colgar les découvrit, et parut subitement à Lara comme le torrent qui fond du haut d'une montagne, quand l'ondée est encore sur les hauts sommets, et n'a point descendu dans la vallée. — Fille d'Uval, dit Colgar, il te faut me suivre ; j'enchaînerai ici ton père, car il frapperoit sur le bouclier, et les jeunes guerriers pourroient entendre le son dans la solitude. »

« Colgar, je ne t'aime pas, dit la fille d'Uval ; laisse-moi avec mon père : ses yeux sont tristes, ses cheveux blanchis. »

« Colgar est sourd à la prière ; la fille d'Uval est obligée de le suivre, mais ses pas sont tardifs. Un chevreuil bondit auprès de Colgar ; ses flancs bruns se montrent à travers les vertes bruyères. — Colgar, dit la fille d'Uval, prête-moi ton arc : j'ai appris à percer le chevreuil. Colgar crut la beauté déjà consolée, et, plein d'amour, il donne son arc. La fille d'Uval tend la corde, la flèche part, Colgar tombe. La fille d'Uval retourna à Lara : l'âme de son père fut réjouie. Le soir de la vie d'Uval se prolongea ; il fut comme le coucher du soleil sur la montagne des sources limpides ; les derniers jours d'Uval tombèrent comme les feuilles d'automne dans la vallée silencieuse. Les années de la fille d'Uval furent nombreuses ; quand elle s'éteignit, elle dormit en paix avec son père. »

Ainsi chantoit Carrill, et moi Ossian je m'avançois avec Gormalon sur le rivage, selon les ordres de Fingal. Au pied d'un rocher nous trouvons un jeune homme : son bras, sortant d'une brillante armure, reposoit sur une harpe brisée ; le bois d'une lance étoit à ses côtés. A travers les herbes chevelues du rocher, la lune éclairoit la tête du jeune homme : cette tête étoit penchée, elle s'agitoit lentement dans la douleur, comme la cime d'un pin qui se balance aux soupirs du vent.

« Quel est celui, dit Gormalon, qui demeure ici solitaire ? Es-tu un des compagnons de Dorla, ou l'un des guerriers de Connar ? »

« Je suis, répondit le jeune homme tremblant comme l'herbe dans le courant d'un ruisseau, je suis un des bardes qui chantoient dans les salles de Connar. Dorla écouta mes chansons, et épargna ma vie après avoir livré bataille sur les chants de Duthona. »

« Souviens-toi de Dorla, si tu le veux, répliqua Gormalon ; mais que peux-tu dire à sa louange ? Il attaqua Connar lorsque les amis du roi étoient absents ; son bras est faible dans le danger, fort quand personne ne le repousse. Dorla est un nuage qui se montre seulement dans le calme, un brouillard qui ne se lève jamais du marais que quand les vents de la vallée se sont retirés. Mais la tempête de Fingal joindra ce nuage et le déchirera dans les airs. »

« Je me souviens de Fingal, dit le jeune homme : je le vis jadis dans les salles de Duthona ; je me souviens de la voix d'Ossian et des fiers héros de Morven, mais Morven est loin de Duthona. »

Les soupirs étouffèrent la voix du jeune homme : ses sanglots éclatèrent comme la glace qui se fend sur le lac du Lego, ou comme les vents de la montagne dans la grotte d'Arven.

« Foible est ton âme, dit Gormalon, indigné : non, tu n'es pas l'enfant des salles de Connar ; tu n'es pas des bardes de la race du roi. Ceux-ci chantoient les actions de la bataille ; la joie du danger enfloit leurs âmes, de même que s'enflent les voiles blanches de Fingal dans les tourbillons de la mer de Morven. Tu es des amis de Dorla : va donc le rejoindre, enfant du foible, et dis-lui que Morven le poursuit : jamais il ne reverra les collines de sa patrie. »

« Gormalon, dis-je alors, n'outrage pas la jeunesse : l'âme du brave peut quelquefois faillir, mais elle se relève. Le soleil sourit du haut de sa carrière lorsque la tempête est passée ; le pin cesse alors de secouer dans les airs sa pyramide de verdure, la mer calme sa surface azurée, et les vallées se réjouissent aux rayons de l'astre éclatant. »

Je pris le jeune homme par la main, et le conduisis vers Carrill, roi des chansons. La lumière commençoit alors à briller sur l'armée de Dorla ; ses guerriers, pâles et muets, regardoient la lance de Morven et l'épée de Connar; ils demeuroient immobiles : lorsque le chasseur est surpris par la nuit sur la colline de Cromla, la terreur des fantômes l'environne; une sueur froide perce son front, ses pas tremblants se refusent à sa fuite; ses genoux fléchissent au milieu de sa course.

Dorla vit les yeux égarés de son peuple; une grosse larme roule dans les siens. « Pourquoi, dit-il à ses guerriers, demeurez-vous dans ce silence, comme les arbres qui s'élèvent autour de nous? Votre nombre ne surpasse-t-il pas celui des fils de Morven? Ils peuvent avoir leur renommée, mais n'avons-nous pas aussi combattu avec les héros? Si vous songez à la fuite, où est le chemin de nos vaisseaux, si ce n'est à travers l'ennemi? Fondons sur eux dans notre colère; que nos bras soient courageux, et la joie de mes amis sera grande quand nous retournerons chez nos pères. »

Connar, au milieu des héros de Morven, frappa sur le bouclier de Duthona. Ses guerriers, dispersés, entendirent le signal du roi; ils levèrent la tête dans leurs vallons ignorés, comme les ruisseaux de Selma : dans les jours de sécheresse, ces ruisseaux se cachent sous les cailloux de leur lit; mais quand les tièdes ondées descendent, ils sortent tout à coup de leur retraite, rugissent, inondent et surmontent de leurs eaux les collines.

On combat : Dorla est abattu par la lance de Connar. Fingal le vit tomber; il s'avance alors dans sa clémence, et parle aux guerriers de Dorla, qui n'est plus.

« Fingal, leur dit-il, ne se plaît point dans la chute de ses ennemis, quoiqu'ils l'aient forcé de tirer l'épée. Ne venez jamais à Morven, ne vous présentez plus aux rivages de Duthona. Rapide est le jour du peuple qui ose lever la lance contre Fingal; une colonne de fumée chassée par la tempête est la vie de ceux qui combattent contre les héros de Morven. Retirez-vous : emportez le corps de Dorla.

« Pourquoi es-tu si matinale, épouse de Dorla? continua Fingal. Que fais-tu, immobile sur le rocher? Tes cheveux sont trempés de la rosée du matin; tes regards sont errants sur les vagues lointaines : ce que tu vois n'est pas l'écume du vaisseau de Dorla, c'est la mer qui se brise autour du flanc des baleines. Les deux enfants de l'épouse de Dorla sont assis sur les genoux de leur mère; ils voient une larme descendre le long de la joue de la femme; ils lèvent leur petite main pour saisir la perle brillante. « Mère, diront-ils, pourquoi pleures-tu? « Où notre père a-t-il dormi cette nuit? »

« Ainsi, peut-être, ô Ossian! ton Éveralline est maintenant inquiète pour toi. Elle conduit peut-être ton Oscar au sommet de Morven, afin de découvrir la pleine mer. Ossian, souviens-toi d'Oscar et d'Éveralline; ô mon fils! épargne le guerrier qui, comme Dorla, peut laisser derrière lui une épouse dans les larmes. Hélas! Dorla, pourquoi es-tu déjà tombé? »

Ainsi me parloit Fingal, aux jours du passé, dans la terre de Duthona; ainsi, pour m'enseigner la pitié, il mettoit devant mes yeux l'image d'Éveralline mon épouse, d'Oscar mon jeune fils. Éveralline! Oscar! rayons de joie maintenant éteints! comment m'avez-vous précédé dans l'étroite demeure? Comment Ossian peut-il faire retentir la harpe et chanter encore les guerriers, lorsque votre souvenir, comme l'étoile qui tombe du ciel, traverse tout à coup son âme? Oh! que ne suis-je le compagnon de votre course azurée, brillants voyageurs des nuages! Quand nos ombres se rejoindront-elles dans les airs? Quand glisseront-elles avec les brises sur la cime ondoyante des pins? Quand élèverons-nous nos têtes ornées d'une chevelure brillante, comme les astres de la nuit dans le désert? Puisse ce moment bientôt arriver! Ce qu'est le lit de bruyère au chasseur fatigué sera la tombe au barde appesanti par les ans : je dormirai! la pierre de ma dernière couche gardera ma mémoire.

Mais, ô pierre du tombeau! la saison de ta vieillesse arrivera aussi; tu t'enfonceras toi-même dans le lieu où les guerriers reposent pour jamais. L'étranger demandera où étoit ta place; les fils du foible ne la connoîtront point.

Peut-être la chanson aura gardé le souvenir de cette pierre. La chanson se perdra à son tour dans la nuit des temps; le brouillard des années enveloppera sa lumière. Notre mémoire passera comme l'histoire de Duthona, qui déjà s'éclipse dans l'âme d'Ossian.

Le peuple de Dorla fend la mer en silence; les sons d'aucune chanson ne roulent devant lui sur les flots; les bardes penchent la tête sur leur harpe, et leurs cheveux argentés errent avec leurs armes le long des cordes humides. Les marins sont enfoncés dans leurs sombres pensées; le rameur distrait suspend soudain la rame qu'il alloit plonger dans les flots.

Nous montâmes au palais de Connar; mais le chef est triste malgré sa victoire : son sein oppressé soulève son armure comme la vague qui renferme la tempête; son œil éteint ne lance plus son regard brillant à travers la salle des fêtes. Personne n'ose demander au héros pourquoi il est triste, car absente est l'étoile de la nuit, la fille de Connar, la charmante Niala. Fingal voyoit la douleur du chef, et cachoit la sienne sous le panache de son casque. « Carrill, dit-il à voix basse, qu'as-tu fait de tes chants? viens avec ta harpe soulager l'âme du roi. »

Carrill s'avance au milieu des salles de la fête, appuyé d'une main sur son bâton blanc, de l'autre portant sa harpe; derrière lui marche le jeune barde de Duthona qu'Ossian et Gormalon avoient trouvé sur le rivage pendant la nuit. Tout à coup son armure tombe à terre; il lève une main pour cacher son trouble. Quelle est cette main si blanche? Ce visage sourit si gracieusement à travers les boucles de ses beaux cheveux! « Niala! s'écria Connar, est-ce toi? » Elle jette ses bras charmants autour de son père; la joie revient au banquet des guerriers. Connar donna la beauté à Gormalon, et nous déployâmes nos voiles et nos chants pour Morven. Ossian est seul aujourd'hui dans les ruines des tours de Fingal, et l'épouse de mon Oscar, Malvina, la douce Malvina, ne sourira plus à son père.

Vallée de Cona, les sons de la harpe ne se font plus entendre le long de tes ruisseaux, dont la voix s'élève à peine sur les collines silencieuses. La biche dort sans frayeur dans la hutte abandonnée du chasseur; le faon bondit sur la tombe guerrière, dont il creuse la mousse avec ses pieds. Je suis resté seul de ma race : je n'ai plus qu'un jour à passer dans un monde qui ne me connaît plus.

FIN DE DUTHONA.

GAUL

POËME

Le silence de la nuit est auguste. Le chasseur repose sur la bruyère; à ses côtés sommeille son chien fidèle, la tête allongée sur ses pieds légers; dans ses rêves, il poursuit les chevreuils; dans la joie confuse de ses songes, il aboie et s'éveille à moitié.

Dors en paix, fils bondissant de la montagne, Ossian ne troublera point ton repos : il aime à errer seul; l'obscurité de la nuit convient à la tristesse de son âme; l'aurore ne peut apporter la lumière à ses yeux, depuis longtemps fermés. Retire tes rayons, ô soleil! comme le roi de Morven a retiré les siens; éteins ces millions de lampes que tu allumes dans les salles azurées de ton palais, lorsque tu reposes derrière les portes de l'occident. Ces lampes se consumeront d'elles-mêmes : elles te laisseront seul, ô soleil! de même que les amis d'Ossian l'ont abandonné. Roi des cieux, pourquoi cette illumination magnifique sur les collines de Fingal, lorsque les héros ont disparu et qu'il n'est plus d'yeux pour contempler ces flambeaux éblouissants?

Morven, le jour de ta gloire a passé; comme la lueur du chêne embrasé de tes fêtes, l'éclat de tes guerriers s'est évanoui; les palais ont croulé, Témora a perdu ses hauts murs, Tura n'est plus qu'un monceau de ruines, et Selma est muette. La coupe bruyante des festins est brisée. Le chant des bardes a cessé, le son des harpes ne se fait plus entendre. Un tertre couvert de ronces, quelques pierres cachées sous la mousse, c'est tout ce qui rappelle la demeure de Fingal. Le marin du milieu des flots n'aperçoit plus les tours qui sembloient marquer les bornes de l'Océan, et le voyageur qui vient du désert ne les aperçoit plus.

Je cherche les murailles de Selma; mes pas heurtent leurs débris : l'herbe croît entre les pierres, et la brise frémit dans la tête du chardon.

La chouette voltige autour de mes cheveux blancs, je sens le vent de ses ailes ; elle éveille par ses cris la biche sur son lit de fougère, mais la biche est sans frayeur, elle a reconnu le vieil Ossian.

Biche des ruines de Selma, ta mort n'est point dans la pensée du barde ; tu te lèves de la même couche où dormirent Fingal et Oscar ! Non, ta mort n'est point le désir du barde ! J'étends seulement la main dans l'obscurité vers le lieu où étoit suspendu au dôme du palais le bouclier de mon père, vers ces voûtes que remplace aujourd'hui la voûte du ciel. La lance qui sert d'appui à mes pas rencontre à terre ce bouclier ; il retentit : ce bruit de l'airain plaît encore à mon oreille ; il réveille en moi la mémoire des anciens jours, ainsi que le souffle du soir ranime dans la ramée des bergers la flamme expirante. Je sens revivre mon génie, mon sein se soulève comme la vague battue de la tempête, mais le poids des ans le fait retomber.

Retirez-vous, pensées guerrières ! souvenirs des temps évanouis, retirez-vous ! Pourquoi nourrirois-je encore l'amour des combats, quand ma main a oublié l'épée ? La lance de Témora n'est plus qu'un bâton dans la main du vieillard.

Je frappe un autre bouclier dans la poussière. Touchons-le de mes doigts tremblants. Il ressemble au croissant de la lune : c'étoit ton bouclier, ô Gaul ! le bouclier du compagnon de mon Oscar ! Fils de Morni, tu as déjà reçu toute ta gloire, mais je te veux chanter encore ; je veux pour la dernière fois confier le nom de Gaul à la harpe de Selma. Malvina, où es-tu ? Oh ! qu'avec joie tu m'entendrois parler de l'ami de ton Oscar !

« La nuit étoit sombre et orageuse, les ombres crioient sur la bruyère, les torrents se précipitoient du rocher ; les tonnerres à travers les nuages rouloient comme des monts qui s'écroulent, et l'éclair traversoit rapidement les airs. Cette nuit même nos héros s'assemblèrent dans les salles de Selma, dans ces salles maintenant abattues : le chêne flamboyoit au milieu ; à sa lueur on voyoit briller le visage riant des guerriers à demi cachés dans leur noire chevelure. La coquille des fêtes circuloit à la ronde ; les bardes chantoient, et la main des vierges glissoit sur les cordes de la harpe.

« La nuit s'envola sur les ailes de la joie : nous croyions les étoiles à peine au milieu de leur course, et déjà le rayon du matin entr'ouvroit l'orient nébuleux. Fingal frappa sur son bouclier : ah ! qu'il rendoit alors un son différent de celui qu'il a parmi ces débris ! Les guerriers l'entendirent ; ils descendirent du bord de tous leurs ruisseaux. Gaul reconnut aussi la voix de la guerre, mais le Strumon rouloit ses flots entre lui et nous : et qui pouvoit traverser ses ondes terribles ?

« Nos vaisseaux abordent à Ifrona : nous combattons; nous arrachons des mains de l'ennemi les dépouilles de notre patrie. Pourquoi ne restois-tu pas au bord de ton torrent, toi qui levois le bouclier d'azur? Pourquoi, fils de Morni, ton âme respiroit-elle les combats? Sur quelque champ que ce fût, Gaul vouloit moissonner. Il prépare son vaisseau dompteur des vagues, et déploie ses voiles au premier souffle du matin pour suivre à Ifrona les pas du roi.

« Quelle est celle que j'aperçois au bord de la mer, sur le rocher battu des flots? Elle est triste comme le pâle brouillard de l'aube; ses cheveux noirs flottent en désordre, des larmes roulent dans ses yeux fixés sur le vaisseau fugitif de Gaul. De ses bras, aussi blancs que l'écume de l'onde, elle presse sur son sein un jeune enfant, qui lui sourit; elle murmure à l'oreille du nouveau-né un chant de son âge, mais un soupir entrecoupe la voix maternelle, et la femme ne sait plus quelle étoit la chanson.

« Tes pensées, Évircoma, n'étoient point pour des airs folâtres : elles voloient sur les flots avec ton amour. On n'aperçoit plus qu'à peine le vaisseau diminué : des nues abaissées étendent maintenant entre lui et le rivage leurs fumées onduleuses; elles le cachent comme un écueil lointain sous une vapeur passagère. « Que ta course soit heureuse,
« dompteur des vagues écumantes! Quand te reverrai-je, ô mon amant? »

« Évircoma retourne aux salles de Strumon, mais ses pas sont tardifs, son visage est triste : on diroit d'une ombre solitaire qui traverse la brume du lac. Souvent elle se retourne pour regarder le vaste Océan. « Que ta course soit heureuse, dompteur des vagues écu-
« mantes! Quand te reverrai-je, ô mon amant? »

« La nuit surprit le fils de Morni au milieu de la mer; la lune n'étoit point au ciel; pas une étoile ne brilloit dans la profondeur des nuages. La barque du chef glissoit sur les flots en silence, et nous passons sans la voir, en retournant à Morven.

« Gaul aborde au rivage d'Ifrona. Ses pas étoient sans inquiétude : il erre çà et là, il écoute, il n'entend point rugir la bataille; il frappe avec sa lance sur son bouclier, afin que ses amis se réjouissent de son arrivée : il s'étonne du silence. « Fingal dort-il? s'écrie Gaul en élevant la voix;
« le combat n'est-il pas commencé? Héros de Morven, êtes-vous ici? »

Que n'y étions-nous, fils de Morni! cette lance t'auroit défendu, ou Ossian seroit tombé avec toi. Lance aujourd'hui sans force dans ma main, innocent appui de ma vieillesse, jadis ferme soutien de ceux qui versoient des larmes, tu étois la lance de Témora, tu étois le météore briseur du chêne orgueilleux. Ossian n'étoit pas, comme aujourd'hui, un roseau desséché qui tremble dans un étang solitaire; je m'élevois comme le pin, avec tous mes rameaux verdoyants autour de moi. Que n'étois-je auprès du chef de Strumon, quand l'orage d'Ifrona descendit !

Ombres de Morven, dormiez-vous dans vos grottes aériennes, ou vous amusiez-vous à faire voler les feuilles flétries, quand vous nous laissâtes ignorer le danger de Gaul? Mais non, ombres amies de nos pères, vous prîtes soin de nous avertir : deux fois vous repoussâtes nos vaisseaux au rivage d'Ifrona, nous ne comprîmes pas ce présage ; nous crûmes que des esprits jaloux s'opposoient à notre retour. Fingal tira son épée, et sépara les pans de leur robe de vapeur ; à l'instant les ombres passèrent sur nos têtes. « Allez, impuissants fantômes, leur dit le chef; allez chasser le duvet du chardon dans une terre lointaine, vous jouerez avec les fils du foible. »

Les ombres amies méconnues s'envolèrent avec le vent : leurs voix ressembloient aux soupirs de la montagne quand l'oiseau de mer prédit la tempête. Quelques-uns de nos guerriers crurent entendre le nom de Gaul à demi formé dans le murmure des ombres. . . . .
. . . .

(*Le traducteur, ou plutôt l'auteur anglois, suppose qu'il y a ici une lacune dans le texte.*)

« Je suis seul au milieu de mille guerriers : n'est-il point quelque épée pour briller avec la mienne? Le vent souffle vers Morven en brisant le sommet des vagues. Gaul remontera-t-il sur son vaisseau? ses amis ne sont point auprès de lui. Mais que diroit Fingal, mais que diroient les bardes, si un nuage enveloppoit la réputation du fils de Morni? Mon père, ne rougirois-tu pas si je me retirois sans combattre? En présence des héros de notre âge, tu cacherois ton visage avec tes cheveux blancs, et tu abandonnerois tes soupirs au vent solitaire de la vallée ; les ombres des foibles te verroient et diroient : « Voilà le père de celui qui a fui dans Ifrona. »

« Non, ton fils ne fuira point, ô Morni ! son âme est un rayon de feu qui dévore. O mon Évircoma ! ô mon Ogal !... Éloignons ces souvenirs : le calme rayon du jour ne se mêle point à la tempête ; il attend que les cieux soient rassérénés. Gaul ne doit respirer que la bataille. Ossian, que n'es-tu avec moi comme dans le combat de Lathmor ! Je suis le torrent qui précipite ses ondes dans les mille vagues de l'Océan et qui, vainqueur, s'ouvre un passage à travers l'abîme. »

Gaul frappe sur son bouclier, alors non rongé par la rouille des âges. Ifrona tremble, ses nombreux guerriers entourent le héros de Strumon : la lance de Morni est dans la main de Gaul ; elle fait reculer les rangs ennemis.

Tu as vu, Malvina, la mer troublée par les bonds d'une immense baleine qui, blessée et furieuse, se débat à la surface écumante des flots; tu as vu une troupe de mouettes affamées nager autour de la terrible fille de l'Océan, dont elles n'osent encore approcher, bien qu'elle soit expirante : ainsi s'agitent et se serrent les guerriers épouvantés d'Ifrona, hors de la portée du bras du héros.

Mais la force du chef de Strumon commence à s'épuiser; il s'appuie contre un arbre; des ruisseaux de sang errent sur son bouclier; cent flèches ont déchiré sa poitrine; sa main tient sa redoutable épée, et les ennemis frémissent.

Enfants d'Ifrona, quelle roche essayez-vous de soulever? est-ce pour marquer aux siècles à venir votre renommée ou votre honte? La gloire des braves n'est pas à vous : vous êtes barbares, et vos cœurs sont inflexibles comme le fer. A peine sept guerriers peuvent détacher la roche du haut de la colline; elle roule avec fracas, et vient heurter les pieds affoiblis de Gaul : il tombe sur ses genoux, mais au-dessus de son bouclier roulent encore ses yeux terribles. Les ennemis n'ont pas l'audace de se jeter sur lui; ils le laissent languir dans la mort, comme un aigle resté seul sur un rocher quand la foudre a brisé ses ailes. Que ne savions-nous dans Selma ta destinée! que nous auroient fait alors les chansons des vierges et le son de la harpe des bardes! La lance de Fingal n'eût pas reposé si tranquillement contre les murs du palais; nous n'eussions pas été surpris, dans cette nuit funeste, de voir le roi se lever à moitié du banquet, en disant : « J'ai cru que la lance d'une ombre avoit touché mon bouclier; ce n'est qu'une brise passagère. » O Morni! que ne vins-tu réveiller Ossian, que ne vins-tu lui dire : « Hâte-toi de traverser la mer. » Malheureux père! tu avois volé dans Ifrona pour pleurer sur ton fils.

Le matin sourit dans la vallée de Strumon; Évircoma sort du trouble d'un songe; elle entend le bruit de la chasse sur les coteaux de Morven. Surprise de ne point distinguer la voix de Gaul au milieu des cris des guerriers, elle prête, le cœur palpitant, une oreille encore plus attentive; mais les rochers ne renvoient point le son d'une voix connue, les échos de Strumon ne répètent que les plaintes d'Évircoma.

Le soir attrista la vallée de Strumon : aucun vaisseau ne parut sur la mer. L'âme d'Évircoma étoit abattue : « Qui retient mon héros dans l'île d'Ifrona? Quoi! mon amour, n'es-tu point revenu avec les chefs de Morven? Ton Évircoma sera-t-elle longtemps assise seule sur le rivage? les larmes descendront-elles longtemps de ses yeux? Gaul, as-tu oublié l'enfant de notre tendresse? il demande le sourire accoutumé de son père : ses pleurs coulent avec les miens, ses soupirs répondent à mes soupirs. Si Gaul entendoit son fils balbutier son nom, il précipiteroit son retour pour protéger son Ogal. Je me souviens de mon songe; je crains que le jour du retour ne soit passé.

« Il me sembla voir les fils de Morven poursuivant les chevreuils. Le chef de Strumon n'étoit point avec eux : je l'aperçus à quelque distance, appuyé sur son bouclier. Un pied seulement soutenoit le héros, l'autre paroissoit être formé d'une vapeur grisâtre. Cette image varioit au souffle de chaque brise; je m'en approchai; une bouffée de vent vint du désert, le fantôme s'évanouit. Les songes sont enfants de la crainte : chef de Strumon, je te reverrai encore, tu élèveras encore devant moi ta belle tête, comme le sommet de la colline religieuse de Cromla éclairée des premiers rayons de l'aurore. Le voyageur, égaré la nuit sur la bruyère, tremble au milieu des fantômes; mais au doux éclat du jour les esprits de ténèbres se retirent; le pèlerin, rassuré, reprend son bâton et poursuit sa route. »

Évircoma crut voir un vaisseau sur les vagues lointaines; elle crut voir un mât blanchi semblable à l'arbre qui pendant l'hiver balance sa cime couverte d'une neige nouvellement tombée. Ses yeux humides n'aperçoivent que des objets confus, bien qu'elle essayât de tarir ses larmes. La nuit descendit; Évircoma se confia à un léger esquif pour trouver son amant dans les replis des ombres. Elle vole sur les vagues, mais elle ne rencontre point de vaisseau : elle avoit été trompée ou par un nuage, ou par la barque aérienne de l'ombre d'un nautonier décédé qui poursuivoit encore les plaisirs des jours de sa vie.

La nacelle d'Évircoma fuit devant la brise; elle entre dans la baie d'Ifrona, où la mer s'étend à l'ombre d'une épaisse forêt. Errant de nuage en nuage, la lune se montroit entre les arbres de la rive. Par intervalles, les étoiles jetoient un regard à travers le voile déchiré qui couvroit le ciel, et se cachoient de nouveau sous ce voile : à leur foible lumière, Évircoma contemploit la beauté d'Ogal. Elle donne un baiser à son enfant, le laisse couché dans la nacelle et va chercher Gaul dans les bois.

Trois fois elle s'éloigne avec lenteur de son fils, trois fois elle revient en courant à lui. La colombe qui a caché ses petits dans la fente du rocher d'Oualla veut cueillir la baie mûrie qu'elle découvre dans la bruyère au-dessous d'elle, mais le souvenir de l'épervier la trouble; vingt fois elle revole vers ses petits pour les voir encore et s'assurer de leur repos. L'âme d'Évircoma est partagée entre son époux et son enfant comme la vague que brisent tour à tour et les vents et les rochers.

Mais quelle est cette voix que l'on entend parmi le murmure des flots? Vient-elle de l'arbre solitaire du rivage?

« Je péris seul. A qui la force de mon bras fut-elle utile dans la bataille? Pourquoi Fingal, pourquoi Ossian ignorent-ils mon destin? Étoiles qui me voyez, annoncez-le dans Selma par votre lumière sanglante, lorsque les héros sortent de la salle des fêtes pour admirer votre beauté. Ombres qui glissez sur les rayons de la lune, si votre course se dirige à travers les bois de Morven, murmurez en passant mon histoire. Dites au roi que j'expire aussi; dites-lui que dans Ifrona est ma froide demeure; que depuis deux jours je languis blessé sans nourriture; qu'au lieu de la douce eau du ruisseau, je n'ai pour éteindre ma soif que les flots amers.

« Mais, ombres compatissantes, gardez-vous d'apprendre mon sort aux murs de Strumon; éloignez la vérité de l'oreille d'Évircoma. Que vos tourbillons passent loin de la couche de mon amour; ne battez point violemment des ailes en rasant les tours de mon père : Évircoma vous entendroit, et quelque pressentiment s'élèveroit dans son âme. Volez loin d'elle, ombres de la nuit : que son sommeil soit paisible, le matin est encore éloigné. Dors avec ton enfant, ô mon amour! Puisse mon souvenir ne point troubler ton repos! Toutes les peines de Gaul sont légères quand les songes d'Évircoma sont légers. »

« Et penses-tu, s'écrie l'épouse du fils de Morni, qu'elle puisse reposer en paix quand son guerrier est en péril? Penses-tu que les songes d'Évircoma puissent être doux lorsque son héros est absent? Mon cœur n'est pas insensible; je n'ai point reçu la naissance dans la terre d'Ifrona. Mais comment te pourrois-je soulager, ô Gaul! Évircoma trouvera-t-elle quelque nourriture dans la terre de l'ennemi? »

Évircoma soutenoit Gaul dans ses bras; elle rappela l'histoire de Conglas, son père.

Lorsque Évircoma, jeune encore, étoit portée dans les bras maternels, Conglas s'embarqua une nuit avec Crisollis, doux rayon de l'amour. La tempête jeta le père, la mère et l'enfant sur un rocher : là s'élevoient seulement trois arbres qui secouoient dans les airs leur cime sans feuillage. A leurs racines rampoient quelques baies empourprées, Conglas les arracha et les donna à Crisollis; il espéroit saisir le lendemain le daim de la montagne : la montagne étoit stérile, et rien n'en animoit le sommet. Le matin vint, et le soir suivit, et les trois infortunés étoient encore sur le rocher. Conglas voulut tresser une nacelle avec les branches des arbres, mais il étoit foible, faute de nourriture.

« Crisollis, dit-il, je m'endors; quand la tempête s'apaisera, retourne avec ton enfant à Idronlo : l'heure où je pourrai marcher est éloignée. »

« Jamais les collines ne me reverront sans mon amour, répliqua Crisollis. Pourquoi ne m'as-tu pas dit que ton âme étoit défaillante? nous aurions partagé les baies de la bruyère; mais le sein de Crisollis nourrira son amant. Penche-toi sur moi : non, tu ne dormiras point ici. »

Conglas reprit ses forces au sein de Crisollis ; le calme revint sur les flots ; Conglas, Crisollis et la jeune Évircoma atteignirent les rivages d'Idronlo. Souvent le père conduisit la fille au tombeau de Crisollis, en lui racontant la charmante histoire. « Évircoma, disoit Conglas, aime de même ton époux, quand le jour de ta beauté sera venu. »

« Oui, je l'aime ainsi, dit à Gaul Évircoma ; presse cette nuit pour te ranimer ce sein gonflé du lait qui nourrit ton fils, demain nous serons heureux dans les salles de Strumon. »

« Fille la plus aimable de ta race, dit Gaul, retire-toi ; que les rayons du soleil ne te trouvent point dans Ifrona. Rentre dans ta nacelle avec Ogal. Pourquoi tomberoit-il comme une fleur dont le guerrier indifférent enlève la tête avec son épée? Laisse-moi ici. Ma force, telle que la chaleur de l'été, s'est évanouie ; je me fane comme le gazon sous la main de l'hiver, et je ne renaîtrai point au printemps. Dis aux guerriers de Morven de me transporter dans leur vallée. Mais non, car l'éclat de ma gloire est couvert d'un nuage : qu'ils élèvent seulement ma tombe sous cet arbre. L'étranger la découvrira en passant sur la mer, et il dira : Voilà tout ce qui reste du héros. »

« Et tout ce qui reste de la fille de Strumon, répondit Évircoma, car je reposerai auprès de mon amant. Notre lit sera encore le même ; nos ombres voleront unies sur le même nuage. Voyageurs des ondes, vous verserez la double larme, car avec son bien-aimé dormira la mère d'Ogal. »

Les cris de l'enfant se firent entendre. Le cœur d'Évircoma bat à coups redoublés dans sa poitrine, et semble vouloir s'ouvrir un passage dans son étroite prison. Un soupir échappe aussi du sein de Gaul. Il a reconnu la voix de son fils. « Guerrier, dit Évircoma, laisse-moi essayer de te porter à la barque où j'ai déposé notre enfant ; ton poids sera léger pour moi ; donne-moi cette lance, elle soutiendra mes pas. »

La fille de Crisollis parvint à conduire son époux dans la nacelle. Le reste de la nuit, elle lutta contre les vagues. Les dernières étoiles virent ses forces s'éteindre ; elles s'évanouirent au lever de l'aurore, comme la vapeur des prairies se dissipe au lever du soleil.

Cette nuit même, il m'en souvient, Ossian dormoit sur la bruyère du chasseur ; Morni, le père de Gaul, paroît tout à coup dans mes songes ; il s'arrête devant moi, appuyé sur son bâton tremblant : le vieillard étoit triste ; les rides profondes que le temps avoit creusées dans ses joues étoient remplies des larmes qui descendoient de ses yeux; il regarda la mer, et avec un profond soupir : « Est-ce là, murmura-t-il foiblement, le temps du sommeil pour l'ami de Gaul? » Une bouffée de vent agite les arbres; le coq de bruyère se réveille sous la racine du buisson, relève précipitamment la tête qu'il tenoit cachée sous son aile, et pousse un cri plaintif. Ce cri m'arrache à mes songes, j'ouvre les yeux; je vois Morni emporté par le tourbillon. Je suis la route qu'il me trace; je fends la mer avec mon vaisseau, je rencontre la nacelle d'Évircoma; elle étoit arrêtée au rivage d'une île déserte : sur l'un des bords de la nacelle la tête de Gaul étoit inclinée. Je déliai le casque du héros; ses blonds cheveux, trempés de la sueur des combats, flottèrent sur son front pâli. Aux accents de ma douleur, il essaya de soulever ses paupières; mais ses paupières étoient trop pesantes; la mort vint sur le visage de Gaul comme la nuit sur la face du soleil. O Gaul! tu ne reverras jamais le père de ton ami Oscar.

Près du fils de Morni repose la beauté expirante, Évircoma; son enfant étoit dans ses bras, et l'innocente créature promenoit en se jouant sa foible main sur le fer de la lance de Gaul. Les paroles d'Évircoma furent courtes : elle se pencha sur la tête d'Ogal, et son dernier regard perça mon cœur. « Adieu, pauvre orphelin! Ogal, Ossian te servira de père. » Elle expire.

O mes amis! qu'êtes-vous devenus? Votre souvenir est plein de douceur, et pourtant il fait couler mes larmes.

J'aborde au pied des tours de Strumon; le silence régnoit sur le rivage; aucune fumée ne s'élevoit en colonne d'azur du faîte du palais; aucun chant ne se faisoit entendre. Le vent siffloit à travers les portes ouvertes et jonchoit le seuil de feuilles séchées; l'aigle déjà perché sur le comble des tours sembloit dire : « Ici je bâtirai mon aire. » Le faon de la biche se cache sous les boucliers sans maîtres; le compagnon des chasses de Gaul, le rapide Codula, croit reconnoître les pas du fils de Morni : dans sa joie, il se lève d'un seul bond; mais lorsqu'il a reconnu son erreur, il retourne se coucher sur la froide pierre, en poussant de longs hurlements.

Qui racontera la douleur des héros de Morven? Ils vinrent silencieux de leurs ondoyantes vallées; ils s'avancèrent lentement comme un sombre brouillard. Gaul, Évircoma et Ogal lui-même n'étoient plus. Fingal se place sous un pin; les guerriers l'environnent. Penché sur le front de Gaul, les cheveux gris de Fingal nous dérobent ses larmes; mais le vent les décèle, en les chassant de sa barbe argentée.

« Es-tu tombé, dit-il enfin, es-tu tombé, ô le premier de mes héros? N'entendrai-je plus ta voix dans mes fêtes, le son de ton bouclier dans mes combats? Ton épée n'éclairera-t-elle plus les sombres replis de la bataille? Ta lance ne renversera-t-elle plus les rangs entiers de mes ennemis? Ton noir vaisseau surmontoit hardiment la tempête, tandis que tes joyeux rameurs répétoient leurs chansons entre les montagnes humides. Les enfants de Morven m'arrachoient à mes pensées en criant : Voyez le vaisseau de Gaul. La harpe des vierges et la voix des bardes annonçoient ton arrivée ; tes bannières flottoient sur la bruyère. Je reconnoissois le sifflement de ta flèche et le bruit de tes pas.

« Force des guerriers, qu'es-tu? Aujourd'hui tu chasses les vaillants devant toi, comme des nuages de poussière ; la mort marque ton passage, comme la feuille séchée indique la course des fantômes : demain le court songe de la valeur est dissipé ; la terreur des armées s'est évanouie ; l'insecte ailé bourdonne sa victoire sur le corps du héros.

« Fils du foible, pourquoi désirois-tu la force du chef de Strumon, quand tu le voyois resplendissant sous ses armes? Ne savois-tu pas que la force du guerrier s'évanouit? Quand le chasseur regagne sa demeure, il contemple un nuage brillant que traversent les couleurs de l'arc-en-ciel; mais les moments fuient sur leurs ailes d'aigle, le soleil ferme ses yeux de lumière, un tourbillon brouille les nues : une noire vapeur est tout ce qui reste de l'arc étincelant. O Gaul! les ténèbres ont succédé à ta clarté, mais ta mémoire vivra ; il ne soufflera pas un seul vent sur Morven qui ne parle de ta renommée.

« Bardes, élevez la tombe du père, de la mère et du fils. La pierre moussue apprendra à l'étranger le lieu de leur repos ; le chêne leur prêtera son ombre. Les brises visiteront cet arbre de la mort ; sous les fraîches ondées du printemps, il se couvrira de feuilles, longtemps avant que les autres arbres aient repris leur parure, longtemps avant que la bruyère se soit ranimée à ses pieds. Les oiseaux de passage s'arrêteront sur la cime du chêne solitaire : ils y chanteront la gloire de Gaul, tandis que les vierges des temps à venir rediront la beauté d'Évircoma, et que les mères pleureront Ogal.

« Mais, ô pierre ! quand tu seras réduite en poudre ; ô chêne ! quand les vers t'auront rongé ; ô torrent ! lorsque tu cesseras de couler, et que la source de la montagne ne fournira plus son onde à ta course ; lorsque vos chansons, ô bardes ! seront oubliées, lorsque votre mémoire et celle des héros par vous célébrés auront disparu dans le gouffre des âges, alors, et seulement alors, la gloire de Gaul périra, l'étranger pourra demander quel étoit le fils de Morni, quel étoit le chef de Strumon. »

FIN DE GAUL.

SUR
L'ART DU DESSIN
DANS LES PAYSAGES

LETTRE A MONSIEUR ***.

Londres, 1795.

Voilà le petit paysage que vous m'avez demandé. Je vous l'ai fait attendre ; mais vous savez quels tristes soins m'appellent à d'autres études, qui pourtant ne seront pas longues, s'il faut en croire les médecins [1] : je suis prêt quand et comment il plaira à Dieu. Ces mêmes études m'ont fait abandonner cette grande *vue* du Canada qui me plaisoit par le souvenir de mes voyages. Quelle différence de ce temps-là à celui-ci! Lorsque mes pensées se reportent vers le passé, je sens si vivement le poids de mes peines, que je ne sais ce que je deviens. Pardonnez à cet épanchement de mon cœur. Il y a tant de charme à parler de ses souffrances quand ceux qui vous écoutent peuvent vous comprendre! Peu de gens me comprennent ici.

Le petit dessin que je vous envoie m'a fait faire quelques réflexions sur l'art du paysage : elles vous seront peut-être utiles. D'ailleurs nous sommes en hiver ; vous avez du feu : grande ressource contre les barbouilleurs de papier.

Élevé dans les bois, les défauts de l'art et la sécheresse des paysages m'ont frappé presque dès mon enfance, sans que je pusse dire ce qui constituoit ces défauts. Lorsque je dessinois moi-même, je sentois que je faisois mal en copiant des modèles ; j'étois plus content de moi lorsque je suivois mes propres idées. Insensiblement cela m'engagea

---

1. Voyez la Préface de l'*Essai historique*.

à rechercher les causes de cette bizarrerie; car, enfin, ce que je retraçois d'après les règles valoit mieux que ce que je créois d'après ma tête. Voici ce que l'examen m'apprit et la solution la plus satisfaisante que j'aie pu me donner de mon problème.

En général, les paysagistes n'aiment point assez la nature et la connoissent peu. Je ne parle point ici des grands maîtres, dont au reste il y auroit encore beaucoup de choses à dire; je ne parle que des maîtres ordinaires et des amateurs comme nous. On nous apprend à forcer ou à éclaircir les ombres, à rendre un trait net, pur, et le reste; mais on ne nous apprend point à étudier les objets mêmes qui nous flattent si agréablement dans les tableaux de la nature; on ne nous fait point remarquer que ce qui nous charme dans ces tableaux, ce sont les harmonies et les oppositions des vieux bois et des bocages, des rochers arides et des prairies parées de toute la jeunesse des fleurs. Il sembleroit que l'étude du paysage ne consiste que dans l'étude des coups de crayon ou de pinceau; que tout l'art se réduit à assembler certains traits, de manière à ce qu'il en résulte des apparences d'arbres, de maisons, d'animaux et d'autres objets. Le paysagiste qui dessine ainsi ne ressemble pas mal à une femme qui fait de la dentelle, qui passe de petits bâtons les uns sur les autres en causant et en regardant ailleurs; il résulte de cet ouvrage des pleins et des vides qui forment un tissu plus ou moins varié : appelez cela un métier, et non un art.

Il faut donc que les élèves s'occupent d'abord de l'étude même de la nature : c'est au milieu des campagnes qu'ils doivent prendre leurs premières leçons. Qu'un jeune homme soit frappé de l'effet d'une cascade qui tombe de la cime d'un roc et dont l'eau bouillonne en s'enfuyant : le mouvement, le bruit, les jets de lumière, les masses d'ombres, les plantes échevelées, la neige de l'écume qui se forme au bas de la chute, les frais gazons qui bordent le cours de l'eau, tout se gravera dans la mémoire de l'élève. Ces souvenirs le suivront dans son atelier; il n'a pas encore touché le pinceau, et il brûle de reproduire ce qu'il a vu. Un croquis informe sort de dessous sa main; il se dépite; il recommence son ouvrage, et le déchire encore. Alors il s'aperçoit qu'il y a des principes qu'il ignore; il est forcé de convenir qu'il lui faut un maître : mais un pareil élève ne demeurera pas longtemps aux principes, et il avancera à pas de géant dans une carrière où l'inspiration aura été son premier guide.

Le peintre qui représente la nature humaine doit s'occuper de l'étude des passions : si l'on ne connoît le cœur de l'homme, on connoîtra mal son visage. Le paysage a sa partie morale et intellectuelle comme le portrait; il faut qu'il parle aussi, et qu'à travers l'exécution matérielle on éprouve ou les rêveries ou les sentiments que font naître les différents sites. Il n'est pas indifférent de peindre dans un paysage, par exemple, des chênes ou des saules : les chênes à la longue vie, *durando sæcula vincit,* aux écorces rudes, aux bras vigoureux, à la tête altière, *immota manet,* inspirent sous leurs ombres des sentiments d'une tout autre espèce que ces saules au feuillage léger, qui vivent peu et qui ont la fraîcheur des ondes où ils puisent leur séve : *umbræ irrigui fontis amica salix.*

Quelquefois le paysagiste, comme le poëte, faute d'avoir étudié la nature, viole le caractère des sites. Il place des pins au bord d'un ruisseau et des peupliers sur la montagne; il répand la corbeille de la Flore de nos jardins dans les prairies; l'églantier d'une haie sauvage porte la rose de nos parterres, couronne trop pesante pour lui.

L'étude de la botanique me semble utile au paysagiste, quand ce ne seroit que pour apprendre le *feuillé* et ne pas donner aux feuilles de tous les arbres le même limbe et la même forme. Si le peintre qui doit exprimer sur la toile les tristes passions des hommes est obligé d'en rechercher les organes à l'aide de l'anatomie, plus heureux que lui, le peintre de paysage ne doit s'occuper que des générations innocentes des fleurs, des inclinations des plantes et des mœurs paisibles des animaux rustiques.

Lorsque l'élève aura franchi les premières barrières, quand son pinceau, plus hardi, pourra errer sans guide avec ses pensées, il faudra qu'il s'enfonce dans la solitude, qu'il quitte ces plaines déshonorées par le voisinage de nos villes. Son imagination, plus grande que cette petite nature, finiroit par lui donner du mépris pour la nature même; il croiroit faire mieux que la création : erreur dangereuse par laquelle il seroit entraîné loin du vrai dans des productions bizarres, qu'il prendroit pour du génie.

Gardons-nous de croire que notre imagination est plus féconde et plus riche que la nature. Ce que nous appelons *grand* dans notre tête est presque toujours du désordre. Ainsi, dans l'art qui fait le sujet de cette lettre, pour nous représenter le *grand,* nous nous figurons des montagnes entassées jusqu'aux cieux, des torrents, des précipices, la mer agitée, des flots si vastes que nous ne les voyons que dans le vague de nos pensées, des vents, des tonnerres; que sais-je? un million de choses incohérentes et presque ridicules, si nous voulions être de bonne foi et nous rendre un compte net et clair de nos idées.

Cela ne seroit-il point une preuve du penchant que l'homme a pour détruire? Il nous est bien plus facile de nous faire des notions du chaos que des justes proportions de l'univers. Nous avons toutes les peines du monde à nous peindre le calme des flots, à moins que nous n'y mêlions des souvenirs de terreur : c'est ce dont on se peut convaincre par la description de ces calmes où l'on trouve presque toujours les mots de *menaçant*, de *profond silence*, etc. Que, rempli de ces folles idées du sublime, un paysagiste arrive pendant un orage au bord de la mer qu'il n'a jamais vue, il est tout étonné d'apercevoir des vagues qui s'enflent, s'approchent et se déroulent avec ordre et majesté l'une après l'autre, au lieu de ce choc et de ce bouleversement qu'il s'étoit représentés. Un bruit sourd, mêlé de quelques sons rauques et clairs entrecoupés de quelques courts silences, a succédé au tintamarre que notre peintre entendoit dans son cerveau. Partout des couleurs tranchantes, mais conservant des harmonies jusque dans leurs disparates. L'écume éblouissante des flots jaillit sur des rochers noirs ; dans un horizon sombre roulent de vastes nuages, mais qui sont poussés du même côté : ce ne sont plus mille vents déchaînés qui se combattent, des couleurs brouillées, des cieux escaladés par les flots, la lumière épouvantant les morts à travers les abîmes creusés entre les vagues.

Notre jeune poëte ou notre jeune peintre s'écrie : « J'imaginois mieux que cela ; » et il tourne le dos avec dédain. Mais si son esprit est bon, il reviendra bientôt de ses notions exagérées ; il rectifiera son imagination ; rien ne lui paroîtra plus grand désormais que les ouvrages formés par une puissance première. Il renversera ces montagnes entassées dans sa tête, où tous les sites, tous les accidents, tous les végétaux, étoient confondus. Ces montagnes idéales ne s'élèveront plus jusqu'aux étoiles, mais les neiges couvriront la tête des Alpes, les torrents s'écouleront de leur cime ; les mélèzes, dans une régions moins élevée, commenceront à décorer le flanc des rochers ; des végétaux, moins robustes, quittant le séjour des tempêtes, descendront par degrés dans la vallée, et la cabane du Suisse agricole et guerrier sourira sous les saules grisâtres au bord du ruisseau.

Fort alors de ses études et de son goût épuré, l'élève se livrera à son génie. Tantôt il égarera les yeux de l'amateur sous des pins où peut-être un tombeau couvert de lierre appellera en vain l'amitié ; tantôt dans un vallon étroit, entouré de rochers nus, il placera les restes d'un vieux château : à travers les crevasses des tours on apercevra le tronc de l'arbre solitaire qui a envahi la demeure du bruit et des combats ; le perce-pierre couvrira de ses croix blanches les débris écroulés, et les capillaires tapisseront les pans de murs encore debout. Peut-être un petit pâtre gardera dans ce lieu ses chèvres, qui sauteront de ruine en ruine.

Les paysages riants auront leur tour, quoiqu'en général ils soient moins attachants dans leur composition, soit que l'image du bonheur convienne peu aux hommes, soit que l'art ne trouve que de foibles ressources dans la peinture des plaisirs champêtres, réduits pour la plupart à des danses et à des chants. Il y a pourtant certains caractères généraux propres à ces sortes de *vues :* le feuillé doit être léger et mobile, le lointain indéterminé sans être vaporeux, l'ombre peu prononcée, et il doit régner sur toute la scène une clarté suave qui veloute la surface des objets.

Le paysagiste apprendra l'influence des divers horizons sur la couleur des tableaux : si vous supposez deux vallons parfaitement identiques, dont l'un regarde le midi et l'autre le nord, les tons, la physionomie, l'expression morale de ces deux vues semblables seront dissemblables.

La perspective aérienne est d'une difficulté prodigieuse ; cependant il y faut savoir placer la perspective linéaire des plans de la terre, et détacher sur les parties fuyantes les nuages, si différents aux différentes heures du jour. La nuit même a ses couleurs ; il ne suffit pas de faire la lune pâle pour la faire belle : la chaste Diane a aussi ses amours, et la pureté de ses rayons ne doit rien ôter à l'inspiration de sa lumière.

Cette lettre est déjà d'une extrême longueur, et je n'ai encore qu'effleuré un sujet inépuisable. Tout ce que j'ai voulu vous dire aujourd'hui, c'est que le paysage doit être *dessiné* sur le *nu,* si on le veut faire ressemblant, et en accuser pour ainsi dire les muscles, les os et les formes. Des études de cabinet, des copies sur des copies, ne remplaceront jamais un travail d'après nature. *Atticæ plurimam salutem.*

PENSÉES

RÉFLEXIONS ET MAXIMES

La misère de l'homme ne consiste pas seulement dans la foiblesse de sa raison, l'inquiétude de son esprit, le trouble de son cœur ; elle se voit encore dans un certain fond ridicule des affaires humaines. Les révolutions surtout découvrent cette insuffisance de notre nature : si vous les considérez dans l'ensemble, elles sont imposantes ; si vous pénétrez dans le détail, vous apercevez tant d'ineptie et de bassesse, tant d'hommes renommés qui n'étoient rien, tant de choses dites l'œuvre du génie qui furent l'œuvre du hasard, que vous êtes également étonné et de la grandeur des conséquences et de la petitesse des causes.

Lorsqu'on est placé à distance des faits, qu'on n'a pas vécu au milieu des factions et des factieux, on n'est guère frappé que du côté grave et douloureux des événements ; il n'en est pas ainsi quand on a été soi-même acteur, ou spectateur compromis, dans des scènes sanglantes. Tacite, que la nature avoit formé poëte, eût peut-être crayonné la satire de Pétrone s'il eût siégé au sénat de Néron : il peignit la tyrannie de ce prince, parce qu'il vécut après lui. Butler, doué d'un génie observateur, eût peut-être écrit l'histoire de Charles Ier s'il fût né sous la reine Anne : il se contenta de rimer *Hudibras*, parce qu'il avoit vu les personnages de la révolution de Cromwell ; il les avoit vus, toujours parlant de vertu, de sainteté, d'indépendance, présenter leurs mains à toutes les chaînes, et après avoir immolé le père se courber sous le joug méprisable du fils.

Il y a des iniquités politiques qui ne peuvent plus être impunément commises, à cause de la civilisation avancée des peuples. Que l'on ne croie pas que ces peuples puissent dire, sans résultat, à leurs gouvernements : « Tel crime, tel malheur est arrivé par votre faute. » Les bases du pouvoir même sont ébranlées par ces reproches ; le respect des nations venant à manquer au pouvoir, ce pouvoir est en péril.

Chez une nation qui conserve encore l'innocence primitive, le vice apporté par des étrangers fait des progrès plus rapides que dans une société déjà corrompue, comme un homme sain meurt de l'air pestiféré où vit un homme habitué à cet air.

On peut arriver à la liberté par deux chemins, par les mœurs et par les lumières. Mais quand les mœurs et les lumières manquent à la fois, quand on ne peut être ni un républicain à la manière de Sparte ni un républicain à la manière des États-Unis, on peut encore conquérir la liberté, on ne la peut garder.

La postérité se souvient des hommes qui ont changé les empires, très-peu de ceux qui les ont rétablis, à moins que ce rétablissement n'ait été durable. On admire ce qui crée, on estime à peine ce qui conserve : une grande gloire couvre de ténèbres tout ce qui la suit.

Tourmentez-vous pour rétablir la vertu chez un peuple qui l'a perdue, vous n'y réussirez pas. Il y a un principe de destruction en tout. A quelle fin Dieu l'a-t-il établi ? C'est son secret.

On s'étonne du succès de la médiocrité ; on a tort. La médiocrité n'est pas forte par ce qu'elle est en elle-même, mais par les médiocrités qu'elle représente ; et dans ce sens sa puissance est formidable. Plus l'homme en pouvoir est petit, plus il convient à toutes les petitesses. Chacun en se comparant à lui se dit : « Pourquoi n'arriverois-je pas à mon tour ? » Il n'excite aucune jalousie : les courtisans le préfèrent, parce qu'ils peuvent le mépriser ; les rois le gardent comme une manifestation de leur toute-puissance. Non-seulement la médiocrité a tous ces avantages pour rester en place, mais elle a encore un bien plus grand mérite : elle exclut du pouvoir la capacité. Le député des sots et des imbéciles au ministère caresse deux passions du cœur humain, l'ambition et l'envie.

La médiocrité est assez souvent secondée par des circonstances qui donnent à ses desseins un air de profondeur. Ces hommes impuissants qui, pour la foule, paroissent diriger la fortune, sont tout simplement conduits par elle : comme ils lui donnent la main, on croit qu'ils la mènent.

Les hommes de génie sont ordinairement enfants de leur siècle ; ils en sont comme l'abrégé ; ils en représentent les lumières, les opinions et l'esprit, mais quelquefois aussi ils naissent ou trop tôt ou trop tard. S'ils naissent trop tôt, *avant leur siècle naturel,* ils passent ignorés ; leur gloire ne commence qu'après eux, lorsque le siècle auquel ils devoient appartenir est éclos ; s'ils naissent trop tard, *après leur siècle naturel,* ils ne peuvent rien, et ils n'arrivent point à une renommée durable. On les regarde un moment par curiosité, comme on regarderoit les vieillards se promenant sur les places publiques avec les habits de leur temps. Ces hommes de génie qui arrivent *trop tard* sont donc méconnus comme les hommes de génie qui arrivent *trop tôt ;* mais ils n'ont pas comme ces derniers un avenir, une postérité, des descendants pour établir leur gloire : ils ne pourroient être admirés que du passé, que de leurs devanciers, que des morts, public silencieux.

Après des temps de malheur et de gloire, un peuple est enclin au repos ; et pour peu qu'il soit régi par des institutions tolérables, il se laisse facilement conduire par les plus petits ministres du monde ; cela le délasse et l'amuse : il compare ces pygmées aux géants qu'il a vus, et il rit. Il y a des exemples de lions attachés à un char et menés par des enfants, mais ils ont toujours fini par dévorer leurs conducteurs.

Pour les véritables saints et les hommes supérieurs, la religion est un admoniteur sévère, qui leur apprend à s'humilier et leur enseigne la vraie vertu ; pour les hommes passionnés et vulgaires, ses leçons ne servent qu'à nourrir l'orgueil humain et à donner des apparences de vertu. « Je marche sur la tête de mes amis et de mes ennemis : qui peut dire cependant que je manque d'humilité ? Ne me suis-je pas mis à genoux ? »

Écoutez cet homme qu'on appelle monseigneur : il vous dira qu'il n'est qu'un vilain, qu'il veut rester un vilain, qu'il n'est pas fait pour occuper la place qu'il occupe, que la révolution ne sera finie que quand un vilain comme lui cessera d'être un des premiers personnages de l'État. Monseigneur a cependant porté le bonnet rouge pour cesser d'être un vilain, comme il porte un habit brodé et un titre pour sortir de la classe des vilains. Fiez-vous à l'humilité de monseigneur, et croyez au paysan du Danube.

Les mendiants vivent de leurs plaies : il y a des hommes qui profitent de tout, même du mépris.

Point de politique sentimentale, disent des ministres. Bon Dieu! qu'ils se tranquillisent, il n'y a aucun péril de ce côté : je ne sache pas beaucoup d'hommes qui aient conservé leur vieille passion. Vous ne voulez pas qu'on vous aime : eh! que vous avez raison! Mais puisque vous préférez la politique du fait à celle du droit, acceptez-en toutes les conséquences. Le fait nous donnera le droit d'examiner si vous autres ministres êtes bons à quelque chose, et s'il n'y a pas un autre fait qui vaille mieux que le vôtre.

Si l'on vous donne un soufflet, rendez-en quatre, n'importe la joue.

Il est bon de se prosterner dans la poussière quand on a commis une faute, mais il n'est pas bon d'y rester.

Voyez cet homme; son ressentiment est extrême. « Comment! Théodule se plaint d'avoir été offensé par moi? quelle insolence! » Mais, homme puissant, si Théodule a aussi sa puissance, s'il ne croit à personne le droit de l'outrager, qu'avez-vous à répliquer? Le temps où un courtisan faisoit trembler n'est plus; il n'y a plus de faveur et de défaveur possibles, excepté pour les valets de chambre : tout est réduit à la valeur personnelle. Celui qui peut dire : « Vous avez eu besoin de moi, je n'ai pas besoin de vous, » est aujourd'hui le véritable supérieur. C'étoit peut-être mieux autrefois, mais c'est comme cela maintenant. Ce que l'*homme* a perdu en pouvoir, les *hommes* l'ont gagné.

La vie, le bonheur, l'infortune, tiennent à un souffle. Vous mourez : deux heures après on ne pense plus à vous. Vous vivez, on n'y pense pas davantage. Qu'importent vos joies, vos peines, votre existence, non-seulement à votre voisin qui ne vous a jamais vu, mais encore à cette tourbe qu'on appelle vos amis? Pourquoi donc se faire une affaire de la vie? elle ne mérite pas la moindre attention.

Quelquefois on oublie un moment ses douleurs; puis on les reprend comme un fardeau qu'on auroit déposé un moment pour se délasser.

On finit par transformer en réalité les craintes de la tendresse : une mère voit sur le visage de son fils des marques d'une maladie qui n'y sont pas. Les autres chimères de la vie, au moral et au physique, produisent les mêmes illusions pour la peine ou le plaisir.

On se réconcilie avec un ennemi qui nous est inférieur pour les qualités du cœur ou de l'esprit; on ne pardonne jamais à celui qui nous surpasse par l'âme et le génie.

Votre ami vient de partir; vous vous croyez fort contre l'absence :

allez visiter la demeure de votre ami, elle vous apprendra ce que vous avez perdu et ce qui vous manque.

Celui qui commet le crime, dans le danger qu'il y court et dans le tumulte de ses passions, n'a pas le temps d'écouter le remords ; mais celui qui n'est que le complice et le confident du crime, sans y avoir une part active, celui-là entend la voix vengeresse de la conscience. Il compte dans sa retraite les minutes qui s'écoulent. « A présent il se passe telle chose ; à présent on frappe ! » Oui, malheureux, on frappe ! et c'est la main de Dieu qui s'appesantit sur toi.

Le ver de la tombe commence à ronger la conscience du méchant avant de lui dévorer le cœur.

La cause la plus juste pourroit-elle, par des circonstances fatales, paroître la plus injuste ? Se peut-il présenter un cas où l'innocence ne se puisse prouver, et où la victime qui périt, et le juge qui prononce, soient également innocents ? Que seroit-ce alors que la justice humaine !

Si l'on a le droit de tuer un tyran, ce tyran peut être votre père : le parricide est donc autorisé dans certains cas ? Qui pourroit soutenir une pareille proposition ?

Un charme est au fond des souffrances comme une douleur au fond des plaisirs : la nature de l'homme est la misère.

Celui qui souffre pour Dieu a l'avantage d'être toujours préparé à sa dernière heure, avantage qui n'est pas donné à tous les infortunés.

Les grandes afflictions semblent raccourcir les heures comme les grandes joies : tout ce qui préoccupe fortement l'âme empêche de compter les instants.

Il faut avoir le cœur placé haut pour verser certaines larmes : la source des grands fleuves se trouve sur le sommet des monts qui avoisinent le ciel.

L'âme de l'homme est transparente comme l'eau de fontaine, tant que les chagrins qui sont au fond n'ont point été remués.

La simplicité vient du cœur ; la naïveté, de l'esprit. Un homme simple est presque toujours un bon homme ; un homme naïf peut être un fripon ; et pourtant la naïveté est toujours naturelle, tandis que la simplicité peut être l'effet de l'art.

Il y a des hommes qui ne sont point éloquents, parce que leur cœur parle trop haut et les empêche d'entendre ce qu'ils disent.

Redemande au repentir la robe de l'innocence : c'est lui qui l'a trouvée, et qui la rend à ceux qui l'ont perdue.

Caresser la vertu sans être capable de l'aimer, c'est presser les deux belles mains d'une jeune femme dans les mains ridées de la vieillesse.

Aussitôt qu'une pensée vraie est entrée dans notre esprit, elle jette une lumière qui nous fait voir une foule d'autres objets que nous n'apercevions pas auparavant.

Les sentiments d'un certain ordre s'accroissent en proportion des malheurs de l'objet aimé : c'est la flamme qui se propage plus rapidement au souffle de la tempête.

La vertu est quelquefois oubliée dans son passage ici-bas, mais elle revit tôt ou tard ; on la retire des tombeaux comme on retire du sein de la terre une statue antique qui fait l'admiration des hommes.

Souvent les gens de bien pleurent à la même heure où les pervers se réjouissent : le même moment voit s'accomplir une action honnête et une action coupable. Le vice et la vertu sont frère et sœur ; ils ont été engendrés par l'homme : Abel et Caïn étoient enfants du même père.

Il y a des hommes pour lesquels la vertu n'est point la vertu reconnue par les autres hommes ; ils n'appellent point de ce nom toutes les choses régulières, mais inférieures, de l'existence, cette honnêteté vulgaire qui remplit exactement ses devoirs ; la vertu pour eux est un élan de l'âme qui nous porte vers le bien aux dépens de notre bonheur et de notre vie, ou une force qui nous fait dompter nos passions les plus fougueuses. Ces hommes-là s'élèvent au-dessus des autres hommes ; mais à quoi sont-ils bons dans la société ? Comme les montagnes dans la nature, comme les monuments gigantesques dans les arts, ils sortent des proportions communes : on les regarde, et on en a peur.

Les caractères exaltés dans les gens vulgaires sont insupportables : unis à une grande âme ou à un beau génie, ils entraînent tout. Ces caractères ne veulent pas séduire, et ils séduisent ; ils ignorent eux-mêmes leur force, et sont tout étonnés d'avoir fait tant d'heureux ou tant de victimes.

Le malheur agit sur nous selon notre caractère. Un homme pourroit se sauver en s'expliquant, et il ne le veut pas ; un autre croit réparer tout en parlant, et il se perd.

Il seroit étrange que l'homme prétendît à une constance inaltérable, lorsque toute la nature change autour de lui : l'arbre perd ses feuilles, l'oiseau ses plumes, le cerf ses rameaux. L'homme seul diroit : « Mon âme est inébranlable; telle elle est aujourd'hui, telle elle sera demain; » l'homme dont les sentiments sont plus inconstants que les nuages! l'homme qui veut et ne veut plus! l'homme qui se dégoûte même de ses plaisirs, comme l'enfant de ses jouets!

Souvent des personnes qui s'aiment se jurent, au commencement de leur bonheur, de quitter ensemble la vie; mais il arrive qu'elles ne marchent pas avec la même vitesse, et quand l'une est prête à atteindre le but, l'autre ne l'est pas ou ne l'est plus.

La méchanceté est de tous les esprits le plus facile. Rien n'est si aisé que d'apercevoir un ridicule ou un vice et de s'en moquer : il faut des qualités supérieures pour comprendre le génie et la vertu.

Quand on parle des vices d'un homme, si on vous dit : « Tout le monde le dit, » ne le croyez pas; si l'on parle de ses vertus en vous disant encore : « Tout le monde le dit, » croyez-le.

Avez-vous des chagrins, attachez vos yeux sur un enfant qui dort, qu'aucun souci ne trouble, qu'aucun songe n'alarme : vous emprunterez quelque chose de cette innocence, vous vous sentirez tout apaisé.

Deux amis qui souffrent sont quelquefois des heures entières sans se parler. Quelle conversation vaudroit ce commerce de la pensée dans la langue muette du malheur?

Les autres nous semblent toujours plus heureux que nous, et pourtant ce qu'il y a d'étrange, c'est que l'homme qui changeroit volontiers sa position ne consentiroit presque jamais à changer sa personne. Il voudroit bien peut-être se rajeunir un peu, pas trop encore, et marcher droit s'il étoit boiteux; mais il se conserveroit tout l'ensemble de sa personne, dans laquelle il trouve mille agréments et un je ne sais quoi qui le charme. Quant à son esprit, il n'en altéreroit pas la moindre parcelle : nous nous habituons à nous-mêmes et nous tenons à notre vieille société.

Revoyez au jour de l'infortune le lieu que vous habitiez au temps du bonheur : il s'en exhale quelque chose de triste, formé du souvenir des joies passées et du sentiment des maux présents. N'est-ce pas là qu'à telle époque vous aviez été si heureux? et maintenant! Ces lieux sont pourtant les mêmes : qu''y a-t-il donc de changé? L'homme.

Ceux qui ont jamais eu quelque chose d'important à communiquer à un ami savent la peine qu'on éprouve lorsqu'en arrivant, le cœur ému, on ne trouve point cet ami; que personne ne peut vous dire où il est, si c'est la mort qui l'a emmené?

Il faut des secrets pour réparer la beauté du corps : il n'en faut point pour maintenir celle de l'âme.

Chaque homme a un lieu particulier dans le monde où il peut dire qu'il a joui de la plus grande somme de bonheur : le calcul est bientôt fait.

Une passion dominante éteint les autres dans notre âme, comme le soleil fait disparoître les astres dans l'éclat de ses rayons.

Tels hommes voyagent ensemble, et se parlent peu ou point sur la route. Quoique du même pays, ils ne s'entendent point et ne sont point de la même nature : les uns sont nés blancs, les autres noirs.

La conversation des esprits supérieurs est inintelligible aux esprits médiocres, parce qu'il y a une grande partie du sujet sous-entendue et devinée.

Une certaine étendue d'esprit fait qu'on s'accoutume sur-le-champ aux usages étrangers, et qu'on a l'air de les avoir pratiqués toute sa vie, à un embarras près, qui n'est pas sans grâce ou sans noblesse.

La célébrité peut-elle faire illusion au point d'inspirer une passion pour ce que la nature a rendu désagréable? Je ne le crois pas : la gloire est pour un vieil homme ce que sont les diamants pour une vieille femme : ils la parent, et ne peuvent l'embellir.

Les plaisirs de notre jeunesse, reproduits par notre mémoire, ressemblent à des ruines vues au flambeau.

Il est un âge où quelques mois ajoutés à la vie suffisent pour développer des facultés jusque alors ensevelies dans un cœur à demi fermé : on se couche enfant, on se réveille homme.

Si quelques heures font une grande différence dans le cœur de l'homme, faut-il s'en étonner? il n'y a qu'une minute de la vie à la mort.

Les peines sont dans l'ordre des destinées : ceux qui, cherchant à les oublier, s'occupent de l'avenir, ne songent pas qu'ils ne verront point cet avenir. Chacun en mourant remet le poids de la vie à un autre; à chaque sépulture, il y a un homme qui reçoit le fardeau de la main de l'homme qui se va reposer : le nouveau messager porte à son tour ce fardeau jusqu'à la tombe prochaine.

Tous les hommes se flattent; nous avons tous à la bouche cette phrase banale : Il y a bien loin d'aujourd'hui à telle époque. — Bien loin ! et la vie, combien dure-t-elle?

L'arbre tombe feuille à feuille : si les hommes contemploient chaque matin ce qu'ils ont perdu la veille, ils s'apercevroient bien de leur pauvreté.

L'homme n'a au fond de l'âme aucune aversion contre la mort; il y a même du plaisir à mourir. La lampe qui s'éteint ne souffre pas.

La mort selon les sauvages est une grande femme fort belle, à laquelle il ne manque que le cœur.

La cendre d'un mort, quel que fût de son vivant le décédé, est sacrée. La poussière des tyrans donne d'aussi grandes leçons que celle des bons rois.

Il y a deux points de vue d'où la mort se montre bien différente. De l'un de ces points vous apercevez la mort au bout de la vie, comme un fantôme à l'extrémité d'une longue avenue : elle vous semble petite dans l'éloignement, mais à mesure que vous en approchez elle grandit; le spectre démesuré finit par étendre sur vous ses mains froides et par vous étouffer.

De l'autre point de vue la mort paroît énorme au fond de la vie; mais à mesure que vous marchez sur elle, elle diminue, et quand vous êtes au moment de la toucher, elle s'évanouit. L'insensé et le sage, le poltron et le brave, l'esprit impie et l'esprit religieux, l'homme de plaisir et l'homme de vertu, voient ainsi différemment la mort dans la perspective.

La voix de l'homme ne se ranime pas comme celle de l'écho : l'écho peut dormir dix siècles au fond d'un désert et répondre ensuite au voyageur qui l'interroge ; la tombe ne répond jamais.

Toi qui donnas ta vie et ta mort aux hommes, toi qui aimes ceux qui pleurent, exauce la prière de l'infortuné qui souffre à ton exemple ! soutiens le fardeau qui l'écrase ! sois pour lui le Cyrénéen qui t'aida à porter la croix sur le Golgotha !

FIN DES PENSÉES, REFLEXIONS ET MAXIMES.

PRÉFACE.

Lorsqu'en 1800 je quittai l'Angleterre pour rentrer en France sous un nom supposé, je n'osai me charger d'un trop gros bagage : je laissai la plupart de mes manuscrits à Londres. Parmi ces manuscrits se trouvoit celui des *Natchez*, dont je n'apportois à Paris que *René*, *Atala* et quelques descriptions de l'Amérique.

Quatorze années s'écoulèrent avant que les communications avec la Grande-Bretagne se rouvrissent. Je ne songeai guère à mes papiers dans le premier moment de la Restauration; et d'ailleurs comment les retrouver? Ils étoient restés renfermés dans une malle, chez une Angloise qui m'avoit loué un petit appartement à Londres. J'avois oublié le nom de cette femme; le nom de la rue et le numéro de la maison où j'avois demeuré étoient également sortis de ma mémoire.

Sur quelques renseignements vagues et même contradictoires, que je fis passer à Londres, MM. de Thuisy eurent la bonté de commencer des recherches; ils les poursuivirent avec un zèle, une persévérance dont il y a très-peu d'exemples : je me plais ici à leur en témoigner publiquement ma reconnoissance.

Ils découvrirent d'abord avec une peine infinie la maison que j'avois habitée dans la partie ouest de Londres. Mais mon hôtesse étoit morte depuis plusieurs années, et l'on ne savoit ce que ses enfants étoient devenus. D'indication en indication, de renseignement en renseignement, MM. de Thuisy, après bien des courses infructueuses, retrouvèrent enfin, dans un village à plusieurs milles de Londres, la famille de mon hôtesse.

Avoit-elle gardé la malle d'un émigré, une malle remplie de vieux papiers à peu près indéchiffrables? N'avoit-elle point jeté au feu cet inutile ramas de manuscrits françois?

D'un autre côté, si mon nom sorti de son obscurité avoit attiré dans les journaux de Londres l'attention des enfants de mon ancienne hôtesse, n'auroient-ils point voulu profiter des ces papiers, qui dès lors acquéroient une certaine valeur?

Rien de tout cela n'étoit arrivé : les manuscrits avoient été conservés; la malle n'avoit pas même été ouverte. Une religieuse fidélité, dans une famille malheureuse, avoit été gardée à un enfant du malheur. J'avois confié avec simplicité le produit des travaux d'une partie de ma vie à la probité d'un dépositaire étranger, et mon *trésor* m'étoit rendu avec la même simplicité. Je ne connois rien qui m'ait plus touché dans ma vie que la bonne foi et la loyauté de cette pauvre famille angloise.

Voici comme je parlois des *Natchez* dans la Préface de la première édition d'*Atala* :

« J'étois encore très-jeune lorsque je conçus l'idée de faire l'*épopée de l'homme de la nature*, ou de peindre les mœurs des sauvages, en les liant à quelque événement connu. Après la découverte de l'Amérique, je ne vis pas de sujet plus intéressant, surtout pour des François, que le massacre de la colonie des Natchez à la Louisiane, en 1727. Toutes les tribus indiennes conspirant, après deux siècles d'oppression, pour rendre la liberté au Nouveau-Monde me parurent offrir un sujet presque aussi heureux que la conquête du Mexique. Je jetai quelques fragments de cet ouvrage sur le papier, mais je m'aperçus bientôt que je manquois des vraies couleurs, et que si je voulois faire une image semblable, il falloit, à l'exemple d'Homère, visiter les peuples que je voulois peindre.

« En 1789, je fis part à M. de Malesherbes du dessein que j'avois de passer en Amérique. Mais, désirant en même temps donner un but utile à mon voyage, je formai le dessein de découvrir par terre le *passage* tant cherché, et sur lequel Cook même avoit laissé des doutes. Je partis; je vis les solitudes américaines, et je revins avec des plans pour un second voyage, qui devoit durer neuf ans. Je me proposois de traverser tout le continent de l'Amérique septentrionale, de remonter ensuite le long des côtes, au nord de la Californie, et de revenir par la baie d'Hudson, en tournant sous le pôle[1]. M. de Malesherbes se chargea de présenter mes plans au gouvernement, et ce fut alors qu'il entendit les premiers fragments du petit ouvrage que je donne aujourd'hui au public. La révolution mit fin à tous mes projets. Couvert du

---

1. M. Mackenzie a depuis exécuté une partie de ce plan [*].

[*] Le capitaine Francklin est entré dernièrement dans la mer polaire, vue par Hearne, et continue dans ce moment ses recherches.

sang de mon frère unique, de ma belle-sœur, de celui de l'illustre vieillard leur père, ayant vu ma mère et une autre sœur, pleine de talents, mourir des suites du traitement qu'elles avoient éprouvé dans les cachots, j'ai erré sur les terres étrangères...

« De tous mes manuscrits sur l'Amérique, je n'ai sauvé que quelques fragments, en particulier *Atala*, qui n'étoit elle-même qu'un épisode des *Natchez*. *Atala* a été écrite dans le désert et sous les huttes des sauvages. Je ne sais si le public goûtera cette histoire, qui sort de toutes les routes connues et qui présente une nature et des mœurs tout à fait étrangères à l'Europe [1]. »

Dans le *Génie du Christianisme*, tome II des anciennes éditions, au chapitre du *Vague des Passions*, on lisoit ces mots :

« Nous seroit-il permis de donner aux lecteurs un épisode extrait, comme *Atala*, de nos anciens *Natchez* ? C'est la vie de ce jeune René à qui Chactas a raconté son histoire, etc. »

Enfin, dans la Préface générale de cette édition de mes Œuvres, j'ai déjà donné quelques renseignements sur *les Natchez*.

Un manuscrit dont j'ai pu tirer *Atala*, *René* et plusieurs descriptions placées dans le *Génie du Christianisme*, n'est pas tout à fait stérile. Il se compose, comme je l'ai dit ailleurs [2], de deux mille trois cent quatre-vingt-trois pages in-folio. Ce premier manuscrit est écrit de suite, sans section; tous les sujets y sont confondus, voyages, histoire naturelle, partie dramatique, etc.; mais auprès de ce manuscrit d'un seul jet il en existe un autre, partagé en livres, qui malheureusement n'est pas complet, et où j'avois commencé à établir l'ordre. Dans ce second travail non achevé, j'avois non-seulement procédé à la division de la matière, mais j'avois encore changé le genre de la composition, en la faisant passer du roman à l'épopée.

La révision, et même la simple lecture de cet immense manuscrit a été un travail pénible : il a fallu mettre à part ce qui est voyage, à part ce qui est histoire naturelle, à part ce qui est drame; il a fallu beaucoup rejeter et brûler encore davantage de ces compositions surabondantes. Un jeune homme qui entasse pêle-mêle ses idées, ses inventions, ses études, ses lectures, doit produire le chaos; mais aussi dans ce chaos il y a une certaine fécondité qui tient à la puissance de l'âge, et qui diminue en avançant dans la vie.

Il m'est arrivé ce qui n'est peut-être jamais arrivé à un auteur : c'est de

---

1. Préface de la première édition d'*Atala*.
2. Avertissement des Œuvres complètes.

relire après trente années un manuscrit que j'avois totalement oublié. Je l'ai jugé comme j'aurois pu juger l'ouvrage d'un étranger : le vieil écrivain formé à son art, l'homme éclairé par la critique, l'homme d'un esprit calme et d'un sang rassis, a corrigé les essais d'un auteur inexpérimenté, abandonné aux caprices de son imagination.

J'avois pourtant un danger à craindre. En repassant le pinceau sur le tableau, je pouvois éteindre les couleurs ; une main plus sûre, mais moins rapide, couroit risque de faire disparoître les traits moins corrects, mais aussi les touches plus vives de la jeunesse : il falloit conserver à la composition son indépendance et pour ainsi dire sa fougue ; il falloit laisser l'écume au frein du jeune coursier. S'il y a dans les *Natchez* des choses que je ne hasarderois qu'en tremblant aujourd'hui, il y a aussi des choses que je n'écrirois plus, notamment la lettre de René dans le second volume.

Partout, dans cet immense tableau, des difficultés considérables se sont présentées au peintre : il n'étoit pas tout à fait aisé, par exemple, de mêler à des combats, à des dénombrements de troupes à la manière des anciens, de mêler, dis-je, des descriptions de batailles, de revues, de manœuvres, d'uniformes et d'armes modernes. Dans ces sujets mixtes, on marche constamment entre deux écueils, l'affectation ou la trivialité. Quant à l'impression générale qui résulte de la lecture des *Natchez*, c'est, si je ne me trompe, celle qu'on éprouve à la lecture de *René* et d'*Atala* : il est naturel que le tout ait de l'affinité avec la partie.

On peut lire dans Charlevoix (*Histoire de la Nouvelle-France*, t. IV, p. 24) le fait historique qui sert de base à la composition des *Natchez*. C'est de l'action particulière racontée par l'historien que j'ai fait, en l'agrandissant, le sujet de mon ouvrage. Le lecteur verra ce que la fiction a ajouté à la vérité.

J'ai déjà dit qu'il existoit deux manuscrits des *Natchez* : l'un divisé en livres, et qui ne va guère qu'à la moitié de l'ouvrage ; l'autre qui contient le tout sans division, et avec tout le désordre de la matière. De là une singularité littéraire dans l'ouvrage tel que je le donne au public : le premier volume s'élève à la dignité de l'épopée, comme dans *les Martyrs* ; le second volume descend à la narration ordinaire, comme dans *Atala* et dans *René*.

Pour arriver à l'unité du style, il eût fallu effacer du premier volume la couleur épique ou l'étendre sur le second : or, dans l'un ou l'autre cas, je n'aurois plus reproduit avec fidélité le travail de ma jeunesse.

Ainsi donc, dans le premier volume des *Natchez* on trouvera le *merveilleux*, et le merveilleux de toutes les espèces : le merveilleux *chrétien*, le merveilleux *mythologique*, le merveilleux *indien* ; on rencontrera des muses, des anges, des démons, des génies, des combats, des personnages allégoriques : la Renommée, le Temps, la Nuit, la Mort, l'Amitié. Ce volume offre des invocations, des sacrifices, des prodiges, des comparaisons multipliées, les unes courtes, les autres longues, à la façon d'Homère, et formant de petits tableaux.

Dans le second volume, le *merveilleux* disparoît, mais l'intrigue se complique, et les personnages se multiplient : quelques-uns d'entre eux sont pris jusque dans les rangs inférieurs de la société. Enfin, le roman remplace le poëme, sans néanmoins descendre au-dessous du style de *René* et d'*Atala*, et en remontant quelquefois, par la nature du sujet, par celle des caractères et par la description des lieux, au ton de l'épopée.

Le premier volume contient la suite de l'histoire de Chactas et son voyage à Paris. L'intention de ce récit est de mettre en opposition les mœurs des peuples chasseurs, pêcheurs et pasteurs, avec les mœurs du peuple le plus policé de la terre. C'est à la fois la critique et l'éloge du siècle de Lous XIV et un plaidoyer entre la civilisation et l'état de nature : on verra quel juge décide la question.

Pour faire passer sous les yeux de Chactas les hommes illustres du grand siècle, j'ai quelquefois été obligé de serrer les temps, de grouper ensemble des hommes qui n'ont pas vécu tout à fait ensemble, mais qui se sont succédé dans la suite d'un long règne. Personne ne me reprochera sans doute ces légers anachronismes que je devois pourtant faire remarquer ici.

Je dis la même chose des événements que j'ai transportés et renfermés dans une période obligée, et qui s'étendent, historiquement, en deçà et au delà de cette période.

On ne me montrera, j'espère, pas plus de rigueur pour la critique des lois. La procédure criminelle cessa d'être publique en France sous François Ier, et les accusés n'avoient pas de défenseurs. Ainsi, quand Chactas assiste à la plaidoirie d'un jugement criminel, il y a anachronisme pour les lois : si j'avois besoin sur ce point d'une justification, je la trouverois dans Racine même ; Dandin dit à Isabelle :

> Avez-vous jamais vu donner la question ?
> ISABELLE.
> Non, et ne le verrai, que je crois, de ma vie.
> DANDIN.
> Venez : je vous en veux faire passer l'envie.
> ISABELLE.
> Ah ! monsieur, peut-on voir souffrir des malheureux !
> DANDIN.
> Bon ! cela fait toujours passer une heure ou deux.

Racine suppose qu'on voyoit de son temps donner la question, et cela n'étoit pas : les juges, le greffier, le bourreau et ses garçons, assistoient seuls à la torture.

J'espère, enfin, qu'aucun véritable savant de nos jours ne s'offensera du récit d'une séance à l'Académie et d'une innocente critique de la science sous Louis XIV, critique qui trouve d'ailleurs son contre-poids au *souper chez Ninon*. Ils ne s'en offenseront pas davantage que les gens de robe ne se blesseront de ma relation d'une audience au palais. Nos avocats, nobles défenseurs des libertés publiques, ne parlent plus comme le Petit-Jean des *Plaideurs*, et dans notre siècle, où la science a fait de si grands pas et créé tant de prodiges, la pédanterie est un ridicule complétement ignoré de nos illustres savants.

On trouve aussi dans le premier volume des *Natchez* un livre d'un *ciel chrétien* différent du *ciel des Martyrs* : en le lisant j'ai cru éprouver un sentiment de l'infini qui m'a déterminé à conserver ce livre. Les idées de Platon y sont confondues avec les idées chrétiennes, et ce mélange ne m'a paru présenter rien de profane ou de bizarre.

Si on s'occupoit encore de style, les jeunes écrivains pourroient apprendre, en comparant le premier volume des *Natchez* au second, par quels artifices on peut changer une composition littéraire et la faire passer d'un genre à un autre. Mais nous sommes dans le siècle des faits, et ces études de mots paroîtroient sans doute oiseuses. Reste à savoir si le style n'est pas cependant un peu nécessaire pour faire vivre les faits : Voltaire n'a pas mal servi la renommée de Newton. L'histoire, qui punit et qui récompense, perdroit sa puissance si elle ne savoit peindre. Sans Tite-Live, qui se souviendroit du vieux Brutus? sans Tacite, qui penseroit à Tibère? César a plaidé lui-même la cause de son immortalité dans ses Commentaires, et il l'a gagnée. Achille n'existe que par Homère. Otez de ce monde l'art d'écrire, il est probable que vous en ôterez la gloire. Cette gloire est peut-être une assez belle inutilité pour qu'il soit bon de la conserver, du moins encore quelque temps.

La description de l'Amérique *sauvage* appelleroit naturellement le tableau de l'Amérique *policée;* mais ce tableau me paraîtroit mal placé dans la préface d'un ouvrage d'imagination. C'est dans le volume où se trouveront les souvenirs de mes voyages en Amérique, qu'après avoir peint les déserts je dirai ce qu'est devenu le Nouveau-Monde et ce qu'il peut attendre de l'avenir. L'histoire ainsi fera suite à l'histoire, et les divers sujets ne seront pas confondus.

LES NATCHEZ

LES NATCHEZ

LIVRE PREMIER.

A l'ombre des forêts américaines, je veux chanter des airs de la solitude tels que n'en ont point encore entendu des oreilles mortelles ; je veux raconter vos malheurs, ô Natchez ! ô nation de la Louisiane ! dont il ne reste plus que les souvenirs. Les infortunes d'un obscur habitant des bois auroient-elles moins de droits à nos pleurs que celles des autres hommes ? et les mausolées des rois dans nos temples sont-ils plus touchants que le tombeau d'un Indien sous le chêne de sa patrie ?

Et toi, flambeau des méditations, astre des nuits, sois pour moi l'astre du Pinde ! marche devant mes pas, à travers les régions inconnues du Nouveau-Monde, pour me découvrir à ta lumière les secrets ravissants de ces déserts !

René, accompagné de ses guides, avoit remonté le cours du Meschacebé ; sa barque flottoit au pied des trois collines dont le rideau dérobe aux regards le beau pays des enfants du Soleil. Il s'élance sur la rive, gravit la côte escarpée, et atteint le sommet le plus élevé des trois coteaux. Le grand village des Natchez se montroit à quelque distance dans une plaine parsemée de bocages de sassafras : çà et là erroient des Indiennes, aussi légères que les biches avec lesquelles elles bondissoient ; leur bras gauche étoit chargé d'une corbeille suspendue à une longue écorce de bouleau ; elles cueilloient les fraises, dont l'incarnat teignoit leurs doigts et les gazons d'alentour. René descend de la colline et s'avance vers le village. Les femmes s'arrêtoient à quelque distance pour voir passer les étrangers, et puis s'enfuyoient vers les bois : ainsi des colombes regardent le chasseur du haut d'une roche élevée, et s'envolent à son approche.

Les voyageurs arrivent aux premières cabanes du grand village ; ils se présentent à la porte d'une de ces cabanes. Là une famille assemblée étoit assise sur des nattes de jonc; les hommes fumoient le calumet, les femmes filoient des nerfs de chevreuil. Des melons d'eau, des plakmines sèches et des pommes de mai étoient posés sur des feuilles de vigne-vierge au milieu du cercle; un nœud de bambou servoit pour boire l'eau d'érable.

Les voyageurs s'arrêtèrent sur le seuil, et dirent : « Nous sommes venus. » Et le chef de la famille répondit : « Vous êtes venus, c'est bien. » Après quoi chaque voyageur s'assit sur une natte, et partagea le festin sans parler. Quand cela fut fait, un des interprètes éleva la voix, et dit : « Où est le soleil¹? » Le chef répondit : « Absent. » Et le silence recommença.

Une jeune fille parut à l'entrée de la cabane. Sa taille haute, fine et déliée, tenoit à la fois de l'élégance du palmier et de la foiblesse du roseau. Quelque chose de souffrant et de rêveur se mêloit à ses grâces presque divines. Les Indiens, pour peindre la tristesse et la beauté de Céluta disoient qu'elle avoit le regard de la Nuit et le sourire de l'Aurore. Ce n'étoit point encore une femme malheureuse, mais une femme destinée à le devenir. On auroit été tenté de presser cette admirable créature dans ses bras, si l'on n'eût craint de sentir palpiter un cœur dévoué d'avance aux chagrins de la vie.

Céluta entre en rougissant dans la cabane, passe devant les étrangers, se penche à l'oreille de la matrone du lieu, lui dit quelques mots à voix basse, et se retire. Sa robe blanche d'écorce de mûrier ondoyoit légèrement derrière elle, et ses deux talons de rose en relevoient le bord à chaque pas. L'air demeura embaumé, sur les traces de l'Indienne, du parfum des fleurs de magnolia qui couronnoient sa tête : telle parut Héro aux fêtes d'Abydos; telle Vénus se fit connoître, dans les bois de Carthage, à sa démarche et à l'odeur d'ambroisie qu'exhaloit sa chevelure.

Cependant les guides achèvent leur repas, se lèvent, et disent : « Nous nous en allons. » Et le chef indien répond : « Allez où le veulent les génies. » Et ils sortent avec René sans qu'on leur demande quels soins le ciel leur a commis.

Ils passent au milieu du grand village, dont les cabanes carrées supportoient un toit arrondi en dôme. Ces toits de chaume de maïs entrelacé de feuilles s'appuyoient sur des murs recouverts en dedans et en dehors de nattes fort minces. A l'extrémité du village les voyageurs arrivèrent sur une place irrégulière que formoient la cabane

---

1. Le *soleil*, le grand-chef, ou l'empereur des Natchez.

du grand-chef des Natchez et celle de sa plus proche parente, la *femme-chef*[1].

Le concours d'Indiens de tous les âges animoit ces lieux. La nuit étoit survenue, mais des flambeaux de cèdre allumés de toutes parts jetoient une vive clarté sur la mobilité du tableau. Des vieillards fumoient leur calumet, en s'entretenant des choses du passé ; des mères allaitoient leurs enfants ou les suspendoient dans leurs berceaux aux branches des tamarins ; plus loin de jeunes garçons, les bras attachés ensemble, s'essayoient à qui supporteroit plus longtemps l'ardeur d'un charbon enflammé ; les guerriers jouoient à la balle avec des raquettes garnies de peaux de serpents ; d'autres guerriers avoient de vives contentions aux jeux des pailles et des osselets ; un plus grand nombre exécutoit la danse de la guerre ou celle du buffle, tandis que des musiciens frappoient avec une seule baguette une sorte de tambour, souffloient dans une conque sauvage ou tiroient des sons d'un os de chevreuil percé à quatre trous, comme le fifre aimé du soldat.

C'étoit l'heure où les fleurs de l'hibiscus commencent à s'entr'ouvrir dans les savanes, et où les tortues du fleuve viennent déposer leurs œufs dans les sables. Les étrangers avoient déjà passé sur la place des jeux tout le temps qu'un enfant indien met à parcourir une cabane, quand, pour essayer sa marche, sa mère lui présente la mamelle et se retire en souriant devant lui. On vit alors paroître un vieillard. Le ciel avoit voulu l'éprouver : ses yeux ne voyoient plus la lumière du jour. Il cheminoit tout courbé, s'appuyant d'un côté sur le bras d'une jeune femme, de l'autre sur un bâton de chêne.

Le patriarche du désert se promenoit au milieu de la foule charmée ; les sachems mêmes paroissoient saisis de respect, et faisoient, en le suivant, un cortége de siècles au vénérable homme qui jetoit tant d'éclat et attiroit tant d'amour sur le vieil âge.

René et ses guides l'ayant salué à la manière de l'Europe, le sauvage, averti, s'inclina à son tour devant eux, et, prenant la parole dans leur langue maternelle, il leur dit : « Étrangers, j'ignorois votre présence parmi nous. Je suis fâché que mes yeux ne puissent vous voir ; j'aimois autrefois à contempler mes hôtes et à lire sur leur front s'ils étoient aimés du ciel. » Il se tourna ensuite vers la foule qu'il entendoit autour de lui : « Natchez, comment avez-vous laissé ces François si longtemps seuls? Êtes-vous assurés que vous ne serez jamais voyageurs loin de votre terre natale? Sachez que toutes les

---

[1]. Le fils de cette femme héritoit de la royauté.

fois qu'il arrive parmi vous un étranger, vous devez, un pied nu dans le fleuve et une main étendue sur les eaux, faire un sacrifice au Meschacebé, car l'étranger est aimé du Grand-Esprit. »

Près du lieu où parloit ainsi le vieillard se voyoit un catalpa au tronc noueux, aux rameaux étendus et chargés de fleurs : le vieillard ordonne à sa fille de l'y conduire. Il s'assied au pied de l'arbre avec René et les guides. Des enfants montés sur les branches du catalpa éclairoient avec des flambeaux la scène au-dessous d'eux. Frappés de la lueur rougeâtre des torches, le vieil arbre et le vieil homme se prêtoient mutuellement une beauté religieuse ; l'un et l'autre portoient les marques des rigueurs du ciel, et pourtant ils fleurissoient encore après avoir été frappés de la foudre.

Le frère d'Amélie ne se lassoit point d'admirer le sachem. Chactas (c'étoit son nom) ressembloit aux héros représentés par ces bustes antiques qui expriment le repos dans le génie et qui semblent naturellement aveugles. La paix des passions éteintes se mêloit sur le front de Chactas à cette sérénité remarquable chez les hommes qui ont perdu la vue, soit qu'en étant privés de la lumière terrestre nous commercions plus intimement avec celle des cieux, soit que l'ombre où vivent les aveugles ait un calme qui s'étende sur l'âme, de même que la nuit est plus silencieuse que le jour.

Le sachem, prenant le calumet de paix chargé de feuilles odorantes du laurier de montagne, poussa la première vapeur vers le ciel, la seconde vers la terre et la troisième autour de l'horizon. Ensuite il le présente aux étrangers. Alors le frère d'Amélie dit : « Vieillard ! puisse le ciel te bénir dans tes enfants ! Es-tu le pasteur de ce peuple qui t'environne ? Permets-moi de me ranger parmi ton troupeau. »

« Étranger, repartit le sage des bois, je ne suis qu'un simple sachem, fils d'Outalissi. On me nomme Chactas, parce qu'on prétend que ma voix a quelque douceur ; ce qui peut provenir de la crainte que j'ai du Grand-Esprit. Si nous te recevons comme un fils, nous ne devons point en retirer de louanges. Depuis longtemps nous sommes amis d'Ononthio [1] dont le soleil [2], habite de l'autre côté du lac sans rivage [3]. Les vieillards de ton pays ont discouru avec les vieillards du mien et mené dans leur temps la danse des forts, car nos aïeux étoient une race puissante. Que sommes-nous auprès de nos aïeux ? Moi-même qui te parle, j'ai habité jadis parmi tes pères : je n'étois pas courbé vers la terre comme aujourd'hui, et mon nom retentissoit dans les forêts. J'ai contracté une grande dette envers la

---

1. Le gouverneur françois.   2. Le roi de France.   3. La mer.

France. Si l'on me trouve quelque sagesse, c'est à un François que je la dois, ce sont ses leçons qui ont germé dans mon cœur : les paroles de l'homme, selon les voies du Grand-Esprit, sont des graines fines que les brises de la fécondité dispersent dans mille climats, où elles se développent en pur maïs ou en fruits délicieux. Mes os, ô mon fils, reposeroient mollement dans la cabane de la mort, si je pouvois, avant de descendre à la contrée des âmes, prouver ma reconnoissance par quelque service rendu aux compatriotes de mon ancien hôte du pays des blancs. »

En achevant de prononcer ces mots, le Nestor des Natchez se couvrit la tête de son manteau, et parut se perdre dans quelque grand souvenir. La beauté de ce vieillard, l'éloge d'un homme policé prononcé au milieu d'un désert par un sauvage, le titre de fils donné à un étranger, cette coutume naïve des peuples de la nature de traiter de parents tous les hommes, touchoient profondément René.

Chactas, après quelques moments de silence, reprit ainsi la parole : « Étranger du pays de l'Aurore, si je t'ai bien compris, il me semble que tu es venu pour habiter les forêts où le soleil se couche. Tu fais là une entreprise périlleuse ; il n'est pas aussi aisé que tu le penses d'errer par les sentiers du chevreuil. Il faut que les Manitous du malheur t'aient donné des songes bien funestes, pour t'avoir conduit à une pareille résolution. Raconte-nous ton histoire, jeune étranger : je juge par la fraîcheur de ta voix, et en touchant tes bras je vois par leur souplesse que tu dois être dans l'âge des passions. Tu trouveras ici des cœurs qui pourront compatir à tes souffrances. Plusieurs des sachems qui nous écoutent connoissent la langue et les mœurs de ton pays ; tu dois apercevoir aussi, dans la foule, des blancs, tes compatriotes du fort Rosalie, qui seront charmés d'entendre parler de leur pays. »

Le frère d'Amélie répondit d'une voix troublée : « Indien, ma vie est sans aventures, et le cœur de René ne se raconte point. »

Ces paroles brusques furent suivies d'un profond silence : les regards du frère d'Amélie étinceloient d'un feu sombre ; les pensées s'amonceloient et s'entr'ouvroient sur son front comme des nuages ; ses cheveux avoient une légère agitation sur ses tempes. Mille sentiments confus régnoient dans la multitude : les uns prenoient l'étranger pour un insensé, les autres pour un génie revêtu de la forme humaine.

Chactas, étendant la main dans l'ombre, prit celle de René. « Étranger, lui dit-il, pardonne à ma prière indiscrète : les vieillards sont curieux ; ils aiment à écouter des histoires pour avoir le plaisir de faire des leçons. »

Sortant de l'amertume de ses pensées, et ramené au sentiment de sa nouvelle existence, René supplia Chactas de le faire admettre au nombre des guerriers natchez, et de l'adopter lui-même pour son fils.

« Tu trouveras une natte dans ma cabane, répondit le sachem, et mes vieux ans s'en réjouiront. Mais le Soleil est absent ; tu ne peux être adopté qu'après son retour. Mon hôte, réfléchis bien au parti que tu veux prendre. Trouveras-tu dans nos savanes le repos que tu viens y chercher ? Es-tu certain de ne jamais nourrir dans ton cœur les regrets de la patrie ? Tout se réduit souvent pour le voyageur à échanger dans la terre étrangère des illusions contre des souvenirs. L'homme entretient dans son sein un désir de bonheur qui ne se détruit ni ne se réalise ; il y a dans nos bois une plante dont la fleur se forme et ne s'épanouit jamais : c'est l'espérance. »

Ainsi parloit le sachem : mêlant la force à la douceur, il ressembloit à ces vieux chênes où les abeilles ont caché leur miel.

Chactas se lève à l'aide du bras de sa fille. Le frère d'Amélie suit le sachem, que la foule empressée reconduit à sa cabane. Les guides retournèrent au fort Rosalie.

Cependant René étoit entré sous le toit de son hôte, qu'ombrageoient quatre superbes tulipiers. On fait chauffer une eau pure dans un vase de pierre noire, pour laver les pieds du frère d'Amélie. Chactas sacrifie aux Manitous protecteurs des étrangers ; il brûle en leur honneur des feuilles de saule : le saule est agréable aux génies des voyageurs, parce qu'il croît au bord des fleuves, emblèmes d'une vie errante. Après ceci Chactas présenta à René la calebasse de l'hospitalité, où six générations avoient bu l'eau d'érable. Elle étoit couronnée d'hyacinthes bleues, qui répandoient une bonne odeur. Deux Indiens, célèbres par leur esprit ingénieux, avoient crayonné sur ses flancs dorés l'histoire d'un voyageur égaré dans les bois. René, après avoir mouillé ses lèvres dans la coupe fragile, la rendit aux mains tremblantes du patron de la solitude. Le calumet de paix, dont le fourneau étoit fait d'une pierre rouge, fut de nouveau présenté au frère d'Amélie. On lui servit en même temps deux jeunes ramiers qui, nourris de baies de genévrier par leur mère, étoient un mets digne de la table d'un roi. Le repas achevé, une jeune fille aux bras nus parut devant l'étranger, et, dansant la chanson de l'hospitalité, elle disoit :

« Salut, hôte du Grand-Esprit ! salut, ô le plus sacré des hommes ! Nous avons du maïs et une couche pour toi : salut, hôte du Grand-Esprit ! salut, ô le plus sacré des hommes ! » La jeune fille prit l'étranger par la main, le conduisit à la peau d'ours qui devoit lui servir de lit, et puis elle se retira auprès de ses parents. René s'étendit sur la couche du chasseur, et dormit son premier sommeil chez les Natchez.

Tandis que la nation du Soleil s'occupe encore de jeux et de fêtes, une fatale destinée précipite de toutes parts les événements. Abandonnant les champs fertilisés par les sueurs de leurs aïeux, de jeunes hommes, plantes étrangères arrachées au doux sol de la France, viennent en foule peupler de leur fructueux exil le fort qui gourmande le Meschacebé et qui fait redire à ses bords le nom charmant de Rosalie. Perrier, qui gouverne à la Nouvelle-Orléans les vastes champs de la Louisiane, Perrier ordonne à Chépar, vaillant capitaine des François aux Natchez, de faire le dénombrement de ses soldats, afin de porter ensuite, si telle étoit la nécessité, le soc ou la bêche jusque dans les tombeaux des Indiens. Chépar commande aussitôt à ses bataillons de se déployer à la première aurore sur les bords du fleuve.

A peine les rayons du matin avoient jailli du sein des mers Atlantiques, que le bruit des tambours et les fanfares des trompettes font tressaillir le guerrier dans sa tente assoupi. Le désert s'épouvante et secoue sa chevelure de forêts; la terreur pénètre au fond de ses demeures, qui depuis la naissance du monde ne répétoient que les soupirs des vents, le bramement des cerfs et le chant des oiseaux.

A ce signal, le démon des combats, le sanguinaire Areskoui[1] et les autres esprits des ombres poussent un cri de joie. L'ange du Dieu des armées répond à leurs menaces en frappant sa lance d'or sur son bouclier de diamant : telles sont les rumeurs de l'Océan lorsque les fleuves américains, enflant leurs urnes, fondent tous ensemble sur leur vieux père : l'Océan, fracassant ses vagues entre les rochers, étincelle ; il se soulève indigné, se précipite sur ses fils, et les frappant de son trident, les repousse dans leur lit fangeux. Le soldat françois entend ces bruits ; il se réveille, comme le cheval de bataille qui dresse l'oreille au frémissement de l'airain, ouvre ses narines fumantes, remplit l'air de ses grêles hennissements, mord les barreaux de sa crèche, qu'il couvre d'écume, et décèle dans toutes ses allures l'impatience, le courage, la grâce et la légèreté.

Un mouvement général se manifeste dans le camp et dans le fort. Les fantassins courent aux faisceaux d'armes ; les cavaliers voltigent déjà sur leurs coursiers ; on entend le bruit des chaînes et les roulements de la pesante artillerie. Partout brille l'acier, partout flottent les drapeaux de la France : drapeaux immortels couverts de cicatrices, comme des guerriers vieillis dans les combats. Bientôt l'armée se

---

1. Génie ou dieu de la guerre chez les sauvages.

déroule le long du Meschacebé. Le chœur des instruments de Bellone anime de ses airs triomphants tous ces braves, tandis que l'on voit s'agiter en cadence le bonnet du grenadier, qui, reposé sur ses armes, bat la mesure avec une gaieté qui inspire la terreur.

Fille de Mnémosyne à la longue mémoire! âme poétique des trépieds de Delphes et des colombes de Dodone, déesse qui chantez autour du sarcophage d'Homère sur quelque grève inconnue de la mer Égée, vous qui, non loin de l'antique Parthénope, faites naître le laurier du tombeau de Virgile, Muse! daignez quitter un moment tous ces morts harmonieux et leurs vivantes poussières; abandonnez les rivages de l'Ausonie, les ondes du Sperchius et les champs où fut Troie; venez m'animer de votre divin souffle : que je puisse nommer les capitaines et les bataillons de ce peuple indompté dont les exploits fatigueroient même, ô Calliope! votre poitrine immortelle!

Au centre de l'armée paroissoit ce bataillon vêtu d'azur, qui lance les foudres de Bellone : c'est lui qui, dans presque tous les combats, détermine la fortune à suivre la France; instruit dans les sciences les plus sublimes, il fait servir le génie à couronner la victoire. Nulle nation ne peut se vanter d'une pareille troupe. Folard la commande, l'impassible Folard, qui peut dans les plus grands dangers mesurer la courbe du boulet ou de la bombe, indiquer la colline dont il faut se saisir, tracer et résoudre sur l'arène sanglante, au milieu des feux et de la mort, les figures et les problèmes de Pythagore.

L'infanterie, blanche et légère comme la neige, se forme rapidement devant les lentes machines qui vomissent le fer et la flamme. Marseille, dont les galères remontent l'antique Égyptus; Lorient, qui fait voguer ses vaisseaux jusque dans les mers de la Taprobane; la Touraine, si délicieuse par ses fruits; la Flandre aux plaines ensanglantées; Lyon la romaine; Strasbourg la germanique; Toulouse, si célèbre par ses troubadours; Reims, où les rois vont chercher leur couronne; Paris, où ils viennent la porter : toutes les villes, toutes les provinces, tous les fleuves des Gaules, ont donné ces fameux soldats à l'Amérique.

Leurs armes ne sont plus l'épée ou l'angon; ils ne se parent plus du large bracha et des colliers d'or; ils portent un tube enflammé, surmonté du glaive de Bayonne : leur vêtement est celui du lis, symbole de l'honneur virginal de la France.

Divisée en cinquante compagnies, cinquante capitaines choisis commandent cette infanterie formidable. Là se montrent et l'infatigable Toustain, qui naquit aux plaines de la Beauce, où les moissons roulent en nappes d'or, et le prompt Armagnac, qui fut plongé en naissant dans ce fleuve dont les ondes inspirent le courage et les saillies, et le patient Tourville, nourri dans les vallées herbues où dansent des paysannes à la haute coiffure et au corset de soie. Mais qui pourroit nommer tant d'illustres guerriers : Beaumanoir, sorti des rochers de l'Armorique ; Causans, que sa tendre mère mit au jour au bord de la fontaine de Laure ; d'Aumale, qui goûta le vin d'Aï avant le lait de sa nourrice ; Saint-Aulaire de Nîmes, élevé sous un portique romain, et Gautier de Paris, dont la jeunesse enchantée coula parmi les roses de Fontenay, les chênes de Senar, les jardins de Chantilly, de Versailles et d'Ermenonville ?

Parmi ces vaillants capitaines on distingue surtout le jeune d'Artaguette à la beauté de son visage, à l'air d'humanité et de douceur qui tempère l'intrépidité de son regard. Il suit le drapeau de l'honneur, et brûle de verser son sang pour la France ; mais il déteste les injustices, et plus d'une fois dans les conseils de la guerre il a défendu les malheureux Indiens contre la cupidité de leurs oppresseurs.

A la gauche de l'infanterie s'étendent les lestes escadrons de ces espèces de centaures au vêtement vert, dont le casque est surmonté d'un dragon. On voit sur leurs têtes se mouvoir leurs aigrettes de crin, qu'agitent les mouvements du coursier retenu avec peine dans le rang de ses compagnons. Ces cavaliers enfoncent leurs jambes dans un cuir noirci, dépouille du buffle sauvage ; un long sabre rebondit sur leur cuisse, lorsque, balayant la terre avec les flancs de leur coursier, ils fondent, le pistolet à la main, sur l'ennemi. Selon les hasards de Bellone, on les voit quitter leurs chevaux à la crinière dorée, combattre à pied sur la montagne, s'élancer de nouveau sur leurs coursiers, descendre et remonter encore. Ces guerriers ont presque tous vu le jour non loin de ce fleuve où le soleil mûrit un vin léger propre à éteindre la soif du soldat dans l'ardeur de la bataille ; ils obéissent à la voix du brillant Villars.

A l'aile opposée du corps de l'armée paroît, immobile, la pesante cavalerie, dont le vêtement, d'un sombre azur, est ranimé par un pli brillant emprunté du voile de l'Aurore. Les glands, d'un or filé et tordu, sautent en étincelant sur les épaules des guerriers, au trot mesuré de leurs chevaux. Ces guerriers couvrent leurs fronts du chapeau gaulois, dont le triangle bizarre est orné d'une rose blanche qu'attacha souvent la main d'une vierge timide, et que surmonte de sa cime légère un gracieux faisceau de plumes. C'étoit vous, intrépide Nemours, qui meniez ces fameux chevaux aux combats.

Mais pourrois-je oublier cette phalange qui, placée derrière toute l'armée, devoit la défendre des surprises de l'ennemi ? Sacré bataillon de laboureurs, vous étiez descendus des rochers de l'Helvétie, vêtus de la pourpre de Mars ; la pique dont vos aïeux percèrent les tyrans est encore dans vos mains rustiques ; au milieu du désordre des camps et de la corruption du nouvel âge, vous gardez vos vertus premières. Le souvenir de vos demeures champêtres vous poursuit ; ce n'est qu'à regret que vous vous trouvez exilés sur de lointains rivages, et l'on craint de vous faire entendre ces airs de la patrie qui vous rappellent vos pères, vos mères, vos frères, vos sœurs, et le mugissement des troupeaux sur vos montagnes.

D'Erlach tient sous sa discipline ces enfants de Guillaume Tell ; il descend d'un de ces Suisses qui teignirent de leur sang, auprès de Henri III, les lis abandonnés. Heureux si, sur les degrés du Louvre, les fils de ces étrangers ne renouvellent point leur sacrifice !

Enfin le Canadien Henry dirige à l'avant-garde cette troupe de François demi-sauvages, enfants sans soucis des forêts du Nouveau-Monde. Ces chasseurs, assemblés pêle-mêle à la tête de l'armée, portent pour tout vêtement une tunique de lin qu'une ceinture rapproche de leurs flancs : une corne de chevreuil, renfermant le plomb et le salpêtre, s'attache par un cordon, en forme de baudrier, sur leur poitrine ; une courte carabine rayée se suspend comme un carquois à leurs épaules : rarement ils manquent leur but, et poursuivent les hommes dans les bois comme les daims et les cerfs. Rivaux des peuples du désert, ils en ont pris les goûts, les mœurs et la liberté ; ils savent découvrir les traces d'un ennemi, lui tendre des embûches ou le forcer dans sa retraite. En vain les pandoures qui les accompagnent sur leurs petits chevaux de race tartare, en vain ces cavaliers du Danube, aux longs pantalons, aux vestes fourrées flottant en arrière, au bonnet oriental, aux moustaches retroussées, veulent devancer les coureurs canadiens : moins rapide est l'hirondelle effleurant les ondes, moins léger le duvet du roseau qu'emporte un tourbillon.

Les troupes ainsi rassemblées bordoient les rives du fleuve, lorsque, monté sur une cavale blanche, élevée vagabonde dans les savanes mexicaines, voici venir Chépar au milieu d'un cortége de guerriers.

Né sous la tente des Luxembourg et des Catinat, le vieux capitaine ne voyoit la société que dans les armes ; le monde pour lui étoit un camp. Inutilement il avoit traversé les mers, sa vue restoit circonscrite au cercle qu'elle avoit jadis embrassé, et l'Amérique sauvage ne reproduisoit à ses yeux que l'Europe civilisée : ainsi le ver laborieux, qui ourdit la plus belle trame, ne connoît cependant que sa voûte d'or, et ne peut étendre ses regards sur la nature.

Le chef s'avance et s'arrête bientôt à quelques pas du front des guerriers : les roulements des tambours se font entendre, les capitaines courent à leur poste, les soldats s'affermissent dans leurs rangs. Au second signal, la ligne se fixe et devient immobile, semblable alors au mur d'une cité au-dessus duquel flottent les drapeaux de Mars.

Les tambours se taisent; une voix s'élève, et va se répétant le long des bataillons, de chef en chef, comme d'écho en écho. Mille tubes enlevés de la terre frappent ensemble l'épaule du fantassin; les cavaliers tirent leurs sabres, dont l'acier, réfléchissant les rayons du soleil, mêle ses éclairs aux triples ondes de feu des baïonnettes : ainsi durant une nuit d'hiver brille une solitude où des tribus canadiennes célèbrent la fête de leurs génies; réunies sur la surface solide d'un fleuve, elles dansent à la lueur des pins allumés de toutes parts; les cataractes enchaînées, les montagnes de neige, les forêts de cristal, se revêtent de splendeur, tandis que les sauvages croient voir les esprits du nord voguer dans leurs canots aériens, avec des pagayes de flamme, sur l'aurore mouvante de Borée.

Cependant les rangs de l'armée s'entr'ouvrent, et présentent au commandant des allées régulières : il les parcourt avec lenteur, examinant les guerriers soumis à ses ordres, comme un jardinier se promène entre les files des jeunes arbres dont sa main affermit les racines et dirige les rameaux.

Aussitôt que la revue est finie, Chépar veut que les capitaines exercent les troupes aux jeux de Mars. L'ordre est donné; le coup de baguette retentit. Soudain vous eussiez vu le soldat tendre et porter en avant le pied gauche, avec l'assurance et la fermeté d'un Hercule. L'armée entière s'ébranle; ses pas égaux mesurent la marche que frappent les tambours. Les jambes noircies des soldats ouvrent et ferment une longue avenue, en se croisant comme les ciseaux d'une jeune fille qui découpe d'ingénieux ouvrages. Par intervalles, les caisses d'airain que recouvre la peau de l'onagre se taisent au signe du géant qui les guide; alors mille instruments, fils d'Éole, animent les forêts, tandis que les cymbales du nègre se choquent dans l'air et tournent comme deux soleils.

Rien de plus merveilleux et de plus terrible à la fois que de voir ces légions marcher au son de la musique, comme si elles ouvroient les danses de quelque fête : nul ne peut les regarder sans se sentir possédé de la fureur des combats, sans brûler de partager leur gloire et leurs périls. Les fantassins s'appuient et tournent sur leurs ailes de cavalerie comme sur deux pôles; tantôt ils s'arrêtent, ébranlent la solitude par de pesantes décharges ou par un feu successif qui remonte et redescend le long de la ligne comme les orbes d'un serpent; tantôt ils baissent tous à la fois la pointe de la baïonnette, si fatale dans des mains françoises : coucher leurs armes à terre, les reprendre, les lancer à leur épaule, les présenter en salut, les charger ou se reposer sur elles, ce n'est pas la durée d'un moment pour ces enfants de la Victoire.

A cet exercice des armes succèdent de savantes manœuvres. Tour à tour l'armée s'allonge et se resserre, tour à tour s'avance et se retire : ici elle se creuse comme la corbeille de Flore ; là elle s'enfle comme les contours d'une urne de Corinthe : le Méandre se replie moins de fois sur lui-même, la danse d'Ariadne gravée sur le bouclier d'Achille avoit moins d'erreurs que les labyrinthes tracés sur la plaine par ces disciples de Mars. Leurs capitaines font prendre aux bataillons toutes les figures d'Uranie : ainsi des enfants étendent des soies légères sur leurs doigts légers ; sans confondre ou briser le dédale fragile, ils déploient en étoile, le dessinent en croix, le ferment en cercle et l'entr'ouvrent doucement sous la forme d'un berceau.

Les Indiens assemblés admiroient ces jeux, qui leur cachoient des tempêtes.

LIVRE DEUXIÈME.

Satan, planant dans les airs, au-dessus de l'Amérique, jetoit un regard désespéré sur cette partie de la terre où le Sauveur le poursuit, comme le soleil qui, s'avançant des portes de l'Orient, chasse devant lui les ténèbres : le Chili, le Pérou, le Mexique, la Californie, reconnoissent déjà les lois de l'Évangile ; d'autres colonies chrétiennes couvrent les rivages de l'Atlantique, et des missionnaires ont enseigné le vrai Dieu aux sauvages des déserts. Satan, rempli de projets de vengeance, va aux enfers rassembler le conseil des démons.

Il déroule devant ses compagnons de douleurs le tableau de ce qu'il a fait pour perdre la race humaine, pour partager le monde créé avec le Créateur, pour opposer le mal au bien sur la terre, et, au delà de la terre, l'enfer au ciel. Il propose aux légions maudites un dernier combat ; il veut armer toutes les nations idolâtres du nouveau continent, il veut unir toutes ces nations dans un vaste complot, afin d'exterminer les chrétiens.

C'est au milieu des Natchez qu'il aperçoit les passions propres à seconder son entreprise. « Dieux de l'Amérique, s'écrie-t-il, anges tombés avec moi, vous qui vous faites adorer sous la forme d'un serpent, vous que l'on invoque comme les génies des castors et des ours, vous qui, sous le nom de Manitous, remplissez les songes, inspirez les craintes ou entretenez les espérances des peuples barbares ; vous qui murmurez dans les vents, qui mugissez dans les cataractes, qui présidez au silence ou à la terreur des forêts, allez défendre vos autels. Répandez les illusions et les ténèbres ; soufflez de toutes parts la discorde, la jalousie, l'amour, la haine, la vengeance. Mêlez-vous aux conseils et aux jeux des Natchez ; que tout devienne prodige chez des hommes où tout est fêtes et combats. Je vous donnerai mes ordres : soyez attentifs à les exécuter. »

Il dit, et le Tartare pousse un rugissement de joie, qui fut entendu dans les forêts du Nouveau-Monde. Areskoui, démon de la guerre, Athaensic, qui excite à la vengeance, le génie des fatales amours, mille autres puissances infernales se lèvent à la fois pour seconder les desseins du prince des ténèbres. Celui-ci va chercher sur la terre le démon de la renommée, qui n'avoit point assisté au conseil infernal.

Le soleil ne faisoit que de paroître à l'horizon lorsque le frère d'Amélie ouvrit les yeux dans la demeure d'un sauvage. L'écorce qui servoit de porte à la hutte avoit été roulée et relevée sur le toit. Enveloppé dans son manteau, René se trouvoit couché sur sa natte, de manière que sa tête étoit placée à l'ouverture de la cabane. Les premiers objets qui s'offrirent à sa vue, en sortant d'un profond sommeil, furent la vaste coupole d'un ciel bleu où voloient quelques oiseaux et la cime des tulipiers qui frémissoient au souffle des brises du matin. Des écureuils se jouoient dans les branches de ces beaux arbres, et des perruches siffloient sous leurs feuilles satinées. Le visage tourné vers le dôme azuré, le jeune étranger enfonçoit ses regards dans ce dôme qui lui paroissoit d'une immense profondeur et transparent comme le verre. Un sentiment confus de bonheur, trop inconnu à René, reposoit au fond de son âme, en même temps que le frère d'Amélie croyoit sentir son sang rafraîchi descendre de son cœur dans ses veines et par un long détour remonter à sa source : telle l'antiquité nous peint des ruisseaux de lait s'égarant au sein de la terre, lorsque les hommes avoient leur innocence et que le soleil de l'âge d'or se levoit aux chants d'un peuple de pasteurs.

Un mouvement dans la cabane tira le voyageur de sa rêverie : il aperçut alors le patriarche des sauvages assis sur une natte de roseau. Auprès du foyer, Saséga, laborieuse matrone, faisoit infuser des dentelles de Loghetto avec des écorces de pin rouge, qui donnent une pourpre éclatante. Dans un lieu retiré, la nièce de Chactas empennoit des flèches avec des plumes de faucon. Céluta, son amie, qui l'étoit venue visiter, sembloit l'aider dans son travail; mais sa main, arrêtée sur l'ouvrage, annonçoit que d'autres sentiments occupoient son cœur.

Le frère d'Amélie s'étoit endormi l'homme de la société, il se réveilloit l'homme de la nature. Le ciel étoit sur sa tête, comme le dais de sa couche; des courtines de feuillages et de fleurs sembloient pendre de ce dais superbe; des vents souffloient la fraîcheur et la santé; des hommes libres, des femmes pures entouroient la couche du jeune homme. Il se seroit volontiers touché pour s'assurer de son existence, pour se convaincre qu'autour de lui tout n'étoit pas illusion. Tel fut le réveil du guerrier aimé d'Armide, lorsque l'enchanteresse trouvant son ennemi plongé dans le sommeil, l'emporta sur une nue et le déposa dans les bocages des îles Fortunées.

René se lève, sort, se plonge dans l'onde voisine, respire l'odeur des sassafras et des liquidambars, salue la lumière de l'orient, les flots du Meschacebé, les savanes et les forêts, et rentre dans la cabane.

Cependant les femmes sourioient des manières de l'étranger; c'étoit de ce sourire de femmes qui ne blesse point. Céluta fut chargée d'apprêter le repas de l'hôte de Chactas : elle prit de la farine de maïs, qu'elle pétrit avec de l'eau de fontaine; elle en forma un gâteau qu'elle présenta à la flamme en le soutenant avec une pierre. Elle fit ensuite bouillir de l'eau dans un vase en forme de corbeille; elle versa cette eau sur la poudre de la racine de smilax : ce mélange exposé à l'air se changea en une gelée rose d'un goût délicieux. Alors Céluta retira le pain du foyer, et l'offrit au frère d'Amélie; elle lui servit en même temps, avec la gelée nouvelle, un rayon de miel et de l'eau d'érable.

Ayant fini ces choses avec un grand zèle, elle se tint debout fort agitée devant l'étranger. Celui-ci, enseigné par Chactas, se leva, imposa les deux mains en signe de deuil sur la tête de l'Indienne, car elle avoit perdu son père et sa mère et elle n'avoit plus pour soutien que son frère Outougamiz. La famille poussa les trois cris de douleur appelés cris de veuve : Céluta retourna à son ouvrage; René commença son repas du matin.

Alors Céluta, chargée d'amuser le guerrier blanc, se mit à chanter. Elle disoit :

« Voici le plaqueminier; sous ce plaqueminier il y a un gazon; sous ce gazon repose une femme. Moi qui pleure sous le plaqueminier, je m'appelle Céluta; je suis fille de la femme qui repose sous le gazon; elle étoit ma mère.

« Ma mère me dit en mourant : Travaille; sois fidèle à ton époux quand tu l'auras trouvé; s'il est heureux, sois humble et timide; n'approche de lui que lorsqu'il te dira : Viens, mes lèvres veulent parler aux tiennes.

« S'il est infortuné, sois prodigue de tes caresses ; que ton âme environne la sienne, que ta chair soit insensible aux vents et aux douleurs. Moi, qui m'appelle Céluta, je pleure maintenant sous le plaqueminier ; je suis la fille de la femme qui repose sous le gazon. »

L'Indienne, en chantant ces paroles, trembloit, et des larmes couloient comme des perles le long de ses joues : elle ne savoit pourquoi, à la vue du frère d'Amélie, elle se souvenoit des derniers conseils de sa mère. René sentoit lui-même ses yeux humides. La famille partageoit l'émotion de Céluta, et toute la cabane pleuroit de regret, d'amour et de vertu. Tel fut le repas du matin.

A peine cette scène étoit terminée qu'un guerrier parut : il apportoit une hache en présent à l'étranger, pour qu'il se bâtît une cabane. Il conduisoit en même temps une vierge plus belle et plus jeune que Chryséis, afin que le nouveau fils de Chactas commençât un lit dans le désert. Céluta baissa la tête dans son sein ; Chactas, averti de ce qui se passoit, devina le reste. Alors, d'une voix courroucée : « Veut-on faire un affront à Chactas ? Le guerrier adopté par moi ne doit pas être traité comme un étranger. »

Consterné à cette réprimande du vieillard, l'envoyé frappa des mains, et s'écria : « René adopté par Chactas ne doit pas être regardé comme un étranger. »

Cependant Chactas conseilla au frère d'Amélie de faire un présent à Mila, dans la crainte d'offenser une famille puissante qui comptoit plus de trente tombeaux. René obéit : il ouvrit un cassette de bois de papaya ; il en tira un collier de porcelaine ; ce collier étoit monté sur un fil de la racine du tremble, appelé l'arbre du refus, parce que la liane se dessèche autour de son tronc. René faisoit ces choses par le conseil de Chactas ; il donna le collier à Mila, à peine âgée de quatorze ans, en lui disant : « Heureux votre père et votre mère ! plus heureux celui qui sera votre époux ! » Mila jeta le collier à terre.

La paix descendit sur la cabane le reste de la journée ; Céluta retourna chez son frère Outougamiz, Mila chez ses parents, et Chactas alla converser avec les sachems.

Le soir on se rassembla sous les tulipiers : la famille prit un repas sur l'herbe semée de verveine empourprée et de ruelles d'or. Le chant monotone du will-poor-will, le bourdonnement du colibri, le cri des dindes sauvages, les soupirs de la nonpareille, le sifflement de l'oiseau moqueur, le sourd mugissement des crocodiles dans les glaïeuls, formoient l'inexprimable symphonie de ce banquet.

Échappés du royaume des ombres, et descendant sans bruit à la clarté des étoiles, les songes venoient se reposer sur le toit des sauvages. C'étoit l'heure où le cyclope européen rallume la fournaise, dont la flamme se dilate ou se concentre aux mouvements des larges soufflets. Tout à coup un cri retentit : réveillées en sursaut dans la cabane, les femmes se dressent sur leur couche; Chactas prête l'oreille; une Indienne soulève l'écorce de la porte, et ces mots se pressent sur ses lèvres : « Les méchants Manitous sont déchaînés : sortez! sortez! » La famille se précipite sous les tulipiers.

La nuit régnoit : des nuages brisés ressembloient, dans leur désordre sur le firmament, aux ébauches d'un peintre dont le pinceau se seroit essayé au hasard sur une toile azurée. Des langues de feu livides et mouvantes léchoient la voûte du ciel. Soudain ces feux s'éteignent : on entend quelque chose de terrible passer dans l'obscurité, et du fond des forêts s'élève une voix qui n'a rien de l'homme.

Dans ce moment un guerrier se présente à la porte de la cabane; il adresse à Chactas ces paroles précipitées : « Le conseil de la nation s'assemble; les Blancs se préparent à lever la hache contre nous; il leur est arrivé de nouveaux soldats. D'une autre part, le trouble est dans la nation : la femme-chef, mère du jeune soleil, est en proie aux mauvais génies; Ondouré paroît possédé d'un passion funeste. Le grand-prêtre parle d'oracles et de songes; on murmure sourdement contre le François que vous voulez faire adopter. Vous êtes témoin des prodiges de la nuit : hâtez-vous de vous rendre au conseil. »

En achevant ces mots, le messager poursuit sa route et va réveiller Adario. Chactas rentre dans sa cabane : il suspend à son épaule gauche son manteau de peau de martre; il demande son bâton d'hicory[1] surmonté d'une tête de vautour. Miscoue avoit coupé ce bâton dans sa vieillesse; il l'avoit laissé en héritage à son fils Outalissi, et celui-ci à son fils Chactas, qui, appuyé sur ce sceptre héréditaire, donnoit des leçons de sagesse aux jeunes chasseurs réunis au carrefour des forêts. Un Indien complètement armé vient chercher Chactas, et le conduit au conseil.

Tous les sachems avoient déjà pris leur place : les guerriers étoient rangés derrière eux; les matrones, ayant à leur tête la femme-chef, mère de l'héritier de la couronne, occupoient les siéges qui leur étoient réservés, et au-dessous d'elles s'asseyoient les prêtres.

Adario, chef de la tribu de la Tortue, se lève : inaccessible à la crainte, insensible à l'espérance, ce sachem se distingue par un ardent

---

1. Espèce de noyer.

amour de la patrie : implacable ennemi des Européens qui avoient massacré son père, mais les abhorrant encore plus comme tyrans de son pays, il parloit incessamment contre eux dans les conseils. Quoiqu'il révérât Chactas et qu'il se plût à confesser la supériorité du sachem aveugle, il étoit cependant presque toujours d'un avis opposé à celui de son vieil ami.

Les bras pendants et immobiles, les regards attachés à la terre, il prononça ce discours :

« Sachems, matrones, guerriers des quatre tribus, écoutez :

« Déjà l'aloès avoit fleuri deux fois depuis que Ferdinand de Soto, l'Espagnol, étoit tombé sous la massue de nos ancêtres ; déjà nous étions allés combattre les tyrans loin de nos bords, lorsque le Meschacebé raconta à nos vieillards qu'une nation étrangère descendoit de ses sources. Ce peuple n'étoit point de la race superbe des guerriers de feu [1]. Sa gaieté, sa bravoure, son amour des forêts et de nos usages, le faisoient chérir. Nos cabanes eurent pitié de sa misère, et donnèrent à Lasalle [2] tout ce qu'elles pouvoient lui offrir.

« Bientôt la nation légère aborde de toutes parts sur nos rives : d'Iberville, le dompteur des flots, fixe ses guerriers au centre même de notre pays. Je m'opposai à cet établissement ; mais vous attachâtes le grand canot de l'étranger aux buissons, ensuite aux arbres, puis aux rochers, enfin à la grande montagne, et, vous asseyant sur la chaîne qui lioit le canot des blancs à nos fleuves, vous ne voulûtes plus faire qu'un peuple avec le peuple de l'Aurore.

« Vous savez, ô sachems ! quelle fut la récompense de votre hospitalité ! Vous prîtes les armes, mais, trop prompts à les quitter, vous rallumâtes le calumet de paix. Hommes imprudents ! la fumée de la servitude et celle de l'indépendance pouvoient-elles sortir du même calumet ? Il faut une tête plus forte que celle de l'esclave pour n'être point troublée par le parfum de la liberté.

« A peine avez-vous enterré la hache [3], à peine, vous reposant sur la foi des colliers [4], commencez-vous à éclaircir la chaîne d'union, que, par la plus noire des perfidies, le chef actuel des François veut vous attaquer sur vos nattes. La biche n'a pas changé plus de fois de parure que je n'ai de doigts à cette main mutilée en défendant mon père, depuis que les derniers attentats des blancs ont souillé nos savanes. Et nous hésitons encore !

« Peut-être, enfants du Soleil, peut-être comptez-vous changer de

---

1. Les Espagnols.   2. Il descendit le premier le Mississipi.
3. Faire la paix.   4. Lettres, contrats, traités, etc.

désert, abandonner à vos oppresseurs la terre de la patrie! Mais où voulez-vous porter vos pas? Au couchant, au levant, vers l'étoile immobile [1], vers ces régions où le génie du jour s'assied sur la natte de feu [2], partout sont les ennemis de votre race. Ils ne sont plus, ces temps où vous pouviez disposer de toutes les solitudes, où tous les fleuves couloient pour vous seuls. Vos tyrans ont demandé de nouveaux satellites; ils méditent une nouvelle invasion de nos foyers. Mais notre jeunesse est florissante et nombreuse; n'attendons pas qu'on vienne nous surprendre et nous égorger comme des femmes. Mon sang se rallume dans mes veines, ma hache brûle à ma ceinture. Natchez! soyez dignes de vos pères, et le vieil Adario vous conduit dès aujourd'hui aux batailles sanglantes. Puissent les fleuves rouler à la grande eau les cadavres des ennemis de ma patrie! Puissiez-vous, ô terre trop généreuse des chairs rouges! étouffer dans votre sein le froment empoisonné qu'y jeta la main de la servitude! Puissent ces moissons impies, épandues sur la poussière des nos aïeux, ne porter sur leur tige que les semences de la tombe! »

Ainsi parle Adario. Les guerriers, les matrones, les vieillards mêmes, troublés par sa mâle éloquence, s'agitent comme le blé dans le boisseau bruyant qui le verse à la meule rapide. Ondouré se lève au milieu de l'assemblée.

Le grand-chef des Natchez, bien qu'il fût encore d'une force étonnante, touchoit aux dernières limites de la vieillesse; sa plus proche parente, la violente Akansie, étoit mère du jeune fils qui devoit hériter du rang suprême : ainsi l'avoit réglé la loi de l'État. Akansie nourrissoit au fond de son cœur une passion criminelle pour Ondouré, un des principaux guerriers de la nation; mais Ondouré, au lieu de répondre à l'amour d'Akansie, brûloit pour Céluta, dont le cœur commençoit à incliner vers l'étranger, hôte du vénérable Chactas.

Dévoré d'ambition et d'amour, ayant contracté tous les vices des blancs, qu'il détestoit, mais dont il avoit l'adresse de se faire passer pour l'ami, Ondouré avoit pris la résolution de se taire dans le conseil, afin de se ménager, comme à son ordinaire, entre les deux partis; mais son amour pour Céluta et sa jalousie naissante contre René l'entraînèrent à prononcer ces paroles : « Pères de la patrie, qu'attendons-nous? Le grand Adario ne nous a-t-il pas tracé la route? Je ne vois ici que le sage Chactas qui puisse s'opposer à la levée de la hache [3]. Mais enfin le vénérable fils d'Outalissi montre un trop grand penchant pour les étrangers. Falloit-il qu'il introduisît encore parmi

---

1. Le nord.   2. Le midi.
3. La guerre.

nous cet hôte dont l'arrivée a été marquée par des signes funestes? Chactas, cette lumière des peuples, sentira bientôt que sa générosité l'emporte au delà des bornes de la prudence : il sera le premier à renier ce fils adoptif, à le sacrifier, s'il le faut, à la patrie. »

Comme autrefois une Bacchante que l'esprit du dieu avoit saisie couroit échevelée sur les montagnes qu'elle faisoit retentir de ses hurlements, la jalouse mère du jeune soleil se sent transportée de fureur à ces paroles d'Ondouré : elle y découvre la passion de ce guerrier pour une rivale. Ses joues pâlissent, ses regards lancent des éclairs sur l'homme dont elle est méprisée : tous ses membres sont agités comme dans une fièvre ardente. Elle veut parler, et les mots manquent à ses pensées. Que va-t-elle dire? que va-t-elle proposer au conseil? La guerre ou la paix? Exigera-t-elle la mort ou le bannissement de l'étranger qui augmente l'amour d'Ondouré pour la fille de Tabamica? Demandera-t-elle, au contraire, l'adoption du nouveau fils de Chactas, afin de désoler, par la présence de René, l'ingrat qui la dédaigne, afin de lui faire éprouver une partie des tourments qu'elle endure? Ces paroles tombent de ses lèvres décolorées et tremblantes :

« Vieillards insensés! n'avez-vous point songé au danger de la présence des Européens parmi nous? Avez-vous des secrets pour rendre le sein des femmes aussi froid que le vôtre? Lorsque la vierge trompée sera comme le poisson que le filet a jeté palpitant sur le sable aride; lorsque l'épouse aura trahi l'époux de sa couche; lorsque la mère, oubliant son fils, suivra éperdue dans les forêts le guerrier qui l'entraîne, vous reconnoîtrez, mais trop tard, votre imprudence. Réveillez-vous de l'assoupissement de vos années! Oui, il faut du sang aujourd'hui! La guerre! il faut du sang! les Manitous l'ordonnent! un feu dévorant coule dans tous les cœurs. Ne consultez point les entrailles de l'ours sacré : les vœux, les prières, les autels, sont inutiles à nos maux! »

Elle dit : sa couronne de plumes et de fleurs tombe de sa tête. Comme un pavot frappé des rayons du soleil se penche vers la terre et laisse échapper de sa tige les gouttes amères du sommeil, ainsi la femme jalouse, dévorée par les feux de l'amour, baisse son front, dont la mort semble épancher des sueurs glacées. La confusion règne dans l'assemblée; une épaisse fumée, répandue par les esprits du mal, remplit la salle de ténèbres; on entend les cris des matrones, les mouvements des guerriers, la voix des vieillards. Ainsi, dans un atelier, des ouvriers préparent les laines d'Albion ou de l'Ibéric : ceux-ci battent les toisons poudreuses, ceux-là les transforment en de merveilleux tissus; plusieurs les plongent dans la pourpre de Tyr ou dans l'azur de l'Indostan : mais si quelque main mal assurée vient à répandre sur la flamme la liqueur des cuves brûlantes, une vapeur s'élève avec un sifflement dans les salles, et des clameurs sortent de cette soudaine nuit.

Toutes les espérances se tournoient vers Chactas; lui seul pouvoit rétablir le calme : il annonce par un signe qu'il va se faire entendre. L'assemblée devient immobile et muette, et l'orateur, qui n'a pas encore parlé, semble déjà faire porter aux passions les chaînes de sa paisible éloquence.

Il se lève : sa tête couronnée de cheveux argentés, un peu balancée par la vieillesse et par d'attendrissants souvenirs, ressemble à l'étoile du soir, qui paroît trembler avant de se plonger dans les flots de l'Océan. Adressant son discours à son ami Adario, Chactas s'exprime de la sorte :

« Mon frère l'Aigle, vos paroles ont l'abondance des grandes eaux, et les cyprès de la savane sont enracinés moins fortement que vous sur les tombeaux de nos pères. Je sais aussi les injustices des blancs; mon cœur s'en est affligé. Mais sommes-nous certains que nous n'avons rien à nous reprocher nous-mêmes? Avons-nous fait tout ce que nous avons pu pour demeurer libres? Est-ce avec des mains pures que nous prétendons lever la hache d'Areskoui? Mes enfants, car mon âge et mon amour pour vous me permettent de vous donner ce nom, je déplore la perte de l'innocente simplicité qui faisoit la beauté de nos cabanes. Qu'auroient dit nos pères s'ils avoient découvert dans une matrone les signes qui viennent de troubler le conseil? Femme, portez ailleurs l'égarement de vos esprits; ne venez point au milieu des sachems, avec le souffle de vos passions, tirer des plaintes du feuillage flétri des vieux chênes.

« Et toi, jeune chef, qui as osé prendre la parole avant les vieillards, crois-tu donc tromper Chactas? Tremble que je ne dévoile ton âme, aussi creuse que le rocher où se renferme l'ours du Labrador!

« Préparons-nous aux jeux d'Areskoui, exerçons notre jeunesse, faisons des alliances avec de puissants voisins, mais auparavant prenons les sentiers de la paix : renouons la chaîne d'alliance avec Chépar; qu'il parle dans la vérité de son cœur, qu'il dise dans quel dessein il rassemble ses guerriers. Mettons les Manitous équitables de notre côté, et si nous sommes enfin forcés à lever la hache, nous combattrons avec l'assurance de la victoire ou d'une mort sainte, la plus belle et la plus certaine des délivrances. J'ai dit. »

Chactas jette un collier bleu, symbole de paix, au milieu de l'assemblée, et se rassied. Tous les guerriers étoient émus : « Quelle expérience! disoient les uns; quelle douceur et quelle autorité! disoient les autres. Jamais on ne retrouvera un tel sachem. Il sait la langue de toutes les forêts; il connoît tous les tombeaux qui servent de limites aux peuples, tous les fleuves qui séparent les nations. Nos pères ont été plus heureux que nous : ils ont passé leur vie avec sa sagesse; nous, nous ne le verrons que mourir.'» Ainsi parloient les guerriers.

L'avis de Chactas fut adopté : quatre députés portant le calumet de paix furent envoyés au fort Rosalie. Mais Areskoui, fidèle aux ordres de Satan, riant d'un rire farouche, suivoit à quelque distance les messagers de paix avec la Trahison, la Peur, la Fuite, les Douleurs et la Mort.

Cependant le prince des enfers étoit arrivé aux extrémités du monde, sous le pôle dont l'intrépide Cook mesura la circonférence à travers les vents et les tempêtes. Là, au milieu des terres australes qu'une barrière de glaces dérobe à la curiosité des hommes, s'élève une montagne qui surpasse en hauteur les sommets les plus élevés des Andes dans le Nouveau-Monde, ou du Thibet dans l'antique Asie.

Sur cette montagne est bâti un palais, ouvrage des puissances infernales. Ce palais a mille portiques d'airain; les moindres bruits viennent frapper les dômes de cet édifice, dont le silence n'a jamais franchi le seuil.

Au centre du monument est une voûte tournée en spirale, comme une conque, et faite de sorte que tous les sons qui pénètrent dans le palais y aboutissent : mais, par un effet du génie de l'architecte des mensonges, la plupart de ces sons se trouvent faussement reproduits; souvent une légère rumeur s'enfle et gronde en entrant par la voie préparée aux éclats du tonnerre, tandis que les roulements de la foudre expirent, en passant par les routes sinueuses destinées aux foibles bruits.

C'est là que, l'oreille placée à l'ouverture de cet immense écho, est assis sur un trône retentissant un démon, la Renommée. Cette puissance, fille de Satan et de l'Orgueil, naquit autrefois pour annoncer le mal : avant le jour où Lucifer leva l'étendard contre le Tout-Puissant, la Renommée étoit inconnue. Si un monde venoit à s'animer ou à s'éteindre; si l'Éternel avoit tiré un univers du néant ou replongé un de ses ouvrages dans le chaos; s'il avoit jeté des soleils dans l'espace, créé un nouvel ordre de Séraphins, essayé la bonté d'une lumière, toutes ces choses étoient aussitôt connues dans le ciel par un sentiment intime d'admiration et d'amour, par le chant mystérieux de la céleste Jérusalem. Mais après la rébellion des mauvais anges la Renommée usurpa la place de cette intuition divine. Bientôt précipitée aux enfers,

ce fut elle qui publia dans l'abîme la naissance de notre gl
porta l'ennemi de Dieu à tenter la chute de l'homme. Elle vint
terre avec la Mort, et dès ce moment elle établit sa demeure su
montagne, où elle entend et répète confusément ce qui se passe sur
terre, aux enfers et dans les cieux.

Satan, arrivé au palais, pénètre jusqu'au lieu où veilloit la Renommée.
« Ma fille, lui dit-il, est-ce ainsi que tu me sers? peux-tu ignorer
les projets que je médite? Toi seule n'as point paru dans l'assemblée
des puissances infernales. Cependant, fille ingrate, pour qui travaillé-
je en ce moment, si ce n'est pour toi? Quel est l'ange que j'ai aimé
plus tendrement que je ne t'aime? Lorsque l'Orgueil, mon premier
amour, te donna naissance, je te pris sur mes genoux, je te prodiguai
les caresses d'un père. Hâte-toi donc de me prouver que tu n'as pas
rompu les liens qui nous unissent. Viens, suis-moi; le temps presse;
il faut que tu parles, il faut que tu répètes ce que je t'apprendrai; ton
silence peut mettre en danger mon empire. »

Le démon de la renommée, souriant au prince des ténèbres, lui
répond d'une voix éclatante :

« O mon père! je n'ai pas rompu les liens qui nous unissent. J'ai
entendu les bruits répandus par toi chez les Natchez; j'ai vu avec
transport les grandes choses que tu prépares; mais il me venoit dans
ce moment d'autres bruits de la terre : j'étois occupée à redire au
monde la gloire d'un monarque de l'Europe[1]. Ces François m'accablent de leurs merveilles; il me faudroit des siècles pour les entendre
et les raconter. Cependant je suis prête à te suivre, et j'abandonne tout
pour servir tes desseins. »

En achevant ces mots, la Renommée descend de son trône : de toutes
les voûtes, de tous les dômes, de tous les souterrains du palais ébranlé,
s'échappent des sons confus et discordants : tels sont les rugissements
d'un troupeau de lions, lorsque, la gueule enflammée, la langue pen-
dante, ils élèvent la voix durant une sécheresse dans l'aridité des
sables africains.

Satan et la Renommée sortent du sonore édifice, s'abattent comme
deux aigles au pied de la montagne, où la Nuit leur amène un char.
Ils y montent. La Renommée saisit les rênes qui flottoient embarrassées dans les ailes des deux coursiers : démon fantastique, dans les
ténèbres elle ressemble à un géant; à la lumière elle n'est plus qu'un
pygmée. L'Étonnement la précède, l'Envie la suit de près et l'Admiration l'accompagne de loin.

---

1. Louis XIV.

Le couple pervers franchit ces mers inexplorées qui s'étendent entre la coupole de glace et ces terres que n'avoient point encore nommées les Cook et les La Pérouse. La Renommée, dirigeant ses coursiers sur la croix du sud, tourne le dos à ces constellations australes qu'un œil humain ne vit jamais; puis, par le conseil de Satan, de peur d'être aperçue de l'ange qui garde l'Asie, au lieu de remonter l'océan Pacifique, elle descend vers l'orient, pour voler sur la plaine humide qui sépare l'Afrique du nouveau continent. Elle ne voit point Otaïti avec ses palmiers, ses chants, ses chœurs, ses danses, et ses peuples qui recommençoient la Grèce. Plus rapide que la pensée, le char double le cap où un océan, si longtemps ignoré, livre d'éternels combats aux mers de l'Ancien Monde.

Satan et la Renommée laissent loin derrière eux les flammes qui s'élèvent des terres Magellaniques; phare lugubre, qu'aucune main n'allume, et qui brûle sans gardien, au bord d'une mer sans navigateur. Ils vous saluèrent, ruines fumantes de Rio-Janeiro, monument de ta valeur, ô mon fameux compatriote!

Satan frappe de sa lance les coursiers haletants, et bientôt il a passé ce promontoire qui reçut jadis une colonie des Carthaginois. L'Amazone découvre son immense embouchure, ces flots que La Condamine, conduit par la céleste Uranie, visita dans sa docte course, et que Humboldt devoit illustrer.

A l'instant même, le char traverse la ligne que le soleil brûle de ses feux, entre dans l'autre hémisphère, et laisse sur la gauche la triste Cayenne, que l'avenir a marquée pour l'exil et la douleur. Les deux puissances infernales, en perdant de vue cette terre qui les fait sourire, volent au-dessus des îles des Caraïbes, et se trouvent engagées dans l'archipel du golfe mexicain. La montueuse Martinique, qui n'étoit point encore soumise à la valeur françoise, la Dominique conquise par les Anglois, disparoissoient sous les roues du char. Saint-Domingue, qui depuis s'enivra de richesses, de sang et de liberté, Saint-Domingue, dont les destinées devoient être si extraordinaires, se montroit alors en partie sauvage, tel que les intrépides flibustiers l'avoient laissé en héritage à la France. Et toi, île de San-Salvador, à jamais célèbre entre toutes les îles, tu fus découverte par l'œil de la Renommée, bien qu'une ingrate obscurité ait succédé à ta gloire. Élevant la tête entre tes sœurs de Bahama, ce fut toi qui souris la première à Colomb; ce fut toi qui vis descendre de ses vaisseaux l'immortel Génois, comme le fils aîné de l'Océan; ce fut sur tes rivages que se visitèrent les peuples de l'Occident et de l'Aurore, qu'ils se saluèrent mutuellement du nom d'hommes! Tes rochers retentissoient du bruit d'une musique guerrière annonçant cette grande alliance, tandis que Colomb tomboit à genoux et baisoit cette terre, autre moitié de l'héritage des fils d'Adam.

A peine la Renommée a-t-elle quitté San-Salvador, qu'elle aborde à l'isthme des Florides : elle arrête le char, s'élance avec l'archange sur les grèves dont la mer se retire. Satan promène un moment ses regards sur les forêts, comme s'il apercevoit déjà dans ces solitudes des peuples destinés à changer la face du monde. La Renommée jette un nuage sur son char, étend ses ailes, donne une main à son compagnon : tous deux, renfermés dans un globe de feu, s'élèvent à une hauteur démesurée, et retombent au bord du Meschacebé. Là Satan quitte sa trompeuse fille pour voler à d'autres desseins, tandis qu'elle se hâte d'exécuter les ordres de son père.

Elle prend la démarche et la contenance d'un vieillard, afin de donner un plus grand air de vérité à ses paroles. Sa tête se dépouille, son corps se courbe sur un arc détendu qu'elle tient à la main en guise de bâton; ses traits ressemblent parfaitement à ceux du sachem Ondaga, un des plus sages hommes des Natchez. Ainsi transformé, le démon indiscret va frappant de cabane en cabane, racontant le doux penchant de Céluta pour René et ajoutant toujours quelque circonstance qui éveille la curiosité, la haine, l'envie ou l'amour. La jalouse mère du jeune soleil, Akansie, pousse un cri de joie à ces bruits semés par la Renommée, car elle espéroit qu'ainsi rejeté de Céluta, Ondouré reviendroit peut-être à l'amante qu'il avait dédaignée, mais le faux vieillard ajoute aussitôt qu'Ondouré est tombé dans le plus violent désespoir, et qu'il menace les jours de l'étranger.

Ces dernières paroles glacent le cœur d'Akansie. La femme infortunée s'écrie : « Sors de ma cabane, ô le plus imprudent des vieillards! Va continuer ailleurs tes récits insensés. Puissent les sachems faire de toi un exemple mémorable et t'arracher cette langue qui distille le poison! »

En prononçant ces mots, Akansie, nouvelle Médée, se sent prête à déchirer ses enfants et à plonger un poignard dans le cœur de sa rivale.

La Renommée quitte la femme-chef et va chercher Ondouré. Elle le trouva derrière sa cabane, travaillant dans la forêt à la construction d'un canot d'écorce de bouleau, fragile nacelle destinée à flotter sur le sein des lacs, comme le cygne, dont elle imitoit la blancheur et la forme.

La Renommée s'avance vers le guerrier, et examine d'abord en silence son ouvrage. Contempteur de la vieillesse et des lois, Ondouré

dit au faux Ondaga, en le regardant d'un air moqueur : « Tu ferois mieux, sachem, d'aller causer avec les autres hommes dont l'âge a affoibli la raison et rendu les pensées semblables à celles des matrones. Tu sais que j'aime peu les cheveux blancs et les longs propos. Éloigne-toi donc, de peur qu'en bâtissant ce canot je ne te fasse sentir, sans le vouloir, la pesanteur de mon bras. Je t'étendrois à terre comme un if qui n'a plus que l'écorce et que le vent traverse dans sa course. »

« Mon fils, semblable au terrible Areskoui [1], répondit le rusé vieillard, je ne m'étonne pas des propos odieux que tu viens de tenir à un père de la patrie : la colère doit être dans ton cœur et la vengeance agiter les panaches de ta chevelure. Lorsque la perfide Endaé, plus belle que l'étoile qui ne marche pas [2], rejeta autrefois mes présents pour recevoir ceux de Mengade, mon cœur brûla de la fureur qui possède aujourd'hui le tien. Je méconnus mon père lui-même, et, dans l'égarement de ma raison, je levai mon tomahawk [3] sur celle qui m'avoit porté dans son sein et qui m'avoit donné un nom parmi les hommes. Mais Athaensic [4] plongea bientôt ma flèche dans le cœur de mon rival, et Endaé fut le prix de ma victoire. Malgré le poids des neiges [5], ma mémoire a conservé fidèlement le souvenir de cette aventure, comme les colliers [6] gardent les actions des aïeux. Je pardonne à l'imprudence de tes paroles. »

A peine la Renommée achevoit ce perfide discours, que le fer dont Ondouré étoit armé échappe à sa main. Les yeux du sauvage se fixent, une écume sanglante paroît et disparoît sur ses lèvres ; il pâlit, et ses bras roidis s'agitent à ses côtés. Soudain recouvrant ses sens, il bondit comme un torrent du haut d'un roc, et disparoît.

Alors le démon de la renommée, reprenant sa forme, s'élève triomphant dans les airs : trois fois il remplit de son souffle une trompette dont les sons aigus déchirent les oreilles. En même temps Satan envoie à Ondouré l'Injure et la Vengeance : la première le devance, en répandant des calomnies qui, comme une huile empoisonnée, souillent ce qu'elles ont touché ; la seconde le suit, enveloppée dans un manteau de sang. Le prince des ténèbres veut qu'une division éclatante sépare à jamais René et Ondouré et devienne le premier anneau d'une longue chaîne de malheurs. Cependant Ondouré ne sent pas encore pour Céluta tous les feux d'amour qui le brûleront dans la

---

1. Génie de la guerre.
2. L'étoile polaire.   3 Massue.   4. Génie de la vengeance.
5. Années.   6. Traités, contrats, lettres, etc.

suite et qui l'exciteront à tous les crimes, mais son orgueil et son ambition sont à la fois blessés ; il ne respire que vengeance. Il va exhalant son dépit en paroles insultantes.

« Quel est donc ce fils de l'étranger qui prétend m'enlever la femme de mon choix ? Lui donne-t-on, comme à moi, la première place dans les festins et la portion la plus honorable de la victime ? Où sont les chevelures des ennemis qu'il a enlevées ? Vile chair blanche, qui n'as ni père ni mère, qu'aucune cabane ne réclame ! Lâche guerrier, à qui je ferai porter le jupon d'écorce de la vieille femme et que je formerai à filer le nerf de chevreuil ! »

Ainsi parloit ce chef, environné d'une légion d'esprits qui remplissoient son âme de mille pensées funestes. Lorsque l'automne a mûri les vergers, on voit des hommes agrestes, montés sur l'arbre cher à la Neustrie, abattre avec de longues perches la pomme vermeille, tandis que les jeunes filles et les jeunes laboureurs ramassent pêle-mêle dans une corbeille les fruits dont le jus doit troubler la raison : ainsi les anges du mal jettent ensemble leurs dons enivrants dans le sein d'Ondouré. Jalousie insensée ! l'amour ne pouvoit entrer dans le cœur du frère d'Amélie : Céluta aimoit seule. Ces passions, de tous côtés non partagées, ne promettoient que des malheurs sans ressource et sans terme.

LIVRE TROISIÈME.

Le départ de Chactas pour le conseil avoit laissé René à la solitude. Il sortoit et rentroit dans la cabane, suivoit un sentier dans le désert ou regardoit le fleuve couler. Un bois de cyprès avoit attiré sa vue. Perdu quelque temps dans l'épaisseur des ombres, il se trouva tout à coup auprès de l'habitation de Céluta. Devant la hutte s'élevoient quelques gordonias qui étaloient l'or et l'azur dans leurs feuilles vieillies, la verdure dans leurs jeunes rameaux et la blancheur dans leurs fleurs de neige. Des copalmes se mêloient à ces arbustes, et des azaléas formoient un buisson de corail à leurs racines.

Conduit par le chemin derrière ce bocage, le frère d'Amélie jeta les yeux dans la cabane, où il aperçut Céluta : ainsi, après son naufrage, le fils de Laerte regardoit, à travers les branches de la forêt, Nausicaa, semblable à la tige du palmier de Délos.

La fille des Natchez étoit assise sur une natte ; elle traçoit, en fil de pourpre, sur une peau d'orignal, les guerres des Natchez contre les Siminoles. On voyoit Chactas au moment d'être brûlé dans le cadre de feu, et délivré par Atala. Profondément occupée, Céluta se penchoit sur son ouvrage : ses cheveux, semblables à la fleur d'hyacinthe, se partageoient sur son cou et tomboient des deux côtés de son sein comme un voile. Lorsqu'elle venoit à tirer en arrière un long fil, en déployant lentement son bras nu, les Grâces étoient moins charmantes.

Non loin de Céluta, Outougamiz étoit assis sur des herbes parfumées, sculptant une pagaye. On retrouvoit le frère dans la sœur, avec cette différence qu'il y avoit dans les traits du premier plus de naïveté, dans les traits de la seconde plus d'innocence. Égale candeur, égale simplicité, sortoit de leurs cœurs par leurs bouches : tels, sur un même tronc, dans une vallée du Nouveau-Monde, croissent deux érables de sexe différent ; et cependant le chasseur qui les voit du haut de la colline les reconnoît pour frère et sœur à leur air de famille et au langage que leur fait parler la brise du désert.

Le frère d'Amélie étoit le chasseur qui contemploit le couple solitaire, et, bien qu'il ne comprît pas ses paroles, il les écoutoit pourtant, car les deux orphelins échangeoient alors de doux propos.

Génie des forêts à la voix naïve, génie accoutumé à ces entretiens ignorés de l'Europe, qui font à la fois pleurer et sourire, refuseriez-vous de murmurer ceux-ci à mon oreille?

« Je ne veux plus voir dormir les jeunes hommes, disoit la fille des Natchez. Mon frère, quand tu dors sur ta natte, ton sommeil est un baume rafraîchissant pour moi : est-ce que les hommes blancs n'ont pas le même repos? »

Outougamiz répondit : « Ma sœur, demandez cela aux vieillards. »

Céluta repartit : « Il m'a semblé voir le Manitou de la beauté qui ouvroit et fermoit tour à tour les lèvres du guerrier blanc, pendant son sommeil, chez Chactas. »

« Un esprit, dit Outougamiz, m'est apparu dans mes songes. Je n'ai pu voir son visage, car sa tête étoit voilée. Cet esprit m'a dit : Le grand jeune homme blanc porte la moitié de ton cœur. »

Ainsi parloient les deux innocentes créatures ; leur tendresse fraternelle enchantoit et attristoit à la fois le frère d'Amélie. Il fit un mouvement, et Céluta, levant la tête, découvrit l'étranger à travers la feuillée. La pudeur monta au front de la fille des Natchez, et ses joues se colorèrent : ainsi un lis blanc, dont on a trempé le pied dans la sève purpurine d'une plante américaine, se peint en une seule nuit de la couleur brillante, et étonne au matin l'empire de Flore par sa prodigieuse beauté.

A demi caché dans les guirlandes du buisson, René contemploit Céluta, qui lui sourioit du même air que la divine Io sourioit au maître des dieux lorsqu'on ne voyoit que la tête de l'immortel dans la nue. Enfin la fille de Tabamica ouvrit ses lèvres comme celles de la persuasion, et d'une voix dont les inflexions ressembloient aux accents de la linotte bleue : « Mon frère, voilà le fils de Chactas. »

Outougamiz, le plus léger des chasseurs, se lève, court à l'étranger, le prend par la main, et le conduit dans sa cabane de bois d'ilicium, dont les meubles reflétoient l'éclat des essences qui les avoient embaumés. Il le fait asseoir sur la dépouille d'un ours longtemps la terreur du pays des Esquimaux ; lui-même il s'assied à ses côtés en lui disant : « Enfant de l'Aurore, les étrangers et les pauvres viennent du Grand-Esprit. »

Céluta, dans la couche de laquelle aucun guerrier n'avoit dormi, essaya de continuer son ouvrage, mais ses yeux ne voyoient plus que des erreurs sans issue dans les méandres de ses broderies.

Il est une coutume parmi ces peuples de la nature, coutume que l'on trouvoit autrefois chez les Hellènes : tout guerrier se choisit un ami. Le nœud, une fois formé, est indissoluble ; il résiste au malheur et à la prospérité. Chaque homme devient double et vit de deux âmes ; si l'un des deux amis s'éteint, l'autre ne tarde pas à disparoître. Ainsi ces mêmes forêts américaines nourrissent des serpents à deux têtes, dont l'union se fait par le milieu, c'est-à-dire par le cœur : si quelque voyageur écrase l'un des deux chefs de la mystérieuse créature, la partie morte reste attachée à la partie vivante, et bientôt le symbole de l'amitié périt.

Trop jeune encore lorsqu'il perdit son père, le frère de Céluta n'avoit point fait le choix d'un ami. Il résolut d'unir sa destinée à celle du fils adoptif de Chactas : il saisit donc la main de l'étranger, et lui dit : « Je veux être ton ami. » René ne comprit point ce mot, mais il répéta dans la langue de son hôte le mot *ami*. Plein de joie, Outougamiz se lève, prend une flèche, un collier de porcelaine [1], et fait signe à René et à Céluta de le suivre.

Non loin de la cabane habitée on voyoit une autre cabane déserte, dans laquelle Outougamiz étoit né ; un ruisseau en baignoit le toit tombé et les débris épars. Le jeune Indien y pénètre avec son hôte ; Céluta, comme une femme appelée en témoignage devant un juge, demeure debout à quelque distance du lieu marqué par son frère. Outougamiz, parvenu au milieu des ruines, prend une contenance

---

1. Sorte de coquillage.

solennelle ; il donne à tenir à René un bout de la flèche dont l'autre bout repose dans sa main. Élevant la voix et attestant le ciel et la terre :

« Fils de l'étranger, dit-il, je me confie à toi sur mon berceau, et je mourrai sur ta tombe. Nous n'aurons plus qu'une natte pour le jour, qu'une peau d'ours pour la nuit. Dans les batailles, je serai à tes côtés. Si je te survis, je donnerai à manger à ton esprit, et après plusieurs soleils passés en festins ou en combats tu me prépareras à ton tour une fête dans le pays des âmes. Les amis de mon pays sont des castors qui bâtissent en commun. Souvent ils frappent leurs tomahawks[1] ensemble, et quand ils se trouvent ennuyés de la vie, ils se soulagent avec leur poignard.

« Reçois ce collier : vingt graines rouges marquent le nombre de mes neiges[2] ; les dix-sept graines blanches qui les suivent indiquent les neiges de Céluta, témoin de notre engagement ; neuf graines violettes disent que c'est dans la neuvième lune, ou la lune des chasseurs, que nous nous sommes juré amitié ; trois graines noires succèdent aux graines violettes : elles désignent le nombre des nuits que cette lune a déjà brillé. J'ai dit. »

Outougamiz cessa de parler, et des larmes tombèrent de ses paupières. Comme les premiers rayons du soleil descendent sur une terre fraîchement labourée et humectée de la rosée de la nuit, ainsi l'amitié du jeune Natchez pénétra dans l'âme attendrie de René. A la vivacité du frère de Céluta, au mot d'ami souvent répété, au choix extraordinaire du lieu, René comprit qu'il s'agissoit de quelque chose de grand et d'auguste ; il s'écria à son tour : « Quel que soit ce que tu me proposes, homme sauvage, je te jure de l'accomplir ; j'accepte les présents que tu me fais. » Et le frère d'Amélie presse sur son sein le frère de Céluta. Jamais cœur plus calme, jamais cœur plus troublé ne s'étoient approchés l'un de l'autre.

Après ce pacte, les deux amis échangèrent les Manitous de l'amitié. Outougamiz donna à René le bois d'un élan, qui, tombant chaque année, chaque année se relève avec une branche de plus, comme l'amitié qui doit s'accroître en vieillissant. René fit présent à Outougamiz d'une chaîne d'or. Le sauvage la saisit d'une main empressée, parla tout bas à la chaîne, car il l'animoit de ses sentiments, et la suspendit sur sa poitrine, jurant qu'il ne la quitteroit qu'avec la vie ; serment trop fidèlement gardé ! Comme un arbre consacré dans une forêt à quelque divinité, et dont les rameaux sont chargés de saintes

1. Massues.   2. Années.

reliques, mais qui va bientôt tomber sous la cognée du bûcheron, ainsi parut Outougamiz portant à son cou l'offrande de l'amitié.

Les deux amis plongèrent leurs pieds nus dans le ruisseau de la cabane, pour marquer que désormais ils étoient deux pèlerins devant finir l'un avec l'autre leur voyage.

Dans la fontaine qui donnoit naissance au ruisseau, Outougamiz puisa une eau pure où Céluta mouilla ses lèvres, afin de se payer de son témoignage et de participer à l'amitié qui venoit de naître dans l'âme des deux nouveaux frères.

René, Outougamiz et Céluta errèrent ensuite dans la forêt; Outougamiz s'appuyoit sur le bras de René; Céluta les suivoit. Outougamiz tournoit souvent la tête pour la regarder, et autant de fois il rencontroit les yeux de l'Indienne, où l'on voyoit sourire des larmes. Comme trois vertus habitant la même âme, ainsi passoient dans ce lieu ces trois modèles d'amitié, d'amour et de noblesse. Bientôt le frère et la sœur chantèrent la chanson de l'amitié; ils disoient :

« Nous attaquerons avec le même fer l'ours sur le tronc des pins; nous écarterons avec le même rameau l'insecte des savanes; nos paroles secrètes seront entendues dans la cime des arbres.

« Si vous êtes dans un désert, c'est mon ami qui en fait le charme; si vous dansez dans l'assemblée des peuples, c'est encore mon ami qui cause vos plaisirs.

« Mon ami et moi nous avons tressé nos cœurs comme des lianes : ces lianes fleuriront et se dessécheront ensemble. »

Tels étoient les chants du couple fraternel. Le soleil dans ce moment vint toucher de ses derniers rayons les gazons de la forêt : les roseaux, les buissons, les chênes s'animèrent; chaque fontaine soupiroit ce que l'amitié a de plus doux, chaque arbre en parloit le langage, chaque oiseau en chantoit les délices. Mais René étoit le génie du malheur égaré dans ces retraites enchantées.

Rentrés dans la cabane, on servit le festin de l'amitié : c'étoient des fruits entourés de fleurs. Les deux amis s'apprenoient à prononcer dans leur langue les nom de père, de mère, de sœur, d'épouse. Outougamiz voulut que sa sœur s'occupât d'un vêtement indien pour l'homme blanc. Céluta déroule aussitôt un ruban de lin; elle invite René à se lever, et appuie une main tremblante sur l'épaule du fils de Chactas, en laissant pendre le ruban jusqu'à terre. Mais lorsque, passant le ruban sous les bras de René, elle approcha son sein si près de celui du jeune homme, qu'il en ressentit la chaleur sur sa poitrine; lorsque, levant sur le frère d'Amélie des yeux qui brilloient timidement à travers ses longues paupières; lorsque, s'efforçant de prononcer quelques mots, les mots vinrent expirer sur ses lèvres, elle trouva l'épreuve trop forte, et n'acheva point l'ouvrage de l'amitié.

Douce journée! votre souvenir ne s'effaça de la cabane des Natchez que quand les cœurs que vous aviez attendris cessèrent de battre. Pour apprécier vos délices, il faut avoir élevé comme moi sa pensée vers le ciel du fond des solitudes du Nouveau-Monde.

Cependant les quatre guerriers portant le calumet de paix étoient arrivés au fort Rosalie. Chépar a rassemblé le conseil où se trouvent avec les principaux habitants de la colonie les capitaines de l'armée. Un riche trafiquant se lève, prend la parole, et, après avoir traité les Indiens de sujets rebelles, il veut que les députés des Natchez soient repoussés et que l'on s'empare des terres les plus fertiles.

Le père Souël se lève à son tour. Une grande doctrine, une vaste érudition, un esprit capable des plus hautes sciences, distinguoient ce missionnaire : charitable comme Jésus-Christ, humble comme ce divin maître, il ne cherchoit à convertir les âmes au Seigneur que par des actes de bienfaisance et par l'exemple d'une bonne vie; pacifique envers les autres, il aspiroit ardemment au martyre.

Il ne devoit point rester au fort Rosalie, son ancienne résidence : la palme des confesseurs qu'il demandoit au Roi de gloire lui devoit être accordée à la mission des Yazous. C'étoit pour la dernière fois qu'il plaidoit la cause de ses néophytes natchez.

Toujours vêtu d'un habit de voyage, le père Souël avoit l'air d'un pèlerin qui ne fait qu'un séjour passager sur la terre, et qui va bientôt retourner à sa patrie céleste : lorsqu'il ouvrit la bouche, un silence profond régna dans le conseil.

Le saint orateur remonta, dans son discours, jusqu'à la découverte de l'Amérique; il traça le tableau des crimes commis par les Européens au Nouveau-Monde. De là, passant à l'histoire de la Louisiane, il fit un magnifique éloge de Chactas, qu'il peignit comme un homme d'une vertu digne des anciens sages du paganisme. Il nomma avec estime Adario, et invita le conseil à se défier d'Ondouré. Exhortant les François à la modération et à la justice, il conclut ainsi :

« J'espère que notre commandant et cette assemblée voudront bien pardonner à un religieux d'avoir osé expliquer sa pensée. A Dieu ne plaise qu'il ait parlé dans un esprit d'orgueil! Ayons, pour l'amour de Jésus-Christ, notre doux Seigneur, quelque pitié des pauvres idolâtres; tâchons, en nous montrant vrais chrétiens, de les appeler à la lumière de l'Évangile. Plus ils sont misérables et dépourvus des biens de la vie, plus nous devons plaindre leurs foiblesses. Missionnaire du Dieu de paix dans ces déserts, puissé-je vivre et mourir en semant la parole de l'Agneau! Puisse mon sang servir au maintien de la concorde! Mais à tous n'est pas réservée une si grande bénédiction; à moi n'appartient pas d'aspirer à la gloire des Brébœuf et des Jogues, morts pour la foi en Amérique. »

Le père Souël s'inclina devant le commandant, et reprit sa place. O véritable religion! que tes délices sont puissantes sur les cœurs! que ta raison est adorable! que ta philosophie est haute et profonde! Dans celle des hommes, il manque toujours quelque chose; dans la tienne tout est surabondant. Le conseil, touché des paroles du missionnaire, croyoit sentir les inspirations de la miséricorde de Dieu.

Le démon de l'or, envoyé par Satan, craignit l'effet du discours du père Souël, en voyant les âmes s'attendrir à la voix du juste. Cet esprit infernal, à la tête chauve, aux lèvres minces et serrées, au corps diaphane, au cœur sans pitié, à l'esprit toujours plein de nombres, au regard avide et inquiet, aux manières défiantes et cachées, cet esprit souffle sa concupiscence sur le conseil. Aussitôt les sentiments généreux s'éteignent. Robert, Salency, Artagnan, veulent répliquer au religieux : Febriano obtient la parole.

Né parmi les Francs sur les côtes de la Barbarie, cet aventurier, chrétien dans son enfance, ensuite parjure à l'Évangile, fut, dans l'ordre des Seyahs, disciple zélé du Coran. Jeté en Europe par un coup de la fortune, entré dans la carrière des armes, trop noble pour lui, il est redevenu extérieurement chrétien, mais il continue à détester les serviteurs du vrai Dieu et à observer en secret les abominables lois du faux prophète. Chépar l'a rencontré dans les camps, et le traître, moitié moine, moitié soldat, a pris sur le loyal militaire l'ascendant que la bassesse exerce sur les caractères impérieux et la finesse sur les esprits bornés. Febriano dispose presque toujours de la volonté de Chépar, qui croit suivre ses propres résolutions, lorsqu'il ne fait qu'obéir aux inspirations de Febriano. Ce vagabond étoit, du reste, un de ces scélérats vulgaires qui ne peuvent briller au rang des grands infâmes, et qui meurent oubliés dans la portion obscure du crime. Jouet d'Ondouré, dont il recevoit les présents, il en avoit les vices sans en avoir le génie. Rencontré par le frère d'Amélie à la Nouvelle-Orléans, traité par lui avec hauteur dans une contention passagère, Febriano nourrissoit déjà contre René un sentiment de haine et de jalousie. Le renégat élève ainsi la voix contre le pasteur de l'Évangile :

« Les moines se devroient tenir dans leur couvent ou avec les femmes, et laisser à l'épée le soin de l'épée. Le brave commandant saura bien ce qu'il doit faire, et sa sagesse n'a pas besoin de nos conseils. Les Natchez sont des rebelles, qui refusent de céder leurs terres aux sujets du roi. Qu'on me charge de l'expédition, je réponds d'amener ici enchaînés et cet insolent Adario, et ce vieux Chactas, qui reçoit dans ce moment même un homme dont on ignore la famille et les desseins, un homme qui pourroit n'être que l'envoyé de quelque puissance ennemie. »

De bruyants éclats de rire et de longs applaudissements couvrirent ce discours : les habitants de la colonie portoient aux nues l'éloquence de Febriano. Le père Souël, sans changer de contenance, soutint le mépris des hommes comme il auroit reçu leurs caresses. Mais, indigné de l'affront fait au missionnaire, d'Artaguette rompt le silence qu'il avoit gardé jusque alors.

A jamais cher à la France, à jamais cher à l'Amérique, qui le vit tomber avec tant de gloire, ce jeune capitaine offroit en lui la loyauté des anciens jours et l'aménité des mœurs du nouvel âge. Placé entre son inclination et son devoir, il étoit malheureux aux Natchez, car avec une âme bien née il n'avoit cependant point ce caractère vigoureusement épris du beau, qui nous précipite dans le parti où nous croyons l'apercevoir. D'Artaguette auroit été l'ennemi des extrêmes, s'il avoit pu être l'ennemi de quelque chose : il ne blâmoit et ne louoit rien absolument; il cherchoit à amener tous les hommes à une tolérance mutuelle de leurs foiblesses; il croyoit que les sentiments de nos cœurs et les convenances de notre état se devoient céder tour à tour. C'est ainsi qu'en aimant les sauvages il se trouva toute sa vie engagé contre eux : tel un fleuve plein d'abondance et de limpidité, mais dont le cours n'est pas assez rapide, tourne à chaque pas dans la plaine; repoussé par les moindres obstacles, il est sans cesse obligé de remonter contre le penchant de son onde.

« Ornement de notre ancienne patrie dans cette France nouvelle, dit d'Artaguette s'adressant au père Souël, vous n'avez pas besoin d'un défenseur tel que moi. Je supplie le commandant de prendre le temps nécessaire pour peser les ordres qu'il a reçus du gouverneur général; je le supplie d'accepter le calumet de paix des sauvages. Le vénérable missionnaire, rempli de sagesse et d'expérience, ne peut avoir fait des objections tout à fait indignes d'être examinées. Il ne m'appartient point de juger les deux premiers sachems des Natchez, encore moins ce jeune voyageur qui ne devoit guère s'attendre à trouver son nom mêlé à nos débats : il me semble téméraire de hasarder légèrement une opinion sur l'honneur d'un homme, surtout quand cet homme est François. »

La noble simplicité avec laquelle d'Artaguette prononça ce peu de paroles charma le conseil sans le convaincre. On attendoit avec inquiétude la décision du commandant. Incapable de la moindre bassesse, plein de probité et d'honneur, Chépar commettoit cependant une foule d'injustices qui ne sortoient point de la droiture de son cœur, mais de la foiblesse de sa tête. Il blâma Febriano d'avoir violé l'ordre et la discipline en parlant avant son supérieur, le capitaine d'Artaguette, mais il reprocha à celui-ci sa tiédeur et sa modération.

« Ce n'étoit pas ainsi, s'écria-t-il, qu'on servoit à Malplaquet et à Denain, lorsque j'enlevai un drapeau à l'ennemi et que je reçus un coup de feu dans la poitrine. Les Villars auroient été bien étonnés de tous ces beaux discours de la jeunesse actuelle; les Marlborough, qu'avoient élevés les Turenne, auroient eu bon marché d'une armée d'orateurs, et n'auroient pas acheté si cher leurs victoires. »

Chépar s'emporta contre les chefs des sauvages, soutint qu'Ondouré étoit le seul Indien attaché aux François, quel que fût d'ailleurs le dernier discours prononcé par cet Indien, discours que Chépar prenoit pour une ruse d'Ondouré. Le commandant menaça de sa surveillance et de sa colère ces Européens sans aveu qui venoient, disoit-il, s'établir au Nouveau-Monde. Mais enfin les ordres du gouverneur de la Louisiane n'étoient pas assez précis pour établir immédiatement la colonie sur les terres des Natchez : Chépar donc consentit à recevoir le calumet de paix et à prolonger les trêves.

C'étoit ainsi que la fatalité attachée aux pas de René le poursuivoit au delà des mers : à peine avoit-il dormi deux fois sous le toit d'un sauvage, que les passions et les préjugés commençoient à se soulever contre lui chez les François et chez les Indiens. Les esprits de ténèbres profitoient du malheur du frère d'Amélie pour étendre ce malheur sur tout ce qui environnoit la victime : poussant Ondouré à la tentative d'un premier forfait, ils grossirent le germe des divisions.

Lorsqu'un sanglier, la terreur des forêts, a découvert une laie avec son amant sauvage, excité par l'amour, le monstre hérisse ses soies, creuse la terre avec la double corne de son pied, et, blessant de ses défenses le tronc des hêtres, se cache pour fondre sur son rival : ainsi Ondouré, transporté de jalousie par le récit de la Renommée, cherche et trouve le lieu écarté qui doit lui livrer l'Européen dont les maléfices ont déjà troublé le cœur de Céluta.

Entre la cabane de Chactas et celle d'Outougamiz s'élevoit un bocage de smilax, qui répandoit une ombre noire sur la terre; les chênes verts dont il étoit surmonté en augmentoient les ténèbres. Le frère d'Amélie, revenant de prêter le serment de l'amitié, s'étoit assis auprès d'une source qui couloit parmi ce bois : ainsi que l'Arabe accablé par la chaleur du jour s'arrête au puits du chameau, René s'étoit reposé sur la mousse qui bordoit la fontaine. Soudain un cri perce les airs : c'étoit ce cri de guerre des sauvages, dont il est impossible de peindre l'horreur, cri que la victime n'entend presque jamais, car elle est frappée de la hache au moment même ; tel le boulet suit la lumière ; tel le cri du fils de Pélée retentit aux rives du Simoïs lorsque le héros, la tête surmontée d'une flamme, s'avança pour sauver le corps de Patrocle ; les bataillons se renversèrent, les chevaux effrayés prirent la fuite, et douze des premiers Troyens tombèrent dans l'éternelle nuit.

C'en étoit fait des jours du frère d'Amélie si les esprits attachés à ses pas ne l'avoient eux-mêmes sauvé du coup fatal, afin que sa vie prolongée devînt encore plus malheureuse, plus propre à servir les desseins de l'enfer. Docile aux ordres de Satan, la Nuit, toujours cachée dans ces lieux, détourna elle-même la hache qui, sifflant à l'oreille de René, alla s'enfoncer dans le tronc d'un arbre.

A cette attaque imprévue, René se lève. Furieux d'avoir manqué le but, Ondouré se précipite, le poignard à la main, sur le frère d'Amélie, et le blesse au-dessous du sein. Le sang s'élance en jet de pourpre, comme la liqueur de Bacchus jaillit sous le fer dont une troupe de joyeux vignerons a percé un vaste tonneau.

René saisit la main meurtrière, et veut en arracher le poignard ; Ondouré résiste, jette son bras gauche autour du frère d'Amélie, essaye de l'ébranler et de le précipiter à terre. Les deux guerriers se poussent et se repoussent, se dégagent et se reprennent, font mille efforts, l'un pour dominer son adversaire, l'autre pour conserver son avantage. Leurs mains s'entrelacent sur le poignard que celui-ci veut garder, que celui-là veut saisir. Tantôt ils se penchent en arrière et tâchent par de mutuelles secousses de s'arracher l'arme fatale, tantôt ils cherchent à s'en rendre maîtres en la faisant tourner comme le rayon de la roue d'un char, afin de se contraindre à lâcher prise par la douleur. Leurs mains tordues s'ouvrent et changent adroitement de place sur la longueur du poignard ; leur genou droit plie, leur jambe gauche s'étend en arrière, leur corps se penche sur un côté, leurs têtes se touchent et mêlent leurs chevelures en désordre.

Tout à coup se redressant, les adversaires s'approchent poitrine contre poitrine, front contre front : leurs bras tendus s'élèvent au-dessus de leurs têtes et leurs muscles se dessinent comme ceux d'Hercule et d'Antée. Dans cette lutte leur haleine devient courte et bruyante ; ils se couvrent de poussière, de sang et de sueur : de leurs corps meurtris s'élève une fumée, comme cette vapeur d'été que le soir fait sortir d'un champ brûlé par le soleil.

Sur les rivages du Nil ou dans les fleuves des Florides, deux crocodiles se disputent au printemps une femelle brillante : les rivaux s'élancent des bords opposés du fleuve et se joignent au milieu. De leurs bras ils se saisissent ; ils ouvrent des gueules effroyables ; leurs dents se heurtent avec un craquement horrible ; leurs écailles se choquent comme les armures de deux guerriers ; le sang coule de leurs mâchoires écumantes et jaillit en gerbes de leurs naseaux brûlants ; ils poussent de sourds mugissements, semblables au bruit lointain du tonnerre. Le fleuve, qu'ils frappent de leur queue, mugit autour de leurs flancs comme autour d'un vaisseau battu par la tempête. Tantôt ils s'abîment dans des gouffres sans fond et continuent leur lutte au voisinage des enfers ; un impur limon s'élève sur les eaux ; tantôt ils remontent à la surface des vagues, se chargent avec une furie redoublée, s'enfoncent de nouveau dans les ondes, reparoissent, plongent, reviennent, replongent, et semblent vouloir éterniser leur épouvantable combat : tels se pressent les deux guerriers, tels ils s'étouffent dans leurs bras serrés par les nœuds de la colère. Le lierre s'unit moins étroitement à l'ormeau, le serpent au serpent, la jeune sœur au cou d'une sœur chérie, l'enfant altéré à la mamelle de sa mère. La rage des deux guerriers monte à son comble. Le frère d'Amélie combat en silence son rival, qui lui résiste en poussant des cris. René, plus agile, a la bravoure du François ; Ondouré, plus robuste, a la férocité du sauvage.

L'Éternel n'avoit point encore pesé dans ses balances d'or la destinée de ces guerriers ; la victoire demeuroit incertaine. Mais enfin le frère d'Amélie rassemble toutes ses forces, porte une main à la gorge du Natchez, soulève ses pieds avec les siens, lui fait perdre à la fois l'air et la terre, le pousse d'une poitrine vigoureuse, l'abat comme un pin et tombe avec lui. En vain Ondouré se débat : René le tient sous ses genoux et le menace de la mort avec le poignard arraché à une main déloyale. Déjà généreux par la victoire, le frère d'Amélie sent sa colère expirer : un pêcher couvert de ses fleurs, au milieu des plaines de l'Arménie, cache un moment sa beauté dans un tourbillon de vent, mais il reparoît avec toutes ses grâces lorsque le tourbillon est passé, et le front de l'arbre charmant sourit immobile dans la sérénité des airs : ainsi René reprend sa douceur et son calme. Il se relève, et, tendant la main au sauvage : « Malheureux, lui dit-il, que t'ai-je fait? » René s'éloigne et laisse Ondouré livré non à ses remords, mais au désespoir d'avoir été vaincu et désarmé.

LIVRE QUATRIÈME.

L'ange protecteur de l'Amérique, qui montoit vers le soleil, avoit découvert le voyage de Satan et du démon de la renommée : à cette vue, poussant un soupir, il précipite le mouvement de ses ailes. Déjà il a laissé derrière lui les planètes les plus éloignées de l'œil du monde ; il traverse ces deux globes que les hommes, plongés dans les ténèbres de l'idolâtrie, profanèrent par les noms de Mercure et de Vénus. Il entre ensuite dans ces régions où se forment les couleurs du soleil couchant et de l'aurore ; il nage dans des mers d'or et de pourpre, et sans en être ébloui, les regards fixés sur l'astre du jour, il surgit à son orbite immense.

Uriel l'aperçoit ; après l'avoir salué du salut majestueux des anges, il lui dit :

« Esprit diligent, que le Créateur a placé à la garde d'une des plus belles parties de la terre, je connois le sujet qui vous amène : tandis que vous remontiez jusqu'à moi, l'ange de la croix, du sud, descendoit sur ce soleil, pour m'apprendre qu'il avoit vu Satan et sa compagne s'élancer du pôle du midi. J'aurois déjà communiqué cette nouvelle aux archanges des soleils les plus reculés, si je n'avois aperçu deux illustres voyageuses qui viennent comme vous de la terre, et qui bientôt arriveront à nous ; elles continueront ensuite leur route vers les tabernacles éternels. Reposez-vous donc en les attendant ici ; il n'y a point d'ange qui ne soit effrayé de la course à travers l'infini : les deux saintes pourront se charger de votre message ; elles témoigneront de votre vigilance, et vous redescendrez au poste où vous rappelle l'audace du prince des ténèbres. »

L'ange de l'Amérique répondit : « Uriel, ce n'est pas sans raison que l'on vous loue dans les parvis célestes : vos paroles sont véritablement pleines de sagesse, et les yeux dont vous êtes couvert ne vous laissent rien ignorer. Vous daignerez donc rendre compte de mon zèle ; vous savez que les flèches du Très-Haut sont terribles et qu'elles dévorent les coupables. Puisque les deux patronnes des François s'élèvent aux sanctuaires sublimes, dans le même dessein qui m'a conduit à l'astre dont vous dirigez le cours, je vais retourner à la terre. J'aurai peut-être à livrer des combats, car Satan semble avoir pris une force nouvelle. »

Uriel repartit : « Ne craignez point cet archange ; le crime est toujours foible, et Dieu vous enverra sa victoire. Votre empressement est digne d'éloges, mais vous pouvez vous arrêter un moment pour délasser vos ailes. »

En parlant ainsi, l'ange du soleil présenta à celui de l'Amérique une coupe de diamant, pleine d'une liqueur inconnue; ils y mouillèrent leurs lèvres, et les dernières gouttes du nectar tombées en rosée sur la terre y firent naître une moisson de fleurs.

L'ange de l'Amérique, regardant les champs du soleil, dit à Uriel : « Brûlant chérubin, si toutefois ma curiosité n'est point déplacée, et qu'il soit permis à un ange de mon rang de connoître de tels secrets, ce qu'on dit de l'astre auquel vous présidez est-il vrai, ou n'est-ce qu'un bruit né de l'ignorance humaine? »

Uriel, avec un sourire paisible :

« Esprit rempli de prudence, votre curiosité n'a rien d'indiscret, puisque vous n'avez pour but que de glorifier l'œuvre du Père, cet œuvre que le Fils conserve et que le Saint-Esprit vivifie. Je puis aisément vous satisfaire.

« Non, cet astre qui sert de marchepied à l'Éternel ne fut point formé comme se le figurent les hommes. Lorsque la création sortit du néant à la parole éternelle, et que le ciel eut célébré le soir et le matin du premier jour, la clarté émanée du Saint des saints faisoit seule la lumière du monde.

« Mais cette lumière, toute tempérée qu'elle pouvoit être, trop forte encore pour l'univers, menaçoit de le consumer. Emmanuel pria Jéhovah de replover ses rayons et de n'en laisser échapper qu'un seul. Le Fils prit ce rayon dans sa main, le rompit, et du brisement s'échappa une goutte de feu que le Fils nomma Soleil.

« Alors brilla dans les cieux ce luminaire qui lie les planètes autour de lui par les fils invisibles qu'il tire sans interruption de son sein inépuisable. Je reçus l'ordre de m'asseoir à son foyer, moins pour veiller à la marche des sphères que pour empêcher leur destruction : car, lorsque Jéhovah, rentré dans la profondeur de son immensité, appelle à lui ses deux autres principes, lorsqu'il enfante avec eux ces pensées qui donnent la vie à des millions d'âmes et de mondes, dans ces moments de conception du Père, il sort de tels feux du tabernacle, que tout ce qui est créé seroit dévoré. Placé au centre du soleil, je me hâte d'étendre mes ailes et de les interposer entre la création et l'effusion brûlante, afin de prévenir l'embrasement des globes. L'ombre de mes ailes forme dans l'astre du jour ces taches que les hommes découvrent et que, dans leur science vaine, ils ont diversement expliquées. »

Ainsi s'entretenoient les deux anges, et cependant Catherine des Bois et Geneviève touchoient au disque du soleil.

Peuple guerrier et plein de génie, François! c'est sans doute un esprit puissant, un conquérant fameux qui protège du haut du ciel votre double empire? Non! c'est une bergère en Europe, une fille sauvage en Amérique! Geneviève du hameau de Nanterre, et vous, Catherine des bois canadiens, étendez à jamais votre houlette et votre crosse de hêtre sur ma patrie; conservez-lui cette naïveté, ces grâces naturelles qu'elle tient sans doute de ses patronnes!

Née d'une mère chrétienne et d'un père idolâtre, sous le toit d'écorce d'une famille indienne, Catherine, élevée dans la religion de sa mère, annonça dès son enfance que l'époux céleste l'avoit réservée pour ses chastes embrassements. A peine avoit-elle accompli quatre lustres, qu'elle fut appelée dans ces domaines incorruptibles où les anges célèbrent incessamment les noces de ces femmes qui ont divorcé avec la terre pour s'unir au ciel. Les vertus de Catherine resplendirent après sa mort; Dieu couvrit son tombeau de miracles riches et éclatants, en proportion de la pauvreté et de l'obscurité de la sainte ici-bas. Elle fut publiquement honorée comme patronne du Canada; on lui rendit un culte au bord d'une fontaine, sous le nom de la *Bonne Catherine des Bois*. Cette vierge ne cesse de veiller au salut de la Nouvelle-France et de s'intéresser aux habitants du désert. Elle revenoit alors du séjour des hommes avec Geneviève.

Les patronnes des fils de saint Louis s'étoient alarmées des malheurs dont Satan menaçoit l'empire françois en Amérique : un même mouvement de charité les emportoit aux célestes habitacles pour implorer la miséricorde de Marie. Tristes autant que des substances spirituelles peuvent ressentir notre douleur, elles versoient ces larmes intérieures dont Dieu a fait présent à ses élus; elles éprouvoient cette sorte de pitié que l'ange ressent pour l'homme, et qui, loin de troubler la pacifique Jérusalem, ne fait qu'ajouter aux félicités qu'on y goûte.

Geneviève porte encore dans sa main sa houlette garnie de guirlandes de lierre; mais cette houlette est plus brillante que le sceptre d'un monarque de l'Orient. Les roses qui couronnent le front de la fille des Gaules ne sont plus les roses fugitives dont la bergère se paroit aux champs de Lutèce, ce sont ces roses qui ne se fanent jamais, et qui croissent dans les campagnes merveilleuses, sur les pas de l'Agneau sans tache. Geneviève! une nue blanche forme ton vêtement; des cheveux d'un or fluide accompagnent divinement ta tête : à travers ton immortalité on reconnoît les grâces pleines d'amour, les charmes indicibles d'une vierge françoise!

Plus simple encore que la patronne de la France policée est peut-être la patronne de la France sauvage. Catherine brille de cet éclat qui apparut en elle lorsqu'elle eut cessé d'exister. Les fidèles accourus à sa couche de mort lui virent prendre une couleur vermeille, une beauté inconnue qui inspiroit le goût de la vertu et le désir d'être saint. Catherine retient, avec la transparence de son corps glorieux, la tunique indienne et la crosse du labour ; fille de la solitude, elle aime celui qui se retira au désert avant de s'immoler au salut des hommes.

Ainsi voyagent ensemble les deux saintes : l'une, qui sauva Paris d'Attila : Geneviève, qui précéda le premier des rois très-chrétiens, qui dans une longue suite de siècles opposa l'obscurité et la vertu de ses cendres à toutes les pompes et à toutes les calamités de la monarchie de Clovis ; l'autre, qui ne devança sur la terre que de peu d'années le dernier des rois très-chrétiens[1] : Catherine, qui ne sait que l'histoire de quelques apôtres de la Nouvelle-France, semblables à ceux que vit la pastourelle de Nanterre lorsque l'Évangile pénétra dans les vieilles Gaules.

Les épouses du Seigneur se chargèrent du message de l'ange de l'Amérique, qui se précipita aussitôt sur la terre, tandis qu'elles continuèrent leur route vers le firmament.

Dans un champ du soleil, dans des prairies dont le sol semble être de calcédoine, d'onyx et de saphir, sont rangés les chars subtils de l'âme, chars qui se meuvent d'eux-mêmes, et qui sont faits de la même manière que les étoiles[2]. Les deux saintes se placent l'une auprès de l'autre sur un de ces chars. Elles quittent l'astre de la lumière, s'élèvent par un mouvement plus rapide que la pensée, et voient bientôt le soleil suspendu au-dessous d'elles dans les espaces, comme une étoile imperceptible.

Elles suivent la route tracée en losange de lumière par les esprits des justes qui, dégagés des chaînes du corps, s'envolent au séjour des joies éternelles. Sur cette route passoient et repassoient des âmes délivrées, ainsi qu'une multitude d'anges. Ces anges descendoient vers les mondes pour exécuter les ordres du Très-Haut, ou remontoient à lui, chargés des prières et des vœux des mortels.

Bientôt les saintes arrivent à cette terre qui s'étend au-dessous de la région des étoiles, et d'où l'on découvre le soleil, la lune et les planètes tels qu'ils sont en réalité, sans le milieu grossier de l'air qui les déguise aux yeux des hommes. Douze bandes de différente couleur,

---

1. Ceci est dit par emphase de la mort de Louis XVI. J'écrivois un an après la mort du roi-martyr.   2. Platon.   3. *Idem.*

composent cette terre épurée, dont la nôtre est le sédiment matériel : l'une de ces bandes est d'un pourpre étincelant, l'autre d'un vif azur, une troisième d'un blanc de neige. Ces couleurs surpassent en éclat celles de notre peinture, qui n'en sont que les ombres.

Catherine et Geneviève traversent cette zone sans s'arrêter, et bientôt elles entendent cette harmonie des sphères que l'oreille ne sauroit saisir et qui ne parvient qu'au sens intérieur de l'âme. Elles entrent dans la région des étoiles, qu'elles voient comme autant de soleils, avec leurs systèmes de planètes tributaires. Grandeur de Dieu! qui pourra te comprendre? Déjà les saintes s'approchent de ces premiers mondes placés à des distances que la balle poussée par le salpêtre mettroit des millions d'années à franchir; et cependant les deux vierges ne sont que sur les plus lointaines limites du royaume de Jéhovah, et des soleils après des soleils émergent de l'immensité, et des créations inconnues succèdent à des créations plus inconnues encore!

Un homme qui pour comprendre l'infini, se plaçant en imagination au milieu des espaces, chercheroit à se représenter l'étendue suivie de l'étendue, des régions qui ne commencent et ne finissent en aucun lieu, cet homme, saisi de vertiges, détourneroit sa pensée d'une entreprise si vaine : tels seroient mes inutiles efforts si j'essayois de tracer la route que parcouroient Geneviève et Catherine. Tantôt elle s'ouvrent une voie au travers des sables d'étoiles; tantôt elles coupent les cercles ignorés où les comètes promènent leurs pas vagabonds. Les deux saintes croient avoir fait des progrès, et elles ne touchent encore qu'à l'essieu commun de tous les univers créés[1].

Cet axe d'or vivant et immortel voit tourner tous les mondes autour de lui dans des révolutions cadencées. A distance égale, le long de cet axe, sont assis trois esprits sévères : le premier est l'ange du passé; le second, l'ange du présent; le troisième, l'ange de l'avenir. Ce sont ces trois puissances qui laissent tomber le temps sur la terre, car le temps n'entre point dans le ciel et n'en descend point. Trois anges inférieurs, semblables aux fabuleuses sirènes pour la beauté de la voix, se tiennent aux pieds de ces trois premiers anges, et chantent de toutes leurs forces. Le son que rend l'essieu d'or du monde en tournant sur lui-même accompagne leurs hymnes. Ce concert forme cette triple voix du temps qui raconte le passé, le présent et l'avenir, et que des sages ont quelquefois entendue sur la terre, en approchant l'oreille d'un tombeau durant le silence des nuits.

Le char subtil de l'âme vole encore : les épouses de Jésus-Christ

---

1. Platon.

abordent à ces globes où se pressent les âmes des hommes que l'Éternel créa par sa seconde idée, après avoir pensé les anges[1]. Dieu forma à la fois tous les exemplaires des âmes humaines, et les distribua dans diverses demeures, où ils attendent le moment qui les doit unir à des corps terrestres. La création fut une et entière. Dieu n'admet point de succession pour produire.

Les chastes pèlerines furent émues au spectacle de ces âmes égales en innocence qui devoient devenir inégales par le péché, les unes restant immaculées, les autres portant la marque des clous avec lesquels les passions les attacheroient un jour au sang et à la chair[2].

Par delà ces globes où sommeillent les âmes qui n'ont point encore subi la vie mortelle se creuse la vallée où elles doivent revenir pour être jugées, après leur passage sur la terre. Les saintes aperçoivent dans la formidable Josaphat le cheval pâle monté par la Mort, les sauterelles au visage d'homme, aux dents de lion, aux ailes bruyantes comme un chariot de bataille. Là paroissent les sept anges avec les sept coupes pleines de la colère de Dieu; là se tient la femme assise sur la bête de couleur écarlate, au front de laquelle est écrit *mystère*. Le puits de l'abîme fume à l'une des extrémités de la vallée, et l'ange du jugement approchant peu à peu la trompette de ses lèvres, semble prêt à la remplir du souffle qui doit dire aux morts : « *Levez-vous!* »

En sortant de la mystique vallée, Geneviève et Catherine entrèrent enfin dans ces régions où commencent les joies du ciel. Ces joies ne sont pas, comme les nôtres, sujettes à fatiguer et à rassasier le cœur; elles nourrissent, au contraire, dans celui qui les goûte une soif insatiable de les goûter encore.

A mesure que les patronnes de la France approchent du séjour de la Divinité, la clarté et la félicité redoublent. Aussitôt qu'elles découvrent les murs de la Jérusalem céleste, elles descendent du char et se prosternent comme des pèlerines aux champs de la Judée, lorsque, dans la splendeur du Midi, Sion se montre tout à coup à leur foi ardente. Geneviève et Catherine se relèvent, et glissant dans un air qui n'est point un air, mais qu'il faut appeler de ce nom pour se faire comprendre, elles entrent par la porte de l'Orient. Au même instant le bienheureux Las Casas et les martyrs canadiens, Brébœuf et Jogues, se pressent sur les pas de Catherine. Toujours brûlés de charité pour les Indiens, ils ne cessent de veiller à leur salut. Par un effet de la gloire

---
1. Doctrine de quelques Pères de l'Église.
2. Plusieurs Pères de l'Église ont soutenu ces doctrines, qui ne sont pas ici règle de foi, mais matière de poésie.

de Dieu, plus ces confesseurs ont souffert de leurs ingrats néophytes, plus ils les chérissent. Las Casas, adressant la parole à la patronne de la France nouvelle :

« Servante du Seigneur, quelque péril menaceroit-il nos frères des terres américaines ? La tristesse de votre visage et celle qui respire sur le front de Geneviève me feroient craindre un malheur. Nous avons été occupés à chanter la création d'un monde, et je n'ai pu descendre aux régions sublunaires. »

« Protecteur des cabanes, répondit Catherine, votre bonté ne s'est point en vain alarmée. Satan a déchaîné l'enfer sur l'Amérique : les François et leurs frères sauvages sont menacés. L'ange gardien du Nouveau-Monde s'est vu forcé de monter vers Uriel pour l'instruire des attentats des esprits pervers. Je viens, chargée de son message avec la vierge de la Seine, supplier Marie d'intercéder auprès du Rédempteur. Prélat, et vous, confesseurs de la foi, joignez-vous à nous : implorons la miséricorde divine. »

Tandis que la fille des torrents parloit de la sorte, les saints, les anges, les archanges, les séraphins et les chérubins, rassemblés autour d'elle, ressentoient une religieuse douleur. Las Casas et les missionnaires canadiens, tout resplendissants de leurs plaies, se réunissent aux deux illustres femmes. Voici venir le saint roi Louis, la palme à la main, qui se met à la tête des enfants de la France et dirige les suppliants vers les tabernacles de Marie. Ils s'avancent au milieu des chœurs célestes, à travers les champs qu'habitent à jamais les hommes qui ont pratiqué la vertu.

Les eaux, les arbres, les fleurs de ces champs inconnus, n'ont rien qui ressemble aux nôtres, hors les noms : c'est le charme de la verdure, de la solitude, de la fraîcheur de nos bois, et pourtant ce n'est pas cela ; c'est quelque chose qui n'a qu'une existence insaisissable.

Une musique qu'on entend partout, et qui n'est nulle part, ne cesse jamais dans ces lieux : tantôt ce sont des murmures comme ceux d'une harpe éolienne que la foible haleine du zéphyr effleure pendant une nuit de printemps ; tantôt l'oreille d'un mortel croiroit ouïr les plaintes d'une harmonica divine, ces vibrations qui n'ont rien de terrestre, et qui nagent dans la moyenne région de l'air. Des voix, des modulations brillantes sortent tout à coup du fond des forêts célestes, puis, dispersés par le souffle des esprits, ces accents semblent avoir expiré. Mais bientôt une mélodie confuse se relève dans le lointain, et l'on distingue ou les sons veloutés d'un cor sonné par un ange, ou l'hymne d'un séraphin qui chante les grandeurs de Dieu au bord du fleuve de vie.

Un jour grossier, comme ici-bas, n'éclaire point ces régions ; mais une molle clarté, tombant sans bruit sur les terres mystiques, s'y fond pour ainsi dire comme une neige, s'insinue dans tous les objets, les fait briller de la lumière la plus suave, leur donne à la vue une douceur parfaite. L'éther, si subtil, seroit encore trop matériel pour ces lieux : l'air qu'on y respire est l'amour divin lui-même ; cet air est comme une sorte de mélodie visible qui remplit à la fois de splendeur et de concerts toutes les blanches campagnes des âmes.

Les passions, filles du temps, n'entrent point dans l'immortel Éden. Quiconque, apprenant de bonne heure à méditer et à mourir, s'est retiré au tombeau, pur des infirmités du corps, s'envole au séjour de vie. Délivré de ses craintes, de son ignorance, de ses tristesses, cette âme, dans des ravissements infinis, contemple à jamais ce qui est vrai, divin, immuable et au-dessus de l'opinion : toutefois, si elle n'a plus les passions du monde, elle conserve le sentiment de ses tendresses. Seroit-il de véritable bonheur sans le souvenir des personnes qui nous furent chères, sans l'espoir de les voir se réunir à nous? Dieu, source d'amour, a laissé aux prédestinés toute la sensibilité de leur cœur, en ôtant seulement à cette sensibilité ce qu'elle peut avoir de foible : les plus heureux, comme les plus grands saints, sont ceux qui ont le plus aimé.

Ainsi s'écoulent rapidement les siècles des siècles. Les élus existent, pensent et voient tout en Dieu : la félicité dont cette union les remplit est délectable. A la source de la vraie science, ils y puisent à longs traits, et pénètrent dans les artifices de la sagesse. Quel spectacle merveilleux ! et que l'éternité même, passée dans de telles extases, doit être courte!

Les secrets les plus cachés et les plus sublimes de la nature sont découverts à ces hommes de vertu. Ils connoissent les causes du mouvement de l'abîme et de la vie des mers ; ils voient l'or se filtrer dans les entrailles de la terre ; ils suivent la circulation de la sève dans les canaux des plantes, et l'hysope et le cèdre ne peuvent dérober à l'œil du saint la navette qui croise la trame de leurs feuilles et le tissu de leur écorce.

Mais que dis-je! ce ne sont point de si curieux secrets qui occupent uniquement les bienheureux : Jéhovah leur donne d'autres joies et d'autres spectacles. Ils embrassent de leurs regards les cercles sur lesquels roulent les astres divers ; ils connoissent la loi qui gouverne les globes, qui les chasse ou les attire ; ils découvrent les chaînes qui retiennent ces globes et viennent aboutir à la main de Dieu ; chaînes que son doigt pourroit rompre avec la facilité de l'ouvrier qui brise une soie. Les élus voient les comètes accourir aux pieds du Très-Haut, recevoir ses ordres et partir avec des yeux rougis et une chevelure flamboyante, pour fracasser quelque monde. O Paradis! ton chantre ne peut suffire à peindre tes grandeurs! O Vertu! prête-moi tes ailes pour atteindre à ces régions de béatitude! Déserts, et vous, rochers, venez à moi! prenez-moi dans votre sein, afin que, nourri loin de la corruption des hommes, je puisse, au sortir de cette misérable vie, monter au séjour de l'éternelle science et de la souveraine beauté!

Dans les régions de la grâce et de l'amour, le saint roi et les saintes patronnes de la France vont chercher le trône de Marie. Un chant séraphique leur annonce le lieu où réside la Vierge qui renferma dans son flanc celui que l'univers ne peut contenir. Ils découvrent dans une crèche resplendissante, au milieu des anges en adoration, au milieu d'un nuage d'encens et de fleurs, la libératrice du monde, ornée des sept dons du Saint-Esprit. Seule de tous les justes, Marie a conservé un corps. Une tendre compassion pour les hommes, dont elle fut la fille, une patience, une douceur sans égale, rayonnent sur le front de la mère du Sauveur.

Geneviève, Catherine, Louis, roi dans le ciel comme sur la terre, le bienheureux Las Casas, les saints martyrs de la Nouvelle-France, s'avancent au milieu de la foule céleste qui, s'entr'ouvrant sur leur passage, les laisse approcher du trône de Marie; ils s'y prosternent. Catherine :

« Mère d'Emmanuel! seconde Ève, reine dont je suis la plus indigne des servantes, prenez pitié d'un peuple prêt à périr. Le serpent dont vous avez écrasé la tête est retourné au monde pour persécuter les hommes, et surtout l'empire nouveau de saint Louis. O Marie! recevez les humbles vœux de la fille d'une nouvelle Église, de la première vierge consacrée au bord du torrent! écoutez la prière de cette autre vierge et de ces saints profondément humiliés à vos pieds! »

Divine mère de Dieu, vous ouvrîtes vos lèvres : un parfum délicieux remplit l'immensité du ciel. Telles furent vos paroles :

« Vierges du désert, charitables patronnes des deux Frances, saint roi, miséricordieux prélat, et vous, courageux martyrs, vos prières ont trouvé grâce à mon oreille : je vais monter au trône de mon Fils. »

Elle dit et part comme une colombe qui prend son vol. Ses yeux sont levés vers le séjour du Christ, ses bras sont déployés en signe d'oraison, ses cheveux flottent, portés par des faces de chérubins d'une beauté incomparable. Les plis de la tunique dont elle se revêtoit sur la terre enveloppent ses pieds, qui se découvrent à travers le voile immortalisé. Les vierges et les saints, tombés à genoux, regardent, éblouis, son ascension ; Gabriel précède la consolatrice des affligés, en chantant la salutation que les échos sacrés répètent. Moins ravissant étoit dans l'antiquité ce mode de musique, expression du charme d'un ciel où le génie de la Grèce se marioit à la beauté de l'Asie.

Marie approche du Calvaire immatériel : l'aspect du paradis commence à prendre une majesté plus terrible. Là aucun saint, quelle que soit l'élévation de son bonheur et de ses vertus, ne peut paroître ; là les anges, les archanges, les trônes, les dominations, les séraphins, n'osent errer ; les seuls chérubins, premiers-nés des esprits, peuvent supporter l'ardeur du sanctuaire où réside Emmanuel. Dans ces abîmes flottent des visions comme celle qui réveilla Job au milieu de la nuit, et qui fit hérisser le poil de sa chair. Les unes ont quatre têtes et quatre ailes, les autres ne sont qu'une main, la main qui saisit Ézéchiel par les cheveux, ou qui traça les mots inexplicables au festin de Balthazar. Ces lieux sont obscurs à force de lumière, et le foudre à trois pointes les sillonne.

Un rideau, dont celui qui déroboit l'arche aux regards des Hébreux fut l'image, sépare les régions inférieures du ciel de ces régions sublimes ; toute la puissance réunie des hommes et des anges n'en pourroit soulever un pli ; la garde en est confiée à quatre chérubins armés d'épées flamboyantes. A peine ces ministres du Très-Haut ont aperçu la fille de David, qu'ils s'inclinent, et la Charité ouvre sans effort le rideau de l'éternité. Le Sauveur apparoît à Marie : il est assis sur une tombe immortelle, à travers laquelle il communique avec les hommes.

Marie, saisie d'un saint respect, touche à cet autel de l'Agneau ; elle y présente ses vœux et ceux de la terre, que le Christ à son tour va porter aux pieds du Père tout-puissant. Qui pourroit redire l'entretien de Marie et d'Emmanuel ? Si la femme a pour son enfant des expressions si divines, qu'étoient-ce que les paroles de la mère d'un Dieu, d'une mère qui avoit vu mourir son fils sur la croix et qui le retrouvoit vivant d'une vie éternelle ? Que devoient être aussi les paroles d'un fils et d'un Dieu ? Quel amour filial ! quels embrassements maternels ! Un seul moment d'une pareille félicité suffiroit pour anéantir dans l'excès du bonheur tous les mondes.

Le Christ sort de son trône avec un labarum de feu qui se forme soudainement dans sa main ; sa mère reste au sanctuaire de la croix. Marie elle-même ne pourroit entrer dans ces profondeurs du Père, où le Fils et l'Esprit se plongent. Dans le tabernacle le plus secret du Saint des saints sont les trois idées existantes d'elles-mêmes, exemplaires incréés de toutes les choses créées. Par un mystère inexplicable, le chaos se tient caché derrière Jéhovah. Lorsque Jéhovah veut former quelque monde, il appelle devant lui une petite partie de la matière, laissant le reste derrière lui, car la matière s'animeroit à la fois si elle étoit exposée aux regards de Dieu.

Une voix unique fait retentir éternellement une parole unique autour du Saint des saints. Que dit-elle ?

LIVRE CINQUIÈME.

L'Éternel révéla à son Fils bien aimé ses desseins sur l'Amérique : il préparoit au genre humain dans cette partie du monde une rénovation d'existence. L'homme, s'éclairant par des lumières toujours croissantes et jamais perdues, devoit retrouver cette sublimité première d'où le péché originel l'avoit fait descendre ; sublimité dont l'esprit humain étoit redevenu capable, en vertu de la rédemption du Christ. Cependant le Souverain du ciel permet à Satan un moment de triomphe pour l'expiation de quelques fautes particulières. L'enfer, profitant de la liberté laissée à sa rage, saisit et fait naître toutes les occasions du mal.

Le bruit du combat d'Ondouré et du frère d'Amélie s'étoit répandu chez les Natchez. Akansie, qui n'y voyoit qu'une preuve de plus de l'amour d'Ondouré pour Céluta, éprouvoit de nouvelles angoisses. Le parti des sauvages nourri dans les sentiments d'Adario demandoit pourquoi l'on recevoit ces étrangers, instruments de trouble et de servitude ; les Indiens qui s'attachoient à Chactas louoient, au contraire, le courage et la générosité de leur nouvel hôte. Quant au frère d'Amélie, qui ne trouvoit ni dans les sentiments de son cœur, ni dans sa conduite, les motifs de l'inimitié d'Ondouré, il ne pouvoit comprendre ce qui avoit porté ce sauvage à tenter un homicide. Si Ondouré aimoit Céluta, René n'étoit point son rival : toute pensée d'hymen étoit odieuse au frère d'Amélie ; à peine s'étoit-il aperçu de la passion naissante de la sœur d'Outougamiz.

Cependant le retour du grand-chef des Natchez étoit annoncé : on entendit retentir le son d'une conque. « Guerrier blanc, dit Chactas à son hôte, voici le soleil : prête-moi l'appui de ton bras, et allons nous ranger sur le passage du chef. » Aussitôt le sachem et René, dont la blessure n'étoit que légère, s'avancent avec la foule.

Bientôt on aperçoit le grand-prêtre et les deux lévites, maîtres des cérémonies du temple du Soleil : ils étoient enveloppés de robes blanches ; le premier portoit sur la tête un hibou empaillé. Ces sacrificateurs affectoient une démarche grave ; ils tenoient les yeux attachés à terre et murmuroient un hymne sacré. Chactas apprit à René que le principal jongleur étoit un prêtre avide et crédule, qui pouvoit devenir dangereux à l'instigation de quelques hommes plus méchants que lui.

Après les lévites s'avançoit un vieillard que ne distinguoit aucune marque extérieure. « Quel est, demanda le frère d'Amélie à son hôte, quel est le sachem qui marche derrière les prêtres et dont la contenance est affable et sereine ? »

« Mon fils, répondit Chactas, c'est le soleil : il est cher aux Natchez par le sacrifice qu'il a fait à sa patrie des prérogatives de ses aïeux. C'est un homme d'une douceur inaltérable, d'une patience que rien ne peut troubler, d'une force presque surnaturelle à supporter la douleur. Il a lassé le temps lui-même, car il est au moment d'accomplir sa centième année. J'ai eu le bonheur de contribuer avec lui et Adario à la révolution qui nous a rendu l'indépendance. Les Natchez veulent bien nous regarder comme leurs trois chefs, ou plutôt comme leurs pères. »

A la suite du soleil venoit une femme qui conduisoit par la main son jeune fils. René fut frappé des traits de cette femme, sur lesquels la nature avoit répandu une expression alarmante de passion et de foiblesse. Le frère d'Amélie la désigna au sachem.

« Elle se nomme Akansie, répondit Chactas ; nous l'appelons la femme-chef : c'est la plus proche parente du soleil, et c'est son fils, à l'exclusion du fils même du soleil, qui doit occuper un jour la place de grand-chef des Natchez : la succession au pouvoir a lieu parmi nous en ligne féminine.

« Hélas ! mon fils, ajouta Chactas, nous autres, habitants des bois, nous ne sommes pas plus à l'abri des passions que les hommes de ton pays. Akansie nourrit pour Ondouré, qui la dédaigne et la trahit, un amour criminel ; Ondouré aime Céluta, cette Indienne qui prépara ton premier repas du matin, et qui est la sœur de ce naïf sauvage dont l'amitié t'a été jurée sur les débris d'une cabane ; Céluta a toujours repoussé le cœur et la main d'Ondouré. Tu as déjà éprouvé jusqu'où peuvent aller les transports de la jalousie. Si jamais Ondouré s'attachoit à Akansie, il est impossible de calculer les maux que produiroit une pareille union. »

Immédiatement après la femme-chef marchoient les capitaines de guerre. L'un d'eux ayant touché en passant l'épaule de Chactas, René demanda à son père adoptif quel étoit ce sachem au visage maigre, dont l'air rigide formoit un si grand contraste avec l'air de bonté des autres vieillards.

« C'est le grand Adario, répondit Chactas, l'ami de mon enfance et de ma vieillesse. Il a pour la liberté un amour qui lui feroit sacrifier sa femme, ses enfants et lui-même. Nous avons combattu ensemble dans presque toutes les forêts. Il y a cinquante ans que nous nous estimons, quoique nous soyons presque toujours en opposition d'idées et de desseins. Je suis le rocher, il est la plante marine qui s'est attachée à mes flancs; les flots de la tempête ont miné nos racines : nous roulerons bientôt ensemble dans l'abîme sur lequel nous penchons tous deux. Adario est l'oncle de Céluta, et lui sert de père. »

Lorsque les chefs de guerre furent passés, on vit paroître les deux officiers commis au règlement des traités et l'édile, chargé de veiller aux travaux publics. Cet édile songeoit à se retirer, et Ondouré convoitoit sa place. Cette place, la première de l'État après celle du grand-chef, donnoit le droit de régence dans la minorité des soleils. Une troupe de guerriers, appelés allouez, qui jadis composoient la garde du soleil, fermoit le cortège; mais ces guerriers, dispersés dans les tribus, n'existoient plus comme un corps distinct et séparé.

Le grand-chef, accompagné de la foule, s'étant arrêté sur la place publique, Chactas se fit conduire vers lui, en poussant trois cris. Il dit alors au soleil qu'un François demandoit à être adopté par une des tribus des Natchez. Le grand-chef répondit : « C'est bien, » et Chactas se retira en poussant trois autres cris un peu différents des premiers. Le frère d'Amélie apprit que l'on traiteroit de son adoption dans trois jours.

Il employa ces jours à porter de cabane en cabane les présents d'usage : les uns les reçurent, les autres les refusèrent, selon qu'ils se prononçoient pour ou contre l'adoption de l'étranger. Quand René se présenta chez les parents de Mila, la petite Indienne lui dit : « Tu n'as pas voulu que je fusse ta femme, je ne veux pas être ta sœur; va-t'en. » La famille accepta les dons que l'enfant étoit fâchée de refuser.

René offrit à Céluta un voile de mousseline qu'elle promit, en baissant les yeux, de garder le reste de sa vie : elle vouloit dire qu'elle le conserveroit pour le jour de son mariage, mais aucune parole d'amour ne sortoit de la bouche du frère d'Amélie. Céluta demanda timidement des nouvelles de la blessure de René, et Outougamiz, charmé de la valeur du compagnon qu'il s'étoit choisi, portoit avec orgueil la chaîne d'or qui le lioit à la destinée de l'homme blanc.

Le jour de l'adoption étant arrivé, elle fut accordée sur la demande de Chactas, malgré l'opposition d'Ondouré. La honte d'une défaite avoit changé en haine implacable dans le cœur de cet homme un sentiment de jalousie. Aussi impudent que perfide, ce sauvage s'osoit montrer après son attentat. Les lois, chez les Indiens, ne recherchent point l'homicide ; la vengeance de ce crime est abandonnée aux familles : or, René n'avoit point de famille.

Le renouvellement des trêves rendit l'adoption de René plus facile ; mais le prince des ténèbres fit jaillir de cette solennité une nouvelle source de discorde. Au moment où l'adoption fut proclamée à la porte du temple, le jongleur, dévoué à la puissance d'Akansie et gagné par les présents d'Ondouré, annonça que le serpent sacré avoit disparu sur l'autel. La foule se retira consternée : l'adoption du nouveau fils de Chactas fut déclarée désagréable aux génies et de mauvais augure pour la prospérité de la nation.

En ramenant la saison des chasses, l'automne suspendit quelque temps l'effet de ces craintes superstitieuses et de ces machinations infernales. Chactas, quoique aveugle, est désigné maître de la grande chasse du castor, à cause de son expérience et du respect que les peuples lui portoient. Il part avec les jeunes guerriers. René, admis dans la tribu de l'Aigle et accompagné d'Outougamiz, est au nombre des chasseurs. Les pirogues remontent le Meschacebé et entrent dans le lit de l'Ohio. Pendant le cours d'une navigation solitaire, René interroge Chactas sur ses voyages aux pays des blancs et lui demande le récit de ses aventures : le sachem consent à le satisfaire. Assis auprès du frère d'Amélie, à la poupe de la barque indienne, le vieillard raconte son séjour chez Lopez, sa captivité chez les Siminoles, ses amours avec Atala, sa délivrance, sa fuite, l'orage, la rencontre du père Aubry et la mort de la fille de Lopez[1].

« Après avoir quitté le pieux solitaire et les cendres d'Atala, continua Chactas, je traversai des régions immenses sans savoir où j'allois : tous les chemins étoient bons à ma douleur, et peu m'importoit de vivre.

« Un jour, au lever du soleil, je découvris un parti d'Indiens qui m'eut bientôt entouré. Juge, ô René ! de ma surprise en reconnoissant parmi ces guerriers de la nation iroquoise Adario, compagnon des jeux de mon enfance. Il étoit allé apprendre l'art d'Areskoui[2] chez les belliqueux Canadiens, anciens alliés des Natchez.

« Je m'informai avec empressement des nouvelles de ma mère ; j'appris qu'elle avoit succombé à ses chagrins, et que ses amis lui

---

1. Voyez *Atala*. 2. Génie de la guerre.

avoient fait les dons du sommeil. Je résolus de suivre l'exemple d'Adario, de me mettre à l'école des combats chez les Cinq-Nations[1]. Mon cœur étoit animé du désir de mêler la gloire à mes regrets ; je brûlois de confondre les souvenirs de la fille de Lopez avec une action digne de sa mémoire. Déjà je comptois plusieurs neiges, et je n'avois fait aucun bien. Si le grand Esprit m'eût appelé alors à son tribunal, comment lui aurois-je présenté le collier de ma vie, où je n'avois pas attaché une seule perle?

« Lorsque nous entrâmes dans les forêts du Canada, l'oiseau de rizière étoit prêt à partir pour le couchant et les cygnes arrivoient des régions du nord. Je fus adopté par une des nations iroquoises. Adario et moi nous fîmes le serment d'amitié : notre cri de guerre était le nom d'Atala, de cette vierge tombée dans le lac de la Nuit, comme ces colombes du pays des Agniers, qui se précipitent, au coucher du soleil, dans une fontaine où elles disparoissent.

« Nous nous engageâmes, sur le bâton de nos pères, à faire nos efforts pour rendre la liberté à notre patrie, après avoir étudié les gouvernements des nations.

« Je me livrai, dans l'intervalle des combats, à l'étude des langues iroquoises ou yendates, en même temps que j'apprenois la langue polie ou la langue des traités, c'est-à-dire la langue algonquine, dont les Indiens du nord se servent pour communiquer d'une nation à l'autre. Je m'étois approché de l'ami du père Aubry, du père Lamberville, missionnaire chez les Iroquois. Aidé de lui, je parvins à entendre et à parler facilement la langue françoise, et je m'instruisis dans l'art des colliers[2] des blancs.

« Le religieux me racontoit souvent les souffrances de ce Dieu qui s'est dévoué pour le salut du monde. Ces enseignements me plaisoient, car ils rappeloient tous les intérêts de ma vie, le père Aubry et Atala. La raison des hommes est si foible, qu'elle n'est souvent que la raison de leurs passions. Poursuivi de mes souvenirs, je cherchois à me sauver au sanctuaire de la miséricorde, comme le prisonnier racheté des flammes se réfugie à la cabane de paix.

« On commençoit à m'aimer chez les peuples ; mon nom reposoit agréablement sur les lèvres des sachems. J'avois fait quelque bruit dans les combats : c'est une malheureuse nécessité de s'habituer à la vue du sang ; et ce qu'il y a de plus triste encore, diverses qualités dépendent de celle qui fait un guerrier. Il est difficile d'être compté comme homme avant d'avoir porté les armes.

---

1. Les Iroquois.   2. L'art d'écrire, de lire, etc.

« Je vis pourtant avec horreur les supplices réservés aux victimes du sort des combats. En mémoire d'Atala, je donnai la vie et la liberté à des guerriers arrêtés de ma propre main. Et moi aussi j'avois été prisonnier, loin de la douce lumière de ma patrie !

« J'eus le bonheur d'arracher ainsi à la mort quelques François. Ononthio[1] me fit offrir en échange les dons de l'amitié ; il me proposoit même une hache de capitaine parmi ses soldats. Mais comme ses paroles étoient celles du secret, et qu'il y joignoit des sollicitations peu justes, je priai les présents de retourner vers les richesses d'Ononthio.

« Le printemps s'étoit renouvelé autant de fois qu'il y a d'œufs dans le nid de la fauvette ou d'étoiles à la constellation des chasseurs, depuis que j'habitois chez les nations iroquoises. Elles avoient fumé le calumet de paix avec les François. Cette paix fut bientôt rompue : Athaensic[2] balaya les feuilles qui commençoient à couvrir les chemins de la guerre, et fit croître l'herbe dans les sentiers du commerce.

« Après divers succès on proposa une suspension d'armes ; des députés furent envoyés par les Iroquois au fort Catarakoui. J'étois du nombre de ces guerriers, et je leur servois d'interprète. A peine entrés dans le fort, nous fûmes enveloppés par des soldats. Nous réclamâmes la protection du calumet de paix : le chef qui nous arrêta nous répondit que nous étions des traîtres, qu'il avoit ordre d'Ononthio de nous embarquer pour Kanata[3], d'où nous serions menés en esclavage au pays des François. On nous enleva nos haches et nos flèches ; on nous serra les bras et les pieds avec des chaînes ; nous fûmes jetés dans des pirogues, qui nous conduisirent au port de Québec par le fleuve Hochelaga[4]. De Kanata un large canot nous porta au delà des grandes eaux, à la contrée des mille villages, dans la terre où tu es né.

Les cabanes[5] où nous abordâmes sont bâties sous un ciel délicieux, au fond d'un lac intérieur[6], où Michabou, dieu des eaux, ne lève point deux fois le jour son front vert couronné de cheveux blancs, comme sur les rives canadiennes.

« Nous fûmes reçus aux acclamations de la foule. L'amas des cabanes, des grands canots et des hommes, tout ce spectacle, si différent de celui de nos solitudes, confondit d'abord nos idées. Je ne com-

---

1. Nom que les sauvages donnoient à tous les gouverneurs du Canada. Il signifie la *grande montagne*. Ainsi *Ononthio*-Denonville, *Ononthio*-Frontenac, etc.
2. Génie de la vengeance.   3. Québec.   4. Le fleuve Saint-Laurent.
5. Marseille.   6. Méditerranée.

mençai à voir quelque chose de distinct que lorsque nous cûmes été conduits à la hutte de l'esclavage[1].

« Peut-être, mon jeune ami, seras-tu étonné qu'après avoir été traité de la sorte je conserve encore pour ton pays de l'attachement. Outre les raisons que je t'en donnerai bientôt, l'expérience de la vie m'a appris que les tyrans et les victimes sont presque également à plaindre, que le crime est plus souvent commis par ignorance que par méchanceté. Enfin, une chose me paroît encore certaine : le Grand-Esprit, qui mêle le bien et le mal dans sa justice, a quelquefois rendu amer le souvenir des bienfaits et toujours doux celui des persécutions. On aime facilement son ennemi, surtout s'il nous a donné occasion de vertu ou de renommée. Tu me pardonneras ces réflexions : les vieillards sont sujets à allonger leurs propos. »

René répondit : « Chactas, si les discours que tu vas me faire sont aussi beaux que ceux que tu m'as déjà faits, le soleil pourroit finir et recommencer son tour avant que je fusse las de t'écouter. Continue à répandre dans ton récit cette raison tendre, cette douce chaleur des souvenirs qui pénètrent mon cœur. Quelle idée de la société dut avoir un sauvage aux galères ! »

Chactas reprit le récit de ses aventures. Ses paroles étoient toutes naïves ; il y mêla une sorte d'aimable enjouement ; on eût dit que, par une délicatesse digne des grâces d'Athènes, ce sauvage cherchoit à rendre sa voix ingénue, pour adoucir aux oreilles de René l'histoire de l'injustice des François.

« Une forte résolution de mourir, dit-il, m'empêcha d'abord de sentir trop vivement mon malheur dans la hutte de l'esclavage : trois jours entiers nous chantâmes notre chanson de mort, moi et les autres chefs. Jusque alors je m'étois cru la prudence d'un sachem, et pourtant, loin d'enseigner les autres, je reçus des leçons de sagesse.

« Un François, mon frère de chaîne, s'étoit rendu coupable d'une action qui l'avoit fait condamner au tribunal de tes vieillards. Jeune encore, Honfroy prenoit légèrement la vie. Charmé de m'entendre parler sa langue, il me racontoit ses aventures ; il me disoit : « Chac« tas, tu es un sauvage, et je suis un homme civilisé. Vraisembla« ment tu es un honnête homme, et moi je suis un scélérat. N'est-il « pas singulier que tu arrives exprès de l'Amérique pour être mon « compagnon de boulet en Europe, pour montrer la liberté et la ser« vitude, le vice et la vertu, accouplés au même joug ? Voilà, mon cher « Iroquois, ce que c'est que la société. N'est-ce pas une très-belle

1. Les bagnes.

« chose? Mais prends courage et ne t'étonne de rien : qui sait si un
« jour je ne serai point assis sur un trône? Ne t'alarme pas trop d'être
« appareillé avec un criminel au char de la vie : la journée est courte,
« et la mort viendra vite nous dételer. »

« Je n'ai jamais été si étonné qu'en entendant parler cet homme :
il y avoit dans son insouciance une espèce d'horrible raison qui me
confondoit. Quelle est, disois-je en moi-même, cette étrange nation
où les insensés semblent avoir étudié la sagesse, où les scélérats supportent la douleur comme ils goûteroient le plaisir? Honfroy m'engagea à lui ouvrir mon cœur : il me fit sentir qu'il y avoit lâcheté à
se laisser vaincre du chagrin. Ce malheureux me persuada : je consentis à vivre, et j'engageai les autres chefs à suivre mon exemple.

« Le soir, après le travail, mes compagnons s'assembloient autour
de moi et me demandoient des histoires de mon pays. Je leur disois
comment nous poursuivions les élans dans nos forêts, comment nous
nous plaisions à errer dans la solitude avec nos femmes et nos enfants.
A ces peintures de la liberté, je voyois des pleurs couler sur toutes les
mains enchaînées. Les galériens me racontoient à leur tour les diverses
causes du châtiment qu'ils éprouvoient. Il m'arriva à ce sujet une
chose bizarre : je m'imaginai que ces malfaiteurs devoient être les
véritables honnêtes gens de la société, puisqu'ils me sembloient punis
pour des choses que nous faisons tous les jours sans crime dans nos
bois.

« Cependant notre vêtement et notre langage excitoient la curiosité.
Les premiers guerriers et les principales matrones nous venoient voir
lorsque nous étions au travail, ils nous apportoient des fruits et nous
les donnoient en retirant la main. Le chef des esclaves nous montroit
pour quelque argent; l'homme étoit offert en spectacle à l'homme.

Nous n'étions pas sans consolations. Le grand-chef de la prière du
village[1] nous visitoit : ce digne pasteur, qui me rappeloit le père
Aubry, nous amenoit quelquefois ses parents.

« Chactas, me disoit-il, voilà ma mère! figure-toi que c'est la femme
« qui t'a nourri et qui t'a porté dans la peau d'ours, comme nous
« l'apprennent nos missionnaires. » A ce souvenir de ma famille et
des coutumes de mon pays, mon cœur étoit noyé d'amertume et de
plaisir. Ce prêtre charitable nous laissoit toujours, en nous quittant,
des pleurs pour effacer les maux de la veille, des espérances pour nous
conduire à travers les maux du lendemain.

« Le chef de la hutte des chaînes, dans la vue de prolonger notre

---

1. L'évêque de Marseille.

existence, utile à ses intérêts, nous permettoit quelquefois de nous promener avec lui au bord de la mer.

« Un soir j'errois ainsi sur les grèves : mes yeux, parcourant l'étendue des flots, tâchoient de découvrir dans le lointain les côtes de ma patrie. Je me figurois que ces flots avoient baigné les rives américaines. Dans l'illusion de ma douleur, la mer me sembloit murmurer des plaintes comme celles des arbres de mes forêts ; alors je lui racontois mon malheur, afin qu'elle le redît à son tour aux tombeaux de mes pères.

« Le gardien, occupé avec d'autres guerriers, oublia de me ramener à mes chaînes. Des millions d'étoiles percèrent la voûte céleste, et la lune s'avança dans le firmament. Je découvris à sa lumière un vieillard assis sur un rocher. Les flots calmés expiroient aux pieds de ce vieillard, comme aux pieds de leur maître. Je le pris pour Michabou, génie des eaux : je m'allois retirer, lorsqu'un soupir apporté à mon oreille m'apprit que le dieu étoit un homme.

« Cet homme, de son côté, m'aperçut : la vue de mon vêtement natchez lui fit faire un mouvement de surprise et de frayeur : « Que « vois-je ! s'écria-t-il, l'ombre d'un sauvage des Florides ? Qui es-tu ? « Viens-tu chercher Lopez ? » — « Lopez ! » répétai-je en poussant un cri. Je m'approche du père d'Atala ; je crois le reconnoître. Il me regarde avec le même étonnement, la même hésitation ; il me tend à demi les bras ; il me parle de nouveau. C'est sa voix ! sa voix même ! Erreur ou vérité, je me précipite dans les bras de mon vieil ami, je le serre sur mon cœur ; je baigne son visage de mes larmes. Lopez, hors de lui, doutoit encore de la réalité. « Je suis Chactas, lui disois-je, « Chactas, ce jeune Natchez que vous comblâtes de vos bienfaits à « Saint-Augustin, et qui vous quitta avec tant d'ingratitude ! » A ces derniers mots, je fus obligé de soutenir le vieillard prêt à s'évanouir ; et pourtant il me pressoit encore de ses mains devenues tremblantes par l'âge et par le chagrin.

« L'effusion de ces premiers transports passée, après avoir ranimé mon ancien hôte, je lui dis : « Lopez, quels semblables et funestes « génies président à nos destinées ? quelle infortune t'amène comme « moi sur ces bords ? que tu es malheureux dans tes enfants ? Pourras- « tu croire que j'ai creusé le tombeau de ta fille, de ta fille qui devoit « être mon épouse ? »

« Que me dis-tu ? » répondit le vieillard.

« J'ai aimé Atala, m'écriai-je, la fille de cette Floridienne que tu « as aimée. » Ici ma voix, étouffée dans mes larmes, s'éteignit. Mille souvenirs m'accablèrent : c'étoient la patrie, l'amour, la liberté, les déserts perdus !

« Lopez, qui me comprenoit à peine, me pria de m'expliquer. Je lui fis succinctement le récit de mes aventures. Il en fut touché, il admira et pleura cette fille qu'il n'avoit point connue ! Il s'étendit en longs regrets sur le bonheur que nous eussions pu goûter réunis dans une cabane, au fond de quelque solitude.

« Mais, mon fils, ajouta-t-il, la volonté de Dieu s'est opposée à nos
« desseins; c'est à nous de nous soumettre. A peine m'aviez-vous quitté
« à Saint-Augustin, que des méchants m'accusèrent : des colons puis-
« sants à qui j'avois enlevé quelques Indiens esclaves en les rachetant
« à un prix élevé se joignirent à mes ennemis. Le gouverneur, qui
« étoit au nombre de ces derniers, nous fit saisir moi et ma sœur : on
« nous transporta à Mexico, où nous comparûmes au tribunal de l'in-
« quisition. Nous fûmes acquittés, mais après plusieurs années de
« prison, durant lesquelles ma sœur mourut. On me permit alors de
« retourner à Saint-Augustin. Mes biens avoient été vendus. J'attendis
« quelque temps dans l'espoir d'obtenir justice : l'iniquité prévalut. Je
« me décidai à abandonner cette terre de persécution.

« Je m'embarquai pour les vieilles Espagnes : comme je mettois le
« pied au rivage, j'appris que mes ennemis, redoutant mes plaintes,
« avoient obtenu contre moi un ordre d'exil. Je remontai sur le vais-
« seau, et je me réfugiai dans la Provence. Le prélat de Marseille
« m'accueillit avec bonté : ses secours ont soutenu ma vie. J'ai fait
« autrefois la charité, et maintenant je suis nourri du pain des pau-
« vres. Mais j'approche du moment de la délivrance éternelle, et Dieu,
« j'espère, me fera part de son froment. »

« Comme Lopez finissoit de parler, le guerrier qui surveilloit ma servitude revint, et m'ordonna de le suivre. Le sachem espagnol me voulut accompagner, mais son habit n'étoit pas celui d'un possesseur de grandes cabanes, et le guide repoussa l'indigent étranger. « Rocher
« insensible, m'écriai-je, les esprits vengeurs de l'hospitalité violée
« vous frapperont pour votre dureté. Ce Sachem est un suppliant
« comme moi parmi votre peuple; il y a plus : c'est un vieillard et un
« infortuné. Ce n'est pas ainsi que je vous traiterois si vous veniez
« dans le pays des chevreuils : je vous présenterois le calumet de
« paix; je fumerois avec vous, je vous offrirois une peau d'ours et
« du maïs : le Grand-Esprit veut que l'on traite de la sorte les étran-
« gers. »

« A ces paroles, le guerrier des cités se prit à rire : j'aurois tiré de ce méchant une vengeance soudaine, mais, songeant que j'exposois Lopez, j'apaisai le bouillonnement de mon cœur. Lopez, à son tour, dans la crainte de m'attirer quelque mauvais traitement, s'éloigna, promettant de me venir voir. Je regagnai la natte du malheur, sur laquelle sont assis presque tous les hommes.

« Lopez et le grand-chef de la prière accoururent le lendemain : je formai avec eux et mes compagnons sauvages une petite société libre et vertueuse au milieu de la servitude et du vice, comme ces cocotiers chargés de fruits et de lait qui croissent ensemble sur un écueil aride au milieu des flots mexicains. Les autres esclaves assistoient à nos discours : plusieurs commencèrent à régler leurs âmes, qu'ils avaient laissées jusque alors dans un affreux abandon. Bientôt, par la patience, par la confession de nos erreurs, par la puissance des prières, nous enchantâmes nos fers. C'est de cette façon, me disoit le ministre des chrétiens, que d'anciens esclaves avoient racheté autrefois leur liberté, en répétant à leurs maîtres les compositions d'un homme divin et des chants aimés du ciel.

« Du village où nous étions on nous transporta à un autre village[1], où nous fûmes employés aux travaux d'un port : on nous ramena ensuite à notre première demeure. Le mérite de nos souffrances supportées avec humilité monta vers le Grand-Esprit : celui que vous appelez le Seigneur plaça ce mérite auprès de nos fautes ; ainsi me l'a conté le prêtre instruit des choses merveilleuses. Comme une veuve indienne pleine d'équité met dans ses balances le reste des richesses de son époux et l'objet offert en échange par l'Européen : elle égalise les deux poids dans toute la sincérité de son cœur, ne voulant ni nuire à ses enfants ni à l'étranger qui se confie en elle, de même le Juge suprême pesa l'offense et la réparation : celle-ci l'emporta aux yeux de sa miséricorde. Dans ce moment même je vis venir Lopez, tenant un collier[2] qu'il me montroit de loin en criant : « Vous êtes libre ! » Je m'empresse de déployer le collier ; il étoit marqué du sceau d'Ononthio-Frontenac, chef du Canada avant Ononthio-Denonville. Les premières branches du collier s'exprimoient ainsi :

« Le soleil[3] de la grande nation des François a désapprouvé la con-
« duite d'Ononthio-Denonville. Le chef de tous les chefs a su que son
« fils Chactas, qui lui avoit renvoyé plusieurs de ses enfants dans le
« Canada, étoit retenu dans la hutte de l'esclavage. Ononthio-Denon-
« ville est rappelé. Moi, ton père Ononthio-Frontenac, je retourne au
« Canada ; je t'y ramènerai avec tes compagnons. Hâte-toi de venir me
« trouver au grand village, où je t'attends pour te présenter au soleil.
« Essuie les pleurs de tes yeux : le calumet de paix ne sera plus violé,
« et la natte du sang sera lavée avec l'eau du fleuve. »

---

1. Toulon. 2. Une lettre. 3. Louis XIV.

« Je fis à haute voix l'explication du collier aux chefs sauvages; à l'instant même un guerrier détacha nos fers. Aussitôt que nous sentîmes nos pieds dégagés des entraves, nous présentâmes en sacrifice au Grand-Esprit un pain de tabac, que nous jetâmes dans la mer, après avoir coupé l'offrande en douze parties.

« Le chef de la prière nous donna l'hospitalité, et nous reçûmes, avec de l'or, des vêtements nouveaux faits à la façon de notre pays.

« Dès que l'esprit du jour eut attelé le soleil à son traîneau de flamme, on nous conduisit à la hutte roulante [1] qui nous devoit emporter : Lopez et le chef de la prière nous accompagnoient. Longtemps, à la porte de la cabane mobile, je tins serré contre mon cœur le père d'Atala ; je lui disois :

« Lopez ! faut-il que je vous quitte encore, que je vous quitte lors-
« que vous êtes malheureux ? Suivez votre fils : venez parmi vos Indiens
« planter votre bienfaisante vie, dans le sol de ma cabane. Là vous ne
« serez point méprisé parce que vous êtes pauvre : je chasserai pour
« votre repas, vous serez honoré comme un génie. Si mes prières trou-
« vent votre cœur fermé, si vous craignez de vous exposer aux fati-
« gues d'un long voyage, je resterai avec vous : j'apprendrai les arts
« des blancs, je vous mettrai par mon travail au-dessus de l'indigence.
« Qui vous fermera les yeux ? qui cueillera le dernier jour de votre
« vieillesse ? Souffrez que la main d'un fils vous présente au moins la
« coupe de la mort : d'autres l'agiteroient peut-être et vous la feroient
« boire troublée. »

« Sage et indulgent Lopez, vous me répondîtes : Vous n'avez jamais
« été ingrat envers moi ; quand vous me quittâtes à Saint-Augustin,
« vous suiviez le penchant naturel à tous les hommes ; loin de vous
« rien reprocher, je vous admirai. Dans ce moment vous seriez cou-
« pable en demeurant sur ces bords : Dieu a enrichi votre âme des
« plus beaux dons de l'adversité ; vous devez ces richesses à votre patrie.
« Que si je refuse de vous suivre, ne croyez pas que ce soit faute de
« vous aimer, mais je serois un trop vieux voyageur. Il faut que
« chacun accomplisse les ordres de la Providence : vous dormirez
« auprès des os de vos pères ; moi je dois mourir ici. La charité par-
« tagera ma dépouille ; les enfants de l'étranger viendront jouer autour
« de ma tombe et l'effaceront sous leurs pas. Aucune épouse, aucun
« fils, aucune sœur, aucune mère ne s'arrêtera à ma pierre funèbre,
« visitée seulement du malheureux, et sur laquelle passera le sentier
« du pèlerin. »

1. Carrosse.

« Et Lopez m'inondoit de ses larmes, comme un jardinier arrose l'arbrisseau qu'il a planté. Le chef de la prière voulant prévenir une plus longue foiblesse nous cria : « A quoi pensez-vous ? où est donc « votre courage ? » Il me jette dans la hutte roulante, en ferme brusquement la porte, et fait un geste de la main. A ce signal le guide du traîneau pousse ses coursiers, qui s'agitoient dans leurs traits et blanchissoient le frein d'écume : frappant de leurs seize pieds d'airain le pavé sonore, ils partent suivis des quatre ailes bruyantes de la cabane mobile, qui roulent avec des étincelles de feu. Les édifices fuient des deux côtés ; nous franchissons des portes qui s'ébranlent à notre passage, et bientôt le traîneau, lancé dans une longue carrière, glisse comme une pirogue sur la surface unie d'un fleuve. »

LIVRE SIXIEME.

« La force de mon âme resta longtemps abattue par la tendresse de mes adieux à Lopez. Le génie de la renommée nous avoit devancés : durant tout le voyage, nous reçûmes l'hospitalité dans des huttes que le soleil avoit fait préparer pour nous. Notre simplicité en conclut que ces hommes que nous voyions étoient les esclaves du soleil, que ces champs cultivés que nous traversions étoient des pays conquis, labourés par les vaincus pour les vainqueurs ; vainqueurs qui sans doute fumoient tranquillement sur leur natte et que nous allions trouver au grand village. Cette idée nous donna un mépris profond pour les peuples qui nous environnoient ; nous brûlions d'arriver à la résidence des vrais François, ou des guerriers libres.

« Nous fûmes étrangement surpris en entrant au grand village[1] : les chemins[2] étoient sales et étroits ; nous remarquâmes des huttes de commerce[3] et des troupeaux de serfs comme dans les rues de la France. On nous conduisit chez notre père Ononthio-Frontenac. La cabane étoit pleine de guerriers qu'Ononthio nous dit être de ses amis. Il nous avertit que nous irions dès le lendemain à un autre village[4], où nous allumerions le feu du conseil avec le chef des chefs. Après avoir pris le repas de l'hospitalité, nous nous retirâmes dans une des chambres de la cabane, où nous dormîmes sur des peaux d'ours.

« Le soleil éclairoit les travaux de l'homme civilisé et les loisirs du sauvage lorsque nous partîmes du grand village. Des coursiers cou-

1. Paris.   2. Les rues.   3. Les boutiques.   4. Versailles.

verts de fumée nous traînèrent à la hutte[1] du chef des chefs, en moins de temps qu'un sachem plein d'expérience, et l'oracle de sa nation, met à juger un différend qui s'élève entre deux mères de famille.

« A travers une foule de gardes, nous fûmes conduits jusqu'au père des François. Surpris de l'air d'esclavage que je remarquois autour de moi, je disois sans cesse à Ononthio : « Où est donc la nation des « guerriers libres ? » Nous trouvâmes le soleil[2] assis comme un génie, sur je ne sais quoi qu'on appeloit un trône, et qui brilloit de toutes parts. Il tenoit en main un petit bâton avec lequel il jugeoit les peuples. Ononthio nous présenta à ce grand-chef en disant :

« Sire, les sujets de Votre Majesté... »

« Je me tournai vers les chefs des Cinq-Nations, et leur expliquai la parole d'Ononthio. Ils me répondirent : « C'est faux ; » et ils s'assirent à terre, les jambes croisées. Alors, m'adressant au premier sachem :

« Puissant soleil, lui dis-je, toi dont les bras s'étendent jusqu'au « milieu de la terre ! Ononthio vient de prononcer une parole qu'un « génie ennemi lui aura sans doute inspirée : mais toi qu'Athaensic[3] « n'a pas privé de sens, tu es trop prudent pour te persuader que « nous soyons tes esclaves. »

« A ces paroles, qui sortoient ingénument de mes lèvres, il se fit un mouvement dans la hutte. Je continuai mon discours :

« Chef des chefs, tu nous as retenus dans la hutte de la servitude « par la plus indigne trahison. Si tu étois venu chanter la chanson de « paix chez nos vieillards, nous aurions respecté en toi les Manitous « vengeurs des traités. Cependant la grandeur de notre âme veut que « nous t'excusions, car le souverain Esprit ôte et donne la raison « comme il lui plaît, et il n'y a rien de plus insensé et de plus misé-« rable qu'un homme abandonné à lui-même. Enterrons donc la « hache dont le manche est teint de sang. Éclaircissons la chaîne « d'amitié, et puisse notre union durer autant que la terre et le soleil ! « J'ai dit. »

« En achevant ces mots, je voulus présenter le calumet de paix au soleil ; mais sans doute quelque génie frappa ce chef de ses traits invisibles, car la pâleur étendit son bandeau blanc sur son front : on se hâta de nous emmener dans une autre partie de la cabane.

« Là nous fûmes entourés d'une foule curieuse : les jeunes hommes surtout nous sourioient avec complaisance ; plusieurs me serrèrent secrètement la main.

---

1. Château de Versailles.   2. Louis XIV.   3. La vengeance.

« Trois héros s'approchèrent de nous : le premier paroissoit rassasié de jours, et cependant on l'auroit pris pour l'immortel vieillard des foudres, tant il traînoit après lui de grandeur. A peine pouvoit-on soutenir l'éclat de ses regards : l'âme brillante, ingénieuse et guerrière de la France respiroit tout entière dans cet homme.

« Le second cachoit sous des sourcils épais et un air indécis une expression extraordinaire de vertu et de courage ; on sentoit qu'il pouvoit être le rival du premier héros et le frein de sa fortune.

« Le troisième guerrier, beaucoup plus jeune que les deux autres, portoit la modération sur ses lèvres et la sagesse sur son front. Sa physionomie étoit fine, son œil observateur, sa parole tranquille. Le premier de ces guerriers achevoit ses jours de gloire dans une superbe cabane, parmi les bois et les eaux jaillissantes, avec neuf vierges célestes qu'on nomma les Muses ; le second ne quittoit le grand village que pour habiter les camps ; le troisième vivoit retiré dans un petit héritage non loin d'un temple où il se promenoit souvent autour des tombeaux.

« J'invitai ces trois enfants des batailles à venir chanter au milieu du sang notre chanson de guerre ; l'aîné des fils d'Areskoui[1] sourit, le second s'éloigna, le troisième fit un mouvement d'horreur[2].

« Ononthio me fit observer plus loin des guerriers qui causoient ensemble avec chaleur. « Voilà, me dit-il, trois hommes que la France
« peut opposer à l'Europe combinée. Quel feu dans le plus jeune des
« trois ! quelle impétuosité dans sa parole ! Il s'efforce de convaincre
« ce sachem inflexible qui l'écoute qu'on doit faire servir les galères
« de la mer intérieure sur les flots de l'Océan. Ce fils illustre d'un père
« encore plus fameux fait sourire le troisième guerrier, qui ne veut
« pas décider entre les deux autres et s'excuse en disant qu'il ignore
« les arts de Michabou[3] ; il ne tient que d'Areskoui le secret des cein-
« tures inexpugnables dont il environne les cités[4]. »

« Dans ce moment un jeune héros s'avança vers le guerrier au regard sévère[5] ; il lui présenta un collier[6] de suppliant. Le fils altier de la montagne jeta les yeux sur le collier, et le rendit durement au héros avec les paroles du refus. Le jeune homme rougit et sortit, en jetant sur la cabane un regard qui me fit frémir, car il me sembla qu'il avoit imploré le génie des vengeances[7].

« Je fus distrait de ces pensées par un grand bruit qui se fit à une

---

1. Génie de la guerre. 2. Condé, Turenne et Catinat.
3. Génie des eaux. 4. Seignelay, fils de Colbert, Louvois et Vauban.
5. Louvois. 6. Un placet, une lettre. 7. Le prince Eugène.

porte. Entrent aussitôt deux guerriers qui se tenoient en riant sous le bras. Leur taille arrondie annonçoit les fils heureux de la joie ; leurs pas étoient un peu chancelants ; leur haleine étoit encore parfumée des esprits du plus excellent jus de feu [1]. Leurs vêtements flottoient négligés comme au sortir d'un long festin ; leur visage étoit tout empreint des poudres chères au conseil des sachems [2]. Je ne sais quoi de brave, de populaire, de spirituel, d'insouciant, de libéral jusqu'à la prodigalité, étoit répandu sur leur personne ; ils avoient l'air de ne rien voir avec un cœur ennemi, de se divertir des hommes, de penser peu aux dieux et de rire de la mort. On les eût pris pour des jumeaux qu'Areskoui [3] auroit eus d'une mortelle après la victoire, ou pour les fils illégitimes de quelque roi fameux ; ils mêloient à la noblesse des hautes destinées de leur père ce que l'amour et une plus humble condition ont de gracieux et de fortuné [4].

« A peine ces enfants joufflus des vendanges avoient-ils posé un pied mal assuré dans la cabane, que deux autres guerriers coururent se joindre à eux. Un de ces derniers avoit reçu en naissant un coup fatal de la main d'un génie, mais c'étoit l'enfant des bons succès [5] ; l'autre ressembloit parfaitement à un génie sauveur [6]. Je l'avois vu arrêter par le bras le jeune homme qui étoit sorti de la grande cabane après le refus du guerrier hautain [7].

« Ainsi réunis, ces quatre guerriers alloient parcourant la hutte, réjouissant les cœurs par leurs agréables propos : ils ne dédaignèrent pas de causer avec un sauvage. Les deux frères me demandèrent si les banquets étoient longs et excellents dans mes forêts, et si l'on sommeilloit beaucoup d'heures sur la peau d'ours. Je tâchai de faire honneur à mes bois et de mettre dans ma réponse la gaieté qui respiroit sur les lèvres de ces hommes. Un esprit me favorisa, car ils parurent contents et me voulurent montrer eux-mêmes la somptuosité de la hutte du soleil.

« Nous parcourûmes d'immenses galeries, dont les voûtes étoient habitées par des génies et dont les murs étoient couverts d'or, d'eau glacée [8] et de merveilleuses peintures. Les guerriers blancs désirèrent savoir ce que je pensois de ces raretés.

« Mes hôtes, répondis-je, je vous dirai la vérité, telle que les Mani-
« tous me l'inspirent, dans toute la droiture de mon cœur : vous me

---

1. Du vin.   2. Du tabac.   3. Génie de la guerre.
4. Les deux Vendôme, petits-fils de Henri IV, par Gabrielle.
5. Luxembourg.   6. Villars.
7. Louvois refusa un régiment au prince Eugène, et celui-ci passa au service de l'empereur.   8. Des glaces.

« semblez très à plaindre et fort misérables ; jamais je n'ai tant
« regretté la cabane de mon père Outalissi, ce guerrier honoré des
« nations comme un génie. Ce palais dont vous vous enorgueillissez
« a-t-il été bâti par l'ordre des esprits ? N'a-t-il coûté ni sueurs ni
« larmes ? Ses fondements sont-ils jetés dans la sagesse, seul terrain
« solide ? Il faut une vertu magnifique pour oser habiter la magnifi-
« cence de ces lieux : le vice seroit hideux sous ces dômes. A la pesan-
« teur de l'air que je respire, à je ne sais quoi de glacé dans cet air, à
« quelque chose de sinistre et de mortel que j'aperçois sous le voile
« des sourires, il me semble que cette hutte est la hutte de l'esclavage,
« des soucis, de l'ingratitude et de la mort. N'entendez-vous pas une
« voix douloureuse qui sort de ces murs comme s'ils étoient l'écho où
« se viennent répéter les soupirs des peuples ? Ah ! qu'il seroit grand
« ici, le bruit des pleurs, si jamais il commençoit à se faire entendre !
« Un tel édifice tombé ne seroit point rebâti, tandis que ma hutte se
« peut relever plus belle en moins d'une journée. Qui sait si les
« colonnes de mes chênes ne verdiront point encore à la porte de ma
« cabane lorsque les piliers de marbre de ce palais seront prosternés
« dans la poudre ? »

« C'est ainsi, ô René ! qu'un ignorant sauvage de la Nouvelle-France
devisoit avec les plus grands hommes de ta vieille patrie, sous le règne
du plus grand roi, au milieu des pompes de Versailles. Nous quittâmes
les galeries, et nous descendîmes dans les jardins au milieu du fracas
des armes.

« Dans ces jardins, malgré les préjugés de ma natte, je fus vraiment
frappé d'étonnement : la façade entière du palais semblable à une
immense ville, cent degrés de marbre blanc conduisant à des bocages
d'orangers, des eaux jaillissant au milieu des statues et des parterres,
des grottes, séjour des esprits célestes, des bois où les premiers héros,
les plus belles femmes, les esprits les plus divins erroient en méditant
les triples merveilles de la guerre, de l'amour et du génie, tout ce
spectacle enfin saisit fortement mon âme. Je commençai à entrevoir
une grande nation où je n'avois aperçu que des esclaves, et pour la
première fois je rougis de ma superbe du désert.

« Nous nous avançâmes parmi les bronzes, les marbres, les eaux et
les ombrages : chaque flot, contraint de sortir de la terre, apportoit
un génie à la surface des bassins. Ces génies varioient selon leur puissance : les uns étoient armés de tridents, les autres sonnoient des
conques recourbées ; ceux-ci étoient montés sur des chars, ceux-là
vomissoient l'onde en tourbillon. Mes compagnons s'étant écartés, je
m'assis au bord d'un bain solitaire. La rêverie vint planer autour de

moi ; elle secouoit sur mes cheveux les songes et les souvenirs : elle m'envoya la plus douce des tristesses du cœur, celle de la patrie absente.

« Nous abandonnâmes enfin la hutte des rois, et la nuit, marchant devant nous avec la fraîcheur, nous reconduisit au grand village.

« Lorsque les dons du sommeil eurent réparé mes forces, Ononthio me tint ce discours : « Chactas, fils d'Outalissi, vous vous plaignez « que vous n'avez point encore vu les guerriers libres, et vous me « demandez sans cesse où ils sont : je vous les veux faire connoître. « Un esclave va vous conduire aux cabanes où s'assemblent diverses « espèces de sachems : allez et instruisez-vous, car on apprend beau- « coup par l'étude des mœurs étrangères. Un homme qui n'est point « sorti de son pays ne connoît pas la moitié de la vie. Quant aux autres « chefs vos compagnons, comme ils n'entendent pas la langue de la « terre des chairs blanches, ils préféreront sans doute rester sur la « natte, à fumer leur calumet et à parler de leur pays. »

« Il dit. Plein de joie, je sors avec mon guide ; comme un aigle qui demande sa pâture, je m'élance plein de la faim de la sagesse. Nous arrivons à une cabane[1] où étoient assemblés des hommes vénérables.

« J'entrai avec un profond respect dans le conseil, et je fus d'autant plus satisfait, qu'on ne parut faire aucune attention à moi. Je remerciai les génies, et je me dis : « Voici enfin la nation françoise. C'est « comme nos Sachems ! » Je pris une pipe consacrée à la paix, et je m'apprêtai à répondre à ce qu'on alloit sans doute me demander touchant les mœurs, les usages et les lois des chairs rouges. Je prêtai attentivement l'oreille, et je promis le sacrifice d'un ours à Michabou[2] s'il vouloit m'envoyer la prudence pour faire honneur à mon pays.

« Par le Grand-Lièvre[3], ô mon fils ! je fus dans la dernière confusion quand je m'aperçus que je n'entendois pas un mot de ce que disoient les divins sachems. Je m'en pris d'abord à quelque Manitou ennemi de ma gloire et de mes forêts : je m'allois retirer plein de honte, lorsque l'un des vieillards, se tournant vers moi, dit gravement : « Cet homme est rouge, non par nature, car il a la peau « blanche comme l'Européen. » Un autre soutint que la nature m'avoit donné une peau rouge ; un troisième fut d'avis de m'adresser des questions, mais un quatrième s'y opposa, disant que d'après la conformation extérieure de ma tête il étoit impossible que je comprisse ce qu'on me demanderoit.

« Pensant, dans la simplicité de mon cœur, que les sachems se

---

1. Le Louvre.   2. Génie des eaux.   3. Divinité souveraine des chasseurs.

divertissoient, je me pris à rire. « Voyez, » s'écria celui qui avoit énoncé la dernière opinion, « je vous l'avois dit! Je serois assez « porté à croire, à en juger par ses longues oreilles, que le Canadien « est l'espèce mitoyenne entre l'homme et le singe. » Ici s'éleva une dispute violente sur la forme de mes oreilles. « Mais voyons, » dit enfin un des vieillards qui avoit l'air plus réfléchi que les autres : « il ne se faut pas laisser aller à des préventions. »

« Alors le sachem s'approcha de moi avec des précautions qu'il crut nécessaires, et me dit : « Mon ami, qu'avez-vous trouvé de mieux « dans ce pays-ci? »

« Charmé de comprendre enfin quelque chose à tous ces discours, je répondis : « Sachem, on voit bien à votre âge que les génies vous « ont accordé une grande sagesse : les mots qui viennent de sortir de « votre bouche prouvent que je ne me suis pas trompé. Je n'ai pas « encore acquis beaucoup d'expérience, et je pourrois être un de « vos fils. Quand je quittai les rives du Meschacebé, les magnolias « avoient fleuri dix-sept fois, et il y a dix neiges que je pleure la hutte « de ma mère. Cependant, tout ignorant que je suis, je vous dirai la « vérité. Jusqu'à présent je n'ai point encore vu votre nation, ainsi je « ne saurois vous parler des guerriers libres; mais voici ce que j'ai « trouvé de mieux parmi vos esclaves : les huttes de commerce[1] où « l'on expose la chair des victimes me semblent bien entendues et « parfaitement utiles. »

« A cette réponse, un rire qui ne finissoit point bouleversa l'assemblée : mon conducteur me fit sortir, priant les sachems d'excuser la stupidité d'un sauvage. Comme je traversois la hutte, j'entendis argumenter sur mes ongles et ordonner de noter aux colliers[2] ce conseil comme un des meilleurs de la lune dans laquelle on étoit alors.

« De cette assemblée nous nous rendîmes à celle des sachems appelés juges. J'étois triste en songeant à mon aventure, et je rougissois de n'avoir pas plus d'esprit. Arrivé dans une île[3] au milieu d'un grand village, je traversai des huttes obscures et désertes, et je parvins au lieu[4] où résidoit le conseil. De vénérables sachems, vêtus de longues robes rouges et noires, écoutoient un orateur qui parloit d'une voix claire et perçante : « Voici, dis-je intérieurement, les vrais « sachems; les autres, je le vois à présent, ne sont que des sorciers « et des jongleurs. »

---

1. Boutiques de charcutier et de boucher. Les sauvages amenés à Paris sous Louis XIV ne furent frappés que de l'étal des viandes de boucherie.
2. Registres, livres, contrats, lettres, en général toutes sortes d'écrits.
3. La Cité.   4. Le Palais-de-Justice.

« Je me plaçai dans le rang des spectateurs avec mon guide, et m'adressant à mon voisin : « Vaillant fils de la France, lui dis-je, cet « orateur à la voix de cigale parle sans doute pour ou contre la guerre, « ce fléau des peuples? Quelle est, je te supplie de me le dire, l'injus- « tice dont il se plaint avec tant de véhémence? »

« L'étranger, me regardant avec un sourire, me répondit : « Mon « cher sauvage, il s'agit bien de la guerre ici! De la guerre, oui, à ce « misérable que tu vois, et qui sera sans doute étranglé pour avoir eu « la foiblesse de confesser dans les tourments un crime dont il n'y a « d'autre preuve que l'aveu arraché à ses douleurs. »

« Je conjurai mon conducteur de me remener à la hutte d'Ononthio, puisqu'on s'amusoit partout de ma simplicité.

« Nous retournions en effet chez mon hôte, lorsqu'en passant devant la cabane des prières [1] nous vîmes la foule rassemblée aux portes : mon guide m'apprit qu'il y avoit dans cette cabane une fête de la Mort. Je me sentis un violent désir d'entrer dans ce lieu saint : nous y pénétrâmes par une ouverture secrète. On se taisoit alors pour écouter un génie dont le souffle animoit des trompettes d'airain [2] : ce génie cessa bientôt de murmurer. Les colonnes de l'édifice, enveloppées d'étoffes noires, auroient versé à leurs pieds une obscurité impénétrable si l'éclat de mille torches n'eût dissipé cette obscurité. Au milieu du sanctuaire, que bordoient des chefs de la prière [3], s'élevoit le simulacre d'un cercueil. L'autel et les statues des hommes protecteurs de la patrie se cachoient pareillement sous des crêpes funèbres. Ce que le grand village et la cabane du soleil contenoient de plus puissant et de plus beau étoit rangé en silence dans les bancs de la nef.

« Tous les regards étoient attachés sur un orateur vêtu de blanc au milieu de ce deuil, et qui, debout, dans une galerie suspendue [4], les yeux fermés, les mains croisées sur sa poitrine, s'apprêtoit à commencer un discours : il sembloit perdu dans les profondeurs du ciel. Tout à coup ses yeux s'ouvrent, ses mains s'étendent, sa voix, interprète de la mort, remplit les voûtes du temple, comme la voix même du Grand-Esprit [5]. Avec quelle joie je m'aperçus que j'entendois parfaitement le chef de la prière! Il me sembloit parler la langue de mon pays, tant les sentiments qu'il exprimoit étoient naturels à mon cœur!

« Je m'aurois voulu jeter aux pieds de ce sacrificateur, pour le prier de parler un jour sur ma tombe, afin de réjouir mon esprit dans la

---

1. Une église.   2. L'orgue.   3. Les prêtres.
4. La chaire.   5. Bossuet.

contrée des âmes ; mais lorsque je vins à songer à mon peu de vertu je n'osai demander une telle faveur : le murmure du vent et du torrent est la seule éloquence qui convient au monument d'un sauvage.

« Je ne sortis point de la cabane de la prière sans avoir invoqué le Dieu de la fille de Lopez. Revenu chez Ononthio, je lui fis part des fruits de ma journée ; je lui racontai surtout les paroles de l'orateur de la mort. Il me répondit :

« Chactas, connois la nature humaine : ce grand homme qui t'a
« enchanté n'a pu se défendre d'être importuné d'une autre renom-
« mée que la sienne : pour quelques mots mal interprétés, il partage
« maintenant la cour et la ville et persécute un ami [1].

« Tu verras bien d'autres contradictions parmi nous. Mais tu ne
« serois pas aussi sage que ton père, fils d'Outalissi, si tu nous jugeois
« d'après ces foiblesses. »

« Ainsi me parloit Ononthio, qui avoit vécu bien des neiges [2]. Les choses qu'il venoit de me dire m'occupèrent dans le silence de ma nuit. Aussitôt que la mère du jour, la fraîche Aurore, eut monté sur l'horizon avec le jeune soleil, son fils, suspendu à ses épaules dans des langes de pourpre, nous secouâmes de nos paupières les vapeurs du sommeil. Par ordre d'Ononthio, nous jetâmes autour de nous nos plus beaux manteaux de castor, nous couvrîmes nos pieds de mocassines merveilleusement brodées, et nous ombrageâmes de plumes nos cheveux relevés avec art : nous devions accompagner notre hôte à la fête que le grand-chef préparoit dans des bois, non loin des bords de la Seine.

« Vers l'heure où l'Indienne chasse avec un rameau les mouches qui bourdonnent autour du berceau de son fils, nous partons ; nous arrivons bientôt au séjour des Manitous et des génies [3]. Ononthio nous place sur une estrade élevée.

« Le chef des chefs paroît couvert de pierreries : il étoit monté sur un cheval plus blanc qu'un rayon de la lune et plus léger que le vent. Il passe sous des portiques semblables à ceux de nos forêts : cent héros l'accompagnent vêtus comme les anciens guerriers de la France.

« Une barrière tombe : les héros s'avancent ; un char immense et tout d'or les suit. Quatre siècles, quatre saisons, les heures du jour et de la nuit, marchent à côté de ce char. On se livre des combats qui nous ravissent.

« La nuit enveloppe le ciel ; les courses cessent, mille flambeaux

---

1. Fénelon.   2. Années.   3. Fêtes de Louis XIV.

s'allument dans les bosquets. Tout à coup une montagne brillante de clarté s'élève du fond d'un antre obscur; un génie et sa compagne sont debout sur sa cime : ils en descendent et couvrent des raretés de la terre et de l'onde une table de cristal. Des femmes éblouissantes de beauté viennent s'asseoir au banquet, et sont servies par des nymphes et des amours.

« Un amphithéâtre sort du sein de la terre et étale sur ses gradins des chœurs harmonieux qui font retentir mille instruments. A un signal la scène s'évanouit; quatre riches cabanes, chargées des dons du commerce et des arts, remplacent les premiers prodiges. Ononthio me fait observer les personnages qui distribuent les présents de la munificence royale.

« Voyez-vous, me dit-il, cette femme si belle, mais d'un port un peu
« altier [1], qui préside à l'une des quatre cabanes avec le fils d'un roi?
« Un nuage est sur son front : c'est un astre qui se retire devant cette
« autre beauté au regard plus doux, mais plein d'art, qui tient la
« seconde cabane avec ce jeune prince [2]. Si le grand-chef avoit voulu
« être heureux parmi les femmes, il n'eût écouté ni l'une ni l'autre de
« ces beautés, et l'âme la plus tendre ne se consumeroit pas aujour-
« d'hui dans une solitude chrétienne [3]. »

« Tandis que j'écoutois ces paroles, je remarquai plusieurs autres femmes que je désignai à Ononthio. Il me répondit :

« Les Grâces mêmes ont arrangé les colliers [4] que cette matrone
« envoie à sa fille chérie; quant à ces trois autres fleurs qui balancent
« ensemble leurs tiges, l'une se plaît au bord des ruisseaux [5], l'autre
« aime à parer le sein des princesses infortunées [6], et la troisième offre
« ses parfums à l'amitié [7]. Voilà plus loin deux palmiers illustres par
« leur race, mais ils n'ont pas la grâce des trois fleurs, et ne sont
« ornés que de colliers politiques [8]. Chactas, quand ce talent dans les
« femmes se trouve réuni au génie dans les hommes, c'est ce qui éta-
« blit la supériorité d'un peuple. Trois fois favorisées du ciel les nations
« où la Muse prend soin d'aplanir les sentiers de la vie, les nations
« chez lesquelles règne assez d'urbanité pour adoucir les mœurs, pas
« assez pour les corrompre! »

« Durant ce discours, la voix de deux hommes se fit entendre derrière nous. Le plus jeune disoit au plus âgé : « Je ne m'étonne pas que

---

1. Mme de Montespan.   2. Mme de Maintenon.   3. Mme de La Vallière.
4. Lettres de Mme de Sévigné.   5. Mme Deshoulières.
6. Mme de La Fayette.   7. Mme Lambert.
8. Mémoires de Mlle de Montpensier et de MADAME, seconde femme du frère de Louis XIV.

« vous soyez surpris de cette institution de la chambre ardente : nous
« sommes en tous genres au temps des choses extraordinaires. Si
« l'on pouvoit parler du *masque de fer...* » Ici la voix du guerrier
devint sourde comme le bruit d'une eau qui tombe sous des racines,
au fond d'une vallée pleine de mousse.

« Je tournai la tête, et j'aperçus un guerrier que je reconnus pour
étranger à son vêtement : il portoit une coiffure de pourpre. Ononthio,
qui vit ma surprise, se hâta de me dire : « Fils de la terre des chas-
« seurs, tu te trouves dans le pays des enchantements. Le guerrier qui
« nous a interrompus par ses propos est lui-même ici une merveille :
« c'est un roi [1] venu de la ville de marbre pour humilier son peuple
« aux pieds du soleil des François. »

« A peine Ononthio s'étoit exprimé de la sorte, que la terreur saisit
toute l'assemblée : le chef des chefs se troubla aux paroles secrètes que
lui porta un hérault. Tandis que des cris retentissoient au loin, le
silence et l'inquiétude étoient sur toutes les lèvres et sur tous les
fronts : un castor qui a entendu des pas au bord de son lac suspend
les coups dont il battoit le ciment de ses digues et prête au bruit une
oreille alarmée. Après quelques moments, les plaintes s'évanouirent,
et le calme revint dans la fête. Je demandai à Ononthio la cause de cet
accident ; il hésita avant de répondre. Voici quelles furent ses paroles :

« C'est une imprudence causée par une troupe de guerriers qui a
« passé trop près de ce lieu en escortant des bannis. »

« Je répliquai : « Ils ont donc commis des crimes? A leurs gémisse-
« ments, je les aurois pris pour des infortunés plutôt que pour des
« hommes haïs du Grand-Esprit à cause de leurs injustices : il y a dans
« la douleur un accent auquel on ne se peut tromper. D'ailleurs, ils
« me sembloient bien nombreux, ces hommes : y auroit-il tant de
« cœurs amis du mal? »

« Ononthio repartit : « On compte plusieurs milliers de François
« ainsi condamnés à l'exil ; on les bannit parce qu'ils veulent adorer
« Dieu à des autels nouvellement élevés [2]. »

« Ainsi, m'écriai-je, c'est la voix de plusieurs milliers de François
« malheureux que je viens d'entendre au milieu de cette pompe fran-
« çoise! O nation incompréhensible! d'une main vous faites des liba-
« tions au Manitou des joies, de l'autre vous arrachez vos frères à leur
« foyer! vous les forcez d'abandonner, avec toutes sortes de misères,
« leurs génies domestiques! »

---

1. Le doge de Gênes.
2. Les protestants. Révocation de l'édit de Nantes, dragonnnades.

« Chactas ! Chactas ! s'écria vivement Ononthio, on ne parle point
« de cela ici. »

« Je me tus, mais le reste des jeux me parut empoisonné : incapable
de fixer mes pensées sur les mœurs et les lois des Européens, je regrettai amèrement ma cabane et mes déserts.

« Nous nous retrouvâmes avec délices chez Ononthio. Heureux, me
disois-je en cédant au sommeil, heureux ceux qui ont un arc, une
peau de castor et un ami !

« Le lendemain, vers la première veille de la nuit, Ononthio me fit
monter avec lui sur son traîneau, et nous arrivâmes au portique d'une
longue cabane [1] qu'inondoient les flots des peuples. Par d'étroits passages, éclairés à la lueur de feux renfermés dans des verres, nous
pénétrons jusqu'à une petite hutte [2] tapissée de pourpre, dont une
esclave nous ouvrit la porte.

« A l'instant je découvre une salle où quatre rangs de cabanes, semblables à celles où j'entrois, étoient suspendus aux contours de l'édifice : des femmes d'une grande beauté, des héros à la longue chevelure
et chargés de vêtements d'or, brilloient dans les cabanes à la clarté
des lustres. Au-dessous de nous, au fond d'un abîme, d'autres guerriers debout et pressés onduloient comme les vagues de la mer. Un
bruit confus sortoit de la foule ; de temps en temps des voix, des cris
plus distincts se faisoient entendre, et quelques fils de l'Harmonie,
rangés au bas d'un large rideau, exécutoient des airs tristes qu'on
n'écoutoit pas.

« Tandis que je contemplois ces choses si nouvelles pour moi, tandis
qu'Ononthio et ses amis étudioient dans mes yeux les sensations d'un
sauvage, un sifflement tel que celui des perruches dans nos bois part
d'un lieu inconnu : le rideau se replie dans les airs comme le voile de
la Nuit, touché par la main du Jour.

« Une cabane soutenue par des colonnes se découvre à mes regards.
La musique se tait ; un profond silence règne dans l'assemblée. Deux
guerriers, l'un jeune, l'autre déjà atteint par la vieillesse, s'avancent
sous les portiques. René, je ne suis qu'un sauvage, mes organes grossiers ne peuvent sentir toute la mélodie d'une langue parlée par le
peuple le plus poli de l'univers ; mais, malgré ma rudesse native, je
ne saurois te dire quelle fut mon émotion lorsque les deux héros vinrent à ouvrir leurs lèvres au milieu de la hutte muette. Je crus entendre la musique du ciel : c'étoit quelque chose qui ressembloit à des
airs divins, et cependant ce n'étoit point un véritable chant ; c'étoit je

---

1. Un théâtre.   2. Une loge.

ne sais quoi qui tenoit le milieu entre le chant et la parole. J'avois ouï la voix des vierges de la solitude durant le calme des nuits ; plus d'une fois j'avois prêté l'oreille aux brises de la lune lorsqu'elles réveillent dans les bois les génies de l'harmonie ; mais ces sons me parurent sans charmes auprès de ceux que j'écoutois alors.

« Mon saisissement ne fit qu'augmenter à mesure que la scène se déroula. O Atala ! quel tableau de la passion, source de toutes nos infortunes ! Vaincu par mes souvenirs, par la vérité des peintures [1], par la poésie des accents, les larmes descendirent en torrents de mes yeux : mon désordre devint si grand qu'il troubla la cabane entière.

« Lorsque le rideau retombé eut fait disparoître ces merveilles, la plus jeune habitante [2] d'une hutte voisine de la nôtre me dit : « Mon « cher Huron, je suis charmée de toi, et je te veux avoir ce soir à « souper, avec celui que tu appelles ton père. » Ononthio me prit à part, et me raconta que cette femme gracieuse étoit une célèbre ikouessen [3], chez laquelle se réunissoit la véritable nation françoise. Ravi de la proposition, je répondis à l'ikouessen : « Amante du plaisir, « tes lèvres sont trop aimables pour recevoir un refus. Tu excu- « seras seulement ma simplicité, parce que je viens des grandes « forêts. »

« Dans ce moment la toile s'enleva de nouveau. Je fus plus étonné du second spectacle que je ne l'avois peut-être été du premier, mais je le compris moins. Les passions que vous appelez tragiques sont communes à tous les peuples, et peuvent être entendues d'un Natchez et d'un François ; les pleurs sont partout les mêmes, mais les ris diffèrent selon les temps et les pays.

« Les jeux finis, l'ikouessen s'enveloppa dans un voile, et me forçant, avec la folâtrerie des Amours, à lui donner la main, nous descendîmes les degrés de la hutte, où se pressoit une foule de spectateurs : Ononthio nous suivoit. L'Indien ne sait point rougir ; je ne me sentis aucun embarras, et je remarquai qu'on avoit l'air d'applaudir à la naïve hauteur de ma contenance.

« Nous montons sur un traîneau au milieu des armes protectrices, des torches flamboyantes et des cris des esclaves qui faisoient retentir les voûtes du nom pompeux de leurs maîtres. Comme le char de la nuit, roulent les cabanes mobiles : l'enfant du commerce, retiré dans la paix de ses foyers, entend frémir les vitrages de sa hutte et sent trembler sous lui la couche nuptiale. Nous arrivons chez la divinité des plaisirs. S'élançant du traîneau rapide auquel ils étoient suspen-

---

1. Phèdre.   2. Ninon.   3. Courtisane.

des esclaves nous en ouvrent les portes : nous descendons sous un vestibule de marbre orné d'orangers et de fleurs. Nous pénétrons dans des cabanes voluptueuses, aux lambris de bois d'ébène gravés en paysages d'or. Partout brûloient les trésors dérobés[1] aux filles des rochers et des vieux chênes. La véritable nation françoise (car je l'avois reconnue au premier coup d'œil) étoit déjà établie aux foyers de l'ikouessen. Un ton d'égalité, une franchise semblable à celle des sauvages, régnoient parmi les guerriers.

« J'adressai ma prière à l'Amour hospitalier, Manitou de cette cabane, et me mêlant à la foule, je me trouvai pour la première fois aussi à l'aise que si j'eusse été dans le conseil des Natchez.

« Les guerriers étoient rassemblés en divers groupes, comme des faisceaux de maïs plantés dans le champ des peuples. Chacun enseignoit son voisin et étoit enseigné par lui : tour à tour les propos étoient graves comme ceux des vieillards, fugitifs comme ceux des jeunes filles. Ces hommes, capables de grandes choses, ne dédaignoient pas les agréables causeries; ils répandoient au dehors la surabondance de leurs pensées; ils formoient de discours légers un entretien aimable et varié : dans un atelier européen, des ouvriers aux bras robustes filent le métal flexible qui réunit les diverses parties de la parure de la beauté; l'un en aiguise la pointe, l'autre en polit la longueur, un troisième y attache l'anneau qui fixe le nuage transparent sur le sein de la vierge ou le ruban sur sa tête.

« Abandonné à moi-même, j'errois de groupe en groupe, charmé de ce que j'entendois, car je comprenois toutes les paroles : on ne montroit aucune surprise de ma façon étrangère.

« Tandis que je promenois mes pas à travers la foule, j'aperçus dans un coin un homme qui ne conversoit avec personne et qui paroissoit profondément occupé. J'allai droit à lui. « Chasseur, lui
« dis-je, je te souhaite un ciel bleu, beaucoup de chevreuils et un
« manteau de castor. De quel désert es-tu? car, je le vois bien, tu
« viens comme moi d'une forêt. »

« Le héros, qui eut l'air de se réveiller, me regarda, et me répondit :
« Oui, je viens d'une forêt.

« Je ne dormirai point sous de riches lambris.
« Mais voit-on que le somme en perde de son prix?
« En est-il moins profond et moins plein de délices?
« Je lui voue au désert de nouveaux sacrifices. »

1. La cire.

« Je l'avois bien deviné, m'écriai-je ; ton apparence est simple,
« mais tu es excellent. Y a-t-il rien de moins brillant que le castor, le
« rossignol et l'abeille? »

« Comme j'achevois de prononcer ces mots, un guerrier au regard
pénétrant s'approcha de nous, mettant un doigt sur sa bouche. « Je
« parie, dit-il, que nos deux sauvages sont charmés l'un de l'autre. »

« En même temps il passa son bras sous le mien et m'entraîna dans
une autre partie de la cabane. « Laissons-nous donc tout seul cet
« enfant des bois? » lui dis-je. « Oh! répliqua mon conducteur, il se
« suffit à lui-même : il ne parle pas d'ailleurs le langage des hommes,
« et n'entend que celui des dieux, des lions, des hirondelles et des
« colombes[1]! »

« Nous traversions la foule : un des plus beaux François que j'aie
jamais vus, s'appuyant sur les bras de deux de ses amis, nous accosta.
Mon guide lui dit : « Quel chef-d'œuvre vous nous avez donné! vous
« avez vu les transports dans lesquels il a jeté ce sauvage. » —
« J'avoue, repartit le guerrier, que c'est un des succès qui m'ont le
« plus flatté dans ma vie. » — « Et cependant, dit un de ses deux amis
« d'un ton sévère, vous eussiez mieux fait de ne pas tant céder au goût
« du siècle, de retrancher votre Aricie, au risque de perdre cette scène
« qui a ravi cet Iroquois. »

Le second ami du guerrier le voulut défendre. « Voilà vos foi-
« blesses, s'écria le premier, voilà comme vous êtes descendu du
« Misanthrope au sac dans lequel vous enveloppez votre Scapin ! » A ce
propos j'allois à mon tour m'écrier : « Sont-ce là les hommes aimés du
« ciel dont j'ai entendu les chants? » Mais les trois amis s'éloignèrent[2],
et je me retrouvai seul avec mon guide.

« Il me conduisit à l'autre extrémité de la cabane, et me fit asseoir
près de lui sur une natte de soie. De là, promenant ses yeux sur la
foule tantôt en mouvement, tantôt immobile, il me dit : « Chactas, je
« te veux faire connoître les caractères des personnages que tu vois ici ;
« ils te donneront une idée de ce siècle et de ma patrie.

« Remarque d'abord ces guerriers qui sont nonchalamment étendus
« sur cette demi-couche d'édredon : ce sont les enfants des jeux et des
« ris ; ils tiennent l'immortalité de leur naissance, car, bien qu'ils te
« paroissent déjà vieux, ils sont toujours jeunes comme les Grâces,
« leurs mères. Retirés loin du bruit dans un faubourg paisible, ils
« passent leurs jours assis à des banquets. Les tempes ornées de lierre
« et le front couronné de fleurs, ils mêlent à des vins parfumés l'eau

---

1. La Fontaine.   2. Racine, Molière et Boileau.

« d'une source que les hommes nomment Hippocrène et les dieux
« Castalie. Toutefois tu te tromperois, Chactas, si tu prenois ces
« hommes pour des efféminés sans courage. Nul guerrier n'est peut-
« être moins qu'eux attaché à la vie ; ils la briseroient avec la même
« insouciance que les vases fragiles qu'ils s'amusent quelquefois à fra-
« casser dans les festins. »

« Émerveillé de la fine peinture de mon curieux démonstrateur, je
regardois avec intérêt ces hommes [1], qui présentoient un caractère
inconnu chez les sauvages ; mais mon hôte m'arracha à ces réflexions
pour me faire observer une espèce d'ermite qui causoit avec l'ikouessen. « Il a été prêtre, me dit-il, il va devenir roi, et avant qu'il s'en-
« nuie de son second bandeau, il vit ici en simple jongleur [2]. Quant à
« cet autre guerrier si vieux, dont les pieds sont supportés par un
« coussin de velours, c'est un étranger nouvellement arrivé. Son père
« conduisit un monarque à l'échafaud, et mit sur sa tête la couronne
« qu'il avoit abattue [3]. Richard, plus sage qu'Olivier, a préféré le repos
« à l'agitation d'une vie éclatante : rentré dans l'état obscur de ses
« aïeux, il n'estime la gloire de son père qu'autant qu'il la compte au
« nombre de ses plaisirs. »

« Par Michabou [4], m'écriai-je, voici un étrange mélange ! il ne
« manquoit ici qu'un sauvage comme moi. » Mon exclamation fit rire
l'observateur des hommes, qui me répondit : « Tu es loin, mon cher
« Chactas, d'avoir tout vu : quelle que soit ton envie de connoître, on
« la peut aisément rassasier. Ces quatre hommes appuyés contre cette
« table d'albâtre sont les quatre artistes qui ont créé les merveilles de
« Versailles : l'un en a élevé les colonnes, l'autre en a dessiné les jar-
« dins, le troisième en a sculpté les statues, le quatrième en a peint
« les tableaux [5].

« Regarde assis à leurs pieds, sur ces tapis d'Orient, ces hommes au
« visage bronzé et aux robes de soie : ils sont venus des portes de l'Au-
« rore, comme toi de celles du Couchant, eux pour être ambassadeurs
« à notre cour [6], toi pour servir sur nos galères, mais eux et toi pour
« payer également un tribut à notre génie et faire de ce siècle un
« siècle à jamais miraculeux.

« Du reste, ces sauvages de l'Inde sont plus heureux aujourd'hui
« que ceux de la Louisiane, car ils trouvent du moins ici à parler le
« langage de leur patrie. Ces guerriers blancs qui s'entretiennent avec

---

1. La société du Marais, Chaulieu, La Fare, etc.
2. Casimir, roi de Pologne.   3. Olivier Cromwell.   4. Génie des eaux.
5. Mansard, Le Nôtre, Coustou, Le Brun.   6. Ambassadeurs de Siam.

« eux sont des voyageurs qui ont recueilli les simples des montagnes
« ou les débris de l'antiquité[1].

« Ces autres hommes, resserrés dans l'embrasure de cette fenêtre,
« sont des savants que la munificence de notre roi a été chercher
« jusque dans une terre ennemie pour les combler de bienfaits. Les
« lettres qu'ils tiennent à la main et qu'ils parcourent avec tant d'in-
« térêt sont la correspondance de plusieurs sachems qui, bien que nés
« dans des pays divers, forment en Europe une illustre république
« dont Paris est le centre. Par ces lettres ils s'apprennent mutuelle-
« ment leurs découvertes : l'un d'entre eux, au moment où je te parle,
« vient de trouver le vrai système de la nature, et un autre lui fait
« passer en réponse ses calculs sur l'infini[2].

« Non loin de ces étrangers, tu peux remarquer un homme qui rai-
« sonne avec une grande force : c'est un fameux sachem, de ceux que
« nous appelons philosophes. Albion est sa patrie, mais depuis quelque
« temps il s'est exilé sur les rives bataves, d'où il est venu rendre
« hommage à la France[3].

« Eh bien, continua notre hôte, que penses-tu maintenant de notre
« nation? Trouves-tu ici assez d'hommes et de choses extraordinaires?
« Des prélats aussi différents de talents que de principes, des gens de
« lettres remarquables par le contraste de leur génie, des bureaux de
« beaux esprits en guerre, des filles de la volupté intriguant avec des
« moines auprès du trône, des courtisans se disputant leurs dépouilles
« mutuelles, des généraux divisés, des magistrats qui ne s'entendent
« pas, des ordonnances admirables, mais transgressées, la loi pro-
« clamée souveraine, mais toujours suspendue par la dictature royale,
« un homme envoyé aux galères pour un temps, mais y demeurant
« toute sa vie, la propriété déclarée inviolable, mais confisquée par le
« bon plaisir du maître, tous les citoyens libres d'aller où ils veulent
« et de dire ce qu'ils pensent, sous la réserve d'être arrêtés s'il plaît
« au roi et d'être envoyés au gibet en témoignage de la liberté des
« opinions; enfin, des édifices élevés, des manufactures formées, des
« colonies fondées, la marine créée, l'Europe à demi subjuguée, une
« partie de la nation chassant une autre partie de cette nation : tel est
« ce siècle dont tu vois l'abrégé dans cette salle; siècle qui, malgré
« ses erreurs, restera modèle de gloire; siècle dont on ne sentira bien
« la grandeur que lorsqu'on le prétendra surpasser.

« En achevant ces mots, mon instructeur me quitta pour aller ail-

---

1. Tournefort, Boucher, Gerbillon, Chardin, etc.
2. Newton, Leibnitz.   3. Locke.

leurs observer les hommes : il ne me parut pas une des moindres raretés du siècle qu'il venoit de peindre[1].

« Des esclaves annoncèrent le banquet aux conviés. Des tables couvertes de fleurs, de fruits et d'oiseaux nous offrirent leurs élégantes richesses. Le vin étoit excellent, la gaieté véritable et les propos aussi fins que ceux des Hurons. La volage ikouessen, qui m'avoit donné un siége à sa droite, se railloit de moi, et me disoit : « Parle-moi donc de
« tes forêts. Je voudrois savoir si en Huronie il y a, comme parmi
« nous, de grandes dames qui veulent faire enfermer au couvent de
« pauvres jeunes filles parce que ces jeunes filles prétendent jouir de
« leur liberté. Oh! c'est un beau pays que le tien, où l'on dit ce que
« l'on pense au grand-chef, et où chacun fait ce qu'il a envie de faire!
« Ici c'est précisément le contraire : tout le monde est obligé de men-
« tir au soleil et de se soumettre à la volonté de son voisin : c'est pour
« cela que tout va chez nous à merveille. »

« Cette femme ajouta beaucoup d'autres propos, où sous l'apparence de la frivolité je découvris des pensées très-graves. On joua gracieusement sur la réponse que j'avois faite aux sorciers de la grande hutte, et que l'ikouessen disoit être admirable. « Mais, ajouta-t-elle, je veux savoir à mon tour ce que tu as trouvé de plus sensé parmi nous. Comme je ne t'ai parlé ni de ta peau ni de tes oreilles, j'espère que tu me feras une autre réponse que celle qui t'a perdu dans l'esprit de nos philosophes. »

« Mousse blanche des chênes qui sers à la couche des héros, répondis-je, les galériens et les femmes comme toi me semblent avoir toute la sagesse de ta nation. »

« Ce mot fit rire la table hospitalière, et la coupe de la liberté fut vidée en l'honneur de Chactas

« Alors les génies des amours dérobèrent la conversation, et la tournèrent sur un sujet trop aimable. Le souvenir de la fille de Lopez remua les secrets de mon sein, et le fit palpiter. Un convive remarqua que si la passion crée des tempêtes, l'âge les vient bientôt calmer, et que l'on recouvre en peu de temps la tranquillité d'âme où l'on étoit avant d'avoir perdu la paix de l'enfance. Les guerriers applaudirent à cette observation : je répondis :

« Je ne puis trouver le calme dont on jouit après l'orage sem-
« blable à celui qui a précédé cet orage : le voyageur qui n'est pas
« parti n'est pas le voyageur revenu; le bûcher qui n'a point encore
« été allumé n'est pas le bûcher éteint. L'innocence et la raison sont

---

1. La Bruyère.

« deux arbres plantés aux extrémités de la vie : à leurs pieds, il est
« vrai, on trouve également le repos ; mais l'arbre de l'innocence est
« chargé de parfums, de boutons de fleurs, de jeune verdure ; l'arbre
« de la raison n'est qu'un vieux chêne séché sur sa tige, dépouillé de
« son ombrage par la foudre et les vents du ciel. »

« C'étoit ainsi que nous devisions à ce festin : je t'en ai fait le détail minutieux, car c'est là qu'ayant aperçu les hommes à leur plus haut point de civilisation, je te les devois peindre avec une scrupuleuse exactitude. Les choses de la société et de la nature présentées dans leur extrême opposition te fourniront le moyen de peser avec le moins d'erreur possible le bien et le mal des deux états.

« Nous étions prêts à quitter les tables lorsqu'on apporta à notre magicienne un berceau couronné de fleurs : il renfermoit un enfant du voisinage, qui réclamoit, disoit la nourrice, les présents de naissance. L'ikouessen connoissoit les parents du nouveau-né : elle le prit dans ses bras, lui trouva un air malicieux[1], et promit de lui donner un jour des grains de porcelaines[2] pour acheter des colliers[3].

LIVRE SEPTIÈME.

« Le lendemain de ce jour si complétement employé, je me résolus de chercher moi-même la nation françoise et d'essayer si je ne la rencontrerois pas mieux seul qu'à l'aide d'un conducteur.

« Je sortis sans guide, vers la première moitié du matin. Après avoir parcouru des chemins étroits et tortueux, j'arrivai à un pont, où je saluai un roi bienfaisant que portoit un cheval de bronze[4]. De là, remontant le cours du fleuve aux eaux blanches, dans lequel les femmes lavoient des tuniques de lin, je parvins à la place du sang[5]. Une grande foule s'y trouvoit rassemblée : on me dit qu'on alloit attacher une victime à la machine qu'on me montra, et sur laquelle j'aperçus le génie de la mort[6] sous la forme d'un homme.

« Persuadé qu'il s'agissoit de l'exécution d'un prisonnier de guerre, je m'assis pour entendre chanter ce prisonnier et pour l'encourager à souffrir les tourments comme un Indien. Je dis à l'un de mes voisins qui paraissoit fort touché : « Fils de l'humanité, ce guerrier a-t-il été

---

1. Voltaire.   2. De l'argent.   3. Des livres.
4. Le pont Neuf et la statue de Henri IV.   5. La Grève.
6. Le bourreau.

« pris en combattant avec courage, ou bien est-ce un enfant des foibles
« que l'homicide Areskoui[1] a saisi dans sa fuite? »

« Le guerrier me répondit : « Ce n'est point un soldat qui va cesser
« de vivre : c'est un chef de la prière[2] qui, banni de la France pour
« des opinions religieuses, n'a pu supporter les chagrins de l'exil.
« Vaincu par le sentiment qui subjugue tous les hommes, il est revenu
« déguisé dans son pays : le jour il se tenoit caché dans un souterrain,
« la nuit il erroit autour du champ paternel, à la clarté des astres qui
« présidèrent à sa naissance. Quelques misérables l'ont reconnu dans
« ces promenades où il respiroit en secret l'air de sa patrie ; ils l'ont
« dénoncé : la loi le condamne à mort pour avoir rompu son ban. »

« Le guerrier se tut, et je vis un vieillard s'avancer au milieu de la
foule. Arrivé aux piliers de sang, ce vieillard dépouilla sa robe, se mit
à genoux et adora. Ensuite, mettant un pied assuré sur le premier barreau de l'échelle et s'élevant d'échelon en échelon, il sembloit monter
vers le ciel. Ses cheveux blancs flottoient sur son cou ridé et bruni
par l'âge ; on voyoit sa vieille poitrine à nu, qui respiroit tranquillement sous sa tunique entr'ouverte : il jeta un dernier regard sur la
France, et la mort le lia par la cime comme une gerbe moissonnée.

« Je me levai dans le trouble de mes sens, qui ne m'avoit pas
d'abord permis de me dérober à l'abominable spectacle. Je m'écriai :
« Remenez-moi à mes déserts ! reconduisez-moi dans mes forêts ! » et
je m'éloignai à grands pas. Longtemps j'errai à l'aventure, tout en
pleurs et comme hors de moi-même. Mais enfin la lassitude du corps
parvint à distraire les fatigues de l'âme, et, me trouvant aussi harassé
qu'un chasseur qui a poursuivi un cerf agile, je fus contraint de
demander quelque part les dons de l'hospitalité.

« Je heurte à la porte d'une très-belle cabane ; un esclave vient
m'ouvrir : « Que veux-tu? » me dit-il brusquement. « Va dire à ton
« maître, répondis-je, qu'un guerrier des chairs rouges veut boire
« avec lui la coupe du banquet. » L'esclave se prit à rire, et referma la
porte.

« Cette épreuve ne me découragea point. A quelque distance, dans
une petite voie écartée, une habitation assez semblable à nos huttes
s'offrit à mes regards. Je me présente sur le seuil de cette demeure.
J'aperçois au fond d'une case obscure un guerrier demi-nu, une femme
et trois enfants ; j'augurai bien de mes hôtes, lorsque je vis qu'ils restoient tranquilles à mon aspect comme des Indiens. J'entre dans la
cabane, je m'assieds au foyer dont je salue le Manitou domestique,

---

1. Génie de la guerre.   2. Un ministre protestant.

et, prenant dans mes bras le plus jeune des trois enfants, ces douces lumières de leur mère, j'entonne la chanson du suppliant.

« Quand cela fut fait, je dis en françois : « J'ai faim, » et le guerrier me répondit : « Tu as faim? » ce qui me fit penser qu'il avoit été voyageur chez les peuples de la solitude. Il se leva, prit un gâteau de maïs noir, et me le donna : je ne le pus manger, car je vis la mère répandre une larme et les enfants dévorer des yeux le pain que je portois à ma bouche. Je le distribuai à leur innocence, et je dis au guerrier leur père : « Les mânes des ours n'ont donc pas été apaisés par « des sacrifices la neige[1] dernière, puisque la chasse n'a pas été bonne « et que tes enfants ont faim? » — « Faim! répondit mon hôte, oui! « Pour nous autres misérables, cette faim dure toute notre vie. »

« Je repartis : « Il y a sans doute quelque autre guerrier dont le « soleil a regardé les érables, et dont les flèches ont été plus favorisées « du grand Castor : il te fera part de son abondance. » L'homme sourit amèrement, ce qui me fit juger que j'avois dit une chose peu sage.

« Une veuve qui, du lit désert où elle est couchée, voit les toiles de l'insecte suspendues sur sa tête se plaint de l'abandon de sa cabane; ainsi la laborieuse matrone dont je recevois l'hospitalité adressa les paroles de l'injure à son époux, en l'accusant d'oisiveté. Le guerrier frappa rudement son épouse : je me hâtai d'étendre le calumet de paix entre mes hôtes et d'apaiser la colère qui monte du cœur au visage en nuage de sang. J'eus alors pour la première fois l'idée de la dégradation européenne dans toute sa laideur. Je vis l'homme abruti par la misère, au milieu d'une famille affamée, ne jouissant point des avantages de la société et ayant perdu ceux de la nature.

« Je me levai; je mis un grain d'or dans la main du guerrier, je l'invitai à venir s'asseoir avec sa famille dans ma cabane. « Ah! s'écria « mon hôte tout ému, quoique vous ne soyez qu'un Iroquois, on voit « bien que vous êtes un roi des sauvages. » — « Je ne suis point un « roi, » répondis-je en me hâtant de quitter cette cabane où j'avois trouvé quelques vertus primitives poussant encore foiblement au milieu des vices de la civilisation : le bouquet de romarin que nos chefs décédés emportent avec eux au tombeau prend quelquefois racine sur l'argile même de l'homme, et végète jusque dans la main des morts.

« J'avoue qu'après de telles expériences je fus prêt à renoncer à mes études, à retourner chez Ononthio. En vain je cherchois ta nation et des mœurs, et je ne trouvois ni les secondes ni la première. La

---

1. Année.

nature me sembloit renversée ; je ne la découvrois dans la société que comme ces objets dont on voit les images inverties dans les eaux. Génie propice qui arrêtâtes mes pas, qui m'engageâtes à continuer mes recherches, puissiez-vous, en récompense des faveurs que vous m'avez faites, puissiez-vous approcher le plus près du Grand-Esprit ! Sans vous, sans votre conseil, je ne serois pas ce que je suis, je n'aurois pas connu un homme qui m'a réconcilié avec les hommes, et de qui mes cheveux blancs tiennent le peu de sagesse qui les couronne.

« Je marchois le cœur serré, la tête baissée, lorsque la voix de deux esclaves, qui causoient à la porte d'une cabane, me tira de ma rêverie. Mon premier mouvement fut de m'éloigner ; mais, frappé de l'air d'honnêteté des deux esclaves, je me sentis disposé à faire une dernière tentative. Je m'avançai donc, et, m'adressant au plus vieux des serviteurs : « Va, lui dis-je, apprendre à ton maître qu'un guerrier « étranger a faim. »

« L'esclave me regarda avec étonnement, mais je ne vis point l'impudence et la bassesse dans ses regards. Sans me répondre, il entra précipitamment dans les cours de la cabane, et, revenant quelques moments après tout hors d'haleine, il me dit : « Seigneur sauvage, « mon maître vous prie de lui faire l'honneur d'entrer. » Je suivis aussitôt le bon esclave.

« Nous montons les degrés de marbre qui circuloient autour d'une rampe de bronze. Nous traversons plusieurs huttes où régnoit, avec la paix, une demi-lumière, et nous arrivons enfin à une cabane pleine de colliers[1]. Là je vis un homme occupé à tracer sur des feuilles les signes de ses pensées. Il étoit assez maigre et d'une taille élevée : un air de bonté intelligente étoit répandu sur son visage ; l'expression de ses yeux ne se sauroit décrire : c'étoit un mélange de génie et de tendresse, une beauté, je ne sais laquelle, que jamais peintre n'a pu exprimer. Ainsi me le raconta depuis Ononthio.

« Chactas, me dit l'homme en se levant aussitôt qu'il m'aperçut, « nous ne sommes déjà plus des étrangers l'un à l'autre. Un de mes « parents, qui a prêché notre sainte religion en Amérique, se hâta « de m'écrire lorsque vous fûtes si injustement arrêté. Je sollicitai, de « concert avec le gouverneur du Canada, votre délivrance, et nous « avons eu le bonheur de l'obtenir. Je vous ai vu depuis à Versailles, « et, d'après le portrait qu'on m'a fait de vous, il me seroit difficile « de vous méconnoître. Je vous avouerai d'ailleurs que la manière « dont vous venez, par hasard, de me faire demander l'hospitalité,

---

1. De livres, de papiers, etc. Une bibliothèque.

« m'a singulièrement touché; car, ajouta-t-il avec un léger sourire, je
« suis moi-même un peu sauvage. »

« Serois-tu, m'écriai-je aussitôt, ce généreux chef de la prière
« qui s'est intéressé à ma liberté et à celle de mes frères? Puisse le
« Grand-Esprit te récompenser! Je ne t'ai vu encore qu'un moment,
« mais je sens que je t'aime et te respecte déjà comme un sachem. »

« Mon hôte, me prenant par la main, me fit asseoir avec lui auprès
d'une table. On servit le pain et le vin, la force de l'homme. Les
esclaves s'étant retirés pleins de vénération pour leur maître, je commençai à échanger les paroles de la confiance avec le serviteur des autels.

« Chactas, me dit-il, nous sommes nés dans des pays bien éloi-
« gnés l'un de l'autre, mais croyez-vous qu'il y ait entre les hommes
« de grandes différences de vertus et conséquemment de bonheur? »

« Je lui répondis : « Mon père, à te parler sans détour, je crois les
« hommes de ton pays plus malheureux que ceux du mien. Ils s'enor-
« gueillissent de leurs arts et rient de notre ignorance; mais si toute
« la vie se borne à quelques jours, qu'importe que nous ayons accom-
« pli le voyage dans un petit canot d'écorce ou sur une grande pirogue
« chargée de lianes et de machines? Le canot même est préférable,
« car il voyage sur le fleuve le long de la terre où il peut trouver mille
« abris : la pirogue européenne voyage sur un lac orageux où les ports
« sont rares, les écueils fréquents, et où souvent on ne peut jeter
« l'ancre, à cause de la profondeur de l'abîme.

« Les arts ne font donc rien à la félicité de la vie, et c'est là pour-
« tant le seul point où vous paroissez l'emporter sur nous. J'ai été ce
« matin témoin d'un spectacle exécrable, qui seul décideroit la ques-
« tion en faveur de mes bois. Je viens de frapper à la porte du riche
« et à celle du pauvre : les esclaves du riche m'ont repoussé; le pauvre
« n'est lui-même qu'un esclave.

« Jusqu'à présent j'avois eu la simplicité de croire que je n'avois
« point encore vu ta nation; ma dernière course m'a donné d'autres
« idées. Je commence à entrevoir que ce mélange odieux de rangs
« et de fortunes, d'opulence extraordinaire et de privations excessives,
« de crime impuni et d'innocence sacrifiée, forme en Europe ce qu'on
« appelle la société. Il n'en est pas de même parmi nous : entre dans
« les huttes des Iroquois, tu ne trouveras ni grands, ni petits, ni riches,
« ni pauvres; partout le repos du cœur et la liberté de l'homme. » Ici,
je fis le mieux qu'il me fut possible la peinture de notre bonheur, et
je finis, comme à l'ordinaire, par inviter mon hôte à se faire sauvage.

« Il m'avoit écouté avec la plus grande attention : le tableau de

notre félicité le toucha : « Mon enfant, me dit-il, je me confirme dans
« ma première pensée : les hommes de tous les pays, quand ils ont
« le cœur pur, se ressemblent, car c'est Dieu alors qui parle en eux,
« Dieu qui est toujours le même. Le vice seul établit entre nous des
« différences hideuses : la beauté n'est qu'une; il y a mille laideurs.
« Si jamais je trace le tableau d'une vie heureuse et sauvage, j'em-
« ploierai les couleurs sous lesquelles vous me la venez de peindre.

« Mais, Chactas, je crains que dans vos opinions vous n'apportiez
« un peu de préjugés, car les Indiens en ont comme les autres hommes.
« Il arrive un temps où le genre humain, trop multiplié, ne peut plus
« exister par la chasse : il faut alors avoir recours à la culture. La
« culture entraîne des lois, les lois des abus. Seroit-il raisonnable de
« dire qu'il ne faut point de lois parce qu'il y a des abus? Seroit-il
« sensé de supposer que Dieu a rendu la condition sociale la pire
« de toutes, lorsque cette condition paroît être l'état universel des
« hommes?

« Ce qui vous blesse, sincère sauvage, ce sont nos travaux, l'inéga-
« lité de nos rangs, enfin cette violation du droit naturel, qui fait que
« vous nous regardez comme des esclaves infiniment malheureux :
« ainsi votre mépris pour nous tombe en partie sur nos souffrances.
« Mais, mon fils, s'il existoit une félicité relative dont vous n'avez ni
« ne pouvez avoir aucune idée; si le laboureur à son sillon, l'artisan
« dans son atelier, goûtoient des biens supérieurs à ceux que vous
« trouvez dans vos forêts, il faudroit donc retrancher d'abord de
« votre mépris tout ce que vous donnez de ce mépris à nos prétendues
« misères.

« Comment vous expliquerai-je ensuite ce sixième sens où les cinq
« autres viennent se confondre, le sens des beaux-arts? Les arts nous
« rapprochent de la Divinité; ils nous font entrevoir une perfection
« au-dessus de la nature et qui n'existe que dans notre intelligence.
« Si vous m'objectiez que les jouissances dont je parle sont vraisem-
« blablement inconnues de la classe indigente de nos villes, je vous
« répondrois qu'il est d'autres plaisirs sociaux accordés à tous : ces
« plaisirs sont ceux du cœur.

« Chez vous les attachements de la famille ne sont fondés que sur
« des rapports intéressés de secours accordés et rendus : chez nous,
« la société change ces rapports en sentiments. On s'aime pour s'ai-
« mer; on commerce d'âmes; on arrive au bout de sa carrière à tra-
« vers une vie pleine d'amour. Est-il un labeur pénible à celui qui
« travaille pour un père, une mère, un frère, une sœur? Non, Chactas,
« il n'en est point; et, tout considéré, il me semble que l'on peut tirer

« de la civilisation autant de bonheur que de l'état sauvage. L'or
« n'existe pas toujours sous sa forme primitive, tel qu'on le trouve
« dans les mines de votre Amérique : souvent il est façonné, filé,
« fondu en mille manières ; mais c'est toujours de l'or.

« La condition politique qui nous courbe vers la terre, qui oblige
« l'un à se sacrifier à l'autre, qui fait des pauvres et des riches, qui
« semble, en un mot, dégrader l'homme, est précisément ce qui
« l'élève : la générosité, la pitié céleste, l'amour véritable, le courage
« dans l'adversité, toutes ces choses divines sont nées de cette condi-
« tion politique. Le citoyen charitable qui va chercher, pour la
« secourir, l'humanité souffrante dans les lieux où elle se cache,
« peut-il être un objet de mépris? Le prêtre vertueux qui naguère
« trempoit vos fers de ses larmes sera-t-il frappé de vos dédains?
« L'homme qui pendant de longues années a lutté contre le mal-
« heur, qui a supporté sans se plaindre toutes les sortes de misères,
« est-il moins admirable dans sa force que le prisonnier sauvage dont
« le mépris se réduit à braver quelques heures de tourments?

« Si les vertus sont des émanations du Tout-Puissant, si elles sont
« nécessairement plus nombreuses dans l'ordre social que dans l'ordre
« naturel, l'état de société qui nous rapproche davantage de la Divi-
« nité est donc un état supérieur à celui de nature.

« Il est parmi nous d'ardents amis de leur patrie, des cœurs nobles
« et désintéressés, des courages magnanimes, des âmes capables
« d'atteindre à ce qu'il y a de plus grand. Songeons, quand nous
« voyons un misérable, non à ses haillons, non à son air humilié et
« timide, mais aux sacrifices qu'il fait, aux vertus quotidiennes qu'il
« est obligé de reprendre chaque matin, avec ses pauvres vêtements,
« pour affronter les tempêtes de la journée! Alors, loin de le regarder
« comme un être vil, vous lui porterez respect. Et s'il existoit dans la
« société un homme qui en possédât les vertus sans en avoir les vices,
« seroit-ce à cet homme que vous oseriez comparer le sauvage? En
« paroissant tous les deux au tribunal du Dieu des chrétiens, du
« Dieu véritable, quelle seroit la sentence du juge? Toi, diroit-il au
« sauvage, tu ne fis point de mal, mais tu ne fis point de bien. Qu'il
« passe à ma droite, celui qui vêtit l'orphelin, qui protégea la veuve,
« qui réchauffa le vieillard, qui donna à manger au Lazare, car c'est
« ainsi que j'en agis lorsque j'habitois entre les hommes [1]. »

---

1. J'avois pris autrefois quelque chose de ce dernier paragraphe pour le transporter dans un morceau littéraire sur un voyage de M. de Humboldt, que l'on peut voir dans les *Mélanges littéraires* (édition complète). Je n'ai pas cru devoir retran-

« Ici le chef de la prière cessa de se faire entendre. Le miel distilloit de ses lèvres ; l'air se calmoit autour de lui à mesure qu'il parloit. Ce qu'il faisoit éprouver n'étoit pas des transports, mais une succession de sentiments paisibles et ineffables. Il y avoit dans son discours je ne sais quelle tranquille harmonie, je ne sais quelle douce lenteur, je ne sais quelle longueur de grâces, qu'aucune expression ne peut rendre. Saisi de respect et d'amour, je me jetai aux pieds de ce bon génie.

« Mon père, lui dis-je, tu viens de faire de moi un nouvel homme.
« Les objets s'offrent à mes yeux sous des rapports qui m'étoient
« auparavant inconnus. O le plus vénérable des sachems! chaste et
« pure hermine des vieux chênes, que ne puis-je t'emmener dans mes
« forêts! Mais, je le sens, tu n'es pas fait pour habiter parmi des
« sauvages ; ta place est chez un peuple où l'on peut admirer ton génie
« et jouir de tes vertus. Je vais bientôt rentrer dans les déserts du
« Nouveau-Monde, je vais reprendre la vie errante de l'Indien ; après
« avoir conversé avec ce qu'il y a de plus sublime dans la société, je
« vais entendre les paroles de ce qu'il y a de plus simple dans la
« nature : mais, quels que soient les lieux où le Grand-Esprit conduise
« mes pas, sous l'arbre, au bord du fleuve, sur le rocher, je rappel-
« lerai tes leçons et je tâcherai de devenir sage de ta sagesse. »

« Mon fils, me répondit mon hôte en me relevant, chaque homme
« se doit à sa patrie : mon devoir me retient sur ces bords pour y
« faire le peu de bien dont je suis capable ; le vôtre est de retourner
« dans votre pays. Dieu se sert souvent de l'adversité comme d'un
« marchepied pour nous élever ; il a permis contre vous une injustice
« afin de vous rendre meilleur. Partez, Chactas ; allez retrouver votre
« cabane. Moins heureux que vous, je suis enchaîné dans un palais. Si
« je vous ai inspiré quelque estime, répandez-la sur ma nation, de
« même que je chéris la vôtre ; devenez parmi vos compatriotes le
« protecteur des François. N'oubliez pas que tous, tant que nous
« sommes, nous méritons plus de pitié que de mépris. Dieu a fait
« l'homme comme un épi de blé : sa tige est fragile et se tourmente
« au moindre souffle, mais son grain est excellent.

« Souvenez-vous enfin, Chactas, que si les habitants de votre pays
« ne sont encore qu'à la base de l'échelle sociale, les François sont
« loin d'être arrivés au sommet : dans la progression des lumières
« croissantes, nous paraîtrons-nous-mêmes des barbares à nos arrière-

cher cette vingtaine de lignes dans le récit de Chactas : elles se trouvent ici à leur véritable place.

« neveux. Ne vous irritez donc point contre cette civilisation qui
« appartient à notre nature, contre une civilisation qui peut-être un
« jour, envahissant vos forêts, les remplira d'un peuple où la liberté
« de l'homme policé s'unira à l'indépendance de l'homme sauvage. »

« Le chef de la prière se leva ; nous marchâmes lentement vers la
porte. « Je ne suis pas ici chez moi, me dit-il ; je retourne au palais
« d'un prince dont l'éducation me fut confiée. Si je puis vous être
« utile, ne craignez pas de vous adresser à mon zèle ; mais, vous
« autres sauvages, vous avez peu de chose à demander aux rois. »

« Je répondis : « Ta bonté m'enhardit ; je laisse en France un père
« qui languit dans l'adversité. Demande son nom à toutes les infor-
« tunes soulagées ; elles te diront qu'il s'appelle Lopez. »

« A ces paroles, que je prononçai d'une voix altérée, un génie porta
les larmes que j'avois aux yeux dans ceux de mon hôte. Cet hôte, plein
de bonté, m'apprit que le chef de la prière qui visitoit mes chaînes à
Marseille lui avoit raconté les traverses de mon ami et les liens qui
m'unissoient à cet Espagnol ; que déjà Lopez étoit à l'abri de l'indigence, et qu'il retourneroit bientôt riche et heureux dans sa vieille
patrie. On avoit même adouci le sort d'Honfroy, mon compagnon de
boulet.

« Ces mots inondèrent mon cœur d'un torrent de joie, et la vivacité
de ma reconnoissance m'ôta la force de l'exprimer. Cependant l'homme
miséricordieux avoit tiré un cordon qui correspondoit à un écho d'airain ; à la voix de cet écho, les esclaves accoururent, et nous conduisirent aux degrés de marbre. Là, je dis un dernier adieu au pasteur
des peuples ; je pleurois comme un Européen. Je brisai mon calumet
en signe de deuil, et j'entonnai à demi-voix le chant de l'absence :
« Bénissez cette cabane hospitalière, ô génie des fleuves errants ! que
« l'herbe ne couvre jamais le sentier qui mène à ses portes, jour et
« nuit ouvertes au voyageur ! »

« Tandis que ma voix attendrie résonnoit sous le vestibule, le
prêtre, les yeux levés vers le ciel, offroit à Dieu sa prière. Les serviteurs tombèrent à genoux, et reçurent la bénédiction que le sacrificateur pacifique répandit sur moi. Alors, dans un grand désordre, je
descendis précipitamment les degrés. Parvenu au dernier marbre, je
levai la tête, et j'aperçus mon hôte [1], qui penché sur les fleurs de
bronze, me suivoit complaisamment de ses regards : bientôt il se
retira comme s'il se sentoit trop ému. Je restai quelque temps immobile dans l'espérance de le revoir ; mais le retentissement des portes

---

1. Fénelon.

que j'entendis se fermer m'avertit qu'il étoit temps de m'arracher de ce lieu. Dans la cour et sous les péristyles, une foule indigente attendoit les bienfaits du maître charitable : je joignis mes vœux à ceux que faisoient pour lui tant d'infortunés, et je sortis de cette cabane, plein de reconnoissance, d'admiration et d'amour.

« Ononthio reçut enfin l'ordre de son départ et du nôtre. Nous quittâmes Paris pour nous rendre à un golfe du lac sans rivages [1]. Comme notre traîneau passoit sur un pont d'où l'on découvroit la file prolongée des cabanes du grand village, je m'écriai : « Adieu, terre des palais et
« des arts! adieu, terre sacrée où j'aurois voulu passer ma vie si les
« tombeaux de mes ancêtres ne s'élevoient loin d'ici ! »

« Je me laissai retomber au fond du traîneau. Oui, mon fils, j'éprouvai de vifs regrets en quittant la France. Il y a quelque chose dans l'air de ton pays que l'on ne sent point ailleurs, et qui feroit oublier à un sauvage même ses foyers paternels.

« Nous fîmes un voyage charmant jusqu'au port où nous attendoient les vaisseaux. Nous roulâmes d'abord sur des chaussées bordées d'arbres à perte de vue; ensuite nous descendîmes au bord d'un fleuve [2] qui couloit dans un vallon enchanté. On ne voyoit que des laboureurs qui creusoient des sillons, ou des bergers qui paissoient des troupeaux. Là le vigneron effeuilloit le cep sur une colline pierreuse; ici le cultivateur appuyoit les branches du pommier trop chargé; plus loin, des paysannes chassoient devant elles l'âne paresseux qui portoit le lait et les fruits à la ville, tandis que des barques, traînées par de forts chevaux, rebroussoient le cours du fleuve. Des étrangers, des gens de guerre, des commerçants, alloient et venoient sur toutes les voies publiques. Les coteaux étoient couronnés de riants villages ou de châteaux solitaires. Les tours des cités apparoissoient dans les lointains; des fumées s'élevoient du milieu des arbres : on voyoit se dérouler la brillante écharpe des campagnes, toute diaprée de l'azur des fleuves, de l'or des moissons, de la pourpre des vignes et de la verdure des prés et des bois.

« Ononthio me disoit : « Tu vois ici, Chactas, l'excuse des fêtes de
« Versailles : dans toute l'étendue de la France, c'est la même richesse;
« les travaux seulement et les paysages diffèrent, car ce royaume ren-
« ferme dans son sein tout ce qui peut servir aux besoins ou aux
« délices de la vie. L'attention que l'œil du maître donne à l'agricul-
« ture s'étend sur les autres parties de l'État. Nous avons été chercher
« jusque dans les pays étrangers les hommes qui pouvoient faire

---

1. La mer.   2. La Loire.

« fleurir le commerce et les manufactures. Ce roi qui t'a paru si
« superbe, si occupé de ses plaisirs, travaille laborieusement avec ses
« sachems; il entre jusque dans les moindres détails. Le plus petit
« citoyen lui peut soumettre des plans et obtenir audience de lui : de
« la même main qui protège les arts et fait céder l'Europe à nos armes,
« il corrige les lois et introduit l'unité dans nos coutumes.

« Il est trois choses que les ennemis de ce siècle lui reprochent : le
« faste des monuments et des fêtes, l'excès des impôts, l'injustice des
« guerres.

« Quant à nos fêtes, ce n'est pas aux François à en faire un crime à
« leur souverain : elles sont dans nos mœurs, et elles ont contribué à
« imprimer à notre âge cette grandeur que le temps n'effacera point.
« Nous sommes devenus la première nation du monde par nos édifices
« et par nos jeux, comme le furent jadis par les mêmes pompes les
« habitants d'un pays appelé la Grèce.

« Le reproche relatif à l'accroissement de l'impôt n'a aucun fonde-
« ment raisonnable : nul royaume ne paye moins à son gouvernement,
« en proportion de sa fertilité, que la France.

« Il est malheureux qu'on ne puisse aussi facilement nous justifier
« du reproche fait à notre ambition. Mais, belliqueux sauvage, tu le
« sais, est-il beaucoup de guerres dont les motifs soient équitables?
« Louis a révélé à la France le secret de ses forces; il a prouvé qu'elle
« se peut rire des ligues de l'Europe jalouse. Après tout, les étrangers,
« qui cherchent à rabaisser notre gloire, doivent cependant ce qu'ils
« sont à notre génie. Louis est moins le législateur de la France que
« celui de l'Europe. Descendez sur les rivages d'Albion, pénétrez dans
« les forêts de la Germanie, franchissez les Alpes ou les Pyrénées,
« partout vous reconnoîtrez qu'on a suivi nos édits pour la justice, nos
« règlements pour la marine, nos ordonnances pour l'armée, nos ins-
« titutions pour la police des chemins et des villes : jusqu'à nos
« mœurs et nos habits, tout a été servilement copié. Telle nation qui,
« dans son orgueil, se vante aujourd'hui de ses établissements publics,
« en a emprunté l'idée à notre nation. Vous ne pouvez faire un pas
« chez les étrangers sans retrouver la France mutilée : Louis est venu
« après des siècles de barbarie, et il a créé le monde civilisé. »

« Après six jours de voyage nous arrivâmes au bord de la grande
eau salée. Nous passâmes une lune entière à attendre des vents favorables. Je contemplai avec étonnement ce port[1] qui venoit d'être cons-
truit dans le lac qui marche[2], de même que j'avois vu cet autre[3]

---

1. Rochefort.   2. L'Océan.   3. Toulon.

LES NATCHEZ.

du lac immobile[1] auquel le Manitou de la nécessité m'avoit confié de travailler. Je visitai les arsenaux et les bassins ; je n'eus pas moins de sujet d'admirer le génie de ta nation dans ces arts nouveaux pour elle que dans ceux où depuis longtemps elle étoit exercée. Une activité générale régnoit dans le port et dans la ville : on voyoit sortir des vaisseaux qui emportoient des colonies aux extrémités du monde, en même temps que des flottes rapportoient à la France les richesses des terres les plus éloignées. Un matelot embrassoit sa mère sur la grève, au retour d'une longue course ; un autre recevoit en s'embarquant les adieux de sa femme. Onze mille guerriers des troupes d'Areskoui[2], cent soixante-six mille enfants des mers, mille jeunes fils de vieux marins, instruits dans les hautes sciences de Michabou[3], cent quatre-vingt-dix-huit monstres nageants[4] qui vomissoient des feux par soixante bouches, trente galères dont je dois me souvenir, vous rendoient alors les dominateurs des flots, comme vous étiez les maîtres de la terre.

« Enfin le Grand-Esprit envoya le vent du milieu du jour qui nous étoit favorable : l'ordre du départ est proclamé ; on s'embarque en tumulte. De petits canots nous portent aux grands navires ; nous arrivons sous leurs flancs ; nous y demeurons quelque temps balancés par la lame grossie : nous montons sur les machines flottantes à l'aide de cordes qu'on nous jette. A peine avons-nous atteint le bord que nos matelots, comme des oiseaux de la tempête, se répandent sur les vergues. La foudre[5], sortant du vaisseau d'Ononthio, donne le signal au reste de la flotte : tous les vaisseaux, avec de longs efforts, arrachent leur pied[6] d'airain des vases tenaces. La double serre ne s'est pas plutôt déprise de la chevelure de l'abîme qu'un mouvement se fait sentir dans le corps entier du vaisseau. Les bâtiments se couvrent de leurs voiles : les plus basses, déployées dans toute leur largeur, s'arrondissent comme de vastes cylindres ; les plus élevées, comprimées dans leur milieu, ressemblent aux mamelles gonflées d'une jeune mère. Le pavillon sans tache de la France se déroule sur les haleines harmonieuses du matin. Alors de la flotte épandue s'élève un chœur qui salue par trois cris d'amour les rivages de la patrie. A ce dernier signal, nos coursiers marins déploient leurs dernières ailes, s'animent d'un souffle plus impétueux, et, s'excitant mutuellement dans la carrière, ils labourent à grand bruit le champ des mers.

« Les transports de la joie ne descendirent point dans mon cœur à

---

1. La Méditerranée.   2. Génie de la guerre.   3. Génie de la mer.
4. Vaisseaux de guerre.   5. Le canon.   6. L'ancre.

ce départ de la contrée des mille cabanes. J'avois perdu Atala; je quittois Lopez; le pays des belliqueuses nations du Canada n'étoit pas celui qui m'avoit vu naître : sorti presque enfant de la terre des sassafras, que retrouverois-je dans la hutte de mes aïeux, si jamais les génies bienfaisants me permettoient de rentrer sous son écorce?

« La scène imposante que j'avois sous les yeux servoit à nourrir ma mélancolie : je ne pouvois me rassasier du spectacle de l'Océan. Ma retraite favorite, lorsque je voulois méditer durant le jour, étoit la cabane grillée[1] du grand mât de notre navire, où je montois et m'asseyois, dominant les vagues au-dessous de moi. La nuit, renfermé dans ma couche étroite, je prêtois l'oreille au bruit de l'eau qui couloit le long du bord : je n'avois qu'à déployer le bras pour atteindre de mon lit à mon cercueil.

« Cependant le cristal des eaux que nous avoient donné les rochers de la France commençoit à s'altérer. On résolut d'aborder aux îles non loin desquelles les vaisseaux se trouvoient alors. Nous saluons les génies de ces terres propices; nous laissons derrière nous Fayal enivrée de ses vins, Tercère aux moissons parfumées, Santa-Cruz qui ignore les forêts, et Pico dont la tête porte une chevelure de feu. Comme une troupe de colombes passagères, notre flotte vient ployer ses ailes sous les rivages de la plus solitaire des filles de l'Océan.

« Quelques marins étant descendus à terre, je les suivis; tandis qu'ils s'arrêtoient au bord d'une source, je m'égarai sur les grèves et je parvins à l'entrée d'un bois de figuiers sauvages : la mer se brisoit en gémissant à leurs pieds, et dans leur cime on entendoit le sifflement aride du vent du nord. Saisi de je ne sais quelle horreur, je pénètre dans l'épaisseur de ce bois, à travers les sables blancs et les joncs stériles. Arrivé à l'extrémité opposée, mes yeux découvrent une statue portée sur un cheval de bronze : de sa main droite elle montroit les régions du couchant[2].

« J'approche de ce monument extraordinaire. Sur sa base baignée de l'écume des flots étoient gravés des caractères inconnus : la mousse et le salpêtre des mers rongeoient la surface du bronze antique; l'alcyon perché sur le casque du colosse y jetoit, par intervalles, des voix langoureuses; des coquillages se colloient aux flancs et aux crins du coursier, et lorsqu'on approchoit l'oreille de ses naseaux ouverts, on croyoit ouïr des rumeurs confuses. Je ne sais si jamais rien de plus étonnant s'est présenté à la vue et à l'imagination d'un mortel.

« Quel dieu ou quel homme éleva ce monument? quel siècle, quelle

---

1. La hune.   2. Tradition historique.

nation le plaça sur ces rivages? qu'enseigne-t-il par sa main déployée? Veut-il prédire quelque grande révolution sur le globe, laquelle viendra de l'Occident? Est-ce le génie même de ces mers qui garde son empire et menace quiconque oseroit y pénétrer?

« A l'aspect de ce monument qui m'annonçoit un noir océan de siècles écoulés, je sentis l'impuissance et la rapidité des jours de l'homme. Tout nous échappe dans le passé et dans l'avenir; sortis du néant pour arriver au tombeau, à peine connoissons-nous le moment de notre existence.

« Je m'empressai de retourner aux vaisseaux et de raconter à Ononthio la découverte que j'avois faite. Il se préparoit à visiter avec moi cette merveille, mais une tempête s'éleva, et la flotte fut obligée de gagner la haute mer.

« Bientôt cette flotte est dispersée. Demeuré seul et chassé par le souffle du midi, notre vaisseau, pendant douze nuits entières, vole sur les vagues troublées. Nous arrivons dans ces parages où Michabou fait paître ses innombrables troupeaux[1]. Une brume froide et humide enveloppe la mer et le ciel; les flots glapissent dans les ténèbres; un bourdonnement continu sort des cordages du vaisseau, dont toutes les voiles sont ployées; la lame couvre et découvre sans cesse le pont inondé; des feux sinistres voltigent sur les vergues, et, en dépit de nos efforts, la houle qui grossit nous pousse sur l'île des Esquimaux[2].

« J'avois, ô mon fils! été coupable d'un souhait téméraire : j'avois appelé de mes vœux le spectacle d'une tempête. Qu'il est insensé celui qui désire être témoin de la colère des génies! Déjà nous avions été le jouet des mers, autant de jours qu'un étranger peut en passer dans une cabane, avant que son hôte lui demande le nom de ses aïeux; le soleil avoit disparu pour la sixième fois. La nuit étoit horrible; j'étois couché dans mon hamac agité; je prêtois l'oreille aux coups des vagues qui ébranloient la structure du vaisseau : tout à coup j'entends courir sur le pont, et des paquets de cordages tomber; j'éprouve en même temps le mouvement que l'on ressent lorsqu'un vaisseau vire de bord. Le couvercle de l'entre-pont s'ouvre et une voix appelle le capitaine. Cette voix solitaire, au milieu de la nuit et de la tempête, avoit quelque chose qui faisoit frémir. Je me dresse sur ma couche; il me semble ouïr des marins discutant le gisement d'une terre que l'on avoit en vue. Je monte sur le pont : Ononthio et les passagers s'y trouvoient déjà rassemblés.

---

1. Le banc de Terre-Neuve. 2. Terre-Neuve.

« En mettant la tête hors de l'entre-pont, je fus frappé d'un spectacle affreux, mais sublime. A la lueur de la lune qui sortoit de temps en temps des nuages, on découvroit sur les deux bords du navire, à travers une brume jaune et immobile, des côtes sauvages. La mer élevoit ses flots comme des monts dans le canal où nous étions engouffrés. Tantôt les vagues se couvroient d'écume et d'étincelles ; tantôt elles n'offroient plus qu'une surface huileuse, marbrée de taches noires, cuivrées ou verdâtres, selon la couleur des bas-fonds sur lesquels elles mugissoient ; quelquefois une lame monstrueuse venoit roulant sur elle-même sans se briser, comme une mer qui envahiroit les flots d'une autre mer. Pendant un moment le bruit de l'abîme et celui des vents étoient confondus ; le moment d'après, on distinguoit le fracas des courants, le sifflement des récifs, la triste voix de la lame lointaine. De la concavité du bâtiment sortoient des bruits qui faisoient battre le cœur au plus intrépide. La proue du navire coupoit la masse épaisse des vagues avec un froissement affreux, et au gouvernail des torrents d'eau s'écouloient en tourbillonnant comme au débouché d'une écluse. Au milieu de ce fracas, rien n'étoit peut-être plus alarmant qu'un murmure sourd, pareil à celui d'un vase qui se remplit.

« Cependant des cartes, des compas, des instruments de toutes les sortes, étoient étendus à nos pieds. Chacun parloit diversement de cette terre où étoit assis sur un écueil le génie du naufrage. Le pilote déclara que le naufrage étoit inévitable. Alors l'aumônier du vaisseau lut à haute voix la prière qui porte, dans un tourbillon, l'âme du marin au dieu des tempêtes. Je remarquai que des passagers alloient chercher ce qu'ils avoient de plus précieux, pour le sauver : l'espérance est comme la montagne Bleue dans les Florides : de ses hauts sommets le chasseur découvre un pays enchanté, et il oublie les précipices qui l'en séparent. Moi et les autres chefs sauvages, nous prîmes un poignard pour nous défendre et un fer tranchant pour couper un arc et tailler une flèche. Hors la vie qu'avions-nous à perdre ? Le flot qui nous jetoit sur une côte inhabitée nous rendoit à notre bonheur : l'homme nu saluoit le désert et rentroit en possession de son empire.

« Il plut à la souveraine sagesse de sauver le vaisseau, mais la même vague qui le poussa hors des écueils emporta l'un de ses mâts et me jeta dans l'abîme : j'y tombai comme un oiseau de mer qui se précipite sur sa proie. En un clin d'œil le vaisseau, chassé par les vents, parut à une immense distance de moi ; il ne pouvoit s'arrêter sans s'exposer une seconde fois au naufrage, et il fut contraint de m'abandonner. Perdant tout espoir de le rejoindre, je commençai à nager vers la côte éloignée. »

LIVRE HUITIÈME.

« Les premiers pas du matin s'étoient imprimés en taches rougeâtres dans les nuages de la tempête, lorsque couvert de l'écume des flots j'abordai au rivage. Courant sur les limons verdis, tout hérissés des pyramides de l'insecte des sables, je me dérobe à la fureur du génie des eaux. A quelque distance s'offroit une grotte dont l'entrée étoit fermée par des framboisiers. J'écarte les broussailles et pénètre sous la voûte du rocher, où je fus agréablement surpris d'entendre couler un fontaine. Je puisai de l'eau dans le creux de ma main, et faisant une libation : « Qui que tu sois, m'écriai-je, Manitou de cette « grotte, ne repousse pas un suppliant que le Grand-Esprit a jeté sur « tes rivages ; que cette malédiction du ciel ne t'irrite pas contre un « infortuné. Si jamais je revois la terre des sassafras, je te sacrifierai « deux jeunes corbeaux dont les ailes seront plus noires que celles « de la nuit. »

« Après cette prière, je me couchai sur des branches de pin : épuisé de fatigue je m'endormis aux soupirs du Sommeil, qui baignoit ses membres délicats dans l'eau de la fontaine.

« A l'heure où le fils des cités, couvert d'un riche manteau, se livre aux joies d'un festin servi par la main de l'abondance, je me réveillai dans ma grotte solitaire. En proie aux attaques de la faim, je me lève : comme un élan échappé à la flèche du chasseur croit bientôt retourner à ses forêts ; près de rentrer sous leur ombrage, il rencontre une autre troupe de guerriers qui l'écartent avec des cris et le poursuivent de nouveau sur les montagnes : ainsi j'étois éloigné de ma patrie par les traits de la fortune.

« A l'instant où je sortois de la grotte, un ours blanc se présente pour y entrer ; je recule quelques pas et tire mon poignard. Le monstre, poussant un mugissement, me menace de ses serres énormes, de son museau noirci et de ses yeux sanglants : il se lève, et me saisit dans ses bras comme un lutteur qui cherche à renverser son adversaire. Son haleine me brûle le visage ; la faim de ses dents est prête à se rassasier de ma chair ; il m'étouffe dans ses embrassements ; aussi facilement qu'ils ouvrent un coquillage au bord de la mer, ses ongles vont séparer mes épaules. J'invoque le Manitou de mes pères, et, de la main qui me reste libre, je plonge mon poignard dans le cœur de mon ennemi. Les bras du monstre se relâchent ; il abandonne sa proie, s'affaisse, roule à terre, expire.

« Plein de joie, j'assemble des mousses et des racines à l'entrée de ma grotte : deux cailloux me donnent le feu ; j'allume un bûcher dont la flamme et la fumée s'élèvent au-dessus des bois. Je dépouille la victime ; je la mets en pièces ; je brûle les filets de la langue et les portions consacrées aux génies : je prends soin de ne point briser les os, et je fais rôtir les morceaux les plus succulents. Je m'assieds sur des pierres polies par la douce lime des eaux ; je commence un repas avec l'hostie de la destinée, avec des cressons piquants et des mousses de roche aussi tendres que les entrailles d'un jeune chevreuil. La solitude de la terre et de la mer étoit assise à ma table : je découvrois à l'horizon, non sans une sorte d'agréable tristesse, les voiles du vaisseau où j'avois fait naufrage.

« L'abondance ayant chassé la faim, et la nuit étant revenue sur la terre, je me retirai de nouveau au fond de l'antre, avec la fourrure du monstre que j'avois terrassé. Je remerciai le Grand-Esprit qui m'avoit fait sauvage et qui me donnoit dans ce moment tant d'avantages sur l'homme policé. Mes pieds étoient rapides, mon bras vigoureux, ma vie habituée aux déserts : un génie ami des enfants, le Sommeil, fils de l'Innocence et de la Nuit, ferma mes yeux, et je bus le frais sumac du Meschacebé dans la coupe dorée des songes.

« Les sifflements du courlis et le cri de la barnacle, perchée sur les framboisiers de la grotte, m'annoncèrent le retour du matin : je sors. Je suspends par des racines de fraisier les restes de la victime à mes épaules ; j'arme mon bras d'une branche de pin ; je me fais une ceinture de joncs où je place mon poignard, et, comme un lion marin, je m'avance le long des flots.

« Pendant mon séjour chez les Cinq-Nations iroquoises, le commerce et la guerre m'avoient conduit chez les Esquimaux, et j'avois appris quelque chose de la langue de ce peuple. Je savois que l'île [1] de mon naufrage s'approchoit, dans la région de l'étoile immobile [2], des côtes du Labrador : je cherchai donc à remonter vers ce détroit.

« Je marchai autant de nuits qu'une jeune femme qui n'a point encore nourri de premier-né reste dans le doute sur le fruit que son sein a conçu : craignant de tromper son époux, elle ne confie ses tendres espérances qu'à sa mère ; mais aux défaillances de cette femme, annonces mystérieuses de l'homme, à son secret, qui éclate dans ses regards, le père devine son bonheur, et, tombant à genoux, offre au Grand-Esprit son fils à naître.

« Je traversai des vallées de pierres revêtues de mousse, et au fond

---

1. Terre-Neuve.   2. Étoile polaire.

desquelles couloient des torrents d'eau demi-glacée : des bouquets de framboisiers, quelques bouleaux, une multitude d'étangs salés couverts de toutes sortes d'oiseaux de mer, varioient la tristesse de la scène. Ces oiseaux me procuroient une abondante nourriture, et des fraises, des oseilles, des racines, ajoutoient à la délicatesse de mes banquets.

« Déjà mes pas étoient arrivés au détroit des tempêtes. Les côtes du Labrador se montroient quelquefois par delà les flots au coucher et au lever du soleil. Dans l'espoir de rencontrer quelque navigateur, je cheminois le long des grèves ; mais lorsque j'avois franchi des caps orageux, je n'apercevois qu'une suite de promontoires aussi solitaires que les premiers.

« Un jour j'étois assis sous un pin : les flots étoient devant moi ; je m'entretenois avec les vents de la mer et les tombeaux de mes ancêtres. Une brise froide s'élève des régions du nord, et un reflet lumineux voltige sous la voûte du ciel. Je découvre une montagne de glace flottante ; poussée par le vent, elle s'approche de la rive. Manitou du foyer de ma cabane ! dites quel fut mon étonnement lorsqu'une voix, sortant de l'écueil mobile, vint frapper mon oreille. Cette voix chantoit ces paroles dans la langue des Esquimaux :

« Salut, esprit des tempêtes, salut, ô le plus beau des fils de
« l'Océan !

« Descends de ta colline où l'importun soleil ne luit jamais ; des-
« cends, charmante Élina ! Embarquons-nous sur cette glace. Les cou-
« rants nous emportent en pleine mer ; les loups marins viennent se
« livrer à l'amour sur la même glace que nous.

« Sois-moi propice, esprit des tempêtes, ô le plus beau des fils de
« l'Océan !

« Élina, je darderai pour toi la baleine ; je te ferai un bandeau pour
« garantir tes beaux yeux de l'éclat des neiges ; je te creuserai une
« demeure sous la terre pour y habiter avec un feu de mousse ; je te
« donnerai trente tuniques impénétrables aux eaux de la mer. Viens
« sur le sommet de notre rocher flottant. Nos amours y seront enchaî-
« nées par les vents, au milieu des nuages et de l'écume des flots.

« Salut, esprit des tempêtes, ô le plus beau des fils de l'Océan ! »

« Tel étoit ce chant extraordinaire. Couvrant mes yeux de ma main, et jetant dans les flots une partie de mon vêtement, je m'écriai : « Divinité de cette mer dont je viens d'entendre la voix, soyez-moi « propice ; favorisez mon retour ! » Aucune réponse ne sortit de la montagne, qui vint s'échouer sur les sables à quelque distance du lieu où j'étois assis.

« J'en vis bientôt descendre un homme et une femme vêtus de peaux de loup marin. Aux caresses qu'ils prodiguoient à un enfant, je les reconnus pour mari et femme. Ainsi l'a voulu le Grand-Esprit ; le bonheur est de tous les peuples et de tous les climats : le misérable Esquimau, sur son écueil de glace, est aussi heureux que le monarque européen sur son trône ; c'est le même instinct qui fait palpiter le cœur des mères et des amantes dans les neiges du Labrador et sur le duvet des cygnes de la Seine.

« Je dirige mes pas vers la femme, dans l'espérance que l'homme accourroit au secours de son épouse et de son enfant. L'esprit qui m'inspira cette pensée ne trompa point mon attente. Le guerrier s'avance vers moi avec fureur : il étoit armé d'un javelot surmonté d'une dent de vache marine ; ses yeux sanglants étinceloient derrière ses ingénieuses lunettes ; sa barbe rousse, se joignant à ses cheveux noirs, lui donnoit un air affreux. J'évite les premiers coups de mon adversaire, et m'élançant sur lui je le terrasse.

« Élina, arrêtée à quelque distance, faisoit éclater les signes de la plus vive douleur ; ses genoux fléchirent ; elle tomba sur le rocher. Comme le pois fragile qui s'élève autour de la gerbe de maïs, sa fleur délicate se marie au blé robuste et joint ainsi la grâce à la vie utile de son époux ; mais si la pierre tranchante de l'Indienne vient à moissonner l'épi, l'humble pois, qu'une tige amie ne soutient plus, s'affaisse et couvre de ses grappes fanées le sol qui l'a vu naître : ainsi la jeune sauvage étoit tombée sur la terre. Elle tenoit embrassé son fils, tendre fleur de son sein.

« Je rassure l'Esquimau vaincu ; je le caresse en passant la main sur ses bras, comme un chasseur encourage l'animal fidèle qui le guide au fond des bois ; l'Esquimau se relève à demi et presse mes genoux en signe de reconnoissance et de foiblesse. Dans cette attitude, il n'avoit rien de rampant à la manière de l'Europe : c'étoit l'homme obéissant à la nécessité.

« La femme revient de son évanouissement. Je l'appelle ; elle fait un pas vers nous, fuit, revient, et toujours resserrant le cercle, s'approche de plus en plus de son maître et de son mari. Bientôt elle met les mains à terre et s'avance ainsi jusqu'à mes pieds. Je prends l'enfant qu'elle portoit sur son dos ; je lui prodigue des caresses : ces caresses apprivoisèrent tellement la mère de l'enfant, qu'elle se mit à bondir de joie à mes côtés. Lorsqu'un guerrier emporte dans ses bras un chevreau qu'il a trouvé sur la montagne, la mère, traînant ses longues mamelles et surmontant sa frayeur, suit avec de doux bêlements le ravisseur, qu'elle semble craindre d'irriter contre le jeune hôte des forêts.

ôt que l'Esquimau eut reconnu mon droit de force, il [fut] aussi soumis qu'il s'étoit montré intraitable. Je descendis la [rive] avec mes deux nouveaux sujets, et je leur fis entendre que je voulois passer au Labrador.

« L'Esquimau va prendre sur le rocher de glace des peaux de loup marin que je n'avois pas aperçues; il les étend avec des barbes de baleine; il en forme un long canot; il recouvre ce canot d'une peau élastique. Il se place au milieu de cette espèce d'outre, et m'y fait entrer avec sa femme et son enfant: refermant alors la peau autour de ses reins, semblable à Michabou lui-même, il gourmande les mers.

« Un traîneau parti du grand village de tes pères, au moment où nous quittâmes l'île du naufrage, n'auroit atteint le palais de tes rois qu'après notre arrivée aux rivages du Labrador. C'étoit l'heure où les coquillages des grèves s'entr'ouvrent au soleil, et la saison où les cerfs commencent à changer de parure. Les génies me préparoient encore une nouvelle destinée : je commandois, j'allois servir.

« Nous ne tardâmes pas à rencontrer un parti d'Esquimaux. Ces guerriers, sans s'informer des arbres de mon pays ni du nom de ma mère, me chargèrent de l'attirail de leurs pêches et me contraignirent d'entrer dans un grand canot. Ils armèrent mon bras d'une rame, comme si depuis longtemps leurs Manitous eussent été en alliance avec les miens, et nous remontâmes le long des rochers du Labrador.

« Les deux époux, naguère mes esclaves, s'étoient embarqués avec nous; ils ne me donnèrent pas la moindre marque de pitié ou de reconnoissance : ils avoient cédé à mon pouvoir, ils trouvoient tout simple que je subisse le leur : au plus fort l'empire, au plus foible l'obéissance.

« Je me résignai à mon sort.

« Nous arrivâmes à une contrée où le soleil ne se couchoit plus. Pâle et élargi, cet astre tournoit tristement autour d'un ciel glacé; de rares animaux erroient sur des montagnes inconnues. D'un côté s'étendoient des champs de glace contre lesquels se brisoit une mer décolorée; de l'autre s'élevoit une terre hâve et nue qui n'offroit qu'une morne succession de baies solitaires et de caps décharnés. Nous cherchions quelquefois un asile dans des trous de rocher, d'où les aigles marins s'envoloient avec de grands cris. J'écoutois alors le bruit des vents répétés par les échos de la caverne et le gémissement des glaces qui se fendoient sur la rive.

« Et cependant, mon jeune ami, il est quelquefois un charme à ces régions désolées. Rien ne te peut donner une idée du moment où le soleil, touchant la terre, sembloit rester immobile, et remontoit ensuite dans le ciel, au lieu de descendre sous l'horizon. Les monts revêtus de neige, les vallées tapissées de la mousse blanche que broutent les rennes, les mers couvertes de baleines et semées de glaces flottantes, toute cette scène, éclairée comme à la fois par les feux du couchant et par la lumière de l'aurore, brilloit des plus tendres et des plus riches couleurs : on ne savoit si on assistoit à la création ou à la fin du monde. Un petit oiseau, semblable à celui qui chante la nuit dans tes bois, faisoit entendre un ramage plaintif. L'amour amenoit alors le sauvage Esquimau sur le rocher où l'attendoit sa compagne : ces noces de l'homme aux dernières bornes de la terre n'étoient ni sans pompe ni sans félicité.

« Mais bientôt à une clarté perpétuelle succéda une nuit sans fin. Un soir le soleil se coucha, et ne se leva plus. Une aurore stérile, qui n'enfanta point l'astre du jour, parut dans le septentrion. Nous marchions à la lueur du météore dont les flammes mouvantes et livides s'attachoient à la voûte du ciel comme à une surface onctueuse.

« Les neiges descendirent; les daims, les carribous, les oiseaux mêmes disparurent : on voyoit tous ces animaux passer et retourner vers le midi : rien n'étoit triste comme cette migration qui laissoit l'homme seul. Quelques coups de foudre qui se prolongeoient dans des solitudes où aucun être animé ne les pouvoit entendre semblèrent séparer les deux scènes de la vie et de la mort. La mer fixa ses flots; tout mouvement cessa, et au bruit des glaces brisées succéda un silence universel.

« Aussitôt mes hôtes s'occupèrent à bâtir des cabanes de neige : elles se composoient de deux ou trois chambres qui communiquoient ensemble par des espèces de portes abaissées. Une lampe de pierre, remplie d'huile de baleine, et dont la mèche étoit faite d'une mousse séchée, servoit à la fois à nous réchauffer et à cuire la chair des veaux marins. La voûte de ces grottes sans air fondoit en gouttes glacées; on ne pouvoit vivre qu'en se pressant les uns contre les autres et en s'abstenant, pour ainsi dire, de respirer. Mais la faim nous forçoit encore de sortir de ces sépulcres de frimas : il falloit aller aux dernières limites de la mer gelée épier les troupeaux de Michabou.

« Mes hôtes avoient alors des joies si sauvages, que j'en étois moi-même épouvanté. Après une longue abstinence, avions-nous dardé un phoque, on le traînoit sur la glace : la matrone la plus expérimentée montoit sur l'animal palpitant, lui ouvroit la poitrine, lui arrachoit le foie, et en buvoit l'huile avec avidité. Tous les hommes, tous les enfants se jetoient sur la proie, la déchiroient avec les dents, dévoroient les chairs crues; les chiens, accourus au banquet, en partageoient les restes et léchoient le visage ensanglanté des enfants. Le guerrier vainqueur du monstre recevoit une part de la victime plus grande que celle des autres; et lorsque, gonflé de nourriture, il ne se pouvoit plus repaître, sa femme, en signe d'amour, le forçoit encore d'avaler d'horribles lambeaux qu'elle lui enfonçoit dans la bouche. Il y avoit loin de là, René, à ma visite au palais de tes rois et au souper chez l'élégante ikouessen.

« Un chef des Esquimaux vint à mourir; on le laissa auprès de nous, dans une des chambres de la hutte où l'humidité causée par les lampes amena la dissolution du corps. Les ossements humains, ceux des dogues et les débris des poissons, étoient jetés à la porte de nos cabanes; l'été, fondant le tombeau de glace qui croissoit autour de ces dépouilles, les laissoit pêle-mêle sur la terre.

« Un jour nous vîmes arriver sur un traîneau, que tiroient six chiens à longs poils, une famille alliée à celle dont j'étois esclave. Cette famille retourna bientôt après aux lieux d'où elle étoit venue; mon maître l'accompagna et m'ordonna de le suivre.

« La tribu d'Esquimaux chez laquelle nous arrivâmes n'habitoit point, comme la nôtre, dans des cabanes de neige; elle s'étoit retirée dans une grotte dont on fermoit l'ouverture avec une pierre. Comme on voit, au commencement de la lune voyageuse, des corneilles se réunir en bataillons dans quelque vallée, ou comme des fourmis se retirent sous une racine de chêne, ainsi cette nombreuse tribu d'Esquimaux étoit réfugiée dans le souterrain.

« Je fis le tour de la salle, pour chercher quelques vieillards qui sont la mémoire des peuples : le Grand-Esprit lui-même doit sa science à son éternité. Je remarquai un homme âgé dont la tête étoit enveloppée dans la dépouille d'une bête sauvage. Je le saluai en lui disant : « Mon « père! » Ensuite j'ajoutai : « Tu as beaucoup honoré tes parents, car « je vois que le ciel t'a accordé une longue vie. En faveur de mon res- « pect pour tes aïeux, permets-moi de m'asseoir sur la natte à tes côtés. « Si je savois où une douce mort a déposé les os de tes pères, je les « aurois apportés pour te réjouir. »

« Le vieillard souleva son bonnet de peau d'ours, et me regarda quelque temps en méditant sa réponse. Non, le bruit des ailes de la cigogne qui s'élève d'un bocage de magnolias dans le ciel des Florides est moins délicieux à l'oreille d'une vierge que ne le furent pour moi les paroles de cet homme, lorsque je retrouvai sur ses lèvres, dans l'antre des affreux Esquimaux, le langage du prêtre divin des bords de la Seine.

« Je suis fils de la France, me dit le vieillard; lorsque nous enle-

« vâmes aux enfants d'Albion les forts bâtis aux confins du Labrador,
« je suivois le brave d'Iberville. Ma tendresse pour une jeune fille des
« mers me retint dans ces régions désolées, où j'ai adopté les mœurs
« et la vie des aïeux de celle que j'aimois. »

« Tel que dans les puits des savanes d'Atala on voit sortir des canaux souterrains l'habitant des ondes, brillant étranger que l'amour a égaré loin de sa patrie, ainsi, ô Grand-Esprit! tu te plais à conduire les hommes par des chemins qui ne sont connus que de ta providence. René, on trouve les guerriers de ton pays chez tous les peuples : les plus civilisés des hommes, ils en deviennent, quand ils le veulent, les plus barbares. Ils ne cherchent point à nous policer, nous autres sauvages ; ils trouvent plus aisé de se faire sauvages comme nous. La solitude n'a point de chasseurs plus adroits, de combattants plus intrépides ; on les a vus supporter les tourments du cadre de feu [1] avec la fortitude des Indiens mêmes, et malheureusement devenir aussi cruels que leurs bourreaux. Seroit-ce que le dernier degré de la civilisation touche à la nature? Seroit-ce que le François possède une sorte de génie universel qui le rend propre à toutes les vies, à tous les climats? Voilà ce que pourroit seule décider la sagesse du père Aubry, ou du chef de la prière [2] qui corrigea l'orgueil de mon ignorance.

« Je passai la saison des neiges dans la société du vieillard demi-sauvage à m'instruire de tout ce qui regardoit les lois ou plutôt les mœurs des peuples au milieu desquels j'habitois.

« L'hiver finissoit ; la lune avoit regardé trois mois, du haut des airs, les flots fixes et muets qui ne réfléchissoient point son image. Une pâle aurore se glissa dans les régions du midi et s'évanouit : elle revint, s'agrandit et se colora. Un Esquimau, envoyé à la découverte, nous apprit un matin que le soleil alloit paroître ; nous sortîmes en foule du souterrain pour saluer le père de la vie. L'astre se montra un moment à l'horizon, mais il se replongea soudain dans la nuit, comme un juste qui, élevant sa tête rayonnante du séjour des morts, se recoucheroit dans son tombeau à la vue de la désolation de la terre : nous poussâmes un cri de joie et de deuil.

« Le soleil parcourut peu à peu un plus long chemin dans le ciel. Des brouillards couvrirent la terre et la mer. La surface solide des fleuves se détacha des rivages ; on entendit pour premier bruit le cri d'un oiseau ; ensuite quelques ruisseaux murmurèrent ; les vents retrouvèrent la voix. Enfin les nuages amassés dans les airs crevèrent de toutes parts. Des cataractes d'une eau troublée se précipitèrent des

---

1. Les tourments que l'on fait subir aux prisonniers de guerre. 2. Fénelon.

montagnes; les monceaux de neiges tombèrent avec fracas des rocs escarpés; le vieil Océan, réveillé au fond de ses abîmes, rompit ses chaînes, secoua sa tête hérissée de glaçons, et, vomissant les flots renfermés dans sa vaste poitrine, répandit sur ses rivages les marées mugissantes.

« A ce signal les pêcheurs du Labrador quittèrent leur caverne et se dispersèrent : chaque couple retourna à sa solitude pour bâtir son nouveau nid et chanter ses nouvelles amours. Et moi, me dérobant par la fuite à mon maître, je m'avançai vers les régions du midi et du couchant, dans l'espoir de rencontrer les sources de mon fleuve natal.

« Après avoir traversé d'immenses déserts et vécu quelques années chez des hordes errantes, j'arrivai chez les Sioux, hommes chéris des génies pour leur hospitalité, leur justice, leur piété et pour la douceur de leurs mœurs.

« Ces peuples habitent des prairies entre les eaux du Missouri et du Meschacebé, sans chef et sans loi ; ils paissent de nombreux troupeaux dans les savanes.

« Aussitôt qu'ils apprirent l'arrivée d'un étranger, ils accoururent et se disputèrent le bonheur de me recevoir. Nadoué, qui comptoit six garçons et un grand nombre de gendres, obtint la préférence; on déclara qu'il la méritoit comme le plus juste des Sioux et le plus heureux par sa couche. Je fus introduit dans une tente de peaux de buffle, ouverte de tous côtés, supportée par quatre piquets et dressée au bord d'un courant d'eau. Les autres tentes, sous lesquelles on apercevoit les joyeuses familles, étoient distribuées çà et là dans les plaines.

« Après que les femmes eurent lavé mes pieds, on me servit de la crème de noix et des gâteaux de malomines. Mon hôte ayant fait des libations de lait et d'eau de fontaine au paisible Tébée, génie pastoral de ces peuples, conduisit mes pas à un lit d'herbe recouvert de la toison d'une chèvre. Accablé de lassitude, je m'endormis au bruit des vœux de la famille hospitalière, aux chants des pasteurs et aux rayons du soleil couchant, qui, passant horizontalement sous la tente, fermèrent avec leurs baguettes d'or mes paupières appesanties.

« Le lendemain je me préparai à quitter mes hôtes; mais il me fut impossible de m'arracher à leurs sollicitations. Chaque famille me voulut donner une fête. Il fallut raconter mon histoire, que l'on ne se lassoit point d'entendre et de me faire répéter.

« De toutes les nations que j'ai visitées, celle-ci m'a paru la plus heureuse : ni misérable comme le pêcheur du Labrador, ni cruel comme le chasseur du Canada, ni esclave comme jadis le Natchez, ni corrompu comme l'Européen, le Sioux réunit tout ce qui est désirable chez l'homme sauvage et chez l'homme policé. Ses mœurs sont douces comme les plantes dont il se nourrit ; il fuit les hivers, et, s'attachant au printemps, il conduit ses troupeaux de prairie en prairie : ainsi la voyageuse des nuits, la lune, semble garder dans les plaines du ciel les nuages qu'elle mène avec elle ; ainsi l'hirondelle suit les fleurs et les beaux jours ; ainsi la jeune fille, dans ses gracieuses chimères, laisse errer ses pensées de rivage en rivage et de félicité en félicité.

« Je pressois mon hôte de me permettre de retourner à la cabane de mes aïeux. Un matin, au lever du soleil, je fus étonné de voir tous les pasteurs rassemblés. Nadoué se présente à moi avec deux de ses fils, et me conduit au milieu des anciens : ils étoient assis en cercle à l'ombre d'un petit bocage d'où l'on découvroit toute la plaine. Les jeunes gens se tenoient debout autour de leurs pères.

« Nadoué prit la parole et me dit : « Chactas, la sagesse de nos vieil-
« lards a examiné ce qu'il y avoit de mieux pour la nation des Sioux.
« Nous avons vu que le Manitou de nos foyers n'alloit point avec nous
« aux batailles, et qu'il nous livroit à l'ennemi, car nous ignorons les
« arts de la guerre. Or, vous avez le cœur droit, l'expérience des
« hommes a rempli votre âme d'excellentes choses : soyez notre chef,
« défendez-nous ; régnez avec la justice. Nous quitterons pour vous les
« coutumes des anciens jours ; nous cesserons de former des familles
« isolées ; nous deviendrons un peuple : par là vous acquerrez une
« gloire immortelle.

« Or voici ce que nous ferons : vous choisirez la plus belle des filles
« des Sioux. Chaque famille vous offrira quatre génisses de trois ans
« avec un fort taureau, sept chèvres pleines, cinquante autres don-
« nant déjà une grande abondance de lait, et six chiens rapides qui
« pressent également les chevreuils, les cerfs et toutes les bêtes fauves.
« Nous joindrons à ces dons quarante toisons de buffle noir pour
« couvrir votre tente. En voyant vos grandes richesses, nul ne pourra
« s'empêcher de vous réputer heureux. Que les génies vous gardent de
« rejeter notre prière ! Votre père n'est plus, votre mère dort avec lui.
« Vous ne serez qu'un étranger dans votre patrie. Si nous allions vous
« maudire dans notre douleur, vous savez que le Grand-Esprit accom-
« plit les malédictions prononcées par les hommes simples. Soyez donc
« touché de notre peine et entendez nos paroles. »

« Frappé des flèches invisibles d'un génie, je demeurai muet au milieu de l'assemblée. Rompant enfin le silence, je répondis : « O
« Nadoué, que les peuples honorent ! je vous dirai la vérité toute pure.
« Je prends à témoin les Manitous hospitaliers du foyer où je reçus un
« asile que la parole du mensonge n'a jamais souillé mes lèvres :

« vous voyez si je suis touché. Sioux des savanes, jamais l'accueil que
« j'ai reçu de vous ne sortira de ma mémoire. Les présents que vous
« m'offrez ne pourroient être rejetés par aucun homme qui auroit
« quelque sens; mais je suis un infortuné condamné à errer sur la
« terre. Quel charme la royauté m'offriroit-elle? Craignez d'ailleurs de
« vous donner un maître : un jour vous vous repentiriez d'avoir aban-
« donné la liberté. Si d'injustes ennemis vous attaquent, implorez le
« ciel, il vous sauvera, car vos mœurs sont saintes.

« O Sioux! puisqu'il est vrai que je vous ai inspiré quelque pitié,
« ne retenez plus mes pas; conduisez-moi aux rives du Meschacebé;
« donnez-moi un canot de cyprès : que je descende à la terre des sas-
« safras. Je ne suis point un méchant que les génies ont puni pour ses
« crimes; vous n'avez point à craindre la colère du Grand-Esprit en
« favorisant mon retour. Mes songes, mes veilles, mon repos, sont
« tout remplis des images d'une patrie que je pleure sans cesse. Je suis
« le plus misérable des chevreuils des bois : ne fermez pas l'oreille à
« mes plaintes. »

« Les bergers furent attendris; le Grand-Esprit les avoit faits com-
patissants. Quand le murmure de la foule eut cessé, Nadoué me dit :
« Les hommes sont touchés de vos paroles, et les génies le sont aussi.
« Nous vous accordons la pirogue du retour. Mais contractons d'abord
« l'alliance : rassemblons des pierres pour en faire un haut lieu, et
« mangeons dessus. »

« Or cela fut fait comme il avoit été dit : le Manitou de Nadoué,
celui des Sioux, celui des Natchez, reçurent le sacrifice. L'alliance
accomplie et trouvée parfaitement belle par les pasteurs, je marchai
avec eux pendant six jours pour arriver au Meschacebé; mon cœur
tressailloit en approchant. Du plus loin que je découvris le fleuve, je
me mis à courir vers lui; je m'y élançai comme un poisson qui,
échappé du filet, retombe plein de joie dans les flots. Je m'écriai en
portant à ma bouche l'eau sacrée :

« Te voilà donc enfin, ô fleuve qui coules dans le pays de Chactas!
« fleuve où mes parents me plongèrent en venant au monde! fleuve
« où je jouois dans mon enfance avec mes jeunes compagnons!
« fleuve qui baignes la cabane de mon père et l'arbre sous lequel je
« fus nourri! Oui, je te reconnois! Voilà les osiers pliants qui croissent
« dans ton lit aux Natchez, et que j'avois accoutumé de tresser en
« corbeilles; voilà les roseaux dont les nœuds me servoient de coupe.
« C'est bien encore le goût et la douceur de ton onde, et cette couleur
« qui ressemble à celle du lait de nos troupeaux. »

« Ainsi je parlois dans mon transport, et les délices de la patrie couloient déjà dans mon cœur. Les Sioux, doués de simplicité et de justice, se réjouissoient de mon bonheur. J'embrassai Nadoué et ses fils ; je souhaitai toutes sortes de dons à mes hôtes, et, entrant dans ma pirogue chargée de présents, je m'abandonnai au cours du Meschacebé. Les Sioux rangés sur la rive me saluoient du geste et de la voix ; moi-même je les regardois en faisant des signes d'adieu, et priant les génies d'accorder leur faveur à cette nation innocente. Nous continuâmes de nous donner des marques d'amour jusqu'au détour d'un promontoire qui me déroba la vue des pasteurs ; mais j'entendois encore le son de leurs voix affoiblies, que les brises dispersoient sur les eaux, le long des rivages du fleuve.

« Maintenant chaque heure me rapprochoit de ce champ paternel dont j'étois absent depuis tant de neiges. J'en étois sorti sans expérience, dans ma dix-septième lune des fleurs ; j'allois y rentrer dans ma trente-troisième feuille tombée et plein de la triste connoissance des hommes. Que d'aventures éprouvées ! que de régions parcourues ! que de peuples les pas de mes malheurs avoient visités ! Ces réflexions rouloient dans mon esprit, et le courant entraînoit ma nacelle.

« Je franchis l'embouchure du Missouri. Je vis à l'orient le désert des Casquias et des Tamarouas, qui vivent dans les républiques unies ; au confluent de l'Ohio, fils de la montagne Allegany et du fleuve Monhougohalla, j'aperçus le pays des Chéroquois, qui sèment comme l'Européen, et des Wabaches, toujours en guerre avec les Illinois. Plus loin je passai la rivière Blanche, fréquentée des crocodiles, et l'Akensas, qui se joint au Meschacebé par la rive occidentale. Je remarquai à ma gauche la contrée des Chicassas, venus du midi, et celle des Yazous, coureurs des montagnes ; à ma droite je laissai les Sélonis et les Panimas, qui boivent les eaux du ciel et vivent sous des lataniers Enfin je découvris la cime des hauts magnolias qui couronnent le village des Natchez. Mes yeux se troublèrent, mon cœur flotta dans mon sein : je tombai sans mouvement au fond de ma pirogue, qui, poussée par la main du fleuve, alla s'échouer sur la rive.

« Bocages de la mort, qui couvrirez bientôt de votre ombre les cendres du vieux Chactas ! chênes antiques, mes contemporains de solitude ! vous savez quelles furent mes pensées quand, revenu de l'atteinte du génie de la patrie, je me trouvai assis au pied d'un arbre et livré à une foule curieuse qui s'empressoit autour de moi. Je regardois le ciel, la terre, le fleuve, les sauvages, sans pouvoir ni parler, ni déclarer les transports de mon âme. Mais lorsqu'un des inconnus vint à prononcer quelques mots en natchez, alors, soulagé et tout en pleurs, je serre dans mes bras ma terre natale, j'y colle mes lèvres comme un amant à celles d'une amante, puis me relevant :

« Ce sont donc là les Natchez ! Manitou de mes malheurs, ne me « trompez-vous point encore ? Est-ce là la langue de mon pays que « je viens d'entendre ? Mon oreille ne m'a-t-elle point déçu ? »

« Je touchois les mains, le visage, le vêtement de mes frères. Je dis à la troupe étonnée : « Mes amis, mes chers amis, parlez, répétez ces « mots que je n'ai point oubliés ! Parlez, que je retrouve dans votre « bouche les doux accents de la patrie ! O langage chéri des génies ! « langage dans lequel j'appris à prononcer le nom de mon père, et que « j'entendois lorsque je reposois encore dans le sein maternel ! »

« Les Natchez ne pouvoient revenir de leur surprise : au désordre de mes sens, ils se persuadèrent que j'étois un homme possédé d'Athaensic, pour quelque crime commis dans un pays lointain ; ils songeoient déjà à m'écarter, comme un sacrilége, du bois du temple et des bocages de la mort.

« La foule grossissoit. Tout à coup un cri s'élève ; je pousse moi-même un cri en reconnoissant les chefs compagnons de mon esclavage dans ta patrie, et, en m'élançant dans leurs bras, nous mêlons nos pleurs d'amitié et de joie... « Chactas ! Chactas ! » C'est tout ce qu'ils peuvent dire dans leur attendrissement. Mille voix répètent : « Chac- « tas ! Chactas ! Génies immortels, est-ce là le fils d'Outalissi, ce Chac- « tas que nous n'avons point connu, et qu'on disoit enseveli au sein « des flots ? »

« Telles étoient les acclamations. On entendoit un bruit confus semblable aux échos des vagues dans les rochers. Mes amis m'apprirent qu'arrivés à Québec sur le vaisseau, après mon naufrage, ils retournèrent d'abord chez les Iroquois, d'où ils vinrent, après trois ans, conter mes malheurs à mes parents et à mon pays. Leur récit achevé, ils me conduisirent au temple du Soleil, où je suspendis mes vêtements en offrande. De là, après m'être purifié et avant d'avoir pris aucune nourriture, je me rendis au bocage de la mort pour saluer les cendres de mes aïeux. Les vieillards m'y vinrent trouver, car la nouvelle de mon retour avait déjà volé de cabane en cabane. Plusieurs d'entre eux me reconnurent à ma resssemblance avec mon père. L'un disoit : « Voilà les cheveux d'Outalissi. » Un autre : « C'est son regard « et sa voix. » Un troisième : « C'est sa démarche, mais il diffère de « son aïeul par sa taille, qui est plus élevée. »

« Les hommes de mon âge accouroient aussi, et, à l'aide de circonstances reproduites à ma mémoire, ils me rappeloient les jours de notre jeunesse ; alors je retrouvois sur leur visage des traits qui ne m'étoient point inconnus. Les matrones et les jeunes femmes ne pouvoient rassasier leur curiosité ; elles m'apportoient toutes sortes de présents.

« La sœur de ma mère existoit encore, mais elle étoit mourante : mes amis me conduisirent auprès d'elle. Lorsqu'elle entendit prononcer mon nom, elle fit un effort pour me regarder ; elle me reconnut, me tendit la main, leva les yeux au ciel avec un sourire, et accomplit sa destinée. Je me retirai l'âme en proie aux plus tristes pressentiments en voyant mon retour marqué par la mort du dernier parent que j'eusse au monde.

« Mes compagnons d'esclavage me menèrent à leur hutte d'écorce ; j'y passai la nuit avec eux. Nous y racontâmes sur la peau d'ours beaucoup de choses tirées du fond du cœur, de ces choses que l'on dit à un ami échappé d'un grand danger.

« Le lendemain, après avoir salué la lumière, les arbres, les rochers, le fleuve et toute la patrie, je désirai rentrer dans la cabane de mon père. Je la trouvai telle que l'avoient mise la solitude et les années : un magnolia s'élevoit au milieu, et ses branches passoient à travers le toit ; les murs crevassés étoient recouverts de mousse, et un lierre embrassoit le contour de la porte de ses mains noires et chevelues.

« Je m'assis au pied du magnolia, et je m'entretins avec la foule de mes souvenirs. « Peut-être, me disois-je, selon ma religion du désert, « est-ce ma mère elle-même qui est revenue dans sa cabane, sous la « forme de ce bel arbre ! » Ensuite je caressois le tronc de ce suppliant réfugié au foyer de mes ancêtres, et qui s'en étoit fait le génie domestique pendant l'ingrate absence des amis de ma famille. J'aimois à retrouver pour successeur sous mon toit héréditaire, non les fils indifférents des hommes, mais une paisible génération d'arbres et de fleurs : la conformité des destinées, qui sembloit exister entre moi et le magnolia demeuré seul debout parmi ces ruines, m'attendrissoit. N'étoit-ce pas aussi une rose de magnolia que j'avois donnée à la fille de Lopez, et qu'elle emporta dans la tombe ?

« Plein de ces pensées qui font le charme intérieur de l'âme, je songeois à rétablir ma hutte, à consacrer le magnolia à la mémoire d'Atala, lorsque j'entendis quelque bruit. Un sachem, aussi vieux que la terre, se présente sous les lierres de la porte : une barbe épaisse ombrageoit son menton ; sa poitrine étoit hérissée d'un long poil semblable aux herbes qui croissent dans le lit des fleuves ; il s'appuyoit sur un roseau ; une ceinture de joncs pressoit ses reins ; une couronne de fleurs de marais ornoit sa tête ; un manteau de loutre et de castor flottoit suspendu à ses épaules ; il paroissoit sortir du fleuve, car l'eau ruisseloit de ses vêtements, de sa barbe et de ses cheveux.

« Je n'ai jamais su si ce vieillard étoit en effet quelque antique sachem, quelque prêtre instruit de l'avenir et habitant une île du Meschacebé, ou si ce n'étoit pas l'ancêtre des fleuves, le Meschacebé lui-même. « Chactas, » me dit-il d'un son de voix semblable au bruit de la chute d'une onde, « cesse de méditer le rétablissement de cette « cabane. En disputeras-tu la possession contre un génie, ô le plus « imprudent des hommes? Crois-tu donc être arrivé à la fin de tes « travaux, et qu'il ne te reste plus qu'à t'asseoir sur la natte de tes « pères? Un jour viendra que le sang des Natchez... »

« Il s'interrompt, agite le roseau qu'il tenoit à la main, me lance des regards prophétiques, tandis que, baissant et relevant la tête, sa barbe limoneuse frappe sa poitrine. Je me prosterne aux pieds du vieillard; mais lui, s'élançant dans le fleuve, disparoît au milieu des vagues bouillonnantes.

« Je n'osai violer les ordres de cet homme ou de ce génie, et j'allai bâtir ma nouvelle demeure sur la colline où tu la vois aujourd'hui. Adario revint du pays des Iroquois; je travaillai avec lui et le vieux soleil à l'amélioration des lois de la patrie. Pour un peu de bien que j'ai fait, on m'a rendu beaucoup d'amour.

« J'avance à grands pas vers le terme de ma carrière; je prie le ciel de détourner les orages dont il a menacé les Natchez, ou de me recevoir en sacrifice. A cette fin je tâche de sanctifier mes jours, pour que la pureté de la victime soit agréable aux génies : c'est la seule précaution que j'aie prise contre l'avenir. Je n'ai point interrogé les jongleurs : nous devons remplir les devoirs que nous enseigne la vertu, sans rechercher curieusement les secrets de la Providence. Il est une sorte de sagesse inquiète et de prudence coupable que le ciel punit. Telle est, ô mon fils! la trop longue histoire du vieux Chactas. »

LIVRE NEUVIÈME.

Le récit de Chactas avoit conduit les Natchez jusqu'aux vallées fréquentées par les castors, dans le pays des Illinois. Ces paisibles et merveilleux animaux furent attaqués et détruits dans leurs retraites. Après des holocaustes offerts à Michabou, génie des eaux, les Indiens, au jour marqué par le jongleur, commencèrent à dépouiller, tous ensemble, leurs victimes. A peine le fer avoit-il entr'ouvert les peaux moelleuses, qu'un cri s'élève : « Une femelle de castor! » Les guerriers les plus fermes laissent échapper leur proie ; Chactas lui-même paroît troublé.

Trois causes de guerre existent entre les sauvages : l'invasion des terres, l'enlèvement d'une famille, la destruction des femelles de castor. Ignorant du droit public des Indiens, et n'ayant point encore l'expérience des chasseurs, René avoit tué des femelles de castor. On délibère en tumulte : Ondouré veut qu'on abandonne le coupable aux Illinois pour éviter une guerre sanglante. Le frère d'Amélie est le premier à se présenter en expiation. « Je traîne partout mes infortunes, dit-il à Chactas ; délivrez-vous d'un homme qui pèse sur la terre. »

Outougamiz soutint que le guerrier blanc dont il portoit le Manitou d'or, gage de l'amitié jurée, n'avoit péché que par ignorance : « Ceux qui ont une si grande terreur des Illinois, s'écria-t-il, peuvent les aller supplier de leur accorder la paix. Quant à moi, je sais un moyen plus sûr de l'obtenir : c'est la victoire. L'homme blanc est mon ami, quiconque est son ennemi est le mien. » En prononçant ces paroles, le jeune sauvage laissoit tomber sur Ondouré des regards terribles.

Outagamiz étoit renommé chez les Natchez pour sa candeur autant que pour son courage : ils l'avoient surnommé Outougamiz le Simple. Jamais il ne prenoit la parole dans un conseil, et ses vertus ne se manifestoient que par des actions. Les chasseurs furent étonnés de la hardiesse avec laquelle il s'exprima et de la soudaine éloquence que l'amitié avoit placée sur ses lèvres : ainsi la fleur de l'hémérocale, qui referme son calice pendant la nuit, ne répand ses parfums qu'aux premiers rayons de la lumière. La jeunesse, généreuse et guerrière, applaudit aux sentiments d'Outougamiz. René lui-même avoit pris sur ses compagnons sauvages l'empire qu'il exerçoit involontairement sur les esprits : l'avis d'Ondouré fut rejeté ; on conjura les mânes des femelles des castors ; Chactas recommanda le secret, mais le rival du frère d'Amélie s'étoit déjà promis de rompre le silence.

Cependant on crut devoir abréger le temps des chasses : le retour précipité des guerriers étonna les Natchez. Bientôt on murmura tout bas la cause secrète de ce retour. Repoussé de plus en plus de Céluta, Ondouré se rapprocha de son ancienne amante, et chercha dans l'ambition des consolations et des vengeances à l'amour.

Durant l'absence des chasseurs, les habitants de la colonie s'étoient répandus dans les villages indiens : des aventuriers sans mœurs, des soldats dans l'ivresse, avoient insulté les femmes. Febriano, digne ami d'Onduré, avoit tourmenté Céluta, et d'Artaguette l'avoit protégée. Au retour d'Outougamiz, l'orphéline raconta à son frère les persécutions par elle éprouvées ; Outougamiz les redit à René, qui, déjà défendu dans le conseil par le généreux capitaine, l'alla remercier au fort Rosalie. Un attachement, fondé sur l'estime, commença entre ces deux nobles François. Trop touché de la beauté de Céluta, d'Artaguette cédoit au penchant qui l'entraînoit vers l'homme aimé de la vertueuse Indienne. Ainsi se formoient de toutes parts des liens que le ciel vouloit briser et des haines que le temps devoit accroître. Un événement développa tout à coup ces germes de malheurs.

Une nuit, Chactas, au milieu de sa famille, veillait sur sa natte : la flamme du foyer éclairoit l'intérieur de la cabane. Une hache teinte de sang tombe aux pieds du vieillard : sur le manche de cette hache étoient gravés l'image de deux femelles de castor et le symbole de la nation des Illinois. Dans les cabanes des différents sachems de pareilles armes furent jetées, et les hérauts illinois, qui étoient ainsi venus déclarer la guerre, avoient disparu dans les ténèbres.

Ondouré, dans l'espoir de perdre celui qui lui enlevoit le cœur de Céluta, avoit fait avertir secrètement les Illinois de l'accident de la chasse. Peu importoit à ce chef de plonger son pays dans un abîme de maux, s'il pouvoit à la fois rendre son rival odieux à la nation, et atteindre peut-être par la chance des armes à la puissance absolue. Il avoit prévu que le vieux soleil seroit obligé de marcher à l'ennemi : au défaut de la flèche des Illinois, Ondouré ne pourroit-il pas employer la sienne pour se débarrasser d'un chef importun ? Akansie, mère du jeune soleil, disposeroit alors du pouvoir souverain, et par elle l'homme qu'elle adoroit parviendroit facilement à la dignité d'édile, dignité qui le rendroit tuteur du nouveau prince. Enfin Ondouré, qui détestoit les François, mais qui les servoit pour se faire appuyer d'eux, ne trouveroit-il pas quelque moyen de les chasser de la Louisiane, lorsqu'il seroit revêtu de l'autorité suprême ? Maître alors de la fortune, il immoleroit le frère d'Amélie et soumettroit Céluta à son amour.

Tels étoient les desseins qu'Ondouré rouloit vaguement dans son âme. Il connoissoit Akansie ; il savoit qu'elle se prêteroit à tous ses forfaits, s'il la persuadoit de son repentir, si elle se pouvoit croire aimée. Il affecte donc pour cette femme une ardeur qu'il ne ressent pas ; il promet de sacrifier Céluta, exigeant à son tour d'Akansie qu'elle serve une ambition dont elle recueillera les fruits. La crédule amante consent à des crimes pour une caresse.

La passion de Céluta s'augmentoit en silence. René étoit devenu l'ami d'Outougamiz. Ne seroit-il pas possible à Céluta d'obtenir la main de René ? Les murmures que l'on commençoit à élever de toutes parts contre le guerrier blanc ne faisoient qu'attacher davantage l'Indienne à ce guerrier : l'amour se plaît au dévouement et aux sacrifices. Les prêtres ne cessoient de répéter que des signes s'étoient montrés dans les airs la nuit de la convocation du conseil ; que le serpent sacré avoit disparu le jour d'une adoption funeste ; que les femelles de castor avoient été tuées ; que le salut de la nation se trouvoit exposé par la présence d'un étranger sacrilége : il falloit des expiations. Redits autour d'elle, ces propos troubloient Céluta : l'injustice de l'accusation la révoltoit, et le sentiment de cette injustice fortifioit son amour, désormais irrésistible.

Mais René ne partageoit point ce penchant ; il n'avoit point changé de nature ; il accomplissoit son sort dans toute sa rigueur. Déjà la distraction qu'un long voyage et des objets nouveaux avoient produite dans son âme commençoit à perdre sa puissance : les tristesses du frère d'Amélie revenoient, et le souvenir de ses chagrins, au lieu de s'affoiblir par le temps, sembloit s'accroître. Les déserts n'avoient pas plus satisfait René que le monde, et dans l'insatiabilité de ses vagues désirs il avoit déjà tari la solitude, comme il avoit épuisé la société. Personnage immobile au milieu de tant de personnages en mouvement, centre de mille passions qu'il ne partageoit point, objet de toutes les pensées par des raisons diverses, le frère d'Amélie devenoit la cause invisible de tout : aimer et souffrir étoit la double fatalité qu'il imposoit à quiconque s'approchoit de sa personne. Jeté dans le monde comme un grand malheur, sa pernicieuse influence s'étendoit aux êtres environnants : c'est ainsi qu'il y a de beaux arbres sous lesquels on ne peut s'asseoir ou respirer sans mourir.

Toutefois René ne se voyoit pas sans une douleur amère, tout innocent qu'il étoit, la cause de la guerre entre les Illinois et les Natchez. « Quoi ! se disoit-il, pour prix de l'hospitalité que j'ai reçue, je livre à la désolation les cabanes de mes hôtes ! Qu'avois-je besoin d'apporter à ces sauvages le trouble et les misères de ma vie ? Je répondrai à chaque famille du sang qui sera versé. Ah ! qu'on accepte plutôt en réparation le sacrifice de mes jours ! »

Ce sacrifice n'étoit plus possible que sur le champ de bataille : la guerre étoit déclarée, et il ne restoit aux Natchez qu'à la soutenir avec courage. Le soleil prit le commandement de la tribu de l'Aigle, avec laquelle il fut résolu qu'il envahiroit les terres des Illinois. Adario demeura aux Natchez avec la tribu de la Tortue et du Serpent, pour défendre la patrie. Outougamiz fut nommé chef des jeunes guerriers qui devoient garder les cabanes. René, adopté dans la tribu de l'Aigle, devoit être de l'expédition commandée par le vieux soleil.

Le jour du départ étant fixé, Outougamiz dit au frère d'Amélie :

« Tu me quittes ; les sachems m'obligent à demeurer ici ; tu vas marcher au combat sans ton compagnon d'armes ; c'est bien mal à moi de te laisser seul ainsi. Si tu meurs, comment ferai-je pour t'aller rejoindre? Souviens-toi de nos Manitous dans la bataille. Voici la chaîne d'or de notre amitié, qui m'avertira de tout ce que tu feras. J'aurais voulu au moins que tu eusses été mon frère avant de me quitter. Ma sœur t'aime ; tout le monde le dit, il n'y a que toi qui l'ignores. Tu ne lui parles jamais d'amour. Comment! ne la trouves-tu pas belle? Ton âme est-elle engagée ailleurs? Je suis Outougamiz, qu'on appelle le Simple parce que je n'ai point d'esprit ; mais je serai toujours heureux de t'aimer, soit que je devienne malheureux ou heureux par toi. » Ainsi parla le sauvage : René le pressa sur son sein, et des pleurs d'attendrissement mouillèrent ses yeux.

Bientôt la tribu se mit en marche, ayant le soleil à sa tête. Toutes les familles étoient accourues sur son passage : les femmes et les enfants pleuroient. Céluta pouvoit à peine contenir les mouvements de sa douleur, et suivoit des regards le frère d'Amélie. Chactas bénit en passant son fils adoptif, et regretta de ne le pouvoir suivre. La petite Mila, à moitié confuse, cria à René : « Ne va pas mourir! » et rentra, toute rougissante, dans la foule. Le capitaine d'Artaguette salua le frère d'Amélie lorsqu'il passa devant lui, en l'invitant à se souvenir de la gloire de la France. Ondouré fermoit la marche : il devoit commander la tribu, dans le cas où le vieux soleil succomberoit aux fatigues de la marche ou sous les coups de l'ennemi.

A peine la tribu de l'Aigle s'étoit éloignée des Natchez, que des inquiétudes se répandirent parmi les habitants du fort Rosalie. Les colons découvrirent les traces d'un complot parmi les noirs, et l'on disoit qu'il avoit des ramifications chez les sauvages. En effet, Ondouré entretenoit depuis longtemps des intelligences avec les esclaves des blancs : il avoit fait entendre à leur oreille le doux nom de liberté, pour se servir d'eux, si jamais ils pouvoient devenir utiles à son ambition. Un jeune nègre, nommé Imley, chef de cette association mystérieuse, cultivoit une concession voisine de la cabane de Céluta et d'Outougamiz.

Ces récits sont portés à Febriano. Le renégat, que la soif de l'or dévore, voit dans les circonstances où se trouvent les Natchez une possibilité de destruction dont profiteroient à la fois son avarice et sa lubricité. Febriano recevoit des présents d'Ondouré, et l'instruisoit de tout ce qui se passoit au conseil des François ; mais, dans l'absence de ce chef, n'ayant plus de guide, il crut trouver l'occasion de s'enrichir de la dépouille des sauvages.

Comme un dogue que son gardien réveille, Febriano se lève aux dénonciations de ses agents secrets : il se prépare aux desseins qu'il médite par l'accomplissement des rites de son culte abominable.

Enfermé dans sa demeure, il commence, demi-nu, une danse magique représentant le cours des astres. Il fait ensuite sa prière, le visage tourné vers le temple de l'Arabie, et il lave son corps dans des eaux immondes. Ces cérémonies achevées, le moine mahométan redevient guerrier chrétien : il enveloppe ses jambes grêles du drap funèbre des combats ; il endosse l'habit blanc des soldats de la France. Une touffe de franges d'or, semblable à celle qui pendoit au bouclier de Pallas, embrasse, comme une main, l'épaule gauche de Febriano ; il place sur sa poitrine un croissant d'où jaillissent des éclairs ; il suspend à son baudrier une épée à la poignée d'argent, à la lame azurée, qui enfonce une triple blessure dans le flanc de l'ennemi ; abaissant sur ses sourcils le chapeau de Mars, le renégat sort, et va trouver Chépar.

Pareil à la tunique dévorante qui, sur le mont Œta, fit périr Hercule, l'habit du grenadier françois se colle aux os du fils des Maures, et fait couler dans ses veines les poisons enflammés de Bellone. Le commandant n'a pas plus tôt aperçu Febriano, qu'il se sent lui-même possédé de la fureur guerrière, comme si le démon des combats secouoit, par sa crinière de couleuvres, la tête d'une des trois Gorgones.

« Illustre chef, s'écrie Febriano, c'est avec raison qu'on vous donne les louanges de prudence et de courage ; vous savez saisir l'occasion, et tandis que les plus braves d'entre nos ennemis sont partis pour une guerre lointaine, vous jugez qu'il est à propos de se saisir des terres des rebelles. Les trêves sont au moment d'expirer, et vous ne prétendez pas qu'on les renouvelle. Vous savez de quels dangers la colonie est menacée : on soulève les esclaves : c'est un misérable nègre, voisin de l'habitation du conspirateur Adario et de la demeure du François adopté par Chactas, c'est Imley que l'on désigne comme le chef de ce complot. J'apprends avec joie que vous avez donné des ordres, que tout est en mouvement dans le camp, et que si les factieux refusent les concessions demandées, les cadavres des ennemis du roi deviendront la proie des vautours. »

Par ce discours plein de ruse, Febriano évite de blesser l'orgueil de Chépar, toujours prêt à se révolter contre un conseil direct. Charmé de voir attribuer à sa prudence des choses auxquelles il n'avoit pas songé, le commandant répond à Febriano : « Vous m'avez toujours paru doué de pénétration. Oui : je connoissois depuis longtemps les machinations des traîtres. Les dernières instructions de la Nouvelle-Orléans me laissent libre ; je pense qu'il est temps d'en finir. Allez déclarer aux sauvages qu'ils aient à céder les terres, ou qu'ils se disposent à me recevoir avec les troupes de mon maître. »

Febriano, dérobant au commandant un sourire ironique, se hâte d'aller porter aux Natchez la décision de Chépar. Le père Souël, retiré à la mission des Yazous, n'étoit plus au fort Rosalie pour plaider la cause de la justice, et d'Artaguette reçut l'ordre de se préparer aux combats et non aux discours.

Le conseil des sachems se rassemble : on écoute les paroles et les menaces du messager françois.

« Ainsi, lui répond Chactas, vous profitez de l'absence de nos guerriers pour refuser le renouvellement des traités : cela est-il digne du courage de la noble nation dont vous vous dites l'interprète? Qu'il soit fait selon la volonté du Grand-Esprit! Nous désirions vivre en paix, mais nous saurons nous immoler à la patrie. »

Dernier essai de la modération et de la prudence! Chactas veut aller lui-même présenter encore le calumet au fort Rosalie : les sachems comptoient sur l'autorité de ses années; ils y comptoient vainement. Les habitants de la colonie poussoient le commandant à la violence; Febriano l'obsédoit par le récit de divers complots : dans un camp on désire la guerre, et le soldat est plus sensible à la gloire qu'à la justice. Tout précipitoit donc les partis vers une première action. Non-seulement Chépar refusa la paix, mais, à l'instigation de Febriano, il retint Chactas au fort Rosalie. « Plus ce vieillard est renommé, dit le commandant, plus il est utile de priver les rebelles de leur meilleur guide. J'estime Chactas, à qui le grand roi offrit autrefois un rang dans notre armée : on ne lui fera aucun mal; il sera traité ici avec toutes sortes d'égards, mais il n'ira pas donner à des factieux le moyen d'échapper au châtiment. »

« François, dit Chactas, vous étiez destinés à violer deux fois dans ma personne le droit des nations! Quand je fus arrêté au Canada, on pouvoit au moins dire que ma main manioit la hache; mais que craignez-vous aujourd'hui d'un vieillard aveugle? »—« Ce ne sont pas tes coups que nous craignons, s'écrièrent à la fois les colons, mais tes conseils. »

Chépar avoit espéré que la captivité de leur premier sachem, répandant la consternation parmi les Natchez, les amèneroit à se soumettre au partage des terres : il en fut autrement. La rage s'empare de tous les cœurs; on s'assemble en tumulte, on délibère à la hâte. L'enfer, qui voit ses desseins près d'être renversés, songe à sauver le culte du Soleil de l'attaque imprévue des François. Satan appelle à lui les esprits de ténèbres : il leur ordonne de soutenir les Natchez par tous les moyens dont il a plu à Dieu de laisser la puissance au génie du mal. Afin de donner aux Indiens le temps de se préparer, le prince des démons déchaîne un ouragan dans les airs, soulève le Meschacebé, et rend pendant quelques jours les chemins impraticables. Profitant de cette trêve de la tempête, les Natchez envoient des messagers aux nations voisines : la jeunesse s'empresse d'accourir.

Chépar n'attendoit que la fin de l'orage pour marcher au grand village des Natchez. La sixième aurore ramena la sérénité, et vit les soldats françois porter en avant leurs drapeaux; mais l'inondation de la plaine contraignit l'armée à faire un long détour.

Aussitôt que la Renommée eut annoncé aux Natchez la nouvelle de l'approche de l'ennemi, l'air retentit de gémissements : les femmes fuient, emportant leurs enfants sur leur épaules et laissant les Manitous suspendus aux portes des cabanes abandonnées. On voit s'agiter les guerriers, qui n'ont eu le temps de se préparer au combat ni par les jeûnes, ni par les potions sacrées, ni par l'étude des songes. Le cri de guerre, la chanson de mort, le son de la danse d'Areskoui, se mêlent de toutes parts. Le bataillon des Amis, la troupe des jeunes gens se dispose à descendre à la contrée des âmes : Outougamiz est à la tête de ce bataillon sacré. Outougamiz seul est triste : il n'a point son compagnon, le guerrier blanc, à ses côtés.

Céluta vient trouver son frère; elle le serre dans ses bras, elle le prie de ménager ses jours. « Songe, lui dit-elle, ô mon aigle protecteur! que je suis née avec toi dans le nid de notre mère. Le cygne que tu as choisi pour ami a volé aux rivières lointaines; Chactas est prisonnier; Adario va peut-être recevoir la mort; d'Artaguette est dans les rangs de l'ennemi : que me restera-t-il, si je te perds? »

« Fille de Tabamica, répond Outougamiz, souviens-toi du repas funèbre; si l'homme blanc étoit ici, le soin lui en appartiendroit; mais voilà son Manitou d'or sur mon cœur; il me préservera de tout péril, car il m'a parlé ce matin et m'a dit des choses secrètes. Rassure-toi donc : invoquons l'Amitié et les génies qui punissent les oppresseurs. Ne crois pas que les François soient les plus nombreux; en combattant pour les os de nos pères, nos pères combattront pour nous. Ne les vois-tu pas, ces aïeux, qui sortent des bocages funèbres? « Courage! « nous crient-ils, courage! Ne souffrez pas que l'étranger viole nos « cendres; nous accourons à votre secours avec les puissances de la « nuit et de la tombe! » Crois-tu, Céluta, que les ennemis puissent résister à cette pâle milice? Entends-tu la Mort, qui marche à la tête des squelettes, armée d'une massue de fer? O Mort! nous ne redoutons point ta présence : tu n'es pour nos cœurs innocents qu'un génie paisible. »

Ainsi parle Outougamiz dans l'exaltation de son âme. Céluta est entraînée dans les bois par Mila et les matrones

Toute la force des Natchez est dans la troupe de jeunes hommes que les sachems ont placée autour des bocages de la mort. Les sachems eux-mêmes forment entre eux un bataillon qui s'assemble dans le bois, à l'entrée du temple du Soleil : la nation, ainsi divisée, s'étoit mise sous la protection des tombeaux et des autels. Une admiration profonde saisissoit le cœur à l'aspect des vieillards armés : on voyoit se mouvoir, dans l'obscurité du bois, leurs têtes chauves ou blanchies, comme les ondes argentées d'un fleuve, sous la voûte des chênes. Adario, qui commande les sachems et qui s'élève au-dessus d'eux de toute la hauteur du front, ressemble à l'antique étendard de cette troupe paternelle. Non loin, sur un bûcher, le grand-prêtre fait des sacrifices, consulte les esprits, et ne promet que des malheurs. Ainsi, aux approches des tempêtes de l'hiver, quand la brise du soir apporte l'odeur des feuilles séchées, la corneille, perchée sur un arbre dépouillé, prononce des paroles sinistres.

Bientôt, aux yeux éblouis des Natchez, sort du fond d'une vallée la pompe des troupes françoises, semblable au feu annuel dont les sauvages consument les herbages et qui s'étend comme un lac de feu. Indiens, à ce spectacle vous sentîtes une sorte d'étonnement furieux ; la patrie, enchantant vos âmes, les défendoit de la terreur, mais non de la surprise. Vous contempliez les ondulations régulières, les mouvements mesurés, la superbe ordonnance de ces soldats. Au-dessus des flots de l'armée se hérissoient les baïonnettes, telles que ces lances du roseau qui tremblent dans le courant d'un fleuve.

Un vieillard se présente seul devant les guerriers de la France. D'une main il tient le calumet de paix, de l'autre il lève une hache dégouttante de sang ; il chante et danse à la fois, et ses chants et ses pas sont mêlés de mouvements tumultueux et paisibles. Tour à tour il invoque la fureur des jeux d'Areskoui et l'ardeur des luttes de l'amour, la terreur de la bataille des héros et le charme du combat des grâces et de la lyre. Tantôt il tourne sur lui-même en poussant des cris et lançant le tomahawk ; tantôt il imite le ton d'un augure qui préside à la fête des moissons. Le visage de ce vieillard est rigide, son regard impérieux, son front d'airain ; tout son air décèle le père de la patrie et l'enthousiaste de la liberté. On mène l'envoyé des Natchez à Chépar.

Debout au milieu d'une foule de capitaines, sans s'incliner, sans fléchir le genou, il parle ainsi au commandant des François :

« Mon nom est Adario : de père en fils, tous mes ancêtres sont morts pour la défense de leur terre natale. Je te viens, de la part des sachems, redemander Chactas et te proposer une dernière fois la paix. Si j'avois été le chef de ma nation, tu ne m'eusses vu que la hache à la main. Que veux-tu? Quels sont tes desseins? Que t'avons-nous fait?

« Prétends-tu nous massacrer dans les cabanes où nous avons donné l'hospitalité à tes pères, lorsque, foibles et étrangers, ils n'avoient ni huttes pour se garantir des frimas, ni maïs pour apaiser leur faim?

« Si tu persistes à nous opprimer, sache qu'avant que nous te cédions les tombeaux de nos ancêtres le soleil se lèvera où il se couche, les chênes porteront les fruits du noyer, et le vautour nourrira les petits de la colombe.

« Tu as violé la foi publique en arrêtant Chactas. Je n'ai pourtant pas craint de me présenter devant toi : ou ton cœur sera rappelé à des sentiments d'équité, ou tu commettras une nouvelle injustice : dans le premier cas, nous aurons la paix ; dans le second, tu combleras la mesure. Le Grand-Esprit se chargera de notre vengeance.

« Choisis : voilà le calumet de paix, fume ; voici la hache de sang, frappe. »

Tel qu'un fer présenté à la forge se pénètre d'une pourpre brûlante, ainsi le visage de Chépar s'allume des feux de la colère au discours du sauvage. L'indomptable vieillard levoit sa tête au-dessus de l'assemblée émue, comme un chêne américain qui, laissé debout sur son sol natal, domine de sa tige inflexible les moissons de l'Europe flottantes à ses pieds. Alors Chépar :

« Rebelle, ce pays appartient au roi mon maître : si tu oses t'opposer au partage des terres que j'ai distribuées aux habitants de la colonie, je ferai de ta nation un exemple épouvantable. Retire-toi, de peur que je ne te fasse éprouver le châtiment épargné à Chactas. »

« Et moi, s'écrie Adario brisant le calumet de paix, je te déclare, au nom des Natchez, guerre éternelle ; je te dévoue toi et les tiens à l'implacable Athaensic. Viens faire un pain digne de tes soldats avec le sang de nos vieillards, le lait de nos jeunes épouses et les cendres de nos pères! Puissent mes membres, quand ton fer les aura séparés de mon corps, se ranimer pour la vengeance, mes pieds marcher seuls contre toi, ma main coupée lancer la hache, ma poitrine éteinte pousser le cri de guerre, et jusqu'à mes cheveux, réseau funeste, tendre autour de ton armée les inévitables filets de la mort! Génies qui m'écoutez! que les os des oppresseurs soient réduits en poudre, comme les débris du calumet écrasés sous mes pieds! que jamais l'arbre de la paix n'étende ses rameaux sur les Natchez et sur les François, tant qu'il existera un seul guerrier des deux nations, tant que les mères continueront d'être fécondes chez ces peuples! »

Il dit : les démons exaucent sa prière; ils sortent de l'abîme, et remplissent les cœurs d'une rage infernale. Le jour se voile, le tonnerre gronde, les mânes hurlent dans les forêts, et les femmes indiennes entendent leur fruit se plaindre dans leur sein. Adario jette la hache au milieu des guerriers : la terre s'entr'ouvre et la dévore; on l'entend tomber dans de noires profondeurs. Les capitaines françois ne se peuvent empêcher d'admirer le courage du vieillard, qui, retourné au milieu des siens, leur adresse ce discours :

« Natchez, aux armes! Assez longtemps nous sommes restés assis sur la natte! Jeunesse, que l'huile coule sur vos cheveux, que vos visages se peignent, que vos carquois se remplissent, que vos chants ébranlent les forêts. Désennuyons nos morts!

« Il vit infâme, celui qui fuit : les femmes lui présentent la pagne qui voile la pudeur; il siège au conseil parmi les matrones. Mais celui qui meurt pour son pays, oh! comme il est honoré! Ses os sont recueillis dans des peaux de castor, et déposés au tombeau des aïeux; son souvenir se mêle à celui de la religion protégée, de la liberté défendue, des moissons recueillies. Les vierges disent à l'époux de leur choix sur la montagne : « Assure-moi que tu seras semblable à ce « héros. » Son nom devient la garantie de la publique félicité, le signal des joies secrètes des familles.

« Sois-nous favorable, Areskoui! ton casse-tête est armé de dents de crocodile; le couteau d'escalpe est à ta ceinture; ton haleine exhale, comme celle des loups, l'odeur du carnage; tu bois le bouillon de la chair des morts dans le crâne du guerrier. Donne à nos jeunes fils une envie irrésistible de mourir pour la patrie : qu'ils sentent une grande joie lorsque le fer de l'ennemi leur percera le cœur! »

Ainsi parle ou plutôt ainsi chante Adario, et les sauvages lui répondent par des hurlements. Chacun prend son rang et attend l'ordre de la marche. Le grand-prêtre saisit une torche, et se place à quelques pas en avant. Sa tunique, tachée du sang des victimes, claque dans l'air; des serpents, qu'il a le pouvoir de charmer, sortent en sifflant de sa poitrine, et s'entrelacent autour du simulacre de l'oiseau de la nuit qui surmonte sa chevelure : telle les poëtes ont peint la Discorde entre les bataillons des Grecs et des Troyens. Le jongleur entonne la chanson de la guerre, que répète le bataillon des Amis : ainsi, sur les ondes de l'Eurotas, les cygnes d'Apollon chantoient leur dernier hymne, en se préparant à rejoindre les dieux.

Alors le prince des ténèbres appelle le Temps et lui dit : « Puissance dévorante que j'ai enfantée, toi qui te nourris de siècles, de tombeaux et de ruines, rival de l'Éternité assise au ciel et dans l'enfer, ô Temps, mon fils! si je t'ai préparé aujourd'hui une ample pâture, seconde les efforts de ton père. Tu vois la foiblesse de nos enfants ; leur petite troupe est exposée à une destruction qui renverseroit nos projets : vole sur les deux flancs de l'armée indienne, coupe les bois antiques, pour en faire un rempart aux Natchez : rends inutile la supériorité du nombre chez les adorateurs de notre implacable ennemi. »

Le Temps obéit ; il s'abat dans la forêt, avec le bruit d'un aigle qui engage ses ailes dans les branches des arbres : les deux armées ouïrent sa chute et tournèrent les yeux de ce côté. Aussitôt on entend retentir, dans la profondeur du désert, les coups de la hache de ce bûcheron qui sape également les monuments de la nature et ceux des hommes. Le père et le destructeur des siècles renverse les pins, les chênes, les cyprès, qui expirent avec de sourds mugissements : les solitudes de la terre et du ciel demeurent nues, en perdant les colonnes qui les unissent.

Le prodige étonne les deux armées : les François le prennent pour le ravage d'un nouvel ouragan, les Natchez y voient la protection de leurs génies. Adario s'écrie : « Les Manitous se déclarent pour les opprimés : marchons. » Tout s'ébranle. Les François, formés en bataille, s'émerveillent de voir ces hommes demi-nus qui s'avancent en chantant contre le canon et l'étincelante baïonnette. Quel courage n'inspires-tu point, sublime amour de la patrie !

LIVRE DIXIÈME.

Déjà les Natchez s'approchoient de l'ennemi. Chépar fait un signe : le centre de l'armée se replie et démasque les foudres ; à chaque bronze se tient un guerrier avec une mèche enflammée. L'infanterie exécute un mouvement rapide : les grenadiers du premier rang tombent un genou en terre ; les deux autres rangs tournent obliquement et présentent, par les brisures de la ligne, le flanc et les armes aux Indiens. A ce mouvement, les Natchez s'arrêtent et retiennent toutes leurs voix ; un silence et une immobilité formidables règnent des deux côtés : on n'entend que le bruit des ailes de la Mort qui plane sur les bataillons.

Lorsque l'ardente canicule engendre dans les mers du Mexique le vent pestilentiel du midi, ce vent destructeur pousse, en haletant, une haleine humide et brûlante. La nature se voile : les paysages s'agrandissent; la lumière scarlatine des tropiques se répand sur les eaux, les bois et les plaines; des nuages pendent en énormes fragments aux deux horizons du ciel; un midi dévorant semble être levé pour toujours sur le monde : on croit toucher à ces temps annoncés de l'embrasement de l'univers : ainsi paroissent les armées arrêtées l'une devant l'autre et prêtes à se charger avec furie. Mais l'épée de Chépar a brillé... Muse, soutiens ma voix, et tire de l'oubli les noms de ces guerriers dignes d'être connus de l'avenir!

Une fumée blanche, d'où s'échappent à chaque instant des feux, enveloppe d'abord les deux armées. Une odeur de salpêtre, qui irrite le courage, s'exhale de toutes parts. On entend le cri des Indiens, la voix des chefs françois, le hennissement des chevaux, le sifflement de la balle, du boulet et des bombes qui montent avec une lumière dans le ciel.

Tant que les Natchez conservent du plomb et des poudres, leurs tubes empruntés à l'Europe ne cessent de brûler dans la main de leurs chasseurs : tous les coups que dirige un œil exercé portent le deuil dans le sein de quelque famille. Les traits des François sont moins sûrs : les bombes se croisent sans effet dans les airs, comme l'orbe empenné que des enfants se renvoient sur la raquette. Folard est surpris de l'inutilité de son art, et Chépar de la résistance des sauvages. Mais lorsque ceux-ci ont épuisé les semences de feu qu'ils avoient obtenues des peuples d'Albion, Adario élève la voix :

« Jeunes guerriers des tribus du Serpent et du Castor, suivez vos pères, ils vont vous ouvrir le chemin. » Il dit et fond à la tête des sachems sur les enfants des Gaules. Outougamiz l'entendit, et se tournant vers ses compagnons : « Amis, imitons nos pères! » Suivi de toute la jeunesse, il se précipite dans les rangs des François.

Comme deux torrents formés par le même orage descendent parallèlement le flanc d'une montagne et menacent la mer de leur égale fureur, ainsi les deux troupes des sachems et des jeunes guerriers attaquent à la fois les ennemis; et comme la mer repousse ces torrents, ainsi l'armée françoise oppose sa barrière à l'assaut des deux bataillons. Alors commence un combat étrange. D'un côté, tout l'art de la moderne Bellone, telle qu'elle parut aux plaines de Lens, de Rocroy et de Fleurus; de l'autre, toute la simplicité de l'antique Mars, tel qu'on le vit marcher sur la colline des Figuiers et aux bords du Simoïs. Un vent rapide balaye la fumée, et le champ de bataille se découvre. La difficulté du terrain, encombré par les forêts abattues, rend l'habileté vaine et remet la victoire à la seule valeur ; les chevaux engagés entre les troncs des arbres déchirent leurs flancs ou brisent leurs pieds; la pesante artillerie s'ensevelit dans des marais ; plus loin, les lignes de l'infanterie, rompues par l'impétuosité des sauvages, ne peuvent se reformer sur un terrain inégal, et l'on combat partout homme à homme.

Maintenant, ô Calliope! quel fut le premier Natchez qui signala sa valeur dans cette mêlée sanglante?

Ce fut vous, fils magnanime du grand Siphane, indomptable et terrible Adario.

Les sauvages ont raconté que sous les ombrages de la Floride, dans une île au milieu d'un lac qui étend ses ondes comme un voile de gaze, coule une mystérieuse fontaine. Les eaux de cette fontaine peuvent redresser les membres pliés par les ans[1] et rebrunir au feu des passions la chevelure sur la tête blanchie des vieillards. Un éternel printemps habite au bord de cette source : là les ormeaux n'entretiennent avec le lierre que des amitiés nouvelles; là les chênes sont étonnés de ne compter leurs années que par l'âge des roses. Les illusions de la vie, les songes du bel âge, habitent avec les zéphyrs les feuilles de lianes qui projettent sur le cristal de la fontaine un réseau d'ombre. Les vapeurs qui s'exhalent des bois d'alentour sont les parfums de la jeunesse; les colombes qui boivent l'eau de la source, les fleurs qu'elle arrose dans son cours, ont sans cesse des œufs dans leur nid, des boutons sur leur tige. Jamais l'astre de la lumière ne se couche sur ces bords enchantés, et le ciel y est toujours entr'ouvert par le sourire de l'Aurore.

Ce fut à cette fontaine, dont la renommée attira les premiers Européens dans la Floride, que le génie de la patrie alla, d'après le récit des Natchez, puiser un peu d'eau : il verse, au milieu de la bataille, quelques gouttes de cette eau sur la tête du fils de Siphane. Le sachem sent rentrer dans ses veines le sang de sa première jeunesse : ses pas deviennent rapides; son bras s'étend et s'assouplit; sa main reprend la fermeté de son cœur.

Il y avoit dans l'armée françoise un jeune homme nommé Sylvestre, que le chagrin d'un amour sans espérance avoit amené sur ces rives lointaines pour y chercher la gloire ou la mort. Le riche et inflexible Aranville n'avoit jamais voulu consentir à l'hymen de son fils avec l'indigente Isabelle. Adario aperçut Sylvestre au moment où

---

1. Tradition historique.

il essayoit de dégager ses pieds d'une vigne rampante : le sachem, levant sa massue, en décharge un coup sur la tête de l'héritier d'Aranville : la tête se brise comme la calebasse sous le pied de la mule rétive. La cervelle de l'infortuné fume en se répandant à terre. Adario insulte par ces paroles à son ennemi :

« En vérité, c'est dommage que ta mère ne soit pas ici ! elle baigneroit ton front dans l'eau d'esquine ! Moi, qui ne suis qu'un barbare, j'ai grossièrement lavé tes cheveux dans ton sang ! Mais j'espère que tu pardonneras à ma débile vieillesse, car je te promets un tombeau... dans le sein des vautours. »

En achevant ces mots, Adario se jette sur Lesbin ; il lui enfonce son poignard entre la troisième et la quatrième côte, à l'endroit du cœur : Lesbin s'abat comme un taureau que le stylet a frappé. Le sachem lui appuie un pied sur le cou ; d'une main, il saisit et tire à lui la chevelure du guerrier, de l'autre il la découpe avec une partie du crâne, et, suspendant l'horrible trophée à sa ceinture, il assaillit le brave Hubert, qui l'attendoit. D'un coup de son fort genou Adario lui meurtrit le flanc, et, tandis qu'Hubert se roule sur la poussière, du tranchant de sa hache l'Indien lui abat les deux bras et le laisse expirer rugissant.

Comme un loup qui, ayant dévoré un agneau, ne respire plus que le meurtre, le sachem vise l'enseigne Gédoin, et d'une flèche lui attache la main au bâton du drapeau françois. Il blesse ensuite Adémar, le fils de Charles. Habitant des rives de la Dordogne, Adémar avoit été élevé avec toute sorte de tendresse par un vieux père dont il étoit le seul appui et qu'il nourrissoit de l'honorable prix donné à ses armes. Mais Charles ne devoit jamais presser son fils dans ses bras, au retour des pays lointains. La hache du sachem, atteignant Adémar au visage, lui enleva une partie du front, du nez et des lèvres. Le soldat reste quelque temps debout, objet affreux, au milieu de ses compagnons épouvantés : tel se montre un bouleau dont les sauvages ont enlevé l'écorce au printemps ; le tronc mis à nu et teint d'une sève rougie se fait apercevoir de loin parmi les arbres de la forêt. Adémar tombe sur son visage mutilé, et la nuit éternelle l'environne.

Comme une laie de Cilicie ou comme un tigre du désert de Sahara, qui défend ses petits, Adario, redoublant de fureur à la vue de ses propres exploits, s'écrie : « Voilà comme vous périrez tous, vils étrangers ! tel est le sort que vous réservent les Natchez ! » En même temps il arrache un mousquet à Kerbon, et lui plonge dans la bouche la baïonnette ; le triple glaive perce le palais et sort par le haut du crâne de la pâle victime, dont les yeux s'ouvrent et se ferment avec effort. Adario abandonne l'arme avec le cadavre, qui demeurent écartés et debout, comme les deux branches d'un compas.

Soulevant une pierre énorme, telle que deux Européens la porteroient à peine pour marquer la borne de quelques jeux dans une fête publique, le sachem la lance aussi légèrement qu'une flèche contre le fils de Malherbe. La pierre roule et fracasse les jambes du soldat : il frappe le sol de son front, et, dans sa douleur, mord les ronces ensanglantées. O Malherbe ! la faux de la mort te moissonne au milieu de tes belles années ! Mais tant que les Muses conserveront le pouvoir d'enchanter les peuples, ton nom vivra comme ceux des François auxquels ton illustre aïeul donna l'immortalité !

Partout Adario se fait jour avec la hache, la massue, le poignard ou les flèches. Geblin, qu'enivre la gloire; d'Assas, au nom héroïque; l'imprudent d'Estaing, qui eût osé défier Mars lui-même; Marigni, Comines, Saint-Alban, cèdent au fils de Siphane. Animés par son exemple, les Natchez viennent mugissant comme des taureaux sauvages, bondissant comme des léopards. La terre se pèle et s'écorche sous les pas redoublés et furieux des guerriers; des tourbillons de poussière répandent de nouveau la nuit sur le champ de bataille; les visages sont noircis, les armes brisées, les vêtements déchirés, et la sueur coule en torrents du front des soldats

Alors le ciel envoya l'épouvante aux François. Febriano, qui combattoit devant le sachem, fut le premier à prendre la fuite, et les soldats, abandonnés de leur chefs, ouvrent leurs rangs.

Adario et les sachems y pénètrent avec un bruit semblable à celui des flots qui jaillissent contre les épieux noircis plantés devant les murs d'une cité maritime. Chépar, du haut d'une colline, voit la défaite de l'aile gauche de son armée; il ordonne à d'Artaguette de faire avancer ses grenadiers. En même temps Folard, parvenu à sauver quelques bronzes, les place sur un tertre découvert et commence à foudroyer les sachems.

Vous prévîtes le dessein du commandant des François, vaillant frère de Céluta ! et pour sauver vos pères, vous vous élançâtes, soutenu des jeunes Indiens, contre la troupe choisie. Trois fois les compagnons d'Outougamiz s'efforcent de rompre le bataillon des grenadiers, trois fois ils se viennent briser contre la masse impénétrable.

L'ami de René s'adressant au ciel : « O génies ! si vous nous refusez « la victoire, accordez-nous donc la mort ! » Et il attaque d'Artaguette.

Deux coursiers, fils des vents et amants d'une cavale, fille d'Éole, du plus loin qu'ils s'aperçoivent dans la plaine, courent l'un à l'autre avec des hennissements. Aussitôt que leurs haleines enflammées se

LES NATCHEZ.

ils se dressent sur leurs jarrets, s'embrassent, couvrent d'écume et sang leur crinière, et cherchent mutuellement à se dévorer ; puis tout à coup se quittant pour se charger de nouveau, tournant la croupe, dressant leurs queues hérissées, ils heurtent leurs soles dans les airs : des étincelles jaillissent du demi-cercle d'airain qui couvre leurs pieds homicides. Ainsi combattoient d'Artaguette et Outougamiz ; tels étoient les éclairs qui partoient de l'acier de leurs glaives. La foudre dirigée par Folard les oblige à se séparer et répand le désordre dans les rangs des jeunes Natchez.

« Tribus du Serpent et de la Tortue ! s'écrie le frère de Céluta, sou-
« tenez l'assaut de d'Artaguette, tandis que je vais, avec les alliés,
« m'emparer des tonnerres.

Il dit : les guerriers alliés marchent derrière lui deux à deux, et s'avancent vers la colline où les attend Folard. Intrépides sauvages, si mes chants se font entendre dans l'avenir, si j'ai reçu quelque étincelle du feu de Prométhée, votre gloire s'étendra parmi les hommes aussi longtemps que le Louvre dominera les flots de la Seine ; aussi longtemps que le peuple de Clovis continuera d'être le premier peuple du monde ; aussi longtemps que vivra la mémoire de ces laboureurs qui viennent de renouveler le miracle de votre audace dans les champs de la Vendée[1].

Outougamiz commence à gravir la colline : bientôt il disparoît dans un torrent de feu et de fumée : tel Hercule s'élevoit vers l'Olympe dans les flammes de son bûcher ; tel sur la voie d'airain, et près du temple des Euménides, un orage ravit Œdipe au séjour des dieux. Rien n'arrête les Indiens, dont le péril s'accroît à mesure qu'ils approchent des bouches dévorantes. A chaque pas la mort enlève quelques-uns des assaillants. Tansou, qui se plaît à porter un arc de cèdre, reçoit un boulet au milieu du corps ; il se sépare en deux comme un épi rompu par la main d'un enfant. Kiousse, qui, prêt à s'engager dans les chaînes de l'hymen, avoit déjà éteint le flambeau dans la cabane de sa maîtresse, voit ses pieds rapides soudainement écrasés ; il tombe du haut d'un roc dans une terre limoneuse, où il demeure enfoncé jusqu'à la ceinture ; Tani est frappé d'un globe d'airain à la tête ; son crâne emporté se va suspendre par la chevelure à la branche fleurie d'un érable.

De tous ces guerriers, Sépine suivoit Outougamiz avec le plus d'ardeur. Ce héros descendoit d'Œkala, qui avoit régné sur les Siminoles. Œkala eut trois fils : Nape, qui devançoit les chevreuils à la course ;

[1]. On voit, par ce passage, à quelle époque ce livre a été écrit.

Téran, qui épousa Nitianis, dont les esprits stériles fermèrent le sein, et Scoute, qui fut le dernier des trois enfants d'Œkala. Scoute eut de la chaste Nibila la charmante Élisoé et le fier Alisinape, père de Sépine. Cet ardent sauvage avoit promis à sa mère de lui apporter la chevelure du commandant des François ; mais il avoit négligé de faire des sacrifices aux génies, et il ne devoit plus rentrer dans la cabane de ses pères. Un boulet l'atteignit dans les parties inférieures du corps. Renversé sur la terre, il se roule dans ses entrailles. Son ami, Télaza, lui tend la main pour l'aider à se relever, mais un second boulet arrache le bras secourable qui va frapper Outougamiz.

Déjà il ne restoit plus que soixante guerriers de la troupe qui escaladoit la colline des foudres : ils arrivent au sommet. Outougamiz, perçant à travers les baïonnettes que Folard oppose à ses efforts, s'élance le premier sur un canon, abat la tête du cyclope qui alloit y porter la mèche, embrasse le tube et appelle à lui les sauvages. Là se fait un carnage épouvantable des François et des Indiens. Folard crie aux premiers : « Quelle honte pour vous si vous étiez vaincus ! » Outougamiz crie aux seconds : « Encore un moment de courage, et à nous la « victoire! »

On entend le frémissement du sang qui se dessèche et s'évapore en tombant sur la machine rougie, pour la possession de laquelle on combat. Les décharges des mousquets et des batteries font de la colline un effroyable chaos. Tels sont les mugissements, les ténèbres et les lueurs de l'Etna, lorsque le volcan se réveille : un ciel d'airain, d'où tombe une pluie de cendre, s'abaisse sur les campagnes obscurcies, au milieu desquelles la montagne brûle comme un funèbre flambeau ; des fleuves d'un feu violet sillonnent les plaines mouvantes ; les hommes, les cités, les monuments, disparoissent, et Vulcain, vainqueur de Neptune, fait bouillonner les mers sur ses fourneaux embrasés.

Toutes les fureurs de la guerre se rassemblent autour du bronze qu'a saisi le frère de Céluta. Les Indiens tâchent d'ébranler la lourde masse et de la précipiter du haut du coteau : les uns l'embrassent par sa bouche béante ; les autres poussent avec effort les roues qui laissent dans le sol de profondes traces ; ceux-ci tournent contre les François les armes qu'ils leur ont arrachées ; ceux-là se font massacrer sur le canon que souillent la moelle éparse, les cervelles fumantes, les lambeaux de chair, les fragments d'os. Chaque soldat, noirci par le salpêtre, est couvert du sang de ses amis et de ses ennemis. On se saisit par les cheveux ; on s'attaque avec les pieds et les mains : tel a perdu les bras qui se sert de ses dents pour combattre : c'est comme un festin de la mort. Déjà Folard est blessé ; déjà l'héroïsme de quelques sauvages l'emporte sur tout l'art européen, lorsqu'un grenadier parvient à mettre le feu au tube. Aussitôt la couleuvre de bronze dégorge ses entrailles avec un dernier rugissement : sa destinée étant accomplie, elle éclate, mutile, renverse, tue la plus grande partie des guerriers qui l'environnent. L'on n'entend qu'un cri, suivi d'un silence formidable.

Comme deux flottes puissantes, se disputant l'empire de Neptune, se rencontrent à l'embouchure de l'antique Égyptus, le combat s'engage à l'entrée de la nuit. Bientôt un vaisseau s'enflamme par sa poupe pétillante : à la lueur du mouvant incendie on distingue la mer semblable à du sang et couverte de débris; la terre est bordée des nations du désert; les navires, ou démâtés, ou rasés au niveau des vagues, dérivent en brûlant. Tout à coup le vaisseau en feu mugit : son énorme carcasse crève et lance jusqu'au ciel les tubes d'airain, les pins embrasés et les cadavres des matelots : la nuit et le silence s'étendent sur les ondes. Outougamiz reste seul de toute sa troupe, après l'explosion du foudre. Il se vouloit jeter parmi les François, mais le génie de l'amitié lui fait au fond du cœur cette réprimande : « Où cours-tu, « insensé? de quel fruit ta mort peut-elle être maintenant à ta patrie? « Réserve ce sacrifice pour une occasion plus favorable, et souviens-toi « que tu as un ami. » Ému par ces tendres sentiments, le fils de Tabamica bondit du haut de la colline, va se plonger dans le fleuve, et, ranimé par la fraîcheur de l'onde, il rejoint les guerriers qui n'avoient cessé de combattre contre d'Artaguette.

Les sachems, aussi prudents qu'intrépides, craignant d'être coupés dans leur retraite, s'étoient réunis aux bataillons de leurs fils. Tous ensemble soutenoient à peine les efforts de Beaumanoir, qui, du côté des François, obtenoit l'honneur de la journée. Beaumanoir avoit pour ancêtre ce fameux chevalier breton qui but son sang au combat des Trente. Douze générations séparoient Beaumanoir de cette source illustre : Étienne, Matthieu, Charles, Robert, Geofroy, le second Étienne, Paul, François, qui mourut à Jarnac, Georges le Balafré, Thomas, François deuxième du nom, et Jean le Solitaire, qui habitoit le donjon d'où l'on découvre la colline isolée [1] que couronnent les ruines d'un temple druidique.

Armé d'un casse-tête à l'instar de l'ennemi, Beaumanoir ravage les rangs des Natchez : Adario soutient à peine sa furie. Déjà le vieux Nabal, le riche Lipoé, qui possédoit deux cents peaux de castor, trente arcs de bois de merisier et trois cabanes; Ouzao, de la tribu du Ser-

---

1. Le Mont-Dol.

pent; Arimat, qui portoit un aigle d'azur sur son sein, une perle à sa lèvre et une couronne de plumes sur sa tête, tous ces guerriers avoient péri sous les ongles de ce fier lion, Beaumanoir.

On remarquoit dans l'armée des Natchez un sachem redouté, le robuste Nipane; trois fils secondoient son courage : Tanitien aux oreilles découpées, Masinaïke, favori de sa mère, et le grand Ossani. Les trois Nipanides, s'avançant à la tête des sauvages, lançoient leurs flèches contre les François et se retiroient ensuite à l'abri de la valeur de leur père. Comme un serpent à la peau changeante, à la queue sonore, reposant aux ardeurs du soleil, veille sur ses enfants qui se jouent autour de lui; si quelque bruit vient à se faire entendre, les jeunes reptiles se réfugient dans la bouche de leur mère; l'amour les renferme de nouveau dans le sein dont l'amour les fit sortir : tel étoit Nipane et ses fils.

Au moment où les trois frères alloient attaquer Beaumanoir, Beaumanoir fond sur eux comme le milan sur des colombes. Nipane, qui observe le mouvement du guerrier françois, s'avance pour secourir les objets de sa vigilante tendresse. Privé d'une victoire qu'il regardoit comme assurée, le soldat breton se tourne vers le sachem et l'abat d'un coup de massue.

A la vue de Nipane terrassé, les Natchez poussent un cri : Tanitien, Masinaïke et Ossani lancent à la fois leurs flèches contre le meurtrier de leur père. Beaumanoir se baisse pour éviter la mort, et, se jetant sur les trois jeunes sauvages, il les immole.

Nipane, revenu de son évanouissement, mais répandant le sang par les yeux et par les narines, ne peut, heureux dans son infortune, apercevoir ses fils étendus à ses côtés. « O mes fils ! dit-il d'une voix mourante, sauvez mon corps de la rage des François. Est-il rien de plus pitoyable qu'un sachem renversé par Areskoui? Les ennemis comptent ses cheveux blancs et insultent à son cadavre : « Insensé, disent-ils, « pourquoi quittois-tu le bâton de chêne? » Ils le dépouillent, et plaisantent entre eux sur les restes inanimés du vieillard. » Nipane expire, parlant en vain à ses fils, et, arrivé chez les morts, il gémit de retrouver ces mêmes fils qui l'ont précédé dans la tombe.

Le grand-prêtre, armé d'une torche ardente, rallie les sauvages autour du corps de Nipane. Adario et Outougamiz enlèvent le cadavre, mais Beaumanoir saisit d'une main le sachem, l'oblige à lâcher sa proie, tandis que de l'autre main il lève la massue. Adario recule et détourne le coup. Alors le ciel marque à la fois la fin de la gloire et de la vie de Beaumanoir. D'un revers de sa hache, Adario fend le côté de son ennemi : le Breton sent l'air entrer dans sa poitrine par un chemin inconnu et son cœur palpiter à découvert. Ses yeux deviennent blancs; il tord les lèvres; ses dents craquent; la massue échappe à sa main; il tombe; la vie l'abandonne, ses membres se roidissent dans la mort.

Adario s'élançant sur Beaumanoir pour lui enlever la chevelure : « A moi, Natchez! s'écrie-t-il, Nipane est vengé! » Les sauvages jettent de grandes clameurs, et reviennent à l'attaque. Du côté des François, les tambours battent la charge, la musique et les clairons retentissent : d'Artaguette, faisant baisser la baïonnette à ses grenadiers, s'avance pour protéger le corps de son loyal compagnon d'armes. La mêlée devient horrible : Lameck reçoit au-dessous des côtes un coup d'épée, comme il saisissoit par les pieds le cadavre de Beaumanoir. La membrane qui soutenoit les entrailles de Lameck est rompue; elles s'affaissent dans les aines, lesquelles se gonflent comme une outre. L'Indien se pâme avec d'accablantes douleurs, et un dur sommeil ferme ses yeux.

Le sort du noble Yatzi ne fut pas moins déplorable : ce guerrier descendoit des rois Yendats, qui avoient régné sur les grands lacs. Lorsque les Iroquois envahirent la contrée de ses pères, sa mère le sauva dans une peau d'ours, et, l'emportant à travers les montagnes, elle devint suppliante aux foyers des Natchez. Élevé sur ces bords étrangers, Yatzi déploya au sortir de l'enfance la générosité d'un roi et la vaillance de ses ancêtres. Sa hutte étoit ouverte à tous les infortunés, car il l'avoit été lui-même : la solitude n'avoit point de cœur plus hospitalier.

Yatzi voit dans les rangs ennemis un François qu'il avoit reçu jadis sur la natte : le fils de l'exil, prenant à sa ceinture un calumet de paix, s'avance pour renouveler l'alliance de la cabane, mais le François, qui ne le reconnoît pas, lui appuie un pistolet sur la poitrine : le coup part; la balle fracasse la moelle épinière; Yatzi, enveloppé d'une nuit soudaine, roule aux pieds de son hôte. Son âme, égarée sur ses lèvres, est prête à s'envoler vers celui qui reçoit le voyageur fatigué.

Transporté de colère, Siégo, autre banni des bois canadiens, Siégo qui étoit né sous un savanier (car sa mère fut surprise des douleurs de l'enfantement en allant à la fontaine), Siégo prétend tirer une vengeance éclatante du sort que vient d'éprouver son ami. Insensé qui couroit lui-même à sa perte! une balle lancée au hasard lui crève le réservoir du fiel. Le guerrier sent aussitôt sur sa langue une grande amertume; son haleine expirante fait monter, comme par le jeu d'une pompe, le sang qui vient bouillonner à ses lèvres. Ses genoux chancellent; il s'affaisse doucement sur l'infortuné Yatzi, qui, d'un dernier mouvement convulsif, le serre dans ses bras : ainsi l'abeille se repose dans le calice de la miraculeuse Dionée, mais la fleur se referme sur la fille du ciel et l'étouffe dans un voile parfumé.

Les Indiens à leur tour arrachent à la vie une foule de François, et sarclent le champ de bataille. A la supériorité de l'art ils opposent les avantages de la nature : leurs coups sont moins nombreux, mais ils portent plus juste. Le climat ne leur est point un fardeau ; les lieux où ils combattent sont ceux où ils s'exercèrent aux jeux de leur enfance ; tout leur est arme, rempart ou appui ; ils nagent dans les eaux, ils glissent ou ils volent sur la terre. Tantôt cachés dans les herbes, tantôt montés sur les chênes, ils rient du boulet qui passe sur leur tête ou sous leurs pieds. Leurs cris, leurs chants, le bruit de leurs chichikoués et de leurs fifres, annoncent un autre Mars, mais un Mars non moins redoutable que celui des François. Les cheveux rasés ou retroussés des Indiens, les plumes et les ornements qui les décorent, les couleurs qui peignent le visage du Natchez, les ceintures où brille la hache, où pend le casse-tête et le couteau d'escalpe, contrastent avec la pompe guerrière européenne. Quelquefois les sauvages attaquent tous ensemble, remplissant l'espace qui les sépare des ennemis de gestes et de danses héroïques ; quelquefois ils viennent un à un combattre un adversaire qu'ils ont remarqué comme étant le plus digne d'éprouver leur valeur.

Outougamiz se distingue de nouveau dans cette lutte renaissante. On le prendroit pour un guerrier échappé récemment au repos de ses foyers, tant il déploie de force et d'ardeur. Le tranchant de sa hache étoit fait d'un marbre aiguisé avec beaucoup de soin par Akomanda, aïeul du jeune héros. Ce marbre avoit ensuite été inséré, comme une greffe, dans la tige fendue d'un plant de cormier : l'arbuste, en croissant, s'étoit refermé sur la pierre, et, coupé à une longueur de flèche, il étoit devenu un instrument de mort dans la main des guerriers.

Outougamiz fait tourner l'arme héréditaire autour de sa tête, et, la laissant échapper, elle va, d'un vol impétueux, frapper Valbel au-dessous de l'oreille gauche : la vertèbre est coupée. Le soldat ami de la joie penche la tête sur l'épaule droite, tandis que son sang rougit son bras et sa poitrine : on diroit qu'il s'endort au milieu des coupes de vin répandues, comme il vouloit faire dans les orgies d'un festin.

Le rapide sauvage suit la hache qu'il a lancée, la reprend, et en décharge un coup effroyable sur Bois-Robert, dont la poitrine s'ouvre comme celle d'une blanche victime sous le couteau du sacrificateur. Bois-Robert avoit pour aïeul ce guerrier qui escalada les rochers de Fécamp. Il comptoit à peine dix-sept années : sa mère, assise sur le rivage de la France, avoit longtemps regardé, en répandant des pleurs, le vaisseau qui emportoit le fils de son amour. Outougamiz est tout à coup frappé de la pâleur du jeune homme, de la grâce de cette chevelure blonde qui ombrage un front décoloré, et descend, second voile, sur des yeux déjà recouverts de leurs longues paupières.

« Pauvre nonpareille, lui dit-il, qui te revêtois à peine d'un léger duvet, te voilà tombée de ton nid ! Tu ne chanteras plus sur la branche ! Puisse ta mère, si tu as une mère, pardonner à Outougamiz ! Les douleurs d'une mère sont bien grandes. Hélas ! tu étois à peu près de mon âge ! Et moi aussi, il me faudra mourir, mais les esprits sont témoins que je n'avois aucune haine contre toi ; je n'ai fait ce mal qu'en défendant la tombe de ma mère. » Ainsi vous parliez, naïf et tendre sauvage ; les larmes rouloient dans vos yeux. Bois-Robert entendit votre simple éloge funèbre, et il sourit en exhalant son dernier soupir.

Tandis que, vaincus et vainqueurs, les François et les Natchez continuent de toutes parts le combat, Chépar ordonne aux légers dragons de mettre pied à terre, d'écarter les arbres et les morts pour ouvrir un passage à la pesante cavalerie et au bataillon helvétique. L'ordre est exécuté. On roule avec effort, on soulève, avec des leviers faits à la hâte, le tronc des chênes, les débris des canons et des chars : un écoulement est ouvert aux eaux dont le fleuve a inondé la plaine.

De paisibles castors, dans des vallons solitaires, s'empressent à finir un commun ouvrage : les uns scient les bouleaux et les abattent sur le courant d'une onde, afin d'en former une digue ; les autres traînent sur leur queue les matériaux destinés aux architectes ; les palais de la Venise du désert s'élèvent ; des artisans de luxe en tapissent les planchers avec une fraîche verdure, et préparent les salles du bain, tandis que des constructeurs bâtissent plus loin, au bord du lac, les agréables châteaux de la campagne. Cependant de vieux castors pleins d'expérience dirigent les travaux de la république, font préparer les magasins de vivres, placent des sentinelles avancées pour la sûreté du peuple, récompensent les citoyens diligents et exilent les paresseux : ainsi l'on voyoit travailler les François sur le champ des combats. Partout se forment des pyramides où les guerriers moissonnés par le fer sont entassés au hasard : les uns ont le visage tourné vers la terre, qu'ils pressent de leurs bras roidis ; les autres laissent flotter leurs chevelures sanglantes du haut des pyramides funèbres, comme les plantes humides de rosée pendent du flanc des roches ; ceux-ci sont tournés sur le côté ; ceux-là semblent regarder le ciel de leurs yeux hagards, et sur leurs traits immobiles la mort a fixé les convulsions de la vie fugitive. Des têtes séparées du tronc, des membres mutilés remplissent les vides de ces trophées; du sang épaissi cimente ces épouvantables monuments de la rage des hommes et de la colère du ciel. Bien différents s'élèvent dans une riante prairie, au milieu des ruisseaux et des doux ombrages, ces monceaux d'herbes et de fleurs tombées sous la faux de l'homme champêtre : Flore, un râteau à la main, invite les bergers à danser à la fête printanière, et les jeunes filles, avec leurs compagnes, se laissent rouler en folâtrant du sommet de la meule embaumée.

La trompette sonne, et la cavalerie se précipite dans les chemins qui lui sont ouverts. Un bruit sourd s'élève de la terre, que l'on sent trembler sous ses pas. Des batteries soudainement démasquées mugissent à la fois. Les échos des forêts multiplient la voix de ces tonnerres, et le Meschacebé y répond en battant ses rives. Satan mêle à ce tumulte des rumeurs surnaturelles qui glaceroient d'effroi les cœurs les plus intrépides. Jamais tel bruit n'avoit été ouï, depuis le jour où le chaos, forcé de fuir devant le Créateur, se précipita aux confins des mondes arrachés de ses entrailles; un fracas plus affreux ne se fera point entendre lorsque la trompette de l'ange, réveillant les morts dans leur poussière, tous les tombeaux s'ouvriront à la fois et reproduiront la race pâlissante des hommes. Les légions infernales répandues dans les airs obscurcissent le soleil; les Indiens crurent qu'il s'alloit éteindre. Tremblantes sur leurs bases, les Andes secouèrent leurs glaçons, et les deux Océans soulevés menacèrent de rompre l'isthme qui joint l'une et l'autre Amérique.

Suivi de ses centaures, Causans plonge dans les rangs des Natchez. Comme, dans une colonie naissante, un laboureur, empruntant de son voisin des poulains et des cavales, les fait entrer dans une grange où les gerbes de froment sont régulièrement étendues; des enfants, placés au centre de l'aire, contraignent par leurs cris joyeux les paisibles animaux à fouler les richesses rustiques; une charmante harmonie règne entre la candeur des enfants, l'innocence des dons de Cérès et la légèreté des jeunes poulains qui bondissent sur les épis, en suivant leurs mères : Causans et ses chevaux homicides broient sous leurs pas une moisson de héros. Et comme des abeilles dont un ours a découvert les trésors dans le creux d'un chêne se jettent sur le ravisseur et le percent de leur aiguillon, ainsi, ô Natchez! le poignard à la main, vous résistez aux cavaliers et à leur chef, fils du brave Henri et de l'aimable Laure.

Les chevaux percés de flèches bondissent, se cabrent, secouent leur crinière, frottent leur bouche écumante contre leur pied roidi, ou lèvent leurs naseaux sanglants vers le ciel; superbes encore dans leur guerrière, soit qu'ils aient renversé leurs maîtres, soit qu'ils emportent à travers le champ de bataille.

Peut-être, dans l'ardeur dont les combattants étoient animés, tous les François et tous les Indiens alloient périr, si, des bords entr'ouverts du firmament, Catherine des Bois, qui voyoit ce massacre, n'eût levé les mains vers le trône du Tout-Puissant. Une voix divine se fit entendre : « Vierge compatissante, cessez vos douleurs ; ma miséricorde viendra après ma justice. Mais bientôt l'auteur de tous ces maux va suspendre lui-même, afin de mieux favoriser ses projets, la fureur des guerriers. »

Ainsi retentirent dans l'éternité ces paroles qui tombèrent de soleil en soleil, et descendirent, comme une chaîne d'or, jusqu'aux abîmes de la terre.

En même temps le roi des enfers, jugeant le combat arrivé au point nécessaire pour l'accomplissement de ses desseins, songe à séparer les combattants.

Il vole à la grotte où le démon de la nuit se cache pendant que le soleil anime la nature. La reine des ténèbres étoit alors occupée à se parer. Les songes plaçoient des diamants dans sa chevelure azurée ; les mystères couvroient son front d'un bandeau, et les amours, nouant autour d'elle les crêpes de son écharpe, ne laissoient paroître qu'une de ses mamelles, semblable au globe de la lune ; pour sceptre, elle tenoit à la main un bouquet de pavots. Tantôt elle souriait dans un profond silence, tantôt elle faisoit entendre des chants comme ceux du rossignol ; la volupté rouvroit sans cesse ses yeux, qu'un doux sommeil fermoit sans cesse ; le bruit de ses ailes imitoit le murmure d'une source ou le frémissement du feuillage ; les zéphyrs naissoient de son haleine. Ce démon de la nuit avoit toutes les grâces de l'ange de la nuit, mais, comme celui-ci, il ne présidoit point au repos de la vertu, et ne pouvoit inspirer que des plaisirs ou des crimes.

Jamais le monarque des ombres n'avoit vu sa fille aussi charmante. « Ange ravissant, lui dit-il, il n'est pas temps de vous parer : quittez ces brillants atours et prenez votre robe des tempêtes. Vous savez ce que vous me devez : vous n'étiez pas avant la chute de l'homme, et vous avez pris naissance dans mes ténèbres. »

La Nuit, fille obéissante, arrache ses ornements ; elle se revêt de vapeurs et de nuages, comme lorsqu'elle veut favoriser des amours funestes ou les noirs complots de l'assassin. Elle attelle à son char deux hiboux, qui poussent des cris dolents et lamentables : conduite par le prince des enfers, elle arrive sur le champ de bataille.

Soudain les guerriers cessent de se voir et ne portent plus dans l'ombre que des coups inutiles. Le ciel ouvre ses cataractes ; un déluge, se précipitant des nues, éteint les salpêtres de Mars. Les vents agitent les forêts, mais cet orage est sans tonnerre, car Jéhovah s'est réservé les trésors de la grêle et de la foudre.

Le combat cesse : Chépar fait sonner la retraite : l'armée françoise se replie confusément dans l'obscurité et rétrograde vers ses retranchements. Chaque chef suit avec sa troupe le chemin qu'il croit le plus court, tandis que des soldats égarés tombent dans les précipices ou se noient dans les torrents.

Alors la nuit, déchirant ses voiles et calmant ses souffles, laisse descendre une lueur incertaine sur le champ du combat où les Indiens étoient demeurés épars. Aux reflets de la lune, on apercevoit des arbres brisés par les bombes et les boulets, des cadavres flottants dans le débordement du Meschacebé, des chevaux abattus ou errant à l'aventure, des caissons, des affûts et des canons renversés, des armes et des drapeaux abandonnés, des groupes de jeunes sauvages immobiles, et quelques sachems isolés, dont la tête chauve et mouillée jetoit une pâle lumière. Ainsi, du haut de la forteresse de Memphis, quand le Nil a surmonté ses rivages, on découvre, au milieu des plaines inondées, quelques palmiers à demi déracinés, des ruines qui sortent du sein des flots, et le sommet grisâtre des Pyramides.

Bientôt ce qui reste des tribus se retire vers les bocages de la mort. Outougamiz, en pénétrant dans l'enceinte sacrée, entrevoit, assis sur un tombeau, un guerrier couvert de sang. Le frère de Céluta s'arrête : « Qui es-tu ? dit-il : es-tu l'âme de quelque guerrier tombé aujourd'hui sous le tomahawk d'Areskoui, en défendant les foyers de nos pères ? »

L'ombre inclinée ne répond point ; le grand-prêtre survient, et s'avance vers le fantôme avec des évocations. Les sauvages le suivent. Soudain un cri : « Un homme blanc ! un homme blanc ! »

D'Artaguette, blessé dans le combat et perdu dans la nuit, s'étoit réfugié aux tombeaux des sauvages. Outougamiz reconnoît le François contre lequel il a combattu, le François protecteur de Céluta, le François ami de René. Touché des malheurs de d'Artaguette, et désirant le sauver, il le réclame comme son prisonnier. « Je ne souffrirai point, s'écrie-t-il, que l'on brûle ce suppliant. Quoi ! il auroit vainement demandé l'hospitalité aux tombeaux de nos aïeux ? il auroit en vain cherché la paix dans le lieu où toutes les guerres finissent ? Et que diroit René du pays de l'Aurore, le fils adoptif du sage Chactas, cet ami qui m'a donné la chaîne d'or ? « Va, me diroit-il, homme cruel, cherche un autre compagnon pour errer dans les vallées ; je ne veux point de commerce avec les vautours qui déchirent les infortunés. »

Non ! non ! je ne descendrai point chez les morts avec un pareil grain noir dans le collier de ma vie. »

Ainsi parloit le frère de Céluta. L'inexorable Adario ordonne que l'on saisisse le guerrier blanc, et qu'il soit réservé au supplice du feu. Chactas avoit fait abolir cet affreux usage ; mais le vénérable sachem étoit prisonnier au fort Rosalie, et les Indiens irrités n'écoutoient que la vengeance. Les femmes qui avoient perdu leurs fils dans le combat entouroient l'étranger en poussant des hurlements : telles les ombres se pressoient autour d'Ulysse, dans les ténèbres cymmériennes, pour boire le sang des victimes; tels les Grecs chantoient autour du bûcher la fille d'Hécube, immolée aux mânes de l'impitoyable Achille.

LIVRE ONZIÈME.

Sur une colline, à quelque distance du champ de bataille, s'élevoit un sycomore dont la cime étoit couronnée ; tous les soirs des milliers de colombes se venoient percher sur ses rameaux desséchés. Ce fut au pied de cet arbre que le commandant de l'armée françoise résolut de passer la nuit et d'assembler le conseil des officiers pour délibérer sur le parti qui restoit à prendre.

Le bûcher du bivouac est allumé; des sentinelles sont placées à diverses distances, et les chefs arrivent aux ordres de Chépar. Ils forment un cercle autour du foyer des veilles. On voyoit, à la lueur des flammes, les visages fatigués et poudreux, les habits déchirés et sanglants, les armes demi-brisées, les casques fracassés, les chapeaux percés de balles, et tout le noble désordre de ces vaillants capitaines, tandis que les colombes, fidèles à leur retraite accoutumée, loin de fuir les feux, se venoient reposer avec les guerriers.

La résistance inattendue des sauvages avoit effrayé le commandant du fort Rosalie : il commençoit à craindre de s'être laissé trop emporter à l'humeur intéressée des colons. Il avoit livré le combat sans en avoir reçu l'ordre précis du gouverneur de la Louisiane, et avant l'arrivée des troupes annoncées d'Europe. Un nombre assez considérable de soldats et plusieurs officiers étoient restés sur le champ de bataille : l'absence du capitaine d'Artaguette alarmoit.

L'opinion des chefs, rassemblés autour de Chépar, étoit partagée : les uns vouloient continuer le combat au lever du jour; les autres prétendoient que le châtiment infligé aux sauvages étoit assez sévère : il s'agissoit moins, disoient-ils, d'exterminer ces peuples, que de les soumettre; sans doute les Indiens seroient disposés à un arrangement, et dans tous les cas la suspension des hostilités donneroit aux François le temps de recevoir des secours.

Febriano ne parut point à ce conseil : sa conduite sur le champ de bataille lui fit craindre la présence de ses valeureux compagnons d'armes : c'étoit dans de secrètes communications avec Chépar que le renégat espéroit reprendre son influence et son crédit.

Le feu du bivouac ne jetoit plus que des fumées, l'aube blanchissoit l'orient, les oiseaux commençoient à chanter ; le conseil n'avoit point encore fixé ses résolutions. Tout à coup retentit l'appel d'une sentinelle avancée ; on voit courir des officiers : la grand'garde fait le premier temps des feux. Un parti de jeunes Indiens, commandés par cet Outougamiz dont l'armée françoise avoit admiré la valeur, se présentoit au poste. Ces guerriers s'arrêtent à quelque distance ; de leurs rangs sort un jeune homme, pâle, la tête nue, portant un uniforme françois taché de sang : c'étoit d'Artaguette. Il s'appuyoit sur le bras d'une négresse qui allaitoit un enfant : on le reçut à l'avant-garde ; les Indiens se retirèrent.

Conduit au général, d'Artaguette parla de la sorte devant le conseil :

« Blessé vers la fin du combat, le brave grenadier Jacques me porta hors de la mêlée. Jacques étoit blessé lui-même ; je le forçai de se retirer : il obéit à mes ordres, mais dans le dessein de m'aller chercher des secours. La nuit ayant fait cesser le combat, je parvins à me traîner à ce cimetière des Indiens, qu'ils appellent les bocages de la mort : là je fus trouvé par le jongleur : on me condamna au supplice des prisonniers de guerre. Outougamiz me voulut en vain sauver : sa sœur, non moins généreuse, fit ce qu'il n'avoit pu faire. La loi indienne permet à une femme de délivrer un prisonnier en l'adoptant ou pour frère ou pour mari. Céluta a rompu mes liens ; elle a déclaré que j'étois son frère : elle réserve sans doute l'autre titre à un homme plus digne que moi de le porter.

« Les Indiens, dont je suis devenu le fils adoptif, m'ont chargé de paroles de paix. Outougamiz, mon frère sauvage, m'a escorté jusqu'à l'avant-garde de notre armée ; une négresse appelée Glazirne, que j'avois connue au fort Rosalie, et qui se trouvoit aux Natchez, m'a prêté l'appui de son bras pour arriver au milieu de vous. Je ne dirai point au général que j'étois opposé à la guerre : il a dû, dans son autorité et dans sa sagesse, décider ce qui convenoit le mieux au service du roi, mais je pense que les Natchez étant aujourd'hui les premiers à parler de paix, l'honneur de la France est à couvert. Les Indiens m'ont accordé la vie et rendu la liberté. Chactas peut être échangé contre moi : je serai glorieux d'avoir servi de rançon à ce vieillard illustre. »

Le sang et le courage du capitaine d'Artaguette étoient encore plus éloquents que ses paroles : un murmure flatteur d'applaudissements se répandit dans le conseil. Chépar vit un moyen de se tirer avec honneur du pas dangereux où il s'étoit engagé : il déclara que puisque les sauvages imploroient une trêve, il consentoit à la leur accorder, leur voulant apprendre qu'on n'avoit jamais recours en vain à sa clémence. Chactas, qu'on envoya chercher au fort Rosalie, conclut une suspension d'armes qui devoit durer un an, et dans le cours de laquelle des sachems expérimentés et de notables François s'occuperoient à régler le partage des terres.

Quelques jours suffirent pour donner la sépulture aux morts ; une nature vierge et vigoureuse eut bientôt fait disparoître dans les bois les traces de la fureur des hommes, mais les haines et les divisions ne firent que s'accroître. Tous ceux qui avoient perdu des parents ou des amis sur le champ de bataille respiroient la vengeance : les Indiens, rendus plus fiers par leur résistance, étoient impatients de redevenir entièrement libres ; les habitants de la colonie, trompés dans leur premier espoir, convoitoient plus que jamais les concessions dont ils se voyoient privés, et Chépar, humilié d'avoir été arrêté par des sauvages, se promettoit, quand il auroit réuni de nouveaux soldats, de faire oublier le mauvais succès d'une démarche précipitée.

Cependant on ne recevoit aux Natchez aucune nouvelle du soleil et de son armée : les messagers envoyés au grand-chef pour l'instruire de l'attaque des François n'étoient point revenus. L'inquiétude commençoit à se répandre, et l'on remarquoit dans Akansie une agitation extraordinaire.

Toute la tendresse de Céluta, qui n'étoit plus alarmée pour Outougamiz, sorti du combat couvert de gloire, s'étoit portée sur le frère d'Amélie. Outougamiz auroit déjà volé vers René s'il n'eût été occupé par ordre des sachems à donner les fêtes de l'hospitalité aux guerriers des tribus alliées qui s'étoient trouvés au combat. Outougamiz disoit à sa sœur : « Sois tranquille ; mon ami aura triomphé comme moi : c'est à son Manitou que je dois la victoire ; le mien l'aura sauvé de tous les périls. »

Outougamiz jugeoit par la force de son amitié de la puissance de son génie tutélaire : il jugeoit mal.

Une nuit, un Indien détaché du camp du soleil annonça le retour de la tribu de l'Aigle. La nouvelle se répand dans les cabanes ; les familles s'assemblent sous un arbre, à la lueur des flambeaux, pour écouter les cris d'arrivée : Outougamiz et Céluta sont les premiers au rendez-vous.

On entend d'abord le cri d'avertissement de l'approche des guerriers : toutes les oreilles s'inclinent, toutes les têtes se penchent en avant ; toutes les bouches s'entr'ouvrent, tous les yeux se fixent, tous les visages expriment le sentiment confus de la crainte et de l'espérance.

Après le cri d'avertissement commencent les cris de mort. Chactas comptoit à haute voix ces cris, répétés autant de fois qu'il y avoit de guerriers perdus : la nation répondit par une exclamation de douleur. Chaque famille se demande si elle n'a point fourni quelque victime au sacrifice ; si un père, un frère, un fils, un mari, un amant, ne sont point descendus à la contrée des âmes : Céluta trembloit et Outougamiz paroissoit pétrifié.

Les cris de guerre succédèrent aux cris de mort ; ils annonçoient la quantité de chevelures enlevées à l'ennemi et le nombre des prisonniers faits sur lui. Ces cris de guerre excédant les cris de mort, une exclamation de triomphe se prolongea dans les forêts.

La tribu de l'Aigle parut alors, et défila entre deux rangs de flambeaux. Les spectateurs cherchoient à découvrir leur bonheur ou leur infortune : on vit tout d'abord que le vieux soleil manquoit, et Outougamiz et sa sœur n'aperçurent point le frère d'Amélie. Céluta, défaillante, fut à peine soutenue dans les bras d'Outougamiz, aussi consterné qu'elle. Mila se cacha en disant : « Je lui avois recommandé de ne pas mourir ! »

Ondouré, qui remplaçoit le soleil dans le commandement des guerriers, marchoit d'un air victorieux. Il salua la femme-chef, qui, au lieu de jouir de l'avénement de son fils au pouvoir suprême, sembloit troublée par quelque remords. Averti de ce qui se passoit, Chactas gardoit une contenance douloureuse et sévère.

A mesure que la troupe s'avançoit vers le grand village, les chefs adressoient quelques mots aux diverses familles : « Ton fils s'est conduit dans la bataille comme un buffle indompté, » disoit un guerrier à un père, et le père répondoit : « C'est bien. » — « Ton fils est mort, » disoit un autre guerrier à une mère, et la mère répondoit en pleurant : « C'est égal. »

Le conseil des sachems s'assemble : Ondouré, appelé devant ce conseil, fait le récit de l'expédition. Selon ce récit, les Natchez avoient trouvé les Illinois venant eux-mêmes attaquer les Natchez : dans le combat produit par cette rencontre, la victoire s'étoit déclarée en faveur des premiers, mais malheureusement le soleil étoit tombé mort, percé d'une flèche. « Quant au coupable auteur de cette guerre, ajouta Ondouré, resté au pouvoir de l'ennemi, il expie à présent même, dans le cadre de feu, le châtiment dû à son sacrilége. »

Ondouré auroit bien voulu accuser de lâcheté son rival; mais René, blessé trois fois en défendant le soleil, avoit fait si publiquement éclater sa valeur aux yeux des sauvages, qu'Ondouré même fut obligé de rendre témoignage à cette valeur.

« Devenu chef des guerriers, reprit-il, j'aurois poursuivi ma victoire, si l'un de vos messagers ne m'eût apporté la nouvelle de l'attaque des François : j'ai commandé la retraite, et suis accouru à la défense de nos foyers. »

Pendant le récit d'Ondouré, la femme-chef avoit donné des signes d'un trouble extraordinaire : on la vit rougir et pâlir. D'après quelques mots échappés à son coupable amant, lorsqu'il marcha aux Illinois, Akansie ne douta point que la flèche lancée contre le vieux soleil ne fût partie de la main d'Ondouré. Le criminel lui-même se vint bientôt vanter auprès de la jalouse Indienne d'avoir fait commencer le règne du jeune soleil. « Ma passion pour vous, dit-il, m'a emporté trop loin peut-être : disposez de moi, et ne songez qu'à établir votre puissance. » Ondouré espéroit se faire nommer édile par le crédit de la femme-chef, et gouverner la nation comme tuteur du souverain adolescent.

La mort du vieux soleil opéroit une révolution dans l'État : en lui expiroit un des trois vieillards qui avoient aboli la tyrannie des anciens despotes des Natchez. Il ne restoit plus que Chactas et Adario, tous deux au moment de disparoître.

Chactas conçut des soupçons sur le genre de mort de son ami : on ne disoit point de quel côté la flèche avoit frappé le chef centenaire; on ne rapportoit point le corps de ce vénérable chef, bien qu'on eût obtenu la victoire. Un bruit couroit, parmi les guerriers de la tribu de l'Aigle, que le soleil avoit été blessé par derrière, qu'il étoit tombé sur le visage, et que, longtemps défendu à terre par le guerrier blanc, l'un et l'autre, indignement abandonnés, étoient demeurés vivants aux mains de l'ennemi.

Ce bruit n'avoit que trop de fondement; telle étoit l'affreuse vérité: René et le soleil avoient été faits prisonniers. Les Illinois se consolèrent de leur défaite en se voyant maîtres du grand-chef des Natchez : non poursuivis dans leur retraite, ils emmenèrent paisiblement leurs victimes.

Après un mois de marche, de repos et de chasse, ils arrivèrent à leur grand village : là, les prisonniers devoient être exécutés. Par un raffinement de barbarie, on avoit pris soin de panser les blessures du frère d'Amélie et du soleil ; les captifs étoient gardés jour et nuit, avec les précautions que le démon de la cruauté inspire aux peuples de l'Amérique.

Lorsque les Illinois découvrirent leur grand village, ils s'arrêtèrent pour préparer une entrée triomphante. Le chef de la troupe s'avança le premier en jetant les cris de mort. Les guerriers venoient ensuite rangés deux à deux : ils tenoient, par l'extrémité d'une corde, René et le chef des Natchez, à moitié nus, les bras liés au-dessus du coude.

Le cortége parvint ainsi sur la place du village : une foule curieuse s'y trouvoit déjà assemblée ; cette foule se pressoit, s'agitoit, dansoit autour du vieux soleil et de son compagnon : telles, dans un soir d'automne, d'innombrables hirondelles voltigent autour de quelques ruines solitaires ; tels les habitants des eaux se jouent dans un rayon d'or qui pénètre les vagues du Meschacebé, tandis que les fleurs des magnolias, détachées par le souffle de la brise, tombent en pluie sur la surface de l'onde.

Lorsque l'armée et tous les sauvages furent réunis dans le lieu de douleur, le grand-prêtre donna le signal du prélude des supplices, appelé, par l'horrible Athaensic [1], *les caresses aux prisonniers*.

Aussitôt les Indiens, rangés sur deux lignes, frappent avec des bâtons de cèdre le chef des Natchez : celui-ci, sans hâter sa marche, passe entre ses bourreaux, comme un fleuve qui roule la lenteur de ses flots entre deux rives verdoyantes. René s'attendoit à voir tomber la victime ; il ignoroit que ces maîtres en supplice évitoient de porter les coups aux parties mortelles, afin de prolonger leurs plaisirs. « Vénérable sachem, s'écrioit le frère d'Amélie, quelle destinée ! Moi, je suis jeune ; je puis souffrir : mais vous ! »

Le soleil répondit : « Pourquoi me plains-tu ? je n'ai pas besoin de ta pitié. Songe à toi ; rappelle tes forces. L'épreuve du feu commencera par moi, parce que je suis un chêne desséché sur ma tige et propre à m'embraser rapidement. J'espère jeter une flamme dont la lumière éclairera ma patrie et réchauffera ton courage. »

Après ces traitements faits à la vieillesse, le jeune François eut à supporter les mêmes barbaries ; ensuite les deux prisonniers furent conduits dans une cabane, où on leur prodigua tous les secours et tous les plaisirs : l'oiseau de Minerve canadienne brise le pied de ses victimes et les engraisse dans son aire durant les beaux jours, pour les dévorer dans la saison des frimas.

La nuit vint : René, couvert de blessures, étoit couché sur une natte

---

1. La vengeance.

à l'une des extrémités de la cabane. Des gardes veilloient à la porte. Une femme vêtue de blanc, une couronne de jasmin jaune sur la tête, s'avance dans l'ombre; on entendoit couler ses larmes. « Qui es-tu? » dit René en se soulevant avec peine. « Je suis *la Vierge des dernières amours* [1], répondit l'Indienne. Mes parents ont demandé pour moi la préférence, car ils haïssent Venclao, que j'aime. Voilà pourquoi je pleure à ton chevet : je m'appelle Nélida. »

René répondit dans la langue des sauvages : « Les baisers d'une bouche qui n'est point aimée sont des épines qui percent les lèvres. Nélida, va retrouver Venclao ; dis-lui que l'étranger des sassafras a respecté ton amour et ton malheur. » A ces mots, la fille des Illinois s'écria : « Manitou des infortunés, écoute ma prière ! Fais que ce prisonnier échappe au sort qu'on lui réserve ! il n'a point flétri mon sein ! puisse sa bien-aimée lui être attachée comme l'épouse de l'alcyon, qui porte aux rayons du soleil son époux languissant sous le poids des années ! »

En achevant ces paroles, *la Vierge des dernières amours* prit les fleurs de jasmin qui couvroient ses cheveux, et les déposa sur le front de René : mœurs extraordinaires dont la trame semble être tissue par les Muses et par les Furies.

« Couronnée de ta main, » dit le jeune homme à Nélida, « la victime sera plus agréable au Grand-Esprit. » René, depuis longtemps, avoit assez de la vie; content de mourir, il offroit au ciel les tourments qu'il alloit endurer pour l'expiation de ceux d'Amélie.

Dans ce moment les gardes entrèrent, et la fille des Illinois se retira.

Elle vint, l'heure des supplices : les Indiens racontèrent que l'astre de la lumière, épouvanté, ne sortit point ce jour-là du sein des mers, et qu'Athaensic, déesse des vengeances, éclaira seule la nature. Les prisonniers furent conduits au lieu de l'exécution.

Le chef des Natchez est attaché à un poteau, au pied duquel s'élevoit un amas d'écorces et de feuilles séchées : le frère d'Amélie est réservé pour la dernière victime. Le grand-prêtre paroît au milieu du cercle que formoit la foule autour du poteau; il tient à la main une torche, qu'il secoue en dansant. Bientôt il communique le feu au bûcher : on eût cru voir un de ces sacrifices offerts par les anciens Grecs sur les bords de l'Hellespont : le mont Ida, le Xante et le Simoïs pleuroient Astyanax et les ruines fumantes d'Ilion.

On brûle d'abord les pieds du vieillard, aussi tranquille au feu du

---

1. Voyez, pour l'explication de cet usage, l'épisode d'*Atala*.

bûcher que s'il eût été assis, aux rayons du matin, à la porte de sa cabane. Le sachem chante au milieu des tourments qui le conduisent à la tombe, comme l'époux répète le cri d'hyménée en s'approchant du lit nuptial. Les bourreaux, irrités, épuisent la fécondité de leur infernal génie. Ils enfoncent dans les plaies de l'ami de Chactas des éclisses de pin enflammées, et lui crient : « Éclaire-nous donc maintenant, ô bel astre[1] ! » Tel un soleil couronnant son front du feu le plus doux se couche au milieu du concert de la nature : ainsi parut aux Illinois la victime rayonnante,

Athaensic souffle sa rage dans les cœurs : un jongleur, qu'une louve avoit nourri dans un antre du Niagara, se précipite sur le sachem, lui arrache la peau de la tête et répand des cendres rougies sur le crâne découvert du vieillard. La douleur abat le chef des Natchez aux pieds de ses ennemis.

Bientôt réveillé d'un évanouissement dont il s'indigne, il saisit un tison, appelle et défie ses persécuteurs : cantonné au milieu de son bûcher, il est un moment la terreur de toute une armée. Un faux pas le livre de nouveau aux inventeurs des tortures : ils se jettent sur le vieillard ; la hache coupe ces pieds qui visitoient la cabane des infortunés, ces mains qui pansoient les blessures. On roule un tronc encore vivant sur la braise, dont la violence sert de remède aux plaies de la victime et les cicatrise, tandis que le sang fume sur les charbons, comme l'encens dans un sacrifice.

Le chef n'a pas succombé ; il écarte encore de ses regards les guerriers les plus proches, et fait reculer les bourreaux. Moins effrayant est le serpent dont le voyageur a séparé les anneaux avec un glaive : le dragon mutilé s'agite aux pieds de son ennemi, soufflant sur lui ses poisons, le menaçant de ses ardentes prunelles, de sa triple langue et de ses longs sifflements.

« René ! » s'écrie enfin le vieillard d'une voix qui semble avoir redoublé de force, « je vais rejoindre mes pères ! Je ne me suis livré à ces actions qu'afin de t'encourager à mourir et de te montrer ce que peut un homme lorsqu'il veut exercer toute la puissance de son âme. Pour l'honneur de ta nouvelle patrie, imite mon exemple. »

Il expire. Il avoit accompli un siècle : sa vertu antique, cultivée si longtemps sur la terre, s'épanouit aux rayons de l'éternité, comme l'aloès américain qui au bout de cent printemps ouvre sa fleur aux regards de l'aurore.

---

1. Historique.

LIVRE DOUZIÈME.

Le courage du chef des Natchez avoit exalté la fureur des Illinois. Ils s'écrioient, pleins de rage : « Si nous n'avons pu tirer un mugissement de ce vieux buffle, voici un jeune cerf qui nous dédommagera de nos peines. » Femmes, enfants, sachems, tous s'empressent au nouveau sacrifice : le génie des vengeances sourit aux tourments et aux larmes qu'il prépare.

Sur une habitation américaine que gouverne un maître humain et généreux, de nombreux esclaves s'empressent à recueillir la cerise du café : les enfants la précipitent dans des bassins d'une eau pure ; les jeunes Africaines l'agitent avec un râteau pour détacher la pulpe vermeille du noyau précieux, ou étendent sur des claies la récolte opulente. Cependant le maître se promène sous des orangers, promettant des amours et du repos à ses esclaves, qui font retentir l'air des chansons de leur pays : ainsi les Illinois s'empressent, sous les regards d'Athaensic, à recueillir une nouvelle moisson de douleurs. En peu de temps l'ouvrage se consomme, et le frère d'Amélie, dépouillé par les sacrificateurs, est attaché au pilier du sacrifice.

Au moment où le flambeau abaissoit sa chevelure de feu pour la répandre sur les écorces, des tourbillons de fumée s'élèvent des cabanes voisines : parmi des clameurs confuses on entend retentir le cri des Natchez ; un parti de cette nation portoit la flamme chez les Illinois. L'épouvante et la confusion se mettent dans la foule assemblée autour du frère d'Amélie ; les jongleurs prennent la fuite ; les femmes et les enfants les suivent : on se disperse sans écouter la voix des chefs, sans se réunir pour se défendre. Dans la terreur dont les esprits sont frappés, la petite troupe des Natchez pénètre jusqu'au lieu du sang. Un jeune chef, la hache à la main, devance ses compagnons. Qui déjà ne l'a nommé ? C'est Outougamiz. Il est au bûcher ; il a coupé les liens funestes !

Toutes les paroles de tendresse et de pitié prêtes à s'échapper de son âme par lui sont étouffées. Rien n'est fait encore : René n'est pas sauvé ; un seul instant de retard le peut perdre. Revenus de leur première frayeur, les Illinois se sont aperçus du petit nombre des Natchez ; ils se rassemblent avec des cris et entourent la troupe libératrice. Les efforts de cette troupe lui ouvrent un chemin : mais que peuvent douze guerriers contre tant d'ennemis ? En vain les Natchez ont placé au milieu d'eux le frère d'Amélie : ses blessures le rendent boiteux et pesant ; sa main percée d'une flèche ne peut lever la hache, et presque à chaque pas il va mesurer la terre.

Outougamiz charge le frère d'Amélie sur ses épaules ; le fardeau sacré semble lui avoir donné des ailes : le frère de Céluta glisse sur la pointe des herbes ; on n'entend ni le bruit de ses pas ni le murmure de son haleine. D'une main il retient son ami, de l'autre il frappe et combat. A mesure qu'il s'avance vers la forêt voisine, ses compagnons tombent un à un à ses côtés : quand il pénétra avec René dans la forêt, il restoit seul.

Déjà la nuit étoit descendue ; déjà Outougamiz s'étoit enfoncé dans l'épaisseur des taillis, où, déposant René parmi de longues herbes, il s'étoit couché près de lui : bientôt il entend des pas. Les Illinois allument des flambeaux qui éclairent les plus sombres détours du bois.

René veut adresser les paroles de sa tendre admiration au jeune sauvage, mais celui-ci lui ferme la bouche : il connoissoit l'oreille subtile des Indiens. Il se lève, trouve avec joie que le frère d'Amélie a repris quelque force, lui ceint les reins d'une corde et l'entraîne au bas d'une colline qui domine un marais.

Les deux infortunés cherchent un asile au fond de ce marais : tantôt ils plongent dans le limon qui bouillonne autour de leur ceinture ; tantôt ils montrent à peine la tête au-dessus des eaux. Ils se frayent une route à travers les herbes aquatiques qui entravent leurs pieds comme des liens, et parviennent ainsi à de hauts cyprès, sur les genoux[1] desquels ils se reposent.

Des voix errantes s'élèvent autour du marais. Des guerriers se disoient les uns aux autres : « Il s'est échappé. » Plusieurs soutenoient qu'un génie l'avoit délivré. Les jeunes Illinois se faisoient de mutuels reproches, tandis que des sachems assuroient qu'on retrouveroit le prisonnier, puisqu'on étoit sur ses traces ; et ils poussoient des dogues dans les roseaux. Les voix se firent entendre ainsi quelque temps : par degré elles s'éloignèrent et se perdirent enfin dans la profondeur des forêts.

Le souffle refroidi de l'aube engourdit les membres de René ; ses plaies étoient déchirées par les buissons et les ronces, et de la nudité de son corps découloit une eau glacée : la fièvre vint habiter ses os, et ses dents commencèrent à se choquer avec un bruit sinistre. Outougamiz saisit René de nouveau, le réchauffa sur son cœur, et quand la

---

1 On appelle *genoux* du cyprès chauve les grosses racines qui sortent de terre.

lumière du soleil eut pénétré sous la voûte des cyprès, elle trouva le sauvage tenant encore son ami dans ses bras.

Mère des actions sublimes! toi qui depuis que la Grèce n'est plus as établi ta demeure sur les tombeaux indiens, dans les solitudes du Nouveau-Monde! toi qui, parmi ces déserts, es pleine de grandeur, parce que tu es pleine d'innocence! amitié sainte! prête-moi tes paroles les plus fortes et les plus naïves, ta voix la plus mélodieuse et la plus touchante, tes sentiments exaltés, tes feux immortels, et toutes les choses ineffables qui sortent de ton cœur, pour chanter les sacrifices que tu inspires! Oh! qui me conduira au champ des Rutules, à la tombe d'Euryale et de Nisus, où la Muse console encore des mânes fidèles! Tendre divinité de Virgile, tu n'eus à soupirer que la mort de deux amis : moi j'ai à peindre leur vie infortunée.

Qui dira les douces larmes du frère d'Amélie? qui fera voir ses lèvres tremblantes où son âme venoit errer? qui pourra représenter sous l'abri d'un cyprès, parmi des roseaux, Outougamiz, sa chaîne d'or, Manitou de l'amitié, serrée à triple nœud sur sa poitrine, Outougamiz soutenant dans ses bras l'ami qu'il a délivré, cet ami couvert de fange et de sang, et dévoré d'une fièvre ardente? Que celui qui le peut exprimer nous rende le regard de ces deux hommes, quand, se contemplant l'un l'autre en silence, les sentiments du ciel et du malheur rayonnoient et se confondoient sur leur front. Amitié! que sont les empires, les amours, la gloire, toutes les joies de la terre, auprès d'un seul instant de ce douloureux bonheur?

Outougamiz, par cet instinct de la vertu qui fait deviner le crime, avoit ajouté peu de foi au récit d'Ondouré; ce qu'il recueillit de la bouche de divers guerriers augmenta ses doutes. Dans tous les cas, René étoit mort ou pris, et il falloit ou lui donner la sépulture ou le délivrer des flammes.

Outougamiz cache ses desseins à Céluta : il n'avertit qu'une troupe de jeunes Natchez qui consentent à le suivre. Il se dépouille de tout vêtement, et ne garde qu'une ceinture pour être plus léger; il peint son corps de la couleur des ombres; ceint le poignard, s'arme du tōmahawk[1]; attache sur son cœur la chaîne d'or, suspend de petits pains de maïs à son côté, jette l'arc sur son épaule, et rejoint dans la forêt ses compagnons. Il se glisse avec eux dans les ténèbres : arrivé au Bayouc des Pierres, il le traverse, aborde la rive opposée, pousse le cri du castor qui a perdu ses petits, bondit, et il disparoît dans le désert.

1. Hache.

Huit jours entiers il marche, ou plutôt il vole; pour lui plus de sommeil, pour lui plus de repos. Ah! le moment où il fermeroit la paupière ne pourroit-il pas être le moment même qui lui raviroit son ami? Montagnes, précipices, rivières, tout est franchi : on diroit un aimant qui cherche à se réunir à l'objet qui l'attire à travers les corps qui s'opposent à son passage. Si l'excès de la fatigue arrête le frère de Céluta, s'il sent, malgré lui, ses yeux s'appesantir, il croit entendre une voix qui lui crie du milieu des flammes : « Outougamiz! Outougamiz! où est le Manitou que je t'ai donné? » A cette voix intérieure, il tressaille, se lève, baise la chaîne d'or, et reprend sa course.

La lenteur avec laquelle les Illinois retournèrent à leurs villages donna le temps à Outougamiz d'arriver avant la consomption de l'holocauste. Ce sauvage n'est plus le simple, le crédule Outougamiz : à sa résolution, à son adresse, à la manière dont il a tout prévu, tout calculé, on prendroit ce soldat pour un chef expérimenté. Il sauve René, mais en perdant ses nobles compagnons, troupe d'amis qui offre à l'amitié ce magnanime sacrifice! il sauve René, l'entraîne dans le marais; mais que de périls il reste encore à surmonter!

Le lieu où les deux amis se reposèrent d'abord étant trop voisin du rivage, Outougamiz résolut de se réfugier sous d'autres cyprès, qui croissoient au milieu des eaux : lorsqu'il voulut exécuter son dessein, il sentit toute sa détresse. Un peu de pain de maïs n'avoit pu rendre les forces à René; ses douleurs s'étoient augmentées, ses plaies s'étoient rouvertes; une fièvre pesante l'accabloit, et l'on ne s'apercevoit de sa vie qu'à ses souffrances.

Accablé par ses chagrins et ses travaux, affoibli par la privation presque totale de nourriture, le frère de Céluta eût eu besoin pour lui-même des soins qu'il prodiguoit à son ami. Mais il ne s'abandonna point au désespoir; son âme, s'agrandissant avec les périls, s'élève comme un chêne qui semble croître à l'œil à mesure que les tempêtes du ciel s'amoncellent autour de sa tête. Plus ingénieux dans son amitié qu'une mère indienne qui ramasse de la mousse pour en faire un berceau à son fils, Outougamiz coupe des joncs avec son poignard, en forme une sorte de nacelle, parvient à y coucher le frère d'Amélie, et, se jetant à la nage, traîne après lui le fragile vaisseau qui porte le trésor de l'amitié.

Outougamiz avoit été au moment d'expirer de douleur; il se sentit près de mourir de joie lorsqu'il aborda la cyprière. « Oh! s'écria-t-il en rompant alors pour la première fois le silence, il est sauvé! Délicieuse nécessité de mon cœur! pauvre colombe fugitive! te voilà donc à l'abri des chasseurs! Mais, René, je crains que tu ne me veuilles pas pardonner, car c'est moi qui suis la cause de tout ceci, puisque je n'étois point auprès de toi dans la bataille. Comment ai-je pu quitter mon ami qui m'avoit donné un Manitou sur mon berceau? C'est fort mal, fort mal à toi, Outougamiz! »

Ainsi parloit le sauvage; la simplicité de ses propos, en contraste avec la sublimité de ses actions, firent sortir un moment René de l'accablement de la douleur : levant une main débile et des yeux éteints, il ne put prononcer que ces mots : « Te pardonner! »

Outougamiz entre sous les cyprès : il coupe les rameaux trop abaissés, il écarte des genoux de ces arbres les débris des branches : il y fait un doux lit avec des cimes de joncs pleins d'une moelle légère; puis, attirant son ami sur ce lit, il le recouvre de feuilles séchées : ainsi un castor dont les eaux ont inondé les premiers travaux prend son nourrisson et le transporte dans la chambre la plus élevée de son palais.

Le second soin du frère de Céluta fut de panser les plaies du frère d'Amélie. Il sépare deux nœuds de roseaux, puise un peu d'eau du marais, verse cette eau d'une coupe dans l'autre pour l'épurer et lave les blessures dont il a sucé d'abord le venin. La main d'un fils d'Esculape, armé des instruments les plus ingénieux, n'auroit été ni plus douce ni plus salutaire que la main de cet ami. René ne pouvoit exprimer sa reconnoissance que par le mouvement de ses lèvres. De temps en temps l'Indien lui disoit avec inquiétude : « Te fais-je mal? te trouves-tu un peu soulagé? » René répondoit par un signe qu'il se sentoit soulagé, et Outougamiz continuoit son opération avec délices.

Le sauvage ne songeoit point à lui : il avoit encore quelque reste de maïs, il le réservoit pour René. Outougamiz ne faisoit qu'obéir à un instinct sublime, et les plus belles actions n'étoient chez lui que l'accomplissement des facultés de sa vie. Comme un charmant olivier nourri parmi les ruisseaux et les ombrages laisse tomber, sans s'en apercevoir, au gré des brises, ses fruits mûrs sur les gazons fleuris, ainsi l'enfant des forêts américaines semoit, au souffle de l'amitié, ses vertus sur la terre, sans se douter des merveilleux présents qu'il faisoit aux hommes.

Rafraîchi et calmé par les soins de son libérateur, René sentit ses paupières se fermer, et Outougamiz tomba lui-même dans un profond sommeil à ses côtés : les anges veillèrent sur le repos de ces deux hommes, qui avoient trouvé grâce auprès de celui qui dormit dans le sein de Jean.

Outougamiz eut un songe. Une jeune femme lui apparut : elle s'appuyoit en marchant sur un arc détendu, entouré de lierre comme un thyrse ; un chien la suivoit. Ses yeux étoient bleus ; un sourire sincère entr'ouvroit ses lèvres de rose ; son air étoit un mélange de force et de grâce. Presque nue, elle ne portoit qu'une ceinture, plus belle que celle de Vénus. Outougamiz se figuroit lui tenir ce discours :

« Étrangère, j'avois planté un érable sur le sol de la hutte où je suis né : voilà que pendant mon absence de méchants Manitous ont blessé son écorce et ont fait couler sa sève. Je cherche des simples dans ces marais pour les appliquer sur les plaies de mon érable. Dis-moi où je trouverai la feuille du savinier. »

D'une voix paisible l'Indienne paroissoit répondre à Outougamiz : « En vérité, je dis qu'il connoîtra toutes les ruses de la sagesse, l'homme qui pourra pénétrer celle de votre amitié. Ne craignez rien : j'ai dans le jardin de mon père des simples pour guérir tous les arbres, et en particulier les érables blessés. »

En prononçant ces paroles, qu'Outougamiz croyoit entendre, l'Indienne, fille du songe, prit un air de majesté : sa tête se couronna de rayons ; deux ailes blanches bordées d'or ombragèrent ses épaules divines. L'extrémité d'un de ses pieds touchoit légèrement la terre, tandis que son corps flottoit déjà dans l'air diaphane.

« Outougamiz, sembloit dire le brillant fantôme, élève-toi par l'adversité. Que les vertus de la nature te servent d'échelons pour atteindre aux vertus plus sublimes de la religion de cet homme à qui tu as dévoué ta vie : alors je reviendrai vers toi, et tu pourras compter sur les secours de l'ange de l'amitié. »

Ainsi parle la vision au jeune Natchez plongé dans le sommeil. Un parfum d'ambroisie, embaumant les lieux d'alentour, répand la force dans l'âme du frère de Céluta, comme l'huile sacrée qui fait les rois ou prépare l'âme du mourant aux béatitudes célestes.

En même temps le rêve devient magnifique : le séraphin, dont il produit l'image, poussant la terre de son pied, comme un plongeur qui remonte du fond de l'abîme, s'élève dans les airs. Cette vertu calme ne se meut point avec la rapidité des messagers qui portent les ordres redoutables du Tout-Puissant ; son assomption vers la région de l'éternelle paix est mesurée, grave et majestueuse. Aux champs de l'Europe un globe lumineux, arrondi par la main d'un enfant des Gaules, perce lentement la voûte du ciel ; aux champs de l'Inde, l'oiseau du paradis flotte sur un nuage d'or, dans le fluide azuré du firmament.

Outougamiz se réveille ; la voix du héron annonçoit le retour de l'aurore : le frère de Céluta se sentoit tout fortifié par son rêve et par son sommeil. Après quelques moments employés à rassembler ses idées, l'Indien, rappelant et les périls passés et les dangers à venir, se lève pour commencer sa journée. Il visite d'abord les blessures de René, frotte les membres engourdis du malade avec un bouquet d'herbes aromatiques, partage avec lui quelques morceaux de maïs, change les joncs de la couche, renouvelle l'air en agitant les branches des cyprès, et replace son ami sur de frais roseaux : on eût dit d'une matrone laborieuse qui arrange au matin sa cabane, ou d'une mère qui donne de tendres soins à son fils.

Ces choses de l'amitié étant faites, Outougamiz songe à se parer avant d'accomplir les desseins qu'il méditoit. Il se mire dans les eaux, peigne sa chevelure, et ranime ses joues décolorées avec la pourpre d'une craie précieuse. Ce sauvage avoit tout oublié dans son héroïque entreprise, hors le vermillon des fêtes, mêlant ainsi l'homme et l'enfant, portant la gravité du premier dans les frivolités du second, et la simplicité du second dans les occupations du premier : sur l'arbre d'Atalante, le bouton parfumé qui sert d'ornement à la jeune fille grossit auprès de la pomme d'or qui rafraîchit la bouche du voyageur fatigué.

La nature avoit placé dans le cœur d'Outougamiz l'intelligence qu'elle a mise dans la tête des autres hommes : le souffle divin donnoit à la Pythie des vues de l'avenir moins claires et moins pénétrantes que l'esprit dont il étoit animé ne découvroit au frère de Céluta les malheurs qui pouvoient menacer son ami. Saisissant le temps corps à corps, l'amitié forçoit ce mystérieux Protée à lui révéler ses secrets.

Outougamiz, ayant pris ses armes, dit au nouveau Philoctète couché dans son antre, mais que l'amitié des déserts, plus fidèle que celle des palais, n'avoit point trahi : « Je vais chercher les dons du Grand-Esprit, car il faut bien que tu vives, et il faut aussi que je vive. Si je ne mangeois pas, j'aurois faim, et mon âme s'en iroit dans le pays des âmes. Et comment ferois-tu alors? Je vois bien tes pieds, mais ils sont immobiles; je vois bien tes mains, mais elles sont froides et ne peuvent serrer les miennes. Tu es loin de ta forêt et de ta retraite : qui donneroit la pâture à l'hermine blessée, si le castor qui l'accompagne alloit mourir? Elle baisseroit la tête, ses yeux se fermeroient; elle tomberoit en défaillance : les chasseurs la trouveroient expirante et diroient : « Voyez l'hermine blessée loin de sa forêt et de sa retraite. »

A ces mots l'Indien s'enfonça dans la cyprière, mais non sans tourner plusieurs fois la tête vers le lieu où reposoit la vie de sa vie. Il se parloit incessamment, et se disoit : « Outougamiz! tu es un chevreuil sans esprit; tu ne connais point les plantes, tu ne fais rien pour sauver ton frère. » Et il versoit des larmes sur son peu d'expérience, et il se reprochoit d'être inutile à son ami !

Il chercha longtemps dans les détours du marais des herbes salutaires : il cueillit des cressons et tua quelques oiseaux. En revenant à l'asile consacré par son amitié, il aperçut de loin les joncs bouleversés et épars. Il approche, appelle, touche à la couche, soulève les roseaux : le frère d'Amélie n'y étoit plus !

Le désespoir s'empare d'Outougamiz : prêt à se briser la tête contre le tronc des cyprès, il s'écrie : « Où es-tu ? m'as-tu fui comme un faux ami ? Mais qui t'a donné des pieds ou des ailes ? Est-ce la Mort qui t'a enlevé ?... »

Tandis que le sauvage s'abandonne à ses transports, il croit entendre un bruit à quelque distance : il se tait, retient son haleine, écoute, puis soudain se plonge dans l'onde, bondit, nage, bondit encore, et bientôt découvre René qui se débat expirant contre un Illinois.

Outougamiz pousse le cri de mort : l'effort qu'il fait en s'élançant est si prodigieux, que ses pieds s'élèvent au-dessus de la surface de l'eau. Il est déjà sur l'ennemi, le renverse, se roule avec lui parmi les limons et les roseaux. Comme lorsque deux taureaux viennent à se rencontrer dans un marais où il ne se trouve qu'un seul lieu pour désaltérer leur soif, ils baissent leurs dards recourbés ; leurs queues hérissées se nouent en cercle ; ils se heurtent du front ; des mugissements sortent de leur poitrine, l'onde jaillit sous leurs pieds, la sueur coule autour de leurs cornes et sur le poil de leurs flancs. Outougamiz est vainqueur ; il lie fortement avec des racines tressées son prisonnier au pied d'un arbre, et étend à l'ombre, sous le même arbre, l'ami qu'il vient encore de sauver.

Par les violentes secousses que le frère d'Amélie avoit éprouvées, ses plaies s'étoient rouvertes. Le Natchez, dans le premier moment de sa vengeance, fut prêt d'immoler l'Illinois.

« Comment, lui dit-il, as-tu pu être assez cruel pour entraîner ce cerf affoibli ? S'il eût été dans sa force, lâche ennemi, d'un seul coup de tête il eût brisé ton bouclier. Tu mériterois bien que cette main t'enlevât ta chevelure. »

Outougamiz, s'arrêtant comme frappé d'une pensée : « As-tu un ami ? dit-il à l'Illinois. « Oui, » répondit le prisonnier.

« Tu as un ami ! » reprit le frère de Céluta s'approchant de lui et le mesurant des yeux ; « ne va pas faire un mensonge. »

« Je dis la vérité, » reprit l'Illinois.

« Eh bien ! » s'écria Outougamiz tirant son poignard après avoir approché de son oreille la petite chaîne d'or, « eh bien ! rends grâces à ce Manitou qui vient de me défendre de te tuer : il ne sera pas dit qu'Outougamiz le Natchez, de la tribu du Serpent, ait jamais séparé deux amis. Que seroit-ce de moi si tu m'avois privé de René ? Ah ! je ne serois plus qu'un chevreuil solitaire. Tu vois, ô Illinois ! ce que tu allois faire ; et ton ami seroit ainsi ! et il iroit seul murmurant ton nom dans le désert ! Non ! il seroit trop infortuné ! et ce seroit moi !... »

Le sauvage coupe aussitôt les liens de l'Illinois. « Sois libre, lui dit-il ; retourne à l'autre moitié de ton âme, qui te cherche peut-être, comme je cherchois à l'instant ma couronne de fleurs, lorsque tu étois assez inhumain pour la dérober à ma chevelure. Mais je compte sur ta foi : tu ne découvriras point mon lieu à tes compatriotes. Tu ne leur diras point : « Sous le cyprès de l'amitié, Outougamiz le Simple a « caché la chair de sa chair. » Jure par ton ami que tes lèvres resteront fermées, comme les deux coupes d'une noix que la lune des moissons n'a point achevé de mûrir. »

« Moi, Nassoute, reprit l'étranger, je jure par mon ami, qui est pour moi comme un baume lorsque j'ai des peines dans le cœur, je jure que je ne découvrirai point ton lieu, et que mes lèvres resteront fermées comme les deux coupes d'une noix que la lune des moissons n'a point achevé de mûrir. »

A ces mots Nassoute alloit s'éloigner, lorsque Outougamiz l'arrêta et lui dit : « Où sont les guerriers illinois ? » — « Crois-tu, répliqua l'étranger, que je sois assez lâche pour te l'apprendre ? » Frère de Céluta, vous répondîtes : « Va retrouver ton ami : je te tendois un piége : si tu avois trahi ta patrie, je n'eusse point cru à ton serment, et tu tombois sous mes coups. »

Nassoute s'éloigne : Outougamiz vient donner ses soins au frère d'Amélie, comme s'il ne s'étoit rien passé, et comme s'il n'y eût aucun lieu de douter de la foi de l'Illinois, puisqu'il avoit fait le serment de l'amitié.

Quelques jours s'écoulèrent : les blessures de René commençoient à se cicatriser ; les meurtrissures étoient moins douloureuses ; la fièvre se calmoit. Le frère d'Amélie seroit revenu plus promptement à la vie si une nourriture abondante avoit pu rétablir ses forces ; mais Outougamiz trouvoit à peine quelques baies sauvages. Elles manquèrent enfin ; il ne resta plus au frère de Céluta qu'à tenter les derniers efforts de l'amitié.

Une nuit, il sort furtivement du marais, cachant son entreprise à René et laissant çà et là des paquets flottants de roseaux pour reconnoître la route, si les génies lui permettoient le retour. Il monte à travers le bois de la colline ; il découvre le camp des Illinois, où il étoit résolu de pénétrer.

Des feux étoient encore allumés : la plupart des familles dormoient étendues autour de ces feux. Le jeune Natchez, après avoir noué sa chevelure à la manière des guerriers ennemis, s'avance vers l'un des foyers. Il aperçoit un cerf à demi dépouillé, dont les chairs n'avoient point encore pétillé sur la braise. Outougamiz en dépèce avec son poignard les parties les plus tendres, aussi tranquillement que s'il eût préparé un festin dans la cabane de ses pères. Cependant on voyoit çà et là quelques Illinois éveillés qui rioient et chantoient. La matrone du foyer où le frère de Céluta déroboit une part de la victime ouvrit elle-même les yeux ; mais elle prit l'étranger pour le jeune fils de ses entrailles, et se replongea dans le sommeil. Des chasseurs passent auprès de l'ami de René, lui souhaitent un ciel bleu, un manteau de castor et l'espérance. Outougamiz leur rend à demi-voix le salut de l'hospitalité.

Un d'entre eux s'arrêtant, lui dit : « Il a singulièrement échappé. » —« Un génie sans doute l'a ravi, » répond le frère de Céluta. L'Illinois repartit : « Il est caché dans le marais ; il ne se peut sauver, car il est environné de toutes parts : nous boirons dans son crâne. »

Tandis qu'Outougamiz se trouvoit engagé dans cette conversation périlleuse, la voix d'une femme se fit entendre à quelque distance ; elle chantoit : « Je suis l'épouse de Venclao. Mon sein, avec son bouton de rose, est comme le duvet d'un cygne que la flèche du chasseur a taché d'une goutte de sang au milieu. Oui, mon sein est blessé, car je ne puis secourir l'étranger qui respecta la vierge des dernières amours. Puissé-je du moins sauver son ami ! » L'Indienne se tut, puis, s'approchant du Natchez dans les ombres, elle continua de la sorte :

« La nonpareille des Florides croyoit que l'hiver avoit changé sa parure, et qu'elle ne seroit point reconnue parmi les aigles des rochers chez lesquels elle cherchoit la pâture ; mais la colombe fidèle le décou-
« vrit et lui dit : « Fuis, imprudent oiseau : la douceur de ton chant
« t'a trahi. »

Ces paroles frappèrent le frère de Céluta : il lève les yeux, et remarque les pleurs de la jeune femme ; il entrevoit en même temps les guerriers armés qui s'avancent. Il charge sur ses épaules une partie de la dépouille du cerf, s'enfonce dans les ombres, franchit le bois, rentre dans les détours du marais, et après quelques heures de fatigue et de périls se retrouve auprès de son ami.

Un ingénieux mensonge lui servit à cacher à René sa dangereuse aventure ; mais il falloit préparer le banquet : le jour on en pouvoit voir la fumée ; la nuit on en pouvoit découvrir les feux ; Outougamiz préféra pourtant la nuit : il espéra trouver un moyen de masquer la lueur de la flamme.

Lorsque le soleil fut descendu sous l'horizon et que les dernières teintes du jour se furent évanouies, l'Indien tira une étincelle de deux branches de cyprès en les frottant l'une contre l'autre, et en embrasa quelques feuilles. Tout réussit d'abord, mais des roseaux secs, placés trop près du foyer, prennent feu et jettent une grande lumière. Outougamiz les veut précipiter dans l'eau et ne fait qu'étendre la flamme. Il s'élance sur le monceau ardent et cherche à l'écraser sous ses pieds. René épuise ses forces renaissantes pour seconder son ami : soins inutiles ! le feu se propage, court en pétillant sur la cime séchée des joncs, et gagne les branches résineuses des cyprès. Le vent s'élève, des tourbillons de flammes, d'étincelles et de fumée montent dans les airs, qui prennent une couleur sanglante. Un vaste incendie se déploie sur le marais.

Comment fuir ? comment échapper à l'élément terrible qui, après s'être éloigné de son centre, s'en rapprochoit et menaçoit les deux amis ? Déjà étoient consumés les paquets de joncs sur lesquels le frère de Céluta auroit pu tenter encore de transporter René dans d'autres parties du marais. Essayer de passer au désert voisin : les cruels Illinois n'y campoient-ils pas ? N'étoit-il pas probable qu'attirés par l'incendie ils fermoient toutes les issues ? Ainsi, lorsqu'on croit être arrivé au comble de la misère, on aperçoit par delà de plus hautes adversités. Il est difficile au fils de la femme de dire : « Ceci est le dernier degré du malheur. »

Outougamiz étoit presque vaincu par la fortune : il voyoit perdu tout ce qu'il avoit fait jusque alors. Il n'avoit donc sauvé son ami du cadre de feu que pour brûler cet ami de sa propre main ! Il s'écria d'une voix douloureuse : « René, c'est moi qui t'immole ! Que tu es infortuné de m'avoir eu pour ami ! »

Le frère d'Amélie, d'un bras affoibli et d'une main pâle, pressa tendrement le sauvage sur son sein. « Crois-tu, lui dit-il, qu'il ne me soit pas doux de mourir avec toi ? Mais pourquoi descendrois-tu au tombeau ? Tu es vigoureux et habile ; tu te peux frayer un chemin à travers les flammes. Revole à tes ombrages : les Natchez ont besoin de ton cœur et de ton bras ; une épouse, des enfants embelliront tes jours, et tu oublieras une amitié funeste. Pour moi, je n'ai ni patrie ni parents sur la terre : étranger dans ces forêts, ma mort ou ma vie n'intéresse personne, mais toi, Outougamiz, n'as-tu pas une sœur ? »

« Et cette sœur, répliqua Outougamiz, n'a-t-elle pas levé sur toi des regards de tendresse ? Ne reposes-tu pas dans le secret de son cœur ? Pourquoi l'as-tu dédaignée ? Que me conseilles-tu ? De t'abandonner ! Et depuis quand t'ai-je prouvé que j'étois plus que toi attaché à la vie ? Depuis quand m'as-tu vu me troubler au nom de la mort ? Ai-je tremblé quand, au milieu des Illinois, j'ai brisé les liens qui te retenoient ? Mon cœur palpitoit-il de crainte quand je te portois sur mes épaules avec des angoisses que je n'aurois pas échangées contre toutes les joies du monde ? Oui, il palpitoit, ce cœur, mais ce n'étoit pas pour moi ! Et tu oses dire que tu n'as point d'ami ! Moi, t'abandonner ! Moi, trahir l'amitié ! Moi, former d'autres liens après ta mort ! Moi, heureux sans toi, avec une épouse et des enfants ! Apprends-moi donc ce qu'il faut que je raconte à Céluta en arrivant aux Natchez ! Lui dirai-je : « J'avois délivré celui pour lequel je t'appelai en « témoignage de l'amitié ; le feu a pris à des joncs ; j'ai eu peur, « j'ai fui. J'ai vu de loin les flammes qui ont consumé mon ami ? » Tu sais mourir, prétends-tu, René ; moi, je sais plus, je sais vivre. Si j'étois dans ta place et toi dans la mienne, je ne t'aurois pas dit : « Fuis et laisse-moi. » Je t'aurois dit : « Sauve-moi, ou mourons ensemble. »

Outougamiz avoit prononcé ces paroles d'un ton qui ne lui étoit pas ordinaire. Le langage de la plus noble passion étoit sorti dans toute sa magnificence des lèvres du simple sauvage. « Reste avec moi, s'écria à son tour le frère d'Amélie : je ne te presse plus de fuir. Tu n'es pas fait pour de tels conseils. »

A ces mots, quelque chose de serein et d'ineffable se répandit sur le visage d'Outougamiz, comme si le ciel s'étoit entr'ouvert, et que la clarté divine se fût réfléchie sur le front du frère de Céluta. Avec le plus beau sourire que l'ange des amitiés vertueuses ait jamais mis sur les lèvres d'un mortel, l'Indien répondit : « Tu viens de parler comme un homme ; je sens dans mon sein toutes les délices de la mort. »

Les deux amis, cessant d'opposer à l'incendie des efforts impuissants et de tenter une retraite impossible, assis l'un près de l'autre, attendirent l'accomplissement de leur destinée.

La flamme se repliant sur elle-même avoit embrasé le cyprès qui leur servoit d'asile ; des brandons commençoient à tomber sur leurs têtes. Tout à coup, à travers les masses de feu et de fumée, on entend un léger bruit dans les eaux. Une espèce de fantôme apparoît : ses cheveux sont consumés sur ses tempes ; sa poitrine et ses bras sont à demi brûlés, tandis que le bas de son corps dégoutte d'une eau bourbeuse. « Qui es-tu ? lui crie Outougamiz ; es-tu l'esprit de mon père qui vient nous chercher, pour nous conduire au pays des âmes ? »

« Je suis Venclao, répond le spectre, l'ami de Nassoute, auquel tu as donné la vie, et l'époux de Nélida, cette vierge des dernières amours, que ton ami a respectée. Je viens payer ma double dette. La flamme a découvert votre asile ; les tribus des Illinois environnent le marais ; déjà plusieurs guerriers nagent pour arriver jusqu'à vous ; je les ai devancés. Nassoute nous attend à l'endroit de la rive que l'on a confié à sa garde. Hâtons-nous. »

Venclao passe un bras vigoureux sous le bras du frère d'Amélie, et fait signe à Outougamiz de le soutenir du côté opposé. Ainsi entrelacés, tous trois se plongent dans les eaux ; ils s'avancent à travers des champs de cannes embrasées, tantôt menacés par le feu, tantôt prêts à s'engloutir dans l'onde. Chaque instant augmente le danger ; des cris, des voix se font entendre de toutes parts. Tels furent les périls d'Énée lorsque, dans la nuit fatale d'Ilion, il alloit à la lueur des flammes, par des rues solitaires et détournées, cacher sur le mont Ida et les anciens dieux de l'antique Troie et les dieux futurs du Capitole.

Outougamiz, Venclao et René arrivent au lieu où Nassoute les attendoit. Le frère d'Amélie est à l'instant placé sur un lit de branchages que Venclao, Nassoute et Outougamiz portent tour à tour. Ils s'éloignent à grands pas du fatal marais ; toute la nuit ils errent par le silence des bois. Aux premiers rayons de l'aurore, les deux Illinois s'arrêtent et disent aux deux guerriers ennemis : « Natchez, implorez vos Manitous ; fuyez. Nous vous avons rendu vos bienfaits. Quittes envers vous, nous nous devons maintenant à notre patrie. Adieu ! »

Venclao et Nassoute posent à terre le lit du blessé, mettent un bâton de houx dans la main gauche du frère d'Amélie, donnent à Outougamiz des plantes médicinales, de la farine de maïs, deux peaux d'ours, et se retirent.

Les deux fugitifs continuèrent leur chemin. René marchoit lentement le premier, courbé sur le bâton qu'il soulevoit à peine ; Outougamiz le suivoit répandant des feuilles séchées, afin de cacher l'empreinte de son passage : l'hôte des forêts est moins habile à tromper la meute avide que ne l'étoit l'Indien à mêler les traces de René pour le dérober à la recherche de l'ennemi.

Parvenu sur une bruyère, Outougamiz dit tout à coup : « J'entends des pas précipités ; » et bientôt après une troupe d'Illinois se montre à l'horizon vers le nord. Le couple infortuné eut le temps de gagner un bois étroit qui bordoit l'autre extrémité ; il y pénètre, et, l'ayant traversé, il se trouve à l'endroit même où s'étoit donné le combat si fatal au grand-chef des Natchez et au frère d'Amélie.

A peine les deux amis fouloient-ils le champ de la mort, qu'ils ouïrent l'ennemi dans le bois voisin. Outougamiz dit à René : « Couche-toi à terre : je te viendrai bientôt trouver. »

René ne vouloit plus disputer sa vie ; il étoit las de lutter si long-temps pour quelques misérables jours : mais il fut encore obligé d'obéir à l'amitié. Son infatigable libérateur le couvre des effroyables débris du combat, et s'enfonce dans l'épaisseur d'une forêt.

Lorsque des enfants ont découvert le lieu où un rossignol a bâti son nid, la mère, poussant des cris plaintifs et laissant pendre ses ailes, voltige, comme blessée, devant les jeunes ravisseurs qui s'égarent à sa poursuite et s'éloignent du gage fragile de ses amours : ainsi le frère de Céluta, jetant des voix dans la solitude, attire les ennemis de ce côté et les écarte du trésor plus cher à son cœur que l'œuf plein d'espérance ne l'est à l'oiseau amoureux.

Les Illinois ne purent joindre le léger sauvage à qui l'amitié avoit, pour un moment, rendu toute sa vigueur. Ils approchoient du pays des Natchez, et, n'osant aller plus loin, ils abandonnèrent la poursuite.

Le frère de Céluta vint alors dégager René des ruines hideuses qui avoient protégé sa jeunesse et sa beauté. Les deux amis reprirent leur chemin au lever de l'aurore, après s'être lavés dans une belle source. Il se trouva que les restes glacés sous lesquels René avoit conservé l'étincelle de la vie étoient ceux de deux Natchez, d'Aconda et d'Irinée. Le frère d'Amélie les reconnut, et, frappé de cette fortune extraordinaire, il dit à Outougamiz :

« Vois-tu ces corps défigurés, déchirés par les aigles et étendus sans honneurs sur la terre? Aconda et Irinée! vous étiez deux amis comme nous! vous fûtes jeunes et infortunés comme nous! Je vous ai vus périr lorsque abattus j'essayois encore de vous défendre. Outougamiz, tu confios cette nuit même l'ami vivant au secret de deux amis décédés. Ces morts se sont ranimés au feu de ton âme pour me prêter leur abri. »

Outougamiz pleura sur Aconda et sur Irinée, mais il étoit trop foible pour leur creuser un tombeau.

Comme des laboureurs, après une longue journée de sueurs et de travaux, ramènent leurs bœufs fatigués à leur chaumière ; ils croient déjà découvrir leur toit rustique ; ils se voient déjà entourés de leurs épouses et de leurs enfants : ainsi les deux amis, en approchant du pays des Natchez, commençoient à sentir renaître l'espérance ; leurs désirs franchissoient l'espace qui les séparoit de leurs foyers. Ces illusions, comme toutes celles de la vie, furent de courte durée.

Les forces de René, épuisées une dernière fois, touchoient à leur terme ; et, pour comble de calamité, il ne restoit plus rien des dons de Venclao et de Nassoute.

Outougamiz lui-même succomboit : ses joues étoient creuses; ses jambes, amaigries et tremblantes, ne portoient plus son corps. Trois fois le soleil vint donner la lumière aux hommes, et trois fois il retrouva les voyageurs se traînant sur une bruyère qui n'offroit aucune ressource. Le frère d'Amélie et le frère de Céluta ne se parloient plus; ils jetoient seulement par intervalles l'un sur l'autre des regards furtifs et douloureux. Quelquefois Outougamiz cherchoit encore à aider la marche de René : deux jumeaux qui se soutiennent à peine s'appuient de leurs faibles bras et ébauchent des pas incertains aux yeux de leur mère attendrie.

Du lieu où les amis étoient parvenus, jusqu'au pays des Natchez, il ne restoit plus que quelques heures de chemin ; mais René fut contraint de s'arrêter. Excité par Outougamiz, qui le conjuroit d'avancer, il voulut faire quelques pas, afin de ne point ravir volontairement à son sublime ami le fruit de tant de sacrifices : ses efforts furent vains. Outougamiz essaya de le porter sur ses épaules; mais il plia, et tomba sous le fardeau.

Non loin du sentier battu murmuroit une fontaine ; René s'en approcha en rampant sur les genoux et sur les mains, suivi d'Outougamiz, qui pleuroit : le pasteur affligé accompagne ainsi le chevreau qui a brisé ses pieds délicats en tombant d'une roche élevée, et qui se traîne vers la bergerie.

La fontaine marquoit la lisière même de la savane qui s'étend jusqu'au Bayouc des Pierres, et qui n'a d'autres bornes à l'orient que les bois du fort Rosalie. Outougamiz assit son compagnon au pied d'un saule. Le jeune sauvage attachoit ses regards sur le pays de ses aïeux : être venu si près ! « René ! dit-il, je vois notre cabane. »

« Tourne-moi le visage de ce côté, » répondit le frère d'Amélie. Outougamiz obéit.

Le frère de Céluta eut un moment la pensée de se rendre aux Natchez pour y chercher du secours ; mais craignant que l'homme de son cœur n'expirât pendant son absence, il résolut de ne le point quitter. Il s'assit auprès de René, lui prit le front dans ses deux mains, et le pencha doucement sur sa poitrine : alors, baissant son visage sur une tête chérie, il se prépara à recueillir le dernier soupir de son ami. Comme deux fleurs que le soleil a brûlées sur la même tige, ainsi paroissoient ces deux jeunes hommes inclinés l'un sur l'autre vers la terre.

Un bruit léger et le souffle d'un air parfumé firent relever la tête à

Outougamiz : une femme étoit à ses côtés. Malgré la pâleur et le vêtement en désordre de cette femme, comment l'Indien l'auroit-il méconnue? Outougamiz laisse échapper de surprise et de joie le front de René; il s'écrie : « Ma sœur, est-ce toi? »

Céluta recule; elle s'étoit approchée des amis sans les découvrir; le son de la voix de son frère l'a étonnée : « Mon frère! répond-elle, mon frère! les génies me l'ont ravi! l'homme blanc a expiré dans le cadre de feu! Tous les jours je viens attendre les voyageurs à cette limite, mais ils ne reparoîtront plus! »

Outougamiz se lève, s'avance vers Céluta, qui auroit pris la fuite si elle n'avoit remarqué avec une pitié profonde la marche chancelante du guerrier. Vous eussiez vu sur le front de l'Indienne passer tour à tour le sentiment de la plus profonde terreur et de la plus vive espérance. Céluta hésitoit encore, quand elle aperçoit, attaché au sein de son frère, le Manitou de l'amitié. Elle vole à Outougamiz, qu'elle embrasse et soutient à la fois, mais Outougamiz :

« Je l'ai sauvé! il est là! mais il est mort si tu n'as rien pour le nourrir. »

L'amour a entendu la voix de l'amitié! Céluta est déjà à genoux : timide et tremblante, elle a relevé le front de l'étranger mourant; René lui-même a reconnu la fille du désert, et ses lèvres ont essayé de sourire. Outougamiz, la tête penchée dans son sein, les mains jointes et tombantes, disoit : « Témoin du serment de l'amitié, ma sœur, tu viens voir si je l'ai bien tenu. J'aurois dû ramener mon ami plein de vie, et le voilà qui expire! je suis un mauvais ami, un guerrier sans force. Mais toi, as-tu quelque chose pour ranimer mon ami? »

« Je n'ai rien! s'écrie Céluta désespérée. Ah! s'il eût été mon époux, s'il eût fécondé mon sein, il pourroit boire avec son enfant à la source de la vie! » Souhait divin de l'amante et de la mère!

La chaste Indienne rougit comme si elle eût craint d'avoir été comprise de René. Les yeux de cette femme étoient fixés au ciel, son visage étoit inspiré : on eût dit que, dans une illusion passionnée, Céluta croyoit nourrir et son fils et le père de son fils.

Amitié, qui m'avez raconté ces merveilles, que ne me donnâtes-vous le talent pour les peindre! j'avois le cœur pour les sentir [1].

---

[1]. C'est ici que s'arrête la première partie des *Natchez*, celle qu'on peut en appeler l'épopée. Ce qui suit n'est plus qu'un simple récit, pour lequel l'auteur, renonçant à la forme épique, adopte celle de la narration.

Lorsque Céluta rencontra les deux amis au bord de la fontaine, il y avoit déjà plusieurs jours qu'elle étoit errante dans les bois. Une fièvre ardente l'avoit saisie à la nouvelle de la captivité de René : le départ subit d'Outougamiz redoubla les maux de l'infortunée, car elle devina que son frère avoit volé à la délivrance de son ami. Or, cette seconde victime n'auroit-elle pas été immolée à la rage des Illinois?

La fille de Tabamica s'étoit obstinée à demeurer seule dans sa cabane. Un jour, couchée sur la natte de douleur, elle vit entrer Ondouré. Les succès de cet homme avoient enflé son orgueil; ses vices s'étoient augmentés de toute l'espérance de ses passions. Sûr maintenant d'Akansie, qui connoissoit son crime et qui en profitoit, Ondouré se croyoit déjà maître du pouvoir absolu, sous le nom de tuteur du jeune soleil : il songeoit à rétablir l'ancienne tyrannie, et, après avoir trompé les François, il se flattoit de trouver quelque moyen de les perdre.

Une seule chose menaçoit l'ambition du sauvage, c'étoit un sentiment plus fort que cette ambition même, c'étoit l'amour toujours croissant qu'il ressentoit pour Céluta : la vanité blessée, la soif de la vengeance, la fougue des sens, avoient transformé cet amour en une sorte de frénésie, dont les accès pouvoient réveiller la jalousie de la femme-chef.

Dans la première exaltation de son triomphe, Ondouré accourut donc à la demeure de la sœur d'Outougamiz. Il s'avança vers la couche où languissoit la vierge solitaire. « Céluta, dit-il, réveille-toi! Et il lui secouoit rudement la main. Réveille-toi, voici Ondouré : n'es-tu pas trop heureuse qu'un guerrier comme moi veuille bien encore te choisir pour maîtresse, toi, rose fanée par le misérable blanc dont les Manitous nous ont délivrés? »

Céluta essaye de repousser le barbare. « Comme elle est charmante dans sa folie! s'écrie Ondouré; que son teint est animé! que ses cheveux sont beaux! » Et le sauvage veut prodiguer des caresses à sa victime.

Dans ce moment, Akansie, que l'instinct jaloux égaroit souvent autour de la cabane de sa rivale, paroît sur le seuil de la porte. Alors Céluta : « O mère du soleil! secourez-moi. » Ondouré laisse échapper sa proie : confondu, honteux, balbutiant, il suit Akansie, qui s'éloigne les yeux sanglants, l'âme agitée par les furies.

Les parentes de Céluta, qui l'avoient voulu garder dans l'absence de son frère, reviennent offrir leur secours à leur amie : elles voient le désordre de sa couche. Céluta leur tait ses nouveaux chagrins; elle affecte de sourire, elle prétend qu'elle se sent soulagée : on la croit, on se retire. Libre des soins qui l'importunent, la fille de Tabamica sort au milieu de la nuit, s'enfonce dans les forêts, et va sur le chemin du pays des Illinois attendre des protecteurs qu'elle rencontre, protecteurs qu'elle supposoit perdus sans retour, alors même qu'elle les cherchoit encore.

Qui sauvera les trois infortunés? Céluta seule conserve un peu de force; mais a-t-elle le temps de voler jusqu'au village des Natchez? René et Outougamiz n'auront-ils point expiré avant qu'elle revienne? Elle pose doucement la tête de René sur la mousse, et se lève : la Providence aura pitié de tant de malheurs. Des guerriers se montrent vers la forêt. Qui sont-ils? N'importe! Dans ce moment Céluta imploreroit le secours même d'Ondouré.

« Qui que vous soyez, s'écrie-t-elle en s'avançant vers les guerriers, venez rendre la vie à René et à mon frère ! »

Des soldats et de jeunes officiers du fort Rosalie accompagnoient le capitaine d'Artaguette à la source même où reposoient les deux amis, source dont les eaux avoient la vertu de cicatriser les blessures. D'Artaguette reconnoît à la voix l'Indienne qu'il n'auroit pas reconnue à ses traits, tant ils étoient altérés. « Est-ce vous, ma sœur, ma libératrice? » s'écrie à son tour le capitaine.

Céluta vole à lui, verse des pleurs de douleur et de joie, saisit la main de son frère adoptif, la porte avec ardeur à ses lèvres, cherche à entraîner d'Artaguette vers la fontaine, en répétant le nom d'Outougamiz et de René : la troupe se hâte sur les pas de Céluta.

Bientôt on découvre deux hommes, ou plutôt deux spectres, l'un couché, l'autre debout, mais près de tomber; on les environne. « Chasseurs, dit Outougamiz, je puis mourir à présent, prenez soin de mon ami ! » et il s'affaissa sur le gazon.

On croyoit dans la colonie, comme aux Natchez, que René avoit été brûlé par les Illinois. Les secours sont prodigués aux deux mourants : ce fut Céluta qui offrit les premiers aliments à son frère et à l'ami de son frère. D'Artaguette essayoit de soutenir l'un et l'autre d'un bras encore mal assuré. Jacques, le grenadier attaché au généreux capitaine, est envoyé aux Natchez pour annoncer le retour miraculeux. Les guerriers et les femmes accourent, les sachems les suivent. Déjà les François avoient entrelacé des branches d'arbres sur lesquelles étoient déposés séparément les deux amis. Huit jeunes officiers portoient tour à tour les couches sacrées, comme ils auroient porté les trophées de l'honneur. Auprès de ces lits de feuillage marchoient Céluta, pleine d'un bonheur qu'elle n'osoit croire, et d'Artaguette, dont le front pâle annonçoit qu'il manquoit encore du sang à un noble cœur.

Ce fut dans cet ordre que la foule des Natchez rencontra la pompe triomphale de l'amitié, élevée par les mains de la vaillance. Les bois retentirent d'acclamations prolongées ; on se presse, on veut savoir jusqu'aux moindres circonstances d'une délivrance dont Outougamiz parle à peine, et que René ne peut encore raconter. Les jeunes gens serroient la main d'Outougamiz et se juroient les uns aux autres une amitié pareille dans l'adversité. Les sachems disoient à Adario et à Chactas qu'ils avoient d'illustres enfants : « C'est vrai, » répondoient les deux vieillards. Adario même étoit attendri.

Les femmes et les enfants caressoient Céluta ; Mila la vouloit porter, bien qu'elle se sentît un peu triste au milieu de la joie. Dans l'effusion générale des cœurs, les militaires françois avoient leur part des éloges. D'Artaguette disoit à Céluta : « Ma sœur, votre frère soutient bien son rôle de libérateur. » René, qui entendit ces mots, murmura d'une voix mourante : « Vous ne savez rien ; Outougamiz ne vous apprendra pas ce qu'il a fait : c'est moi qui vous le dirai, si je vis. » Tous les yeux versoient aussi des larmes sur les jeunes Indiens qui s'étoient immolés au triomphe de l'amitié.

Ondouré et Akansie seuls n'étoient pas présents à cette scène : les méchants fuient comme un supplice le spectacle de la vertu récompensée. René fut déposé chez son père Chactas, mais Adario voulut qu'on portât son neveu Outougamiz et sa nièce Céluta à sa cabane, afin de prendre soin lui-même de ce couple qu'il reconnoissoit digne de son sang.

Ondouré avoit apaisé Akansie par ces mensonges, par ces serments et ces caresses que la passion trompée ne croit plus, mais auxquels elle se laisse aller comme à sa dernière ressource. Quand on a fait un pas dans le crime, on se persuade qu'il est impossible de reculer, et l'on s'abandonne à la fatalité du mal : la femme-chef se voyoit forcée de servir les projets d'un scélérat, d'élever Ondouré jusqu'à elle pour se justifier de s'être abaissée jusqu'à lui. Le retour de René avoit rallumé dans le cœur d'Ondouré les flammes de la jalousie ; déçu dans sa vengeance, il lui devenoit plus que jamais nécessaire d'atteindre au rang suprême pour exécuter, comme souverain, le crime qu'il avoit manqué comme sujet. Il alarme la femme-chef : « Il est possible, lui dit-il, que René m'ait vu lancer la flèche ; le seul moyen de dominer tous les périls est de s'élever au-dessus de tous les pouvoirs. Que je sois tuteur de votre fils ; que l'ancienne garde des Allouez soit rétablie, et je vous réponds de tout. » Akansie ne pouvoit plus rien refuser ; elle avoit livré sa vertu.

L'Indien, afin de mieux réussir dans ses desseins, s'adressa d'abord aux François.

Traité rudement par Chépar, Febriano avoit repris peu à peu, à force d'humiliations, son ascendant sur le vieux militaire : la bassesse se sert des affronts qu'elle reçoit comme d'un marchepied pour s'élever. Mais le renégat sentoit que son crédit étoit affoibli s'il ne parvenoit à détruire par quelque service éclatant la fâcheuse impression qu'avoient laissée ses premiers conseils. Le gouverneur de la Louisiane avoit témoigné son mécontentement au commandant du fort Rosalie, et dans la lettre où il lui annonçoit l'envoi de troupes nouvelles, il l'invitoit à réparer une imprudence dont souffroit la colonie.

Febriano épioit donc l'occasion de regagner sa puissance, au moment où Ondouré cherchoit le moyen de satisfaire son ambition. Ces deux traîtres, jadis compagnons de débauche, par une conformité de passions avoient conçu l'un et l'autre une haine violente contre René. L'homme sauvage alla trouver l'homme policé ; il lui parla de la mort du soleil : « Dans les changements prêts à s'opérer aux Natchez, lui dit-il, si le commandant des François me veut seconder, je lui ferai obtenir les concessions, objets de tant de troubles et de malheurs. »

Ravi d'une proposition qui le rendoit important en le rendant utile, Febriano court avertir Chépar : celui-ci consent à recevoir Ondouré au milieu de la nuit, sur un des ravelins du fort.

« Sachem des François, dit Ondouré en l'abordant, je ne sais ce que vous méditez. De nouveaux guerriers vous sont arrivés : peut-être est-ce votre dessein de lever encore une fois la hache contre nous. Au lieu de vous engager dans cette route incertaine, je puis vous mener à votre but par une voie plus sûre. Depuis longtemps je suis l'ami des François ; employez votre autorité à me faire élever à la place qui me rendra tuteur du jeune soleil. Je m'engage alors à vous faire céder les terres que vous réclamez, et dont vos députés et les nôtres doivent régler les limites. Dans deux jours la nomination de l'édile aura lieu. Que l'on envoie par vos ordres des présents aux jeunes guerriers, aux matrones et aux prêtres, et je l'emporterai sur mes compétiteurs. »

Flatté d'entendre parler de sa puissance, regardant comme un grand coup de politique de mettre Ondouré, qu'il croyoit l'ami de la France, à la tête des Natchez, espérant surtout réparer sa faute par l'obtention des terres dont on lui fait la promesse, Chépar se précipite dans le projet d'Ondouré : il charge Febriano de la distribution des présents.

Ondouré retourne auprès d'Akansie, qu'il s'étonne de trouver abattue : il en est du crime comme de ces boissons amères que l'habitude seule rend supportables. « Il ne s'agit plus d'hésiter, s'écrie Ondouré : voulez-vous commander avec moi, ou voulez-vous rester esclave sous un sachem de votre famille? Songez qu'il y va de votre vie et de la mienne : si nous ne sommes pas assez forts pour proscrire nos ennemis, nous serons proscrits par eux. Tôt ou tard quelque voix accusatrice révélera le secret de la mort du soleil, et au lieu de monter au pouvoir, nous serons traînés au supplice. Allez donc; parlez aux matrones, obtenez leurs voix; je cours m'assurer de celle des jeunes guerriers. Outougamiz, qui balance seul mon crédit auprès d'eux, Outougamiz, encore trop foible, ne peut sortir de sa cabane. Que le jongleur dévoué à nos intérêts fasse s'expliquer les génies, et nous triompherons de la résistance de Chactas et d'Adario. »

L'assemblée générale de la nation étant convoquée pour procéder au choix de l'édile, Chactas proposa d'élever René, son fils adoptif, à cette place importante; mais le jongleur déclara que l'étranger, coupable à la fois de la disparition du serpent sacré, de la mort des femelles de castor et de la guerre dans laquelle le vieux soleil avoit péri, étoit réprouvé du Grand-Esprit.

Le frère d'Amélie rejeté, Adario présenta son neveu Outougamiz, qui venoit de faire éclater tant de vertu et de vaillance : Outougamiz fut écarté à cause de la simplicité de sa vertu. Chactas et Adario ne vouloient point pour eux-mêmes une charge dont leur âge ne leur permettoit plus l'exercice.

Akansie désigna à son tour Ondouré : ce nom fit rougir les hommes qui conservoient encore quelque pudeur. Chactas repoussa de toute la dignité de son éloquence un guerrier dont il osa peindre les vices. Adario, qui sentoit le tyran dans Ondouré, menaça de le poignarder s'il attentoit jamais à la liberté de la patrie; mais les présents de Febriano avoient produit leur effet : les matrones enchantées par des parures, les jeunes guerriers séduits par des armes, un assez bon nombre de sachems, à qui l'ambition ôtoit la prudence, soutinrent le candidat de la femme-chef. Les Manitous consultés approuvèrent l'élection d'Ondouré. Ainsi l'éducation d'un enfant qui devoit un jour commander à des peuples fut remise à des mains oppressives et souillées : le champ empoisonné de Gomorrhe fait mourir la plante qu'on lui confie, ou ne porte que des arbres dont les fruits sont remplis de cendre.

Cependant les blessures de René se fermoient; des simples connus des sauvages rétablissoient ses forces avec une étonnante rapidité. Il n'avoit qu'un moyen de payer à Outougamiz la dette d'une amitié sublime, c'étoit d'épouser Céluta. Le sacrifice étoit grand : tout lien pesoit au frère d'Amélie ; aucune passion ne pouvoit entrer dans son cœur, mais il crut qu'il se devoit immoler à la reconnoissance ; du moins ce n'étoit pas à ses yeux démentir sa destinée, que de trouver un malheur dans un devoir.

Il fit part de sa résolution à Chactas : Chactas demanda la main de Céluta à Adario ; Outougamiz fut rempli de joie en apprenant que son ami alloit devenir son frère. Céluta, rougissant, accorda son consentement avec cette grâce modeste qui respiroit en elle ; mais elle éprouvoit quelque chose de plus que ce plaisir mêlé de frayeur qu'éprouve la jeune vierge prête à passer dans les bras d'un époux. Malgré l'amour qui entraînoit vers René la fille de Tabamica, malgré la félicité dont elle se faisoit l'image, elle étoit frappée d'une tristesse involontaire ; un secret pressentiment serroit son cœur : René lui inspiroit une terreur dont elle ne se pouvoit défendre ; elle sentoit qu'elle alloit tomber dans le sein de cet homme comme on tombe dans un abîme.

Les parents ayant approuvé le mariage, Chactas dit à René : « Bâtis ta cabane, portes-y le collier pour charger les fardeaux et le bois pour allumer le feu ; chasse pendant six nuits ; à la septième, Céluta te suivra à tes foyers. »

René établit sa demeure dans une petite vallée qu'arrosoit une rivière tributaire du Meschacebé. Quand l'ouvrage fut fini, on découvroit de la porte de la nouvelle cabane les prairies du vallon entrecoupées d'arbustes à fleurs ; une forêt, vieille comme la terre, couvroit les collines, et dans l'épaisseur de cette forêt tomboit un torrent.

Des danses et des jeux signalèrent le jour du mariage. Placés au milieu d'un cercle de leurs parents, René et Céluta furent instruits de leurs devoirs : on conduisit ensuite les époux au toit qu'ils devoient habiter.

L'aurore les trouva sur le seuil de la cabane : Céluta, un bras jeté autour du cou de René, s'appuyoit sur le jeune homme. Les yeux de l'Indienne, avec une expression de respect et de tendresse, cherchoient ceux de son époux. D'un cœur religieux et reconnoissant, elle offroit sa félicité au maître de la nature comme un don qu'elle tenoit de lui : la rosée de la nuit remonte, au lever du soleil, vers le ciel d'où elle est descendue.

Les regards distraits du frère d'Amélie se promenoient sur la solitude : son bonheur ressembloit à du repentir. René avoit désiré un désert, une femme et la liberté : il possédoit tout cela, et quelque chose gâtoit cette possession. Il auroit béni la main qui du même coup l'eût débarrassé de son malheur passé et de sa félicité présente, si toutefois c'étoit une félicité.

Il essaya de réaliser ses anciennes chimères : quelle femme étoit plus belle que Céluta? Il l'emmena au fond des forêts, et promena son indépendance de solitude en solitude; mais quand il avoit pressé sa jeune épouse contre son sein, au milieu des précipices, quand il l'avoit égarée dans la région des nuages, il ne rencontroit point les délices qu'il avoit rêvées.

Le vide qui s'étoit formé au fond de son âme ne pouvoit plus être comblé. René avoit été atteint d'un arrêt du ciel, qui faisoit à la fois son supplice et son génie : René troubloit tout par sa présence : les passions sortoient de lui et n'y pouvoient rentrer ; il pesoit sur la terre qu'il fouloit avec impatience et qui le portoit à regret.

Si l'impitoyable Ondouré avoit pénétré dans le cœur du frère d'Amélie, s'il en avoit connu toute la misère, s'il avoit vu les alarmes de Céluta et l'espèce d'épouvante que lui inspiroit son mari, l'union du couple infortuné n'auroit point fait sentir au sauvage les tourments qu'il éprouva lorsque la renommée lui apprit la nouvelle de cette union. Qu'importoit à Ondouré d'avoir satisfait son ambition? Céluta échappoit à son amour! René n'étoit point encore immolé à sa jalousie! Les succès du détestable Indien lui coûtoient cher : il étoit obligé de subir la tendresse d'une femme odieuse; il avoit fait à Chépar des promesses qu'il ne pouvoit ni ne vouloit remplir. Comment perdre ces étrangers du fort Rosalie qui étoient devenus ses maîtres, puisqu'ils possédoient une partie de son secret? comment sacrifier ce rival, que les mauvais génies avoient envoyé aux Natchez pour le désespoir d'Ondouré?

Plusieurs projets s'offrirent d'abord à la pensée de l'édile, mais les uns n'étoient pas assez sûrs, les autres n'enveloppoient pas assez de victimes. Le dégoût de l'état de nature, le désir de posséder les jouissances de la vie sociale, augmentoient le trouble des esprits d'Ondouré: il dévoroit des regards tout ce qu'il apercevoit dans les habitations des blancs; on le voyoit errer à travers les villages, l'air farouche, l'œil en feu, les lèvres agitées d'un mouvement convulsif.

Un jour qu'il promenoit ainsi ses noires rêveries, il arrive à la cabane de René; le frère d'Amélie parcouroit alors les déserts avec Céluta. Mille passions, mille souvenirs accompagnés de mille desseins funestes, agitent le cœur d'Ondouré. Il fait d'abord à pas lents le tour de la hutte; bientôt il heurte à la porte, l'ouvre et jette des regards sinistres dans l'intérieur du lieu. Il y pénètre, s'assied au foyer solitaire, comme ces génies du mal attachés à chaque homme, et qui, selon les Indiens, se plaisent à fréquenter les demeures abandonnées. Des lits de joncs, des armes européennes, quelques voiles de femme, un berceau, présent de la famille de Céluta, tout ce qui frappe la vue d'Ondouré accroît son supplice : « C'est donc ici qu'ils ont été heureux ! » murmure-t-il à voix basse. Son imagination s'égare ; il se lève, disperse les roseaux des couches et brise les armes dont il jette au loin les éclats. Les parures de Céluta appellent ensuite sa rage : il les soulève d'une main tremblante, les approche de sa bouche comme pour les couvrir de baisers, puis les déchire avec fureur. Déjà ses bras se levoient sur le berceau, lorsqu'il les laisse tout à coup retomber à ses côtés ; sa tête se penche sur sa poitrine, son front se couvre d'un nuage sombre ; le sauvage paroît travaillé par la conception douloureuse d'un crime.

C'en est fait ! les destinées de Céluta, les destinées du frère d'Amélie, les destinées des François sont fixées ! Ondouré pousse un profond soupir, et souriant comme Satan à ses perversités : « Je te remercie, dit-il, ô Athaensic ! tu m'as bien inspiré ! Génie de cette cabane, je te remercie ! tu m'as conduit ici pour me découvrir les moyens d'accomplir mes vengeances, d'atteindre à la fois le but de mes desseins divers. Oui, vous périrez, ennemis d'Ondouré ! et toi, Céluta !... » Il ne se révèle à lui-même toute l'horreur et toute l'étendue de son projet que par un cri qu'il pousse en sortant de la cabane ; ce cri fut entendu des François et des Natchez ; les premiers en frissonnèrent ; les seconds prévirent la ruine de leur patrie.

Lorsque René revint de ses courses, il fut frappé du désordre de sa cabane, sans en pouvoir pénétrer la cause : nourrie dans la religion des Indiens, Céluta tira de ce désordre un présage funeste. Elle n'avoit point rapporté le bonheur de son pèlerinage au désert : René étoit pour elle inexplicable ; elle avoit cependant aperçu quelque chose de mystérieux au fond du cœur de l'homme auquel elle étoit unie ; mais cet homme ne lui avoit point révélé ses secrets, il ne les avoit racontés à personne. Après son retour à sa cabane, René sembla devenir plus sombre et moins affectueux : la timide Céluta n'osoit l'interroger ; elle ne tarda pas à prendre pour de la lassitude ou de l'inconstance ce qui n'étoit que l'effet du malheur et d'un caractère impénétrable. Le hasard vint donner quelque apparence de réalité aux premiers soupçons de la sœur d'Outougamiz.

René traversoit un jour une cyprière, lorsqu'il entendit des cris dans un endroit écarté : il court à ces cris. Il aperçoit entre les arbres une Indienne se débattant contre un Européen. A l'apparition d'un témoin, le ravisseur s'enfuit. Le frère d'Amélie avoit reconnu Febriano et Mila. « Ah! s'écria l'adolescente en se jetant dans ses bras, si tu avois voulu m'épouser, tu n'aurois pas été obligé de venir à mon secours. Que je te remercie, pourtant! J'ai eu si grand'peur lorsque l'homme noir m'a surprise, que j'ai fermé les yeux de toutes mes forces, dans la crainte de le voir. » René sourit; il rassura la jeune sauvage, et lui promit de la reconduire chez son père. Il l'aida d'abord à laver son visage meurtri. Mila lui dit alors : « Que ta main est douce! c'est tout comme celle de ma mère! Les méchants! ils racontent tant de mal de toi, et tu es si bon! » Quand il se fallut quitter, Mila trouva que le chemin étoit si court! Elle fondit en larmes, et s'échappa en disant : « Je ne suis qu'une linotte bleue, je ne sais point chanter pour le chasseur blanc. » Le frère d'Amélie reprit le chemin de sa cabane, et ne songea plus à cette aventure.

Elle fut bientôt connue d'Ondouré; elle lui fournit l'occasion d'ajouter une calomnie de plus à toutes celles qu'il inventoit pour assouvir sa haine; il se félicita de pouvoir faire partager à Céluta ces tourments de jalousie qu'il avoit connus par elle. La rencontre de René et de Mila fut représentée à la chaste sœur d'Outougamiz comme l'infidélité de l'homme qu'elle aimoit. Céluta pleura, et cacha ses larmes.

Cependant Céluta étoit mère; l'épouse féconde n'assuroit-elle pas les droits de l'amante? Lorsque René eut la certitude que sa femme portoit un enfant dans son sein, il s'approcha d'elle avec un saint respect; il la pressa doucement de peur de la blesser : « Femme, lui dit-il, le ciel a béni tes entrailles! »

Céluta répondit : « Je n'ai pas osé faire des vœux avant vous pour l'enfant que le grand Esprit m'a donné. Je ne suis que votre servante : mon devoir est de nourrir votre fils ou votre fille, je tâcherai d'y être fidèle. »

Le front du frère d'Amélie s'obscurcit. « Nourrir mon fils ou ma fille! dit-il avec un sourire amer : sera-t-il plus heureux que moi? Sera-t-elle plus heureuse que ma sœur? Qui auroit dit que j'eusse donné la vie à un homme? » Il sortit, laissant Céluta dans une inexprimable douleur.

Ondouré poursuivoit ses projets : malgré l'autorité d'Adario et de Chactas, il avoit rétabli dans toute leur puissance les Allouez, gardes dévoués au despotisme des anciens soleils; il avoit dépêché des messagers, avec des ordres secrets, pour toutes les nations indiennes. Plus que jamais il trompoit le commandant du fort Rosalie à l'aide de fausses confidences : il lui faisoit dire par Febriano que sans l'opposition d'Adario, de Chactas et de René, il seroit entièrement maître du conseil des Natchez; que ces trois ennemis du nom françois l'empêchoient de tenir sa promesse. Ondouré invitoit Chépar à les enlever quand il lui en donneroit le signal. Par cette politique, il avoit le double dessein de livrer ses adversaires aux étrangers et de soulever les Natchez contre ces mêmes étrangers, lorsque ceux-ci se seroient portés à quelque violence contre deux sachems idoles de la patrie.

Il falloit néanmoins ne rien précipiter ; il falloit que toutes les forces des Indiens fussent secrètement rassemblées, afin de frapper sûrement le dernier coup. Il étoit en même temps aussi difficile de modérer ces éléments de discorde que de les faire agir de concert. Les trêves, sans cesse renouvelées, suspendoient à peine des hostilités toujours prêtes à renaître : les François et les Natchez s'exerçoient aux armes, en cultivant ensemble les champs où ils se devoient exterminer.

Plusieurs mois étoient nécessaires à Ondouré pour l'exécution de son vaste plan. Chépar, de son côté, n'avoit point encore reçu tous les secours qu'il attendoit. Une paix forcée par la position des chefs régnoit donc dans la colonie ; les Indiens, en attendant l'avenir, s'occupoient de leurs travaux et de leurs fêtes.

Mila, ayant des liens de famille avec Céluta, vint remercier celui qu'elle appeloit son libérateur. Elle lui apporta une gerbe de maïs qui ressembloit à une quenouille chargée d'une laine dorée : « Voilà, lui dit-elle, tout ce que je te puis donner, car je ne suis pas riche. » René accepta l'offrande.

Céluta sentit ses yeux se remplir de larmes, mais elle reçut sa jeune parente avec son inaltérable douceur ; elle caressa même avec bonté l'aimable enfant, qui lui demanda si elle assisteroit à la moisson de la folle-avoine[1]. Céluta lui dit qu'elle s'y trouveroit. Mila sortit pleine de joie, en voyant René tenir encore dans sa main la gerbe de maïs.

Depuis le jour où le capitaine d'Artaguette avoit ramené aux Natchez les infortunés amis, il étoit allé à la Nouvelle-Orléans voir son frère, le général Diron d'Artaguette, et le jeune conseiller Harlay, qui devoit épouser Adélaïde, fille du gouverneur de la Louisiane. Il revint au fort Rosalie la veille de la moisson annoncée par Mila. Il avoit appris le mariage du frère d'Amélie avec Céluta : la reconnoissance que le capitaine devoit à cette belle sauvage, le tendre penchant qui l'entraînoit vers elle, l'estime qu'il sentoit pour René, le conduisirent à la cabane des nouveaux époux. Il trouva la famille réunie prête à partir pour la moisson : Chactas, Adario, Céluta, René, Outougamiz, rétabli dans toute sa force, Outougamiz qui avoit oublié ce qu'il avoit fait

---

1. Sorte de riz qui croît dans les rivières.

et qui fuyoit lorsque René racontoit les prodiges de sa délivrance.

D'Artaguette fut reçu avec la plus touchante hospitalité par Céluta, qui l'appeloit son frère. Outougamiz lui dit : « Céluta t'a sauvé, tu as sauvé mon ami : je t'aime, et si nos nations combattent encore, ma hache se détournera de toi. » René proposa au capitaine d'assister à la fête de la moisson : « Très-volontiers, » répondit d'Artaguette. Ses regards ne se pouvoient détacher de Céluta, dont une secrète langueur augmentoit la beauté.

On s'embarque dans des canots, sur la rivière qui couloit au bas de la colline où la cabane de René étoit bâtie. On remonte le courant pour arriver au lieu de la moisson. Les chênes-saules dont la rivière étoit bordée y répandoient l'ombre ; les pirogues s'ouvroient un chemin à travers les plantes qui couvroient de feuilles et de fleurs la surface de l'eau. Par intervalles, l'œil pénétroit la profondeur des flots roulant sur des sables d'or, ou sur des lits veloutés d'une mousse verdoyante. Des martins-pêcheurs se reposoient sur des branches pendantes au-dessus de l'onde, ou fuyoient devant les canots, en rasant le bord de la rivière.

On arrive au lieu désigné : c'étoit une baie où la folle-avoine croissoit en abondance. Ce blé, que la Providence a semé en Amérique pour le besoin des sauvages, prend racine dans les eaux ; son grain est de la nature du riz ; il donne une nourriture douce et bienfaisante.

A la vue du champ merveilleux, les Natchez poussèrent des cris, et les rameurs, redoublant d'efforts, lancèrent leurs pirogues au milieu des moissons flottantes. Des milliers d'oiseaux s'enlevèrent, et, après avoir joui des bienfaits de la nature, cédèrent leur place aux hommes.

En un instant les nacelles furent cachées dans la hauteur et l'épaisseur des épis. Les voix qui sortoient du labyrinthe mobile ajoutoient à la magie de la scène. Des cordes de bouleau furent distribuées aux moissonneurs ; avec ces cordes ils saisissoient les tiges de la folle-avoine, qu'ils lioient en gerbe ; puis, inclinant cette gerbe sur le bord de la pirogue, ils la frappoient avec un fléau léger ; le grain mûr tomboit dans le fond du canot. Le bruit des fléaux qui battoient les gerbes, le murmure de l'eau, les rires et les joyeux propos des sauvages, animoient cette scène, moitié marine, moitié rustique.

Le champ étoit moissonné : la lune se leva pour éclairer le retour de la flotte ; sa lumière descendoit sur la rivière, entre les saules à peine frémissants. De jeunes Indiens et de jeunes Indiennes suivoient les canots à la nage, comme des sirènes ou des tritons ; l'air s'embaumoit de l'odeur de la moisson nouvelle mêlée aux émanations des arbres et des fleurs. La pirogue du grand-chef étoit à la tête de la flotte, et un prêtre, debout à la poupe de cette pirogue, redisoit le chant consacré à l'astre des voyageurs :

« Salut, épouse du Soleil! tu n'as pas toujours été heureuse! Lorsque, contrainte par Athaensic de quitter le lit nuptial, tu sors des portes du matin, tes bras arrondis, étendus vers l'orient, appellent inutilement ton époux.

« Ce sont encore ces beaux bras que tu entr'ouvres lorsque tu te retournes vers l'occident, et que la cruelle Athaensic force à son tour le Soleil à fuir devant toi.

« Depuis ton hymen infortuné, la mélancolie est devenue ta compagne; elle ne te quitte jamais, soit que tu te plaises à errer à travers les nuages, soit qu'immobile dans le ciel, tu tiennes tes yeux fixés sur les bois, soit que, penchée au bord des ondes du Meschacebé, tu t'abandonnes à la rêverie, soit que tes pas s'égarent avec les fantômes le long des pâles bruyères.

« Mais, ô Lune! que tu es belle dans ta tristesse! L'Ourse étoilée s'éclipse devant tes charmes, tes regards veloutent l'azur du ciel; ils rendent les nues diaphanes; ils font briller les fleuves comme des serpents; ils argentent la cime des arbres; ils couvrent de blancheur le sommet des montagnes; ils changent en une mer de lait les vapeurs de la vallée.

« C'est ta lumière, ô Lune! qui donne de grandes pensées aux sachems; c'est ta lumière qui remplit le cœur d'un amant du souvenir de sa maîtresse; à ta clarté, la mère veille au berceau de son fils; à ta clarté, les guerriers marchent aux ennemis de la patrie; à ta clarté, les chasseurs tendent des piéges aux hôtes des forêts; et maintenant à ta clarté, chargés des dons du Grand-Esprit, nous allons revoir nos heureuses cabanes. »

Ainsi chantoit le prêtre : à chaque strophe, la conque mêloit ses sons au chœur général des Natchez; un recueillement religieux avoit saisi Céluta, René, d'Artaguette, Outougamiz, Adario et le vieux Chactas : le pressentiment d'un avenir malheureux s'étoit emparé de leur cœur. La tristesse est au fond des joies de l'homme : la nature attache une douleur à tous ses plaisirs, et quand elle ne nous peut refuser le bonheur, par un dernier artifice elle y mêle la crainte de le perdre. Une voix vint arracher les amis à leurs graves réflexions: cette voix sembloit sortir de l'eau; elle disoit : « Mon libérateur, me voici. » René, d'Artaguette, Outougamiz, Chactas, Adario, Céluta, regardent dans le fleuve, et ils aperçoivent Mila qui nageoit auprès du canot. Enveloppée d'un voile, elle ne montroit au-dessus de l'eau que ses épaules demi-nues et sa tête humide; quelques épis de folle-avoine, capricieusement tressés, ornoient son front. Sa figure riante brilloit à la clarté de la lune, au milieu de l'ébène de ses cheveux; des filets d'argent couloient le long de ses joues : on eût pris la petite Indienne pour une naïade qui avoit dérobé la couronne de Cérès.

« Outougamiz, disoit-elle, viens donc te baigner avec moi; pour le guerrier blanc, ton frère, j'en aurois peur. »

Outougamiz saute par-dessus le bord de la pirogue. Mila se mit à nager de concert avec lui. Tantôt elle se balançoit lentement le visage tourné vers le ciel; vous eussiez cru qu'elle dormoit sur les vagues; tantôt, frappant de son pied l'onde élastique, elle glissoit rapidement dans le fleuve. Quelquefois, s'élevant à demi, elle avoit l'air de se tenir debout; quelquefois ses bras écartoient l'onde avec grâce : dans cette position elle tournoit un peu la tête, et l'extrémité de ses pieds se montroit à la surface des flots. Son sein, légèrement enflé à l'œil, sous le voile liquide, paroissoit enfermé dans un globe de cristal; elle traçoit, par ses mouvements, une multitude de cercles qui, se poussant les uns les autres, s'étendoient au loin : Mila s'ébattoit au milieu de ces ondulations brillantes, comme un cygne qui baigne son cou et ses ailes.

La langueur des attitudes de Mila auroit pu faire croire qu'elle cherchoit des voluptés cachées dans ces ondes mystérieuses; mais le calme de sa voix et la simplicité de ses paroles ne déceloient que la plus tranquille innocence. Il en étoit ainsi des caprices de l'élégante Indienne avec Outougamiz : elle passoit à son cou un bras humide; elle approchoit son visage si près du sien, qu'elle lui faisoit sentir à la fois la fraîcheur de ses joues et la chaleur de ses lèvres. Liant ses pieds aux pieds de son compagnon de bain, elle n'étoit séparée de lui que par l'onde, dont la molle résistance rendoit encore ses entrelacements plus doux : « N'étoit-ce pas ainsi, disoit-elle, que tu étois couché avec René sur le lit de roseaux, au fond du marais? » Il ne falloit chercher dans ces jeux que ceux d'un enfant plein de charme; et si quelque chose d'inconnu se mêloit aux pensées de Mila, ce n'étoit point à Outougamiz que s'adressoient ces pensées.

Tant de grâces n'avoient point échappé à la fille de Tabamica; moins René y avoit paru sensible, plus elle craignit une délicatesse affectée. Rentrée dans sa demeure, elle se trouva mal : bien que son sein maternel n'eût encore compté que sept fois le retour de l'astre témoin des plaisirs de Mila, Céluta sentit que l'enfant de René se hâteroit d'arriver à la triste lumière des cieux, afin de partager les destinées de son père.

Le frère d'Amélie avait passé la nuit dans les bois : au lever du soleil il ne retrouva Céluta ni dans la cabane, ni à la fontaine, ni au champ des fleurs. Il apprit bientôt que, pressée pendant la nuit par les douleurs, son épouse s'étoit retirée à la hutte que lui avoient bâtie les matrones, selon l'usage, et qu'elle resteroit dans cette hutte un nombre de jours plus ou moins long, selon le sexe de l'enfant.

Céluta pensa perdre la vie en la donnant à une fille que l'on porta à son père, et qu'en versant des pleurs il nomma Amélie. Cette seconde Amélie paroissoit au moment d'expirer : René se vit obligé de verser l'eau du baptême sur la tête de l'enfant en péril ; l'enfant poussa un cri. Le baptême, parmi les sauvages, étoit regardé comme un maléfice : Ondouré accusa le guerrier blanc d'avoir voulu faire mourir sa fille, par dégoût pour Céluta et par amour pour une autre femme. Ainsi s'accomplissoit le sort de René : tout lui devenoit fatal, même le bonheur.

L'enfant vécut, et les jours de retraite expirèrent : Céluta revint à son toit, où l'attendoient ses parents. Les vêtements de la jeune mère étoient nouveaux : elle ne devoit rien porter de ce qui lui avoit servi autrefois : son enfant étoit suspendu à sa mamelle. Lorsqu'elle mit le pied sur le seuil de sa cabane, ses yeux, jusque alors baissés avec modestie, se levèrent sur René, qui lui tendoit les bras pour recevoir, son enfant : tout ce que la passion d'une amante, tout ce que la dignité d'une épouse, tout ce que la tendresse d'une mère, tout ce que la soumission d'une esclave, tout ce que la douleur d'une femme peuvent jamais réunir de plus touchant, fut exprimé par le regard de Céluta. « Je ne vous ai donné qu'une fille, dit-elle ; pardonnez à la stérilité de mon sein : je ne suis pas heureuse. »

René prit son enfant, l'éleva vers le ciel, et le remit dans les bras de sa mère. Tous les parents bénirent la fille de Céluta : Outougamiz lui suspendit un moment au cou le Manitou d'or, et sembla la consacrer ainsi au malheur.

Chez les sauvages, ce sont les parents maternels qui imposent les noms aux nouveau-nés. Selon la religion de ces peuples, le père donne l'âme à l'enfant, la mère ne lui donne que le corps : on suppose d'après cela que la famille de la femme connoît seule le nom que le corps doit porter. René, s'obstinant à appeler sa fille Amélie, blessa de plus en plus les mœurs des Indiens.

Depuis qu'il étoit père, sa tristesse étoit singulièrement augmentée. Il passoit des jours entiers au fond des forêts. Quand il revenoit chez lui, il prenoit sa fille sur ses genoux, la regardoit avec un mélange de tendresse et de désespoir, et tout à coup la remettoit dans son berceau comme si elle lui faisoit horreur. Céluta détournoit la tête et cachoit ses larmes, attribuant le mouvement de René à un sentiment de haine pour elle.

Si René, rentrant au milieu de la nuit, adressoit des mots de bonté à Céluta, c'étoit avec peine qu'elle parvenoit à dissimuler l'altération de sa voix; si René s'approchoit de son épouse pendant le jour, elle lui laissoit adroitement sa fille dans les bras et s'éloignoit de lui; si René montroit quelque inquiétude de la santé chancelante de la sœur d'Outougamiz, celle-ci en attribuoit le dérangement à la naissance d'Amélie. Elle disoit alors des choses si touchantes en s'efforçant de prendre un air serein, que son trouble paroissoit davantage à travers ce calme de la vertu résignée.

Mila se retrouvoit partout sur les pas du frère d'Amélie; elle venoit souvent à la cabane, où Céluta l'accueilloit toujours avec douceur.

« Si tu étois ma mère, disoit Mila à l'épouse affligée, je serois toujours avec toi; j'entendrois le guerrier blanc te parler de l'amitié de ton frère et te raconter des histoires de son pays. Nous préparerions ensemble la couche du guerrier blanc; et puis, quand il dormiroit, je rafraîchirois son sommeil avec un éventail de plumes. »

Mila terminoit ordinairement ses discours en se jetant dans les bras de Céluta : c'étoit chercher la tranquillité au sein de l'orage, la fraîcheur au milieu des feux du midi. La jeune Indienne obtenoit un regard de pitié des yeux dont elle faisoit couler les larmes; elle sollicitoit l'amitié d'un cœur qu'elle venoit de poignarder.

La mère de Mila, impatiente de ces courses, avoit menacé sa fille de lui jeter de l'eau au visage, châtiment qu'infligent à leurs enfants les matrones indiennes. Mila avoit répondu qu'elle mettroit le feu à la cabane de sa mère; les parents avoient ri, et Mila avoit continué de chercher René.

Un soir celui-ci étoit assis au bord d'un de ces lacs que l'on trouve partout dans les forêts du Nouveau-Monde. Quelques baumiers isolés bordoient le rivage; le pélican, le cou reployé, le bec reposant comme une faux sur sa poitrine, se tenoit immobile à la pointe d'un rocher; les dindes sauvages élevoient leur voix rauque du haut des magnolias; les flots du lac, unis comme un miroir, répétoient les feux du soleil couchant.

Mila survint. « Me voici! dit-elle; je suis tout étonnée, je t'assure : j'avois peur d'être grondée. »

« Et pourquoi vous gronder? » dit René.

« Je ne sais, » répondit Mila en s'asseyant et s'appuyant sur les genoux du guerrier blanc.

« N'auriez-vous point quelque secret? » répliqua René.

« Grand-Esprit! s'écria Mila, est-ce que j'aurois un secret? J'ai beau penser, je ne me souviens de rien. »

Mila posa ses deux petites mains sur le genou de René, inclina la tête sur ses mains, et se mit à rêver en regardant le lac. René souffroit de cette attitude, mais il n'avoit pas le courage de repousser cette enfant. Il s'aperçut, au bout de quelque temps, que Mila s'étoit endormie.

Age de candeur, qui ne connois aucun péril! âge de confiance, que tu passes vite! « Quel bonheur pour toi, Mila! murmura sourdement René, si tu dormois ici ton dernier sommeil! »

« Que dis-tu? s'écria Mila tirée de son assoupissement. Pourquoi m'as-tu réveillée? Je faisois un si beau rêve! »

« Vous feriez mieux, dit René, de me chanter une chanson, plutôt que de dormir ainsi comme un enfant. »

« C'est bien vrai, dit Mila; attends, que je me réveille. » Et elle frotta ses yeux humides de sommeil et de larmes.

« Je me souviens. reprit-elle, d'une chanson de Céluta. O Céluta! comme elle est heureuse! comme elle mérite de l'être! C'est ta femme, n'est-ce pas? »

Mila se prit à chanter; elle avoit dans la voix une douceur mêlée d'innocence et de volupté. Elle ne put chanter longtemps; elle brouilla tous ses souvenirs, et pleura de dépit de ne pouvoir redire la chanson de Céluta.

La mère de Mila, qui la suivoit, la trouva assise aux genoux de René; elle la frappa avec une touffe de lilas qu'elle tenoit à la main, et Mila s'échappa en jetant des feuilles à sa mère. L'imprudente colère de la matrone révéla la course de sa fille; le bruit s'en répandit de toutes parts. Mila elle-même s'empressa de dire à Céluta qu'elle avoit dormi sur les genoux du guerrier blanc au bord du lac. Céluta n'avoit pas besoin de ce qu'elle prenoit pour une nouvelle preuve du malheur qui l'avoit frappée.

Le frère d'Amélie connoissoit trop les passions pour ne pas apercevoir ce qui naissoit au fond du cœur de Mila; il devint plus sévère avec elle : cette rigueur effraya la gentille sauvage. Ses sentiments repoussés se replièrent sur tout ce qui aimoit René, sur Céluta, sur Outougamiz, qui avoit délivré le guerrier blanc avec tant de courage et qui avoit si bien nagé dans le fleuve. Mila rencontroit souvent Outougamiz dans les cabanes : la naïveté héroïque du jeune homme plaisoit à la naïveté malicieuse de la jeune fille.

« Tu as sauvé ton ami du cadre de feu, disoit un jour Mila à Outougamiz. C'est bien beau! j'aurois voulu être là. » — « Tu m'aurois beaucoup gêné, répondit le frère de Céluta, parce que tu aurois eu faim ; et que t'aurois-je donné à manger? »

« C'est vrai, répliqua l'Indienne ; mais si j'avois été avec toi, j'aurois pris la tête de ton ami dans mes deux mains, j'aurois réchauffé ses yeux avec mes lèvres ; et pour voir si son cœur battoit encore, j'aurois mis ma main sur son cœur. » Et Mila portoit la main au cœur d'Outougamiz.

« Ne fais pas cela, dit le sauvage. Est-ce que tu serois devenue amoureuse? » — « Non, certainement, s'écria l'Indienne étonnée : mais je le demanderai à Céluta. »

L'âme de la jeunesse en prenant son essor essaye de tous les sentiments, goûte, comme l'enfant, à toutes les coupes, douces ou amères, et n'apprend à s'y connoître que par l'expérience. Attirée d'abord par René, Mila trouva bientôt en lui quelque chose de trop loin d'elle. Le cœur d'Outougamiz étoit le cœur qui convenoit à celui de Mila ; leur sympathie une fois déclarée promettoit d'être durable, et cette sympathie alloit naître.

Hélas! ces simples et gracieuses amours, qui auroient dû couler sous un ciel tranquille, se formoient au moment des orages! Malheureux, ô vous qui commencez à vivre quand les révolutions éclatent! Amour, amitié, repos, ces biens qui composent le bonheur des autres hommes vous manqueront ; vous n'aurez le temps ni d'aimer ni d'être aimés. Dans l'âge où tout est illusion, l'affreuse vérité vous poursuivra ; dans l'âge où tout est espérance, vous n'en nourrirez aucune : il vous faudra briser d'avance les liens de la vie, de peur de multiplier des nœuds qui si tôt doivent se rompre!

René, vivant en lui-même, et comme hors du monde qui l'environnoit, voyoit à peine ce qui se passoit autour de lui ; il ne faisoit rien pour détruire des calomnies qu'il ignoroit, ou qu'il auroit méprisées s'il les eût connues ; calomnies qui n'en alloient pas moins accumuler sur sa tête des malheurs publics et des chagrins domestiques. Se renfermant au sein de ses douleurs et de ses rêveries, dans cette espèce de solitude morale il devenoit de plus en plus farouche et sauvage : impatient de tout joug, importuné de tout devoir, les soins qu'on lui rendoit lui pesoient : on le fatiguoit en l'aimant. Il ne se plaisoit qu'à errer à l'aventure ; il ne disoit jamais ce qu'il devenoit, où il alloit ; lui-même ne le savoit pas. Étoit-il agité de remords ou de passions, cachoit-il des vices ou des vertus? C'est ce qu'on ne pouvoit dire. Il étoit possible de tout croire de lui, hors la vérité.

Assise à la porte de sa cabane, Céluta attendoit son mari des journées entières. Elle ne l'accusoit point, elle n'accusoit qu'elle-même : elle se reprochoit de n'avoir ni assez de beauté ni assez de tendresse. Dans la générosité de son amour, elle alloit jusqu'à croire qu'elle pourroit devenir l'amie de toute autre femme maîtresse du cœur de René; mais quand elle portoit son enfant à son sein, elle ne pouvoit s'empêcher de le baigner de larmes. Lorsque le frère d'Amélie revenoit, Céluta apprêtoit le repas; elle ne prononçoit que des paroles de douceur, elle ne craignoit que de se rendre importune; elle ébauchoit un sourire qui expiroit à ses lèvres; et lorsque, jetant des regards furtifs sur René, elle le voyoit pâle et agité, elle auroit donné toute sa vie pour lui rendre un moment de repos.

Chactas essayoit quelquefois d'apaiser par sa tranquille raison les troubles de l'âme du frère d'Amélie; mais il ne lui pouvoit arracher son secret. « Qu'as-tu? lui disoit-il. Tu voulois la solitude; ne te suffit-elle plus? Avois-tu pensé que ton cœur étoit inépuisable? Les sources coulent-elles toujours? »

« Mais qui empêche, répondoit René, quand on s'aperçoit de la fuite du bonheur, de clore la vie? Pourquoi des amis inséparables n'arrivent-ils pas ensemble dans le monde où les félicités ne passent plus? »

« Je n'attache pas plus de prix que toi à la vie, répliquoit le sachem expérimenté : vous mourez, et vous êtes oublié; vous vivez, et votre existence n'occupe pas plus de place que votre mémoire. Qu'importent nos joies ou nos douleurs dans la nature? Mais pourquoi t'occuper toi-même de ce qui dure si peu? Tu as déjà rempli parmi nous les devoirs d'un homme envers ta patrie adoptive : il t'en reste d'autres à accomplir. Peut-être n'attendras-tu pas longtemps ce que tu désires. »

Les paroles de la vieillesse sont des oracles : tout en effet commençoit à précipiter la catastrophe aux Natchez. Les messagers d'Ondouré étoient revenus avec des paroles favorables de la part des nations indiennes. Le commandant françois, qui avoit reçu de nouveaux soldats, n'avoit pas besoin d'être excité secrètement, comme il l'étoit par Febriano, pour exercer des violences contre René, Chactas et Adario. Chépar pressoit Ondouré de tenir ses promesses relativement au partage des terres; Ondouré répondoit qu'il les mettroit à exécution aussitôt qu'on l'auroit débarrassé de ses adversaires.

Les calomnies répandues par Ondouré, à l'aide du jongleur, avoient produit tout leur effet contre le frère d'Amélie : pour les Natchez, l'impie René étoit le complice secret des mauvais desseins des François ; pour les François, le traître René étoit l'ennemi de son ancienne patrie.

La famille de Chactas, au milieu de laquelle Mila passoit maintenant ses jours, prenoit un matin son repas accoutumé dans la cabane de Céluta, lorsqu'elle vit entrer le grenadier Jacques : il étoit chargé d'un billet du capitaine d'Artaguette, adressé au fils adoptif de Chactas, ou, dans son absence, au vénérable sachem lui-même. Ce billet informoit René de l'ordre qui venoit d'être donné de l'arrêter avec Adario. « Vous n'avez pas un moment à perdre pour vous dérober à vos ennemis, mandoit le capitaine au frère d'Amélie. Vous êtes dénoncé comme ayant porté les armes contre la France ; un conseil de guerre est déjà nommé afin de vous juger. Adario, qu'on retiendra prisonnier tant que les terres ne seront pas concédées, répondra de la conduite des Natchez. On n'ose encore toucher à la tête de Chactas. »

A cette lecture, Céluta fut saisie d'un tremblement ; pour la première fois elle bénit l'absence de René ; depuis deux jours il n'avoit point paru. Céluta, Mila et Outougamiz convinrent de courir dans les bois, de chercher le frère d'Amélie, et de le tenir éloigné des cabanes ; Chactas, avec le reste de la famille, se hâta de se rendre chez Adario.

Instruit du sort qu'on lui prépare, Adario refuse de fuir : il déploie une natte, s'assied à terre. Fatigué des cris qu'il entend : « Indigne famille ! dit-il d'une voix terrible, que me conseillez-vous ? Moi ! me cacher devant des brigands ! donner un tel exemple à la jeunesse ! Chactas, j'attendois d'autres sentiments d'un des pères de la patrie. »

« De quelle utilité peut être à la patrie votre captivité ou votre mort ? répondit Chactas ; en vous retirant, au contraire, dès demain peut-être nous pourrons nous défendre contre les oppresseurs de notre liberté ; mais aujourd'hui le temps nous manque : je ne sais quelle main perfide a écarté la plupart des jeunes guerriers. »

« Non, dit Adario, je ne me retirerai point ; je vous laisse le soin de me venger. »

Adario se lève et prend ses armes : sa famille n'ose s'opposer à son dessein. Le sachem se rassied : un profond silence règne autour de lui.

On entend au dehors les pas d'une troupe de concessionnaires conduits par Febriano. A la gauche du sachem étoit son fils, derrière lui sa vieille épouse et sa jeune fille, mère d'un enfant qu'elle tenoit dans ses bras ; devant lui Chactas, appuyé sur un bâton blanc.

Febriano entre, déploie un ordre, et commande à Adario de le suivre.

« Oui, je vais te suivre, répond le sachem ; je vois que tu m'as reconnu; je t'ai fait assez peur le jour de la bataille pour que tu te souviennes de moi. »

Adario s'élance de sa natte, et appuie le bout d'un javelot sur la poitrine de Febriano. Chactas, dont les regards ne dirigent plus les mains tremblantes, cherche en vain, dans la nuit qui l'environne, à détourner les coups et à faire entendre des paroles pacifiques. Le renégat recule, et sa troupe avance. Des cris s'échappent de la multitude remplissant les lieux d'alentour. Les femmes éplorées se suspendent aux fusils des concessionnaires. Une voix s'élève, la bande armée tire : le fils d'Adario tombe mort à ses côtés. Le sachem se défend quelque temps derrière le corps de son fils; Chactas, renversé, est foulé aux pieds. Une épaisse fumée monte dans les airs; la cabane est en flammes; tout fuit. Lié des mains de Febriano, Adario est conduit avec sa femme, sa fille et son petit-fils au fort Rosalie. D'autres sicaires du complice d'Ondouré, envoyés à la demeure de René, n'avoient trouvé que le silence et la solitude.

Les habitants de la colonie accoururent en foule sur le passage des prisonniers. Ceux-ci auroient inspiré une pitié profonde s'il ne suffisoit pas d'être malheureux parmi les hommes pour en être haï et persécuté. D'Artaguette, qui avoit refusé de conduire des soldats aux Natchez, subissoit lui-même une captivité militaire, et ne pouvoit plus être d'aucun secours à la famille enchaînée.

Le conseil de Chépar s'étant assemblé, Febriano déclara qu'Adario s'étoit armé, qu'il avoit méprisé les ordres du roi, et qu'on avoit été obligé de l'enlever de vive force. Deux avis furent ouverts : le premier, de transporter le rebelle aux îles; le second, de le vendre, avec sa famille, au fort Rosalie. Ce dernier avis l'emporta. Le commandant choisit le parti le plus violent comme le plus capable de frapper les Natchez d'une épouvante salutaire : l'imprudence et la dureté paroissent souvent aux esprits étroits de l'habileté et du courage. Il fut donc résolu qu'Adario, sa femme et ses enfants, seroient à l'instant même publiquement vendus, et employés aux travaux de la colonie.

Ondouré passa secrètement quelques heures au fort Rosalie : Febriano l'informa du jugement rendu par le conseil; le sauvage s'en réjouit, ainsi que du meurtre du fils d'Adario et de l'incendie de la cabane. Il regrettoit seulement de n'avoir pu abattre du premier coup sa principale victime, mais il s'en consoloit dans la pensée que René n'avoit échappé à son sort que pour peu de temps.

L'Indien espéroit trouver la rage des Natchez à son comble, et les esprits disposés à tout entreprendre : il ne se trompoit pas. Revenu du fort Rosalie, il se rendit au lieu où Chactas, après l'enlèvement d'Adario, avoit rassemblé les tribus : c'étoit au bord du lac des bois, dans l'endroit où Mila s'étoit endormie sur les genoux de René.

Le chef parut avec un front triste au milieu de l'assemblée. Tous les yeux se tournèrent vers lui. Les jeunes guerriers, à peine de retour d'une longue chasse, s'écrièrent : « Tuteur du soleil, que nous conseillez-vous ? »

« Mon opinion, répondit modestement le rusé sauvage, est celle des sachems. »

Les sachems louèrent cette modération, excepté Chactas, qui découvrit l'hypocrite.

« Que la femme-chef s'explique, » dit-on de toutes parts.

« O malheureux Natchez ! dit Akansie, subjuguée et criminelle, on conspire ! » Et elle se tut.

« Il la faut forcer de parler ! » fut le cri de la foule. Alors Ondouré :

« Remarquez, ô guerriers ! que le fils adoptif de Chactas, que l'on représentoit comme une des victimes désignées par Chépar, a pourtant été soustrait à la trahison de nos ennemis, tandis qu'Adario est dans les fers. Sachems et guerriers, avez-vous quelque confiance en moi ? »

« Oui, oui ! » répétèrent mille voix. Celle de Chactas, dans ce moment de passion, ne fut point écoutée.

« Voulez-vous faire, reprit Ondouré, ce que j'ordonnerai pour votre salut ? »

« Parlez, nous vous obéirons, » s'écria de nouveau l'assemblée.

« Eh bien ! dit Ondouré, rentrez dans vos cabanes ; ne montrez aucun ressentiment, ayez l'air soumis, supportez de nouvelles injustices, et je vous promets... Mais il n'est pas temps de parler. Je découvrirai au grand-prêtre ce qu'Athaensic m'a inspiré. Oui, Natchez, Athaensic m'est apparue dans la vallée ! ses yeux étoient deux flammes ; ses cheveux flottoient dans les airs comme les rayons du soleil à travers les nuages de la tempête ; tout son corps étoit quelque chose d'immense et d'indéfinissable : on ne pouvoit la voir sans ressentir les terreurs de la mort. « Délivre la patrie, m'a-t-elle dit ; concerte toute « chose avec le serviteur de mes autels. . . . . » Alors l'esprit m'a révélé ce que je devois d'abord apprendre au seul jongleur : ce sont des mystères redoutables. »

L'assemblée frémit. Le grand-prêtre s'écria : « N'en doutons point, Athaensic a remis sa puissance à Ondouré. Guerriers, le tuteur du soleil vous commande par ma voix de vous séparer. Retirez-vous, et reposez-vous sur le ciel du soin de votre vengeance. »

A ces mots les sauvages se dispersèrent, pleins d'une horreur religieuse qu'augmentoient l'ombre et le calme des forêts.

Ondouré ne désiroit point armer dans ce moment les Natchez contre les François : ils n'étoient pas assez forts pour triompher, et tout se seroit réduit à une action aussi peu décisive que la première. Ce n'étoit pas d'ailleurs un combat ouvert et loyal que vouloit le sauvage ; il prétendoit porter un coup plus sûr, mais plus ténébreux. Or, tout n'étoit pas préparé, et le jour où le complot pouvoit éclater avec succès étoit encore loin.

L'amant dédaigné de Céluta avoit fait de l'absence de son rival un nouveau moyen de calomnie : non content de perdre René dans l'opinion des Natchez, il le faisoit chercher de toutes parts pour le livrer aux François. Avec un dessein bien différent, Céluta s'étoit empressée de suivre les traces de son époux, mais elle avoit en vain interrogé les rochers et les bruyères. Elle sortoit de sa cabane, elle y revenoit, dans la crainte que René n'y fût rentré par un autre chemin : quelquefois elle songeoit à se rendre au fort Rosalie, se figurant que l'objet de sa tendresse y avoit déjà été conduit ; quelquefois elle s'asseyoit au carrefour d'un bois, et ses regards s'enfonçoient dans les divers sentiers qui se dérouloient sous l'ombrage ; elle n'osoit appeler René, de peur de le trahir par les sons mêmes de sa voix. Amélie ne quittoit point les bras maternels, et Céluta retrouvoit des forces en pleurant sur ce cher témoin de sa douleur.

Outougamiz, toujours inspiré quand il s'agissoit des périls de son ami, avoit été plus heureux que sa sœur ; depuis longtemps il s'étoit aperçu que le frère d'Amélie aimoit à diriger ses pas vers une colline qui bordoit le Meschacebé, et dans le flanc de laquelle s'ouvroit une grotte funèbre : il commença ses recherches de ce côté. Un autre instinct conduisit Mila au même lieu : la colombe au loin transportée trouve, à travers les champs de l'air, le chemin qui la ramène à sa compagne.

Les deux fidèles messagers se rencontrèrent à l'entrée de la grotte.

« Qui t'amène ici ? » dit Mila à Outougamiz.

« Mon génie, répondit le sauvage ; et il montroit la chaîne d'or. Et toi, Mila, qui t'a conduite de ce côté ? »

« Je n'en sais rien, répliqua l'Indienne ; quelque chose qui est peut-être la femme de ton génie. Tu verras que nous avons deviné, et que le guerrier blanc est ici. »

En effet, ils aperçurent René assis en face du fleuve, sous la voûte de la caverne : on voyoit auprès de lui un livre, des fruits, du maïs et des armes. Cette caverne étoit un lieu redouté des Natchez : ils y avoient déposé une partie des os de leurs pères. On racontoit qu'un esprit de la tombe veilloit jour et nuit à cette demeure.

« Oh! s'écria Mila, j'aurois bien peur si le guerrier blanc n'étoit ici. »

Étonné de l'apparition de son frère et de la jeune Indienne, René crut qu'ils s'étoient donné rendez-vous dans ce sanctuaire propre à recevoir un serment ; et comme il appeloit leur union de tous ses vœux, il fut charmé de cette rencontre.

Outougamiz et Mila ne dirent rien au frère d'Amélie du véritable objet de leur descente à la grotte : tant les cœurs naïfs deviennent intelligents quand il s'agit de ce qu'ils aiment ! Ils comprirent que s'ils révéloient à René les périls dont il étoit menacé, loin de pouvoir l'arrêter, il échapperoit à leur tendresse. Le couple ingénu laissa donc l'homme blanc croire ce qu'il voudroit croire, et ne songea qu'à le retenir dans cette retraite par le charme d'un entretien amical.

Le frère de Céluta ignoroit ce qui s'étoit passé aux Natchez : il supposoit qu'Adario se seroit éloigné avec Chactas, jusqu'au moment où les enfants du Soleil pourroient venger leur injure. Outougamiz eût désiré calmer les inquiétudes de sa sœur, mais il ne vouloit pas quitter René ; il espéroit que Mila trouveroit quelque prétexte pour quitter la grotte et pour aller rassurer la femme infortunée.

« Mon sublime frère, dit René au jeune sauvage avec un sourire qui rarement déridoit son front, accours-tu encore pour me délivrer ? Pourquoi ces armes ? Je n'ai aucun danger à craindre : je ne suis qu'avec les morts, et tu sais qu'ils sont mes amis. Et vous, petite Mila, que cherchez-vous ? La vie sans doute ? elle n'est pas ici, et vous ne pourriez la rendre à cette foule poudreuse qui peut-être ne consentiroit pas à la reprendre. »

Le religieux Outougamiz gardoit le silence ; Mila trembloit, et dans sa frayeur se serroit fortement contre Outougamiz. Un foible rayon du jour, en pénétrant dans la caverne, ne servoit qu'à en redoubler l'horreur : les ossements blanchis reflétoient une lumière fantastique ; on eût cru voir remuer et s'animer l'immobile et l'insensible dépouille des hommes. Le fleuve rouloit ses ondes à l'entrée de la grotte, et des herbes flétries pendantes à la voûte frémissoient au souffle du vent.

Mila, en voulant s'avancer vers René, ébranla un tas d'ossements qui roulèrent sur elle. « J'en mourrai ! j'en mourrai ! » s'écria Mila : c'étoit comme quelque chose de si singulier !

« Ma jeune amie, dit le frère d'Amélie, rassurez-vous. » — « Je te jure, répliqua l'Indienne, que cela a parlé. »

« Parlé ! » dit Outougamiz.

René sourit, fit asseoir Mila auprès de lui, et prenant la main de l'enfant

« Oui, dit-il, cela a parlé : les tombeaux nous disent que dans leur sein finissent nos douleurs et nos joies ; qu'après nous être agités un moment sur la terre, nous passons au repos éternel. Mila est charmante, son cœur palpite de toutes les sortes d'amour ; mon admirable frère est tout âme : encore quelques soupirs sur la terre (et Dieu veuille qu'ils soient de bonheur), le cœur de Mila se glacera pour jamais, et les cendres de l'homme à qui l'amitié fit faire des prodiges seront confondues avec la poussière de celui qui n'a jamais aimé. »

René s'interrompit, appuya son front sur sa main, et regarda couler le fleuve.

« Parle encore, dit Mila : c'est si triste et pourtant si doux, ce que tu dis ! »

René, ramenant ses regards dans l'intérieur de la caverne et les fixant sur un squelette, dit tout à coup : « Mila, pourrois-tu m'apprendre son nom ? »

« Son nom ! répéta l'Indienne épouvantée, je ne le sais pas : ces morts se ressemblent tous. »

« Tu me fais voir ce que je n'aurois jamais vu seul, dit Outougamiz : est-ce que les morts sont si peu de chose ? »

« La nature de l'homme est l'oubli et la petitesse, répondit le frère d'Amélie ; il vit et meurt ignoré. Dis-moi, Outougamiz, entends-tu l'herbe croître dans cette tête que j'approche de ton oreille ? Non sans doute. Eh bien, les pensées qui y végétoient autrefois ne faisoient pas plus de bruit à l'oreille de Dieu. L'existence coule à l'entrée du souterrain de la mort, comme le Meschacebé à l'entrée de cette caverne : les bords de l'étroite ouverture nous empêchent d'étendre nos regards au-dessus et au-dessous sur le fleuve de la vie ; nous voyons seulement passer devant nous une petite portion des hommes voyageant du berceau à la tombe dans leur succession rapide, sans que nous puissions découvrir où ils vont et d'où ils viennent. »

« Je conçois bien ton idée, s'écria Mila. Si je disois à mon voisin, placé dans une autre caverne, au-dessus de celle où nous sommes : Voisin, as-tu vu passer ce flot qui étoit si brillant (je suppose une jeune fille) ? Il me répondroit peut-être : J'ai vu passer un flot troublé, car il s'est élevé de l'orage entre ma caverne et la tienne. »

« Admirablement, Mila ! dit René : oui ! tels nous paroissons en fuyant sur la terre ; notre éclat, notre bonheur, ne vont pas loin, et le flot de notre vie se ternit avant de disparoître. »

« Voilà que tu m'enhardis, s'écria Mila. J'avois tant de peur en entrant dans la grotte! Maintenant je pourrois toucher ce que je n'osois d'abord regarder. » La main de Mila prit la tête de mort que René n'avoit pas replacée avec les autres. Elle en vit sortir des fourmis.

« La vie dans la mort, dit René : c'est par ce côté que le tombeau nous ouvre une vue immense. Dans ce cerveau qui contenoit autrefois un monde intellectuel habite un monde qui a aussi son mouvement et son intelligence; ces fourmis périront à leur tour. Que renaîtra-t-il de leur grain de poussière? »

René cessa de parler. Animée par le premier essai de son esprit, Mila dit à Outougamiz :

« Je songeois que si j'allois t'épouser et que tu vinsses à mourir comme ceux qui sont ici, je serois si triste que je mourrois aussi. »

« Je t'assure que je ne mourrai pas, dit vivement Outougamiz : si tu veux m'épouser, je te promets de vivre. »

« Oui, dit Mila, belle promesse! Avec ton amitié pour le guerrier blanc, tu me garderois bien ta parole! »

Mila, qui avoit oublié de rejeter la relique qu'elle tenoit de la main de René, échauffoit contre son sein l'effigie pâle et glacée : les beaux cheveux de la jeune fille ombrageoient en tombant le front chauve de la mort. Avec ses joues colorées, ses lèvres vermeilles, les grâces de son adolescence, Mila ressembloit à ces roses de l'églantier qui croissent dans les cimetières champêtres et qui penchent leurs têtes sur la tombe.

Les grandes émotions, nées du spectacle de la grotte funèbre, l'ardente amitié du frère de Céluta pour René, avoient pu seules éloigner un moment de la pensée d'Outougamiz le souvenir du péril qui environnoit ses parents et sa patrie : l'Indien fit un léger signe à Mila, qui comprit ce signe, et s'écria : « Qu'il y a longtemps que je suis ici! Comme je vais être grondée! » Et elle s'enfuit, non pour aller trouver sa mère, mais pour aller apprendre à Céluta que le guerrier blanc étoit en sûreté. Le frère de Céluta demeura auprès du frère d'Amélie; feignant un peu de lassitude et de souffrance, il déclara qu'il se vouloit reposer dans la grotte : c'étoit le moyen d'y retenir son ami.

Tandis qu'ils étoient renfermés dans ce tabernacle des morts, des scènes de deuil affligeoient le fort Rosalie.

Si Chactas, au lieu d'Adario, se fût trouvé prisonnier, il eût, par de sages discours, consolé ses amis : mais Adario, muet et sévère, ne savoit point faire parler avec grâce son cœur sur ses lèvres; il songeoit peu à sa famille, encore moins à lui-même; toutes ses pensées, toutes ses douleurs étoient réservées à son pays.

Pour subir l'arrêt du conseil et pour être vendu à l'enchère, il avoit été conduit sur la place publique, où la foule étoit assemblée. Sa femme et sa fille, qui portoit son jeune fils dans ses bras, le suivoient en pleurant. Le sachem se tourna brusquement vers elles, et leur montra de la main les cabanes de la patrie : les deux femmes étouffèrent leurs sanglots. Un large cercle se forma autour de la famille indienne : les principaux marchands qui faisoient la traite des nègres et des Indiens s'avancèrent. On commença par dépouiller les esclaves. L'épouse et la fille d'Adario, cachant leur nudité de leurs mains, se pressoient honteuses et tremblantes contre le vieillard, dont le corps étoit tout couvert d'anciennes cicatrices et tout meurtri de nouveaux coups.

Les traitants, écartant les bras chastes des Indiennes, livroient ces femmes à des regards encore plus odieux que ceux de l'avarice. Des femmes blanches, instruites dans l'abominable trafic, prononçoient sur la valeur des effets à vendre.

« Ce vieillard, disoit un colon en frappant le sachem de son bambou, ne vaut pas une pièce d'or : il est mutilé de la main gauche ; il est criblé de blessures ; il est plus que sexagénaire ; il n'a pas trois années à servir. »

« D'ailleurs, disoit un autre colon, qui cherchoit à ravaler l'objet de l'encan pour l'obtenir à bas prix, ces sauvages sont des brutes qui ne valent pas le quart d'un nègre : ils aiment mieux se laisser mourir que de travailler pour un maître. Quand on en sauve un sur dix, on est bien heureux. »

Discutant de la sorte, on tâtait les épaules, les flancs, les bras d'Adario. « Touche-moi, misérable, disoit l'Indien, je suis d'une autre espèce que toi ! »

« Je n'ai point vu de plus insolent vieillard, » s'écria un des courtiers de chair humaine ; et il rompit sa gaule de frêne sur la tête du sachem.

On fit ensuite des remarques sur les femmes : la mère étoit vieille, affoiblie par le chagrin ; elle n'auroit plus d'enfants. La fille valoit un peu mieux, mais elle étoit délicate, et les premiers six mois de travail la tueroient. L'enfant, qu'on arracha tout nu à la mère, fut à son tour examiné : il avoit les membres gros ; il promettoit de grandir : « Oui, dit un brocanteur, mais c'est un capital avancé sans rentrée certaine ; il faut nourrir cela en attendant. »

La mère suivoit, avec des yeux où se peignoit la plus tendre sollicitude, les mouvements qu'on faisoit faire à son fils ; elle craignoit qu'on ne l'en séparât pour toujours. Une fois l'enfant, trop serré, poussa un cri ; l'Indienne s'élança pour reprendre le fruit de ses entrailles ; on la repoussa à coups de fouet : elle tomba, toute sanglante, la face contre terre, ce qui fit rire aux éclats l'assemblée. On lui rejeta pourtant son fils, dont les membres étoient à moitié disloqués. Elle le prit, l'essuya avec ses cheveux et le cacha dans son sein. Le marché fut conclu : on rendit les vêtements à la famille.

Adario s'attendoit à être brûlé ; quand il sut qu'il étoit esclave, sa constance pensa l'abandonner : ses yeux cherchoient un poignard, mais on lui avoit enlevé tout moyen de s'affranchir. Un soupir, ou plutôt un sourd rugissement s'échappa du fond de la poitrine du sachem lorsqu'on le conduisit aux cases des nègres, en attendant le jour du travail. Là, avec sa famille, Adario vit danser et chanter autour de lui ces Africains qui célébroient la bienvenue d'un Américain, enchaîné avec eux par des Européens sur le sol où il étoit né. Dans ce troupeau d'hommes se trouvoit le nègre Imley, accusé de vouloir soulever ses compagnons de servitude : on ne l'avoit pu convaincre de ce crime ou de cette vertu ; il en avoit été quitte pour cinquante coups de fouet. Il serra secrètement la main d'Adario.

Cette même nuit, qui plaçoit ce sachem au rang des esclaves, apportoit de nouveaux chagrins à Outougamiz : il ne pouvoit plus prolonger l'erreur du frère d'Amélie, ni le retenir sous un vain prétexte dans la grotte funèbre : il se détermina donc à rompre le silence.

« Tu m'as fait faire, dit-il à René, le premier mensonge de ma vie. Je ne suis point malade, et Mila ne m'avoit pas donné de rendez-vous ici. Son bon génie, qui ne ressemble cependant pas au mien, lui avoit découvert ta retraite, et nous étions accourus pour t'obliger à te cacher. »

« Me cacher ! dit René ; tu sais que ce n'est guère ma coutume. »

« C'est bien pour cela, répondit Outougamiz, que j'ai menti. Je savois que je te fâcherois si je te proposois de rester dans la caverne ; pourtant Chactas t'ordonnoit d'y rester. »

Outougamiz fit à sa manière le récit de ce qui s'étoit passé aux Natchez, ajoutant qu'Adario auroit certainement pris le parti de se retirer, afin de mieux se préparer à combattre.

« Je n'en crois rien, dit René se levant et saisissant ses armes ; mais allons défendre Céluta, qui ignore où je suis et qui doit être dans une vive inquiétude. »

« Et pourquoi donc ? reprit Outougamiz, Mila nous a-t-elle quittés ? Elle a plus d'esprit que toi et que moi, et elle vole comme un oiseau. »

René voulut sortir de la grotte ; Outougamiz se jette au-devant de lui. « Il n'y a pas encore assez longtemps que le soleil est couché, dit le jeune sauvage ; attends quelques moments de plus. Tu sais que c'est la nuit que je te délivre. »

Ce mot arrêta le frère d'Amélie, qui pressa Outougamiz dans ses bras.

Ils ouïrent alors dans les eaux du fleuve le bruit d'une pirogue ; cette pirogue aborde presque aussitôt à la grotte : elle étoit conduite par le grenadier Jacques et par d'Artaguette lui-même. Le capitaine saute sur le rocher, et dit à René :

« Vous êtes découvert ; Ondouré vous a fait suivre ; il vient d'indiquer au commandant le lieu de votre retraite. Instruit, par le hasard, de cette nouvelle, j'ai forcé mes arrêts pendant la nuit ; je me suis jeté dans cette pirogue avec Jacques ; grâce au ciel nous arrivons les premiers ! Mais fuyez ; il y a des vivres dans l'embarcation ; traversez le fleuve, vous serez en sûreté sur l'autre bord. Ne balancez pas ! Adario n'a pas voulu se retirer, il a été pris avec sa famille : son fils a été tué à ses côtés ; le sachem lui-même, conduit au fort, a été vendu comme esclave. Nous tâcherons de réparer le mal : vous ne feriez que l'aggraver en tombant entre les mains de nos ennemis. »

L'étonnement et l'indignation soulevoient la poitrine de René : « Capitaine, dit-il, tandis qu'on égorge mes amis, ce n'est pas sans doute sérieusement que vous me proposez la fuite. Adario esclave ! son fils massacré ! Et ma femme et ma fille, que sont-elles devenues ? Courons les défendre ; soulevons la nation ; délivrons la terre généreuse qui m'a donné l'hospitalité !... »

« Nous prendrons soin de votre femme, de votre fille, de Chactas, de tous vos amis, dit d'Artaguette en interrompant René ; mais vous les perdrez dans ce moment si vous vous obstinez à vous montrer. Partez, encore une fois ; épargnez-moi le malheur de vous voir saisir sous mes yeux. Songez que vous exposez ce brave grenadier. »

« Quelle vie que la mienne ! » s'écria René avec l'accent du désespoir ; puis tout à coup : « Eh bien, généreux d'Artaguette, je ne vous exposerai point, je n'exposerai point ce brave grenadier, je ne compromettrai point, comme vous me le dites, ma femme, ma fille, Chactas et mes amis ; mais ne me comptez pas ébranler dans la résolution que je viens de prendre. Je ne suis point un scélérat, obligé de me cacher le jour dans les cavernes, la nuit dans les forêts. J'accepte votre pirogue, je pars, je descends à la Nouvelle-Orléans, je me présente au gouverneur, je demande quel est mon crime, je propose ma tête pour celle d'Adario : j'obtiendrai sa grâce ou je périrai. »

Le capitaine, en admirant la résolution de René, tâcha de le dissuader de la suivre : « Vos ennemis, lui dit-il, sont de petits hommes : ils ne sentiront ni votre mérite ni le prix de votre action. Étranger, inconnu, sans protecteurs, vous ne réussirez pas, vous ne parviendrez même pas à vous faire entendre. Je ne le vous puis cacher : d'après les calomnies répandues contre vous, d'après la puissance de vos calomniateurs, la rigueur de l'autorité militaire dans une colonie nouvelle peut vous être funeste. »

« Tant mieux ! répondit brusquement le frère d'Amélie; le fardeau est trop pesant, et je suis las. Je vous recommande Céluta, sa fille, ma seconde Amélie !... Chactas, mon second père !... » Puis, se tournant vers Outougamiz, qui n'avoit rien compris à leur langage françois, il lui dit en natchez :

« Mon ami, je vais faire un voyage; quand nous reverrons-nous ? qui le sait? peut-être dans un lieu où nous aurons plus de bonheur : il n'y a rien sur la terre qui soit digne de ta vertu. »

« Tu peux partir, si tu veux, répond Outougamiz, mais tu sais bien que je sais te suivre et te retrouver. Je vais aller chercher Mila, qui a plus d'esprit que moi; j'apprendrai par elle ce que tu ne me dis pas. »

On entendit le bruit des armes. « Je ne cherche plus à vous retenir, dit le capitaine. J'écrirai pour vous à mon frère le général et à mon ami le conseiller Harlay. « D'Artaguette ordonne au grenadier de sortir de la pirogue; il y fait entrer René; celui-ci, repoussant le rivage avec un aviron, est entraîné par le cours du fleuve.

Febriano ne trouva plus le frère d'Amélie; il rencontra seulement le capitaine d'Artaguette et le grenadier; il ne douta point que René ne dût son salut à leur dévouement : il y a des hommes qu'on peut toujours accuser d'avoir fait le bien, comme il y en a d'autres qu'on peut toujours soupçonner d'avoir fait le mal. D'Artaguette jeta un regard de mépris à Febriano, qui n'y répondit que par un geste menaçant adressé à Jacques. Outougamiz, en voyant s'éloigner le frère d'Amélie, s'étoit dit : « Je le suivrois bien à la nage; mais il faut que je consulte Mila. » Et il étoit allé consulter Mila.

On peut juger du soulagement de Céluta quand, après de longues heures d'attente, elle vit accourir sa jeune amie, dont le visage riant annonçoit de loin que le guerrier blanc étoit en sûreté. « Céluta, s'écria Mila toute haletante, tu aurois été assise trois lunes de suite à pleurer que tu n'aurois rien trouvé. Moi, j'ai été tout droit, sans qu'on me le dît, à la grotte où étoit mon libérateur; Outougamiz y arrivoit en même temps que moi. Grand-Esprit ! j'aurois eu tant de peur si je n'avois eu tant de plaisir! Imagine-toi que ton frère garde ton mari dans la grotte où ils parlent comme deux aigles. »

Céluta comprit sur-le-champ que René étoit dans la caverne funèbre avec Outougamiz. Elle embrassa la petite Indienne, lui disant : « Charmante enfant, tu me fais à présent autant de bien que tu m'as fait de mal. »

« Je t'ai fait du mal ! repartit Mila. Comment ? Est-ce que tu ne veux pas que j'épouse ton frère Outougamiz le Simple ? Nous venons pourtant de nous promettre de nous marier dans la grande caverne. » Et Mila fuit de nouveau, disant : « Je reviens, je reviens ; mais il faut que je m'aille montrer à ma mère. »

Céluta remplit une corbeille de gâteaux et de fruits, suspendit sa fille à ses épaules, et, appuyée sur un roseau, s'avança vers la grotte des Ancêtres. Il étoit plus de minuit lorsqu'elle y arriva : elle ne se put défendre d'une secrète terreur, à l'abord de ce lieu redoutable. Elle s'arrête, écoute : aucun bruit ne frappe son oreille ; elle nomme à voix basse Outougamiz, n'osant nommer René : aucune voix ne répond à sa voix.

« Ils dorment peut-être, » se dit-elle, et elle pénètre dans le souterrain ; elle marche sur des os roulants, répétant à chaque pas ces mots : « Êtes-vous là ? » Ses accents s'évanouissent dans le silence de la mort. L'Indienne se sent prête à défaillir ; elle promène ses regards dans les ombres de ce tombeau ; nul être vivant n'y respire.

Céluta sort épouvantée : elle gravit la rive escarpée, jette les yeux sur le fleuve et sur les campagnes à peine visibles à la lueur des étoiles ; elle appelle René et Outougamiz, se tait, recommence ses cris, les suspend encore, s'épuise en courses inutiles, et ne se résout à reprendre le chemin de sa cabane que quand elle aperçoit les premières teintes du jour.

La fille de Tabamica traversoit le grand village, abandonné par la plupart des Indiens depuis l'enlèvement d'Adario ; elle entend marcher derrière elle ; elle tourne la tête, et aperçoit son frère. « Où est ton ami ? » s'écrie-t-elle. « Il est parti, répond Outougamiz, il ne reviendra peut-être jamais ; mais qu'est-ce que cela fait, puisque je vais le rejoindre ? Je ne sais pas où il est allé, mais Mila me le dira. » Mila, échappée à sa mère, arrive dans ce moment. Elle voit Céluta en pleurs et Outougamiz avec cet air inspiré qu'il avoit lorsque l'amitié faisoit palpiter son cœur. Elle apprend le sujet de leurs nouvelles alarmes : « Vous voilà bien embarrassés pour rien, leur dit-elle ; allons au fort Rosalie ; l'autre bon guerrier blanc nous apprendra où est mon libérateur. » Elle ouvrit la corbeille que portoit Céluta, distribua les fruits et les gâteaux, en prit sa part, et se mit à descendre vers la colonie, se faisant suivre du frère et de la sœur.

Le soleil éclairoit alors une scène affreuse. Adario avoit été reçu avec des chants et des danses par les hommes noirs, compagnons de sa servitude : la nuit s'écoula dans cette joie des chaînes. Au lever du jour, le chef de l'atelier conduisit le sachem au champ du travail avec un troupeau de bœufs et de nègres. Des soldats campoient sur les défrichements.

La captivité d'Adario et de sa famille étoit un exemple dont le commandant prétendoit effrayer ce qu'il appeloit les mutins. On avoit appris que la nuit s'étoit passée tranquillement aux Natchez, et l'on ignoroit que cette tranquillité étoit l'effet des complots mêmes d'Ondouré. Chépar crut les Indiens abattus, et, pour achever de dompter leur esprit d'indépendance, il leur voulut montrer le plus fameux de leurs vieillards, après Chactas, réduit à la condition d'esclave. L'ordre fut donné de laisser approcher les sauvages, mais sans armes, s'ils se présentoient au champ du travail.

Le commandeur des nègres, un fouet à la main, fit un signe à Adario, et lui prescrivit de sarcler les herbes dans une plantation de maïs : le sachem ne daigna pas même jeter un regard sur le pâtre d'hommes. Mais déjà la femme du sachem, et sa fille, qui portoit son enfant, sur ses épaules, étoient courbées sur un sillon : « Que faites-vous? » leur cria Adario d'une voix terrible. Elles se relevèrent; le fouet les contraignit de se courber de nouveau. Adario recevoit les coups qui s'adressoient à lui, et qui lui enlevoient des lambeaux de chair, comme si son corps eût été le tronc d'un chêne.

Dans ce moment on vit venir un vieillard aveugle conduit par un enfant; c'étoit Chactas : malgré la délibération du conseil et l'opposition d'Ondouré, Chactas s'étoit présenté seul avec le calumet de paix à la porte du fort Rosalie. Chépar avoit refusé de recevoir le sachem, qui s'étoit fait mener alors au champ du travail.

Chactas étoit si respecté, même des Européens, que le commandeur ne crut pas devoir l'empêcher d'approcher de son ami. Les deux vieillards demeurèrent quelque temps serrés dans les bras l'un de l'autre : « Adario, dit Chactas, j'ai aussi porté des fers. »

« Tu ne voyois pas les arbres de la patrie, » reprit Adario.

« Tu reprendras bientôt ta liberté, dit Chactas : nous périrons tous, ou tu seras délivré. »

« Peu importe, répliqua Adario : mes mains sont désormais déshonorées. Après tout, je n'ai qu'un jour à vivre; mais cet enfant que tu vois, le fils du fils que les brigands ont tué hier à mes côtés! cet enfant! toute une vie esclave! »

« Vieillards, c'est assez, s'écria le commandeur, séparez-vous. »

« Attends du moins, répondit Adario, que Chactas ait embrassé mon dernier enfant. Ma fille, apporte-moi mon petit-fils : que je le dépose dans les bras de mon vieil ami ; que cet ami libre lui donne une bénédiction qui n'appartient plus à ces mains enchaînées. »

La fille d'Adario remet en tremblant l'enfant à son aïeul : Adario le prend, le baise tendrement, l'élève vers le ciel, le reporte de nouveau à sa bouche paternelle, penche sa tête sur le visage de l'enfant, qui sourit; le sachem presse le nourrisson sur son sein, fait un pas à l'écart comme pour verser des larmes sur le dernier né de sa race, et reste quelques moments immobile.

Adario se retourne : il tient par un pied l'enfant étranglé! Il le lance au milieu des François. « Le premier est mort libre, s'écrie-t-il, j'ai délivré le second : le voilà! »

Des clameurs confuses s'élèvent : « O crime! » disoient les uns. « O vertu! » disoient les autres. Les sauvages présents à ce spectacle, bien qu'ils eussent déposé leurs armes, selon les ordres, se précipitent sur les soldats; une rude mêlée s'engage, les Indiens sont repoussés. Adario est plongé dans les cachots du fort ; sa fille seule est avec lui, sa fille qui ne nourrit plus l'enfant ravi à son sein par la main paternelle! La vieille épouse d'Adario, frappée d'un glaive inconnu au milieu de l'émeute, étoit allée rejoindre dans la tombe son fils et son petit-fils.

Tout étoit possible désormais à l'ambition et aux crimes d'Ondouré; l'indignation des Natchez ne connoissoit plus de bornes ; il les pouvoit faire entrer dans tous les desseins par lesquels il avoit promis de les venger. Il ne s'agissoit plus que de calmer une tempête trop violemment excitée, et dont Ondouré n'étoit pas encore prêt à recueillir les ravages. Il falloit atteindre René, échappé aux premiers complots; il falloit parvenir, au milieu du massacre des François, à immoler le frère d'Amélie, à ravir Céluta et à monter enfin au rang suprême, en rétablissant l'ancien pouvoir des soleils : telles étoient les noires pensées que le chef indien rouloit dans son âme.

Le frère d'Amélie avoit à peine perdu de vue le pays des Natchez, que, se contentant de gouverner la pirogue avec un aviron placé en arrière, il s'étoit abandonné aux cours des flots. La beauté des rivages, le premier éclat du printemps dans les forêts ne faisoit point diversion à sa tristesse.

Il traça quelques lignes au crayon sur des tablettes :

« Me voici seul. Nature qui m'environnez, mon cœur vous idolâtroit autrefois : serois-je devenu insensible à vos charmes? Le malheur m'a touché; sa main m'a flétri.

« Qu'ai-je gagné en venant sur ces bords? Insensé! ne te devois-tu pas apercevoir que ton cœur feroit ton tourment, quels que fussent les lieux habités par toi?

« Rêveries de ma jeunesse, pourquoi renaissez-vous dans mon souvenir? Toi seule, ô mon Amélie! tu as pris le parti que tu devois prendre! Du moins, si tu pleures, c'est dans les abris du port : je gémis sur les vagues, au milieu de la tempête. »

En approchant de la Nouvelle-Orléans, René vit une croix plantée par des missionnaires sur de hautes collines, dans l'endroit où l'on avoit trouvé le corps d'un homme assassiné. Il aborde au rivage, attache sa pirogue sous un peuplier et accomplit un pèlerinage à la croix ; il ne devoit point être exaucé, car il alloit demander, non le pardon de ses fautes, mais la rémission de ces souffrances que Dieu impose à tous les hommes. Arrivé au pied du calvaire, il s'y prosterne :

« O toi qui as voulu laisser sur la terre l'instrument de ton supplice comme un monument de ta charité et de l'iniquité du méchant! divin Voyageur ici-bas, donne-moi la force nécessaire pour continuer ma route. J'ai à traverser encore des pays brûlés par le soleil; j'ai faim de ta manne, ô Seigneur! car les hommes ne m'ont vendu qu'un pain amer. Rappelle-moi vite à la patrie céleste : je n'ai pas ta résignation pour boire la lie du calice; mes os sont fatigués, mes pieds sont usés à force de marcher : aucun hôte n'a voulu recevoir l'étranger, les portes ont été fermées contre moi. »

René dépose au pied de la croix une branche de chêne en *ex-voto*. Il descend les collines, rentre dans sa pirogue, et bientôt découvre la capitale de la Louisiane.

Il passe au milieu des vaisseaux à l'ancre ou amarrés le long des quais. Comme il traversoit un labyrinthe de câbles, il fut hélé du bord d'une frégate à laquelle étoit dévolue la police du port. On lui cria en françois avec un porte-voix : « De quelle nation indienne êtes-vous? » Il répondit : « Natchez. » On ordonne au frère d'Amélie d'aborder la frégate.

Le capitaine, étonné de rencontrer un François sous l'habit d'un Indien, lui demanda ses passe-ports : René n'en avoit point. Questionné sur l'objet de son voyage, il déclara ne pouvoir s'en ouvrir qu'au gouverneur. Sa pirogue étant visitée, on y découvrit les tablettes dont les pages crayonnées parurent inintelligibles et suspectes. René fut consigné à bord de la frégate et un officier expédié à terre : celui-ci étoit chargé d'apprendre au gouverneur qu'on avoit arrêté un François déguisé en sauvage; que les réponses de cet homme étoient embarrassées et ses manières extraordinaires. Le capitaine ajoutoit, dans sa lettre, que l'étranger refusoit de dire son nom, et qu'il demandoit à parler au gouverneur; l'officier portoit aussi les tablettes trouvées dans la pirogue.

L'alarme étoit vive à la Nouvelle-Orléans : depuis le combat livré aux Natchez, et dans lequel ces sauvages avoient montré tant d'habileté et de valeur, on n'avoit cessé d'être inquiet. Le commandant du fort Rosalie faisoit incessamment partir des courriers chargés de rapports formidables sur l'indocilité des Indiens. Les divers chefs se trouvoient nommés dans ses dépêches : c'étoient ceux que Febriano, à l'instigation d'Ondouré, prenoit soin de dénoncer au crédule Chépar. Adario, Chactas même, et René surtout, étoient représentés comme les auteurs d'une conspiration permanente, comme des hommes qui, voulant la rupture des traités et la continuation de la guerre, s'opposoient à l'établissement des concessionnaires. Un dernier messager annonçoit la capture d'Adario, et faisoit craindre un mouvement parmi les sauvages.

Si Ondouré accabloit René de ses calomnies, Febriano lui prêtoit ses crimes : le peuple racontoit que le frère d'Amélie avoit marché sur un crucifix, qu'il avoit vendu son âme au démon, qu'il passoit sa vie dans les forêts avec une femme indienne abandonnée à la magie, qu'ayant été tué dans une bataille contre les Illinois, un sauvage, nécromancien comme lui, lui avoit rendu la vie : élévation du génie, dévouement de l'amour, prodiges de l'amitié et de la vertu, vous serez toujours incompréhensibles aux hommes.

Le gouverneur, à la lecture de la lettre du capitaine, ne douta pas que l'étranger ne fût cet homme inconnu, naturalisé Natchez : il ordonna de le conduire devant lui. Le bruit se répandit aussitôt dans la ville que le fameux chef françois des Natchez étoit fait prisonnier : les rues furent obstruées d'une foule superstitieuse, et les fenêtres bordées de spectateurs. Au milieu de ce tumulte, René, escorté d'un détachement de soldats de marine, débarque à la cale du port; des cris de *Vive le roi!* retentissent, comme si l'on eût remporté quelque victoire. Cependant l'étonnement fut extrême lorsque, au lieu du personnage attendu, on ne vit qu'un beau jeune homme dont la démarche étoit noble sans fierté, et qui n'avoit sur le front ni insolence ni remords.

Le gouverneur reçut René dans une galerie où se trouvoient réunis les officiers, les magistrats et les principaux habitants de la ville. Adélaïde, fille du gouverneur, avoit aussi voulu voir celui qu'elle connoissoit par les récits du capitaine d'Artaguette, et dont elle venoit de lire les tablettes avec un mélange d'intérêt et d'étonnement. Lorsque René parut, il se fit un profond silence. Il s'avança vers le gouverneur, et lui dit : « Je vous étois venu chercher. La fortune, pour la première fois de ma vie, m'a été favorable : elle m'amène devant vous plus tôt que je ne l'aurois espéré. »

La contenance, les regards, la voix de l'étranger, surprirent l'assemblée ; on ne pouvoit retrouver en lui le vagabond sans éducation et sans naissance que dénonçoit la renommée. Le gouverneur, d'un caractère froid et réservé, fut lui-même frappé de l'air de noblesse du frère d'Amélie : il y avoit dans René quelque chose de dominateur, qui s'emparoit fortement de l'âme. Adélaïde paroissoit tout agitée ; mais son père, loin d'être mieux disposé en faveur de l'inconnu, le regarda dès lors comme infiniment plus dangereux que l'homme vulgaire dont parloient les dépêches du fort Rosalie.

« Puisque vous m'étiez venu chercher, dit le gouverneur, vous aviez sans doute quelque chose à me dire : quel est votre nom ? »

« René, » répondit le frère d'Amélie.

« Tout le monde l'avoit supposé, répliqua le gouverneur. Vous êtes François et naturalisé Natchez ? Eh bien, que me voulez-vous ? »

« Puisque vous savez déjà qui je suis, répondit René, vous aurez sans doute aussi deviné le sujet qui m'amène. Adopté par Chactas, illustre et sage vieillard de la nation des Natchez, j'ai été témoin de toutes les injustices dont on s'est rendu coupable envers ce peuple. Un vil ramas d'hommes enlevés à la corruption de l'Europe a dépouillé de ses terres, une nation indépendante. On a troublé cette nation dans ses fêtes, on l'a blessée dans ses mœurs, contrariée dans ses habitudes. Tant de calamités l'ont enfin soulevée ; mais avant de prendre les armes elle vous a demandé, et elle a espéré de vous justice : trompée dans son attente, de sanglants combats ont eu lieu. Quand on a vu qu'on ne pouvoit dompter les Natchez à force ouverte, on a eu recours à des trêves mal observées par les chefs de la colonie. Il y a peu de jours que le commandant du fort Rosalie s'est porté aux derniers outrages ; j'ai été désigné avec Adario, frère du père de ma femme, comme une des premières victimes. On a saisi le sachem, on l'a vendu publiquement : j'ignore les malheurs qui ont pu suivre cette monstrueuse violence. Je me suis venu remettre en vos mains, et me proposer en échange pour Adario.

« Je n'entrerai point dans des justifications que je dédaigne, ne sachant d'ailleurs de quoi on m'accuse : le soupçon des hommes est déjà une présomption d'innocence. Je viens seulement vous déclarer que s'il y a quelque conspirateur parmi les Natchez, c'est moi, car je me suis toujours opposé à vos oppressions. Comme François je vous puis paroître coupable ; comme homme je suis innocent. Exercez donc sur moi votre rigueur, mais souffrez que je vous le demande : Pouvez-vous punir Adario d'avoir défendu son pays ? Revenez à des sentiments plus équitables, brisez les fers d'un généreux sauvage dont tout le crime est d'avoir aimé sa patrie. Si vous m'ôtez la liberté et si vous la rendez au sachem, vous satisferez à la fois la justice et la prudence. Qu'on ne dise pas qu'on nous peut retenir tous deux : en brisant les fers d'Adario, vous disposerez en votre faveur les Indiens qui révèrent ce vieillard, et qui ne vous pardonneroient jamais son esclavage ; en portant sur moi vos vengeances, vous n'armerez pas un bras contre vous ; personne, pas même moi, ne réclamera contre la balle qui me percera la poitrine. »

On ne sauroit décrire l'effet que ce discours produisit sur l'assemblée. Adélaïde versoit des larmes : appuyée sur le dos du fauteuil de son père, elle avoit écouté avidement les paroles du frère d'Amélie ; on voyoit se répéter sur le visage de cette jeune femme tous les mouvements de crainte ou d'espérance que le prisonnier faisoit éprouver à son cœur.

« Avez-vous porté les armes contre les François ? » dit le gouverneur.

« Je ne me suis point trouvé au combat des Natchez, répondit René, j'étois alors dans les rangs des guerriers qui marchoient contre les Illinois ; mais si j'avois été au grand village, je n'aurois pas hésité à combattre pour ma nouvelle patrie. » Le gouverneur se leva, et dit : « C'est au conseil de guerre à prononcer. » Il ordonna de déposer l'étranger à la prison militaire.

René fut conduit à la prison, et le lendemain transféré de la prison au conseil. On lui avoit nommé un défenseur, mais il refusa de s'entretenir avec lui, et ne le voulut pas même voir. Ce défenseur, Pierre de Harlay, ami du capitaine d'Artaguette, étoit au moment d'épouser Adélaïde ; il partageoit avec la fille du gouverneur l'attrait qu'elle se sentoit pour René : le refus même que celui-ci avoit fait de l'entendre ne le rendit que plus ardent dans la cause d'un homme ressemblant si peu aux autres hommes.

La salle du conseil étoit remplie de tout ce qu'il y avoit de plus puissant dans la colonie. Les militaires chargés de l'instruction du procès firent à René les questions d'usage ; quelques lettres du commandant du fort Rosalie furent produites contre lui. On lui demanda ce que signifioient les phrases écrites sur ses tablettes, si ce nom d'Amélie n'étoit point un nom emprunté et cachant quelque mystère ; l'infortuné jeune homme pâlit. Une joie cruelle s'étoit glissée au fond de son cœur : se sentir innocent et être condamné par la loi étoit, dans la nature des idées de René, une espèce de triomphe sur l'ordre social. Il ne répondit que par un sourire de mépris aux accusations de trahison : il fit l'éloge le plus touchant de Céluta, dont on avoit prononcé le nom. Il répéta qu'il étoit venu uniquement pour solliciter la délivrance d'Adario, oncle de sa femme, et qu'on pouvoit au reste faire de lui tout ce qu'il plairoit à Dieu.

Harlay se leva :

« Mon client, dit-il, n'a pas plus voulu s'expliquer avec moi qu'avec ses juges ; il a refusé de se défendre ; mais n'est-il pas aisé de trouver dans ses courtes réponses quelques mots qui jettent de la lumière sur un complot infâme? Avec quelle vivacité il a parlé de l'Indienne unie à son sort! Et quelle est cette femme? C'est cette Céluta, connue de toute la colonie pour avoir arraché aux flammes un de nos plus braves officiers. Ne seroit-il pas possible que la beauté de cette généreuse sauvage eût allumé des passions qui poursuivent aujourd'hui leur vengeance sur la tête d'un innocent? Je n'avance point ceci sur de simples conjectures. Cette nuit même j'ai examiné tous les papiers ; j'ai fait des recherches, et je me suis procuré la lettre que je vais lire au conseil. »

Ici Pierre de Harlay lut une lettre datée du fort Rosalie : cette lettre étoit écrite par le grenadier Jacques à sa mère, qui demeuroit à la Nouvelle-Orléans. Le soldat exprimoit, dans toute la franchise militaire, son admiration pour son capitaine d'Artaguette, son estime pour René, sa compassion pour Céluta, son mépris pour Febriano et pour Ondouré.

« Cette lettre, s'écria le défenseur de René, porte un caractère d'honnêteté et de vérité auquel on ne se peut méprendre. La justice doit-elle aller si vite? N'est-il pas de son devoir d'entendre les témoins en faveur de l'accusé? Je sais qu'une commission militaire juge sans appel et sommairement, mais cette procédure rapide n'exclut pas l'équité. Je ne veux pour preuve de l'innocence de l'accusé que la démarche qui le livre aujourd'hui au glaive des lois. Quoi! vous accepteriez cette tête qu'il est venu vous offrir pour la tête d'un vieillard? Il est aisé de persécuter un homme sans amis et sans protecteurs; il est aisé de lui prodiguer les épithètes de vagabond et de traître : la seule présence de mon client a déjà donné un démenti à ces basses calomnies. Enfin, quand on s'obstineroit dans une accusation qui ne porte que sur des faits dénués de preuve, je soutiens que René n'est plus François, et qu'il ne vous appartient pas de le juger.

« J'ignore quels motifs ont pu porter l'homme qui comparoît aujourd'hui devant vous à quitter la France ; mais que l'on ait le droit de changer de patrie, c'est ce que l'on ne sauroit contester. Des tyrans m'auront enchaîné, des ennemis m'auront persécuté, j'aurai été trompé dans mes affections, et il ne me seroit pas permis d'aller chercher ailleurs la liberté, le repos et l'oubli de l'amitié trahie ! La nature seroit donc plus généreuse que les hommes, elle qui ouvre ses déserts à l'infortuné, elle qui ne lui dit pas : « Tu habiteras telle forêt ou telle autre, » mais qui lui dit : « Choisis les abris les plus convenables aux disposi-
« tions de ton âme. » Soutiendriez-vous que les sauvages de la Louisiane sont sujets du roi de France ? Abandonnez cette odieuse prétention. Assez longtemps ont été opprimés ces peuples qui jouissoient du bonheur et de l'indépendance, avant que nous eussions introduit la servitude et la corruption dans leur terre natale. Soldats-juges, vous portez aujourd'hui deux épées ; Dieu vous a remis le glaive de sa puissance et celui de sa justice ; prenez garde de les lui rendre ébréchés ou couverts de taches : on émousse le premier en frappant la liberté, on souille le second en répandant le sang innocent. »

L'orateur cessa de parler. L'auditoire étoit visiblement ému. Adélaïde, cachée dans une tribune, ne se put empêcher d'applaudir ; ce fut la plus douce récompense de Harlay : ce couple que les liens d'un amour heureux alloient unir prenoit seul, par une sympathie touchante, la défense d'un étranger qui devoit à une passion tous ses malheurs.

On fit retirer l'accusé ; les juges délibérèrent. Ils inclinoient à trouver René coupable ; mais ils se divisèrent sur la question de droit, relative au changement de patrie. Ils remirent au lendemain la prononciation de la sentence. René dit à Harlay : « Je ne vous connoissois pas quand j'ai refusé de vous entendre ; je ne vous remercie pas, car vous m'avez trop bien défendu. Dites à la fille du gouverneur que je lui souhaiterois le bonheur si mes vœux n'étoient des malédictions. »

Le frère d'Amélie fut reconduit en prison, entre deux rangs de marchands d'esclaves, de mariniers étrangers, de trafiquants de tous les pays, de toutes les couleurs, qui l'accabloient d'outrages sans savoir pourquoi.

Rentré dans la tour de la geôle, René désira écrire quelques lettres. Le gardien lui apporta une mauvaise feuille de papier, un peu d'encre dans le fond d'un vase brisé et une vieille plume ; laissant ensuite le prisonnier, il ferma la porte, qu'il assujettit avec les verrous. Demeuré seul, René se mit à genoux au bord du lit de camp dont la planche lui servit de table, et, éclairé par le foible jour qui pénétroit à travers les barreaux d'une fenêtre grillée, il écrivit à Chactas : il chargeoit le sachem de traduire les deux lettres qu'il adressoit en même temps à Céluta et à Outougamiz.

La femme du geôlier entra ; un enfant de six à sept ans lui aidoit à porter une partie du souper. René demanda à cette femme si elle n'auroit pas quelque livre à lui prêter : elle lui répondit qu'elle n'avoit que la Bible. Le prisonnier pria la geôlière de lui confier le livre saint. Adélaïde n'avoit point oublié René, et lorsqu'il demanda une lampe pour passer la nuit, le gardien, adouci par les présents de la fille du gouverneur, ne refusa point cette lampe.

Le lendemain on trouva aux marges de la Bible quelques mots à peine lisibles. Auprès du quatrième verset du septième chapitre de l'*Ecclésiastique,* on déchiffroit ces mots :

« Comme cela est vrai ! *la tristesse du cœur est une plaie universelle !* Dans le chagrin toutes les parties du corps deviennent douloureuses ; les os meurtris ne trouvent plus de couche assez molle. Tout est triste pour le malheureux, tout saigne comme son cœur : *c'est une plaie universelle !* »

D'autres passages étoient commentés dans le même esprit.

Ce premier verset du dixième chapitre de Job : *mon âme est fatiguée de ma vie,* étoit souligné.

Une des furieuses tempêtes de l'équinoxe du printemps s'étoit élevée pendant la nuit : les vents mugissoient ; les vagues du fleuve s'enfloient comme celles de la mer ; la pluie tomboit en torrents. René crut distinguer des plaintes à travers le fracas de l'orage : il ferma la Bible, s'approcha de la fenêtre, écouta, et n'entendit plus rien. Comme il regagnoit le fond de sa prison, les plaintes recommencèrent ; il retourna à la fenêtre : les accents de la voix d'une femme parviennent alors distinctement à son oreille. Il dérange la planche qui recouvroit la grille de la croisée, regarde à travers les barreaux, et à la lueur d'un réverbère agité par le vent il croit distinguer une femme assise sur une borne en face de la prison : « Malheureuse créature ! lui cria René, pourquoi restez-vous exposée à l'orage ? Avez-vous besoin de quelque secours ? »

A peine avoit-il prononcé ces mots qu'il voit l'espèce de fantôme se lever et accourir sous la tourelle. Le frère d'Amélie reconnoît le vêtement d'une femme indienne ; une lueur mobile du réverbère vient en même temps éclairer le visage pâle de Céluta ; c'étoit elle ! René tombe à genoux, et d'une voix entrecoupée de sanglots : « Dieu tout-puissant, dit-il, sauve cette femme ! » Céluta a entendu la voix de René ; les entrailles de l'épouse et de la mère tressaillent de douleur et de joie. La sœur d'Outougamiz fut quelques moments sans pouvoir prononcer une parole ; recouvrant enfin la voix, elle s'écrie : « Guerrier, où es-tu ? je ne te vois pas dans l'ombre et à travers la pluie. Excuse-moi ; je t'importune : je suis venue pour te servir. Voici ta fille. »

« Femme, répondit René, c'est trop de vertu ! retire-toi ; cherche un abri ; n'expose pas ta vie et celle de ta fille. Oh ! qui t'a conduite ici ? »

Céluta répondit : « Ne crains rien, je suis forte : ne suis-je pas Indienne ? Si j'ai fait quelque chose qui te déplaise, punis-moi, mais ne me renvoie pas. »

Cette réponse brisa le cœur de René : « Ma bien-aimée, lui dit-il, ange de lumière, fuis cette terre de ténèbres ; tu es ici dans un antre où les hommes te dévoreront. Du moins, pour le moment, tâche de trouver quelque retraite. Tu reviendras, si tu le veux, quand l'orage sera dissipé. »

Cette permission vainquit en apparence la résistance de Céluta. « Bénis ta fille, dit-elle à René, avant que je ne m'éloigne ; elle est foible : la pâture a manqué au petit oiseau, parce que son père n'a pu lui aller chercher des graines dans la savane. »

En disant cela, la mère ouvrit le méchant manteau chargé de pluie sous lequel elle tenoit sa fille abritée ; elle éleva l'innocente créature vers la tourelle pour recevoir la bénédiction de René. René passa ses mains à travers les barreaux, les étendit sur la petite Amélie, et s'écria : « Enfant ! ta mère te reste. »

Céluta cacha de nouveau son trésor dans son sein, et feignit de se retirer ; mais elle n'essaya point de retourner aux pirogues qui l'avoient amenée, et elle s'arrêta à quelque distance de la prison.

Céluta, Mila et Outougamiz étoient arrivés au fort Rosalie au moment où Adario, après avoir étouffé son fils, venoit d'être plongé dans les cachots : ils furent arrêtés, comme parents et complices du sachem et de René. La colonie se croyoit au moment d'être attaquée par les Natchez : on ne voyoit que des hommes et des femmes occupés à mettre à l'abri les meubles et les troupeaux de leurs habitations, à élever des redoutes, à creuser des fossés, tandis que les soldats, sous les armes, occupoient toutes les avenues du fort. Le mouvement de la foule avoit séparé Céluta de Mila et d'Outougamiz : celui-ci, en voulant défendre l'Indienne dont l'extrême gentillesse provoquoit la grossièreté d'une troupe d'habitants débauchés, fut traité de la manière la plus barbare.

Chactas n'étoit plus au fort Rosalie quand la fille de Tabamica y vint chercher des renseignements sur le voyage de René. Les jeunes sauvages avoient enlevé le sachem au milieu du tumulte, et l'avoient reporté aux Natchez ; mais Céluta retrouva son protecteur accoutumé. Le péril, qui paroissoit imminent, avoit forcé Chépar de lever les arrêts de d'Artaguette : le capitaine rencontra Céluta comme Febriano la faisoit traîner en prison, avec une espérance impure qu'il ne dissimuloit point. « Je réclame ma sœur, dit d'Artaguette en poussant rudement Febriano ; j'en répondrai au commandant. Quant à vous, monsieur, ajouta-t-il en regardant le misérable soldat jusqu'au fond de l'âme, vous savez où me trouver. »

Après avoir conduit Céluta dans une maison au bord du fleuve, le capitaine envoya le grenadier Jacques chercher la négresse Glazirne, qui parloit la langue des Natchez. Cette pauvre femme accourut avec son enfant, et servit de truchement à une autre femme infortunée comme elle. D'Artaguette apprit alors à Céluta que René étoit descendu à la Nouvelle-Orléans, dans le dessein de solliciter la délivrance d'Adario. « Je ne l'ai pu retenir, dit-il, et peut-être n'ai-je qu'un moment pour vous sauver vous-même. Où voulez-vous aller ? »

« Retrouver mon mari, » répondit Céluta.

La négresse traduisit aisément ces simples paroles : la langue et le cœur des épouses sont les mêmes sous les palmiers de l'Afrique et sous les magnolias des Florides.

Des Yazous qui se trouvoient au fort Rosalie étoient prêts à se rendre à la Nouvelle-Orléans : d'Artaguette proposa à sa sœur adoptive de la confier à ces sauvages ; elle accepta avec joie la proposition. Le capitaine lui donna un billet pour le général d'Artaguette et un autre pour Harlay : il recommandoit le couple infortuné à son frère et à son ami. Céluta s'embarqua sur les pirogues, qui déployèrent au souffle du nord leurs voiles de jonc et de plumes.

La flottille des Yazous toucha à la Nouvelle-Orléans le jour même où le frère d'Amélie avoit comparu devant le conseil. Céluta ne put descendre à terre que le soir : pour comble de malheur, elle avoit perdu les billets du capitaine. La nièce d'Adario savoit à peine quelques mots de françois; elle pria le chef indien, qui venoit souvent à la Nouvelle-Orléans échanger des pelleteries contre des armes, de s'informer du sort de René. Le sauvage n'alla pas loin sans apprendre ce que Céluta désiroit connoître : il sut que le fils adoptif de Chactas étoit enfermé dans la hutte du sang¹ et qu'on lui devoit casser la tête ; tel étoit le bruit populaire.

La fille de Tabamica, au lieu d'être abattue par ce récit, sentit son âme s'élever : celle qui, timide et réservée, rougissoit à la seule vue d'un étranger, se trouva tout à coup le courage d'affronter une ville remplie d'hommes blancs ; elle demanda au chef sauvage s'il savoit où étoit la hutte du sang, et s'il l'y pourroit conduire : sur la réponse affirmative du chef, Céluta, portant Amélie à son sein, suivit son guide. La nuit étoit déjà avancée et la pluie commençoit à tomber lorsqu'ils arrivèrent au noir édifice. Le Yazou, le montrant de la main à la femme natchez, lui dit : « Voilà ce que tu cherches ; » et, la quittant, il retourna à ses pirogues.

Restée seule dans la rue, Céluta contemploit les hauts murs de la prison, ses tourelles, ses doubles portes, ses guichets surbaissés, ses fenêtres étroites, défendues par des grilles ; demeure formidable, qui avait déjà l'air antique de la douleur, sur cette terre nouvelle, dans une colonie d'un jour. Les Européens n'avoient point encore de tombeau en Amérique, qu'ils y avoient déjà des cachots : c'étoient les seuls monuments du passé pour cette société sans aïeux et sans souvenirs.

Consternée à la vue de cette bastille, Céluta demeura d'abord immobile, puis frappa doucement à une porte ; le soldat de garde contraignit l'Indienne à se retirer. Elle fit le tour de la prison par des rues de plus en plus désertes : le ciel continuant à se charger de nuages, et les roulements de la foudre se multipliant, l'infortunée s'assit sur la borne où René l'aperçut du haut de la tour. Elle mit sa fille sur ses genoux, se pencha sur elle pour la garantir de la pluie et la réchauffer contre son cœur. Un violent coup de tonnerre ayant fait lever les yeux à Céluta, elle fut frappée d'un rayon de lumière qui s'échappoit à travers une fenêtre grillée : par un instinct secret, elle ne cessa plus de regarder cette lumière qui éclairoit l'objet d'un si tendre et si fidèle amour. Plusieurs fois Céluta appela René ; les vents emportèrent ses cris. Ce fut alors qu'elle commença à chanter de longues chansons, dont l'air triste et les paroles plaintives lui servirent à la fois à se faire entendre de son mari et à endormir son enfant.

Cette pauvre jeune mère, après avoir été reconnue du frère d'Amélie, s'étoit retirée pour lui obéir. Elle languissoit à quelque distance : ses membres étoient engourdis ; le froid et la pluie avoient pénétré jusqu'à sa fille, qui se glaçoit au sein maternel.

1. La prison.

Céluta promenoit des regards tristes sur ces déserts habités où pas une cabane ne s'ouvroit à ses misères, quand elle découvrit auprès d'elle une petite lueur qui sembloit sortir de terre. Une trappe se leva ; une femme âgée mit la tête au soupirail pour voir si l'orage commençoit à s'éloigner. Cette vieille aperçut Céluta. « Oh ! pauvre Indienne, s'écria-t-elle, descends vite ici. » Elle acheva d'ouvrir la trappe, et, avançant une main ridée, elle aida l'épouse de René à descendre dans le caveau, dont elle referma l'entrée.

Il n'y avoit dans cette espèce de souterrain qu'un lit recouvert d'un lambeau de laine : une serge grossière, clouée à une poutre, servoit de rideau à cette couche. Deux morceaux de bois vert, dans le milieu d'un large foyer, jetoient, sans se consumer, de grosses fumées ; une lampe de fer suspendue à un crochet brûloit dans le coin noirci de ce foyer. Une escabelle étoit placée devant un rouet dont la fusée de coton annonçoit le travail de la maîtresse de ce réduit.

La vieille femme jeta dans le feu quelques copeaux, et, prenant son escabelle, elle en voulut faire les honneurs à Céluta.

« Femme-chef de la cabane profonde, dit l'Indienne, tu es une matrone ; tu dois être la lumière du conseil des guerriers blancs, si j'en juge par ton hospitalité. A toi appartient la natte ; moi je ne suis encore qu'une jeune mère. »

En disant cela, Céluta s'assit sur la pierre du foyer, débarrassa sa fille de ses langes trempés d'eau, et la présenta à la flamme.

« Bon ! voici un enfant à présent ! s'écrie la vieille dans la langue de la sœur d'Outougamiz. Tu es Natchez ? J'ai été longtemps aux Natchez ; mais, pauvre chétive créature, comme tu es mouillée ! que tu as l'air malade ! Et puis voilà un enfant ! »

Céluta fondit en larmes en entendant des paroles si affectueuses prononcées dans la langue de son pays ; elle se jeta au cou de la matrone. « Attends, attends, » dit celle-ci. Elle courut en trébuchant à son lit, en arracha la couverture, qu'elle vint chauffer au feu, dépouilla malgré elle Céluta d'une partie de ses vêtements, et l'enveloppa avec le nourrisson dans la couverture brûlante.

« Vénérable femme blanche, aussi bonne que la femme noire du fort, disoit Céluta, je suis bien malheureuse de ne t'avoir pas reçue dans ma cabane aux Natchez. »

La femme blanche n'écoutoit pas ; elle préparoit du lait dans une calebasse. Elle l'offrit à l'Indienne, qui fut obligée d'y porter ses lèvres, afin de ne pas déplaire à son hôtesse.

La vieille prit alors la petite Amélie, et la déposa dans son tablier ; chantant d'une voix cassée, elle faisoit danser devant la flamme l'enfant, qui sourioit. Céluta regardoit ces jeux avec des yeux de mère, tandis que toutes ses pensées se reportoient vers son mari.

« Jacques étoit tout comme cela quand il étoit petit, dit la vieille, bon enfant! ne pleurant jamais! Il avoit seulement les cheveux plus noirs que ceux de cette mignonne. »

« Quel étoit ce Jacques, ma mère? » dit Céluta.

« Comment! reprit la vieille femme avec vivacité, Jacques, mon fils! tout le monde le connoît, un des plus beaux grenadiers qui soient dans les troupes du roi, et un des plus vaillants aussi. Le brave garçon! c'est lui qui me nourrit; sans lui je ne pourrois pas vivre, car je suis trop vieille pour travailler. Je suis bien fâchée de n'avoir pas la dernière lettre que mon fils m'écrivoit, je te la lirois : si le capitaine d'Artaguette savoit ce que Jacques dit de lui, il seroit bien fier. Ils ont été ensemble, Jacques et le capitaine, chercher un gentilhomme appelé René dans une grande caverne... »

Céluta interrompit cette effusion de la tendresse et de l'orgueil maternels en jetant de nouveau ses beaux bras autour de son hôtesse. « Grand-Esprit! s'écria-t-elle en sanglotant, tu es la mère de ce pauvre guerrier compagnon de mon frère d'Artaguette! C'est la mère de ce guerrier qui me reçoit dans sa cabane! »

« Qu'as-tu? » demanda la vieille. « Ce que j'ai, dit Céluta : ne suis-je pas la femme de René? »

« Comment! s'écria à son tour la mère de Jacques, tu serois cette Céluta qui a sauvé le capitaine, et à cause de cela ils veulent tuer ton mari! » Le coup frappa Céluta au cœur : elle s'évanouit.

Ayant bientôt repris ses sens par les soins de sa charitable hôtesse, elle lui dit : « Femme blanche, voilà le jour; laisse-moi retourner à la hutte du sang, je veux rejoindre mon mari. » La vieille trouva que c'étoit juste : elle couvrit sa tête d'une petite cornette blanche et ses épaules d'un petit mantelet rouge; elle prit sa béquille dans sa main, et se prépara à conduire l'Indienne à la prison.

« Je ne puis te blâmer, disoit-elle à Céluta : si Jacques fait quelque chose de bien, et qu'il soit envoyé aux galères, j'irai aussi avec lui. »

Céluta, vêtue de nouveau de sa tunique indienne, et ayant enveloppé sa fille dans les peaux séchées, monta les degrés perpendiculaires qui conduisoient à la trappe; la vieille la suivit avec peine : quand elles se trouvèrent dans la rue, l'orage étoit dissipé. Le soleil, émergeant d'une nuit sombre, éclairoit le fleuve, les campagnes et la ville, de même que sortirent de leur demeure ténébreuse les deux merveilles de l'amour conjugal et de l'amour maternel.

« Nous touchons à la prison, dit la mère de Jacques, on ne t'en ouvrira pas la porte, et tu ne pourras pas parler à René : si tu m'en crois, nous irons plutôt chez le gouverneur. » Céluta se laissa conduire par sa vénérable hôtesse.

Elles se mirent en route. Chemin faisant elles entendirent un bruit confus de cloches et de musique : la vieille se signa pour l'agonie que sonnoit la cloche, et s'avança vers le palais du gouvernement, où la musique annonçoit une fête.

En réjouissance du mariage prochain d'Adélaïde avec le défenseur de René, un bal avoit été donné malgré le procès du frère d'Amélie et l'orage de la nuit : il étoit dans le caractère du gouverneur de ne rien changer aux choses préparées, quels que fussent les événements. Le bal duroit encore lorsque le jour parut. La mère de Jacques et Céluta entrèrent dans les premières cours du palais; les esclaves blancs et noirs, qui attendoient leurs maîtres, s'attroupèrent autour des étrangères : les éclats de rire et les insultes furent prodigués à l'infortune et à la jeunesse qui se présentoient sous la protection de la vieillesse et de l'indigence. « Si Jacques étoit ici, disoit la vieille, comme il vous obligeroit à me faire place ! »

Les deux femmes pénétrèrent avec peine jusqu'aux soldats de garde aux portes : ils reconnurent la mère de leur camarade, et la laissèrent passer. Plus loin elle fut arrêtée de nouveau par le concierge. La fête finissoit; on commençoit à sortir du palais : Adélaïde se montra à une fenêtre avec Harlay; le couple généreux parloit avec vivacité, et sembloit oublier la fête; en jetant les yeux dans la cour, il aperçut les étrangères repoussées par le concierge. Le vêtement indien frappa Adélaïde, qui fit signe à la vieille de s'approcher sous le balcon : « Ma jeune dame, dit la mère de Jacques, c'est la femme de René qui veut parler à votre père, et l'on ne nous veut pas laisser entrer. »

« La femme du prisonnier? s'écria Adélaïde; cette jeune sauvage qui a sauvé le capitaine d'Artaguette! » Adélaïde, obéissant aux mouvements de son bon cœur, ouvre les portes, et, dans toute la parure du bal d'un brillant hyménée, se précipite au-devant de la malheureuse Céluta. L'Indienne lui présentoit sa fille, et lui disoit : « Jeune femme blanche, le Grand-Esprit vous bénira : vous aurez un petit guerrier qui sera plus heureux que ma fille. »

« Que je suis fâchée de ne pas la comprendre! disoit Adélaïde : je n'ai jamais entendu une plus douce voix. »

Dans la pompe de ses adversités, Céluta paroissoit d'une beauté divine : son front pâli étoit ombragé de ses cheveux noirs; ses grands yeux exprimoient l'amour et la mélancolie; son enfant, qu'elle portoit avec grâce sur son sein, montroit son visage riant auprès du visage attristé de sa mère : le malheur, l'innocence et la vertu ne se sont jamais prêté tant de charmes.

Tandis qu'on se pressoit autour de Céluta, on entendit au dehors prononcer ces mots dans la foule : « Vous ne passerez pas! » Une voix d'homme répondoit à des menaces, mais dans une langue inconnue. Le mouvement s'accroît; un sauvage, défendant une femme, se débat au milieu des soldats, et poussé et repoussé arrive jusqu'à la porte du palais. Il disoit les yeux étincelants :

« Je suis venu chercher mon ami par l'ordre de ce Manitou (et il montroit une chaîne d'or); je ne veux faire de mal à personne. Mais est-il ici un guerrier qui m'ose empêcher de passer? »

« Mon frère! » s'écria Céluta.

« Oh! bien! dit Mila : Outougamiz, voici ta sœur! »

La mère de Jacques expliquoit ce colloque à Adélaïde, qui fit entrer tous ces sauvages dans le palais.

« Bon Manitou! disoit Mila en embrassant son amie, que je hais ces chairs blanches! Nous avons frappé à leurs cabanes pour demander l'hospitalité, et on nous a presque battus. Et puis de grandes huttes si larges! si vilaines! des guerriers si sauvages! »

« Tu parles trop, dit Outougamiz. Cherchons Ononthio[1] : il faut qu'il me rende mon ami à l'instant. »

Outougamiz quitte Céluta, et, suivi de Mila, fend la presse à travers les salles. Les spectateurs regardoient avec surprise ce couple singulier qui, occupé d'un sentiment unique, n'avoit pas l'air d'être plus étonné au milieu de ce monde nouveau que s'il eût été dans ses bois.

« Ne me déclarez pas la guerre, disoit Outougamiz en avançant toujours, vous vous en repentiriez. » Faisant tourner son casse-tête, il ouvroit à Mila un large chemin. La confusion devient générale : la musique se tait, le bal cesse, les femmes fuient. Le roulement des carrosses qui veulent s'éloigner, le bruit du tambour qui rappelle les soldats, la voix des officiers qui font prendre les armes, ajoutent au sentiment de terreur et augmentent le désordre. Adélaïde, la mère de Jacques, Céluta, Mila, Outougamiz, sont emportés et séparés par la foule : le gouverneur montra un grand ressentiment de cette scène.

Le conseil de guerre s'étoit assemblé afin de prononcer l'arrêt qui devoit être lu à René dans la prison. Les charges examinées de nouveau ne parurent pas suffisantes pour motiver la peine de mort; mais le frère d'Amélie fut condamné à être transporté en France, comme perturbateur du repos de la colonie. Un vaisseau du roi devoit mettre

---

1. Le gouverneur.

à la voile dans quelques heures; le gouverneur, irrité du bruit dont René avoit été l'objet, ordonna d'exécuter sur-le-champ la sentence et de transporter le prisonnier à bord de la frégate.

René connut presque à la fois le jugement qui le condamnoit à sortir de la Louisiane et l'ordre de l'exécution immédiate de ce jugement; il se seroit réjoui de mourir, il fut consterné d'être banni. Renvoyer en France le frère d'Amélie, c'étoit le reporter à la source de ses maux. Cet homme, étranger sur ce globe, cherchoit en vain un coin de terre où il pût reposer sa tête : partout où il s'étoit montré il avoit créé des misères. Que retrouveroit-il en Europe? une femme malheureuse. Que laisseroit-il en Amérique? une femme malheureuse. Dans le monde et dans le désert son passage avoit été marqué par des souffrances. La fatalité qui s'attachoit à ses pas le repoussoit des deux hémisphères; il ne pouvoit aborder à un rivage qu'il n'y soulevât des tempêtes : sans patrie entre deux patries, à cette âme isolée, immense, orageuse, il ne restoit d'abri que l'Océan.

En vain René demanda à ne pas subir le supplice de l'existence; en vain il sollicita la commutation de la peine de vivre en un miséricordieux arrêt de mort : on ne l'écouta point. Il désira parler à Céluta; on n'admit pas que cette Indienne fût sa femme légitime; on lui refusa toute communication avec elle, pour abréger des scènes qui troubloient, disoit-on, la tranquillité publique.

L'arrivée d'une troupe d'Yazous, suivie de celle d'Outougamiz, avoit donné lieu à mille bruits : on prétendoit que des sauvages s'étoient introduits en grand nombre dans la ville avec le dessein de délivrer leur chef, le guerrier blanc. Ces bruits parurent assez inquiétants au gouverneur pour qu'il fît border d'infanterie et de cavalerie la route que René devoit suivre en se rendant de la prison au fleuve.

Le palais du gouvernement n'étoit pas loin de la prison. Céluta, suivant le cours de la foule, se retrouva bientôt devant le sombre édifice dont le souvenir étoit trop bien gravé dans sa mémoire. Là, le torrent populaire s'étoit élargi et arrêté; Céluta ignoroit ce qui se passoit, mais, en voyant cette multitude autour de la hutte du sang, elle comprit qu'un nouveau désastre menaçoit la tête de René. Repoussée d'un peuple ennemi de sauvages, elle ne trouva de pitié que chez les soldats : ils la laissèrent entrer dans leurs rangs. Les mains armées sont presque toujours généreuses; rien n'est plus ami de l'infortune que la gloire.

Deux heures s'étoient écoulées de cette sorte, lorsqu'un mouvement général annonça la translation du prisonnier. Un piquet de dragons, le sabre nu, sort de la cour intérieure de la prison ; il est suivi d'un détachement d'infanterie, et derrière ce détachement, entre d'autres soldats, marche le frère d'Amélie.

Céluta s'élance et tombe aux pieds de son mari avec son enfant ; René se penche sur elles, les bénit de nouveau, mais la voix lui manque pour dire un dernier adieu à la fille et à la mère. Le cortége s'arrête, les larmes coulent des yeux des soldats. Céluta se relève, entoure René de ses bras, et s'écrie : « Où menez-vous ce guerrier? Pourquoi m'empêcheriez-vous de le suivre? son pays n'est-il pas le mien? »

« Ma Céluta, disoit René, retourne dans tes forêts, va embellir de ta vertu quelque solitude que les Européens n'aient point souillée; laisse-moi supporter mon sort, je ne te l'ai déjà que trop fait partager. »

« Voilà mes mains, répondit Céluta : qu'on les charge de fers; que l'on me force, comme Adario, à labourer le sillon : je serai heureuse si René est à mes côtés. Prends pitié de ta fille; je l'ai portée dans mon sein. Permets que je te suive comme ton esclave, comme la femme noire des blancs. Me refuseras-tu cette grâce? »

Cette scène commençoit à attendrir la foule impitoyable qui un moment auparavant trouvoit la sentence trop douce, et qui auroit salué avec des hurlements de joie le supplice de René. Le commissaire chargé de faire exécuter l'arrêt du conseil ordonne de séparer les deux époux et de continuer la marche; mais un sauvage, se courbant et passant sous le ventre des chevaux, se réunit au couple infortuné, et s'écrie : « Me voici encore! Je l'ai sauvé des Illinois, je le sauverai bien de vos mains, guerriers de la chair blanche! »

« C'est vrai, » dit Mila, sortant à son tour de la foule.

« Et si Jacques étoit ici, dit une vieille femme, tout cela ne seroit pas arrivé. »

Forcés à regret d'obéir, les militaires écartèrent Céluta, Mila, Outougamiz et la mère de Jacques. René est conduit au rivage du Meschacebé. La chaloupe de la frégate, que montoient douze forts matelots et que gardoient des soldats de marine, attendoit le prisonnier : on l'y fait entrer. Au coup du sifflet du pilote, les douze matelots enfoncent à la fois leurs rames dans le fleuve : la chaloupe glisse sur les vagues comme la pierre aplatie qui, lancée par la main d'un enfant, frappe le flot, se relève, bondit et rebondit en effleurant la surface de l'onde.

Céluta s'étoit traînée sur le quai. Une frégate étoit mouillée au milieu du Meschacebé; virée à pic sur une ancre, elle plongeoit un peu la proue dans le fleuve; son pavillon flottoit au grand mât, ses voiles étoient à demi déferlées; on apercevoit des matelots sur toutes les vergues et de grands mouvements sur le pont. La chaloupe accoste le vaisseau : tous ceux qui étoient dans cette chaloupe montent à bord ; la chaloupe elle-même est enlevée et suspendue à la poupe du bâtiment. Une lumière et une fumée sortent soudain de la frégate, et le coup de canon du départ retentit : de longues acclamations y répondent du rivage. Céluta avoit aperçu René : elle tombe évanouie sur des balles de marchandises qui couvroient le quai.

Ce fut alors qu'un sauvage s'élança dans le Meschacebé, s'efforçant de suivre à la nage le vaisseau qui fuyoit devant une forte brise, tandis qu'une Indienne se débattoit entre les bras de ceux qui la retenoient, pour l'empêcher de se précipiter dans les flots.

Un murmure lointain se fait entendre ; il approche : la foule, qui commençoit à se disperser, se rassemble de nouveau. Voici venir un officier qui disoit à des soldats : « Où est-elle ? où est-elle ? » Et ils répondoient : « Ici, mon capitaine, » lui montrant Céluta sur les ballots. D'Artaguette se précipite aux genoux de Céluta. « Femme, s'écria-t-il, que ton âme, au séjour de paix qu'elle habite, reçoive les vœux de celui qui te doit la vie et que tu honorois du nom de frère ! »

A ces paroles, les soldats mettent un genou en terre comme leur capitaine ; la multitude, emportée par ce sentiment du beau qui touche quelquefois les âmes les plus communes, se prosterne à son tour et prie pour l'Indienne ; le bruit du fleuve qui battoit ses rives accompagnoit cette prière, et la main de Dieu pesoit sur la tête de tant d'hommes involontairement humiliés aux pieds de la vertu.

Céluta ne donnoit aucun signe de vie ; la profonde léthargie dans laquelle elle étoit plongée ressembloit absolument à la mort, mais sa fille vivoit sur son sein et sembloit communiquer quelque chaleur au cœur de sa mère. L'épouse de René avoit la tête penchée sur le front d'Amélie, comme si, en voulant donner un dernier baiser à son enfant, elle eût expiré dans cet acte maternel.

En ce moment on vint dire à d'Artaguette qu'il y avoit là tout auprès une autre Indienne qui ne cessoit de pleurer. « C'est Mila ! s'écria le capitaine : qu'on lui dise mon nom, et elle va venir. » Les soldats apportent dans leurs bras Mila échevelée, le visage meurtri, les habits déchirés. Elle n'eut pas plus tôt reconnu d'Artaguette qu'elle se jeta dans son sein, s'écriant : « C'est lui qui est une bonne chair blanche ! Il ne m'empêchera pas de mourir ; » et, suspendant ses bras au cou du capitaine, elle se serroit fortement contre lui.

Mais tout à coup elle aperçoit Céluta : elle quitte d'Artaguette, se précipite sur son amie en disant : « Céluta ! ma mère ! meilleure que ma mère ! sœur d'Outougamiz ! femme de René ! voici Mila ! elle est seule ! Comment vais-je faire pour enterrer tes os, car tu n'es pas aux

Natchez? Il n'y a ici que des méchants qui n'entendent rien aux tombeaux. »

Les soldats firent alors un mouvement ; ils répétoient tous ces mots : « Entrez, entrez, notre mère. » Et la mère de Jacques, avec sa cornette blanche, son manteau d'écarlate et sa béquille, s'avança dans le cercle des grenadiers.

« Mon capitaine, dit-elle à d'Artaguette, voici la mère de Jacques, qui vient aussi voir ce que c'est que tout ceci. Je suis bien vieille pourtant, comme dit le conseiller Harlay, qui est un honnête homme, et Dieu soit loué! car il n'y en a guère. »

La vieille avisant Céluta : « Bon Dieu ! n'est-ce pas là la jeune femme à qui j'ai donné à manger cette nuit? Comme elle parloit de vous, mon capitaine ! » — « Pauvre vieille créature ! dit d'Artaguette, seule dans toute une ville, recevoir, réchauffer, nourrir Céluta ! et toi-même nourrie de la paye de ce digne soldat ! »

La mère de Jacques examinoit attentivement Céluta ; elle prit une de ses mains. « Retire-toi, matrone blanche, lui dit Mila : tu ne sais pas pleurer. »

« Je le sais aussi bien que toi, » repartit en natchez la vénérable Françoise.

« Magicienne ! s'écria Mila effrayée, qui t'a appris la langue des chairs rouges ? »

« Capitaine, dit la mère de Jacques sans écouter Mila, cette jeune femme n'est pas morte : vite du secours ! » Mille voix répètent : « Elle n'est pas morte ! »

Céluta donnoit en effet quelques signes de vie. « Allons, grenadiers, dit la vieille, à qui on laissoit tout faire, il faut sauver cette femme, qui a sauvé votre capitaine ; portons la mère et l'enfant chez le général d'Artaguette. »

Un dragon prêta son manteau ; on y coucha Céluta ; Mila prit dans ses bras la petite Amélie, et ne pleuroit plus qu'Outougamiz et René. Des soldats, soulevant le manteau par les quatre coins, enlevèrent doucement la fille de Tabamica ; le cortége se mit en marche.

Le soleil, qui se couchoit, couvrait d'un réseau d'or les savanes et la cime aplatie des cyprières sur la rive occidentale du fleuve ; sur la rive orientale, la métropole de la Louisiane opposoit ses vitrages étincelants aux derniers feux du jour : les clochers s'élevoient au-dessus des ondes comme des flèches de feu. Le Meschacebé rouloit entre ces deux tableaux ses vagues de rose, tandis que les pirogues des sauvages et les vaisseaux des Européens présentoient aux regards leurs mâts ou leurs voiles teints de la pourpre du soir.

LES NATCHEZ.

Déposée sur une couche, dans un salon de l'habitation du frère du capitaine d'Artaguette, Céluta ne parloit point encore; ses yeux entr'ouverts étoient enveloppés d'une ombre qui leur déroboit la lumière. Des cris prolongés de *Vive le roi!* se font entendre au dehors; la porte de la salle s'ouvre avec fracas : le grenadier Jacques, tête nue, sans habit, les reins serrés d'une forte ceinture, paroît. « Les voici, » dit-il. René entre avec Outougamiz : personne ne pouvoit parler dans le saisissement de l'étonnement et de la joie.

« Mon capitaine, reprit le grenadier adressant la parole à d'Artaguette, j'ai exécuté vos ordres, mais on m'a remis les paquets trop tard : la frégate étoit partie. J'ai couru le plus vite que j'ai pu à travers le marais, afin de la rejoindre au Grand-Détour : heureusement elle avoit été obligée de laisser tomber l'ancre, le vent étant devenu contraire. Je me suis jeté à la nage pour aller à bord, et j'ai rencontré au milieu du fleuve ce terrible sauvage que j'avois vu au combat du fort Rosalie; il étoit prêt à se noyer quand je suis arrivé à lui. »

Mila a volé dans les bras d'Outougamiz; René est auprès de Céluta; Jacques soutient sa vieille mère, qui lui essuie le front et les cheveux; Adélaïde et Harlay se viennent joindre à leurs amis.

Céluta commençoit à faire entendre quelques paroles inarticulées d'une douceur extrême. « Elle vient de la patrie des anges, dit le capitaine; elle en a rapporté le langage. » Mila, qui regardoit Adélaïde, disoit : « C'est Céluta ressuscitée en femme blanche. » Tous les cœurs étoient pleins des plus beaux sentiments : la religion, l'amour, l'amitié, la reconnoissance, se mêloient à ce soulagement qui suit une grande douleur passée. Ce n'étoit pas, il est vrai, un retour complet au bonheur, mais c'étoit un coup de soleil à travers les nuages de la tempête. L'âme de l'homme, si sujette à l'espérance, saisissoit avec avidité ce rayon de lumière, hélas! trop rapide. « Tout le monde pleure encore! disoit Mila, mais c'est comme si l'on rioit. »

Ces rencontres, en apparence si mystérieuses, s'expliquoient avec une grande simplicité. Le capitaine d'Artaguette avoit tour à tour sauvé et délivré au fort Rosalie René, Céluta, Mila et Outougamiz; Céluta, Mila et Outougamiz avoient suivi René à la Nouvelle-Orléans, tous trois entraînés par le dévouement au malheur, tous trois arrivés à quelques heures de distance les uns des autres, pour se mêler à des scènes de deuil et d'oppression.

D'une autre part, Ondouré s'étoit vu au moment d'être pris dans ses propres piéges : s'il avoit désiré une attaque de Chépar contre Adario et Chactas, pour se délivrer du joug de ces deux vieillards, il ne s'attendoit pas à la scène que produisit l'esclavage du premier sachem.

Il craignit que ces violences, en amenant une rupture trop prompte entre les François et les sauvages, ne fissent avorter tout son plan. Dans cette extrémité, l'édile, fécond en ressources, se hâta d'offrir l'abandon des terres pour le rachat de la liberté d'Adario ; Chépar accepta l'échange, et d'Artaguette fut chargé de porter la convention à la Nouvelle-Orléans.

Le capitaine arriva à l'instant même où le conseil venoit de prononcer la sentence contre René. D'Artaguette, après avoir annoncé au gouverneur la pacification des troubles, réclama le prisonnier comme son ami et comme son frère. Il montra des lettres d'Europe qui prouvoient que René tenoit à une famille puissante. Cette découverte agit plus que toute autre considération sur un homme à la fois prudent et ambitieux :

« Si vous croyez, dit le gouverneur au capitaine, qu'on a trop précipité cette affaire, il est encore temps d'envoyer un contre-ordre ; mais qu'on ne me parle plus de ce René, en faveur duquel Harlay et Adélaïde n'ont cessé de m'importuner depuis trois jours. »

La cédule pour l'élargissement du prisonnier fut signée ; mais, délivrée trop tard, elle seroit devenue inutile sans le dévouement du grenadier Jacques : le capitaine avoit amené avec lui ce fidèle militaire. Tandis que celui-ci suivoit la frégate, d'Artaguette, instruit de toutes les circonstances de l'apparition de Céluta, de Mila et d'Outougamiz, s'empressa de chercher ces infortunés : il fut ainsi conduit par les soldats au lieu où il trouva Céluta expirante.

Le bonheur, ou ce qui sembloit être le bonheur, comparé aux maux de la veille, rendit à l'épouse de René, sinon toutes ses forces, du moins tout son amour. Le capitaine d'Artaguette et le général son frère se proposèrent de donner à leurs amis une petite fête, bien différente de celle qu'avoit entrevue Céluta au palais du gouverneur. Adélaïde et Harlay y furent invités les premiers ; Jacques et sa mère étoient du nombre des convives. La riante *villa* du général avoit été livrée à ses hôtes, et Mila et Outougamiz s'en étoient emparés comme de leur cabane.

Le simple couple n'avoit pas plus tôt vu tout le monde heureux, qu'il ne s'étoit plus souvenu de personne : après avoir parcouru les appartements et s'être miré dans les glaces, il s'étoit retiré dans un cabinet rempli de toutes les parures d'une femme.

« Eh bien, dit Mila, que penses-tu de cette grande hutte ? »

« Moi, dit Outougamiz, je n'en pense rien. »

« Comment ! tu n'en penses rien ? » répliqua Mila en colère.

« Écoute, dit Outougamiz, tu parles maintenant comme une chair blanche, et je ne t'entends plus. Tu sais que je n'ai point d'esprit : quand René est fait prisonnier par les Illinois ou par les François, je m'en vais le chercher. Je n'ai pas besoin de penser pour cela ; je ne veux point penser du tout, car je crois que c'est là le mauvais Manitou de René. »

« Outougamiz, dit Mila en croisant les bras et s'asseyant sur le tapis, tu me fais mourir de honte parmi toutes ces chairs blanches ; il faut que je te remmène bien vite. J'ai fait là une belle chose de te suivre ! Que dira ma mère ? Mais tu m'épouseras, n'est-ce pas ? »

« Sans doute, dit Outougamiz, mais dans ma cabane, et non pas dans cette grande vilaine hutte. As-tu vu ce sachem à la robe noire, qui étoit pendu au mur, qui ne remuoit point et qui me suivoit toujours des yeux [1] ?

« C'est un esprit, répondit Mila. La grande salle où je me voyois quatre fois [2] me plaît assez : elle n'est cependant bonne que pour les blancs, chez lesquels il y a plus de corps que d'âmes. »

« N'est-ce pas de la salle des ombres dont tu veux parler ? dit Outougamiz. Elle ne me plaît point du tout à moi : je voyois plusieurs Mila, et je ne savois laquelle aimer. Retournons à nos bois, nous ne sommes pas bien ici. »

« Tu as raison, dit Mila, et j'ai peur d'être jugée comme René. »

« Comment jugée ! s'écria Outougamiz. Bon ! repartit Mila, est-ce que je ne t'aime pas ? est-ce que je n'ai pas pitié de ceux qui souffrent ? est-ce que je ne suis pas juste, belle, noble, désintéressée ? N'en voilà-t-il pas assez pour me faire juger et mourir, puisque c'est pour cela qu'ils vouloient casser la tête à René ?

« Partons, Mila ! dit Outougamiz. Léger nuage de la lune des fleurs ! le matin ne te coloreroit point ici dans un ciel bleu ; tu ne répandrois point la rosée sur l'herbe du vallon ; tu ne te balancerois point sur les brises parfumées. Sous le ciel nébuleux des chairs blanches, tu demeurerois sombre ; la pluie de l'orage tomberoit de ton sein, et tu serois déchirée par le vent des tempêtes. »

Mila se souvint que l'heure du festin approchoit. On lui avoit dit que tout ce qui étoit dans le cabinet étoit pour elle. Elle se plaça devant une glace, essayant les robes, qu'elle ne savoit comment arranger ; elle finit cependant par se composer, avec des voiles, des plumes, des rubans et des fleurs, un habillement que n'auroit pas repoussé la Grèce. Suivie d'Outougamiz, avec un mélange d'orgueil et de timidité, elle se rendit à la salle du festin.

---

1. Un portrait.   2. Des glaces

Céluta étoit aussi parée, mais parée à la manière des Indiennes : elle avoit refusé un vêtement européen malgré les prières d'Adélaïde. Sur un lit de repos, elle recevoit les marques de bienveillance qu'on lui prodiguoit, avec une confusion charmante, mais sans cet air d'infériorité que donne chez les peuples civilisés une éducation servile ; elle n'avoit au visage que cette rougeur que les bienfaits font monter d'un cœur reconnoissant sur un front ouvert.

Mila fit la joie du festin ; tous les yeux étoient fixés avec admiration sur Outougamiz, dont René avoit raconté les miracles. « Comme il ressemble à sa sœur ! » disoit Adélaïde, qui ne se lassoit point de le regarder. « Quel frère ! et quelle sœur ! » répétoit-elle. A ces noms de frère et de sœur, René avoit baissé la tête.

« Mila la blanche, dit la future épouse d'Outougamiz à Adélaïde, tu ris, mais j'ai cependant noué ma ceinture aussi bien que toi. » René servoit d'interprète. Adélaïde fit demander à Mila pourquoi elle l'appeloit Mila la blanche. Mila posa la main sur le cœur de Harlay, son voisin, ensuite sur celui d'Adélaïde, qui rougissoit, et elle se prit à rire : « Bon ! s'écria-t-elle, demande-moi encore pourquoi je t'appelle Mila la blanche ! Voilà comme je rougis quand je regarde Outougamiz. »

On ne brise point la chaîne de sa destinée : pendant le repas, d'Artaguette reçut une lettre du fort Rosalie. Cette lettre, écrite par le père Souël, momentanément revenu aux Natchez, avertissoit le capitaine qu'une nouvelle dénonciation contre René venoit d'être envoyée au gouverneur général ; que, malgré la délivrance d'Adario, on conservoit de grandes inquiétudes ; que divers messagers étoient partis des Natchez dans un dessein inconnu ; qu'Ondouré accusoit Chactas et Adario de l'envoi des messagers, tandis qu'il étoit probable que ces négociations secrètes avec les nations indiennes étoient l'œuvre même d'Ondouré et de la femme-chef. Le père Souël ajoutoit que si René avoit été rendu à la liberté, il lui conseilloit de ne pas rester un seul moment à la Nouvelle-Orléans, où ses jours ne lui paroissoient pas en sûreté.

D'Artaguette, après le repas, communiqua cette lettre à René, et l'invita à retourner sur-le-champ aux Natchez. « Moi-même, dit-il, je partirai incessamment pour le fort Rosalie : ainsi nous allons bientôt nous retrouver. Quant à Céluta, vous n'avez plus rien à craindre ; il lui seroit impossible dans ce moment de vous suivre, mais mon frère, Adélaïde et Harlay lui serviront de famille ; lorsqu'elle sera guérie, elle reprendra le chemin de son pays : vous la pourrez venir chercher vous-même à quelque distance de la Nouvelle-Orléans. »

René vouloit apprendre son départ à Céluta : le médecin s'y opposa, disant qu'elle étoit hors d'état de soutenir une émotion violente et prolongée. Le capitaine se chargea d'annoncer à sa sœur indienne la triste nouvelle quand René seroit déjà loin : il se flattoit de rendre le coup moins rude par toutes les précautions de l'amitié.

Avant de quitter la Nouvelle-Orléans, le frère d'Amélie remercia ses hôtes, Jacques et sa mère, le général d'Artaguette, Adélaïde et Harlay. « Je suis sans doute, leur dit-il, un homme étrange à vos yeux, mais peut-être que mon souvenir vous sera moins pénible que ma présence. »

René se rendit ensuite auprès de sa femme : il la trouva presque heureuse ; elle tenoit son enfant endormi sur son sein. Il serra la mère et la fille contre son cœur avec un attendrissement qui ne lui étoit pas ordinaire : reverroit-il jamais Céluta ? quand et dans quelles circonstances la reverroit-il ? Rien n'étoit plus déchirant à contempler que ce bonheur de Céluta : elle en avoit si peu joui ? et elle sembloit le goûter au moment d'une séparation qui pouvoit être éternelle ! L'Indienne elle-même, effrayée des étreintes affectueuses de son mari, lui dit : « Me faites-vous des adieux ? » Le frère d'Amélie ne lui répondit rien. Malheur à qui étoit pressé dans les bras de cet homme ! il étouffoit la félicité.

Dès la nuit même René quitta la Nouvelle-Orléans avec Outougamiz et Mila ; ils remontèrent le fleuve dans un canot indien. En arrivant aux Natchez, un spectacle inattendu se présenta à leurs regards.

Des colons poussoient tranquillement leurs défrichements jusqu'au centre du grand village et autour du temple du Soleil ; des sauvages les regardoient travailler avec indifférence, et sembloient avoir abandonné à l'étranger la terre où reposoient les os de leurs aïeux.

Les trois voyageurs virent Adario, qui passoit à quelque distance ; ils coururent à lui : au bruit de leurs pas, le sachem tourna la tête, et fit un mouvement d'horreur en apercevant le frère d'Amélie. Le vieillard frappa dans la main de son neveu, mais refusa de prendre la main du mari de sa nièce. René venoit d'offrir sa vie pour racheter celle d'Adario !

« Mon oncle, dit Outougamiz, veux-tu que je casse la tête à ces étrangers qui sèment dans le champ de la patrie ? » — « Tout est arrangé, » répondit Adario d'une voix sombre, et il s'enfonça dans un bois.

Outougamiz dit à Mila : « Les sachems ont tout arrangé, il ne reste plus à faire que notre mariage. » Mila retourna chez ses parents, dont elle eut à soutenir la colère ; elle les apaisa en leur apprenant qu'elle alloit épouser Outougamiz. René se rendit à la cabane de Chactas : le sachem étoit au moment de partir pour une mission près des Anglois de la Géorgie.

Devenu le maître de la nation, Ondouré avoit dérobé à Chactas la connoissance d'un projet que la vertu de ce sachem eût repoussé ; il éloignoit l'homme vénérable, afin qu'il ne se trouvât pas au conseil général des Indiens, où le plan du conspirateur devoit être développé.

Le noble et incompréhensible René garda avec Chactas et le reste des Natchez un profond silence sur ce qu'il avoit fait pour Adario ; il ne lui resta de sa bonne action que les dangers auxquels il s'étoit exposé. Le frère d'Amélie se contenta de parler à son père adoptif de la surprise qu'il avoit éprouvée en voyant les François promener leur charrue aux environs des bocages de la mort : le vieillard apprit à René que cet abandon des terres étoit le prix de la délivrance d'Adario. Chactas ne connoissoit pas la profondeur des desseins d'Ondouré ; il ignoroit que la concession des champs des Natchez avoit pour but de séparer les colons les uns des autres, de les attirer au milieu du pays ennemi, et de rendre ainsi leur extermination plus facile. Par cette combinaison infernale, Ondouré, en délivrant Adario, gagnoit l'affection des Natchez, de même qu'il obtenoit la confiance des François en leur payant la rançon d'Adario, rançon qui leur devoit être si funeste.

« Au reste, dit Chactas à René, les sachems m'ont commandé une longue absence ; ils prétendent que mon expérience peut être utile dans une négociation avec les Européens. Mon grand âge et ma cécité ne peuvent servir de prétexte pour refuser cette mission : plus on me suppose d'autorité, plus je dois l'exemple de la soumission, à une époque où personne n'obéit. Que ferois-je ici ? Le grand-chef a disparu, le malheur a rendu Adario intraitable, ma voix n'est plus écoutée, une génération indocile s'est élevée et méprise les conseils des vieillards. On se cache de moi, on me dérobe des secrets : puissent-ils ne pas causer la ruine de ma patrie !

« Toi, René, conserve ta vie pour la nation qui t'a adopté ; écarte de ton cœur les passions que tu te plais à y nourrir : tu peux voir encore d'heureux jours. Moi je touche au terme de la course. En achevant mon pèlerinage ici-bas, je vais traverser les déserts où je l'ai commencé, ces déserts que j'ai parcourus, il y a soixante ans, avec Atala. Séparé de mes passions et de mes premiers malheurs par un si long intervalle, mes yeux fermés ne pourront pas même voir les forêts nouvelles qui recouvrent mes anciennes traces et celles de la fille de

Lopez. Rien de ce qui existoit au moment de ma captivité chez les Muscogulges n'existe aujourd'hui ; le monde que j'ai connu est passé : je ne suis plus que le dernier arbre d'une vieille futaie tombée, arbre que le temps a oublié d'abattre. »

René sortit de chez son père le cœur serré, et présageant de nouveaux malheurs. Arrivé à sa cabane, il la trouva dévastée ; il s'assit sur une gerbe de roseaux séchés, dans un coin du foyer dont le vent avoit dispersé les cendres. Pensif, il rappeloit tristement ses chagrins dans sa mémoire, lorsqu'un nègre lui apporta une lettre de la part du père Souël : ce missionnaire étoit encore retenu pour quelques jours au fort Rosalie. La lettre venoit de France ; elle étoit de la supérieure du couvent de... ; elle apprenoit à René la mort de la sœur Amélie de la Miséricorde.

Cette nouvelle, reçue dans une solitude profonde, au milieu des débris de la cabane abandonnée de Céluta, réveilla au fond du cœur du malheureux jeune homme des souvenirs si poignants, qu'il éprouva pendant quelques instants un véritable délire. Il se mit à courir à travers les bois comme un insensé. Le père Souël, qui le rencontra, s'empressa d'aller chercher Chactas ; le sage vieillard et le grave religieux parvinrent un peu à calmer la douleur du frère d'Amélie. A force de prières, le sachem obtint de la bouche de l'infortuné un récit longtemps demandé en vain. René prit jour avec Chactas et le père Souël pour leur raconter les sentiments secrets de son âme. Il donna le bras au sachem, qu'il conduisit, au lever de l'aurore, sous un sassafras, au bord du Meschacebé ; le missionnaire ne tarda pas à arriver au rendez-vous. Assis entre ces deux vieux amis, le frère d'Amélie leur révéla la mystérieuse douleur qui avoit empoisonné son existence [1].

Quelques jours après cette confession déplorable, René fut mandé au conseil des Natchez : Chactas étoit parti pour la Géorgie ; le père Souël avoit repris le chemin de sa mission.

René trouva quelques sachems, presque tous parents d'Akansie, assemblés dans la cabane du jeune soleil : Ondouré étoit à leur tête ; il rayonnoit de la joie du crime. Les vieillards, fumant leurs calumets dans un profond silence, reçurent le mari de Céluta avec un visage menaçant.

« Prends ces colliers, lui dit Ondouré d'un air moqueur ; va traiter avec les Illinois ; tu fus la cause de la guerre, beau prisonnier : sois l'instrument de la paix. »

---

1. Ici se trouvoit le récit de René. Voyez l'épisode de *René*.

Qu'importoient au frère d'Amélie ces insultes? Qu'étoit-ce que ces peines communes auprès des chagrins qui rongeoient son cœur? Il prit les colliers, et sortit en déclarant qu'il obéiroit aux ordres des sachems.

Dans la disposition où se trouvoit alors René, ce n'étoit pas sans un amer plaisir qu'il se voyoit obligé à s'éloigner de Céluta : il la supposoit au moment de revenir aux Natchez. Une course solitaire parmi les déserts convenoit encore en ce moment au frère d'Amélie : il se pourroit du moins livrer à sa douleur sans être entendu des hommes. Il ne chercha point son frère, alors occupé de son mariage avec Mila : il étoit trop juste que, pour tant de courage et de sacrifices, Outougamiz jouît d'une lueur de félicité.

Il entroit dans les précautions d'Ondouré d'éloigner le guerrier blanc : il craignoit que celui-ci, demeuré aux Natchez, ne démêlât quelque chose des trames ourdies. Le tuteur du soleil désiroit encore que Céluta, à son retour de la Nouvelle-Orléans, se trouvât seule, afin qu'elle pût être livrée sans défense aux persécutions d'un détestable amour. Ce chef avoit calculé le temps que devoit durer le voyage du frère d'Amélie : selon ce calcul de la jalousie et de la vengeance, René ne pouvoit revenir aux Natchez que quelques jours avant la catastrophe, assez tôt pour y être enveloppé, trop tard pour la prévenir.

Furieux d'avoir vu sa proie échapper à ses premiers piéges, Ondouré s'étoit abandonné à de nouvelles calomnies contre le fils adoptif de Chactas. Dans un conseil assemblé la nuit sur les décombres de la cabane d'Adario, le tuteur du soleil avoit dépeint René comme l'auteur de tous les maux de la nation. Remontant jusqu'au jour de l'arrivée de l'étranger aux Natchez, il avoit rappelé les présages sinistres qui signalèrent cette arrivée, la disparition du serpent sacré, le meurtre des femelles de castor, la guerre contre les Illinois, suite de ce meurtre, et la mort du vieux soleil, résultat de cette guerre : Ondouré chargeoit ainsi l'innocence de ses propres iniquités.

Entrant dans la vie privée de son rival, le chef parla de la prétendue infidélité de René envers Céluta, du maléfice du baptême employé pour faire périr un enfant devenu odieux à un père criminel; il parla du Manitou funeste donné à Outougamiz pour altérer la raison du naïf sauvage. Ondouré représenta les liaisons du frère d'Amélie et du capitaine d'Artaguette comme la première cause de toutes les trahisons et de toutes les violences des François.

« Quant aux persécutions que cet homme semble essuyer de ses compatriotes, ajouta-t-il, ce n'est évidemment qu'un jeu entre des conspirateurs. Remarquez que René échappe toujours à ces persécutions apparentes : il n'a point été pris aux Natchez avec Adario. Sous le prétexte de délivrer ce sachem, il est allé rendre compte à la Nouvelle-Orléans de ce qui se passoit au fort Rosalie. On a feint de juger le mari de Céluta, mais la preuve que ce n'étoit qu'un vain appareil déployé pour nous donner plus de confiance dans un traître, c'est que ce traître n'a point subi sa sentence, et qu'à la grande surprise des François eux-mêmes il est revenu sain et sauf aux Natchez. Vous ne douterez pas un moment des pernicieuses intrigues de ce misérable si vous observez son inclination à errer seul dans les bois : il craint que sa conscience ne se montre sur son visage, et il se dérobe aux regards des hommes. »

Ondouré obtint un succès complet, le conseil fut convaincu : comment ne l'auroit-il pas été? Quelle liaison dans les faits! quelle vraisemblance dans les accusations! Tout se transforme en crime : pas un sourire qui ne soit interprété, pas une démarche qui n'ait un but! Les sentiments que René inspire deviennent des sujets de calomnie : s'il a sauvé Mila, c'est qu'il l'a séduite; s'il a fait d'Outougamiz le modèle d'une amitié sublime, c'est qu'il a jeté un sort à ce simple jeune homme. Des rapports d'estime avec d'Artaguette sont une trahison; un acte religieux est un infanticide; un noble dévouement pour un sachem est une basse délation; les persécutions, les souffrances même ne sont que des moyens de tromper, et si René cherche la solitude, c'est qu'il y va cacher des remords ou méditer des forfaits. Dieu tout-puissant! quelle est la destinée de la créature lorsque le malheur s'attache à ses pas! quelle lumière as-tu donnée aux mortels pour connoître la vérité? quelle est la pierre de touche où l'innocence peut laisser sa marque d'or?

Les sachems déclarèrent que René méritoit la mort, et qu'il se falloit saisir du perfide. Ondouré loua le vertueux courroux des sachems, mais il soutint qu'il étoit prudent de ne sacrifier le principal coupable qu'avec les autres coupables, une mort prématurée et isolée pouvant faire avorter le plan général. Il proposa donc d'éloigner seulement René jusqu'au jour où le grand coup seroit frappé. Le jongleur déclara que telle étoit la volonté des génies : le conseil adopta l'opinion d'Ondouré.

L'intégrité d'Adario avoit elle-même été surprise : l'erreur dans laquelle il étoit fut la cause des regards farouches qu'il lança au frère d'Amélie lorsque celui-ci revint de la Nouvelle-Orléans. Si les Indiens rencontroient l'homme blanc dans les bois, ils se détournoient de lui comme d'un sacrilége. René, qui ne voyoit rien, qui n'entendoit rien, qui ne se soucioit de rien, partit pour le pays des Illinois, ignorant que la sentence de mort dont les juges civilisés l'avoient menacé à la Nouvelle-Orléans avoit été prononcée contre lui aux Natchez par des juges sauvages.

On voit quelquefois à la fin de l'automne une fleur tardive; elle sourit seule dans les campagnes et s'épanouit au milieu des feuilles séchées qui tombent de la cime des bois : ainsi les amours de Mila et d'Outougamiz répandoient un dernier charme sur des jours de désolation. Avant de demander la jeune fille en mariage, le frère de Céluta se conforma à la coutume indienne, appelée l'*épreuve du flambeau* : éteindre le flambeau qu'on lui présente, c'est pour une vierge donner son consentement à un hymen projeté.

Outougamiz, tenant une torche odorante à la main, sortit au milieu de la nuit; les brises agitoient les rayons d'or de l'étoile amoureuse, comme on raconte que les zéphyrs se jouoient à Paphos dans la chevelure embaumée de la mère des Grâces. Le jeune homme entrevoit le toit de sa maîtresse : des craintes et des espérances soulèvent son sein. Il s'approche, il relève l'écorce suspendue devant la porte de la cabane de Mila, et se trouve dans la partie même de cette cabane où l'Indienne dormoit seule.

La jeune fille étoit couchée sur un lit de mousse. Un voile d'écorce de mûrier se rouloit en écharpe autour d'elle; ses bras nus reposoient croisés sur la tête, et ses mains avoient laissé tomber des fleurs.

Un pied tendu en arrière, le corps penché en avant, Outougamiz contemploit à la lueur de son flambeau la scène charmante. Agitée par les illusions d'un songe, Mila murmure quelques mots; un sourire se répand sur ses lèvres. Outougamiz croit distinguer son nom dans des paroles à demi formées; il s'incline au bord de la couche, prend une branche de jasmin des Florides échappée à la main de Mila, et réveille la fille des bois, en passant légèrement sur sa bouche virginale la fleur parfumée.

Mila s'éveille, fixe des regards effrayés sur son amant, sourit, reprend son air d'épouvante, sourit encore. « C'est moi ! s'écrie Outougamiz, moi, le frère de Céluta, le guerrier qui veut être ton époux. » Mila hésite, avance ses lèvres pour éteindre la torche de l'hymen, retire la tête avec précipitation, rapproche encore sa bouche du flambeau... La nuit s'étend dans la cabane.

Quelques instants de silence suivirent l'invasion des ombres. Outougamiz dit ensuite à Mila : « Je t'aime comme la lumière du soleil; je veux être ton frère. »

« Et moi ta sœur » répondit Mila.

« Tu deviendras mon épouse, continua l'ami de René : un petit guerrier te sourira ; tu baiseras ses yeux ; tu lui chanteras les exploits de ses pères ; tu lui apprendras à prononcer le nom d'Outougamiz. »

« Tu me fais pleurer, répondit Mila : moi, je t'accompagnerai dans les forêts, je porterai tes flèches et j'allumerai le bûcher de la nuit. »

La lune descendoit alors à l'occident : un de ses rayons, pénétrant par la porte de la hutte, vint tomber sur le visage et sur le sein de Mila. La reine des nuits se montroit au milieu d'un cortége d'étoiles : quelques nuages étoient déployés autour d'elle, comme les rideaux de sa couche. Dans les bois régnoit une sorte de douteuse obscurité, semblable à celle d'une âme qui s'entr'ouvre pour la première fois aux tendres passions de la vie. Le couple heureux tomba dans un recueillement d'esprit involontaire : on n'entendoit que le bruit de la respiration tremblante de la jeune sauvage. Mais bientôt Mila :

« Il faut nous quitter ; l'oiseau de l'aube a commencé son premier chant ; retourne sans être aperçu à ta demeure. Si les guerriers te voyoient, ils diroient : « Outougamiz est foible ; les Illinois le prendront dans la bataille, car il fréquente la cabane des Indiennes. »

Outougamiz répondit : « Je serai la liane noire qui se détourne dans la forêt de tous les autres arbres et qui va chercher le sassafras, auquel elle veut uniquement s'attacher. »

Mila se couvrit la tête d'un manteau et dit : « Guerrier, je ne te vois plus. »

Outougamiz enterra le flambeau nuptial à la porte de la cabane, et s'enfonça dans les bois.

Le mariage fut célébré avec la pompe ordinaire chez les sauvages. Les deux époux souffroient de cet appareil, et se disoient : « Nous ne nous marions pas pour être heureux, puisque nos amis ne le sont pas. » Laissés seuls dans leur cabane nouvelle, ils y goûtèrent une joie digne de leur innocence. Ils pleurèrent aussi, comme ils en avoient fait le projet. Les larmes qui couloient de leurs yeux descendoient jusqu'à leurs lèvres, et Mila disoit en recevant les embrassements d'Outougamiz : « Ta bouche touche la mienne à travers les malheurs de René. »

Hélas ! le fidèle Indien alloit verser bien d'autres pleurs ! Ce n'étoit pas assez pour le tuteur du soleil d'avoir perdu le frère d'Amélie auprès de la foule, de l'avoir fait condamner au conseil des vieillards, il le vouloit frapper jusque dans le cœur d'un ami.

Le succès des complots d'Ondouré exigeoit qu'Outougamiz assistât à la grande assemblée des sauvages, où le plan général devoit être développé.

Si Outougamiz étoit absent de cette assemblée, il ne porteroit point le joug du serment que l'on y devoit prononcer, et il pourroit dans ce cas s'opposer au complot à l'instant de l'exécution.

Si Outougamiz ne croyoit pas René coupable de trahison envers les Natchez, rien n'empêcheroit le frère de Céluta aussitôt qu'il connoîtroit le secret de le confier au frère d'Amélie.

Il falloit donc, combinaison digne de l'enfer! qu'Outougamiz fût enchaîné par un serment, et que, persuadé en même temps du crime de René, il se trouvât placé entre la nécessité de perdre son ami pour sauver sa patrie, ou de perdre sa patrie pour sauver son ami.

Le lendemain du mariage de l'héroïque ami et de la courageuse amie de René, le jour même où Mila, toute brillante de ses félicités, conversoit avec Outougamiz sur une natte semée de fleurs, Ondouré entra dans la cabane.

« Mauvais esprit! s'écria Mila, que viens-tu faire ici? viens-tu nous porter malheur? »

Ondouré, affectant un sourire ironique, s'assit à terre, et dit :

« Outougamiz! je viens t'offrir les vœux que je fais pour toi; tu méritois d'être heureux. »

« Heureux! repartit Outougamiz, et quel homme l'est plus que moi? Où pourrois-tu rien trouver de comparable à ma femme et à mon ami? »

« Je ne veux point détruire tes illusions, dit Ondouré d'un air attristé, mais si tu savois ce que toute la nation sait! quel méchant Manitou t'a lié avec cette chair blanche! »

« Tuteur du soleil! répliqua Outougamiz rougissant, je te respecte; mais ne calomnie pas mon ami : il vaudroit mieux pour toi que tu n'eusses jamais existé. »

Ondouré repartit : « Admirable jeune homme! que n'as-tu trouvé une amitié digne de la tienne! »

« Chef! s'écria Outougamiz avec l'accent de l'impatience, tu me tourmentes comme le vent qui agite la flamme du bûcher; qu'y a-t-il? que veux-tu? que cherches-tu? »

« O patrie! patrie! » dit avec un soupir Ondouré.

Au mot de patrie, les yeux d'Outougamiz se troublent; il se lève précipitamment de sa natte et s'approche d'Ondouré, qui s'étoit levé à son tour. La crainte de quelque affreux secret avoit passé à travers le cœur du frère de Céluta.

« Qu'y a-t-il donc dans la patrie? dit le noble sauvage. Faut-il prendre les armes? Marchons : où sont les ennemis? »

« Les ennemis! dit Ondouré, ils sont dans nos entrailles! Nous étions vendus, livrés comme des esclaves; un traître... »

« Un traître! nomme-le, s'écria Outougamiz d'une voix où mille sentiments contraires avoient mêlé leurs accents; nomme-le; mais prends garde à ce que tu vas dire. »

Ondouré observe Outougamiz, dont les mains trembloient de colère; il saisit le bras du jeune homme, pour prévenir le premier coup; il s'écrie : « René! »

« Tu mens! réplique Outougamiz cherchant à dégager son bras : je t'arracherai ta langue infernale; je ferai de toi un mémorable exemple. »

Mila se jette entre les deux guerriers. « Laisse vivre ce misérable! dit-elle à Outougamiz; chasse-le seulement de ta cabane. »

A la voix de Mila les transports d'Outougamiz s'apaisent.

« Tuteur du soleil! dit-il, je le vois à présent, tu te voulois amuser de ma simplicité; mais ne renouvelle pas ces jeux, cela me fait trop de mal. »

« Je te quitte, dit Ondouré; bientôt tu me rendras plus de justice : interroge le prêtre du soleil et ton oncle Adario. » Ondouré sort de la cabane.

Outougamiz veut paroître tranquille, il ne l'est plus; il veut se reposer, et il ne sait comment les joncs de sa natte sont plus piquants que les épines de l'acacia. Il se relève, marche, s'assied de nouveau. Mila lui parle, et il ne l'entend pas. « Pourquoi, murmuroit-il à voix basse, pourquoi ce chef a-t-il parlé! J'étois si heureux! »

« N'y pense plus, lui dit Mila; les paroles du méchant sont comme le sable qu'un vent brûlant chasse au visage : il aveugle et fait pleurer le voyageur. » — « Tu as raison, Mila, s'écrie Outougamiz; me voilà bien tranquille à présent. »

Infortuné! le coup mortel est frappé : tu ne trouveras plus le repos; ton sommeil, naguère léger comme ton innocence, se va charger de songes funestes! Tel est le bonheur des hommes, un mot suffit pour le détruire. Douce confiance de l'âme, union intime et sacrée, adieu pour toujours! Sainte amitié, elles sont passées, tes délices : tes tourments commencent! finiront-ils jamais?

« Mila, dit Outougamiz, je me sens malade, je veux aller voir le jongleur. »

« Le jongleur! repartit Mila. Ne va pas voir cet homme-là. René t'aime, tu l'aimes; il te doit suffire, comme tu me suffis. Si la colombe prête l'oreille à la voix de la corneille, celle-ci lui dira des choses qui la troubleront, parce qu'elle ne parle pas son langage. »

« Ce n'est pas pour parler de René que je veux voir le jongleur, dit Outougamiz ; je suis malade, il me guérira. »

Mila posa la main sur le cœur d'Outougamiz, et dit à son époux, en le regardant avec un demi-sourire : « Malade ! oui, bien malade, puisqu'un mensonge vient de sortir de tes lèvres. »

Outougamiz s'obstina à vouloir consulter le jongleur, qu'Ondouré lui avoit exprès nommé dans ses révélations mystérieuses. « Va donc, dit Mila, pauvre abeille de la savane ; mais évite de te reposer sur la fleur empoisonnée de l'acota. »

L'homme ne peut être parfait ; aux qualités les plus héroïques Outougamiz mêloit une foiblesse : de la crainte de Dieu, crainte salutaire, sans laquelle il n'y a point de vertu, Outougamiz étoit descendu jusqu'à la plus aveugle crédulité. La simplicité de son caractère le rendoit facile à tromper : un prêtre étoit pour le frère de Céluta un oracle ; et si ce ministre du Grand-Esprit parloit au nom de la patrie, de la patrie si chère aux sauvages, quel moyen pour Outougamiz d'échapper à ce double pouvoir de la terre et du ciel ?

L'ami de René arrive à la porte de la cabane du jongleur : dans ce moment même Ondouré sortoit de la demeure du prêtre, et, avec un regard qui disoit tout, il laissa le passage libre à l'ami de René. Le jongleur, apercevant Outougamiz, se mit à tracer des cercles magiques : Outougamiz élève vers lui une voix suppliante.

« Qui parle ? s'écrie le prêtre d'un air égaré. Quel audacieux mortel trouble l'interprète des génies ? Fuyez, profane ! la patrie demande seule mes prières. O patrie ! tu nourrissois un monstre dans ton sein ! L'infâme étranger méditoit ta ruine : par lui les femelles des castors ont été massacrées ; il trahissoit Céluta ; il versoit sur la tête de son enfant l'eau mortelle du maléfice ! Comme il trompoit ce jeune et innocent Outougamiz ! Malheur à toi, époux de Mila ! si désormais tu ne te séparois de ce traître, si tu refusois de croire à ses crimes ! Les fantômes s'attacheroient à tes pas, et les os de tes aïeux s'agiteroient dans leur tombe. »

Le jongleur bondit hors de sa cabane, et se jeta dans une forêt où on l'entendit pousser des hurlements.

Le frère de Céluta demeure anéanti : une sueur froide, qu'il croit sentir découler de son cœur et pénétrer à travers ses membres, l'inonde. Il faudroit avoir fait les prodiges d'amitié d'Outougamiz pour pouvoir peindre sa douleur : René un traître ! lui ! Qui l'ose ainsi calomnier ? Où est-il, le calomniateur, qu'Outougamiz le puisse dévorer ? Mais n'est-ce pas le prêtre du soleil, celui qui commerce avec les esprits ? celui qui parle au nom de la patrie ? Malheureux ! tu ne crois pas quand le ciel même t'ordonne de croire?... Non, cet ami n'est point coupable ; des monstres seuls ont élevé la voix contre lui. Le frère de Céluta vengera René aux yeux de la nation ; l'éloquence descendra sur les lèvres d'Outougamiz ; il s'exprimera mieux que Chactas ; il proposera de combattre les accusateurs... Je pars, je vole où m'appelle le Manitou d'or... Insensé ! n'entends-tu pas le cri des fantômes ? ne vois-tu pas se lever les os de tes pères, qui viennent témoigner des crimes de ton ami?

Telle est la foible peinture des combats qui se passoient dans l'âme du frère de Céluta. Il quitte la cabane du jongleur ; lent et pâle, il se traîne sur la terre ; il croit ouïr des bruits dans l'air et l'herbe murmurer sous ses pas. Où va-t-il...? Il l'ignore. Quelque chose de fatal le pousse involontairement vers Adario. Adario est son oncle ; Adario lui tient lieu de père ; Adario, en l'absence de Chactas, est le premier sachem de la nation ; enfin, Adario est le plus affligé des hommes. Le malheur est aussi une religion : il doit être consulté ; il rend des oracles : la voix de l'infortune est celle de la vérité. Voilà ce que se disoit Outougamiz en allant chercher le rigide vieillard.

Le sachem avoit vu tuer son fils à ses côtés et les flammes dévorer sa cabane ; le sachem avoit étouffé son petit-fils de ses propres mains ; la femme du sachem étoit tombée dans l'émeute qui suivit l'affreux sacrifice : il ne restoit de toute sa famille, à Adario, que la fille même dont il avoit étranglé l'enfant. Renfermé, avec cette fille, dans les cachots du fort Rosalie, il avoit dû terminer ses jours à un gibet : « Élève-moi bien haut, disoit-il au bourreau qui le conduisoit au supplice, afin que je puisse découvrir, en expirant, les arbres de ma patrie. » On sait pourquoi, comment, à quel prix et dans quel dessein Ondouré racheta la vie d'Adario.

Ce fut un grand spectacle que le retour de l'ami de Chactas aux Natchez. Le sachem ressembloit à un squelette échappé de la tombe : quelques cheveux gris, souillés de poussière, tomboient des deux côtés de sa tête chauve ; ses vêtements pendoient en lambeaux. Il cheminoit en silence, les yeux baissés ; sa fille venoit derrière lui, dans le même silence, comme la victime marche après le sacrificateur ; elle portoit, attachés à ses épaules, un berceau vide et les langes désormais inutiles d'un nouveau-né.

Adario ne voulut point relever sa cabane : il établit sa demeure au milieu des bois. Sa fille suivoit de loin son terrible père, n'osant lui parler, veillant sur ses jours, s'asseyant quand il s'asseyoit, avançant quand il poursuivoit sa route. Quelquefois le sachem contemploit les François qui labouroient les champs de sa patrie : l'ange exterminateur n'auroit pas lancé des regards plus dévorants sur un monde dont le Dieu vivant auroit retiré sa main.

Après la délivrance d'Adario, Ondouré déroula aux yeux du vieillard le plan d'une grande vengeance. Il lui présenta pour but la liberté des Natchez et l'expulsion de la race des blancs de tous les rivages de l'Amérique ; il lui cacha les ressorts secrets, les sentiments honteux, les mystérieuses lâchetés qui faisoient mouvoir cette conspiration : Adario n'eût jamais emprunté le voile du crime pour couvrir un seul moment la vertu.

Le sachem assista au conseil secret convoqué la nuit par Ondouré ; il approuva ce que le tuteur du soleil exposa de ses desseins, savoir : la convocation des nations indiennes dans une assemblée générale, afin de prendre contre les étrangers une mesure commune ; il ratifia la condamnation de René, de René qu'il croyoit coupable d'impiété et de trahison. Ces résolutions adoptées, les vieillards voulurent déterminer Adario à se livrer à ses occupations ordinaires.

« Tant que je respirerai, dit le sachem, je n'aurai d'abri que la voûte du ciel. Comme défenseur de la patrie, je suis innocent ; comme père, je suis criminel. Je consens à vivre encore quelques jours pour mon pays ; mais Adario s'est réservé le droit de se punir lorsque les Natchez auront cessé d'avoir besoin de lui. »

C'étoit à ce cœur inflexible, c'étoit à l'homme le moins compatissant aux sentiments de la nature, à l'homme le plus aigri par le chagrin, que l'ami de René alloit demander des conseils en sortant de l'audience du prêtre.

Outougamiz trouva le sachem à moitié nu, assis au bord d'un torrent sur la pointe d'un roc : il lui raconte les inspirations du jongleur. Adario fait à son neveu le tableau des prétendus crimes de René. « Tu me tues comme ton fils ! » s'écrie le frère de Céluta avec un accent dont le sachem même fut touché.

Jamais le malheur ne se grava si subitement et d'une manière plus énergique sur le front d'un homme que sur celui d'Outougamiz : plus le marbre est pur, plus l'inscription est profonde. L'infortuné s'éloigne d'Adario : il saisit la chaîne d'or, la regarde avec passion, la veut jeter dans le torrent, puis la presse contre son cœur, et la suspend de nouveau sur sa poitrine. Cependant Outougamiz ignoroit le sort réservé à René : Adario avoit peint l'homme blanc coupable, mais il n'avoit pas voulu accabler entièrement son neveu ; il s'étoit abstenu de l'instruire de la sentence des sachems, sentence prononcée d'ailleurs sous le sceau du secret. Le souvenir de Mila vint, comme une brise rafraîchissante, soulager un peu le brûlant chagrin d'Outougamiz : le jeune époux songe que l'épouse nouvelle, qui porte encore sur sa tête la couronne du premier matin, est déjà demeurée veuve sous son toit; il se détermine à chercher des consolations auprès de sa compagne.

Mila vole à lui : elle s'aperçoit qu'il chancelle; elle le soutient en disant : « C'est la liane qui appuie maintenant le tulipier! Eh bien, je te l'avois prédit! assieds-toi, et repose ta tête sur mon sein. Que t'ont dit les méchants? »

« Ils m'ont répété ce que m'avoit dit Ondouré, répondit Outougamiz : Adario parle aussi comme le jongleur. »

« Quand ce seroit Kitchimanitou lui-même, s'écria Mila, je soutiendrois qu'il fait un mensonge : moi! je croirois aux calomnies répandues contre mon ami! Celui qui t'a donné le Manitou d'or croiroit-il le mal qu'on lui diroit de toi? »

Cette question fit monter les larmes dans les yeux d'Outougamiz; Mila pleurant à son tour : « Ah! c'est un bon guerrier que le guerrier blanc! ils le tueront, j'en suis sûre. »

« Ils le tueront! reprit Outougamiz : qui t'a dit cela? »

« Je le devine, répondit l'Indienne : si tu ne sauves René une troisième fois, ils le mettront dans le bocage de la mort. »

« Non, non! s'écria Outougamiz, ou j'y dormirai près de lui. Que ne suis-je déjà au lieu de mon repos! Tout est si agité à la surface de la terre! tout est si calme, une longueur de flèche au-dessous! Mais Mila, la patrie! »

« La patrie! repartit Mila; et que me fait à moi la patrie si elle est injuste! J'aime mieux un seul cheveu d'Outougamiz innocent que toutes les têtes grises des sachems pervertis. Qu'ai-je besoin d'une cabane aux Natchez? J'en puis bâtir une dans un lieu où il n'y aura personne : j'emmènerai mon mari, et son ami avec moi, malgré vous tous, méchants. Voilà comme j'aurois parlé au jongleur. Il auroit fait des tours, tracé des cercles, bondi trois fois comme un orignal : j'aurois ri à sa face, joué, tourné, sauté comme lui et mieux que lui. Il y a là un génie (et elle appuyoit la main sur son cœur) qui n'obéit point aux noirs enchantements. »

« Comme tu me consoles! comme tu parles bien! s'écrie l'excellent sauvage; tu me voudrois donc suivre dans le désert? »

Mila le regarda, et lui dit : « C'est comme si le ruisseau disoit à la fleur qu'il a détachée de son rivage et qu'il entraîne dans son cours : Fleur, veux-tu suivre mon onde? La fleur répondroit : Non, je ne le veux pas; et cependant les flots la pousseroient doucement devant eux. »

L'aimable Indienne avoit préparé le repas du soir ; après avoir mouillé ses lèvres dans la coupe, elle retourna à ce lit nuptial non chanté qui ne tiroit sa pompe que de sa simplicité et de la grâce des deux époux. Les jeunes bras de Mila bercèrent et calmèrent les chagrins d'Outougamiz, comme ces légères bandes de soie qui pressent et soulagent à la fois la blessure d'un guerrier.

Heures fugitives dérobées par l'amour à la douleur, que vous deviez promptement disparoître ! Déjà le conseil des sachems avoit reçu les premiers colliers de ses messagers secrets : toutes les nuits Ondouré rassembloit quelques-uns des chefs dans les cavernes. Le gouverneur de la Louisiane, moins facile à tromper que le commandant du fort Rosalie, ne s'endormoit point au milieu des périls : il regrettoit d'avoir rendu la liberté au frère d'Amélie, et s'il ne fit pas arrêter Céluta, c'est qu'il se laissa fléchir aux larmes d'Adélaïde.

Lorsque Céluta apprit le départ de René, on essaya inutilement de la retenir à la Nouvelle-Orléans. En vain Adélaïde, Harlay, le général d'Artaguette (le capitaine avec le grenadier étoient retournés aux Natchez) lui représentèrent que ses forces ne suffiroient pas aux fatigues d'un si long voyage : elle conjura sa sœur et ses frères de la chair blanche, comme elle les appeloit, de la laisser reprendre le chemin de son pays ; il fallut céder à ses ardentes prières, que traduisoit la vieille mère de Jacques. Céluta embrassa avec émotion cette pauvre et vénérable matrone, son hôtesse dans la nuit funeste. « Mon frère et ma sœur, dit-elle à Harlay et à Adélaïde, souvenez-vous de Céluta quand vous serez au pays des blancs. J'espère vous retrouver quelque jour dans la contrée des âmes, si l'on permet l'entrée de la belle forêt que vous habiterez à de misérables Indiennes comme moi. »

La fille du gouverneur conduisit son amie jusqu'aux pirogues d'un grand parti de Pannis qui se préparoient à remonter le fleuve : là se renouvelèrent de tendres adieux. Céluta s'embarqua sur la flotte pannisienne. « Adieu, disoit-elle à Adélaïde, qui pleuroit assise au rivage ; que les bons génies vous rendent vos bienfaits ! Je ne vous reverrai plus sur la terre, où vous resterez longtemps après moi ; mais je tâcherai de faire le moins de mal que je pourrai dans mon rapide passage, afin de me rendre digne de votre souvenir. » Les pirogues s'éloignèrent.

Lorsque Céluta sortit de la ville des François, son front étoit couvert de la pâleur des chagrins et d'une maladie cessant à peine. Sa fille, qui montroit déjà dans son regard quelque chose de la beauté et de la tristesse d'Amélie, sa fille, dont le jour natal n'avoit point encore été éclairé deux fois par le soleil, sembloit elle-même au moment d'expirer. Céluta la tenoit suspendue à ses épaules dans des peaux blanches d'hermine : tel un cygne qui transporte ses petits, les place entre son cou flexible et ses ailes un peu soulevées; les charmants passagers se jouent à demi cachés dans le duvet de leur mère.

L'âme entière de Céluta étoit partagée entre son enfant et son époux : que de maux déjà passés! quels étoient ceux qui devoient naître encore? Les pirogues avoient à peine remonté le Meschacebé pendant quelques heures, que les Pannis, par un de ces caprices si fréquents chez les sauvages, s'arrêtèrent sur la rive orientale du fleuve. Céluta descendit à terre avec ses conducteurs; mais ceux-ci, par un autre caprice, se dispersèrent bientôt, les uns commençant une chasse, les autres se rembarquant sans bruit. Céluta s'étoit assoupie à l'écart, derrière un rocher qui lui cachoit le fleuve : la nuit étoit venue. Quand l'épouse de René se réveilla, elle étoit abandonnée.

L'insouciance indienne l'avoit délaissée, le courage indien la soutint : elle étoit accoutumée à la solitude. Les ténèbres empêchoient les Pannis de voir la sœur d'Outougamiz, et le vent ne leur permettoit pas d'entendre ses cris; résignée, elle attendit le jour.

Lorsque l'aurore parut, Céluta sortit de l'abri du rocher; regardant les différents points du ciel, elle se dit : « Mon mari est de ce côté-là. » Et ses pas se dirigèrent vers le septentrion. Elle n'eut pas même la pensée de retourner à la Nouvelle-Orléans; elle se trouvoit plus en sûreté dans les bois que parmi les hommes. Pour sa nourriture elle comptoit sur les fruits sauvages, et son sein suffiroit au besoin de sa fille.

Tout le jour elle marcha, cueillant çà et là quelques baies dans les buissons.

A l'heure où la hulotte bleue commence à voltiger dans les forêts américaines, Céluta atteignit le sommet d'une colline; elle se détermina à passer la nuit au pied d'un tamarin, dans le tronc caverneux duquel les Indiens allumoient quelquefois le feu du voyageur. Au midi on découvroit la ville des blancs, au couchant le Meschacebé, au nord de hautes falaises où s'élevoit une croix.

Prenant dans ses bras la fille de l'homme des passions, Céluta lui présenta son sein, que l'enfant débile serroit à peine dans ses lèvres : un jardinier arrose une plante qui languit, mais elle continue de dépérir, car la terre ne l'a point reçue favorablement à sa naissance. Dans son effroi maternel, Céluta n'osoit regarder le tendre nourrisson, de peur d'apercevoir les progrès du mal; ses yeux, chargés de pleurs, erroient vaguement sur les objets d'alentour. Telles furent vos douleurs dans la solitude de Bersabée, malheureuse Agar, lorsque, détournant la vue d'Ismael, vous dites : « Je ne verrai point mourir mon enfant. » La nuit fut triste et froide.

Au lever du jour, après avoir fait un repas de pommes de mai et de racines de canneberge, la voyageuse, chargée de son trésor, reprit sa route. La monotonie du désert n'étoit interrompue que par la vue encore plus monotone de la croix. Cette croix étoit celle où René avoit accompli un pèlerinage en descendant à la Nouvelle-Orléans; Dieu seul savoit ce qu'avoit demandé en secret le fervent pèlerin. Une pierre encore tachée du sang de l'homme assassiné gisoit près de l'arbre expiatoire; un torrent s'écouloit à quelque distance.

La sœur d'Outougamiz s'assit sur la pierre du meurtre : elle prit involontairement dans sa main la branche de chêne que René avoit déposée en *ex-voto* au pied du calvaire; les regards de l'Indienne se fixoient sur le rameau desséché qu'elle balançoit lentement, comme si elle eût trouvé une ressemblance de destinée entre elle et la branche flétrie. Céluta rêvoit au bruit aride du vent dans le bois de la croix et dans la cime de quelques chardons qui perçoient les roches. Plusieurs fois elle crut entendre des voix, comme si les anges de la Croix et de la Mort eussent conversé invisiblement dans ce lieu.

L'épouse de René se hâta de quitter un monument de douleur, qu'elle supposoit gardé par les esprits redoutables des Européens. Le large vallon qui terminoit le plateau des bruyères la conduisit au bord d'un courant d'eau. Dans le fond de ce vallon s'élevoient de petits tertres couverts de tulipiers, de liquidambars, de cyprès, de magnolias, et autour desquels se replioit l'onde qui portoit son tribut au Meschacebé. Du sein de la terre échauffée sortoit le parfum de l'angélique et de différentes herbes odorantes.

Attirée et presque rassurée par le charme de cette solitude, Céluta s'assied sur la mousse et prépare le banquet maternel. Elle couche Amélie sur ses genoux et déroule l'une après l'autre les peaux d'hermine dont l'enfant étoit enveloppé. Quelques larmes, tombées des yeux de la mère, ranimèrent la fille souffrante, comme si cet enfant ne devoit tenir la vie que de la douleur.

Quand Céluta eut prodigué à sa fille ses caresses et ses soins, elle chercha pour elle-même un peu de nourriture.

Les lieux où elle se trouvoit avoient naguère été habités par une tribu indienne. On voyoit encore dans un champ anciennement moissonné quelques rejets de maïs, et l'épi de ce blé-sauvageon étoit rempli d'une crème onctueuse : il servit au repas de Céluta.

Vers le baisser du soleil, la sœur d'Outougamiz se retira à l'entrée d'une grotte tapissée de jasmin des Florides et environnée de buissons d'azaléas. Dans cette grotte se vinrent réfugier une foule de nonpareilles, de cardinaux, d'oiseaux moqueurs, de perruches, de colibris qui brilloient comme des pierreries au feu du couchant.

La nuit se leva revêtue de cette beauté qu'elle n'a que dans les solitudes américaines. Le ciel étoilé étoit parsemé de nuages blancs semblables à de légers flocons d'écume ou à des troupeaux errants dans une plaine azurée. Toutes les bêtes de la création, les biches, les caribous, les bisons, les chevreuils, les orignaux, sortoient de leur retraite pour paître les savanes. Dans le lointain on entendoit les chants extraordinaires des raines, dont les unes imitant le mugissement du bœuf laboureur, les autres le tintement d'une cloche champêtre, rappeloient les scènes rustiques de l'Europe civilisée, au milieu des tableaux agrestes de l'Amérique sauvage.

Les zéphyrs embaumés par les magnolias, les oiseaux cachés sous le feuillage, murmuroient d'harmonieuses plaintes, que Céluta prenoit pour la voix des enfants à naître; elle croyoit voir les petits génies des ombres, et ceux qui président au silence des bois, descendre du firmament sur les rayons de la lune; légers fantômes qui s'égaroient à travers les arbres et le long des ruisseaux. Alors elle adressoit la parole à sa fille couchée sur ses genoux; elle lui disoit : « Si j'avois le malheur de te perdre à présent, que deviendrois-je? Ah! si ton père m'aimoit encore, je t'aurois bientôt retrouvée! Je découvrirois mon sein; j'épierois ton âme errante avec les brises de l'aube, sur la tige humectée des fleurs, et mes lèvres te recueilleroient dans la rosée. Mais ton père s'éloigne de moi, et les âmes des enfants ne rentrent jamais dans le sein des mères qui ne sont point aimées. »

L'Indienne versoit, en prononçant ces mots, des larmes religieuses, semblable à un délicieux ananas qui a perdu sa couronne, et dont le cœur exposé aux pluies se fond et s'écoule en eau.

Des pélicans, qui voloient au haut des airs, et dont le plumage couleur de rose réfléchissoit les premiers feux de l'aurore, avertirent Céluta qu'il étoit temps de reprendre sa course. Elle dépouilla d'abord son enfant pour le baigner dans une fontaine où se désaltéroient, en allongeant la tête, des écureuils noirs accrochés à l'extrémité d'une liane flottante. La blanche et souffreteuse Amélie, couchée sur l'herbe, ressembloit à un narcisse abattu par l'orage, ou à un oiseau tombé de son nid avant d'avoir des ailes. Céluta enveloppa dans des mousses de cyprès plus fines que la soie sa fille purifiée; elle n'oublia point de la parer avec des graines de différentes couleurs et des fleurs de divers parfums; enfin, elle la renferma dans les peaux d'hermine, et la suspendit de nouveau à ses épaules par une tresse de chèvrefeuille : la pèlerine qui s'avance pieds nus dans les montagnes de Jérusalem porte ainsi les présents sacrés qu'elle doit offrir au saint tombeau.

La fille de Tabamica traversa sur un pont de liane la rivière qui lui fermoit le chemin. Elle avoit à peine marché une heure, qu'elle se trouva engagée au milieu d'un terrain coupé de flaques d'eau remplies de crocodiles. Tandis qu'elle hésite sur le parti qu'elle doit prendre, elle entend haleter derrière elle ; elle tourne la tête, et voit briller les yeux vitrés et sanglants d'un énorme reptile. Elle fuit, mais elle heurte du pied un autre monstre et tombe sur les écailles sonores. Le dragon rugit, Céluta se relève et ne sent plus le poids léger que portoient ses épaules. Elle jette un cri ; prête à être dévorée, elle n'est attentive qu'à ce qu'elle a perdu. Tout à coup les deux monstres, dont elle sentoit déjà la brûlante haleine sur ses pieds, se détournent ; ils se hâtent vers une autre proie. Que les regards d'une mère sont perçants ! ils découvrent parmi de hautes herbes l'objet qui attire les affreux animaux ! Céluta s'élance, saisit son enfant, et ses pas, que n'auroit point alors devancés le vol de l'hirondelle, la portent au sommet d'un promontoire d'où l'œil suit au loin les détours du Meschacebé.

Victoire d'une femme, qui dira ton orgueil et tes joies? L'astre des nuits, qui vient de dissiper dans le ciel les nuages d'une tempête, paroît moins beau que la pâle Céluta, triomphante au désert. Amélie avoit ignoré le péril ; elle ne s'étoit pas même réveillée dans son lit de mousse ; sa parure conservoit la fraîcheur et la symétrie. Chargée du berceau où l'innocence dormoit sous des fleurs, Céluta avoit accompli sa fuite, comme l'élégante Canéphore achevoit sa course, sans déranger dans sa corbeille les guirlandes et les couronnes. Mais la frayeur, qui n'avoit pu troubler l'enfant, avoit exercé son pouvoir sur la mère ; le sein de Céluta s'étoit tari : ainsi, quand la terre est ébranlée par les secousses de l'Etna, disparoît une fontaine dans les champs de la Sicile, et l'agneau demande en vain l'eau salutaire à la source épuisée.

Que Céluta manquât de nourriture pour son enfant ; que son sein fût stérile, quand son cœur surabondoit de tendresse, voilà ce que l'Indienne ne pouvoit comprendre. Elle accusoit sa foiblesse, elle se reprochoit jusqu'à ses douleurs, jusqu'à l'excès de sa frayeur maternelle. Elle cherchoit une cause à ce châtiment du Grand-Esprit : elle se demandoit si elle avoit cessé d'être fidèle à son époux, si elle avoit aimé assez sa fille, si elle avoit été injuste envers ses amis, si elle avoit souhaité du mal à ses ennemis, si sa cabane, sa famille, sa tribu, son pays, les Manitous, les génies, n'avoient point eu à se plaindre d'elle. Les yeux levés vers le séjour du père nourricier des hommes, elle montroit au ciel son sein desséché, réclamant sa fécondité première, se plaignant d'une rigueur non méritée.

Tout à coup Amélie, déposée sur l'herbe, pousse un gémissement : elle sollicite le festin accoutumé ; ses mains suppliantes se tournent vers sa mère. Le désespoir s'empare de la sœur d'Outougamiz ; elle prend son enfant dans ses bras, le presse sur son sein avec des sanglots : que ne pouvoit-elle l'abreuver de ses larmes ! du moins cette source étoit inépuisable.

Une inspiration funeste fait battre le cœur de la femme délaissée : Céluta se dit que le lait maternel n'étoit que le sang de son époux, que c'étoit René qui retiroit à lui cette source de vie ; mais ne pouvoit-elle pas elle-même s'ouvrir une veine et remplacer par son propre sang le sang qui se refusoit aux lèvres de sa fille ?

Peut-être auroit-elle pris quelque résolution extrême si ses regards n'avoient aperçu des fumées qui montoient des deux côtés du Meschacebé et qui annonçoient l'habitation de l'homme. Cette vue rendit des forces à Céluta : l'Indienne n'étoit pas d'ailleurs tout à fait déterminée à mourir, car son époux vivoit et vivoit infortuné. Elle descendit donc du promontoire portant le cher et funeste gage de son amour ; mais le fleuve étoit plus éloigné qu'il ne lui avoit paru, et lorsqu'elle arriva sur ses bords la nuit enveloppoit le ciel.

La fumée des cabanes s'étoit perdue dans les ombres ; la lune, en se levant, versa sur les flots du Meschacebé moins de lumière que de mélancolie et de silence. Céluta cherchoit des yeux quelque nacelle. Ses regards suivoient dans leur succession rapide les lames passagères qui tour à tour élevoient leur sommet brillant vers l'astre de la nuit. Elle aperçut un objet flottant.

Bientôt elle vit sortir du fleuve, à quelques pas d'elle, un jeune nègre presque entièrement nu ; une pagne lui ceignoit les reins à la mode de son pays, et sa tête étoit ornée d'une couronne de plumes rouges. Il chantoit à demi-voix quelque chose de doux dans sa langue ; il étendoit les bras vers les eaux, et sembloit adresser à un objet invisible des paroles passionnées. Céluta reconnut Imley, qui la reconnut à son tour ; il s'approcha d'elle en s'écriant : « Céluta ! ô redoutable Niang[1] ! Céluta ici ! »

Céluta répondit : « Je viens de la ville des Pleurs ; la biche des Natchez va perdre son faon que voilà, car son sein est tari. »

Alors Imley : « La biche des Natchez ne perdra point son faon ;

---

1. Dieu du mal : l'Arimane des nègres.

nous trouverons une mère pour le nourrir. Céluta est belle comme une Fétiche bienfaisante. »

« Comment Imley est-il dans ce lieu ? » dit Céluta.

« Mon ancien maître, répondit Imley, après m'avoir battu parce que j'aimois ma liberté, m'a vendu à l'habitant des cases voisines. Venez avec moi, je vous donnerai du maïs et une femme noire de mes bois pour allaiter l'enfant rouge de vos forêts ; les blancs ne sauront rien de tout cela. »

Céluta se mit à suivre son guide.

« Et tu es toujours infortunée, pauvre Céluta ! disoit en marchant l'Africain. Et moi aussi je suis bien malheureux le jour, mais la nuit !... » Imley posa un doigt sur sa bouche en signe de mystère.

« Et la nuit tu es moins à plaindre, dit Céluta ; moi je pleure toujours.

« Céluta, reprit Imley, si tu savois ! elle est belle comme le palmier des sables ! Quand elle dit au sourire de venir visiter ses lèvres, ses dents ressemblent aux perles de la rosée dans les feuilles rouges du bétel. »

L'enfant de Cham arrêtant tout à coup Céluta et lui montrant le fleuve : « Vois-tu la cime argentée de ces copalmes, là-bas sur les eaux ? Vois-tu tout auprès les ombres de ces hêtres pourpres, presque aussi belles que celles du front de ma maîtresse ? Vois-tu les deux colonnes de ces papayas entre lesquelles apparoît la face de la lune, comme la tête de mon Izéphar entre ses deux bras levés pour me caresser ? Eh bien, ce sont les arbres d'une île. Ile de l'Amour, île d'Izéphar, les ondes ne cesseront de baigner tes rivages, les oiseaux d'enchanter tes bois et les brises d'y soupirer la volupté ! C'est là, Céluta !... Elle habite sur l'autre bord du Meschacebé ; moi j'ai ma case sur cette rive ; chaque nuit elle traverse à la nage le bras du fleuve pour se rendre dans l'île : son Imley s'y trouve toujours le premier. Je reçois Izéphar au moment où elle sort de l'onde ; je la cache dans mon sein ; je lui sers d'abri et de vêtement ; nos baisers sont plus lents que ceux des brises qui caressent les fleurs de l'aloès au déclin du jour ; deux beaux serpents noirs s'entrelacent moins étroitement : nous sommeillons au bord du fleuve en disputant de paresse avec ses ondes.

« Souvent aussi nous parlons de la patrie : nous chantons Niang, Zanhar [1] et les amours des lions. Je reprends toutes les nuits la parure que tu me vois, et que je portois quand j'étois libre sous les

---

1. Dieu du bien.

bananiers de Madinga. J'agite la force de ma main dans les airs ; il me semble que je lance encore la zagaye contre le tigre, ou que j'enfonce dans la gueule de la panthère mon bras entouré d'une écorce. Ces souvenirs remplissent mes yeux de larmes plus douces que celles du benjoin ou que la fumée de la pipe chargée d'encens. Alors je crois boire avec Izéphar le lait du coco sous l'arcade de figuiers ; je m'imagine errer avec ma gazelle à travers les forêts de girofliers, d'acajous et de sandals. Que tu es belle, ô mon Izéphar ! tu rends délicieux tout ce qui touche à tes charmes. Je voudrois dévorer les feuilles de ton lit, car ta couche est divine, ô fille de la Nuit ! divine comme le nid des hirondelles africaines, comme ce nid qu'on sert à la table de nos rois et que composent avec des débris de fleurs les aromates les plus précieux. »

Ainsi disoit Imley ; il baisoit l'air en feu autour de lui et chargeoit l'éther brûlant d'aller trouver les lèvres de la femme aimée, par la route impatiente des désirs.

La petite Amélie vint alors à jeter un cri. Imley imposa ses deux mains sur la tête de la mère, et dit : « Vous êtes la femme des tribulations. »

A quoi Céluta répondit : « Je prie le Grand-Esprit qu'Izéphar ait des entrailles plus heureuses que les miennes. »

Enfant des peuples de Caïn, vous répliquâtes avec une grande vivacité : « J'aime Izéphar comme une perle, mais son sein ne portera jamais un esclave : l'éléphant m'a enseigné sa sagesse. »

En conversant de la sorte, l'épouse de René et son guide étoient arrivés aux cases des nègres de l'habitation. Les toits écrasés de ces cases se montroient entre de hauts tournesols. Imley et Céluta traversèrent des carrés d'ignames et de patates, que l'esclave africain cultive dans ses courts moments de loisir, pour sa subsistance et pour celle de sa famille. Un calme profond régnoit dans ces lieux : sur cette terre étrangère, dans la couche de la servitude, le sommeil berçoit ces exilés des illusions de la liberté et de la patrie. Imley dit à voix basse à Céluta : « Ils dorment, mes frères noirs ! les insensés ! ils prennent des forces, afin de travailler pour un maître. Moi... »

L'Américaine et l'Africain entrèrent dans une case dont Imley poussa doucement la porte. Il se dépouilla de sa pagne, qu'il cacha sous des chaumes : « Car, disoit-il, nos maîtres prétendent que l'habit de mon pays est une Fétiche qui leur portera malheur. » Il reprit l'habit de l'esclave, et réveilla une femme. Cette femme descend de son hamac de coton bleu, souffle des charbons assoupis, en jetant dans le foyer des cannes de sucre desséchées ; une grande flamme éclaire subitement l'intérieur de la case. Céluta reconnoît la négresse Glazirne! Glazirne demeure immobile d'étonnement. Les deux femmes se prennent à pleurer.

« Bonne mère des pays lointains, dit Céluta, votre petite fille indienne est prête à mourir; mon sein s'est fermé : j'espère que le vôtre est resté ouvert à votre fils. »

Glazirne répondit : « Je croyois ne plus vous revoir. Mon maître, aux Natchez, m'a vendue avec Imley, parce que j'avois eu trop de pitié de vous chez le bon blanc d'Artaguette. Mon maître n'aimoit point la pitié : voilà ma joie dans son berceau. »

Glazirne découvrit un berceau caché sous une natte, prit son nourrisson, le mit à l'une de ses mamelles, suspendit à l'autre l'enfant de Céluta et s'assit à terre.

Quand l'épouse de René vit cette pauvre esclave presser sur son sein les deux petites créatures si étrangères par leur pays, si différentes par leur race, si ressemblantes par leur misère ; quand elle la vit les nourrir en leur prodiguant ces petits chants, ce langage maternel, le même en tous climats, elle adressa au ciel la prière de la reconnoissance. Elle regardoit les deux enfants ; comparant la foiblesse de sa fille à la force du fils de Glazirne, elle dit avec un mélange de joie, de douleur et d'une tendre jalousie : « Femme noire, que ton fils est grand et fort ! Il est pourtant de l'âge de ma fille ! »

« Femme rouge, dit Glazirne en se levant, j'ai commencé par ta fille ; prends maintenant pour toi ces ignames, et bois ce suc d'une plante de mon pays, qui te rendra la fécondité. Mais hâte-toi de t'éloigner, le jour va naître ; mon nouveau maître hait les femmes indiennes ; ne reviens plus aux cases. Cache-toi dans la forêt ; Imley te conduira à un lieu secret connu de nous autres esclaves. Au milieu du jour je t'irai porter la pâture, et au milieu de la nuit pleurer avec toi. Mon cœur n'est point fait de l'acier des blancs ; je ne suis point née sans père ni sans mère, quoique ma mère m'ait vendue pour un collier. »

Glazirne remplit une coupe de bois de citronnier d'une liqueur particulière, et la présenta à la voyageuse, comme la Madianite offroit un vase d'eau à l'étranger, au bord du puits du Chameau. Céluta vida la coupe, et sortit avec Imley, qui la conduisit au lieu désigné.

A l'heure où les cigales, vaincues par l'ardeur du soleil, cessent leurs chants, Céluta entendit un cri : c'étoit celui que les nègres poussent dans le désert pour écarter les serpents et les tigres. Elle découvrit Glazirne, qui regardoit s'il n'y avoit point de blancs alentour.

La négresse, se glissant dans le bois, déposa quelque chose au pied d'un arbre, et se retira. Céluta, s'avançant à son tour, enleva la calebasse déposée. Il y avoit du lait pour la fille, des fruits et des gâteaux pour la mère : ce commerce clandestin de l'infortune et de la misère se faisoit à la porte du riche et de l'heureux.

Les ombres revinrent sur la terre. Céluta ouït vers le milieu de la nuit un bruissement léger ; elle étendit la main dans les ténèbres, et rencontra bientôt celle de Glazirne : le bonheur repousse le bonheur, mais les larmes appellent les larmes ; elles viennent se mêler dans les cœurs des infortunés, comme ces eaux sympathiques qui se cherchent à travers les feuilles d'un livre mystérieux et qui y font paroître, en se confondant, des caractères disposés d'avance par l'amour.

La négresse apportoit avec elle son fils : elle mit l'hostie pacifique entre les bras de l'Indienne, qui sentit ce compliment à la façon de la nature. Les deux femmes s'assirent ensuite sous un térébinthe dans une clairière ; elles parlèrent de leur frère d'Artaguette, que l'une avoit sauvé, que l'autre avoit ramené blessé au camp des François. Glazirne prononça des paroles magiques de son pays sur la fille de Céluta, sur ce vaisseau à peine ébauché que la flamme avoit à demi dévoré dans le chantier de la vie. Puis la négresse ouvrit le haut de sa tunique d'esclave, dans laquelle elle tenoit cachée une colombe : elle rendit la liberté à l'oiseau blanc, qui, plein de frayeur, allongeoit le cou hors du sein de l'Africaine. Cet emblème d'une âme pure qui s'envole vers les cieux, échappée des prisons de la vie, rappeloit en même temps l'idée de la liberté que Glazirne avoit perdue.

« Est-ce que tu crois que ma fille va mourir, dit Céluta, puisque la colombe s'est envolée? »

« Non, dit Glazirne ; la colombe a porté au redoutable Niang les paroles que j'ai murmurées tout bas, pour guérir ta fille. »

« Fais à la mode de ton pays, repartit l'Indienne : je m'y accoutumerai mieux qu'à la mode du pays des blancs. »

Glazirne déroula une feuille de roseau dans laquelle elle avoit enveloppé un coquillage de l'océan africain ; elle adressa à cette Fétiche des reproches et des prières. Céluta porte à ses lèvres ce Manitou du malheur. Religion des infortunés, vous êtes partout la même! les chagrins ont une source commune : cette source est le cœur de l'homme.

Ces femmes sauvages, si remplies des merveilles de Dieu, voulurent endormir leurs enfants : elles les placèrent sur des peaux moelleuses, l'un auprès de l'autre, dans les festons d'une liane fleurie qui descendoit des branches d'un vieux liquidambar : le fils de Glazirne tout nu et obscur comme l'ébène, la fille de Céluta parée d'un collier et éclatante comme l'ivoire; ensuite elles agitèrent doucement le berceau suspendu. Céluta chantoit, et la nature lui inspiroit à la fois l'air et les paroles de son hymne au Sommeil.

« Enfants, plus heureux que vos mères, que votre sommeil soit également paisible et sans songes! N'êtes-vous point sur cette branche de fleurs les deux génies de la nuit et de la lumière? vous êtes blanc et noir comme ces jumeaux célestes.

« L'un porte la chevelure dorée du matin; l'autre couvre son front du léger crêpe du soir. Charmantes nonpareilles, reposez ensemble dans ce nid : soyez plus heureux que vos mères. »

Les accents de la voix de Céluta étoient pleins de mélodie! ils sortoient de son âme, et son âme étoit comme une lyre sous la main des anges. Sollicité au repos par le ralentissement graduel du mouvement de la branche, le couple innocent s'endormit : les mères confièrent à la brise le soin de balancer encore leurs gracieux nourrissons.

Mais le maukavis commençoit à chanter le réveil de l'aurore : les deux amies songèrent à se séparer. Avant de quitter ce lieu, elles amassèrent quelques pierres pour en faire une marque au siècle futur, et les appelèrent, chacune dans sa langue, l'autel des Femmes Affligées.

L'Africaine promit de revenir. Cependant l'Indienne en vain espéra de revoir sa compagne, sa compagne ne reparut plus. Une fois seulement Céluta crut avoir entendu dans le lointain la voix de Glazirne : il arrive que les vents de l'automne jettent le soir sur nos bords un oiseau de l'autre hémisphère; nous comptons retrouver au matin l'hôte de la tempête, mais il est déjà remonté sur le tourbillon, et son cri, du milieu des nuages, nous apporte son dernier adieu.

Après deux jours d'attente, Céluta se résolut à poursuivre sa route; il lui tardoit de revoir ses amis. Elle part; elle franchit des ruisseaux sur des branches entrelacées, légers ponts que les sauvages jettent en passant; elle traverse des marais en sautant d'une racine à une autre racine; elle se cache quelquefois auprès d'une habitation où des blancs prennent leur repas dans le champ par eux labouré; lorsqu'ils se sont retirés, elle accourt avec une nuée de petits oiseaux qui guettoient comme elle les miettes tombées de la table de l'homme. Après une marche longue et pénible elle entre dans ses forêts natales et arrive enfin aux Natchez.

Le premier Indien qu'elle aperçoit, c'est Ondouré. Le bourreau a reconnu la victime; il s'avance vers elle, et, d'une voix adoucie, il la félicite de son retour. « Où est René? dit Céluta; chef cruel, te devois-je rencontrer le premier! »

« Ton mari, répondit Ondouré avec une modération de langage que ses regards démentoient, ton mari est allé par ordre des sachems chanter le calumet de paix aux Illinois. »

Quand on s'est attendu à quelque malheur, tout ce qui n'est pas ce malheur semble un bien. « Il vit ! » s'écrie Céluta, et elle se sent soulagée.

Les sauvages environnent bientôt la nièce d'Adario ; Mila et Outougamiz fendent la foule et se précipitent dans le sein de leur sœur.

« Je suis la femme de ton frère, s'écrie Mila sanglotant de joie, mais je suis toujours ta petite fille. »

« Tu es la femme de mon frère, dit Céluta avec un mouvement de plaisir dont elle ne se rendit pas compte ; aime-le et partage ses peines ! »

« Oh ! dit Mila, j'ai déjà plus pleuré pour lui dans quelques jours que je n'ai pleuré pour moi dans toute ma vie. »

La voyageuse, conduite à sa cabane, la trouva dévastée, telle que René l'avoit trouvée lui-même à son retour. Céluta jeta un regard triste sur la vallée, sur la rivière, sur le sentier de la colline à demi caché dans l'herbe, sur tous ces objets où son œil découvroit des traces de la fuite du temps. La cabane fut promptement rétablie dans son premier ordre par Outougamiz et par Mila ; ils y vinrent demeurer avec leur sœur.

Cependant le couple ingénu n'osa raconter à Céluta, déjà trop éprouvée, ce qui s'étoit passé aux Natchez pendant son absence ; il n'osa lui dire les malheurs d'Adario, les calomnies dont René étoit la victime, les vertueuses inquiétudes d'Outougamiz. La fille de Tabamica voyoit qu'on lui cachoit quelque chose ; tout lui paroissoit extraordinaire : l'éloignement de Chactas et de René, l'établissement des François sur le champ des Indiens, l'affectation des Indiens qui murmuroient des paroles de paix du même air qu'ils auroient entonné l'hymne de guerre. Adario n'étoit point venu voir sa nièce, où étoit-il? Céluta résolut d'aller trouver son oncle, de lui demander l'explication de ces mystères et de s'éclaircir du sort de René.

Enveloppée d'un voile, elle sort de sa cabane, lorsque les étoiles, déjà chassées de l'orient par le crépuscule, sembloient s'être réfugiées dans la partie occidentale du ciel. Elle glisse le long des prairies comme ces vapeurs matinales qui suivent le cours des ruisseaux ; elle arrive au grand village, cherche la cabane d'Adario, et ne trouve qu'un amas de cendres. Un chasseur vient à passer : « Chasseur, lui dit Céluta, où est maintenant la demeure d'Adario ? » Le chasseur lui montre un bois avec son arc, et continue sa route.

La sœur d'Outougamiz s'avance vers le bois ; elle aperçoit à l'entrée la fille d'Adario, sentinelle vigilante qui observoit de loin les mouvements de son père. Le sachem erroit lentement entre les arbres, comme un de ces spectres de la nuit qui se retirent au lever du jour. Sa tête chauve et ses membres dépouillés étoient humides de rosée; sa hache, si terrible dans les combats, reposant sur une de ses épaules nues près de son oreille, sembloit lui conseiller la vengeance.

Céluta ne se sentoit pas la hardiesse d'aborder le sachem; elle l'entendit pousser de profonds soupirs. Le vieillard tourne tout à coup la tête, et s'écrie d'une voix menaçante : « Qui suit mes pas? »

« C'est moi, » répond doucement Céluta.

« C'est toi, ma nièce! Ne me présente pas ton enfant : mes mains sont dévorantes. »

« Je n'ai point apporté ma fille, » reprend l'épouse de René, qui déjà embrasse les genoux du sachem : « Et ma cousine? » ajoute Céluta d'une voix suppliante.

« Ta cousine! dit Adario; où est-elle? qu'elle vienne! elle n'a plus rien à craindre de mes embrassements. »

La fille d'Adario, assise à l'écart sur une pierre, regardoit de loin cette scène avec un mélange de terreur et d'envie. Elle accourt au signe que lui fait Céluta : pour la première fois, depuis le retour du fort Rosalie, elle se sent pressée sur le cœur paternel par la main qui lui a ravi son fils. Adario, surmontant de la tête ces deux femmes, et les serrant contre sa poitrine avec son bras armé de la hache, ressembloit à un bûcheron qui va couper deux arbustes chargés de fleurs.

Le sachem, se dégageant des caresses de ces femmes : « Il n'est pas temps de pleurer comme un cerf; c'est du sang qu'il nous faut. » Montrant d'une main la terre à Céluta, et de l'autre la voûte des arbres : « Voilà, lui dit-il, le lit et le toit que les étrangers m'ont laissés. »

« Est-ce eux qui ont incendié ta cabane? dit Céluta; tes enfants t'en pourront bâtir une autre. »

Les lèvres d'Adario tremblèrent, son regard parut égaré; il saisit sa nièce par la main : « Mes enfants! dis-tu; mes enfants, ils sont libres! Ils ne rebâtiront point ma hutte dans la terre de l'esclavage. »

Adario rejeta avec violence la main de Céluta. La fille du sachem cachoit dans ses cheveux son visage baigné de larmes. Céluta s'aperçut alors que sa cousine ne portoit point son fils : elle eut un affreux soupçon de la vérité.

L'épouse de René crut devoir calmer ces douleurs, dont elle ne connoissoit pas encore la source, par quelques paroles d'amour. « Sachem, dit-elle, tu es un rempart pour les Natchez, et j'espère que mon mari reviendra bientôt chargé de colliers pacifiques. »

« N'appelle pas ton mari, dit le vieillard, l'infâme que la colère d'Athaensic a vomi sur ces rivages. Si tu conserves encore quelque attachement pour lui, ôte-toi de devant mes yeux; que le roc qui me sert de couche ne soit pas souillé de l'empreinte de tes pas. »

« Ah! s'écrie Céluta, voici le commencement des mystères dont j'étois venue demander l'explication! Eh bien, Adario, qu'a donc fait René? Parle, je t'écoute. »

Adario s'appuie contre un chêne, et répète à Céluta la longue série des calomnies inventées par Ondouré. A ce discours, qui auroit dû foudroyer l'Indienne, vous l'eussiez vue prendre un air serein, une contenance hardie : « Je respire! dit-elle; cher et malheureux époux! si je t'avois jamais soupçonné, maintenant tu serois pur à mes yeux comme la rosée du ciel. Que le monde entier te déclare coupable, je te proclame innocent; que l'univers te déteste, j'aurai le bonheur de t'aimer sans rivale. Moi, t'abandonner, lorsque tu es calomnié, persécuté! »

Les grandes âmes s'entendent : Adario admira sa nièce. « Tu es de mon sang, dit-il, et c'est pour cela que l'amour de la patrie triomphera dans ton cœur de l'amour d'un homme. Que peux-tu opposer à ce que je t'ai raconté? »

« Ce que j'y oppose? répliqua vivement Céluta : le malheur de René. Mon mari coupable! Il ne l'est point : tu en as trop dit, Adario, pour me convaincre. N'as-tu pas été jusqu'à me parler de Mila? C'est à moi d'avoir affaire avec mon cœur, de dévorer mes peines, si j'en ai : mais chercher à me faire croire à des trahisons envers les Natchez, par le ressentiment d'une infidélité qui ne regarderoit que moi! Sachem, je rougis pour ta vertu! j'ignorois que ton grand cœur fût si sensible à un chagrin de femme! »

La fureur d'Adario s'allume; il ne voit dans ce dévouement de l'amour conjugal que la foiblesse d'un esprit fasciné par la passion. Blessé des paroles de Céluta, il s'écrie : « Tremble, misérable servante d'un blanc; tremble qu'un indigne amour te fasse hésiter sur tes devoirs; apprends que si ton sang étoit demandé par la patrie, cette main qui a étouffé mon fils te sauroit bien retrouver. » Adario, s'arrachant du chêne contre lequel il est appuyé, va chercher la caverne des ours pour y fuir la vue des hommes, aussi insensible au mal qu'il a fait que le poignard qui ne sent pas les palpitations du cœur qu'il a percé.

Le coup a pénétré jusqu'aux sources de la vie : la victime s'est débattue contre le trait au moment où ce trait l'a frappée, mais à la blessure refroidie s'attache une douleur cuisante. Céluta ne croit point au crime de René, mais il suffit qu'on accuse celui qu'elle aime pour qu'elle soit navrée de douleur; elle ne croit pas à l'inconstance de son époux; elle ne supposera jamais René capable d'avoir donné pour femme sa maîtresse à son ami; mais que font la raison, l'élévation des sentiments, la générosité du caractère, contre ces vagues soupçons qui traversent le cœur? On s'en défend, on les repousse; vaine tentative! ils renaissent comme ces songes qui se reproduisent dans le cours d'un pénible sommeil.

Céluta regagne à pas tremblants sa cabane; elle y trouve ses aimables hôtes. « Mon frère, dit-elle en entrant, je sais tout : on trame quelque complot. Sauvons ton ami ! »

« C'est parler, cela, dit Mila en avançant d'un air courageux son joli visage. Ce n'est pas comme toi, Outougamiz, qui es triste comme un chevreuil blessé. Sauvons René! c'est ce que je disois tantôt. »

Les deux sœurs et le frère s'assirent ensemble sur la même natte, approchèrent leurs trois têtes, et se mirent à examiner comment ils pourroient sauver René. Les conspirations des bons ne sont pas comme celles des méchants : on nuit facilement, on répare avec peine. Le fond du secret étoit ignoré de la femme, de l'ami et de l'amie de René : ils ne pouvoient donc apporter de remède à un mal dont la nature leur étoit inconnue. Mila ne savoit autre chose que de tuer Ondouré : elle soutenoit par son caractère résolu le frère et la sœur, dont les âmes, disoit-elle, étoient aussi pesantes que le vol d'un aigle blanc. « Les sachems, ajoutoit Mila, ont plus de sagesse que nous, mais ils n'aiment point. Opposons nos cœurs à leurs têtes, et nous saurons bien comment agir quand le moment sera venu. »

Prêt à consommer ses forfaits, Ondouré sentoit ses passions s'exalter. Céluta, de retour de son pèlerinage, parut toute divine aux yeux du scélérat. Une femme en pleurs, une femme qui vient de faire des choses extraordinaires, a des attraits irrésistibles : plus l'âme s'élève vers le ciel, plus le corps se couvre de grâce, et le criminel, pour son supplice comme pour celui de sa victime, aime particulièrement la beauté qui tient à la vertu. « Quoi! cette femme, disoit Ondouré, si dévouée à mon rival, ne m'accorderoit pas même un sourire! Céluta, tu seras à moi! j'assouvirai sur toi mes désirs, fusses-tu dans les bras de la mort. »

Au milieu de son triomphe, Ondouré éprouvoit pourtant une vive inquiétude : la jalousie de la femme-chef, endormie pendant les troubles aux Natchez et pendant l'absence de Céluta, jetoit maintenant de nouvelles flammes; elle menaçoit le tuteur du soleil d'un éclat qui l'eût perdu. Une scène inattendue fut au moment de produire la catastrophe qu'il redoutoit.

La fête de la pêche avoit été proclamée fête sacrée, à laquelle personne ne se pouvoit dispenser d'assister. Céluta s'y rendit avec Mila et son frère : le grand-prêtre ordonna la danse générale des femmes. La sœur d'Outougamiz fut obligée de figurer dans ce chœur religieux : émue par ses souvenirs, se laissant aller à une imagination attendrie, elle commence à faire parler ses pas, car la danse a aussi son langage; tantôt elle lève les bras vers le ciel, comme le rameau d'un suppliant : tantôt elle incline sa tête comme une rose affaissée sur sa tige. L'air de langueur et de tristesse de Céluta ajoutoit un charme à ses grâces.

Ondouré dévoroit des yeux la touchante sauvage; Akansie, qui ne le perdoit pas de vue, se sentoit prête à rugir comme une lionne. Dans l'illusion de sa passion, elle crut pouvoir lutter avec sa rivale, et descendit dans l'arène. Les mouvements de la femme jalouse étoient durs; ses mains s'agitoient par convulsions; ses pas se marquoient par intervalles courts et précipités; le crime avoit l'air de peser sur le ressort qui la faisoit tressaillir. Honteux pour elle, le tuteur du soleil détourna la vue : la femme-chef s'en aperçut, et n'ayant le courage ni de cesser ni de continuer la danse, elle se mit à tourner sur elle-même avec des espèces de hurlements.

Alors Mila, qui voulut tenir compagnie à sa sœur et se rire d'Akansie, vint voltiger sur le gazon. Ses pieds et ses bras se déploient par des mouvements brillants et onduleux; elle se balance comme un jeune peuplier caressé des brises : le sourire de l'amour est sur ses lèvres, l'ivresse du plaisir dans ses yeux; c'est un faon qui bondit, un oiseau qui vole; elle se joue, flotte, nage dans l'air comme un papillon.

Le contraste qu'offroient les trois femmes étonnoit les Natchez et les François présents à la fête : c'étoient la douleur, la jalousie et le plaisir qui mêloient leurs pas. Un hymne ordinairement chanté à cette cérémonie étoit répété en dialogue par les danseuses; Céluta disoit :

« Retire-toi, vagabonde du désert : le bruit de tes pleurs est pour moi plus détestable que celui de l'ondée qui perd la moisson : je hais les infortunés. Ma cabane se plaît dans la solitude : jamais un tombeau ne m'a détournée de mon chemin; je le foule aux pieds, et je passe sur son gazon. »

La femme-chef répondoit :

« Je suis étrangère, je suis le serpent noir qui ne fait point de mal.

Mon époux est loin, mon enfant va mourir : matrone de la cabane solitaire, sois bonne, donne à manger à ma faim ; les génies t'en récompenseront : celui que tu aimes ne sera jamais loin, ni ton enfant prêt à mourir. »

Mila répliquoit :

« Viens dans ma cabane, viens, pauvre étrangère : malheur à qui repousse l'infortuné! Viens, n'implore plus cette matrone. C'est une femme de sang : ses mains sont homicides, les lèvres de son enfant ne caressoient point son sein ; elles la faisoient souffrir. Lorsque son enfant lui disoit : « Ma mère ! » elle n'avoit jamais besoin de sourire. Viens dans ma cabane, pauvre étrangère : malheur à qui poursuit l'innocent ! »

Il étoit temps que cette danse cessât : Céluta et Akansie étoient prêtes à s'évanouir. Le hasard, en mettant dans leur bouche le chant opposé à leur position et à leur caractère, les accabloit. Quelle leçon pour la femme-chef! le persécuteur avoit pris un moment la place du persécuté, afin que le premier eût une idée de sa propre injustice. Lorsqu'à la fin du chant les trois femmes vinrent à mêler leurs voix, il sortit de ces voix confondues des sons qui arrachèrent un cri d'étonnement à la foule. La mère du soleil quitta brusquement les jeux, faisant signe à Ondouré de la suivre : il ne lui osa désobéir.

Le couple impur arrive à la cabane du soleil. Akansie éclate en reproches : « Voilà donc, s'écrie-t-elle, celui à qui j'ai tout sacrifié! Honneur, repos, vertu, tout a péri dans la fatale passion qui me dévore! Pour toi j'ai livré mon âme aux mauvais génies ; pour toi j'ai consenti à laisser tuer le grand-chef. J'ai approuvé tous tes complots ; esclave de ton ambition comme de ton amour, je me suis étudiée à satisfaire les moindres caprices de tes crimes. Heureuse autant qu'on peut l'être sous le poids d'une conscience bourrelée, je me disois : Il m'aime ! Esprit des ombres, enseignez-moi ce qu'il faut faire pour conserver son cœur! De quel nouveau forfait dois-je souiller mes mains pour donner plus de charmes à mes caresses ? Parle, je suis prête : renversons les lois, usurpons le pouvoir, immolons la patrie, et, s'il le faut, l'enfant royal que j'ai porté dans mes flancs ! »

Ces paroles, sortant à flots pressés d'un sein qui les avoit longtemps retenues, suffoquent la misérable Akansie : elle tombe dans les convulsions du désespoir aux pieds d'Ondouré. Effrayé des révélations qu'elle pouvoit faire, le monstre eut un moment la pensée d'étouffer sa complice au milieu de cette crise de remords, avant que le repentir la rendît à l'innocence ; mais il avoit encore besoin du pouvoir de la femme-chef : il la rappelle donc à la vie, il essaye de la calmer par des paroles d'amour. « Tu ne me tromperas plus, dit-elle, je n'ai déjà été que trop crédule; j'ai vu tes regards idolâtrer ma rivale, je les ai vus se détourner de moi avec dégoût. Je repousse tes caresses; tu te les reprocherois, ou peut-être en me les prodiguant les offrirois-tu, dans le secret de ton cœur, à cette Céluta qui te méprise. »

Akansie s'arrête comme épouvantée de ce qu'elle va dire : ses yeux sont tachés de sang, son sein se gonfle et rompt les liens de fleurs dont il étoit entouré. Elle s'approche du chef inquiet, appuie ses mains aux épaules du guerrier, et parlant d'une voix étouffée, presque sur les lèvres du traître : « Écoute, lui dit-elle, plus d'amour; il ne me faut à présent que des vengeances! J'ai favorisé tes projets, sers les miens! Que Céluta soit enveloppée avec son mari dans le massacre que tu médites. Je veux tenir dans ma main cette tête charmante, la présenter par ses cheveux sanglants à tes baisers. Si tu hésites à m'offrir ce présent, dès demain j'assemble la nation, je rends l'éclat à la vertu que tu as ternie, je dévoile tes crimes et les miens, et nous recevrons ensemble le châtiment dû à notre perversité. »

Akansie, les yeux attachés sur ceux d'Ondouré, cherche à surprendre sa pensée : « N'est-ce que cela que tu demandes pour t'assurer de mon amour? répondit l'homme infernal d'un ton glacé, tu seras satisfaite : tu m'as livré René, je te livrerai Céluta. »

« Mais avant qu'elle soit à toi! » s'écrie Akansie.

Ce mot fit hocher la tête à Ondouré : le scélérat vit qu'il étoit deviné. Il recula quelques pas. « Il faut donc tout te promettre! » s'écria-t-il à son tour.

Il sort, méditant un crime qui le délivreroit de la crainte de voir publier ceux qu'il avoit déjà commis. Les affreux amants se quittèrent, pénétrés de l'horreur qu'ils s'inspiroient mutuellement : au seul souvenir de ce qu'ils avoient découvert dans l'âme l'un de l'autre, leurs cheveux se hérissoient.

Céluta, dont la tête venoit d'être demandée et promise, étoit rentrée dans sa cabane, plus languissante que jamais : elle avoit trouvé Amélie accablée d'une fièvre violente. Mila prenoit l'enfant dans ses bras, et lui disoit : « Fille de René, en cas que tu viennes à mourir, j'irai le matin respirer ton âme dans les parfums de l'aurore. Je te rendrai ensuite à Céluta : car que seroit-ce si une autre femme alloit te ravir à nous, si tu descendois, par exemple, dans le sein d'Akansie? »

Outougamiz, qui écoutoit ce monologue, s'écria : « Mila, tu es toute notre joie et toute notre tristesse. Est-ce que tu vas bientôt cueillir une âme? Tu me donnerois envie de mourir pour renaître dans ton sein. »

L'idée de la mort, tout adoucie qu'elle étoit par cette gracieuse croyance, ne pouvoit cependant entrer dans le cœur d'une mère sans l'épouvanter. Cette mère demandoit inutilement des nouvelles de son époux. On n'avoit point entendu parler de René depuis son départ. Chactas étoit absent; le capitaine d'Artaguette et le grenadier Jacques, après avoir passé un moment au fort Rosalie, avoient été envoyés à un poste avancé sur la frontière des tribus sauvages; tous les appuis manquoient à la fois à Céluta, et elle alloit encore être privée de la protection d'Outougamiz.

Un soir, assise avec sa sœur à quelque distance de sa cabane, elle entendit du bruit dans l'ombre : Mila prétendit qu'elle voyoit un fantôme. « Ce n'est point un fantôme, dit Imley, c'est moi qui viens visiter Céluta. » — « Guerrier noir, s'écria Céluta, qui te ramène ici? Glazirne est-elle avec toi, cette colombe étrangère qui a réchauffé ma petite colombe sous ses ailes? »

« Glazirne est toujours esclave, répondit Imley, mais j'ai rompu mes chaînes et celles d'Izéphar. Ondouré, le fameux chef, me nourrit dans la forêt, en attendant l'assemblée au grand lac. »

« De quelle assemblée parles-tu? » demande Céluta, étonnée.

« Tais-toi, reprit Imley, c'est un secret que je ne sais pas entièrement, mais Outougamiz sera du voyage. Céluta, nous serons tous libres! Izéphar est avec moi; depuis qu'elle est fugitive, jamais elle n'a été si belle. Si tu la voyois dans les grandes herbes, où je la cache le jour, tu la prendrois pour une jeune lionne. Quand la nuit vient, nous nous promenons, en parlant de notre pays, où nous allons bientôt retourner. J'entends déjà le chant du coq de ma case; je vois déjà à travers les arbres la fumée des pipes des Zangars! » Imley, dansant et chantant, se replongea dans le bois, laissant Mila riante et charmée du caribou noir.

L'indiscrète légèreté de l'Africain jeta Céluta dans de nouvelles inquiétudes : quel étoit le voyage que devoit bientôt entreprendre Outougamiz et dont l'Indien n'avoit jamais parlé?

Outougamiz n'avoit pu parler de ce voyage, car il ignoroit encore ce qu'il étoit au moment d'apprendre. Imley, chef des noirs qu'Ondouré avoit débauchés à leurs maîtres pour les armer un jour contre les blancs, ne savoit pas lui-même le fond du complot : il connoissoit seulement quelques détails qu'on s'étoit cru obligé de lui apprendre, afin de soutenir son courage et celui de ses compagnons.

L'apparition d'Imley ne fut précédée de celle d'Adario que de quelques heures. Le sachem vint à la cabane de Céluta chercher son neveu; il l'emmène dans un champ stérile et dépouillé, où toute surprise étoit impossible; il parle ainsi au jeune homme :

« L'assemblée générale des Indiens pour la délivrance des chairs rouges a été convoquée au nom du Grand-Esprit par les Natchez. Quatre messagers ont été envoyés avec le calumet d'alliance aux quatre points de l'horizon : les guerres particulières sont pour un moment suspendues. Le calumet a été remis à la première nation que les messagers ont rencontrée ; cette nation l'a porté à une autre, et ainsi de suite jusqu'à la limite où la terre a été bornée par le ciel et l'eau : nulle tribu n'a désobéi à l'ordre de Kitchimanitou [1]. Des députés de tous les peuples sont en marche pour le rendez-vous fixé au rocher du grand lac. Le conseil des sachems t'a nommé avec le jongleur et le tuteur du soleil pour assister à l'assemblée générale.

« Outougamiz, il faut partir : la patrie te réclame ; montre-toi digne du choix des vieillards. Cependant, si tu te sentois foible, dis-le-moi : nous chercherons un autre guerrier jaloux de faire vivre son nom dans la bouche des hommes. Toi, tu prendras la tunique de la vieille matrone ; le jour tu iras dans les bois abattre de petits oiseaux avec des flèches d'enfant ; la nuit, tu reviendras secrètement dans les bras de ta femme, qui te protégera ; elle te donnera pour postérité des filles que personne ne voudra épouser. »

Outougamiz regarda le sachem avec des larmes d'indignation. « Qu'ai-je fait ? lui dit-il. Ai-je mérité que mon oncle me parle ainsi ? Depuis quand ai-je refusé de donner mon sang à mon pays ? Si j'ai jamais eu quelque amour de la vie, ce n'est pas en ce moment. »

« Nourris cette noble ardeur, s'écrie Adario. Oui ! je le vois : tu es prêt à sacrifier... »

« Qui ? » dit Outougamiz en l'interrompant.

« Toi-même, » repartit le sachem, qui sentit l'imprudence de la parole à demi échappée à ses lèvres ; « va, mon neveu, va t'occuper de ton départ ; tu apprendras le reste sur le rocher du grand lac. » Adario quitta Outougamiz, et celui-ci rentra dans la cabane de René plein d'une nouvelle tristesse, dont il ne pouvoit trouver la cause. On sait par quelle profondeur de haine et de crime Ondouré avoit voulu qu'Outougamiz se trouvât à l'assemblée générale, afin de le lier par un serment qu'il ne pourroit rompre.

Mila et Céluta observoient Outougamiz ; elles le virent préparer ses armes dans un endroit obscur de la cabane ; il tira de son sein la chaîne d'or, et lui dit : « Manitou, te porterai-je avec moi ? oui ; les guerriers disent que tu me feras mourir, je te veux donc garder. » Les

---

1. Le Grand-Esprit.

deux sœurs étoient hors d'elles-mêmes en entendant Outougamiz parler ainsi.

« Mon frère, dit Céluta, tu vas donc faire un voyage ? »

« Oui, ma sœur, » répondit le jeune guerrier.

« Seras-tu longtemps ? dit Mila. Je sais que tu vas au rocher du grand lac. »

« Cela est vrai, repartit Outougamiz : mais comment le sais-tu ? Il s'agit de la patrie, il faut partir. »

Mila ne trouvoit plus de paroles : assise sur sa natte, elle pleuroit ; un Allouez de la garde du soleil se présente. « Guerrier, dit-il à Outougamiz, les sachems assemblés t'attendent. »

« Je te suis, » répond Outougamiz. Mila et Céluta volent à leur mari et à leur frère. « Quand te reverrons-nous ? » dirent-elles en l'entourant de leurs bras.

« Les lierres, répondit Outougamiz, ne pressent que les vieux chênes : je suis trop jeune encore pour que vous vous attachiez à moi ; je ne vous pourrois soutenir. »

« Si je portois ton fils dans mon sein, dit Mila, me quitterois-tu ? Comment ferons-nous sans René et sans Outougamiz ? »

— « Tu es sage comme une vieille matrone, Mila, » repartit le sauvage.

« Ne te fie pas à mes cheveux blancs, dit Mila avec un sourire : c'est de la neige d'été sur la montagne ; elle fond au premier rayon du soleil. »

L'Allouez pressant Outougamiz de partir, Céluta s'écria : « Grand-Esprit ! fais qu'il nous rapporte le bonheur ! » prière qui n'arriva pas jusqu'au ciel. Les deux femmes restèrent sur le seuil de la cabane à écouter les pas d'Outougamiz, qui retentissoient dans la nuit. Quand elles n'entendirent plus rien, elles rentrèrent et pleurèrent jusqu'au lever du jour.

Arrivé à la grotte des sachems, Outougamiz apprit que le jongleur et Ondouré, avec leur suite et les présents, étoient déjà partis, et qu'il les devoit rejoindre. Les vieillards exhortèrent le frère de Céluta à soutenir l'honneur et la liberté de sa patrie. Le même garde qui l'avoit amené au conseil le conduisit dans la forêt où se croisoient divers chemins. Outougamiz marcha vers le nord ; il trouva le jongleur et Ondouré au lieu désigné : ce lieu étoit la fontaine même où Céluta avoit rencontré son mari et son frère, lors de leur retour du pays des Illinois.

Sur la côte septentrionale du lac Supérieur s'élève une roche d'une hauteur prodigieuse ; sa cime porte une forêt de pins ; de cette forêt sort un torrent, qui se précipitant dans le lac ressemble à une zone blanche suspendue dans l'azur du ciel. Le lac s'étend comme une mer sans bornes; l'île des Ames apparaît à peine à l'horizon. Sur les côtes du lac la nature se montre dans toute sa magnificence sauvage. Les Indiens racontent que ce fut du sommet de la *Roche-Isolée* que le Grand-Esprit examina la terre après l'avoir faite, et qu'en mémoire de cette merveille il voulut qu'une partie de cette terre restât visible du lieu d'où il avoit contemplé la création au sortir de ses mains.

C'étoit à ce rocher, témoin des œuvres du Grand-Esprit, que toutes les nations indiennes se devoient réunir. Une flotte aussi nombreuse que singulière commençoit à s'assembler au pied du rocher; le canot pesant de l'Iroquois voguoit auprès du canot léger du Huron; la pirogue de l'Illinois, d'un seul tronc de chêne, flottoit avec le radeau du Pannis; la barque ronde du Poutoüais étoit soulevée par la vague qui ballottoit l'outre de l'Esquimau.

Les députés des Natchez gravirent la roche sauvage; de jeunes Indiens de toutes les tribus les accompagnèrent. Sur les deux rives du torrent, dans l'épaisseur du bois, ils construisirent en abattant des pins une salle dont les troncs des arbres renversés formoient les siéges. Au milieu de cet amphithéâtre ils allumèrent un immense bûcher.

Toutes les nations étant arrivées, elles montèrent au rocher du Grand-Esprit et vinrent occuper tour à tour l'enceinte préparée.

Les Iroquois parurent les premiers : nulle autre nation n'auroit osé passer avant eux. Ces guerriers avoient la tête rasée, à l'exception d'une touffe de cheveux qui composoit avec des plumes de corbeau une espèce de diadème; leur front étoit peint en rouge; leurs sourcils étoient épilés : leurs longues oreilles découpées se rattachoient sur leur poitrine. Chargés d'armes européennes et sauvages, ils portoient une carabine en bandoulière, un poignard à la ceinture, un casse-tête à la main. Leur démarche étoit fière, leur regard intrépide : c'étoient les républicains de l'état de nature. Seuls de tous les sauvages, ils avoient résisté aux Européens et dompté les Indiens de l'Amérique septentrionale. Le Canada étoit leur pays. Ils entrèrent dans la salle du conseil en exécutant le pas d'une danse guerrière; ils prirent à la droite du torrent la place la plus honorable.

Après eux parurent les Algonquins, reste d'une nation autrefois si puissante et qu'après trois siècles de guerre les Iroquois avoient presque entièrement exterminée. Leur langue, devenue la langue polie du désert, comme celle des Grecs et des Romains dans l'ancien monde, attestoit leur grandeur passée. Ils n'avoient que deux jeunes hommes pour députés ; ceux-ci, d'une taille élevée, d'une contenance guerrière, ne portant ni ornements ni peintures, entrèrent simplement et sans danser dans l'enceinte. Ils passèrent devant les Iroquois, la tête haute, et se placèrent en silence sur la gauche du torrent, en face de leurs ennemis.

Les Hurons venoient les troisièmes : vifs, légers, braves, d'une figure sensible et animée, c'étoient les François du Nouveau-Monde. De tout temps alliés d'Ononthio[1] et ennemis des Iroquois, ils occupoient quelques bourgades autour de Québec. Ils se précipitèrent dans la salle du conseil, jetèrent en passant un regard moqueur aux Iroquois, et s'assirent auprès de leurs amis les Algonquins.

Un prêtre, suivi d'un vieillard, et ce vieillard, suivi lui-même d'un guerrier sur l'âge, arrivèrent après les Hurons. Le prêtre n'avoit pour tout vêtement qu'une étoffe rouge roulée en écharpe autour de lui : il tenoit à la main deux tisons enflammés, et murmuroit à voix basse des paroles magiques. Le vieillard qui le suivoit étoit un Sagamo ou un roi ; ses cheveux longs flottoient sur ses épaules ; son corps nu étoit chargé d'hiéroglyphes. Le guerrier qui marchoit après le vieillard portoit sur la tête un berceau, par honneur pour les enfants qu'on adoroit dans son pays. Ces trois sauvages représentoient les nations abénaquises, habitantes de l'Acadie et des côtes du Canada. Ils prirent la gauche des Iroquois.

Un homme dont le visage annonçoit la majesté tombée se présenta le cinquième sur le rocher. Un manteau de plumes de perruche et de geai bleu, suspendu à son cou par un cordon, flottoit derrière lui comme des ailes. C'étoit un empereur de ces anciens peuples qui habitoient jadis la Virginie, et qui depuis se sont retirés dans les montagnes aux confins des Carolines.

Un autre débris des grandeurs sauvages venoit après l'empereur virginien : il étoit chef des Paraoustis, races indigènes des Carolines, presque totalement extirpées par les Européens. Le prince étoit jeune, d'une mine fière, mais aimable ; tout son corps, frotté d'huile, avoit une couleur cuivrée ; un androgyne, être douteux très-commun chez les Paraoustis, portoit les armes de ce chef. Un Ionas, prêtre, ou un jongleur, le précédoit en jouant d'un instrument bizarre.

Parurent alors les députés des nations confédérées de la Floride, les fameux Criques, Muscogulges, Siminoles et Chéroquois. Un nez aquilin, un front élevé, des yeux longs, distinguoient ces Indiens des autres sauvages : leur tête étoit ceinte d'un bandeau, ombragée d'un

---

1. Le gouverneur du Canada.

panache; en guise de tunique, ils portoient une chemise européenne bouffante, rattachée par une ceinture; le Mico ou le roi marchoit à leur tête; des esclaves yamasées et des femmes gracieuses les suivoient. Tout ce cortége entra avec de grandes cérémonies : les nations déjà assises, excepté les Iroquois, se levèrent et chantèrent sur son passage. Les Criques s'assirent au fond de la salle sur les troncs des pins qui faisoient face au lac, et qui n'étoient point encore occupés.

Les Chicassaws et les Illinois, voisins des Natchez, leur ressembloient par l'habillement et par les armes. Après eux défilèrent les députés des peuples transmeschacebéens : les Clamoëts, qui souffloient en passant dans l'oreille des autres sauvages pour les saluer; les Cénis, qui portoient au bras gauche un petit plastron de cuir pour parer les flèches; les Macoulas, qui habitent des espèces de ruches, comme des abeilles; les Cachenouks, qui ont appris à faire la guerre à cheval, qui lancent une fronde avec le pied, et cassent, en galopant, la tête à leurs ennemis; les Ouras, au crâne aplati, qui marchent en imitant la danse de l'ours, et dont les joues sont traversées par des os de poissons.

Des sauvages petits, d'un air doux et timide, vêtus d'un habit qui leur descendoit jusqu'à la moitié des cuisses, s'avancèrent : ils avoient sur la tête des touffes de plumes, à la main des quipos, aux bras et au cou des colliers de cet or qui leur fut si funeste. Un cacique portoit devant lui le premier calumet envoyé de l'île de Saint-Salvador pour annoncer aux nations américaines l'arrivée de Colomb. On reconnut les tristes débris des Mexicains. Il se fit un profond silence dans l'assemblée à mesure que ces Indiens passoient.

Les Sioux, peuple pasteur, anciens hôtes de Chactas, auroient fermé la marche si derrière eux on n'eût aperçu les Esquimaux. Une triple paire de chaussons et de bottes fourrées abritoient les cuisses, les jambes et les pieds de ces sauvages; deux casaques, l'une de peau de cygne, l'autre de peau de veau marin, enveloppoient leur corps; un capuchon, ramené sur leur tête, laissoit à peine voir leurs petits yeux couverts de lunettes; un toupet de cheveux noirs, qui leur pendoit sur le front, venoit rejoindre leur barbe rousse. Ils menoient en laisse des chiens semblables à des loups; de la main droite ils tenoient un harpon, de la main gauche une outre remplie d'huile de baleine.

Ces pauvres barbares, en horreur aux autres sauvages, furent repoussés de tous les rangs où ils se vouluret asseoir : le cacique mexicain les appela, et leur fit une place auprès de lui; Outougamiz le remercia de son hospitalité. L'assemblée ainsi complète, un grand festin fut servi. Les guerriers des diverses nations s'étonnoient de ne point voir Chactas; tous croyoient avoir été convoqués par son ordre, et les vieillards avoient amené leurs fils pour être témoins de sa sagesse. Ondouré balbutia quelques excuses, où mieux instruit on eût découvert ses crimes.

C'étoit au coucher du soleil que devoit commencer la délibération; Outougamiz ne savoit ce qu'il alloit apprendre, mais il pressentoit quelque chose de sinistre. L'ouverture de la salle étoit tournée vers le couchant, de sorte que les députés assis dans le bois sur le tronc des pins découvroient la vaste perspective du lac et le soleil incliné sur l'horizon; le bûcher brûloit au milieu du conseil. La roche élevée portoit dans les airs, comme sur un piédestal, et ce bois né avec la terre, et cette assemblée de sauvages, prête à délibérer sur la liberté de tout un monde.

Aussitôt que le disque du soleil toucha les flots du lac, par delà l'île des Ames, le jongleur des Natchez, les bras tendus vers l'astre du jour, s'écria : « Peuples, levez-vous! » Quatre interprètes des quatre langues-mères de l'Amérique répétèrent le commandement du jongleur, et les députés se levèrent.

Le silence règne : on n'entend que le bruit du torrent qui coule au milieu du conseil, et qui cesse de gronder en se précipitant dans le lac où il n'arrive qu'en vapeur.

Tous les yeux sont fixés sur le jongleur : il déploie lentement un rouleau de peaux de castor; la dernière enveloppe s'entr'ouvre : on aperçoit des ossements humains!

« Les voilà, s'écrie le prêtre, ces témoins redoutables! Ossements sacrés, vous reposerez encore dans une terre libre! Oui! pour vous nous allons entreprendre des choses qui ne se sont point encore vues; sur vous nous allons prêter le serment d'un secret plus profond que les abîmes de la tombe dont nous vous avons retirés. »

Le jongleur s'arrête, puis s'écrie de nouveau : « Peuples, jurez! » Il prononce ainsi la formule du plus terrible des serments :

« Par le Grand-Esprit, par Athaensic, par les cendres de nos pères, par la patrie, par la liberté, je jure d'adhérer fidèlement à la résolution qui sera prise, soit en général par tous les peuples, soit en particulier par ma nation. Je jure que, quelles que soient les mesures que les peuples en général, ou ma nation en particulier, adoptent dans cette assemblée, je garderai un inviolable secret. Je ne révélerai ce secret ni à mes frères, ni à mes sœurs, ni à mon père, ni à ma mère, ni à ma femme, ni à mes amis, encore moins à ceux contre qui ces mesures pourroient être adoptées. Si je révèle ce secret, que ma langue soit coupée en morceaux, que l'on m'enferme vivant dans un tombeau, qu'Athaensic me poursuive, que mon corps, après ma mort, soit livré aux mouches, et que mon âme n'arrive jamais au pays des âmes! »

Agité du génie de la mort, le jongleur se tait ; il promène des yeux hagards sur l'assemblée, que glace une religieuse terreur. Tout à coup les sauvages, déployant un bras armé, s'écrient : « Nous le jurons! »

Le soleil tombe sous l'horizon, le lac bat ses rivages, le bois murmure, le bûcher du conseil pousse une noire fumée, les ossements semblent tressaillir : Outougamiz a juré.

Il a juré! et comment eût-il pu ne pas prononcer le serment? La religion, la mort, la patrie, avoient parlé! Cent vieillards avoient promis de se taire sur la délivrance de toutes les nations américaines!

Ondouré avoit prévu pour Outougamiz cet entraînement inévitable ; il jeta un regard plein d'une joie affreuse sur l'infortuné : Outougamiz sentit passer sur lui ce fatal regard. Il leva les yeux, et lut son malheur au visage du monstre. Un cri aigu sort de la poitrine du frère de Céluta : « René est mort! j'ai tué mon ami! »

Ce cri, ce désespoir, troublent l'assemblée. Ondouré explique tout bas aux sachems que ce neveu du grand Adario a quelquefois des accès de frénésie, effet d'un sort à lui jeté par un magicien de la chair blanche. Les prêtres entourent le jeune sauvage, et prononcent sur lui des paroles mystérieuses. Outougamiz revient du premier égarement de sa douleur : il n'ose plus se plaindre devant les ministres du Grand-Esprit ; il écoute la délibération, qui commence. Un vague espoir lui reste de trouver le moyen d'échapper à des maux qu'il prévoit, mais que cependant il ne connoît pas, puisqu'il ignore ce qu'on va proposer.

Ondouré porte la parole au nom des Natchez. Six sachems, chargés de garder dans leur mémoire le discours du chef, se distribuèrent les bûchettes qui devoient servir à noter la partie du discours que chacun d'eux étoit obligé de retenir.

« L'arbre de la paix, dit Ondouré, étendoit ses rameaux sur toute la terre des chairs rouges qui croyoient être seules dans le monde. Nos pères vivoient rassemblés à l'ombre de l'arbre : les forêts ne savoient que faire de leurs chevreuils et les lacs de leurs poissons.

« Donnez douze colliers de porcelaine bleue. »

Le jongleur des Natchez jette douze colliers au milieu du conseil.

« Un jour, reprit Ondouré, jour fatal! un bruit vint du Levant ; ce bruit disoit : Des guerriers vomissant le feu et montés sur des monstres marins sont arrivés à travers le lac sans rivages. Nos aïeux rirent :

guerriers mexicains, que je vois ici, vous savez si le bruit disoit vrai.

« Nos pères, enfin convaincus de l'apparition des étrangers, délibérèrent. Ils dirent : « Bien que les étrangers soient blancs, ils n'en sont « pas moins des hommes : on leur doit l'hospitalité. »

« Alléchés par nos richesses, les blancs descendirent de toutes parts sur nos rives. Mexicains, ils vous ensevelirent dans la terre ; Chicassaws, ils vous obligèrent de vous enfoncer dans la solitude ; Paraoustis, ils vous exterminèrent ; Abénaquis, ils vous empoisonnèrent avec une poudre ; Iroquois, Algonquins, Hurons, ils vous détruisirent les uns par les autres ; Esquimaux, ils s'emparèrent de vos filets ; et nous, infortunés Natchez, nous succombons aujourd'hui sous leurs perfidies. Nos sachems ont été enchaînés ; le champ qui couvroit les cendres de nos ancêtres est labouré par les étrangers que nous avions reçus avec le calumet de paix.

« Donnez douze peaux d'élan pour la cendre des morts. »

Le jongleur donne douze peaux d'élan.

« Mais pourquoi, continua Ondouré, m'étendrois-je sur les maux que les étrangers ont fait souffrir à notre patrie ? Voyez ces hommes injustes se multiplier à l'infini, tandis que nos nations diminuent sans cesse. Ils nous détruisent encore plus par leurs vices que par leurs armes ; ils nous dévorent en s'approchant de nous : nous ne pouvons respirer l'air qu'ils respirent ; nous ne pouvons vivre sur le même sol. Les blancs, en avançant et en abattant nos bois, nous chassent devant eux comme un troupeau de chevreuils sans asile. La terre manquera bientôt à notre fuite, et le dernier des Indiens sera massacré dans la dernière de ses forêts.

« Donnez un grand soleil de pierre rouge pour le malheur des Natchez. »

Le jongleur jette une pierre en forme de soleil au centre du conseil.

Ondouré se rassied : les sauvages frappent leurs casse-têtes en signe d'applaudissements.

Le chef natchez, voyant les esprits préparés à tout entendre, crut qu'il étoit temps de dévoiler le secret. Il se lève de nouveau, et, reprenant la parole, il fait observer d'abord qu'un coup soudainement frappé est le seul moyen de délivrer les Indiens ; qu'attaquer les blancs à force ouverte, c'étoit s'exposer à une destruction certaine, puisque ceux-ci étoient sûrs de triompher par la supériorité de leurs armes ; que le crime étant prouvé, peu importoit la manière de le punir ; que se laisser arrêter par une pitié pusillanime, c'étoit sacrifier la liberté des générations à venir aux petites considérations d'un moment. « Voici donc, dit-il, ce que les Natchez vous proposent. »

Le silence redouble dans l'assemblée; Outougamiz sent sa peau se coller à ses os.

« Dans tous les lieux où il se trouve des blancs, il faut que les Indiens paroissent leurs amis et même leurs esclaves. Une nuit, les chairs rouges se lèveront à la fois, et extermineront leurs ennemis. Les esclaves noirs nous aideront dans notre vengeance, qui sera la leur; deux races seront délivrées du même coup: les Indiens chez lesquels il n'y a point d'étrangers se réuniront à leurs frères opprimés pour accomplir la justice.

« Le moment de cette justice sera fixé à l'époque des grands jeux chez les nations. Ces jeux offriront le prétexte naturel des rassemblements; mais comme il est essentiel que le coup soit frappé partout la même nuit, on formera des gerbes de roseaux contenant autant de roseaux qu'il y aura de jours à compter du jour de l'ouverture des jeux au jour de l'exécution : les jongleurs seront chargés de la garde de ces gerbes; chaque nuit ils retireront un roseau et le brûleront, de sorte que le dernier roseau brûlé sera la dernière heure des blancs. Jetez un poignard. »

Le jongleur jette un poignard aux pieds des guerriers.

Ici se brisent les paroles d'Ondouré, de même que se rompent quelquefois ces chaînes de fer qui attachent les prisonniers dans les cachots: libre d'une attention pénible, le conseil commence à s'agiter. Un murmure d'horreur, d'étonnement, de blâme, d'approbation, circule dans les rangs de l'assemblée, grossit et bientôt éclate en mille clameurs. Les sauvages montés sur les pins abattus n'étoient éclairés, dans la profondeur de la nuit, qu'à la lueur des flammes du bûcher; on les eût pris, à travers les branches et les troncs des arbres, pour un peuple répandu parmi les ruines et les colonnes d'une ville embrasée. Tous vouloient parler à la fois; on se menaçoit; on levoit les massues; le cri de guerre, poussé de la cime du roc, se perdoit sur les flots du lac, où le bûcher du conseil se reflétoit comme un phare sinistre.

Les jongleurs, courant çà et là, agitant des baguettes, maniant des serpents, au lieu de rétablir la paix, ne faisoient qu'augmenter le désordre. On venoit de mettre aux prises les principes les plus chers aux hommes: la liberté de tout temps, la morale de toute éternité. Ondouré avoit conçu le crime et les détails du crime, le plan et les moyens d'exécution, avec la férocité d'un tigre et la ruse d'un serpent. Cependant le calme peu à peu se rétablit. Outougamiz, qui veut élever la voix, est sévèrement réprimandé par les sachems ; c'étoit aux Iroquois à se faire entendre. Le chef de cette nation s'étant levé, on prête une oreille attentive et inquiète à l'opinion d'un peuple si célèbre.

L'orateur répéta d'abord, selon l'usage, le discours entier d'Ondouré, dont chaque division lui étoit soufflée par un des six sachems chargés des bûchettes de la mémoire. Ensuite, répondant à ce discours, il dit :

« Ce que le chef des Natchez a proposé est grand, mais est-il juste ? Chactas, mon vieil ami, n'est pas là-dedans ; j'y vois Adario : les yeux de Chactas sont tombés comme deux étoiles, sous un ciel qui annonce l'orage. J'ai dit.

« Nous ne sommes point les amis des blancs ; depuis deux cents neiges nous les combattons ; mais une injustice justifie-t-elle un meurtre ? Deviendrons-nous, en nous vengeant, semblables aux chairs blanches ? l'Iroquois est un chêne qui oppose la dureté de son bois à la hache qui le veut couper ; mais il ne laisse point tomber ses branches pour écraser celui qui le frappe. On n'est pas libre parce qu'on se dit libre : la première pierre de la cabane de la liberté est la vertu. J'ai dit.

« L'Iroquois avoit cru qu'il s'agissoit de s'associer pour lever la hache [1] ; veut-on chanter la guerre à l'étranger, l'Iroquois se met à votre tête. Marchons, volons. L'Iroquois rugit comme un ours, il fend les flots des chairs blanches, il brise les têtes avec sa massue, il crie : « Suivez-moi au fort des blancs. » Il s'élance dans le fossé ; de son corps il vous fait un pont comme une liane pour passer sur le fleuve de sang, pour rendre la liberté aux chairs rouges. Voilà l'Iroquois, mais l'Iroquois n'est pas une fouine ; il ne suce pas le sang de l'oiseau qui dort. J'ai dit. »

L'orateur en prononçant la dernière partie de son discours imitoit à chaque parole l'objet dont il empruntoit l'image. Il disoit : « Marchons, » et il marchoit ; « volons, » et il étendoit les bras. Il rugissoit comme un ours, il frappoit les pins avec son casse-tête, il montoit à l'escalade ; il se jetoit en arc comme un pont.

Des acclamations, les unes de joie, les autres de rage, ébranlent le bois sacré. Outougamiz s'écrioit : « Voilà l'Iroquois, voilà Chactas, voilà moi, voilà René, voilà Céluta, voilà Mila ! »

Ondouré paroissoit consterné : de ses desseins avortés il ne lui restoit que le crime. Un Chicassaws, prenant impétueusement la parole,

1. Déclarer la guerre.

rompit l'ordre de la délibération, et rendit l'espérance au tuteur du soleil.

« Quoi! dit ce Chicassaws, est-ce bien un Iroquois que nous venons d'entendre? Le peuple qui devroit nous soutenir dans une guerre sacrée nous abandonne! Si ces orgueilleux cyprès, qui portoient jadis leur tête dans le ciel, sont devenus des lierres rampants, qu'ils se laissent fouler aux pieds du chasseur étranger! Quant au Chicassaws, déterminé à délivrer la patrie, il adopte le plan des Natchez. »

Ces paroles furent vivement ressenties par les Iroquois, qui donnèrent aux Chicassaws le nom de daims fugitifs et de furets cruels. Les Chicassaws répliquèrent en appelant les Iroquois oiseaux parleurs et loups changés en dogues apprivoisés. Toutes ces nations, se divisant, sembloient prêtes à se charger sur la pointe du roc, à se précipiter dans le lac avec l'eau du torrent et les débris du bûcher, lorsque les jongleurs parvinrent à obtenir un moment de silence. Le grand-prêtre des Natchez, du milieu des branches d'un pin dont il tient le tronc embrassé, s'écrie :

« Par Michabou, génie des eaux, dont vous troublez ici l'empire, cessez vos discordes funestes! Aucune nation présente à cette assemblée n'est obligée de suivre l'opinion d'une autre nation : tout ce qu'elle a promis, c'est le secret, et elle ne peut le dévoiler sans périr subitement. Trois opinions divisent le conseil : la première rejette le plan des Natchez, la seconde l'adopte, la troisième veut garder la neutralité. Eh bien! que chaque peuple suive l'opinion à laquelle il se range, cela n'empêchera pas ceux qui veulent une vengeance éclatante de l'accomplir. Quand nos frères demeurés en paix sur leurs nattes verront nos succès, peut-être se détermineront-ils à nous imiter. »

La sagesse du jongleur fut louée et son avis adopté. Alors se fit la séparation dans l'assemblée : les Indiens du nord et de l'est, les Iroquois à leur tête, se déclarèrent opposants au projet des Natchez; les peuples de l'ouest, les Mexicains, les Sioux, les Pannis, dirent qu'ils ne blâmoient ni ne désapprouvoient le projet, mais qu'ils vouloient vivre en paix; les peuples du midi, et ceux qui, en remontant vers le septentrion, habitoient les rives du Meschacebé, les Chicassaws, les Yazous, les Miamis, entrèrent dans la conjuration. Mais tous ces peuples, quelles que fussent leurs diverses opinions, avoient juré sur la cendre des morts qu'ils garderoient un secret inviolable, et tous déclarèrent de nouveau, avec cette foi indienne rarement démentie, qu'ils seroient fidèles à leur serment.

« Le voilà donc décidé, le sort des blancs aux Natchez! » s'écria

Ondouré dans un transport de joie, en voyant le nombre considérable des nations du midi engagées dans le complot.

Jusque alors un rayon d'espérance avoit soutenu le malheureux Outougamiz; mais quand un tiers de l'assemblée se fut déclaré pour le projet du tuteur du soleil, l'ami de René se sentit comme un homme dont le Créateur a détourné sa face. Il s'avance, ou plutôt il se traîne au milieu de l'assemblée : les uns, selon leur position, le voyoient comme une ombre noire sur la flamme du bûcher; les autres l'apercevoient comme le génie de la douleur, à travers le voile mobile de la flamme.

« Eh bien! » dit-il d'une voix concentrée, mais qu'on entendoit dans l'immense silence de la terre et du ciel, « il faut que je tue mon ami! C'est moi, sans doute, Ondouré, que tu chargeras de porter le coup de poignard. Nations, vous avez surpris ma foi; hélas! elle n'étoit pas difficile à surprendre! Je suis simple; mais ce que vous ne surprendrez pas, c'est l'amitié d'Outougamiz. Il se taira, car il a prêté le serment du secret, mais quand vous serez prêts à frapper, Outougamiz, avec le Manitou d'or que voici, sera debout devant René. Forgez le fer bien long : pour atteindre le cœur de mon ami, il faut que ce fer passe par le mien. »

Le jeune homme se tut : ses yeux étoient levés vers le firmament; c'étoit l'ange de l'Amitié redemandant sa céleste patrie. Les sachems écoutoient pleins de pensées; ils entrevoyoient un secret qu'ils croyoient important de connoître; ils commandoient le silence au conseil : les prodiges de l'amitié d'Outougamiz, connus de toute la solitude, faisoient l'admiration des jeunes sauvages.

Le frère de Céluta ramenant ses regards sur l'assemblée : « Guerriers, pourquoi êtes-vous muets? Enseignez-moi donc ce qu'il faut que je dise à ma sœur et à ma femme, lorsqu'elles viendront au-devant de moi. Que dirai-je à René lui-même? Lui dirai-je : « Chevreuil, que j'avois trouvé dans le marais des Illinois, viens que je rouvre la blessure que ma main avoit fermée? »

Outougamiz, portant tout à coup ses deux mains à sa poitrine : « Je t'arracherai bien de mon sein, affreux secret! s'écria-t-il. Os de mes pères, vous avez beau vous soulever et marcher devant moi, je parlerai; oui, je parlerai; je ne serai point un assassin! René, écoute, entends-tu?... Voilà tout ce qui s'est passé au conseil; ne va pas le répéter! Mais, René, n'es-tu pas coupable?... Ah! Dieu! j'ai parlé, j'ai violé mes serments, j'ai trahi la patrie! » Outougamiz défaillit devant le bûcher; si les guerriers voisins ne l'eussent retenu, il tomboit dans la flamme. On le couche à l'écart sur des branches.

Cet évanouissement donna le temps au jongleur et à Ondouré de répéter ce qu'ils avoient déjà dit de la frénésie d'Outougamiz, causée par un maléfice. Impatientes de partir, les nations se levèrent, et l'on oublia le frère de Céluta.

Les tribus qui avoient adopté le plan des Natchez reçurent du jongleur les gerbes funéraires : dans chaque gerbe il y avoit douze roseaux. L'époque des grands jeux, qui duroient douze jours, commençoit le dix-huitième jour de la lune des chasses ; c'étoit ce jour-là même que les jongleurs, chez les différentes nations conjurées, devoient brûler le premier roseau ; les autres roseaux, successivement retirés pendant onze nuits, annonceroient le massacre avec l'épuisement de la gerbe.

Les Indiens commencèrent à descendre le sentier étroit et dangereux qui conduisoit au bas du rocher. Lorsqu'ils arrivèrent au rivage, le jour éclairoit l'horizon, mais il étoit sombre ; et le soleil, enveloppé dans les nuages d'une tempête, s'étoit levé sans aurore. Les Indiens se rembarquèrent dans leurs canots, se dirigeant vers tous les points de l'horizon : la flotte, bientôt dispersée, s'évanouit dans l'immensité du lac. Le jongleur et Ondouré abandonnèrent les derniers le rocher du conseil. Ils invitèrent Outougamiz, qui avoit repris ses sens, à les suivre ; l'ami de René, les regardant avec horreur, leur répondit que jamais il ne se trouveroit dans la société de deux pareils méchants ; ils le quittèrent sans insister davantage. Qu'importoit à Ondouré qu'Outougamiz se précipitât ou non du haut du rocher ? Outougamiz étoit lié par un serment qu'il ne romproit sans doute jamais ; mais si, dans son désespoir, il attentoit à sa vie, le secret de la tombe paroissoit encore plus sûr à Ondouré que celui de la vertu.

Outougamiz demeure assis sur la pointe du rocher, en face du lac, à l'endroit où le torrent, quittant la terre, s'élançoit dans l'abîme ; la grandeur des sentiments que ce spectacle inspiroit s'allioit avec la grandeur d'une amitié sublime et malheureuse. Les flots du lac, poussés par le vent, mordoient leurs rivages, dont ils emportoient les débris : partout des déserts autour de cette mer intérieure, elle-même solitude vaste et profonde ; partout l'absence des hommes et la présence de Dieu dans ses œuvres.

Le coude appuyé sur son genou, la tête posée dans sa main, les pieds pendants sur l'abîme, ayant derrière lui le bois du conseil, naguère si animé, maintenant rendu à la solitude, Outougamiz fut longtemps à fixer ses résolutions : il se détermina à vivre. Si les blancs alloient découvrir le complot, qui défendroit la patrie, qui défendroit Céluta, qui défendroit Mila, dont le sein porte peut-être le fils d'Outougamiz? On ne peut pas révéler le secret à René, puisque René est peut-être coupable, comme l'affirment les sachems : mais n'y a-t-il pas quelque moyen de sauver l'homme blanc? Chactas reviendra, Chactas sera initié au mystère : la sagesse de ce sachem ne peut-elle prévenir tant de malheurs? Si Outougamiz se précipite dans le lac, sa mort sera inutile à René : celui-ci n'en périra pas moins; Outougamiz en prolongeant sa vie peut trouver une occasion inespérée de mettre à l'abri les jours de son ami. Ah! si l'on pouvoit faire savoir le secret à Mila, qui a tant d'esprit, elle auroit bientôt tout arrangé! Qui sait aussi si l'innocence de René ne sera pas découverte? Alors, quel bonheur! comme les obstacles s'aplaniroient, comme on passeroit du désespoir au comble de la joie!

Outougamiz, après avoir roulé toutes ces pensées dans son âme, se lève : « Vivons, dit-il, ne laissons pas à Céluta le poids de tous les maux; ne nous reposons pas lâchement dans la tombe. Adieu, bois du sang! adieu, rocher de malédiction : puisse Athaensic te prendre pour son autel! »

Outougamiz se précipite par l'étroit sentier, laissant au bûcher du conseil quelques cendres qui fumoient encore; image de ce qui reste des vains projets des hommes.

Le frère de Céluta marcha tout le jour et une partie de la nuit suivante : des Sioux, qu'il rencontra, le portèrent, dans leur canot, de fleuve en fleuve, jusqu'au pays des Illinois : ceux-ci, craignant une nouvelle invasion des Natchez, s'étoient retirés à deux cents lieues plus haut, vers l'occident. Outougamiz, reprenant sa route par terre, traversa les champs témoins des prodiges de son amitié. Le poteau où René devoit être brûlé étoit encore debout : Outougamiz embrassa ce monument sacré. Il descendit aux marais, et visita la racine sur laquelle il avoit tenu son ami dans ses bras; il retrouva les roseaux séchés dont il couvroit pendant la nuit l'objet de sa tendresse; il ramassa quelques plumes des oiseaux dont il avoit nourri son frère. Il dit : « Belles plumes, si jamais je suis heureux, je vous attacherai avec des fils d'or, et je vous porterai autour de mon front les jours de fête. Auriez-vous jamais cru que je tuerois mon ami? »

Cet homme excellent cherchoit à puiser dans ses souvenirs de nouvelles forces, pour qu'elles devinssent égales aux périls de René; il se retrempoit, pour ainsi dire, dans ses malheurs passés pour s'endurcir contre son malheur présent; il s'excitoit à l'amitié par son propre exemple, tandis qu'il s'accusoit naïvement d'être changé, et d'avoir juré la mort de René.

Suivant ainsi son amitié à la trace, l'Indien arrive jusqu'aux Natchez : là commencèrent ces douleurs qui ne devoient plus finir. René étoit-il revenu ? Comment soutenir sa première entrevue ? Que dire aux deux femmes affligées ?

René n'étoit point encore aux Natchez. Ondouré seul et le jongleur avoient devancé de deux aurores le retour du malheureux Outougamiz. Les jours de Céluta et de Mila s'étoient écoulés dans la plus profonde retraite. Par l'habitude de souffrir et par la longueur du temps, l'épouse de René étoit tombée dans une tristesse profonde : la tristesse est le relâchement de la douleur ; sorte d'intermission de la fièvre de l'âme, qui conduit à la guérison ou à la mort. Il n'y avoit plus que les yeux de Céluta à sourire ; sa bouche ne le pouvoit plus.

« Tu me sembles un peu calme, » disoit Mila.

« Oui, lui répondoit sa sœur, je suis faite à présent à la mauvaise nourriture : mon cœur s'alimente du chagrin qu'il repoussoit avant d'y être accoutumé. »

La nuit qui précéda l'arrivée d'Outougamiz, les deux Indiennes veillèrent plus tard que de coutume : elles s'occupoient de René, inépuisable sujet de leurs entretiens. Lorsqu'elles furent couchées sur la natte, elles continuèrent de parler, et, faisant au milieu de leur adversité des projets de bonheur, elles s'endormirent avec l'espérance : l'enfant malade s'assoupit avec le hochet qu'on lui a donné dans son berceau.

A leur réveil Mila et Céluta trouvèrent debout devant elles Outougamiz pâle, défait, les yeux fixes, la bouche entr'ouverte. Elles s'élancent de leur couche : « Mon frère ! » — « Mon mari ! » dirent-elles à la fois. « Qu'y a-t-il ? René est-il mort ? Allez-vous mourir ? »

« C'en est fait, répond l'Indien sans changer d'attitude, plus d'épouse, plus de sœur ! »

« René est mort ! » s'écrie Céluta.

« Que dis-tu ! repartit Outougamiz avec une joie sauvage, René est mort ? Kitchimanitou soit béni ! »

« Ciel ! dit Céluta, tu désires la mort de ton ami ! De quel malheur est-il donc menacé ? »

« Nous sommes tous perdus ! » murmure Outougamiz d'une voix sombre. Se dégageant des bras de sa femme et de sa sœur, il se précipite hors de la cabane : Mila et Céluta le suivent.

Elles sont arrêtées tout à coup par Ondouré. « Avez-vous vu Outougamiz ? » leur dit-il d'un air alarmé. « Oui, répondent-elles ensemble ; il est hors de ses sens, nous volons après lui. »

« Que vous a-t-il dit ? » reprit le tuteur du soleil.

« Il nous a dit que nous étions tous perdus, » répliqua Céluta.

« Ne le croyez pas, dit le chef rassuré, tout va bien au contraire ; mais Outougamiz est malade : je vais chercher Adario. »

Comme Ondouré s'éloignoit, Outougamiz, par un autre sentier, se rapprochoit de la cabane : il marchoit lentement, les bras croisés. Les deux femmes, qui s'avançoient vers lui, l'entendoient parler seul ; il disoit : « Manitou d'or, tu m'as privé de la raison : dis-moi donc maintenant ce qu'il faut faire. »

Mila et Céluta saisissent l'infortuné par ses vêtements.

« Que voulez-vous de moi ? s'écrie-t-il. Oui, je le jure, j'aimerai René en dépit de vous ; je me ris des vers du sépulcre qui déjà dévorent mes chairs vivantes. Je frapperai mon ami sans doute ; mais je baiserai sa blessure, je sucerai son sang, et quand il sera mort, je m'attacherai à son cadavre, jusqu'à ce que la corruption ait passé dans mes os. »

Les deux Indiennes éplorées embrassoient les genoux d'Outougamiz : il les reconnoît. « C'est nous, dit Mila, parle ! »

Outougamiz lui met la main sur la bouche : « Qu'as-tu dit ? on ne parle plus, à moins que ce ne soit comme une tombe : tout vient à présent des morts. Il y a un secret. »

« Un secret ! repartit vivement Mila, un secret pour tes amis ! de quoi s'agit-il donc ? de notre vie ? de celle de René ?

Alors Outougamiz : « Arrache-moi le cœur, » dit-il à Mila en lui présentant son sein, où la jeune épouse applique ses lèvres de flamme.

« Ne déchirez pas ainsi mes entrailles, dit Céluta : parle, mon cher Outougamiz ; viens te reposer avec nous dans ta cabane. »

Une voix foudroyante interrompit cette scène. « As-tu parlé ? disoit cette voix ; la terre a-t-elle tremblé sous tes pas ? »

« Non, je n'ai pas parlé, répondit Outougamiz en se tournant vers Adario, que conduisoit Ondouré ; mais ne croyez plus trouver en moi le docile Outougamiz : homme de fer, allez porter votre vertu parmi les ours du Labrador ; buvez avec délices le sang de vos enfants ; quant à moi, je ne boirai que celui que vous ferez entrer de force dans ma bouche ; je vous en rejetterai une partie au visage, et je vous couvrirai d'une tache que la mort n'effacera pas. »

Adario fut terrassé. « Que me reproches-tu ? dit-il à son neveu. Mes enfants ?... Barbare, cent fois plus barbare que moi ! »

Il n'en falloit pas tant pour abattre le ressentiment d'Outougamiz. « Pardonne, dit-il au vieillard ; oui, j'ai été cruel ; Outougamiz pourtant ne l'est pas ! je suis indigne de ton amitié, mais laisse-moi la mienne ; laisse-moi mourir ; console, après moi, ces deux femmes. Je t'en avertis, je succomberai, je parlerai : je n'ai pas la force d'aller jusqu'au bout. »

« Nous consoler! dit Céluta ; est-ce là l'homme qui console? Jusque ici je me suis tue, j'ai écouté, j'ai deviné, il s'agit de la mort de René. Allons, Outougamiz, couronne ton ouvrage, égorge celui que tu as délivré! Sa voix mourante te remerciera encore de ce que tu as fait pour lui ; il cherchera ta main ensanglantée pour la porter à sa bouche ; ses yeux ne te voient déjà plus, mais ils te cherchent encore ; ils se tournent vers toi avec son cœur expirant. »

« L'entends-tu, Adario? dit Outougamiz. Résiste, si tu le peux! »

Outougamiz saisit Céluta, et, dans les étreintes les plus tendres, il se sent tenté de l'étouffer.

« Femmes, s'écrie Adario, retirez-vous avec vos larmes. »

« Oui, oui! dit Mila, prends ce ton menaçant ; mais sache que nous sauverons René, malgré toi, malgré la patrie : il faut que cette dernière périsse de ma propre main ; j'incendierai les cabanes. »

« Vile ikouessen [1], s'écria le vieillard, si jamais tu oses te présenter devant moi avec ta langue maudite, tu n'échapperas pas à ma colère.»

« Tu m'appelles ikouessen! dit Mila ; de qui? de mon libérateur? Tu as raison : je ne serois pas ce que je suis, si je n'avois dormi sur ses genoux ! »

« Quitte ces femmes, dit le vieillard à son neveu ; ce n'est pas le moment de pleurer et de gémir. Viens avec les sachems qui nous attendent. » Outougamiz se laissa entraîner par Adario et par Ondouré.

Mila et Céluta, voyant leurs premiers efforts inutiles, cherchèrent d'autres moyens de découvrir le secret d'Outougamiz. Par les mots énigmatiques du jeune guerrier, elles savoient qu'il y avoit un mystère, et par sa douleur elles devinoient que ce mystère enveloppoit le frère d'Amélie. Dans cette pensée, avec toute l'activité de l'amitié fraternelle et de l'amour conjugal, elles suspendirent leurs plaintes ; elles convinrent de se séparer, d'aller chacune de son côté errer à l'entrée des cavernes où s'assembloit le conseil. Elles espéroient surprendre quelques paroles intuitives de leur destinée.

Dès le soir même, Céluta se rendit à la Grotte des Rochers, et Mila à la Caverne des Reliques.

En approchant de celle-ci, le souvenir des instants passés dans ces mêmes lieux se présenta vivement au cœur de Mila. Les sachems n'étoient pas dans la caverne ; Mila n'entendit rien : la Mort ne raconte point son secret. Céluta n'avoit pas été plus heureuse ; les deux sœurs

---

1. Courtisane.

rentrèrent non instruites, mais non découragées, se promettant de recommencer leurs courses.

Outougamiz fut plusieurs jours sans paroître : Adario l'avoit emmené dans le souterrain où s'assembloient les chefs des conjurés et où l'on s'efforçoit, par les tableaux les plus pathétiques de la patrie opprimée, par les plus grossiers mensonges sur René, par toute l'autorité du grand-prêtre, de lutter contre la force de l'amitié. Lorsque le frère de Céluta voulut sortir, les gardes du soleil eurent ordre de le suivre de loin ; des sachems et Adario lui-même marchoient à quelque distance sur ses traces.

Il se rendit à la cabane de René ; Céluta étoit absente ; Mila, solitaire, attendoit le retour de son amie. En voyant entrer Outougamiz, elle lui sourit d'un air de tendresse et de surprise. Mila avoit quelque chose de charmant ; on auroit passé ses jours à la voir sourire. « Je croyois, dit-elle à son mari, que tu m'avois abandonnée. Où es-tu donc allé? Je ne t'avois pas revu depuis le jour où tu es revenu du désert. » Elle fit signe à Outougamiz de s'asseoir sur la natte. Outougamiz répondit qu'il étoit resté avec les sachems, et, plein d'une joie triste en entendant Mila lui parler avec tant de douceur, il s'assit auprès d'elle.

Mila suspendit ses bras au cou du jeune sauvage : « Tu es infortuné, lui dit-elle, et moi, je suis malheureuse. Après une si longue absence, pourquoi n'es-tu pas venu plus tôt me consoler? Tu n'as plus ta raison ; j'ai à peine la mienne. Retirons-nous dans les forêts : je serai ton guide, tu marcheras appuyé sur moi, comme l'aveugle conduit par l'aveugle. Je porterai les fruits à ta bouche, j'essuierai tes larmes, je préparerai ta couche, tu reposeras ta tête sur mes genoux lorsque tu la sentiras pesante ; tu me diras alors le secret. René viendra nous trouver, et il pleurera avec nous. »

« Qu'il ne pleure pas! dit Outougamiz ; s'il pleure, je parlerai. Je veux qu'il me promette de ne pas m'aimer, afin que je tienne mon serment. S'il dit qu'il m'aime, je le tuerai, parce que je trahirais mon pays. »

Mila crut qu'elle alloit découvrir quelque chose, mais toutes ses grâces et toutes ses séductions furent inutiles. Ses caresses, dont une seule auroit suffi à tant d'autres hommes pour leur faire vendre la destinée du monde, échouèrent contre la gravité de la douleur et contre la foi du serment. Mila trouva dans son mari une résistance à laquelle elle ne s'étoit pas attendue ; elle ignoroit à quel point Outougamiz étoit passionné pour la patrie, quel empire la religion avoit sur lui, quelle force ajoutoit à sa vertueuse résistance l'idée que René étoit coupable, et que ce blanc pourroit apprendre le secret aux autres blancs si le secret lui étoit révélé. Céluta, qui ressembloit davantage à son frère et qui le connoissoit mieux, avoit désespéré dès le premier moment de lui faire dire ce qu'il croyoit devoir taire; elle l'admiroit en versant des larmes.

La saison déclinoit vers l'automne; saison mélancolique où l'oiseau de passage qui s'envole, la verdure qui se flétrit, la feuille qui tombe, la chaleur qui s'éteint, le jour qui s'abrège, la nuit qui s'étend, et la glace qui vient couronner cette longue nuit, rappellent la destinée de l'homme. Les grands jeux devoient être bientôt proclamés : le jour du massacre approchoit. Aucune nouvelle de René ne parvenoit à Céluta; l'Indienne ne savoit plus si elle devoit craindre ou désirer le retour du voyageur. Un matin elle vit entrer dans sa cabane le religieux d'une mission lointaine. Ce n'étoit pas un prêtre d'autant de science que le père Souël, ni d'un zèle à provoquer le martyre, mais c'étoit un homme charitable et doux. Il ne se mêloit jamais de ce qui ne le regardoit pas, et ne cherchoit à convertir les âmes au Seigneur que par l'exemple d'une bonne vie. Il portoit la robe et la barbe d'un capucin, sans orgueil et sans humilité; il trouvoit tout simple que son ordre eût conservé les usages et les habits d'autrefois, comme il lui sembloit tout naturel que ces usages et ces habits eussent changé.

Céluta s'avança au-devant du missionnaire : « Chef de la prière, lui dit-elle, tu m'honores de venir à ma hutte; mais le maître n'est pas ici, et je crains qu'une femme ne te reçoive pas aussi bien que tu le mérites. » Le Père lui répondit en s'inclinant : « Je ne vous aurois pas importunée de ma visite, si le capitaine d'Artaguette ne m'eût ordonné de vous apporter une lettre de votre mari. »

Céluta rougit d'espérance et de crainte; elle prit la lettre que le missionnaire lui présentoit, et la pressa sur son cœur.

Mila, qui étoit avec sa sœur dans la cabane, et qui tenoit la petite Amélie sur ses genoux, ne vouloit pas qu'on se donnât le temps de servir la cassine au religieux, impatiente qu'elle étoit d'entendre l'explication du collier. Céluta, plus hospitalière, prépara le léger repas.

Tandis qu'elle s'occupoit de ce soin, le religieux, voyant la fille de René dans les bras de Mila, la bénit, et demanda si cette petite étoit chrétienne. L'enfant ne paroissoit point effrayée, et sourioit au vieux solitaire. Celui-ci, interrogé par les deux sœurs, fit, les larmes aux yeux, l'éloge du capitaine d'Artaguette et du brave grenadier Jacques. Céluta apprit avec peine que son frère blanc, fixé à un poste éloigné, étoit souffrant depuis plusieurs mois.

Mila dit au missionnaire : « Chef de la barbe, n'as-tu jamais été repoussé des huttes? » — « Mon bâton, répondit le Père, est toujours derrière la porte. » Céluta servit la cassine. Quand cela fut fait, elle tira la lettre qu'elle avoit mise dans son sein, et pria le Père de la traduire.

Inexplicable contradiction du cœur humain! Cette femme qui la veille s'alarmoit du silence de son mari désiroit presque maintenant la continuation de ce silence. Que contenoit la lettre? annonçoit-elle le retour prochain de René? jetoit-elle quelque lumière sur le secret d'Outougamiz? dissiperoit-elle ou confirmeroit-elle les soupçons qui s'étoient élevés contre René? Assises devant le missionnaire, les deux sœurs fixant les yeux sur ses lèvres écoutoient des sons qui n'étoient pas encore produits. Le Père ouvre la lettre, prend sa barbe dans sa main gauche, élève de sa main droite le papier à la hauteur de ses yeux, et parcourt en silence la première page. A mesure qu'il avançoit dans la lecture, on voyoit l'étonnement se peindre sur son visage. Céluta étoit comme le prisonnier de guerre assis sur le trépied avant d'être livré aux flammes; Mila, perdant toute patience, s'écria : « Explique-nous donc le collier : est-ce que tu ne le comprends pas? » Le Père traduisit en natchez ce qui suit :

LETTRE DE RENÉ A CÉLUTA.

Au désert, la trente-deuxième neige de ma naissance.

« Je comptois vous attendre aux Natchez; j'ai été obligé de partir subitement sur un ordre des sachems. J'ignore quelle sera l'issue de mon voyage : il se peut faire que je ne vous revoie plus. J'ai dû vous paroître si bizarre, que je serois fâché de quitter la vie sans m'être justifié auprès de vous.

« J'ai reçu de l'Europe, à mon retour de la Nouvelle-Orléans, une lettre qui m'a appris l'accomplissement de mes destinées : j'ai raconté mon histoire à Chactas et au père Souël : la sagesse et la religion doivent seules la connoître.

« Un grand malheur m'a frappé dans ma première jeunesse; ce malheur m'a fait tel que vous m'avez vu. J'ai été aimé, trop aimé : l'ange qui m'environna de sa tendresse mystérieuse ferma pour jamais, sans les tarir, les sources de mon existence. Tout amour me fit horreur : un modèle de femme étoit devant moi, dont rien ne pouvoit approcher; intérieurement consumé de passions, par un contraste inexplicable je suis demeuré glacé sous la main du malheur.

« Céluta, il y a des existences si rudes qu'elles semblent accuser la Providence et qu'elles corrigeroient de la manie d'être. Depuis le commencement de ma vie, je n'ai cessé de nourrir des chagrins : j'en portois le germe en moi, comme l'arbre porte le germe de son fruit. Un poison inconnu se mêloit à tous mes sentiments ; je me reprochois jusqu'à ces joies nées de la jeunesse et fugitives comme elle.

« Que fais-je à présent dans le monde, et qu'y faisois-je auparavant ? J'étois toujours seul, alors même que la victime palpitoit encore au pied de l'autel. Elle n'est plus, cette victime ; mais le tombeau ne m'a rien ôté : il n'est pas plus inexorable pour moi que ne l'étoit le sanctuaire. Néanmoins je sens que quelque chose de nécessaire à mes jours a disparu. Quand je devrois me réjouir d'une perte qui délivre deux âmes, je pleure ; je demande, comme si on me l'avoit ravi, ce que je ne devois jamais retrouver ; je désire mourir ; et dans une autre vie une séparation qui me tue n'en continuera pas moins l'éternité durante.

« L'éternité ! peut-être, dans ma puissance d'aimer, ai-je compris ce mot incompréhensible. Le ciel a su et sait encore, au moment même où ma main agitée trace cette lettre, ce que je pouvois être : les hommes ne m'ont pas connu.

« J'écris assis sous l'arbre du désert, au bord d'un fleuve sans nom, dans la vallée où s'élèvent les mêmes forêts qui la couvrirent lorsque les temps commencèrent. Je suppose, Céluta, que le cœur de René s'ouvre maintenant devant toi : vois-tu le monde extraordinaire qu'il renferme ? Il sort de ce cœur des flammes qui manquent d'aliment, qui dévoreroient la création sans être rassasiées, qui te dévoreroient toi-même. Prends garde, femme de vertu ! recule devant cet abîme : laisse-le dans mon sein ! Père tout-puissant, tu m'as appelé dans la solitude ; tu m'as dit : « René ! René ! qu'as-tu fait de ta sœur ? » Suis-je donc Caïn ? »

CONTINUÉE AU LEVER DE L'AURORE.

« Quelle nuit j'ai passée ! Créateur, je te rends grâces ; j'ai encore des forces, puisque mes yeux revoient la lumière que tu as faite ! Sans flambeau pour éclairer ma course, j'errois dans les ténèbres : mes pas, comme intelligents d'eux-mêmes, se frayoient des sentiers à travers les lianes et les buissons. Je cherchois ce qui me fuit ; je pressois le tronc des chênes ; mes bras avoient besoin de serrer quelque chose. J'ai cru, dans mon délire, sentir une écorce aride palpiter contre mon cœur : un degré de chaleur de plus, et j'animois des êtres insensibles.

Le sein nu et déchiré, les cheveux trempés de la vapeur de la nuit, je croyois voir une femme qui se jetoit dans mes bras; elle me disoit : Viens échanger des feux avec moi et perdre la vie! mêlons des voluptés à la mort! que la voûte du ciel nous cache en tombant sur nous.

« Céluta, vous me prendrez pour un insensé : je n'ai eu qu'un tort envers vous, c'est de vous avoir liée à mon sort. Vous savez si René a résisté, et à quel prodige d'amitié il a cru devoir le sacrifice d'une indépendance qui du moins n'étoit funeste qu'à lui. Une misère bien grande m'a ôté la joie de votre amour et le bonheur d'être père : j'ai vu avec une sorte d'épouvante que ma vie s'alloit prolonger au delà de moi. Le sang qui fit battre mon cœur douloureux animera celui de ma fille : je t'aurai transmis, pauvre Amélie, ma tristesse et mes malheurs! Déjà appelé par la terre, je ne protégerai point les jours de ton enfance; plus tard je ne verrai point se développer en toi la douce image de ta mère, mêlée aux charmes de ma sœur et aux grâces de la jeunesse. Ne me regrette pas : dans l'âge des passions j'aurois été un mauvais guide.

« Céluta, je vous recommande particulièrement Amélie : son nom est un nom fatal. Qu'elle ne soit instruite dans aucun art de l'Europe; que sa mère lui cache l'excès de sa tendresse : il n'est pas bon de s'accoutumer à être trop aimé. Qu'on ne parle jamais de moi à ma fille; elle ne me doit rien : je ne souhaitois pas lui donner la vie.

« Que René reste pour elle un homme inconnu, dont l'étrange destin raconté la fasse rêver sans qu'elle en pénètre la cause : je ne veux être à ses yeux que ce que je suis, un pénible songe.

« Céluta, il y a dans ma cabane des papiers écrits de ma main : c'est l'histoire de mon cœur; elle n'est bonne à personne, et personne ne la comprendroit : anéantissez ces chimères.

« Retournez sous le toit fraternel; brûlez celui que j'ai élevé de mes mains; semez des plantes parmi ses cendres; rendez à la forêt l'héritage que j'avois envahi. Effacez le sentier qui monte de la rivière à la porte de ma demeure; je ne veux pas qu'il reste sur la terre la moindre trace de mon passage. Cependant j'ai écrit un nom sur des arbres, dans la profondeur des bois; il seroit impossible de le retrouver : qu'il croisse donc avec le chêne inconnu qui le porte : le chasseur indien s'enfuira à la vue de ces caractères gravés par un mauvais génie.

« Donnez mes armes à Outougamiz; que cet homme sublime fasse, en mémoire de moi, un dernier effort : qu'il vive. Chactas me suivra, s'il ne m'a devancé.

« Si enfin, Céluta, je dois mourir, vous pourrez chercher après moi l'union d'une âme plus égale que la mienne. Toutefois ne croyez pas désormais recevoir impunément les caresses d'un autre homme ; ne croyez pas que de foibles embrassements puissent effacer de votre âme ceux de René. Je vous ai tenue sur ma poitrine au milieu du désert, dans les vents de l'orage, lorsque après vous avoir portée de l'autre côté d'un torrent, j'aurois voulu vous poignarder pour fixer le bonheur dans votre sein et pour me punir de vous avoir donné ce bonheur. C'est toi, Être suprême, source d'amour et de beauté, c'est toi seul qui me créas tel que je suis, et toi seul me peux comprendre ! Oh ! que ne me suis-je précipité dans les cataractes au milieu des ondes écumantes ! je serois rentré dans le sein de la nature avec toute mon énergie.

« Oui, Céluta, si vous me perdez, vous resterez veuve : qui pourroit vous environner de cette flamme que je porte avec moi, même en n'aimant pas ? Ces solitudes que je rendois brûlantes vous paroîtroient glacées auprès d'un autre époux. Que chercheriez-vous dans les bois et sous les ombrages ? Il n'est plus pour vous d'illusions, d'enivrement, de délire : je t'ai tout ravi en te donnant tout, ou plutôt en ne te donnant rien, car une plaie incurable étoit au fond de mon âme. Ne crois pas, Céluta, qu'une femme à laquelle on a fait des aveux aussi cruels, pour laquelle on a formé des souhaits aussi odieux que les miens, ne crois pas que cette femme oublie jamais l'homme qui l'aima de cet amour ou de cette haine extraordinaire.

« Je m'ennuie de la vie ; l'ennui m'a toujours dévoré : ce qui intéresse les autres hommes ne me touche point. Pasteur ou roi, qu'aurois-je fait de ma houlette ou de ma couronne ? Je serois également fatigué de la gloire et du génie, du travail et du loisir, de la prospérité et de l'infortune. En Europe, en Amérique, la société et la nature m'ont lassé. Je suis vertueux sans plaisir ; si j'étois criminel, je le serois sans remords. Je voudrois n'être pas né, ou être à jamais oublié.

« Que ce soit ici un dernier adieu, ou que je doive vous revoir encore, Céluta, quelque chose me dit que ma destinée s'accomplit ; si ce n'est pas aujourd'hui même, elle n'en sera que plus funeste : René ne peut reculer que vers le malheur. Regardez donc cette lettre comme un testament. »

La lecture étoit achevée que Céluta ne relevoit point sa tête, qui s'étoit penchée sur son sein : toute la sagacité de Mila n'avoit pas suffi pour expliquer le collier ; toute la religion du missionnaire n'avoit pu pénétrer le sens de la lettre, mais le cœur d'une épouse l'avoit mieux compris : rien n'est intelligent comme l'amour malheureux. Céluta apprenoit qu'elle n'étoit point aimée ; qu'un lien paternel ne lui avoit pas même attaché René ; qu'il y avoit dans l'âme de cet homme du trouble, presque du remords, et qu'il se repentoit d'un malheur comme on se repentiroit d'un crime.

Céluta releva lentement son front abattu : « Allons, dit-elle, mon mari est encore plus infortuné que je ne le supposois ; un méchant esprit l'a persécuté : je dois être son bon génie. »

Le religieux rendit la lettre à l'Indienne en lui disant : « Souffrir est notre partage : la nouvelle alliance que Jésus-Christ a faite avec les hommes est une alliance de douleur : c'est de son sang qu'il l'a scellée ; je vais prier pour vous. »

Le missionnaire tomba à genoux, et, les mains jointes, il répéta, dans la langue des Natchez, l'Oraison dominicale : le calme de cette prière fut une espèce de baume répandu sur une plaie vive. Quand le Père prononça ces mots : *Délivrez-nous du mal*, les deux femmes sanglotèrent d'attendrissement. Alors le religieux, se relevant avec peine, ramena son froc sur sa tête grise, traversa la cabane d'un pas grave, reprit son bâton à la porte, et alla, aussi rapidement que le lui permettoit sa vieillesse, consoler d'autres adversités.

Mila, qui portoit toujours Amélie, la rendit à Céluta : celle-ci la reçut en la couvrant de baisers et en fondant en larmes. Mila, qui devinoit sa sœur, lui dit : « Tu l'aimeras pour toi, toi qui es sa mère ; moi, je l'aimerai pour son père. »

Mais Mila se sentoit aussi un peu découragée. Qui avoit donc pu trop aimer René ? Quand on arracheroit le guerrier blanc à la mort, que gagneroit-on à cela, puisqu'il ne vouloit pas vivre ? Mila ne s'arrêtant pas longtemps à ces réflexions, et revenant à son caractère :

« C'est assez pleurer pour un collier obscur, mal interprété, que nous ne comprenons ni toi, ni moi, ni le Père de la barbe. Le danger est à la porte de notre cabane : pourquoi mêler à des peines véritables des peines chimériques ? Entre la réalité du mal et les songes de nos cœurs, nous ne saurions où nous tourner. Occupons-nous du présent, nous penserons une autre fois à l'avenir. Découvrons le secret, sauvons René, et quand nous l'aurons sauvé, il faudra bien qu'il s'explique. »

« Tu as raison, dit Céluta, sauvons mon mari. » Mila prit Amélie dans ses bras, puis la rendant encore à sa mère : « Tiens, dit-elle, je désirois avoir un petit guerrier, je n'en veux plus, garde ta fille : elle te préfère à moi quand elle pleure, elle me préfère à toi quand elle rit. Ne diroit-on pas que le collier lui fait aussi verser des larmes ? » Mila sortit pour aller à la découverte du secret.

René avoit écrit une autre lettre aux sachems pour leur annoncer que les Illinois ne paroissoient pas encore disposés à recevoir le calumet de paix. Plus heureux dans sa mission, Chactas avoit tout obtenu des Anglois de la Géorgie : il se disposoit à revenir. Le tuteur du soleil espéroit que le vieillard seroit mort avant de revoir sa cabane : on racontoit qu'il touchoit à sa fin.

La femme-chef, attendant la tête de sa rivale, laissoit en apparence Ondouré plus tranquille ; mais elle le surveilloit avec toute l'activité de la jalousie. Le sauvage, craignant toujours de se trahir, n'échappoit au péril qu'à l'aide de précautions dont il lui tardoit de se délivrer.

D'un autre côté, il étoit difficile que le secret d'une conjuration connue de tant de monde ne transpirât pas au dehors. De temps en temps il s'élevoit des bruits dont tout commandant moins prévenu que celui du fort Rosalie eût recherché la source. Le gouverneur général avoit écrit à Chépar de ne pas se laisser trop rassurer par la concession des terres. Une lettre d'Adélaïde, adressée à René, s'étant trouvée dans les dépêches, Ondouré, que Febriano instruisoit de tout, s'empressa d'annoncer une nouvelle trahison du fils adoptif de Chactas ; mais en même temps, pour achever de tromper le commandant et pour avoir l'air de ne s'occuper que de plaisirs, il ordonna une chasse au buffle de l'autre côté du Meschacebé.

Mila n'eut pas plus tôt appris cette nouvelle qu'elle dit à Céluta : « Il nous faut aller à cette chasse, où se trouveront toutes les matrones ; je veux que le jongleur m'apprenne aujourd'hui même le secret. » Céluta consentit tristement à suivre Mila ; elle doutoit du succès de sa jeune amie, qui refusoit de dire le moyen dont elle se comptoit servir pour faire parler le jongleur.

Le jour de la chasse arrivé, les deux sœurs partirent ensemble : elles marchoient seules hors de la foule, car tout le monde les fuyoit comme on fuit les malheureux. On s'embarque dans les canaux ; on traverse le fleuve ; on descend sur l'autre rive ; on entre dans les savanes parsemées d'étangs d'une eau saumâtre, où les buffles viennent lécher le sel.

Divisés en trois bandes, les chasseurs commencent l'attaque : on voyoit bondir les buffles au-dessus des grandes forêts de cannes de plus de quinze pieds de hauteur. Mila avoit quitté Céluta. Elle s'étoit attachée aux pas du jongleur, qui prononçoit des paroles afin d'amener les victimes sous la lance des guerriers. Un buffle blessé fond tout à coup sur le magicien, qui prend la fuite : le buffle est arrêté par les chasseurs, mais le prêtre continue à s'enfoncer dans les cannes, et, entendant courir derrière lui, il fuit encore plus vite : ce n'étoit pourtant que Mila qui voloit sur ses traces comme les colibris volent sur la cime des roseaux. Elle appelle le jongleur; celui-ci tourne enfin la tête, et, reconnoissant une femme, il se précipite à terre tout haletant.

« Je t'assure, dit Mila en arrivant à lui, que j'ai eu autant de peur que toi. Je te suivois, parce que tu m'aurois sauvée. D'une seule parole tu aurois fait tomber le buffle mort à tes pieds. »

« C'est vrai, dit le jongleur reprenant un air solennel, mais que j'ai soif ! »

Mila portoit à son bras une corbeille, dans cette corbeille un flacon et une coupe.

« Le Grand-Esprit m'a bien inspirée, s'écria Mila : j'ai par hasard ici de l'essence de feu[1]. Ah! bon génie! si un homme comme toi alloit mourir, que deviendroient les Natchez? »

« Mila, dit le prêtre essuyant son front et se rapprochant de la malicieuse enchanteresse, tu m'as toujours semblé avoir de l'esprit comme une hermine. »

« Et toi, dit Mila versant l'essence de feu dans la coupe, tu m'as toujours paru beau comme le génie qui préside aux chasses, comme le Grand-Lièvre honoré dans les forêts. » Le prêtre vida la coupe.

Les sauvages, passionnés pour les liqueurs de l'Europe, recherchent les fumées de l'ivresse comme les peuples de l'Orient les vapeurs de l'opium. « Je ne t'avois jamais vu de si près, dit Mila remplissant de nouveau la coupe et la présentant à la main avide du jongleur; que tu es beau! que tu es beau! on dit que tu parles tant de langues! Est-ce que tu entends tout ce que tu dis? »

Triplement enivré de vin, d'amour et de louanges, le prêtre commençoit à faire parler ses yeux. Mila remplit encore la coupe, la porte de sa main droite aux lèvres du jongleur, et, appuyant doucement sa main gauche sur son épaule, semble regarder avec admiration sa victime déjà séduite.

Le lieu étoit solitaire, les roseaux élevés. « Mila ! » dit le jongleur.

« Que veux-tu? » dit l'Indienne affectant un air troublé et un peu honteux.

« Approche-toi, » repartit le prêtre. Mila parut se vouloir défendre.

« N'aie pas peur, dit le prêtre, je puis répandre la nuit autour de nous. »

« C'est pour cela que j'ai tant de peur! répondit Mila; tu es un si grand magicien! » Le prêtre, prenant Mila dans ses bras, l'attira sur ses genoux. « Bois donc à ton tour, charmante colombe, » dit-il.

---

1. Eau-de-vie.

« Moi! » s'écria Mila. Elle feignit de porter la liqueur à sa bouche, tandis que le prêtre, tournant la coupe, cherchoit à boire sur le bord que les lèvres de Mila avoient touché.

Le jongleur commençoit à sentir les effets du poison, les objets flottoient devant ses yeux.

« Ne vois-je pas, dit-il à Mila, une grande cabane? » C'étoient des roseaux agités par le vent.

« Oui, dit Mila, c'est la cabane où les sachems sont rassemblés pour délibérer sur la mort de René. »

« C'est étonnant, repartit le prêtre balbutiant, car ce n'est pas encore si tôt. »

Le cœur de Mila tressaillit; elle pressa involontairement le jongleur, qui la serra à son tour dans ses bras.

« Pas encore si tôt? dit Mila, mais c'est... »

« La douzième nuit, pendant la lune des chasses, » dit le prêtre.

« Je croyois, répondit Mila, que c'étoit la treizième? »

« Je sais mieux cela que toi, repartit le jongleur; il y a douze roseaux dans la gerbe : nous en retirons un chaque nuit. »

« C'est fort bien imaginé, dit Mila, et René sera tué quand tu retireras le dernier? » — « Oui, dit le prêtre; et il sera tué le premier tous. »

Le prêtre voulut ravir un baiser à Mila, qui, au lieu de ses lèvres, lui présenta l'essence de feu. « J'aimerois mieux l'autre coupe, » dit le jongleur.

« Mais, reprit Mila, tu dis que René sera tué le premier de tous : on tuera donc d'autres chairs blanches! » — « Eh, certainement! dit le jongleur, riant de la simplicité de Mila; cela sera d'autant plus admirable, qu'ils seront assemblés comme un troupeau de chevreuils pour regarder les grands jeux. »

« Oh! comme j'y danserai avec toi! s'écria Mila, appliquant, avec le dégoût de la nature, mais l'exaltation de l'amitié, un baiser sur le front du jongleur, je n'avois pas entendu parler de ces grands jeux! J'aime tant les jeux! »

« Toutes les nations qui ont juré le secret, dit le jongleur, se rendront aux Natchez. Outougamiz le Simple a juré comme les autres; nous le forcerons de tuer son René. »

Mila se lève, s'arrache aux bras du prêtre, qui tombe et dont le front va frapper la terre. Cet homme eut une idée confuse de la faute qu'il venoit de commettre; mais, l'ivresse l'emportant, il s'endormit.

Mila cherche Céluta; elle l'aperçoit seule assise à l'écart; elle luidit : « Tout est découvert ; les blancs seront massacrés aux grands jeux : ton mari périra le premier. »

L'épouse de René est prête à s'évanouir ; son amie la soutient : « Du courage, dit-elle ; il faut sauver René. Je cours au fort avertir Chépar. Toi, va chercher Outougamiz. »

« Arrête, s'écrie Céluta ; qu'as-tu dit ? avertir Chépar ! Malheureuse ! ton pays ! »

Ces mots retentissent dans le cœur de Mila ; immobile, elle fixe ses regards sur sa sœur, puis s'écrie : « Périsse la patrie qui a pu tramer un complot si odieux ! Ce n'est plus qu'un repaire d'assassins. Je cours les dénoncer. »

Céluta frémit : « Mila, dit-elle, songe à ta mère, à ton père, à moi, à Outougamiz. Ne vois-tu pas qu'en prévenant un massacre, tu ne le fais que changer en un meurtre beaucoup plus terrible pour toi ? »

Mila frémit ; elle n'avoit pas aperçu cet autre péril ; mais tout à coup : « Je ne m'attendois pas, lorsqu'il s'agissoit de la vie de René, que tu serois si calme ; que tu balancerois prudemment, comme un sachem, le bien et le mal. »

« Femme, reprit Céluta avec émotion, quel que soit ton cœur, tu ne m'apprendras pas à aimer ; mais ne crois pas non plus m'aveugler : je serai maintenant aussi malheureuse que mon frère et aussi discrète que lui. Je sais mourir de douleur : je ne sais pas perdre ma patrie. »

Mila embrasse Céluta. « Pardonne-moi, dit-elle, je suis trop au-dessous de toi pour te juger. »

Mila raconte à sa sœur comment elle a surpris la foi du jongleur. Céluta blâme doucement son amie : « On ne fait pas impunément ce qui n'est pas bien, lui dit-elle ; quand il n'y auroit que le tourment du secret que tu viens d'apprendre, secret dont tu réponds à présent devant ton pays, ne serois-tu pas déjà assez punie ? »

Mila et Céluta se déterminèrent à aller trouver Outougamiz : elles le rencontrèrent sur le bord du fleuve, loin de la chasse, à laquelle il n'avoit pris aucune part. En voyant s'avancer les deux femmes, Outougamiz, pour la première fois, fut tenté de s'éloigner. Que pouvoit-il leur dire ? N'étoit-il pas aussi malheureux qu'elles ? Céluta lui dit en l'abordant : « Ne nous fuis pas ; nous ne te demandons plus rien ; nous connoissons tes malheurs. Mon frère, je ne t'accuse plus ; je t'admire : tu es le génie de la vertu comme celui de l'amitié. » Outougamiz ne comprit pas sa sœur.

« Pleurons tous trois, dit Mila, nous savons tous trois le secret. »

« Vous savez le secret ! s'écrie d'une voix formidable le jeune Indien. Qui vous l'a dit ? Ce n'est pas moi ! je n'ai pas menti au Grand-Esprit !

je n'ai pas violé le serment des morts! je n'ai pas tué la patrie! » Et, plein de l'effroi du parjure, il échappe aux bras dans lesquels il eût voulu mourir. Mila vole sur ses pas sans le pouvoir rejoindre. Céluta, abandonnée, se jette dans une pirogue avec des chasseurs qui repassoient le fleuve, et regagne sa cabane.

Un ami qui disparoît au moment d'un grand danger laisse un vide immense : Céluta appelle sa sœur en approchant de sa demeure; aucune voix ne lui répond : Mila n'étoit point rentrée sous le toit fraternel. Céluta pénètre dans la cabane; elle en parcourt les différents réduits, revient à la porte, regarde dans la campagne et ne voit personne. Accablée de fatigue, elle s'assied près du foyer, tenant sa fille dans ses bras. Là, se livrant à ses pensées, elle est encore moins oppressée par le péril du moment que par le souvenir de la lettre de René. La sœur d'Outougamiz n'étoit point aimée, elle ne le seroit jamais! Et c'étoit celui qu'elle adoroit, celui qu'elle cherchoit à sauver aux dépens de ses jours, qui lui avoit fait ce barbare aveu! Céluta se trouvoit tout à coup jetée hors de la vie : elle sentoit qu'elle s'enfonçoit dans une solitude, comme l'être mystérieux qui avoit trop aimé René.

Le maukawis chanta le coucher du soleil, le pois parfumé de la Virginie éclata à la première veille de la nuit, la fin de la nuit fut annoncée par le cri de la cigogne, et l'amie de Céluta ne revint pas. L'aube ouvrit les barrières du ciel sans ramener la nymphe, sa compagne fidèle : couronnée de fleurs, Mila paroissoit chaque matin comme la plus jeune des Heures; précédant les pas de l'Aurore, elle sembloit lui donner ou tenir d'elle ses charmes et sa fraîcheur.

Quand Céluta vit poindre le jour, ses alarmes augmentèrent : que pouvoit être devenue sa sœur? Une pensée se présente à l'esprit de la fille de Tabamica : en demeurant avec Céluta, Mila n'habitoit point sa propre cabane; la cabane de Mila étoit celle d'Outougamiz. N'étoit-il pas possible qu'Outougamiz eût voulu retourner à ses foyers, et que son épouse y fût rentrée avec lui?

Céluta passa à son cou l'écharpe où étoit suspendu un léger berceau : elle place dans le berceau cet enfant voyageur qui souriot par-dessus l'épaule de sa mère. Elle sort, elle arrive bientôt au toit qui lui rappelle de si doux et de si tristes souvenirs; c'étoit là qu'elle habitoit, avec Outougamiz, lorsque René la vint visiter; c'étoit par la porte entr'ouverte de cette cabane qu'elle avoit aperçu l'étranger dans le buisson d'azaléa. Comme le cœur lui battit lorsque le guerrier blanc s'assit auprès d'elle? Avec quelles délices elle prépara le festin du serment de l'amitié! Qu'ils sont déjà loin, ces jours qui virent naître un amour si tendre! Doux enchantements du cœur, projets d'un bonheur sans terme et sans mesure, qu'êtes-vous devenus? Cabane qui protégeâtes la jeunesse d'Outougamiz et de Céluta, serez-vous changée comme vos maîtres? aurez-vous vieilli comme eux?

Oui, cette cabane n'étoit plus la même; depuis longtemps inhabitée, elle étoit vide et sans génies tutélaires : quelques petits oiseaux y faisoient leurs nids, et l'herbe croissoit alentour.

Environnée d'assassins, abandonnée de tous ses amis, livrée sans défense à l'amour impur du tuteur du soleil, accablée du malheur et de l'indifférence de René, Céluta ne désiroit plus qu'une tombe pour s'y reposer à jamais. Comme elle s'éloignoit de la cabane, où elle n'avoit trouvé personne, elle aperçut Adario, qui cheminoit lentement, traînant ses lambeaux et s'appuyant sur le bras d'Outougamiz; elle fut frappée de terreur en remarquant que Mila n'étoit pas avec eux. Le vieillard penchoit vers la terre; le poids du chagrin paternel avoit enfin courbé ce front inflexible : Adario n'étoit plus qu'un mort resté quelques jours parmi les vivants, pour se venger.

Céluta s'avança vers lui. « Te voilà, ma fille, lui dit-il d'une voix pleine d'une douceur inaccoutumée; j'allois chez toi, mais puisque nous sommes auprès de la cabane de ton frère, arrêtons-nous là. Le vieux chasseur commence à trouver la course un peu longue; il se repose partout où il rencontre un abri. »

Touchée du changement du vieillard, et attendrie par sa bonté, Céluta entra avec son frère et son oncle dans la cabane déserte. Ils furent obligés de s'asseoir sur le sol humide : « C'est ma couche de tous les jours, dit Adario; il faut que je m'habitue à la terre. »

Incertain, pour la première fois de sa vie, le sachem avoit l'air de rassembler ses pensées, de chercher ses paroles. Outougamiz, se réveillant comme d'un songe, et reconnoissant le lieu où il étoit, dit en secouant la tête : « Adario, tu n'es pas prudent de m'avoir amené ici : tu veux que je tue René, et c'est ici même que je lui ai juré une amitié éternelle. J'ai juré depuis, il est vrai, que je le tuerois; mais, dis-moi, auquel des deux serments dois-je être fidèle? N'est-ce pas au premier? »

« C'est à ta patrie que tu as fait le dernier, répliqua Adario, et tu l'as prononcé sur les os de tes aïeux. »

« Sur des ossements apportés par le jongleur, répondit Outougamiz; mais étoient-ce ceux de mes ancêtres? J'ai voulu connoître la vérité. Je suis allé cette nuit sur la tombe de mon père; je me suis couché sur le gazon; j'ai prêté l'oreille : mon père étoit dans sa tombe, car je l'entendois creuser avec ses mains pour venir vers moi. La couche de poussière entre nous deux n'étoit pas plus épaisse qu'une feuille de platane. Je sentois mon cœur refroidir à mesure que le cœur du mort s'approchoit de ma poitrine ; il me communiquoit ses glaces. J'étois calme et heureux : c'étoit comme le sommeil. »

« Insensé ! s'écria Adario, ton amitié t'égare. »

« Pour ce mot-là, dit Outougamiz, ne le prononce jamais, Adario ; tu n'entends rien à l'amitié. Si tu voulois appeler encore mon père en témoignage contre moi, tu te tromperois, car il a reçu mon serment d'amitié dans cette cabane, ainsi que cette femme que tu ne daignes seulement pas regarder, et qui pleure... Je vois René ; il vient réclamer, en ce lieu même, le serment que je lui ai fait. Le Manitou d'or s'agite sur ma poitrine : non, mon ami ! non, mon frère ! je ne renie point mon serment ! Approche, que je le renouvelle entre tes mains, entre celle de ma sœur : Je te jure... »

« Impie ! s'écrie Adario, lui portant une main ridée à la bouche ; crains que la terre ne te dévore comme l'onde a englouti Mila. »

« Mila ! » dirent à la fois le frère et la sœur.

« Oui, Mila, répète Adario d'une voix inspirée : elle a su le secret, et elle a péri ! »

Outougamiz reste pétrifié ; Céluta inonde la terre de ses larmes. Adario, un bras levé entre son neveu et sa nièce, semble encore proférer le mot qui vient de les anéantir : elle a péri !

Outougamiz se lève, prend sa sœur par la main, la contraint de se lever, la regarde quelque temps en silence, et lui dit : « Il ne sera plus aimé. René ! le seul cœur qui t'aimât encore, le seul qui te voulût sauver, le seul qui protestât de ton innocence, a cessé de battre ; car ma sœur et moi nous doutons ; nous sommes sans force, nous ne savons nous décider ni pour la patrie ni pour l'amitié. Céluta, j'ai perdu ma femme, tu as perdu ta compagne, celle qui t'a suivie à la cité des blancs, qui t'a soignée dans mon absence, qui t'a soutenue dans l'absence de cet autre que nous allons tuer. Mila morte ! René mort ! sa petite fille va bientôt mourir ! Chactas, qui s'en va aussi ! Céluta, resterons-nous seuls ? »

Céluta ne pouvoit répondre. Outougamiz se tourne vers Adario, toujours assis à terre. Il lève son casse-tête, et dit : « Qui a tué Mila ? »

« Athaensic, répond froidement Adario ; l'esprit de malheur l'a saisie : elle s'est elle-même précipitée dans le fleuve. »

« Si je savois, reprit le jeune sauvage les dents serrées, qu'un homme eût porté la main sur Mila, fût-il mon propre père... Et puis j'irois trouver Chépar et me mettre à la tête des chairs blanches. »

Adario, se levant indigné, et secouant ses lambeaux : « J'ai cru, infâme, que tu n'en voulois qu'à mes cheveux blancs ; je te les livrois avec joie afin de t'engager à garder le secret, à sauver la patrie. Je me disois : Il lui faut une libation de sang pour satisfaire au premier serment qu'il a fait; qu'il la puise à mes veines! Mais que l'ombre même de la pensée de trahir ton pays ait pu passer dans ton lâche cœur!... Retire-toi, scélérat! je te vais livrer aux sachems, qui te vouloient faire périr avec ta sœur lorsqu'ils ont appris l'indiscrétion du prêtre. J'avois juré de votre vertu, je m'étois engagé pour elle; je venois demander à Céluta le serment du secret : vous êtes deux traîtres, et je vous abandonne. »

Adario fait un mouvement pour se retirer ; Céluta l'arrête. « Désespérez de moi, lui dit-elle, mais non pas d'Outougamiz. »

« Et pourquoi, dit celui-ci, veux-tu qu'il espère de moi? Oui, je sauverai mon ami, si l'on ne me prévient par ma mort. »

« Allons, dit Adario, épouse fidèle, ami généreux, révélez le secret à René! livrez ensuite votre pays aux étrangers, mais, dignes enfants, songez qu'avant cette victoire il faut avoir incendié nos cabanes, il faut avoir égorgé vos proches et vos amis, il faut avoir arraché un à un les cheveux de la tête d'Adario, il faut avoir fait de son crâne la coupe du festin de René. »

Pendant ce discours affreux, Céluta et Outougamiz ressembloient à deux spectres. Adario s'approche de sa nièce. « Ma Céluta, lui dit-il, faut-il qu'Adario tombe à tes pieds? parle, et tu le verras à tes genoux, celui qui n'a jamais fléchi devant personne. Mon enfant! René doit mourir quelque jour, puisqu'il est homme; mais ta patrie, si tu le veux, ta patrie peut être immortelle. Ta cousine! ma pauvre fille, n'a-t-elle pas perdu son fils unique, et ne sais-tu pas par quelle main? N'ai-je pas arraché ma postérité, pour qu'elle ne poussât pas des racines dans une terre esclave? Regarde-moi, et ose dire qu'il ne m'en a rien coûté! ose dire que mes entrailles déchirées ne saignent plus, que la plaie que je leur ai faite est guérie! S'il reste des enfants libres aux Natchez, Céluta, ils te devront leur liberté; ils te souriront dans les bras de leur mère; les bénédictions t'accompagneront quand tu traverseras les villages de ta patrie; les sachems se rangeront avec respect sur ton passage; ils s'écrieront : Faites place à Céluta! Ces moissons florissantes, c'est toi qui les auras semées; ces cris de joie et d'amour, c'est toi qui les exciteras. Qu'est-ce que le sacrifice d'une passion, que le temps doit éteindre, auprès de ces plaisirs puisés dans la plus grande des vertus? Peux-tu balancer? peux-tu consentir à n'être qu'une femme vulgaire dans ta passion, qu'une femme criminelle dans ta conduite, quand tu peux te donner en exemple à l'univers? »

Outougamiz avoit écouté dans un sombre silence ; Céluta paroissoit suspendue entre la mort et la vie. « Que veux-tu de moi ? » dit-elle d'une voix tremblante. — « Un serment pareil à celui de ton frère, répond Adario : jure entre mes mains que tu garderas le secret ; que tu ne le révéleras pas au coupable qui le divulgueroit, à un homme dont tu ne possèdes pas même l'amour, et qui te trahissoit comme la patrie. »

Ces mots entrèrent profondément dans le cœur de Céluta ; mais la noble créature, s'élevant au-dessus de son malheur, répondit : « Pourquoi supposes-tu que je ne possède pas le cœur de mon époux ? crois-tu par là me déterminer à l'immoler à ma tendresse méconnue ? Si René ne m'aime pas, c'est que je ne suis pas digne de lui ; c'est une raison de plus de le sauver, et, par mon dévouement, de mériter son amour. »

Elle s'arrête, car ses larmes, qu'elle avoit retenues, et qui couloient intérieurement, l'étouffoient : « Adario, reprit-elle, tu es ingrat : René, à la cité des blancs, proposa sa tête pour la tienne... »

« Ne crois pas ce mensonge, dit Adario en l'interrompant ; cette scène étoit arrangée entre nos ennemis pour nous inspirer plus de confiance dans un traître. »

« Malheureux René ! s'écria Céluta, quel fatal génie fait méconnoître jusqu'à ta vertu ! »

« Céluta, dit Adario, le temps s'écoule. Les jeux vont être proclamés ; es-tu amie ou ennemie ? Déclare-toi ; range-toi du côté des blancs, ou jure le secret. »

La sœur d'Outougamiz regarde autour d'elle ; elle croit entendre des voix lamentables sortir des bocages de la mort ; la fille de René gémit dans son berceau. Après quelques moments de silence : « Voici l'arrêt, » dit Céluta. Adario et Outougamiz écoutent.

« Mon frère a pu jurer, parce qu'il ne savoit pas à quoi l'engageoit son serment : moi, qui connois d'avance les conséquences de ce serment, je serois une femme dénaturée si je le prononçois. Je ne jurerai donc point, mais pour te consoler, Adario, sache que si ma vertu ne me fait garder le secret, tous les serments de la terre seroient inutiles. »

En prononçant ces mots, Céluta parut transfigurée et rayonnante : « C'est assez ! s'écrie Adario pressant sur son sein la main de cette femme, je suis satisfait, les sachems le seront. Tu viens de faire un serment plus redoutable que celui que je te demandois. »

Adario retourne au conseil des sachems, et Outougamiz prête encore au vieillard l'appui de son bras. Céluta reprend le chemin de la cabane de René : son âme étoit comme un abîme où les chagrins divers rouloient confondus.

La plaie la plus récente devint peu à peu la plus vive : lorsque l'épouse de René, descendue au fond de son cœur, commença à débrouiller le chaos de ses souffrances, celle que lui causoit la perte de Mila se fit cruellement sentir. Céluta se représentoit tout ce que valoit sa sœur : quelle inépuisable gaieté avec un cœur profondément sensible ! L'oiseau chantoit moins bien que Mila, et elle aimoit mieux. Les peines mêmes qu'elle donnoit étoient mêlées de plaisir, et elle donnoit tant de plaisir sans mélange de peines ! Ces cheveux charmants sont maintenant souillés dans les limons du fleuve ! cette bouche, que l'amour sembloit entr'ouvrir, est remplie de sable ! Cette femme qui étoit tout âme il y a quelques heures, cette femme que la vie animoit de toute sa mobilité, maintenant froide, fixée à jamais dans les bras de la mort ! Qu'elle a été vite oubliée, la tendre amie qui n'existoit que pour ses amis ! Sa famille n'y pense déjà plus ; Outougamiz même a été entraîné ailleurs : personne ne rendra les honneurs funèbres à la jeune, à l'innocente, à la courageuse Mila.

Ces réflexions, auxquelles s'abandonnoit Céluta en retournant à sa cabane, la firent changer de route ; elle chemina vers le fleuve pour y chercher le corps de son amie. Céluta avoit injustement accusé son frère ; Outougamiz n'avoit point oublié Mila. Après avoir reconduit Adario, il descendit au rivage du Meschacebé : il regarda d'abord passer l'eau et côtoya ensuite le fleuve, attentif à chaque objet que le courant entraînoit ; il crut ouïr un murmure : « Est-ce toi qui parles, Mila ? dit-il ; es-tu maintenant une vague légère, une brise habitante des roseaux ? Te joues-tu, poisson d'or et d'azur, à travers les forêts de corail ? Mobile hirondelle, traces-tu des cercles à la surface du fleuve ? Sous ta robe de plume, d'écaille ou de cristal, ton cœur aime encore et plaint René. »

Un jeune magnolia, que le Meschacebé avoit environné dans sa dernière inondation, fixa longtemps les regards d'Outougamiz : il lui sembloit voir Mila debout dans l'onde.

Outougamiz s'assit sur la rive : « Pourquoi, dit-il, Mila, ne me réponds-tu pas, toi qui parlois si bien ? Quand tu pleurois René, tes yeux étoient comme deux perles au fond d'une source ; ton sein, mouillé de larmes, étoit comme le duvet blanc du jonc sur lequel le vent a fait jaillir quelques gouttes d'eau. Tu étois tout mon esprit : à présent, que je suis seul, je ne saurai comment enlever mon ami aux sachems : puis tu étois si sûre de son innocence ! »

Mila, avant de disparoître, avoit dit au frère et à la sœur qu'ils cherchoient des moyens extraordinaires de sauver René, tandis qu'il y en avoit un tout naturel, auquel ils ne songeoient pas : c'étoit d'aller au-devant du guerrier blanc, de le retenir loin des Natchez autant de jours qu'il seroit nécessaire pour le soustraire au péril. Mila avoit ajouté que si René résistoit, ils l'attacheroient au pied d'un arbre; car elle mêloit toujours les raisons de l'enfance aux inspirations de l'amour et aux conseils d'une sagesse prématurée. Outougamiz, au bord du fleuve, se souvint du dernier conseil de Mila. « Tu as raison, » s'écria-t-il. Il jette au loin tout ce qui peut retarder la rapidité de sa course, et, trompant la vigilance des Allouez attachés à ses pas, il vole comme une flèche lancée par la main du chasseur.

A peine avoit-il quitté le fleuve, que Céluta parut sur le rivage. Elle s'arrêtoit à chaque pas, regardoit parmi les roseaux, s'avançoit sur la dernière pointe des promontoires, cherchoit, comme on cherche un trésor, la dépouille de sa jeune amie; elle ne trouva rien. « Le Meschacebé est aussi contre nous, » dit-elle; et elle retourna à sa cabane, épuisée de fatigue et de douleur.

Revenu de son ivresse, le jongleur avoit conservé le sentiment confus de son indiscrétion : il courut en faire l'aveu au tuteur du soleil. Ondouré, après s'être emporté contre le prêtre, se hâta de rassembler le conseil. Il déclara qu'il étoit très-probable que Mila, instruite du secret, l'auroit révélé à Céluta; il annonça en même temps aux sachems qu'il n'y avoit plus rien à craindre de Mila, car déjà elle n'existoit plus. Adario s'opposa à tout arrêt de sang contre sa nièce, et s'engagea à obtenir d'elle un serment qu'elle tiendroit aussi religieusement qu'Outougamiz. Les vieillards cédèrent au désir d'Adario; il fut pourtant résolu que si le frère et la sœur laissoient échapper la moindre parole, on les immoleroit à la sûreté de tous.

On mit aussi en délibération la mort immédiate de René, en cas qu'il revînt avant le jour du massacre; mais Adario fit remarquer que si l'on frappoit ce traître isolément on alarmeroit les blancs ses complices; qu'on s'exposeroit surtout aux effets du désespoir d'Outougamiz et de Céluta, lorsque ce désespoir pourroit encore nuire à l'exécution générale du complot. On trouva donc plus prudent de laisser les choses telles qu'elles étoient, et de ne faire aucun mouvement.

Il ne manquoit aux succès des plans d'Ondouré que la mort de Chactas, et les divers messagers commençoient à apporter la nouvelle de cette perte irréparable. Quant à la profanation de Céluta dans les bras d'un monstre, Ondouré se croyoit déjà sûr de sa proie. Ces ressorts si compliqués, ces plans si tortueux, cette double intrigue dans le conseil aux Natchez et dans le conseil au fort Rosalie, cette trame si laborieusement ourdie et néanmoins si fragile, tout avoit été imaginé et conduit par Ondouré, afin de satisfaire une passion criminelle et d'atteindre, par le triomphe de l'amour, au plus haut degré de l'ambition. Mais l'excès de l'orgueil et de la joie fut encore au moment de perdre Ondouré : il ne put s'empêcher d'aller insulter sa victime. Délivré de la présence de Mila, il osa paroître dans la solitude sacrée de Céluta ; il osa prononcer des paroles de tendresse à la plus misérable des femmes, à celle dont presque tous les malheurs étoient son ouvrage. Ondouré oublioit que la jalousie comptoit ses pas, et qu'il pouvoit être puni par la passion même cause première de tous ses crimes.

Or, des hérauts alloient publiant l'ouverture des grands jeux et la durée de ces jeux, qui devoit être de douze jours. Tout étoit en mouvement parmi les Natchez et dans la colonie ; car les François, avides de plaisirs, même dans les bois, se promettoient d'assister à une fête pour eux si funeste. Le commandant, invité, regardant désormais les Natchez comme les sujets du roi de France, accordoit toute sa protection à cette pompe nationale. Il avoit reçu plusieurs fois des avis salutaires, mais Febriano et les autres créatures d'Ondouré maintenoient Chépar dans son aveuglement ; la fête même contribuoit à le rassurer. « Des gens qui conspirent, disoit-il, ne jouent pas à la balle et aux osselets. » Il y a un bon sens vulgaire qui perd les hommes communs.

De toutes parts des groupes, joyeusement assemblés, rioient, chantoient et dansoient en attendant l'ouverture des jeux. Les Chicassaws, les Yazous, les Miamis, tous les peuples entrés dans la conspiration, arrivoient au grand village. Là étoit campée une famille dont les femmes, encore chargées de bagages, déposoient à terre leur fardeau ou suspendoient aux arbres le berceau de leurs enfants ; ici des Indiens allumoient le feu de leur camp et préparoient leur repas. Plus loin, des voyageurs lavoient leurs pieds dans un ruisseau, ou se délassoient étendus sur l'herbe. Au détour d'un bois paroissoit une tribu qui s'avançoit, couverte de poussière, dans l'ordre de marche : les oiseaux s'envoloient, les chevreuils s'enfuyoient ou s'arrêtoient curieusement sur les collines à regarder ce rassemblement d'hommes. Les colons, quittant leurs habitations, venoient jouir des préparatifs des jeux : ils ignoroient quelle couronne étoit promise aux vainqueurs.

La gerbe de roseaux avoit été déposée dans le temple d'Athaensic, sous l'autel de ce génie des vengeances. Un jongleur veilloit à sa garde. Le premier roseau devoit être retiré par trois sorcières dans la nuit qui suivroit l'ouverture des jeux : partout où des colonies européennes étoient établies, même chose devoit s'accomplir.

Un rayon d'espoir se glissoit au fond du cœur de Céluta. René n'arrivoit pas : encore quatorze jours d'absence, et il échappoit à sa destinée. Quelque accident l'auroit-il retenu? Outougamiz l'auroit-il rencontré? car Céluta ne doutoit point que son frère, qu'on avoit vu passer dans les bois, n'eût volé au-devant de son ami. Se laissant aller un moment à ces rêves de bonheur qui nous poursuivent jusqu'au sein de l'infortune, l'Indienne oublioit et les périls de chaque heure, et les torts que pouvoit avoir René : elle s'élevoit en pensée au séjour des anges, tandis qu'elle étoit attachée à la terre, semblable au palmier qui réjouit sa tête dans la rosée du ciel, mais dont le pied s'enfonce dans un sable aride.

Les espérances de Céluta auroient été des craintes pour Ondouré, s'il n'avoit su que le frère d'Amélie revenoit après avoir échoué dans ses négociations, ce qui rendoit l'auteur de la guerre avec les Illinois plus suspect que jamais aux Natchez. Ondouré savoit encore qu'Outougamiz n'avoit point rencontré René : les Allouez envoyés sur les traces du jeune sauvage ne laissoient rien ignorer au tuteur du soleil. Le bruit du prochain retour de René se répandit bientôt au grand village, et, en dissipant la dernière illusion de Céluta, acheva d'accabler cette femme déjà trop malheureuse.

Le jour de l'ouverture des jeux étoit enfin arrivé. A quelque distance du grand village s'étendoit une vallée tout environnée de bois qui croissoient en amphithéâtre sur les collines, et qui formoient les entours de cette belle salle bâtie des mains de la nature : là devoient se célébrer les jeux; le jeu de la balle et ensuite celui des osselets. La fête commença au lever du soleil.

Le grand-prêtre s'avançoit à la tête des joueurs : il tenoit en main une crosse peinte en bleu, ornée de banderoles, de joncs et de queues d'oiseaux; des jongleurs, couronnés de lierre, suivoient le grand-prêtre. Venoit ensuite Ondouré, conduisant son pupille, le jeune soleil, âgé de huit ans : la femme-chef, le front pâle, accompagnoit son fils. Derrière elle, rangés deux à deux, paroissoient les vieillards des Chicassaws, des Yazous et des autres alliés. Une bande nombreuse de musiciens avec des conques, des fifres et des tambourins, escortoit les sachems. Les jeunes guerriers demi-nus, et armés de raquettes, se pressoient pêle-mêle sur les pas de leurs pères. Une foule immense, composée d'enfants, de femmes, de colons, de soldats, de nègres, remplissoit les bois de l'amphithéâtre. Chépar lui-même étoit là, entouré de ses officiers. Toutes les cabanes étoient désertes : la douleur seule étoit restée au foyer de René.

Les joueurs descendus dans l'arène, le grand-prêtre frappe des mains, et l'hymne des jeux est entonné en chœur. La première acclamation de cinq ou six peuples réunis fut étonnante : Céluta l'entendit sous son toit abandonné ; c'étoit la voix de la mort appelant le frère d'Amélie.

CHŒUR GÉNÉRAL.

« Est-ce l'aile de l'oiseau qui fend l'air? est-ce la flèche qui siffle à mon oreille? Non, c'est la balle qui fuit devant la raquette. O mon œil ! sois attentif à la balle, ou je t'arracherai. Que diroit la raquette si elle restoit veuve de la balle qu'elle aime? »

LES JEUNES GUERRIERS.

« Empruntons les pieds du chevreuil pour marier la raquette à la balle. »

UN PRÊTRE.

« Les femmes étoient nées d'abord sans la moitié de leurs grâces : un jour le génie de l'Amour jouoit à la balle dans les bois du ciel ; la balle va frapper à la poitrine la plus jeune des épouses du génie ; brisé par le coup, le globe se transforme en un double sein dont la bouche d'un nouveau-né fit éclore le dernier charme. »

UN GUERRIER.

« La balle est un jeu noble et viril ; mais qui pourroit chanter les osselets? C'est aux osselets que l'on gagne les richesses, c'est aux osselets qu'on obtient une tendre épouse. »

LES SACHEMS.

« C'est aux osselets qu'on perd la raison ; c'est aux osselets qu'on vend sa liberté. »

LES JONGLEURS.

« Deux parts ont été faites de nos destinées : l'une bonne, l'autre mauvaise. Le Grand-Esprit mit la première dans un osselet blanc, la seconde dans un osselet noir. Chaque homme en naissant, avant qu'il ait les yeux ouverts, prend son osselet dans la main du Grand-Esprit. »

LES SACHEMS.

« Qu'importe que l'osselet de notre destinée soit noir ou blanc? Nous jouons dans la vie assis sur une tombe : à peine avons-nous tiré notre osselet heureux ou fatal, la Mort, qui marque la partie, nous le redemande. »

Les joueurs se séparent en deux bandes ; les Natchez d'un côté, les Chicassaws de l'autre. A un signal donné, le plus adroit des guerriers natchez, placé à son poteau, frappe d'un coup de raquette la balle qui fuit, comme le plomb sort du tube enflammé des chasseurs ; un Chicassaws la reçoit et la renvoie avec la même rapidité. Elle est repoussée vers les Chicassaws, qui la reprennent de nouveau. Un mouvement général commence; la balle est chassée et rechassée : tantôt elle vole horizontalement, et vous verriez les joueurs se baisser tour à tour comme des épis sous le passage d'une brise; tantôt elle est lancée au ciel à perte de vue : tous les yeux sont levés pour la découvrir dans les airs, toutes les mains tendues pour la recevoir dans sa chute. Soudain des guerriers se jettent à l'écart, se groupent, s'entremêlent, se déploient, se rassemblent encore; la balle saute à petits bonds sur leurs raquettes jusqu'au moment où un bras vigoureux, la dégageant du conflit, la reporte au centre de l'arène. Les cris d'espérance ou de crainte, les applaudissements et les risées, le bruit de la course, le sifflement de la balle, les coups de raquette, la voix des marqueurs, les ronflements de la conque, font retentir les bois.

Au milieu de ce bruit et de ce mouvement les âmes étoient diversement occupées : les François jouissoient en pleine confiance de ce spectacle, tandis que les conjurés comptoient leurs victimes. Il n'y avoit rien de plus affreux que ces plaisirs qui couvroient le massacre de toute une colonie. Que d'hommes ont pris pour un jour de fête celui qui devoit leur apporter la mort!

Les jeux furent suspendus pour le festin, servi à l'ombre d'une futaie d'érables, au bord d'un courant d'eau; ils recommencèrent ensuite : on ne savoit de quel côté se décideroit la victoire, dont le prix étoit réglé à mille peaux de bêtes sauvages. Tout à coup le spectacle est interrompu; les sachems se lèvent, la foule se porte vers la colline du nord; on entend répéter ces mots : « Voici notre père, voici Chactas! Hélas! il est mourant! Outougamiz vient d'annoncer son arrivée. »

En effet, Outougamiz, qui n'avoit pas rejoint René, avoit rencontré le sachem, que portoit une troupe de jeunes Chéroquois. La réputation de Chactas étoit telle, que le commandant françois lui-même suivit la multitude pour aller au-devant du vieillard. La foule poussoit des cris d'amour sur le passage de l'homme vénérable, mais les yeux étoient remplis de larmes, car on voyoit que Chactas n'avoit plus que quelques heures à vivre : son visage toujours serein annonçoit l'extrême fatigue et la décrépitude; sa voix étoit si foible, qu'on avoit de la peine à l'entendre. Cependant le sachem répondoit avec sa bonté et son calme ordinaires à ceux qui lui adressoient la parole. Un jeune guerrier remarquant que les cheveux argentés du vieillard avoient encore blanchi : « C'est vrai, mon enfant, dit Chactas; j'ai pris ma parure d'hiver, et je vais m'enfermer dans la caverne. » Un sachem du parti d'Ondouré lui parloit des jeux et de la paix de la patrie; il répondit :

« L'eau est paisible au-dessus de la cataracte; elle n'est troublée qu'au-dessous. »

Outougamiz, qui marchoit auprès du lit de feuillage sur lequel les Chéroquois portoient Chactas, passoit d'un profond abattement à une incompréhensible joie : « Ah! disoit-il tout haut, c'est ainsi que j'ai vu porter René quand je l'aimois, et que je ne le voulois pas tuer, avant que Mila m'eût quitté pour toujours. »

Ces deux noms frappèrent l'oreille de Chactas. « Mon excellent Outougamiz, lui dit-il, tu parles de René et de Mila; et Céluta, où est-elle? où sont mes chers enfants, pour que je les embrasse avant de mourir? »

« Chêne protecteur! s'écria Outougamiz, nous allons tous nous mettre à l'abri sous ton ombre, excepté Mila, qui s'est fait une couche au fond des eaux. » — « Héroïque et bon jeune homme, dit Chactas, je crains que le chêne ne soit tombé avant qu'il t'ait pu garantir de l'orage. » Chactas demanda où étoit Adario; on lui dit qu'il habitoit les forêts.

Ondouré, à ce triomphe de la vertu, éprouvoit de mortelles inquiétudes. L'arrivée inattendue et la prolongation de la vie de Chactas sembloient déranger les projets du conspirateur. Il craignoit que le sachem ne découvrît ses trames, et qu'un entretien secret d'un moment avec Céluta et Outougamiz ne détruisît l'œuvre de deux années. Désirant séparer le plus tôt possible Outougamiz de Chactas, Ondouré eut l'imprudence de s'avancer jusqu'à la couche du vieillard, pour le supplier de se livrer au repos. Chactas, le reconnoissant à la voix, lui dit :

« O le plus faux des hommes! tu n'as donc pas encore appris à rougir? »

« Courage, Chactas! s'écria Outougamiz; tu parles tout comme Mila! » Ondouré, balbutiant, avoit perdu son effronterie accoutumée.

« Mes enfants! » dit Chactas, élevant la voix et s'adressant à la foule qu'il entendoit autour de lui, mais qu'il ne voyoit pas, « voilà un des plus dangereux scélérats que la terre ait produits. C'est notre foiblesse qui fait sa tyrannie; il y a longtemps que j'ai deviné les secrets de ce traître. »

Ces paroles violentes dans la bouche d'un vieillard si modéré et si sage produisirent un effet extraordinaire. Ondouré se crut perdu. Outougamiz encourageoit le tumulte : « Allez chercher Céluta, s'écrioit-il; voici que tout est arrangé : René est sauvé! Je ne le tuerai pas! Quel dommage que Mila soit morte! »

Quelques sachems restés fidèles à Chactas racontoient qu'Ondouré étoit vraisemblablement le meurtrier du vieux soleil; qu'il avoit séduit la femme-chef; qu'il s'étoit emparé de l'autorité par violence; qu'il méditoit dans ce moment même d'autres forfaits. Les sauvages étrangers paroissoient troublés. Le commandant françois commençoit à s'étonner de ce mot de complot redit de toutes parts. La destinée d'Ondouré ne sembloit plus tenir qu'à un fil, lorsque les prêtres et les sachems du parti du traître répétèrent l'histoire du maléfice jeté par un magicien de la chair blanche sur Outougamiz et sur le vénérable Chactas. Les absurdités religieuses employées précédemment dans des occasions pareilles eurent leur succès accoutumé; la foule superstitieuse les crut de préférence à la vérité. Chactas fut porté à sa cabane. Chépar retourna au fort, toujours disposé par Febriano à se confier à Ondouré et à soupçonner le frère d'Amélie. Le soleil étant couché, les sauvages remirent au lendemain la continuation des jeux.

Mais l'orage conjuré pour un moment menaçoit d'éclater de nouveau. Chactas, à peine déposé dans sa cabane, avoit demandé la convocation d'un conseil, désirant s'entretenir avec les sachems avant d'expirer. Il étoit impossible aux conjurés de se refuser au dernier vœu de l'illustre vieillard sans se rendre suspects et odieux à la nation. Ondouré s'empressa de chercher Adario et de lui parler de Chactas, dont la tête, disoit-il, étoit affoiblie par les approches de la mort. Adario, regardant de travers le sauvage : « Il te convient bien, misérable guerrier, de t'exprimer de la sorte sur le plus grand des sachems et sur l'ami d'Adario! Ote-toi de devant mes yeux, si tu ne veux que je punisse tes paroles insensées. »

Ces deux vieillards étoient le désespoir d'Ondouré : Chactas ne connoissoit point les desseins du scélérat, et les auroit renversés s'il les eût connus; Adario méprisoit le tuteur du soleil, et l'auroit poignardé s'il avoit pu croire que par le massacre des blancs il aspiroit à la tyrannie. Les sachems s'empressèrent de tenir le conseil dans la cabane de Chactas; Adario s'y rendit le premier.

Outougamiz étoit allé trouver sa sœur. Assise à ses foyers solitaires, et descendue dans son propre cœur, Céluta y avoit remué pour ainsi dire tous ses chagrins; elle les en avoit tirés l'un après l'autre : sa fille, Mila, Outougamiz, René, s'étoient tour à tour présentés à ses craintes et à ses regrets; elle n'avoit oublié de pleurer que sur elle. Les grandes douleurs abrègent le temps comme les grandes joies, et les larmes qui coulent avec abondance emportent rapidement les heures dans leur cours. Céluta ignoroit l'interruption des jeux, le retour de son frère et l'arrivée de Chactas. Outougamiz se précipite dans la cabane, et s'écrie :

« Me voici! le voilà! Chactas, Chactas lui-même! Je l'ai trouvé au lieu de René; il est arrivé! Nous serons tous sauvés! Ah! si Mila n'étoit pas morte! Elle s'est trop pressée! Allons! prends ton manteau et ta fille, allons vite voir Chactas. Il est peut-être mort à présent, mais nous n'en sommes pas moins sauvés. »

A ces paroles inintelligibles pour tout autre que pour Céluta, l'Indienne éleva son cœur vers le Grand-Esprit, et se hâta de chercher son manteau. Outougamiz lui ordonnoit d'aller vite, prétendoit l'aider, et ne faisoit que retarder ses apprêts. Quand le frère et la sœur sortirent de la cabane, la nuit atteignoit le milieu de son cours. Dans ce moment même les trois vieilles femmes attachées au culte d'Athaensic entroient dans le temple, et en présence du chef des prêtres brûloient un des roseaux de la gerbe : on auroit dit des Parques coupant le premier fil de la vie de René.

Outougamiz et Céluta arrivèrent à la cabane de Chactas : le conseil n'étoit pas fini, et les allouez placés alentour les empêchèrent d'approcher. On n'a jamais su ce qui se passa dans ce conseil assemblé au bord du lit funèbre de Chactas, et présidé par la vertu mourante. Les gardes les plus voisins de la porte saisirent seulement quelques mots lorsque les voix s'élevoient au milieu d'une discussion animée. Une fois Chactas répondit à Adario :

« Je crois aimer la patrie autant que toi, mais je l'aime moins que la vertu. »

Quelque temps après il dit : « J'ignore ce que vous prétendez ; mais quiconque est obligé de cacher ses actions ne fait rien d'agréable au Grand-Esprit. »

On entendit ensuite la femme-chef discourir d'un ton passionné sans pouvoir recueillir ses paroles. Chactas dit après elle :

« Vous le voyez, cette femme est en proie aux remords, elle ne dit pas tout, mais sa conscience lui pèse : pourquoi son complice, l'infâme Ondouré, n'est-il pas ici ? »

Sur une observation qu'on lui faisoit sans doute, Chactas repartit :

« Je le sais : les jeunes guerriers doivent préférer les conseils d'Adario aux miens ; la jeunesse aime les brasiers qui se font sentir à une grande distance, et qui la forcent à reculer. Elle dédaigne ces feux mourants dont il se faut approcher pour recueillir une chaleur prête à s'éteindre. »

Adario répliqua quelque chose.

« Mon vieil ami, répondit Chactas, nous avons parcouru ensemble un long chemin. Je vous aime et vais vous attendre. Ne calomniez pas René : pardonnez-lui l'excès dans le bien, et ni vous ni moi ne vaudrons mieux que lui. »

Ici le trouble parut régner dans le conseil : les sachems parloient ensemble ; la voix de Chactas ramena le silence ; il disoit :

« Qu'entends-je ? il y a eu une assemblée générale des Natchez au rocher du lac ! Mila s'est précipitée dans le fleuve ! René est absent, et on l'accuse sans l'entendre ! Céluta est plongée dans la douleur ! Outougamiz paroît insensé ! Akansie se repent ! Les jeux proclamés semblent cacher quelque résolution funeste. On m'a éloigné, et mon retour jette de la confusion parmi vous !... Grand-Esprit ! tu me rappelles à toi avant que j'aie pu pénétrer ces mystères ! que ta volonté soit faite : prends dans ta main puissante ce qui échappe à ma foible main. Adieu ! chère patrie, je dois à mon âme le dernier moment qui me reste. Ici finissent entre moi et les hommes les scènes de la vie. Sachems, vous me donnez mon congé en me cachant vos secrets : je vais apprendre ceux de l'éternité. »

Après ces paroles, on n'entendit plus rien. Les sachems sortirent bientôt en silence, les yeux baissés et chargés de pleurs : ainsi de vieux chênes laissent tomber de leurs feuilles flétries les gouttes de rosée qu'y déposa une belle nuit. L'aube blanchissoit l'horizon, et la femme-chef envoya chercher le tuteur du soleil.

Outougamiz et Céluta entrèrent alors dans la cabane de Chactas. Le vieillard éprouvoit dans ce moment une défaillance. Il avoit prié, avant son évanouissement, qu'on le portât au pied d'un arbre, et qu'on lui tournât le visage vers l'orient, pour mourir. Quand il reprit ses sens, il reconnut à la voix Outougamiz et Céluta, mais il ne leur put parler.

Adario n'étoit point sorti de la cabane avec les autres sachems ; il y étoit resté afin de faire exécuter la dernière volonté de son ami. Chactas fut porté sous un tulipier planté au sommet d'un tertre d'où l'on découvroit le fleuve et tout le désert.

L'aurore entr'ouvroit le ciel ; à mesure que la terre accomplissoit sa révolution d'occident en orient, il sortoit de dessous l'horizon des zones de pourpre et de rose, magnifiques rubans déroulés de leur cylindre. Du fond des bois s'élevoient les vapeurs matinales ; elles se changeoient en fumée d'or, en atteignant les régions éclairées par la lumière du jour. Les oiseaux moqueurs chantoient ; les colibris voltigeoient sur la tige des anémones sauvages, tandis que les cigognes montoient au haut des airs pour découvrir le soleil. Les cabanes des Indiens, dispersées sur les collines et dans les vallées, se peignoient des rayons du levant : jusqu'aux bocages de la mort, tout rioit dans la solitude.

Outougamiz et Céluta se tenoient à genoux à quelque distance de l'arbre sous lequel le sachem rendoit le dernier soupir. Un peu plus loin, Adario debout, les bras croisés, le vêtement déchiré, le poil hérissé, regardoit mourir son ami : Chactas étoit assis et appuyé contre le tronc du tulipier : la brise se jouoit dans sa chevelure blanchie, et le reflet des roses de l'aurore coloroit son front pâlissant.

Faisant un dernier effort, le sachem tira de son sein un crucifix que lui avoit donné Fénelon. « Atala, dit-il d'une voix ranimée, que je meure dans ta religion ! que j'accomplisse ma promesse au père Aubry ! Je n'ai point été purifié par l'eau sainte, mais je demande au ciel le baptême de désir. Vertueux chef de la prière, qui remis dans mes mains ce signe de mon salut, viens me chercher aux portes du ciel. Je donnerai peu de peine à la mort ; une partie de son ouvrage est déjà faite ; elle n'aura point à clore mes paupières comme celles des autres hommes : je vais au contraire ouvrir à la clarté divine des yeux fermés depuis longtemps à la lumière terrestre. »

Chactas exhala la vertu avec son dernier soupir : l'arbre parfumé des forêts américaines embaume l'air quand le temps ou l'orage l'ont renversé sur son sol natal. Outougamiz et Céluta, ayant vu le sachem s'affaisser, se levèrent, s'approchèrent du tulipier et embrassèrent les pieds déjà glacés du vieillard : ils perdoient en lui leur dernière espérance. Adario s'éloigna sans prononcer un mot, comme le voyageur qui va bientôt rejoindre son compagnon parti quelques heures avant lui.

Les sauvages étoient déjà rassemblés dans la vallée des Bois pour recommencer la partie de balle, lorsque la nouvelle du trépas de Chactas se répandit parmi la foule. On disoit de toutes parts : « La gloire des Natchez est éteinte ! Chactas, le grand sachem, n'est plus ! » Les jeux furent interrompus de nouveau ; la douleur étoit universelle. Quelques tribus indiennes, frappées de ce deuil qui venoit se mêler à des fêtes, commencèrent à craindre la colère du ciel ; elles plièrent leurs tentes de peaux, et reprirent le chemin de leur pays.

Tout menaçoit de ruine encore une fois les desseins d'Ondouré ; ses messagers secrets avoient perdu les traces du frère d'Amélie ; le conseil rassemblé autour de Chactas avoit montré de l'hésitation ; la femme-chef, qui s'étoit presque dénoncée, ne vouloit plus qu'une entrevue avec son complice pour céder ou pour résister aux remords. Au fort Rosalie, Chépar, malgré son aveuglement, ne se pouvoit empêcher de réfléchir sur les avis que lui transmettoient chaque jour le père Souël, le gouverneur général de la Louisiane et même le capitaine d'Artaguette ; avis que paroissoit confirmer la désertion d'un grand nombre de nègres réfugiés dans les bois. Le ciel sembloit enfin se déclarer pour l'innocence.

Les plus vieux parents de Chactas vinrent enlever son corps ; la cérémonie funèbre fut fixée au lendemain à la troisième heure du jour. Céluta, comme femme du fils adoptif de Chactas, Outougamiz, comme frère de ce fils absent, furent prévenus qu'ils seroient chargés des fonctions d'usage ; ils reçurent l'ordre de s'y préparer.

Céluta passa sa solitaire journée à déplorer dans sa cabane la nouvelle perte qu'elle venoit de faire. Ce retour continuel à un foyer désert, où elle ne trouvoit personne pour la consoler, remplissoit son imagination de terreur et son âme de tristesse. Où étoient René, Mila, Chactas, ces parents, ces amis, qui la soutenoient autrefois? Adario n'habitoit plus que les lieux sauvages ; Outougamiz, chargé de sa propre douleur, jouissoit à peine de sa raison. Dans la foule, aucun signe de pitié et de bienveillance ; partout des visages ennemis ou des sentiments pires que la haine.

René cependant ne paroissoit point, bien que son retour fût annoncé ; et dans cette absence prolongée Céluta entrevoyoit une lueur d'espérance. Le malheur est religieux ; la solitude appelle la prière : Céluta pria donc. Tantôt elle demandoit des conseils au Grand-Esprit des Indiens, tantôt elle s'adressoit au Grand-Esprit des blancs : elle présentoit à celui-ci l'innocente Amélie, que l'eau du baptême avoit rendue chrétienne, et qui pouvoit invoquer mieux que sa mère le Dieu de René. Une idée frappe tout à coup Céluta, elle se lève, elle s'écrie : « Manitou protecteur de René, est-ce toi qui m'inspires ? »

Céluta s'efforce de calmer sa première émotion, afin de mieux réfléchir à son dessein : plus elle l'examine, plus elle le trouve propice ; elle n'attend plus que la nuit pour l'exécuter.

Les ombres régnoient sur la terre, la lune n'étoit point dans le ciel ; on distinguoit seulement les grandes masses des bois et des rochers qui se dessinoient sur le fond bleu du firmament comme des découpures noires. Céluta sort de sa cabane avec une petite lumière enfoncée dans un nœud de roseau ; elle portoit en outre des cordons de lin sauvage et un rouleau d'étoffe de mûrier. Plus légère qu'une ombre, elle vole à la caverne des Reliques ; elle y descend sans crainte ; elle se pare des débris de la mort qu'elle attache autour d'elle et sur son front, comme une jeune fille orneroit sa tête et son sein pour plaire dans l'éclat d'une fête. Elle s'enveloppe ensuite du long voile de mûrier blanc, et sous ce voile elle cache sa lampe de roseau.

Quittant l'asile funèbre, elle traverse les campagnes que couvroit un brouillard ; elle dirigeoit ses pas vers le temple d'Athaensic pour dérober la gerbe fatale.

« Si j'enlève la gerbe, s'étoit-elle dit, les conjurés aux Natchez ne sauront plus à quoi se résoudre ; ils se croiront découverts, ils se diviseront ; les uns voudront hâter l'exécution du complot, les autres l'abandonner : il faudra envoyer des messagers aux nations qui doivent de leur côté exécuter le massacre, afin de les prévenir de l'accident arrivé aux Natchez. Quelques rumeurs confuses parviendront aux oreilles des François. Il est impossible que le projet n'avorte pas au milieu de cette confusion. Céluta, tu épargneras ainsi un crime à ta patrie, ou, si le meurtre général a lieu, René arrivera quand le coup sera porté : tu auras sauvé ton mari sans avoir révélé le secret, sans avoir menti à la promesse que tu as faite à Adario. »

Le temple d'Athaensic étoit bâti au milieu d'une cyprière qui lui servoit de bois sacré. Les révélations de Mila avoient appris à Céluta que la gerbe de roseau étoit déposée sous l'autel. Dans l'intérieur du temple, un jongleur, remplacé de deux heures en deux heures par un autre jongleur, veilloit au trésor de la vengeance ; au dehors une garde d'Allouez avoit ordre de tuer quiconque s'approcheroit du fatal édifice. Que ne peut l'amour dans le cœur d'une femme, même lorsqu'elle n'est pas aimée! C'étoit cet amour qui avoit inspiré à l'épouse de René l'idée d'emprunter la forme d'un fantôme. Intrépides sur le champ de bataille, les sauvages prennent dans le silence ou le bruit de leurs forêts la croyance et la frayeur des apparitions. Leurs prêtres mêmes, par une justice divine, éprouvent les terreurs superstitieuses qu'ils emploient pour tromper les hommes.

Arrivée à la cyprière, Céluta, se glissant d'arbre en arbre, se trouve bientôt à quelques pas du temple ; elle entr'ouvre son voile blanc, et laisse voir la figure de la mort à l'aide de la petite lampe. Le froissement du linceul qui traînoit sur les feuilles parvient à l'oreille des Allouez : ils tournent les yeux du côté du bruit et aperçoivent le spectre. Les armes échappent à leurs mains ; les uns fuient, les autres, sentant défaillir leurs genoux, ont à peine assez de force pour se traîner dans les buissons voisins.

Céluta marche au temple, ouvre une des portes, se place sur le seuil. Le prêtre gardien étoit assis à terre ; l'apparition le frappe tout à coup : ses prunelles se dilatent, sa bouche s'entr'ouvre, sa peau frémit. L'Indienne franchit le seuil ; elle s'avance à pas mesurés, s'arrête, s'avance encore, et étend la main d'un squelette sur la tête du jongleur. Celui-ci veut crier et ne peut trouver de voix : une sueur froide inonde son corps, ses dents claquent dans le frisson de la peur. Céluta achève sa victoire, touche d'une main glacée le front du prêtre : la victime tombe évanouie.

La fille de Tabamica est à l'autel, elle en cherche de toutes parts l'ouverture; vingt fois elle fait le tour de la pierre sans rien découvrir; elle essaye de soulever la table sacrée, se baisse, se relève, porte la lampe à tous les points du tabernacle, renverse l'idole : le dépôt mystérieux échappe à ses perquisitions!

Le temps presse, les gardes et le jongleur peuvent revenir de leur épouvante. La sœur d'Outougamiz croit entendre des pas et des voix au dehors; elle adresse des prières à l'Amour et à la Patrie; elle promet des dons, des offrandes : s'il faut du sang pour celui qu'elle veut épargner, elle offre le sien. Les yeux obscurcis par les larmes du désespoir, l'Indienne tantôt regarde vers la porte du temple, tantôt examine de nouveau l'autel. N'a-t-elle pas senti fléchir une des marches de cet autel? Son cœur bat; elle s'agenouille, presse le cèdre obéissant, l'ébranle : la planche fuit horizontalement sous sa main. Joie et terreur! espérance et crainte! Céluta plonge son bras nu dans l'ouverture et touche du bout des doigts la gerbe des roseaux.

Mais comment la retirer? l'ouverture n'est pas assez large, et la planche arrêtée refuse de s'écarter. Il ne reste qu'un seul moyen, c'est de saisir les roseaux un à un; trois fois Céluta plonge son bras dans l'ouverture, trois fois elle ramène quelques roseaux, comme si elle arrachoit les jours de René à la destinée! mais elle ne peut tout enlever; les roseaux du dessous de la gerbe sont hors de la portée de sa main. La pieuse sacrilége se détermine à fuir avec son larcin : elle avoit retiré huit roseaux, il n'en restoit plus que trois dans l'habitacle, le douzième ayant été déjà brûlé. Elle sort du temple au moment même où le prêtre revenoit de son évanouissement. Bientôt, enfoncée dans l'endroit le plus épais de la cyprière, elle détache son effroyable parure, roule son voile, rend les ossements à la terre, leur demandant pardon d'avoir troublé leur repos éternel. « Dépouille sacrée, leur dit-elle, vous apparteniez peut-être à un infortuné, et vous avez secouru l'infortune! »

Son succès n'étoit pas complet, mais du moins Céluta croyoit avoir augmenté les chances de salut pour René. Si le massacre étoit avancé de huit jours, c'étoient huit jours à retrancher du nombre de ceux qui menaçoient la vie du frère d'Amélie. Il n'y avoit plus que trois jours de péril : qui sait si l'absence de l'homme menacé ne se prolongeroit pas au delà d'un terme désormais si court? Céluta, rentrée dans sa cabane, jette aux flammes les roseaux, s'approche de sa fille endormie sur un lit de mousse, la regarde à la lumière de cette même lampe qui avoit servi à éclairer les ossements des morts. L'enfant s'éveille et sourit à sa mère; la mère se penche sur l'enfant, le couvre de baisers : elle prenoit le sourire de l'innocence pour une approbation de l'enlèvement des roseaux. Céluta n'avoit d'autre conseil que cette petite Amélie qui, en venant au monde, n'avoit pas réjoui le cœur paternel, que cette Amélie dont René vouloit rester à jamais inconnu. C'étoit sur un berceau délaissé qu'une femme abandonnée consultoit le ciel pour un époux malheureux, et interrogeoit l'avenir.

Outougamiz se fait entendre, et paroît sur le seuil de la cabane. Il avoit passé le jour précédent et une grande partie de la nuit à explorer les chemins par où son ami pouvoit revenir. Rien ne s'étoit présenté à sa vue. Il remarqua quelque chose de plus animé dans les regards de sa sœur. « Tu prends courage, lui dit-il, pour assister aux funérailles de notre père. Dépêchons-nous, il est temps de partir. »

Céluta ne crut pas devoir révéler à Outougamiz le larcin qu'elle venoit de commettre ni embarrasser son frère d'un nouveau secret. Elle se hâta de prendre ses habits de deuil. En se rendant de bonne heure au lit funèbre de Chactas, elle espéroit éloigner encore les soupçons qui pourroient planer sur elle lorsque la disparition des roseaux seroit connue.

Quand le frère et la sœur arrivèrent à la cabane de Chactas, le jour naissoit. Les parents allument un grand feu ; on purifie la hutte avec l'eau lustrale ; on revêt le corps du sachem d'une superbe tunique et d'un manteau qui n'avoit jamais été porté. Dans la chevelure blanche du vieillard on place une couronne de plumes cramoisies. Céluta et Outougamiz furent chargés de peindre les traits du décédé. Quel triste devoir ! Ils se mirent à genoux des deux côtés du corps étendu sur une natte. Lorsque les deux orphelins vinrent à se pencher sur le visage de leur père, leurs têtes charmantes se touchèrent et formèrent une voûte au-dessus du front de Chactas.

Un sachem, maître de la cérémonie funèbre, donnoit les couleurs et en expliquoit les allégories : le rouge étendu sur les joues devoit être de différentes nuances, selon les morts : l'amour ne se colore pas du même vermillon que la pudeur, et le crime rougit autrement que la vertu. L'azur appliqué aux veines est la couleur du dernier sommeil ; c'est aussi celle de la sérénité. Les pleurs de Céluta effaçoient son ouvrage. Il fallut finir par le terrible baiser d'adieu : les lèvres de l'amitié et de l'amour vinrent toucher ensemble celles de la mort.

Cela étant fait, des matrones donnèrent au vieillard l'attitude que l'enfant a dans le sein de sa mère ; ce qui vouloit dire que la mort nous rend à la terre, notre première mère, et qu'elle nous enfante en même temps à une autre vie.

Déjà la foule s'assembloit : les congrégations des prêtres, des sachems, des guerriers, des matrones, des jeunes filles, des enfants, arrivoient tour à tour et prenoient leur rang. Les sachems avoient tous un bâton blanc à la main ; leurs têtes étoient nues et leurs cheveux négligés : Adario menoit ces vieillards. Les François et le commandant du fort se joignirent à la pompe funèbre, comme ils s'étoient mêlés aux jeux : le cortége, attendant la marche, formoit un vaste demi-cercle à la porte de la cabane.

Alors on enleva les écorces de cette cabane du côté qui touchoit au cortége, et l'on aperçut Chactas assis sur un lit de parade : derrière lui étoit couché, en travers, son cercueil, fait de bois de cèdre et de petits ossements entrelacés. Debout, derrière cette redoutable barrière, se tenoit un sachem représentant Chactas lui-même, et qui devoit répondre aux harangues qu'on lui alloit adresser.

Les deux chiens favoris du mort étoient enchaînés à ses pieds ; on ne les avoit point égorgés selon l'usage, parce que le sachem abhorroit le sang ; d'ailleurs, il n'auroit aucun besoin de ses dogues pour chasser dans le pays des âmes, car il y seroit employé, disoit la foule, à gouverner les ombres. Le calumet de paix du vieillard reposoit pareillement à ses pieds ; à sa gauche on voyoit ses armes, honneur de sa jeunesse ; à sa droite le bâton sur lequel il appuyoit ses vieux ans. Comme on est plus touché des vertus du sage que de celles du héros, la vue de ce simple bâton portoit l'attendrissement dans tous les cœurs.

Adario commença les discours au nom des sachems ; il s'avança à pas lents dans le cercle des spectateurs. Les bras croisés et le visage tourné vers son ami, il lui dit :

« Frère, vous aimâtes la patrie ; frère, vous combattîtes pour elle ; frère, vous l'enseignâtes de votre sagesse. Dire ce que vous avez fait est inutile : ennemi de l'oppresseur, vengeur de l'opprimé, tout en vous étoit indépendance. Votre pied étoit celui du chevreuil qui ne connoît point de barrière dont il ne puisse franchir la hauteur ; votre bras étoit un rameau de chêne qui se roidit aux coups de la tempête ; votre voix étoit la voix du torrent que rien ne peut forcer au silence. Ceux qui ont habité votre cœur savent qu'il étoit trop grand pour être resserré dans la petite main de la servitude. Quant à votre âme, c'étoit un souffle de liberté. »

Le sachem représentant Chactas répondit de derrière le cercueil :

« Frère, je vous remercie : je fus libre et le suis encore ; si mon corps vous semble enchaîné, vos yeux vous trompent : il est sans mouvement, mais on ne le peut faire souffrir ; il est donc libre. Quant à mon âme, je garde le secret. Adieu, frère ! »

« Vous n'avez point parlé de votre amitié mutuelle ! » s'écria Outougamiz en se levant, à la grande surprise des spectateurs.

Adario et le sachem représentant Chactas se regardèrent sans répliquer une parole.

Le tuteur du soleil s'avança pour prononcer un discours au nom des jeunes guerriers, mais un des bras de Chactas, plié de force, s'échappa comme pour repousser Ondouré. Une voix s'élève : « Il est désagréable aux morts, qu'il s'éloigne ! »

Céluta, fille adoptive de Chactas, fut chargée de rattacher le bras du vieillard. Dans sa tunique noire et sa beauté religieuse on l'eût prise pour une de ces femmes qui se consacrent en Europe aux œuvres les plus pénibles de la charité.

Céluta, s'adressant au mort, lui dit : « Mon père, êtes-vous bien ? »

« Oui, ma fille, répliqua le sachem interprète ; si dans le tombeau je me retourne pour me délasser, ma main s'étendra sur toi. »

Le représentant de Chactas répondit aux discours des mères, des veuves, des jeunes filles et des enfants.

Ces harangues extraordinaires finies, les parents poussèrent trois cris ; trois sons des conques funèbres annoncèrent la levée du corps. Les huit sachems les plus âgés, au nombre desquels étoit Adario, s'avancèrent en exécutant la marche de la mort pour emporter Chactas : ils imitoient le bûcheron, le moissonneur, le chasseur, qui coupe l'arbre, rompt l'épi, perce l'oiseau. Adario dit à Chactas : « Frère, voulez-vous vous coucher ? »

Le truchement de la tombe répondit : « Frère, j'ai besoin de sommeil. »

Alors quatre des huit sachems de la mort formèrent en s'agenouillant un carré étroit ; les autres sachems prennent le lit où reposoit le défunt, le posent sur les quatre épaules des sachems à genoux ; ceux-ci se relèvent, et montrent à la foule ce qui n'étoit plus qu'une idole pour la patrie. Les quatre vieillards libres appuyoient de leurs bâtons, comme avec des arcs-boutants, le lit de Chactas : le cercueil traîné sur des roues suivoit son maître comme le char vide du triomphateur. On marche aux bocages de la mort.

La tombe avoit été marquée près du ruisseau de la Paix ; la fosse étoit large et profonde, les parois en étoient tapissées des plus belles pelleteries. Les huit sachems de la mort déposèrent leur frère dans le cercueil, que l'on planta debout à la tête de la fosse ouverte. Le vieillard ainsi placé ressembloit à une statue dans un tabernacle. Les jeux funèbres commencèrent le long d'une vallée verte qui se prolonge à travers les bocages.

Ces jeux s'ouvrirent par la lutte des jeunes filles; la course des guerriers suivit la lutte, et le combat de l'arc, la course.

A un poteau peint de diverses couleurs étoit attaché par un pied, au bout d'une longue corde, un écureuil, symbole de la vie chez les sauvages. L'animal agile tournoit autour du poteau, descendoit, remontoit, descendoit encore, sautoit, couroit sur le gazon, puis regagnoit le haut du poteau, où il se tenoit planté sur les pieds de derrière, en se couvrant de sa queue de soie : c'étoit le but que la flèche devoit atteindre, et dont la mobilité fatiguoit les regards. Un arc de bois de cyprès étoit le prix désigné au vainqueur.

Ce prix, ainsi que celui de la course, fut remporté par Outougamiz, qui disoit à Céluta : « A qui l'offrirai-je? Mila est morte, René est absent, et je dois tuer mon ami s'il revient. »

Tandis qu'on étoit occupé de ces jeux, on vit arriver le grand-prêtre, l'air effaré, le vêtement en désordre, cherchant et demandant partout le tuteur du soleil; on le lui montra dans la foule. Il courut à lui, l'entraîna au fond d'un des bocages, d'où il sortit avec lui quelque temps après. Ondouré paroissoit ému; on le vit se pencher à l'oreille d'Adario et parler à plusieurs autres sachems. Le jongleur déclara qu'il avoit vu des signes dans le ciel, que les augures n'étoient pas favorables, qu'il falloit abréger la cérémonie.

On se hâta de faire au trépassé les présents d'usage. Chactas fut descendu dans son dernier asile; et tandis qu'on élevoit le mont du tombeau, le jongleur entonnoit l'hymne à la mort.

LE GRAND-PRÊTRE.

« Est-ce un fantôme que j'aperçois, ou n'est-ce rien? C'est un fantôme! A moitié sorti d'une tombe fermée, il s'élève de la pierre sépulcrale comme une vapeur. Ses yeux sont le vide, sa bouche est sans langue et sans lèvres; il est muet, et pourtant il parle; il respire, et il n'a point d'haleine : quand il aime, au lieu de donner l'être, il donne le néant. Son cœur ne bat point. Fantôme, laisse-moi vivre! »

UNE JEUNE FILLE.

« Ma sœur, vois-tu ce petit ruisseau qui se perd tout à coup dans le sable? comme il est charmant le long de ses rivages semés de fleurs, mais comme il disparoît vite! Entre son berceau caché sous les aunes et son tombeau sous l'érable, on compte à peine seize pas. »

CHŒUR DES JEUNES FILLES.

« Nous avons vu la jeune Ondoïa : ses lèvres étoient pâles, ses yeux ressembloient à deux gouttes de rosée troublées par le vent sur une feuille d'azaléa. Nous la vîmes entr'ouvrir un peu la bouche et rester la tête penchée. Nos mères nous dirent que c'étoit là mourir, qu'une seule nuit avoit ainsi fané la jeune fille. Mère, est-ce qu'il est doux de mourir ? »

LES JEUNES GUERRIERS.

« Qu'il est insensé, celui qui s'écrie : Sauvez-moi de la mort ! Il devroit plutôt dire : Sauvez-moi de la vie ! O mort ! que tu es belle au milieu des combats ! que tu nous paroissois éloquente lorsque tu nous parlois de la patrie, en nous montrant la gloire ! »

LES ENFANTS.

« Il nous faut un berceau de trois pieds ; notre tombeau n'est pas plus long. Notre mère nous suffit pour nous porter dans ses bras aux bocages de la mort. Nous tomberons de son sein sur le gazon de la tombe, comme une larme du matin tombe de la tige d'un lis parmi l'herbe où elle se perd. »

LES SACHEMS.

« La mort est un bien pour les sages ; lui plaire est leur unique étude ; ils passent toute leur vie à en contempler les charmes. Cet infortuné se roule sur sa couche ; ses yeux sont ardents, jamais ses paupières ne les recouvrent ; son cœur est plein de soupirs : mais tout à coup les soupirs de son cœur s'exhalent ; ses yeux se ferment doucement ; il s'allonge sur sa couche. Qu'est-il arrivé ? La mort. Infortuné, où sont tes douleurs ? »

CHŒUR DES PRÊTRES.

« La vie est un torrent : ce torrent laisse après lui, en s'écoulant, une ravine plus ou moins profonde que le temps finit par effacer. »

L'hymne de la mort étoit à peine achevé que la foule se dispersa. Les paroles du grand-prêtre au milieu de la pompe funèbre faisoient le sujet de tous les entretiens et l'objet de toutes les inquiétudes. Mais déjà les sachems et les chefs des jeunes gens qui connoissoient le secret étoient convoqués au Rocher du Conseil : le jongleur leur raconte l'apparition du fantôme et la soustraction d'une partie des épis de la gerbe.

Les conjurés pâlissent. Outougamiz se lève, il s'écrie :

« Vous le voyez, sachems, jamais complot plus impie ne fut formé par des hommes. Le Grand-Esprit le désapprouve ; il rappelle de la mort un de nos ancêtres pour enlever les roseaux sanglants. Le ciel a parlé, abandonnons un projet funeste. Quoi! ce sont ces hommes que vous avez invités à vos fêtes, qui aujourd'hui même ont rendu les derniers honneurs à Chactas, ce sont ces hommes que vous prétendez égorger! Ils avoient partagé vos plaisirs et vos douleurs; leurs rires et leurs larmes étoient sincères, et vous leur répondiez par de faux sourires et des larmes feintes! Sachems! Outougamiz ne sait point savourer le meurtre et le crime : il n'est point un vieillard, il n'est point un oracle, mais il vous annonce, par la voix de ce Manitou d'or qu'il porte sur son cœur, qu'un pareil forfait, s'il est exécuté, amènera l'extermination des Natchez et la ruine de la patrie. »

Ce discours étonna le conseil : on ne savoit où Outougamiz le Simple avoit trouvé de telles paroles; mais, à l'exception de deux ou trois sachems, tous les autres repoussèrent l'opinion généreuse du jeune guerrier. Adario donna des louanges aux sentiments de son neveu, mais il s'éleva avec force contre les étrangers.

« Cessons, s'écria-t-il, de nous apitoyer sur le sort des blancs. A entendre Outougamiz, ne diroit-on pas que notre pays est libre, que nous cultivons en paix nos champs? Qu'est-il donc arrivé? quel heureux soleil a tout à coup brillé sur nos destinées? J'en appelle à tous les guerriers ici présents, ne sommes-nous pas dépouillés et plus opprimés que jamais? Il suffiroit donc que ces étrangers qui ont tué mon fils, qui ont massacré la vieille compagne de mes jours, qui ont réduit ma fille au dernier degré de misère; il suffiroit que ces étrangers vinssent se promener au milieu de nos fêtes, pour qu'Adario oubliât ce qu'il a perdu, pour qu'il renonçât à une vengeance légitime, pour qu'il consentît à la servitude de sa patrie, pour qu'il trompât tant de nations associées à notre cause, et dont l'indépendance a été confiée à nos mains! Puisse la terre dévorer les Natchez avant qu'ils se rendent coupables d'une telle lâcheté, d'un aussi abominable parjure! »

Adario fut interrompu par les acclamations les plus vives et par le cri répété de *mort aux blancs!*

Aussitôt que le vieillard se put faire entendre de nouveau, il reprit la parole :

« Sachems, abandonner l'entreprise est impossible; mais exécuterons-nous notre dessein le jour où le dernier des trois roseaux qui restent sera brûlé; attendrons-nous le jour qui avoit été marqué avant l'enlèvement des huit roseaux? Sachems, prononcez. »

Une violente agitation se manifesta dans l'assemblée : les uns demandoient que le massacre eût lieu aussitôt que les roseaux restants seroient brûlés; ils prétendoient que telle étoit la volonté des génies, puisqu'ils avoient permis qu'une partie de la gerbe fût ravie sur l'autel ; les autres insistoient pour qu'on ne frappât le grand coup qu'à l'expiration du terme primitivement fixé.

« Quelle folie, s'écrioit le chef des Chicassaws, d'entreprendre la destruction de vos ennemis avant que toutes les chairs rouges soient arrivées ! Il nous manque encore cinq tribus des plus puissantes. D'ailleurs ne ferons-nous pas avorter le dessein général en commençant trop tôt ? Si le plan est exécuté ici huit jours avant qu'il le soit ailleurs, n'est-il pas certain que les autres colonies de nos oppresseurs échapperont à la vengeance commune, et que, bientôt réunies, elles viendront nous exterminer ? Pour attaquer nos ennemis dans trois jours, il faudroit pouvoir prévenir de cette nouvelle résolution les divers peuples conjurés : or, trois jours suffisent-ils aux plus rapides messagers pour se rendre chez tous les peuples ? »

Ondouré appuya l'opinion des Chicassaws : René n'étoit pas arrivé ; le seroit-il dans trois jours, et si l'on précipitoit le massacre, n'y pourroit-il pas échapper ? Le tuteur du soleil rejeta avec mépris l'idée que le Grand-Esprit avoit envoyé un mort dérober les roseaux du temple ; il accusa de lâcheté les gardiens, et déclara que bientôt il connoîtroit le prétendu fantôme.

Le jongleur repoussa vivement cette attaque : soit qu'il crût ou ne crût pas au fantôme, il lui importoit de défendre son art et de soutenir l'honneur des prêtres. Les Yazous, les Miamis et une partie des Natchez combattirent à leur tour l'avis des Chicassaws et d'Ondouré. Tous les guerriers parloient à la fois ; des contradictions on en vint aux insultes : les conjurés se levoient, se rasseyoient, crioient, se saisissoient les uns les autres par le manteau, se menaçoient du geste, des regards et de la voix ; enfin, un sachem yazou, renommé parmi les sauvages, parvint à se faire écouter : il combattit l'avis des Chicassaws.

Il soutint d'abord qu'il étoit possible qu'avant l'enlèvement d'une partie de la gerbe, il y eût déjà erreur ou dans le nombre des roseaux aux Natchez, ou dans celui des roseaux placés chez les autres nations ; qu'ainsi rien ne prouvoit que la vengeance pût être exécutée partout le même jour. Ensuite il ajouta que la disparition des huit roseaux dans le temple des Natchez étoit certainement un effet de la volonté des génies ; que cette même volonté auroit aussi retiré le même nombre de roseaux chez tous les peuples conjurés, et que par conséquent l'extermination auroit lieu partout le même jour. A ces raisons politiques et religieuses le chef des Yazous joignit une raison d'intérêt, qui, faisant varier les Chicassaws, fixa l'opinion du conseil :

« Des pirogues chargées de grandes richesses pour les blancs du haut fleuve se sont, dit le sachem, arrêtées au fort Rosalie; elles n'y resteront que quelques jours : si nous exterminons les François avant le départ de ces pirogues, nous nous emparerons de ce trésor. »

Les Chicassaws, dont la cupidité étoit connue de tous les Indiens, feignirent d'être convaincus par l'éloquence du Yazou; ils ne l'étoient que par leur avarice : ils revinrent à l'avis d'exécuter le plan arrêté dans la nuit où seroit brûlé le dernier des trois roseaux restés sous l'autel. L'immense majorité du conseil adopta cette résolution.

On convint de continuer les grands jeux, comme si Chactas n'étoit pas mort et comme si le jour de l'exécution n'étoit pas avancé. On convint encore de n'instruire les jeunes guerriers de la conjuration que quelques heures avant le massacre.

Ces délibérations prises, l'assemblée se sépara : Outougamiz sortit du conseil avec une espèce de joie. En traversant les forêts, au milieu de la nuit, pour retourner à la cabane de Céluta, il se disoit : « Si René n'arrive pas dans trois jours, il est sauvé! » Mais bientôt il vint à penser que si René revenoit avant l'expiration de ces trois jours, l'heure de sa mort seroit considérablement avancée, et que l'on auroit huit jours de moins pour profiter des chances favorables.

Le jeune sauvage se mit alors à compter le peu de moments que le frère d'Amélie avoit peut-être à passer sur la terre; la nouvelle détermination du conseil avoit forcé ses idées de se fixer sur un objet affreux; elle avoit ravivé ses blessures, elle avoit fait sortir son âme de l'engourdissement de la douleur. Le désespoir d'Outougamiz lui arracha des cris épouvantables; les échos répétèrent ses cris, et les Natchez, qui les entendirent, crurent ouïr le dernier soupir de la patrie.

Céluta reconnut la voix de son frère; elle sort précitamment de son foyer, elle court dans les bois, elle appelle l'ami de René, elle le suit au cri de sa douleur.

« Qui m'appelle? » dit Outougamiz.

« C'est ta sœur, » répond Céluta.

« Céluta! dit Outougamiz, s'approchant d'elle; si c'est toi, Céluta, oh! que tu es malheureuse! »

« René est-il mort? » s'écria Céluta en arrivant à son frère.

« Non, repartit Outougamiz, mais l'heure de sa mort est avancée. C'est dans trois jours le jour fatal! Dans trois jours c'en est fait de René, de moi, de toi, de toute la terre. »

A peine avoit-il prononcé ces mots, que Céluta, d'une voix extraordinaire et étouffée, murmura ces mots : « C'est moi qui le tue! »

Par les paroles de son frère, Céluta avoit tout à coup compris l'autre conséquence de l'anticipation du jour du massacre. En effet, si René, au lieu de prolonger son absence, reparoissoit tout à coup aux Natchez, c'étoit sa femme alors qui, au lieu de le sauver par l'enlèvement des roseaux, auroit précipité sa perte. Longtemps Céluta, affaissée par la douleur, fit de vains efforts pour parler ; enfin, la voix s'échappant en sanglots du fond de sa poitrine :

« C'est moi qui ai dérobé les roseaux ! »

« Malheureuse ! s'écrie son frère, c'est toi !... toi ! sacrilége, parjure, homicide ! »

« Oui, reprit Céluta désespérée, c'est moi, moi qui ai tout fait ! punis-moi : dérobe-moi pour jamais à la lumière du jour, rends-moi ce service fraternel. Les tourments de ma vie sont maintenant au-dessus de mon courage. »

Outougamiz, anéanti, s'appuyoit contre le tronc d'un arbre : il ne parloit plus, sa douleur le submergeoit. Il rompt enfin le silence :

« Ma sœur, dit-il, vous êtes très-malheureuse ! très-malheureuse ! plus malheureuse que moi ! »

Céluta restoit muette comme le rocher. Outougamiz reprit : « Vous êtes obligée en conscience d'être une seconde fois parjure, de révéler le secret à René : ce secret est maintenant le vôtre, c'est vous qui assassinez mon ami ; mais je dois aussi vous dire une chose, c'est que moi me voilà forcé d'avertir les sachems : vous ne voulez pas que je sois votre complice, que je trahisse mon serment. »

Outougamiz s'arrêta un moment après ces mots, puis ajouta : « Oui, c'est là notre devoir à tous deux : dites le secret à René, quand René reviendra, moi je dirai votre secret aux sachems : si mon ami a le temps de se sauver, ma joie sera comme celle du ciel ; mais soyez prompte, car il faut que je révèle ce que vous allez faire. »

Le simple et sublime jeune homme s'éloigna.

Ondouré étoit revenu du conseil l'esprit agité : la majorité de l'assemblée s'étoit prononcée contre son opinion. Le crime perdoit aux yeux de cet homme la plus grande partie de son charme si René n'étoit enveloppé dans le massacre et si Céluta n'étoit le prix du forfait. Il résolut de se rendre à la demeure de cette femme, que tout sembloit abandonner jusqu'à Outougamiz lui-même. Peut-être Céluta avoit-elle reçu quelques nouvelles de René ; peut-être étoit-ce cette épouse ingénieuse et fidèle qui avoit dérobé les roseaux du temple : il importoit au tuteur du soleil de s'éclairer sur ces deux points.

Il arriva à la cabane de Céluta au moment où la sœur d'Outougamiz venoit d'en sortir, attirée au dehors par les cris de son frère. L'intérieur de la hutte étoit à peine éclairé par une lampe suspendue au foyer. Ondouré visita tous les coins de cet asile de la douleur; il ne trouva personne, excepté la fille de René, qui dormoit dans un berceau auprès du lit de sa mère, et qu'il fut tenté de plonger dans un éternel sommeil.

La couche de la veuve et de l'enfant, au lieu d'appeler dans le cœur du monstre la pitié et le remords, n'y réveilla que les feux de l'amour et de la jalousie. Ondouré sentit une flamme rapide courir dans la moelle de ses os : ses yeux se chargèrent de voluptés, ses sens s'embrasèrent : l'obscurité, la solitude et le silence sollicitoient le désir. Ondouré se précipite sur la couche pudique de Céluta et lui prodigue les embrassements et les caresses; il y cherche l'empreinte des grâces d'une femme; il y colle ses lèvres avides et couvre de baisers ardents les plis du voile qui avoient pu toucher ou la bouche ou le sein de la beauté. Dans sa frénésie, il jure qu'il périra ou qu'il obtiendra la réalité des plaisirs dont la seule image allume le désir des passions dans son âme. Mais Céluta, qui pleure au fond des bois avec son frère, ne reparoît pas, et Ondouré, dont tous les moments sont comptés, est obligé de quitter la cabane.

Une femme, ou plutôt un spectre, s'avance vers lui : à peine eut-il quitté le toit souillé de sa présence, qu'il se trouve face à face d'Akansie.

« J'ai trop longtemps, dit la mère du jeune soleil, j'ai trop longtemps supporté mes tourments. Lorsque après avoir appris ta visite à ma rivale, je t'ai ordonné de comparoître devant moi, tu ne m'as pas obéi. Je te retrouve sortant encore de ce lieu, où tes pas et les miens sont enchaînés par Athaensic : misérable! je ne t'adresse plus de reproches : l'amour s'éteint dans mon cœur; tu es au-dessous du mépris; mais j'ai des crimes à expier, une vengeance à satisfaire. Je t'en ai prévenu, je vais me dénoncer aux sachems et te dénoncer avec moi : tes complots, tes forfaits, les miens, vont être révélés; justice sera faite pour tous. »

Ondouré fut d'autant plus effrayé de ces paroles, qu'à la lumière du jour naissant il n'aperçut point sur le visage d'Akansie cette langueur qui lui apprenoit autrefois combien la femme jalouse étoit encore amante; il n'y avoit que sécheresse et désespoir dans l'expression des traits d'Akansie. Ondouré prend aussitôt son parti.

Non loin de la cabane de Céluta étoit un marais, repaire impur des serpents. Ondouré affecte un violent repentir; il feint d'adorer celle qu'il n'a jamais aimée; il l'entoure de ses bras suppliants, la conjure de l'écouter. Akansie se débat entre les bras du scélérat, l'accable de ces reproches que la passion trahie, que le mépris longtemps contenu, savent si bien trouver : « Si vous ne voulez pas m'entendre, s'écrie le tuteur du soleil, je vais me donner la mort. »

Akansie étoit bien criminelle, mais elle avoit tant aimé ! il lui restoit de cet amour une certaine complaisance involontaire ; elle se laisse entraîner vers le marais, prêtant l'oreille à des excuses qui ne la trompoient plus, mais qui la charmoient encore. Ondouré, toujours se justifiant, et toujours marchant avec sa victime, la conduit dans un lieu écarté. Il affecte le langage de la passion : que son amante offensée daigne seulement lui sourire, et il va passer à ses pieds une vie de reconnoissance et d'adoration ! Akansie sent expirer sa colère ; Ondouré, feignant un transport d'amour, se prosterne devant son idole.

Akansie se trouvoit alors sur une étroite levée qui séparoit des eaux stagnantes, où une multitude de serpents à sonnettes se jouoient avec leurs petits aux derniers feux de l'automne. Ondouré embrasse les pieds d'Akansie, les attire à lui ; l'infortunée tombe en arrière et roule dans l'onde empoisonnée ; elle y plonge de tout son poids. Les reptiles, dont le venin augmente de subtilité quand ils ont une famille à défendre, font entendre le bruit de mort ; s'élançant tous à la fois, ils frappent de leur tête aplatie et de leur dent creuse l'ennemie qui vient troubler leurs ébats maternels.

La joie du crime rayonna sur le front d'Ondouré. Akansie luttant contre un double trépas, au milieu des serpents et de l'onde, s'écrioit : « Je l'ai bien mérité ! homme affreux ! couronne tes forfaits ; va immoler tes dernières victimes, mais sache que ton heure est aussi arrivée. »

« Eh bien ! répondit l'infâme, jetant le masque, oui, c'est moi qui te tue, parce que tu me voulois trahir. Meurs, tous mes forfaits sont les tiens. Je brave tes menaces ! désormais il n'est plus de rémission pour moi, mon dernier soupir sera pour un nouveau crime et pour un amour qui fait ton supplice. Tu n'auras pas la tête de Céluta, mais je lui prodiguerai les baisers que tu m'as permis de donner à cette tête charmante ! »

Ondouré, mugissant comme s'il eût déjà habité l'enfer, abandonne la femme qui lui avoit fait tous les sacrifices.

Dieu fit sentir à l'instant même à ce réprouvé un avant-goût des vengeances éternelles. Quelques chasseurs se montrèrent sur la levée ; ils avoient reconnu le tuteur du soleil et s'avançoient rapidement vers lui. Akansie flottoit encore sur les eaux ; il étoit impossible de la dérober à la vue des chasseurs ; ils alloient s'empresser de la secourir : ne pouvoit-elle pas conserver assez de vie pour parler quand elle seroit déposée sur le rivage ? L'effroi d'Ondouré glaça un moment son cœur, mais il revint bientôt à lui, et se montra digne de son crime. Le moyen de tromper qu'il prit n'étoit pas complétement sûr, mais il étoit le seul qui lui restât à prendre ; il l'auroit du moins opposé à une accusation d'assassinat. Ondouré appelle donc les guerriers avec tous les signes du plus violent désespoir : « A moi, s'écrioit-il, aidez-moi à sauver la femme-chef, qui vient de tomber dans cet abîme ; » et feignant de secourir Akansie, il essayoit de lui plonger la tête dans l'eau.

Les chasseurs se précipitent, écartent les serpents avec des branches de tamarin, et retirent du marais la mère du jeune soleil.

Elle ne donna dans le premier moment aucun signe de vie ; mais bientôt quelques mouvements se manifestèrent, ses yeux s'ouvrirent, son regard fixe tomba sur Ondouré, qui recula trois pas comme sous l'œil du Dieu vengeur.

Des cris étouffés, qui ressembloient au râle de la mort, s'échappèrent peu à peu du sein d'Akansie. Elle s'agite et rampe sur la terre ; on eût dit des reptiles qui l'avoient frappée. Sa peau, par l'effet ordinaire de la morsure du serpent à sonnettes, étoit marquée de taches noires, vertes et jaunes ; une teinte livide et luisante couvre ces taches, comme le vernis couvre un tableau. Les doigts de la femme coupable étoient crevés ; une écume impure sortoit de sa bouche : les chasseurs contemploient avec horreur le vice châtié de la main du Grand-Esprit.

Céluta, qui revenoit des bois voisins et qui regagnoit sa cabane par la levée du marais, fut un nouveau témoin envoyé du ciel à cette scène. A l'aspect de la femme punie, elle fut saisie d'une pitié profonde, et lui prodigua des soins et des secours. Akansie, reconnoissant la généreuse Indienne, fit des efforts extraordinaires pour parler ; mais sa langue enflée ne laissoit sortir de sa bouche que des sons inarticulés. Lorsqu'elle s'aperçut qu'elle ne se pouvoit faire entendre, le désespoir s'empara d'elle ; elle se roula sur la terre, qu'elle mordoit dans les convulsions de la mort.

« Grand-Esprit, s'écria Céluta, accepte le repentir de cette pauvre femme ! pardonne-lui comme je lui pardonne, si jamais elle m'a offensée ! »

A cette prière, des espèces de larmes voulurent couler des yeux d'Akansie ; il se répandit sur son front une sérénité qui l'auroit embellie si quelque chose avoit pu effacer l'horreur de ses traits. Ses lèvres ébauchèrent un sourire d'admiration et de gratitude : elle expira sans douleur, mais en emportant le fatal secret. Ondouré, délivré de ses craintes, remercia intérieurement le ciel, épouvanté de sa reconnoissance. Céluta, reprenant le chemin de sa retraite, disoit au soleil qui se levoit : « Soleil, tu viens de voir en deux matins la mort de

Chactas et celle d'Akansie ; rends la mienne semblable à la première. »

Ondouré fit avertir les parents de la femme-chef d'enlever le corps d'Akansie. Afin de ne pas effrayer l'imagination des conjurés par le spectacle d'une seconde pompe funèbre, les sachems décidèrent que les funérailles (qui ne devoient jamais être célébrées) n'auroient lieu qu'après le massacre.

Devenu plus puissant que jamais par la mort de la femme-chef, le tuteur du soleil, ne se souvenant ni d'avoir été aimé d'Akansie ni de l'avoir assassinée, se rendit à la vallée des Bois. Les jeux avoient recommencé : Outougamiz, par ordre des vieillards, s'étoit venu mêler à ces jeux. Quelques moments de réflexion lui avoient suffi pour le tranquilliser sur le pieux larcin de sa sœur; il lui sembloit moins nécessaire d'en instruire immédiatement le conseil, puisque René n'étoit pas arrivé et que Céluta ne pouvoit confier le secret à René absent. En supposant même le retour du frère d'Amélie, Outougamiz avoit une telle confiance dans la vertu de Céluta, qu'il étoit sûr qu'elle se tairoit, même après avoir rendu le secret plus fatal. Enfin, quand Outougamiz se hâteroit de tout apprendre aux sachems, les sachems feroient peut-être mourir Céluta sans utilité pour personne, car le massacre n'en auroit pas moins lieu. Et qui pouvoit dire s'il étoit bon ou mauvais que le jour de ce massacre fût retardé ou avancé pour le destin du guerrier blanc?

Telles étoient les réflexions d'Outougamiz. Le frère et la sœur comptoient maintenant chaque heure écoulée; ils regardoient si le soleil baissoit à l'horizon, si l'éphémère, qui sort des eaux à l'approche du soir, commençoit à voler dans les prairies; ils se disoient : « Encore un moment passé, et René n'est pas revenu! » Nos illusions sont sans terme; détrompés mille fois par l'amertume du calice, nous y reportons sans cesse nos lèvres avides.

Les ennemis s'étant refusés à recevoir le calumet de paix, René avoit renvoyé les guerriers porteurs des présents pour les Illinois, et il revenoit seul aux Natchez. Accablé du passé, n'espérant rien de l'avenir, insensible à tout, hors à la raison de Chactas, à l'amitié d'Outougamiz et à la vertu de Céluta, il ne soupçonnoit pas qu'on en voulût à sa vie; ses ennemis étoient loin de savoir à leur tour à quel point il y tenoit peu. Les Natchez l'accusoient de crimes imaginaires; ils l'avoient condamné pour ces crimes, et il ne pensoit pas plus aux Natchez qu'au reste du monde; ses idées comme ses désirs habitoient une région inconnue.

Un jour, dans la longue route qu'il avoit à parcourir, il arriva à une grande prairie dépouillée d'arbres; on n'y voyoit qu'une vieille épine couverte de fleurs tardives, qui croissoit sur le bord d'un chemin indien. Le soleil approchoit de son couchant lorsque le frère d'Amélie parvint à cette épine. Résolu de passer la nuit dans ce lieu, il aperçut un gazon sur lequel étoient déposées des gerbes de maïs ; il reconnut la tombe d'un enfant et les présents maternels. Remerciant la Providence de l'avoir appelé au festin des morts, il s'assit entre deux grosses racines de l'épine, qui se tordoient au-dessus de la terre. La brise du soir souffloit par intervalles dans le feuillage de l'arbre ; elle en détachoit les fleurs, et ces fleurs tomboient sur la tête de René en pluie argentée. Après avoir pris son repas, le voyageur s'endormit au chant du grillon.

La mère, qui avoit couché l'enfant sous l'herbe au bord du chemin, vint à minuit apporter des dons nouveaux et humecter de son lait le gazon de la tombe. Elle crut distinguer une espèce d'ombre ou de fantôme étendu sur la terre ; la frayeur la saisit, mais l'amour maternel, plus fort que la frayeur, l'empêche de reculer. S'avançant à pas silencieux vers l'objet inconnu, elle vit un jeune blanc qui dormoit la face tournée vers les étoiles, un bras jeté sur sa tête. L'Indienne se glisse à genoux jusqu'au chevet de l'étranger qu'elle prenoit pour une divinité propice. Quelques insectes voltigeant autour du front de René, elle les chassoit doucement, dans la crainte de réveiller l'esprit et dans la crainte aussi d'éloigner l'âme de l'enfant, qui pouvoit errer autour du bon génie. La rosée descendoit avec abondance : la mère étendit son voile sur ses deux bras, et le soutint ainsi au-dessus de la tête de René : « Tu réchauffes mon enfant, disoit-elle en elle-même, il est juste que je te fasse un abri. »

Quelques sons confus et bientôt quelques paroles distinctes échappent aux lèvres du frère d'Amélie ; il rêvoit de sa sœur : les mots qu'il laissoit tomber étoient tour à tour prononcés dans sa langue maternelle et dans la langue des sauvages. L'Indienne voulut profiter de cet oracle ; elle répondoit à René à mesure qu'il murmuroit quelque chose. Il s'établit entre elle et lui un dialogue : « Pourquoi m'as-tu quitté? » dit René en natchez.

« Qui? » demanda l'Indienne.

René ne répondit point.

« Je l'aime, » dit le frère d'Amélie un moment après.

« Qui? » dit encore l'Indienne.

« La mort, » repartit René en françois.

Après un assez long silence, René dit : « Est-ce là le corps que je portois? » Et il ajouta d'une voix élevée : « Les voici tous : Amélie, Céluta, Mila, Outougamiz, Chactas, d'Artaguette ! »

René poussa un soupir, se tourna du côté du cœur et ne parla plus.

Le bruit que l'Indienne fit malgré elle, en se voulant retirer, réveilla le frère d'Amélie. Il fut d'abord étonné de voir une femme à ses côtés, mais il comprit bientôt que c'étoit la mère de l'enfant dont il fouloit le tombeau. Il lui imposa les mains, poussa les trois cris de douleur, et lui dit : « Pardonne-moi, j'ai mangé une partie de la nourriture de ton fils ; mais j'étois voyageur, et j'avois faim ; ton fils m'a donné l'hospitalité. »

« Et moi, dit l'Indienne, je croyois que tu étois un génie, et je t'ai interrogé pendant ton sommeil. »

« Que t'ai-je dit? » demanda René. « Rien, » repartit l'Indienne.

René s'étoit égaré : il s'enquit du chemin qu'il devoit suivre : « Tu tournes le dos aux Natchez, répondit la femme sauvage ; en continuant à marcher vers le nord, tu n'y arriveras jamais ! » Destinée de l'homme ! si René n'eût point rencontré cette femme, il se fût éloigné de plus en plus du lieu fatal. L'Indienne lui montra sa route, et le quitta après lui avoir recommandé l'enfant qu'elle avoit perdu.

Il se leva enfin le jour qui devoit être suivi d'une nuit si funeste ! Céluta et son frère le passèrent à parcourir les bois, toujours dans la crainte d'y rencontrer René, toujours dans l'espoir de l'arrêter s'ils le rencontroient, toujours regrettant Mila si légère dans sa course, si heureuse dans ses recherches.

Le jeu des osselets, commencé après la partie de la balle, gagnée par les Natchez, avoit continué dans la vallée des Bois. Une heure avant le coucher du soleil, le sachem d'ordre se présente aux différents groupes des joueurs, et dit à voix basse :

« Quittez le jeu, retournez à vos tentes ; attendez-y le sachem de votre nation. »

Les jeunes gens se regardent avec étonnement, et, laissant tomber les osselets, se retirent. La nuit vint. Le ciel se couvrit d'un voile épais : toutes les brises expirèrent ; des ténèbres muettes et profondes enveloppèrent le désert.

Après mille courses inutiles, Céluta étoit rentrée dans sa cabane : quelques heures de plus écoulées, et René étoit mort ou sauvé ! L'amante qui tant de fois avoit désiré le retour de son bien-aimé, l'épouse qui si souvent s'étoit levée avec joie, croyant reconnoître les pas de son époux, trembloit à présent au moindre bruit, et n'imploroit que le silence. Naguère Céluta eût donné tout son sang pour épargner la plus petite douleur au frère d'Amélie ; maintenant elle eût béni un accident malheureux qui, sans être mortel, eût arrêté le guerrier blanc loin des Natchez.

Au fort Rosalie on étoit loin d'être rassuré : Chépar seul s'obstinoit à ne vouloir rien voir. De nouveaux courriers du gouverneur général, du capitaine d'Artaguette et du père Souël, annonçoient l'existence d'un complot. Le conseil étoit rassemblé, et le nègre Imley, saisi dans les bois, avoit été amené devant ce conseil.

Les renseignements envoyés par le missionnaire étoient exacts et détaillés; ils désignoient Ondouré comme chef de la conjuration. Imley interrogé nia tout, hors ce qu'il ne pouvoit nier, sa propre fuite. Il dit qu'il avoit quitté son maître comme l'oiseau reprend sa liberté quand il trouve la porte de sa cage ouverte. Pressé par des questions insidieuses, et certain qu'il étoit d'être condamné à mort, le nègre, au lieu de répondre, se prit à railler ses juges : il répétoit leurs gestes, affectoit leur air, contrefaisoit leur voix avec un talent d'imitation extraordinaire. Febriano surtout excitoit sa verve comique, et il fit du commandant une copie si ressemblante, qu'un rire involontaire bouleversa le conseil. Chépar, furieux, ordonna d'appliquer l'esclave à la torture, ce qui fut sur-le-champ exécuté. L'Africain brava les tourments avec une constance héroïque, continuant ses moqueries au milieu des douleurs, et ne laissant pas échapper un mot qui pût compromettre le secret des sauvages. On le retira de la gêne pour le réserver au gibet. Alors il se mit à chanter Izéphar, à rire, à tourner sur lui-même, à frapper des mains, à gambader malgré le disloquement de ses membres, et tout à coup il tomba mort : il s'étoit étouffé avec sa langue, genre de suicide connu de plusieurs peuplades africaines. Mélange de force et de légèreté, le caractère d'Imley ne se démentit pas un moment : ce noir n'aima que l'amour et la liberté, et il traita l'un et l'autre avec la même insouciance que la mort et la vie.

Le commandant regarda l'aventure d'Imley comme celle d'un esclave fugitif, qui n'avoit aucun rapport avec les desseins qu'on supposoit aux sauvages. Il traita les missionnaires de poltrons; il accusa les colons de répandre inconsidérément des alarmes aussitôt qu'ils perdoient un nègre. Poussé par Febriano, vendu aux intérêts d'Ondouré, mais qui ignoroit le complot, Chépar s'emporta jusqu'à faire mettre aux fers des habitants qui demandoient à s'armer et parloient de se retrancher sur les concessions. Il refusoit de croire à une conjuration qui s'achevoit en ce moment même sous ses pas, dans le sein de la terre.

Les jeunes guerriers, après avoir quitté les jeux, s'étoient armés. Le sachem d'ordre avoit reparu : heurtant doucement dans les ténèbres à la porte de chaque cabane, il avoit dit :

« Que les jeunes guerriers se rendent par des chemins divers au lac souterrain; ils y trouveront les sachems; que les femmes, après le départ des guerriers, s'enferment dans leurs cabanes; qu'elles y veillent en silence et sans lumière. »

Aussitôt les jeunes guerriers se glissent à travers les ténèbres jusqu'au lieu du rendez-vous. Les portes des huttes se referment sur les femmes et sur les enfants; les lumières s'éteignent : tous les sauvages quittent le désert, hors quelques sentinelles placées çà et là derrière les arbres. Outougamiz, avec le reste de sa tribu, descendit au lac souterrain.

A l'orient du grand village des Natchez, dans la même cyprière où s'élevoit le temple d'Athaensic, s'ouvre perpendiculairement, comme le soupirail d'une mine, une caverne profonde. On n'y peut pénétrer qu'à l'aide d'une échelle et d'un flambeau. A la profondeur de cent pieds se trouve une grève qui borde un lac. Sur ce lac, semblable à celui de l'empire des ombres, quelques sauvages, pourvus de torches et de fanaux, eurent un jour l'audace de s'embarquer. Autour du gouffre ils n'aperçurent que des rochers stériles hérissant des côtes ténébreuses ou suspendues en voûtes au-dessus de l'abîme. Des bruits lamentables, d'effrayantes clameurs, d'affreux rugissements, assourdissoient les navigateurs à mesure qu'ils s'enfonçoient dans ces solitudes d'eau et de nuit. Entraînés par un courant rapide et tumultueux, ce ne fut qu'après de longs efforts que ces audacieux mortels parvinrent à regagner le rivage, épouvantant de leurs récits quiconque seroit tenté d'imiter leur exemple.

Tel étoit le lieu que les conjurés avoient fixé pour celui de leur assemblée. C'étoit de cette demeure souterraine que la liberté du Nouveau-Monde devoit s'élancer, qu'elle devoit rappeler à la lumière du jour ces peuples ensevelis par les Européens dans les entrailles de la terre. Déjà les jeunes guerriers étoient réunis et attendoient la révélation du mystère que les sachems leur avoient promise.

Au bord du lac étoit un grand fragment de rocher; les jongleurs l'avoient transformé en autel. On y voyoit, à la lueur d'une torche, trois hideux marmousets de tailles inégales. Celui du centre, Manitou de la liberté, surpassoit les autres de toute la tête; dans ses traits, grossièrement sculptés, on reconnoissoit le symbole d'une indépendance rude, ennemie du joug des lois, impatiente même des chaînes de la nature. Les deux autres figures représentoient, l'une les chairs rouges, l'autre les chairs blanches. Un feu d'ossements brûloit devant ces idoles en jetant une lumière enfumée et une odeur pénétrante. Du sang humain, des poisons exprimés de divers serpents, des herbes vénéneuses, cueillies avec des paroles cabalistiques, remplissoient un vase de cyprès. Un vent nocturne se leva sur le lac, dont les flots montèrent aux voûtes de l'abîme : la tempête dans les flancs de la terre, les idoles menaçantes, le bassin de sang, le feu mortuaire, les prêtres agitant des vipères avec des évocations épouvantables, la foule des sauvages, dans leurs habillements bizarres et divers, toute cette scène, entourée par les masses des rochers souterrains, donnoit une idée du Tartare.

Soudain un des jongleurs, les bras tendus vers le lac, s'écrie : « Divinité de la vengeance, est-ce toi qui sors de l'abîme avec cet orage? Oui, tu viens : reçois nos vœux! »

Le jongleur lance une vipère dans les flots; un autre prêtre répand le bassin de sang sur le feu : une triple nuit s'étend sous les voûtes.

Quelques minutes s'écoulent dans l'obscurité, puis tout à coup une vive clarté illumine les vagues orageuses et les rochers fantastiques. Les idoles ont disparu; on n'aperçoit plus sur la pierre, autel de la vengeance, que le vieillard Adario, vêtu de la tunique de guerre, appuyé d'une main sur son casse-tête, tenant de l'autre un flambeau.

« Guerriers, dit-il, la liberté se lève, le soleil de l'indépendance, resté depuis deux cent cinquante neiges sous l'horizon, va éclairer de nouveau nos forêts. Jour sacré, salut! Mon cœur se réjouit à tes rayons, comme le chêne décrépit au premier sourire du printemps! Pour toi Adario a dépouillé ses lambeaux, il a lavé sa chevelure comme un jeune homme, il renaît au souffle de la liberté.

« Donnez trois poignards. »

Le sachem jette trois poignards du haut du roc.

« Jeunes guerriers, vous n'êtes pas assemblés ici pour délibérer; vos sachems ont prononcé pour vous au rocher du Lac, dans le conseil général des peuples; ils ont juré de purger nos déserts des brigands qui les infestent. Vous êtes venus seulement pour dévorer les ours étrangers. Le moment du festin est arrivé. Vous ne quitterez ces voûtes que pour marcher à la mort ou à la liberté. C'est la dernière fois que vous aurez été obligés de vous cacher dans les profondeurs de la terre, pour parler le langage des hommes.

« Donnez la hache. »

Adario jette à ses pieds une hache teinte de sang.

Un cri de surprise mêlé de joie échappe au bouillant courage des jeune guerriers. Adario reprend la parole :

« Tout est réglé par vos pères. Plongés dans le sommeil, nos oppresseurs ne soupçonnent pas la mort. Nous allons sortir de cette caverne divisés en trois compagnies : je conduirai les Natchez, et les mènerai, au travers des ombres, à l'escalade du fort. Vous, Chicassaws, sous la conduite de vos sachems, vous formerez le second corps, vous attaquerez le village des blancs au fort Rosalie. Vous, Miamis et Yazous, composant le troisième corps, guidés dans vos vengeances par Ondouré et par Outougamiz, vous détruirez les blancs dont les demeures sont dispersées dans les campagnes. Les esclaves noirs, qui comme nous vont briser leurs chaînes, seconderont nos efforts.

« Tels sont, ô jeunes guerriers! les devoirs que vous êtes appelés à remplir. Il ne s'agit pas de la cause particulière des Natchez : le coup que vous allez porter sera répété dans un espace immense. A l'instant où je vous parle, mille nations, comme vous cachées dans les cavernes, vont en sortir comme vous pour exterminer la race étrangère ; le reste des chairs rouges ne tardera pas à vous imiter.

« Quant à moi, je n'ai plus qu'un jour à vivre : la nuit prochaine j'aurai rejoint Chactas, ma femme et mes enfants : il ne m'a été permis de leur survivre que pour les venger. Je vous recommande ma fille. »

Il dit, et jette son casse-tête au milieu des jeunes guerriers.

Une acclamation générale ébranle les dômes funèbres : « Délivrons la patrie! »

On vit alors un jeune guerrier monter sur la pierre auprès d'Adario : c'étoit Outougamiz; il dit :

« Vous avez voulu me faire tuer le guerrier blanc, mon ami. Il n'est point arrivé : ainsi je ne le tuerai pas, mais je tuerai quiconque le tuera ! Vous voulez que j'égorge des chevreuils étrangers pendant la nuit; je n'assassinerai personne. Quand le jour sera venu, si l'on combat, je combattrai. J'avois promis le secret, je l'ai tenu : dans quelques heures la borne de mon serment sera passée, je serai libre ; j'userai de ma liberté comme il me plaira. Guerriers, je ne sais point parler, parce que je n'ai point d'esprit, mais si je suis comme un ramier timide pendant la paix, je suis comme un vautour pendant la guerre : Ondouré, c'est pour toi que je dis cela : souviens-toi des paroles d'Outougamiz le Simple. »

Outougamiz saute en bas du rocher, comme un plongeur qui se précipite dans les vagues; quelque temps après on le chercha, et on ne le trouva plus.

Ondouré n'avoit remarqué du discours du frère de Céluta que le passage où le jeune homme s'étoit applaudi de l'absence de René. Le tuteur du soleil ressentoit de cette absence les plus vives alarmes; il se voyoit au moment d'exécuter le dessein qu'il avoit conçu sans atteindre le principal but de ce dessein. Céluta, en dérobant les roseaux, pouvoit s'applaudir d'avoir obtenu ce qu'elle avoit désiré, d'avoir sauvé son époux. Il n'y avoit aucun moyen pour Ondouré de reculer la catastrophe ; et, comme dans toutes les choses humaines, il falloit prendre l'événement tel que le ciel l'avoit fait.

Les guerriers sortirent du lac souterrain, et, cachés dans l'épaisseur de la cyprière, ils se divisèrent en trois corps. Assis à terre dans le plus profond silence, ils attendirent l'ordre de la marche. Minuit approchoit ; le dernier roseau alloit être brûlé dans le temple.

Que différemment occupée étoit Céluta dans sa cabane! Tressaillant au plus léger murmure des feuilles, les yeux constamment fixés sur la porte, comptant par les battements de son cœur toutes les minutes de cette dernière heure, elle n'auroit pu supporter longtemps de telles angoisses sans mourir. A force d'avoir écouté le silence, ce silence s'étoit rempli pour elle de bruits sinistres : tantôt elle croyoit ouïr des voix lointaines, tantôt il lui sembloit entendre des pas précipités. Mais n'est-ce point en effet des pas qui font retentir le sentier désert! ils approchent rapidement. Céluta ne peut plus se tromper ; elle se veut lever, les forces lui manquent ; elle reste enchaînée sur sa natte, le front couvert de sueur. Un homme paroît sur le seuil de la porte : ce n'est pas René! c'est le bon grenadier de la Nouvelle-Orléans, le fils de la vieille hôtesse de Céluta, le soldat du capitaine d'Artaguette.

Il apportoit un billet écrit du poste des Yasous par son capitaine. Quel bonheur, quel soulagement, dans la crainte et l'attente d'une grande catastrophe, de voir entrer un ami au lieu de la victime ou de l'ennemi que l'on attendoit! Céluta retrouve ses forces, se lève, court les bras ouverts au grenadier, mais tout à coup elle se souvient du péril général ; René n'est pas le seul François menacé, tous les blancs sont sous le poignard ; un moment encore, et Jacques peut être égorgé. « Fils de ma vieille mère de la chair blanche, s'écrie-t-elle, celui que vous cherchez n'est pas ici ; retournez vite sur vos pas, vous n'êtes pas en sûreté dans cette cabane ; au nom du Grand-Esprit, retirez-vous. »

Le grenadier n'entendoit point ce qu'elle disoit ; il lui montroit le billet, qui n'étoit point pour René, mais pour elle-même. Céluta ne pouvoit lire ce billet. Jacques et Céluta faisoient des gestes multipliés, tâchoient de se faire comprendre l'un de l'autre sans y pouvoir réussir. Dans ce moment un sablier qui appartenoit à René, et avec lequel l'Indienne avoit appris à diviser le temps, laisse échapper le dernier grain de sable qui annonçoit l'heure expirée. Céluta voit tomber dans l'éternité la minute fatale : elle jette un cri, arrache le billet de la main de Jacques, et pousse le soldat hors de sa cabane. Celui-ci ayant rempli son message, et ne se pouvant expliquer les manières extraordinaires de Céluta, court à travers les bois, afin de gagner le fort Rosalie avant le lever du jour.

Que contenoit le billet du capitaine? On l'a toujours ignoré. A force de regarder la lettre, de se souvenir des paroles et des gestes du soldat, qui n'avoit pas l'air triste, Céluta laisse pénétrer dans son cœur un rayon d'espérance; pâle crépuscule bientôt éteint dans cette sombre nuit.

Maintenant chaque minute aux Natchez appartenoit à la mort : quelques heures de plus d'absence, et René étoit à l'abri de la catastrophe, déjà commencée peut-être pour ses compatriotes. Ah! si Céluta, aux dépens de sa vie, eût pu précipiter la fuite du temps! Un nouveau bruit se fait entendre : sont-ce les meurtriers qui viennent chercher René dans sa cabane? Ils ne l'y trouveront pas! Seroit-ce le frère d'Amélie lui-même? Céluta s'élance à la porte : ô prodige! Mila! Mila échevelée, pâle, amaigrie, recouverte de lambeaux comme si elle sortoit du sépulcre, et charmante encore! Céluta recule au fond de la cabane; elle s'écrie : « Ombre de ma sœur, me viens-tu chercher? le moment fatal est-il arrivé? »

« Je ne suis point un fantôme, répondit Mila, déjà tombée dans le sein de son amie; je suis ta petite Mila. »

Et les deux sœurs entrelaçoient leurs bras, mêloient leurs pleurs, confondoient leurs âmes. Mila dit rapidement :

« Après la découverte du secret, Ondouré me fit enlever. Ils m'ont enfermée dans une caverne et m'ont fait souffrir toutes sortes de maux; mais je me suis ri des Allouez : cette nuit, je ne sais pourquoi, mes geôliers se sont éloignés de moi un moment; ils étoient armés, et ils sont allés parler à d'autres guerriers sous des arbres. Moi, qui cherchois toujours les moyens de me sauver, j'ai suivi ces méchants. Je me suis glissée derrière eux : une fois échappée, ils auroient plus tôt attrapé l'oiseau dans la nue que Mila dans le bois. J'accours. Où est Outougamiz? Le guerrier blanc est-il arrivé? Lui as-tu dit le secret, comme je le lui vais dire? Il y a encore huit nuits avant la catastrophe, si ce beau jongleur amoureux m'a dit vrai sur le nombre des roseaux. »

« Oh, Mila! s'écrie Céluta, je suis la plus coupable, la plus infortunée des créatures! J'ai avancé la mort de René; j'ai dérobé huit roseaux; c'est à l'heure même où je te parle que le coup est porté. »

« Tu as fait cela! dit Mila; je ne t'aurois pas crue si courageuse! René est-il arrivé? »

« Non, » repartit Céluta. « Eh bien, dit Mila, que te reproches-tu? Tu as sauvé mon libérateur; tu n'as plus que quelques heures à attendre. Mais que fais-tu? que fait Outougamiz pendant ces heures? Tu commences toujours bien, Céluta, et tu finis toujours mal. Crois-tu que tu sauveras René en te contentant de pleurer sur ta natte? Je ne sais point demeurer ainsi tranquille; je ne sais point sacrifier mes sentiments; je ne sais point douter de la vertu de mes amis, les soupçonner, m'attendrir sur une patrie impitoyable et garder le secret des assassins. Méchants, vous m'avez laissée échapper de mon tombeau, je viens révéler vos iniquités! je viens sauver mon libérateur, s'il n'est point encore tombé entre vos mains! » Mila, échappée aux bras de sa sœur, fuit en s'écriant : « Nous perdons des moments irréparables. »

Depuis le jour où René avoit rencontré l'Indienne qui lui enseigna sa route, il s'étoit avancé paisiblement vers le pays des Natchez. A mesure qu'il marchoit, il se trouvoit moins triste; ses noirs chagrins paroissoient se dissiper; il touchoit au moment de revoir sa femme et sa fille, objets charmants qui n'avoient contre eux que le malheur dont le frère d'Amélie avoit été frappé. René se reprochoit sa lettre; il se reprochoit cette sorte d'indifférence qu'un chagrin dévorant avoit laissée au fond de son cœur : démentant son caractère, il se laissoit aller peu à peu aux sentiments les plus tendres et les plus affectueux; retour au calme qui ressembloit à ce soulagement que le mourant éprouve avant d'expirer. Céluta étoit si belle! Elle avoit tant aimé René! elle avoit tant souffert pour lui! Outougamiz, Chactas, d'Artaguette, Mila, attendoient René. Il alloit retrouver cette petite société supérieure à tout ce qui existoit sur la terre; il alloit élever sur ses genoux cette seconde Amélie qui auroit les charmes de la première, sans en avoir le malheur.

Ces idées, si différentes de celles qu'il nourrissoit habituellement, amenèrent René jusqu'à la vue des bois des Natchez; il sentit quelque chose d'extraordinaire en découvrant ces bois. Il en vit sortir une fumée qu'il prit pour celle de ses foyers; il étoit encore assez loin, et il précipita sa marche. Le soleil se coucha dans les nuages d'une tempête, et la nuit la plus obscure (celle même du massacre) couvrit la terre.

René fit un long détour afin d'arriver chez lui par la vallée. La rivière qui couloit dans cette vallée ayant grossi, il eut quelque peine à la traverser; deux heures furent ainsi perdues dans une nuit dont chaque minute étoit un siècle. Comme il commençoit à gravir la colline sur le penchant de laquelle étoit bâtie sa cabane, un homme s'approcha de lui dans les ténèbres pour le reconnoître, et disparut.

Le frère d'Amélie n'étoit plus qu'à la distance d'un trait d'arc de la demeure qu'il s'étoit bâtie : une foible clarté s'échappant par la porte ouverte en dessinoit le cadre au dehors sur l'obscurité du gazon.

Aucun bruit ne sortoit du toit solitaire. René hésitoit maintenant à entrer ; il s'arrêtoit à chaque demi-pas ; il ne savoit pourquoi il étoit tenté de retourner en arrière, de s'enfoncer dans les bois et d'attendre le retour de l'aurore. René n'étoit plus le maître de ses actions ; une force irrésistible le soumettoit aux décrets de la Providence : poussé presque malgré lui jusqu'au seuil qu'il redoutoit de franchir, il jette un regard dans la cabane.

Céluta, la tête baissée dans son sein, les cheveux pendants et rabattus sur son front, étoit à genoux, les mains croisées, les bras levés dans le mouvement de la prière la plus humble et la plus passionnée. Un maigre flambeau, dont la mèche allongée par la durée de la veille obscurcissoit la clarté, brûloit dans un coin du foyer. Le chien favori de René, étendu sur la pierre de ce foyer, aperçut son maître et donna un signe de joie, mais il ne se leva point, comme s'il eût craint de hâter un moment fatal. Suspendue dans son berceau à l'une des solives sculptées de la cabane, la fille de René poussoit de temps en temps une petite plainte, que Céluta, absorbée dans sa douleur, n'entendoit pas.

René, arrêté sur le seuil, contemple en silence ce triste et touchant spectacle ; il devine que ces vœux adressés au ciel sont offerts pour lui : son cœur s'ouvre à la plus tendre reconnoissance ; ses yeux, dans lesquels un brûlant chagrin avoit depuis longtemps séché les larmes, laissent échapper un torrent de pleurs délicieux. Il s'écrie : « Céluta ! ma Céluta ! » Et il vole à l'infortunée, qu'il relève, qu'il presse avec ardeur. Céluta veut parler, l'amour, la terreur, le désespoir, lui ferment la bouche ; elle fait de violents efforts pour trouver des accents ; ses bras s'agitent, ses lèvres tremblent, enfin un cri aigu sort de sa poitrine ; et lui rendant la voix : « Sauvez-le, sauvez-le ! Esprits secourables, emportez-le dans votre demeure ! »

Céluta jette ses bras autour de son époux, l'enveloppe, et semble vouloir le faire entrer dans son sein pour l'y cacher.

René prodigue à son épouse des caresses inaccoutumées. « Qu'as-tu, ma Céluta ? lui disoit-il ; rassure-toi. Je viens te protéger et te défendre. »

Céluta, regardant vers la porte, s'écrie : « Les voilà ! les voilà ! » Elle se place devant René pour le couvrir de son corps. « Barbares, vous n'arriverez à lui qu'à travers mon sein. »

« Ma Céluta, dit René, il n'y a personne ; qui te peut troubler ainsi ? »

Céluta frappant la terre de ses pieds : « Fuis, fuis ! tu es mort ! Non, viens ; cache-toi sous les peaux de ma couche ; prends des vêtements de femme. » L'épouse désolée, arrachant ses voiles, en veut couvrir son époux.

« Céluta, disoit celui-ci, reprends ta raison; aucun péril ne me menace. »

« Aucun péril! dit Céluta l'interrompant. N'est-ce pas moi qui te tue? n'est-ce pas moi qui hâte ta mort! n'est-ce pas moi qui en ai fixé le jour en dérobant les roseaux?... Un secret... O ma patrie! »

« Un secret? » repartit René. « Je ne te l'ai pas dit! s'écrie Céluta. Oh! ne perds pas ce seul moment laissé à ton existence! Fuyons tous deux! viens te précipiter avec moi dans le fleuve! »

Céluta est aux genoux de René; elle baise la poussière de ses pieds, elle le conjure par sa fille de s'éloigner seulement pour quelques heures. « Au lever du soleil, dit-elle, tu seras sauvé; Outougamiz viendra; tu sauras tout ce que je ne puis te dire dans ce moment! »

« Eh bien! dit René, si cela peut guérir ton mal, je m'éloigne; tu m'expliqueras plus tard ce mystère, qui n'est sans doute que celui de ta raison troublée par une fièvre ardente. »

Céluta ravie s'élance au berceau de sa fille, présente Amélie au baiser de son père, et avec ce même berceau pousse René vers la porte. René va sortir : un bruit d'armes retentit au dehors. René tourne la tête; la hache lancée l'atteint et s'enfonce dans son front, comme la cognée dans la cime du chêne, comme le fer qui mutile une statue antique, image d'un Dieu et chef-d'œuvre de l'art. René tombe dans sa cabane : René n'est plus!

Ondouré a fait retirer ses complices : il est seul avec Céluta évanouie, étendue dans le sang et auprès du corps de René. Ondouré rit d'un rire sans nom. A la lueur du flambeau expirant, il promène ses regards de l'une à l'autre victime. De temps en temps il foule aux pieds le cadavre de son rival et le perce à coups de poignard. Il dépouille en partie Céluta et l'admire. Il fait plus... Éteignant ensuite le flambeau, il court présider à d'autres assassinats, après avoir fermé la porte du lieu témoin de son double crime.

Heureuse, mille fois heureuse, si Céluta n'avoit jamais rouvert les yeux à la lumière! Dieu ne le voulut pas. L'épouse de René revint à la vie quelques instants après la retraite d'Ondouré. D'abord elle étend les bras et trempe ses mains dans le sang répandu autour d'elle, sans savoir ce que c'étoit. Elle se met avec effort sur son séant, secoue la tête, cherche à rassembler ses souvenirs, à deviner où elle est, ce qu'elle est. Par un bienfait de la Providence l'Indienne n'avoit pas sa raison : elle ne se formoit qu'une idée confuse de quelque chose d'effroyable. Elle plia ses bras devant elle, promena ses regards dans la

cabane, où les ténèbres étoient profondes. Le silence de la mort n'étoit interrompu de temps en temps que par les hurlements du chien. Céluta voulut inutilement murmurer quelques mots.

Dans ce moment elle crut voir Tabamica sa mère. Les mamelles qui nourrirent Céluta avoient disparu; les lèvres de la femme des morts s'étoient retirées et laissoient à découvert des dents nues; elle étoit sans nez et sans yeux : d'une main décharnée Tabamica sembloit presser des entrailles qu'elle n'avoit pas. Céluta veut s'avancer vers sa mère, elle se lève, retombe sur ses genoux et se traîne au hasard dans sa cabane : ses vêtements à demi détachés faisoient entendre le froissement d'une draperie pesante et mouillée. Elle rencontra le corps de René; épuisée par ses efforts, elle s'assied, sans le reconnoître, sur ce siége : elle s'y trouva bien, et s'y reposa.

Au bout de quelque temps la porte de la cabane s'entr'ouvrit, et une voix dit tout bas : « Es-tu là? » Céluta, rappelée par cette voix à une demi-existence, répondit : « Oui, je suis là. »

« Ah! dit Mila, est-il venu? »

« Qui? » demanda Céluta.

« René? » repartit Mila.

« Je ne l'ai pas vu, » dit Céluta.

« Et moi, je ne l'ai pu trouver, dit Mila toujours à voix basse. Les assassins n'ont donc pas encore paru? Ton mari n'est donc pas revenu? Il est donc sauvé? » Céluta ne répondit rien.

« Pourquoi, reprit Mila, es-tu sans lumière? J'ai peur et je n'ose entrer. » Céluta répondit qu'elle ne savoit pourquoi elle étoit sans lumière.

« Comme ta voix est extraordinaire! s'écria Mila; es-tu malade? La cabane sent le carnage; attends; je viens à toi. »

Mila franchit le seuil, et laissa retomber la porte : « Qu'as-tu répandu sur les nattes? dit-elle en marchant dans l'obscurité; mes pieds s'attachent à la terre. Où es-tu? tends-moi la main. »

« Ici, » dit Céluta.

« Je ne puis aller plus loin, repartit Mila; je me sens défaillir. »

La porte de la cabane s'entr'ouvrit de nouveau; la voix d'Outougamiz appelle Céluta. « C'est Outougamiz! s'écria Mila; Dieu soit loué! nous sommes sauvées! »

« Qui parle? dit Outougamiz saisi de terreur, n'est-ce pas Mila? Cher fantôme, es-tu venu sauver René? »

« Oui, repartit Mila; mais entre vite, Céluta n'est pas bien. »

Outougamiz, croyant entendre le fantôme de Mila, entre en frissonnant dans la cabane. « Donne-moi la main, dit Mila, appuie-la sur mon cœur ; tu verras que je ne suis pas un spectre : on m'avoit enfermée dans une caverne, je me suis échappée. »

Mila avoit saisi la main d'Outougamiz étendue dans les ténèbres et avoit posé cette main sur son cœur.

« C'est comme la vie, dit Outougamiz : mais je sais bien que tu es morte ; je te sais toujours gré d'être revenue pour sauver René. Mais, Céluta, parle donc. »

« M'appelle-t-on? » dit Céluta.

« Est-ce que tu réponds du fond d'une tombe? s'écria Outougamiz, frappé de la voix sépulcrale de sa sœur; je respire un champ de bataille; j'ai du sang sous mes pieds. »

« Du sang ! s'écria Mila ; allume donc un flambeau. »

« Fantôme, répond Outougamiz, donne-moi la lumière des morts. »

Outougamiz cherche en tâtonnant le foyer ; il y trouve de la mousse de chêne et deux pierres à feu ; il frappe ces deux pierres l'une contre l'autre : une étincelle tombe sur la mousse, et soudain une flamme s'élève au milieu du foyer. Trois cris horribles s'échappent à la fois du sein de Céluta, de Mila et d'Outougamiz.

La cabane inondée de sang, quelques meubles renversés par les dernières convulsions du cadavre, les animaux domestiques montés sur les siéges et sur les tables pour éviter la souillure de la terre, Céluta assise sur la poitrine de René, et portant les marques de deux crimes qui auroient fait rebrousser l'astre du jour; Mila debout, les yeux à moitié sortis de leur orbite; Outougamiz le front sillonné comme par la foudre, voilà ce qui se présentoit aux regards!

Mila rompt la première le silence; elle se précipite sur le cadavre de René, le serre dans ses bras, le presse de ses lèvres.

« C'en est donc fait ! s'écrie-t-elle. O mon libérateur, faut-il que je te revoie ainsi! Lâches amis, cœurs pusillanimes, c'est vous qui l'avez assassiné par vos indignes soupçons, par vos irrésolutions éternelles ! Félicite-toi, Outougamiz, d'avoir bien gardé ton secret. Mais à présent ranime donc ce cœur qui palpitoit pour toi d'une amitié si sainte! Oh ! tu es un sublime guerrier! Je reconnois ta vertu ; mais ne m'approche jamais : je préférerois à tes embrassements ceux du monstre dont tu vois l'œuvre dans cette cabane. »

Le désespoir ôtoit la raison à la jeune Indienne, d'abord amante et ensuite amie de René. Outougamiz l'écoutoit, muet comme la pierre du sépulcre; puis, tout à coup : « Hors d'ici, fantôme exécrable, ombre sinistre, ombre affamée qui veut dévorer mon ami! »

« Ton ami ! dit Mila en relevant la tête : tu oses te dire l'ami de René ! ne devrois-tu pas plutôt, comme cette femme sans amour, évanouie maintenant sur cette dépouille sanglante, ne devrois-tu pas supplier la terre de t'engloutir? Moi seule j'ai aimé René! En vain tu feins de me croire un fantôme : j'existe, je sors de la caverne où m'avoient plongée les scélérats dont j'allois révéler les desseins. As-tu pu jamais croire que tu étois obligé au secret? As-tu pu te figurer que la liberté seroit le fruit du crime? »

Ici Céluta parut revenir à la vie, elle ouvrit les yeux et se souleva ; ses idées se débrouillèrent : elle se ressouvient de ses malheurs ; elle reconnoît Mila et Outougamiz ; elle reconnoît la dépouille mortelle du plus infortuné des hommes. La douleur lui rend les forces ; elle se lève, elle s'écrie : « C'est moi qui l'ai assassiné ! »

« Oui, c'est toi ! » s'écrie à son tour Mila, devenue cruelle par le désespoir.

« René, dit Céluta du ton le plus passionné, parlant au cadavre de son époux, je te voulois dire avant de mourir que mon âme t'adoroit comme elle adore le Grand-Esprit ; que ta lettre n'avoit rien changé au fond de mon cœur ; que je te révérois comme la lumière du matin ; que je te croyois aussi innocent que l'enfant qui n'a fait encore que sourire à sa mère. »

« Pourquoi donc, dit Mila, as-tu gardé le secret? Que n'en instruisois-tu les François, puisque tu ne pouvois l'apprendre à ton mari absent? »

Mila pousse des sanglots, et ses larmes descendent à flots pressés comme la pluie de l'orage.

Le frère de Céluta, s'approchant alors avec respect du corps de son ami : « Mila dit que tu n'étois pas coupable : quel bonheur ! Tu as donc pu mourir. »

Malgré son désespoir, Mila comprit ce mot, et tendit une main désarmée au jeune sauvage.

Outougamiz continuant : « Je leur avois bien dit que je n'aimois point, que j'étois un mauvais ami, que je te tuerois. Je suis pourtant sorti du lac souterrain pour te sauver ; j'ai couru de toutes parts ; des guerriers qui prétendoient t'avoir vu m'ont égaré : je suis simple, on me trompe toujours. Tu es mort seul, je mourrai aussi, mais il faut auparavant... J'attendrai pourtant que la patrie n'ait plus besoin de lui, car il faudra maintenant défendre la patrie. »

Dans ce moment Céluta fut saisie de convulsions. Un ruisseau de sueur glacée sillonne son front : elle cherche à s'étrangler, se roule d'un côté sur l'autre, pousse des espèces de mugissements. Outougamiz et Mila volent à son secours. Céluta les regarde, et leur dit en pressant ses flancs : « Le savez-vous? la mort m'a-t-elle fait violence? »

Mila jette un cri : elle a deviné ! Outougamiz, qui n'a pas compris, veut parler encore : « Tu ne sais rien, lui dit Mila en l'interrompant, le cadavre de ton ami est un spectacle délicieux auprès de ce que j'entrevois ! »

Le jour commençoit à poindre ; le canon se fait entendre du côté du fort Rosalie ; les parentes de Chactas arrivent à la cabane de René ; elles venoient féliciter Céluta de l'absence de son mari : elles rencontrent cette scène épouvantable.

« Femmes, dit Outougamiz, on se bat : je dois mon sang à mon pays, quelque coupable qu'il puisse être. Je laisse entre vos mains ce que j'ai de plus cher au monde : ma femme, qui n'est point morte, comme on l'avoit dit, ma sœur, si misérable, et les restes de mon ami. Je reviendrai bientôt. » Il sort, et marche vers le lieu où l'appeloit le bruit des armes.

Les femmes enlevèrent Céluta et Mila, qu'elles placèrent dans les bras l'une de l'autre sur un lit de feuillage. Elles laissèrent le corps de René dans la cabane, qu'elles fermèrent. Elles portèrent les deux amies à l'ancienne demeure de Chactas, et leur prodiguèrent les soins les plus tendres : il eût été plus humain de les laisser mourir.

Tous les colons périrent aux Natchez ; dix-sept personnes seulement échappèrent au massacre. Parmi les soldats blessés qui se défendirent et se sauvèrent se trouva le grenadier Jacques. Le fort avoit été escaladé dans les ténèbres, et les sentinelles égorgées avant qu'on sût que les Indiens étaient en armes. Par l'imprudence du commandant, la garnison étoit à peine d'une centaine d'hommes, tout le reste ayant été dispersé dans différents postes le long du fleuve. Chépar, qui n'avoit jamais voulu croire à la conjuration, accourut au bruit qui se faisoit sur les remparts, et tomba sous la hache d'Adario. Febriano, qui fut rencontré par Ondouré, reçut la mort de la main de ce sauvage, son corrupteur et son complice. Il n'y eut de résistance chez les François que dans une maison particulière. Adario, qui commandoit l'attaque, y fut tué : il expira plein d'une grande joie ; il crut avoir délivré sa patrie et vengé ses enfants. Les coups de canon entendus d'Outougamiz avoient été tirés en signal de victoire par les Indiens eux-mêmes, après la conquête du fort.

Le frère de Céluta, trouvant que son bras étoit inutile, retourna à la cabane de René. Il s'assit auprès des restes inanimés du guerrier blanc. D'un air de mystère, il approcha l'œil d'une des blessures de son ami, comme pour voir dans le sein de René. Joignant les mains avec admiration, l'insensé dit quelques mots d'une tendresse passionnée. Il prit ensuite un petit vase de pierre sur une table, recueillit du sang de

René, qu'il réchauffa avec le sien, après s'être ouvert une veine. Il trempa le Manitou d'or dans le philtre de l'amitié, et il remit la chaîne à son cou.

La rage d'Ondouré était assouvie, mais non sa passion. Sortant d'une épouvantable orgie, enivré de vin, de succès, d'ambition et d'amour, il voulut revoir Céluta. Dans toute la pompe du meurtre et de la débauche, il s'avance au sanctuaire de la douleur; ses crimes marchoient avec lui, comme les bourreaux accompagnent le condamné. Les bruyants éclats de rire du tuteur du soleil et de ses satellites se faisoient entendre au loin.

Ondouré arrive à la cabane : il avoit ordonné à ses amis de se tenir à quelque distance, car il avoit ses desseins. Il recule quelques pas lorsque, au lieu de Céluta, il n'aperçoit qu'Outougamiz. Reprenant bientôt son assurance : « Que fais-tu là? » dit-il à l'Indien...

« Je t'attendois, répondit celui-ci ; j'étois sûr que tu viendrois avec tes enfants célébrer le festin du prisonnier de guerre. Apportes-tu la chaudière du sang? C'est un excellent mets qu'une chair blanche! Ne dévore pas tout : je ne te demande que le cœur de mon ami. »

« C'est juste, dit l'atroce Ondouré, nous te le réserverons. »

De nouveaux rires accompagnèrent ces paroles.

« Mais, dis-moi, continua le pervers, à qui la vapeur du vin ôtoit la prévoyance, où est ta sœur? Comme elle a été fidèle cette nuit à ce beau guerrier blanc! Elle a perdu pour moi toute sa haine; elle m'a pardonné mon amour pour Akansie. Viens, ma charmante colombe; où es-tu donc? m'accorderas-tu un second rendéz-vous? » Et Ondouré entra dans la cabane.

Outougamiz se lève, s'appuyant sur un fusil de chasse que lui avoit donné René : « Illustre chef, dit-il, changeant tout à coup de langage et de contenance, tous nos ennemis sont-ils morts? »

« En doutes-tu? » s'écria Ondouré.

« Ainsi, dit Outougamiz, la patrie est sauvée ; elle n'a plus besoin de défenseurs? Tout est-il en sûreté pour l'avenir? Peux-tu, fameux guerrier, te reposer en paix? »

« Oui, mon cher Outougamiz, » répondit le tuteur du soleil, qui n'avoit pas ce qu'il falloit pour comprendre à la fois et le danger et la magnanimité de la question, « oui, je puis me reposer cent neiges avec ta sœur sur la natte du plaisir ».

Le corps de René séparoit Ondouré d'Outougamiz : « La nuit, dit celui-ci, a été fatigante pour toi, Ondouré : va donc à ton repos, puisque ton bras n'est plus nécessaire à la patrie. Je te vais rendre ta hache. »

Outougamiz relève la hache avec laquelle le tuteur du soleil avoit frappé René; elle étoit restée dans la cabane. Ondouré avance le bras pour la reprendre. « Non, pas comme cela, » dit Outougamiz; et, levant la hache avec les deux mains, il fend d'un seul coup la tête du monstre, qui tombe sur le corps de René, sans avoir le temps de proférer un blasphème. Outougamiz sort, couche en joue les satellites d'Ondouré, et leur crie de cette voix de l'homme de bien si foudroyante pour le méchant : « Disparoissez, race impure, ou je vous immole auprès de votre maître! » Ces misérables, qui voyoient s'avancer une troupe de jeunes guerriers, amis du frère de Céluta, prennent la fuite.

Les guerriers survenus déplorèrent de si grands malheurs. « Allons! leur dit Outougamiz, je reviendrai bientôt ici; mais il faut que j'aille dire à Mila et à ma sœur ce que le Manitou d'or a fait. »

Céluta ne put entendre le récit de son frère ; à chaque instant on craignoit de la voir expirer. Mila apprit la mort d'Ondouré avec indifférence. « C'étoit plus tôt, dit-elle, que tu devois donner cette pâture aux chiens. »

Outougamiz revint la nuit suivante chercher les restes sacrés du frère d'Amélie; il les porta sur ses épaules au bas de la colline, creusa dans un endroit écarté une fosse qu'il ne voulut montrer à personne : il y déposa le corps de celui qui pendant sa vie n'avoit cherché que la solitude. « Je sais, dit-il en se retirant, que je suis un faux ami : je t'ai tué; mais, attends-moi, nous nous expliquerons dans le pays des âmes. »

Le frère de Céluta n'avoit plus rien à faire de la vie, mais il se vouloit assurer que sa sœur n'avoit plus besoin de lui, et que Mila se pouvoit passer d'un protecteur.

Déjà la lune avoit parcouru trois fois sa carrière depuis la catastrophe tragique, et Céluta, toujours près de rendre le dernier soupir, sembloit sans cesse revivre. La coupe de la colère céleste n'étoit point épuisée; le génie fatal de René poursuivoit encore Céluta, comme ces fantômes nocturnes qui vivent du sang des mortels. Elle refusoit pourtant toute nourriture : ses barbares amis étoient obligés de lui faire prendre de force quelques gouttes d'eau d'érable. Son corps, modèle de grâce et de beauté, n'étoit plus qu'un léger squelette, semblable à un jeune peuplier mort sur sa tige. Les longues paupières de Céluta n'avoient pas la force de se replier et de découvrir ses yeux éteints dans les larmes. Quand la veuve infortunée recouvroit la raison, elle étoit muette; quand elle tomboit dans la folie de la douleur, elle poussoit des cris. Alors elle faisoit des efforts pour écarter deux spectres qui vouloient la dévorer à la fois, Ondouré et le frère d'Amélie; elle voyoit aussi une femme qui lui étoit inconnue, et qui lui souroit d'un air de pitié du haut du ciel.

Témoin des maux de son amie, la courageuse Mila avoit eu honte de ses propres chagrins : elle passoit ses jours auprès de sa sœur, veillant à ses souffrances, la retournant sur sa couche, servant de mère à la fille de René. La tendre orpheline étoit déjà belle, mais sérieuse ; dans le sein de Mila, elle avoit l'air d'une petite colombe blanche, sous l'aile du plus brillant oiseau des forêts américaines.

De temps en temps Outougamiz venoit voir sa femme et sa sœur ; il s'asseyoit au bord de la couche, prenoit la main de Céluta, ou faisoit danser Amélie sur ses genoux. Il se levoit bientôt après, remettoit l'enfant dans les bras de Mila, et se retiroit en silence. Le jeune homme dépérissoit : chaque jour son front devenoit plus pâle et son air plus languissant ; il ne parloit ni de René, ni de Céluta, ni de Mila. Tous les soirs il visitoit la petite urne de pierre remplie du sang de René, et l'on remarquoit avec surprise que ce sang ne se desséchoit point. Outougamiz laissoit suspendu autour de l'urne le Manitou d'or, qu'il ne portoit plus.

Un soir il étoit venu rendre sa visite accoutumée à sa sœur. Mila et plusieurs Indiennes étoient rangées autour du lit des tribulations : tout à coup, à leur profond étonnement, Céluta se soulève et s'assied d'elle-même sur sa couche. On ne lui avoit point encore vu l'air qu'elle avoit dans ce moment : c'étoit pour la douleur et la beauté quelque chose de surhumain. Elle baissa d'abord la tête dans son sein ; mais relevant bientôt son front pâle où s'évanouissoit une foible rougeur, elle dit d'une voix assurée : « Je voudrois manger. »

Ces mots surprirent Outougamiz : c'étoient les premiers que Céluta eût prononcés depuis la nuit de ses malheurs, et elle avoit constamment repoussé toute nourriture. Pensant qu'elle revenoit de son désespoir et qu'elle se déterminoit à vivre, les matrones firent une exclamation de joie, et s'empressèrent de lui porter du maïs nouveau. Mais Mila, regardant Céluta, lui dit : « Tu veux manger ? »

« Oui, repartit Céluta la regardant à son tour ; il faut à présent que je vive. »

Mila lève les mains au ciel et s'écrie : « O vertu ! »

Outougamiz, rompant lui-même son silence obstiné, dit : « Qu'avez-vous ? »

« Adore, reprit Mila : ce que tu vois ici n'est pas une femme ; c'est la compagne d'un génie. »

« Pourquoi le tromper ? dit Céluta. Mon ami, ajouta-t-elle en se tournant vers son frère, ma destinée s'accomplit au delà de moi : je viens de découvrir dans mon sein un fantôme né de la mort. » Outougamiz s'enfuit.

Céluta étoit mère : elle se résigna à la vie : dernier degré de vertu et de malheur où jamais fille d'Adam soit parvenue. Mais la nature ne s'élève pas ainsi au-dessus d'elle-même sans souffrir jusque dans sa source : le lendemain, aux rayons du jour, on s'aperçut que le visage de la veuve de René étoit devenu de la couleur de l'ébène, et ses cheveux de celle du cygne. Quelques soleils éclaircirent les ombres du front de Céluta, mais ne firent point disparaître de sa chevelure la vieillesse de l'adversité.

Lorsque le capitaine d'Artaguette apprit la catastrophe des Natchez, l'assassinat de René et les misères de Céluta, il se sentit frappé au cœur : il étoit attaché au frère d'Amélie par une noble amitié, il avoit nourri en secret une tendre passion pour la femme qui lui conserva la vie, en lui donnant le doux nom de frère. Rappelé à la Nouvelle-Orléans, il pleura avec Adélaïde, Harlay, le grenadier Jacques et sa vieille mère. Outougamiz avoit caché la tombe de René ; d'Artaguette fit célébrer un service à la mémoire du frère d'Amélie : il pria Dieu de se souvenir de celui qui avoit voulu être oublié.

Cependant des troupes se rassembloient de toutes parts pour aller châtier les Indiens. Les huit roseaux retirés du temple avoient fait avorter le complot général chez les autres nations conjurées, excepté chez les Yazous, où le père Souël fut massacré. L'armée françoise arriva au fort Rosalie. Bien que divisés entre eux, les Natchez se défendirent avec courage, et Outougamiz, qui pouvoit à peine porter le poids de ses armes, fit admirer de nouveau sa valeur. Mais enfin il fallut céder au torrent, et quitter à jamais la patrie.

Une nuit les Natchez déterrèrent les os de leurs pères, les chargèrent sur leurs épaules, et, mettant au milieu des jeunes guerriers les femmes, les vieillards et les enfants, ils prirent la route du désert sans savoir où ils trouveroient un asile. Le capitaine d'Artaguette se trouvoit dans la division des troupes chargées d'attaquer les Chicassaws ; il exécuta devant l'ennemi une retraite où il s'acquit la plus grande gloire, mais où il perdit la vie avec son fidèle grenadier. Comme il ne périt qu'après avoir sauvé l'armée, on crut généralement qu'il avoit cherché la mort. Adélaïde et Harlay avoient quitté l'Amérique ; la mère de Jacques s'étoit éteinte dans sa vieillesse.

Le foible reste des Natchez exilés étoit déjà loin dans la solitude. Outougamiz expira cinq lunes après avoir quitté la terre de la patrie. On sut alors qu'il avoit continué à s'ouvrir les veines toutes les nuits pour rafraîchir l'urne du sang ; son sang s'épuisa avant son amitié. Il montra une joie excessive de mourir, et laissa en héritage (c'étoit tout son bien) l'urne du sang et le Manitou d'or à la fille de René. On l'enterra, comme il avoit enseveli son ami, sous un arbre inconnu.

Quelques jours après sa mort, Céluta mit au monde une fille : elle ferma les yeux en la portant à son sein ; et quand elle l'eut allaitée, elle la suspendit à ses épaules. Elle continua d'en agir ainsi dans la suite, de sorte qu'elle ne vit jamais l'enfant qu'elle n'appeloit que le fantôme.

Mila, devenue veuve à son tour, portoit toujours la fille de René, que Céluta ne voulut plus toucher de peur de la flétrir, après avoir enfanté une autre fille. Céluta ne pressoit jamais sur son cœur cette autre fille sans éprouver des convulsions. L'amour maternel demandoit des baisers que l'amour conjugal refusoit : dans les plaintes de l'innocence, Céluta entendoit la voix du crime. Quelquefois l'épouse de René étoit prête à déchirer l'enfant ; un sentiment plus fort, celui de la mère, rendoit ses mains impuissantes. Qui pourroit peindre de pareils combats, de tels supplices ?

Mila faisoit l'admiration des exilés. A peine orné de dix-sept printemps, elle déployoit un courage et une raison extraordinaires. Elle ne vivoit que pour Céluta ; elle préparoit sa couche, ses vêtements, sa nourriture ; elle étoit devenue la mère de la fille de René. Ses manières vives n'étoient point changées, mais elle gardoit le silence et ne parloit plus que par signes et par sourires.

Les Natchez trouvèrent enfin l'hospitalité chez une nation autrefois alliée de la leur. Un exilé, commençant la danse du suppliant, présenta le calumet des bannis ; il fut accepté. Un enfant apporta en échange une calebasse pleine du jus de l'érable et couronnée de fleurs. Alors les tentes de la patrie furent plantées dans la terre étrangère, et les ossements des aïeux déposés à ces nouveaux foyers.

Pour premier bienfait du ciel, la seconde fille de Céluta mourut. Le fantôme se replongea dans la nuit éternelle. Aucune mère n'alla répandre son lait sur le gazon funèbre : Céluta eût encore rempli ce pieux devoir, si elle n'avoit craint que le fantôme ne rentrât dans son sein avec le parfum des fleurs. La fille de René avoit trouvé une patrie ; la fille d'Ondouré étoit retournée à la terre : on s'aperçut que Céluta ne se croyoit plus obligée de vivre, et l'on devina que Mila ne quitteroit pas son amie.

Un soir, lorsque les bannis prenoient leur repas à la porte de leurs tentes, Céluta sortit de la sienne. Elle étoit vêtue d'une robe de peaux d'oiseaux et de quadrupèdes cousues ensemble, ouvrage ingénieux de Mila : ses cheveux blancs flottoient en boucles sur sa jeune tête ornée d'une couronne de ronces à fleurs bleues; elle portoit dans ses bras la fille de René, et Mila, à moitié nue, suivoit sa compagne. Les bannis, étonnés et charmés de les voir, se levèrent, les comblèrent de bénédictions et leur formèrent un cortége. Ils arrivèrent tous ainsi au bord d'une cataracte dont on entendoit au loin les mugissements. Cette cataracte, qu'aucun voyageur n'avoit visitée, tomboit entre deux montagnes dans un abîme. Céluta donna un baiser à sa fille, la déposa sur le gazon, mit sur les genoux de l'enfant le Manitou d'or et l'urne où le sang s'étoit desséché. Mila et Céluta, se tenant par la main, s'approchèrent du bord de la cataracte comme pour regarder au fond, et, plus rapides que la chute du fleuve, elles accomplirent leur destinée. Céluta s'étoit souvenue que René, dans sa lettre, avoit regretté de ne s'être pas précipité dans les ondes écumantes.

Les femmes prirent dans leurs bras la fille de René laissée sur la rive; elles la portèrent au plus vieux sachem, qui en confia le soin à une matrone renommée. Cette matrone suspendit au cou de l'enfant le Manitou d'or comme une parure. Le nom françois d'Amélie étant ignoré des sauvages, les sachems en imposèrent un autre à l'orpheline, qui vit ainsi périr jusqu'à son nom.

Lorsque la fille de Céluta eut atteint sa seizième année, on lui raconta l'histoire de sa famille. Elle parut triste le reste de sa vie, qui fut courte. Elle eut elle-même, d'un mariage sans amour, une fille plus malheureuse encore que sa mère. Les Indiens chez lesquels les Natchez s'étoient retirés périrent presque tous dans une guerre contre les Iroquois, et les derniers enfants de la nation du soleil se vinrent perdre dans un second exil au milieu des forêts de Niagara.

Il y a des familles que la destinée semble persécuter : n'accusons pas la Providence. La vie et la mort de René furent poursuivies par des feux illégitimes qui donnèrent le ciel à Amélie et l'enfer à Ondouré : René porta le double châtiment de ses passions coupables. On ne fait point sortir les autres de l'ordre sans avoir en soi quelque principe de désordre; et celui qui, même involontairement, est la cause de quelque malheur ou de quelque crime n'est jamais innocent aux yeux de Dieu.

Puisse mon récit avoir coulé comme tes flots, ô Meschacebé!

FIN DES NATCHEZ.

NOTE

J'avois renvoyé, dans la Préface des *Natchez*, les lecteurs à l'*Histoire de la Nouvelle-France*, par le père Charlevoix; mais, en y réfléchissant, j'ai pensé qu'il étoit plus simple de leur éviter cette recherche, s'ils avoient envie de la faire, en insérant ici quelques pages de Charlevoix.

Le premier extrait de cet auteur renferme la description du pays et des mœurs des Natchez. On verra que je n'ai été sous ce rapport qu'*historien* fidèle; Charlevoix n'a pas été d'ailleurs le seul historien et le seul voyageur que j'aie consulté.

Le second extrait contient la relation de la conspiration des Natchez et de leurs alliés. On reconnoîtra ce que le *poëte* a ajouté à la vérité.

Le père Charlevoix ne parle point des *roseaux* ou *bûchettes* déposées dans le Temple pour fixer le jour du massacre, mais j'ai lu cette circonstance dans un voyageur dont je ne puis plus me rappeler le nom, si ce n'est Carter. Ce voyageur disoit qu'une partie des *bûchettes* avoit été dérobée par une jeune sauvage, amoureuse d'un François.

Le chevalier d'Artaguette, frère du général Diron d'Artaguette, est, comme le commandant du fort Rosalie, M. de Chépar, un personnage historique. Le chevalier d'Artaguette fut réellement tué dans une retraite devant les sauvages.

Je n'ai point, au reste, exagéré l'état de civilisation des Natchez; cette civilisation étoit très-avancée chez ce peuple. J'ai seulement donné le nom d'*édile* à un Natchez qui remplissoit les fonctions attribuées à l'édile chez les

Romains. Il m'eût été difficile de conserver dans un *poëme* le titre de *chef de la farine*, que l'édile portoit chez la nation du soleil.

Ce *chef de la farine*, au moment de la conspiration contre les François, étoit un homme qui avoit une partie des vices, de la capacité et du caractère que j'ai attribués à Ondouré !

On trouvera dans mon *Voyage en Amérique* la description générale des mœurs des sauvages de l'Amérique septentrionale. Elle servira de commentaire aux *Natchez* : je dois dire seulement ici que quelques-uns des traits que j'ai ajoutés à la peinture des usages des Esquimaux sont empruntés aux derniers Voyages du capitaine Parry et du capitaine Lyon.

FIN.

DESCRIPTION

DU

PAYS DES NATCHEZ

PREMIER EXTRAIT DE CHARLEVOIX.

Ce canton, le plus beau, le plus fertile et le plus peuplé de toute la Louisiane, est éloigné de quarante lieues des Yasous et sur la même main. Le débarquement est vis-à-vis une butte assez haute et fort escarpée, au pied de laquelle coule un petit ruisseau, qui ne peut recevoir que des chaloupes et des pirogues. De cette première butte on monte à une seconde, ou plutôt sur une colline dont la pente est assez douce et au sommet de laquelle on a bâti une espèce de redoute fermée par une simple palissade. On a donné à ce retranchement le nom de *fort*.

Plusieurs monticules s'élèvent au-dessus de cette colline, et quand on les a passés, on aperçoit de toutes parts de grandes prairies séparées par de petits bouquets de bois, qui font un très-bel effet. Les arbres les plus communs dans ces bois sont le noyer et le chêne, et partout les terres sont excellentes. Feu M. d'Iberville, qui le premier entra dans le Mississipi par son embouchure, étant monté jusqu'aux Natchez, trouva ce pays si charmant et si avantageusement situé, qu'il crut ne pouvoir mieux placer la métropole de la nouvelle colonie. Il en traça le plan, et lui destina le nom de *Rosalie*, qui étoit celui de Mme la chancelière de Pont-Chartrain. Mais ce projet ne paroit pas devoir s'exécuter si tôt, quoique nos géographes aient toujours à bon compte marqué sur leurs cartes la ville de Rosalie aux Natchez.

Il est certain qu'il faut commencer par un établissement plus près de la mer ; mais si la Louisiane devient jamais une colonie florissante, comme il peut fort bien arriver, il me semble qu'on ne peut mieux placer sa capitale qu'en cet endroit. Il n'est point sujet au débordement du fleuve, l'air y est pur, le pays fort étendu, le terrain propre à tout et bien arrosé ; il n'est pas trop loin de la mer, et rien n'empêche les vaisseaux d'y monter ; enfin, il est à portée de tous les lieux où l'on paroît avoir dessein de s'établir. La compagnie y a un magasin, et y entretient un commis principal, qui n'a pas encore beaucoup d'occupation.

Parmi un grand nombre de concessions particulières, qui sont déjà ici en état de rapporter, il y en a deux de la première grandeur, je veux dire de quatre lieues en carré; l'une appartient à une société de Malouins, qui l'ont achetée de M. Hubert, commissaire ordonnateur et président du conseil de la Louisiane; l'autre est à la compagnie, qui y a envoyé des ouvriers de Clairac pour y faire du tabac. Ces deux concessions sont situées de manière qu'elles forment un triangle parfait avec le fort, et la distance d'un angle à l'autre est d'une lieue. A moitié chemin des deux concessions est le grand village des Natchez. J'ai visité avec soin tous ces lieux, et voici ce que j'y ai remarqué de plus considérable

La concession des Malouins est bien placée; il ne lui manque, pour tirer parti de tout son terrain, que des nègres ou des *engagés*. J'aimerois encore mieux les seconds que les premiers : le temps de leur service expiré, ils deviennent des habitants, et augmentent le nombre des sujets naturels du roi, au lieu que ceux-là sont toujours des étrangers; et qui peut s'assurer qu'à force de se multiplier dans nos colonies, ils ne deviendront pas un jour des ennemis redoutables? Peut-on compter sur des esclaves qui ne nous sont attachés que par la crainte et pour qui la terre même où ils naissent n'a jamais le doux nom de patrie?

La première nuit que je passai dans cette habitation, il y eut, vers les neuf heures du soir, une grande alarme; j'en demandai le sujet, et on me répondit qu'il y avoit dans le voisinage une bête d'une espèce inconnue, d'une grandeur extraordinaire, et dont le cri ne ressembloit à celui d'aucun animal que nous connoissions. Personne n'assuroit pourtant l'avoir vue, et on ne jugeoit de sa taille que par sa force : elle avoit déjà enlevé des moutons et des veaux et étranglé quelques vaches. Je dis à ceux qui me faisoient ce récit qu'un loup enragé pouvoit faire tout cela, et quant au cri, qu'on s'y trompoit tous les jours. Je ne persuadai personne : on vouloit que ce fût une bête monstrueuse; on venoit de l'entendre, on y courut armé de tout ce qu'on trouva sous sa main, mais ce fut inutilement.

La concession de la compagnie est encore plus avantageusement située que celle des Malouins. Une même rivière arrose l'une et l'autre, et va se décharger dans le fleuve, à deux lieues de celle-là, à laquelle une magnifique cyprière de six lieues d'étendue fait un rideau qui en couvre tous les derrières. Le tabac y a très-bien réussi, mais les ouvriers de Clairac s'en sont presque tous retournés en France.

J'ai vu dans le jardin du sieur Le Noir, commis principal, de fort beau coton sur l'arbre, et un peu plus bas on commence à voir de l'indigo sauvage. On n'en a pas encore fait l'épreuve, mais il y a beaucoup d'apparence qu'il ne réussira pas moins que celui qu'on a trouvé dans l'île de Saint-Domingue, où il est aussi estimé que celui qu'on y a transplanté d'ailleurs; et puis l'expérience nous apprend qu'une terre qui produit naturellement cette plante est fort propre à porter l'étrangère qu'on y veut semer.

Le grand village des Natchez est aujourd'hui réduit à fort peu de cabanes : la raison qu'on m'en a apportée est que les sauvages, à qui leur grand-chef a droit d'enlever tout ce qu'ils ont, s'éloignent de lui le plus qu'ils peuvent, et par là plusieurs bourgades de cette nation se sont formées à quelque distance de celle-ci. Les Sioux, leurs alliés et les nôtres, en ont aussi établi une dans leur voisinage.

Les cabanes du grand village des Natchez, le seul que j'aie vu, sont en forme de pavillon carré, fort basses et sans fenêtres; le faîte est arrondi à peu près comme un four. La plupart sont couvertes de feuilles et de paille de maïs; quelques-unes sont construites d'une espèce de torchis qui me parut assez bon, et qui est revêtu en dehors et en dedans de nattes fort minces. Celle du grand-chef est fort proprement crépie en dedans; elle est aussi plus grande et plus haute que les autres, placée sur un terrain un peu élevé et isolée de toutes parts. Elle donne sur une grande place, qui n'est pas des plus régulières et a son aspect au nord. J'y trouvai pour tout meuble une couche de planches fort étroite, élevée de terre de deux ou trois pieds; apparemment que quand le grand-chef veut se coucher, il y étend une natte ou quelque peau.

Il n'y avoit pas une âme dans le village : tout le monde étoit allé dans une bourgade voisine, où il y avoit une fête, et toutes les portes étoient ouvertes; mais il n'y avoit rien à craindre des voleurs, car il ne restoit partout que les quatre murailles. Ces cabanes n'ont aucune issue pour la fumée; néanmoins toutes celles où j'entrai étoient assez blanches. Le temple est à côté de celle du grand-chef, tourné vers l'orient, et à l'extrémité de la place. Il est composé des mêmes matériaux que les cabanes, mais sa figure est différente : c'est un carré long, d'environ quarante pieds sur vingt de large, avec un toit tout simple, de la figure des nôtres. Il y a aux deux extrémités comme deux girouettes de bois, qui représentent fort grossièrement deux aigles.

La porte est au milieu de la longueur du bâtiment, qui n'a point d'autres ouvertures; des deux côtés il y a des bancs de pierre. Les dedans répondent parfaitement à ces dehors rustiques. Trois pièces de bois, qui se joignent par les bouts, et qui sont placées en triangle, ou plutôt également écartées les unes des autres, occupent presque tout le milieu du temple et brûlent lentement. Un sauvage, que l'on appelle le gardien du temple, est obligé de les attiser et d'empêcher qu'elles ne s'éteignent. S'il fait froid, il peut avoir son feu à part, mais il ne lui est pas permis de se chauffer à celui qui brûle en l'honneur du soleil. Ce gardien étoit aussi à la fête; du moins je ne le vis point, et ses tisons jetoient une fumée qui nous aveugloit.

D'ornements, je n'en vis aucun ni rien absolument qui dût me faire connoître que j'étois dans un temple. J'y aperçus seulement trois ou quatre caisses rangées sans ordre, où il y avoit quelques ossements secs, et par terre quelques têtes de bois un peu moins mal travaillées que les deux aigles du toit. Enfin, si je n'y eusse pas trouvé du feu, j'eusse cru que ce temple étoit abandonné depuis longtemps ou qu'il avoit été pillé. Ces cônes enveloppés de peaux, dont parlent quelques relations; ces cadavres des chefs, rangés en cercle dans un temple tout rond, et terminé en manière de dôme; cet autel, etc., je n'ai rien vu de tout cela : si les choses étoient ainsi du temps passé, elles ont bien changé depuis.

Peut-être aussi, car il ne faut condamner personne que quand il n'y a aucun moyen de l'excuser, peut-être, dis-je, que le voisinage des François a fait craindre aux Natchez que les corps de leurs chefs et tout ce que leur temple avoit de plus précieux ne courussent quelque risque s'ils ne les transportoient pas ailleurs, et que le peu d'attention qu'on apporte présentement à bien garder ce temple vient de ce qu'on l'a dépouillé de ce qu'il avoit de plus sacré pour ces peuples. Il est pourtant vrai que contre la muraille, vis-à-vis de la porte, il y avoit une table, dont je ne pris pas la peine de mesurer les dimensions, parce que je ne soupçonnois point que ce fût un autel : on m'a assuré depuis qu'elle a trois pieds de haut, cinq de long et quatre de large.

On m'a ajouté qu'on y fait un petit feu avec des écorces de chêne, et qu'il ne s'éteint jamais; ce qui est faux, car il n'y avoit alors ni feu ni rien qui fît connoître qu'on y en eût jamais fait. On dit encore que quatre vieillards couchent tour à tour dans le temple pour y entretenir ce feu; que celui qui est de garde ne doit point sortir pendant les huit jours qu'il doit être en faction; qu'on a soin de prendre de la braise allumée des bûches qui brûlent au milieu du temple pour mettre sur l'autel; qu'il y a douze hommes entretenus pour fournir des écorces de chêne; qu'il y a des marmousets de bois et une figure de serpent à sonnettes, aussi de bois, qu'on met sur l'autel, et auxquels on rend de grands honneurs; que quand le chef meurt, on l'enterre d'abord, et que quand on juge que les chairs sont consumées, le gardien du temple les exhume, lave les ossements, les enveloppe de ce qu'il peut avoir de plus précieux, et les met dans de grands paniers faits de cannes, qu'il ferme bien; qu'il enveloppe ces paniers de peaux de chevreuil très-propres et les place devant l'autel, où ils restent jusqu'à la mort du chef régnant; qu'alors il renferme ces ossements dans l'autel même, pour faire place au dernier mort.

Je ne puis rien dire sur ce dernier article, sinon que je vis quelques ossements dans une ou deux caisses, mais qu'ils ne faisoient pas la moitié d'un corps humain, qu'ils me paroissoient bien vieux, et qu'ils n'étoient point sur la table qu'on dit être l'autel. Quant aux autres articles, 1° comme je n'ai été que de jour dans le temple, j'ignore ce qui s'y passe la nuit; 2° il n'y avoit aucun garde dans le temple quand je l'ai visité. J'y aperçus bien, comme je l'ai déjà dit, quelques marmousets, mais je n'y remarquai point de figure de serpent.

Quant à ce que j'ai vu dans des relations, que ce temple est tapissé et son pavé couvert de nattes de cannes; qu'on y met ce qu'on a de plus propre et qu'on y apporte tous les ans les prémices de toutes les récoltes, il en faut assurément rabattre beaucoup : je n'ai jamais rien vu de plus maussade, de plus malpropre, qui fût plus en désordre : les bûches brûloient sur la terre nue, et je n'y aperçus point de nattes, non plus qu'aux murailles. M. Le Noir, avec qui j'étois, me dit seulement que tous les jours on mettoit au feu une nouvelle bûche, et qu'au commencement de chaque lune on en faisoit la provision pour tout le mois. Il ne le savoit pourtant que par ouï-dire, car c'étoit la première fois qu'il voyoit ce temple aussi bien que moi.

Pour ce qui regarde la nation des Natchez en général, voici ce que j'en pus apprendre. On ne voit rien dans leur extérieur qui les distingue des autres sauvages du Canada et de la Louisiane. Ils font rarement la guerre et ne mettent point leur gloire à détruire des hommes. Ce qui les distingue plus particulièrement, c'est la forme de leur gouvernement, tout à fait despotique; une grande dépendance, qui va même jusqu'à une espèce d'esclavage dans les sujets; plus de fierté et de grandeur dans les chefs, et leur esprit pacifique, qui cependant s'est un peu démenti depuis plusieurs années.

Les Hurons croient aussi bien qu'eux leurs chefs héréditaires issus du soleil; mais il n'y en a pas un qui voulût être son valet, ni le suivre dans l'autre monde pour y avoir l'honneur de le servir, comme il arrive souvent parmi les Natchez. Garcilaso de la Vega parle de cette nation comme d'un peuple puissant, et il n'y a pas six ans qu'on y comptoit quatre mille guerriers. Il paroît qu'elle étoit encore plus nombreuse du temps de M. de La Salle, et même lorsque M. d'Iberville découvrit l'embouchure du Mississipi. Aujourd'hui les Natchez ne pourroient pas mettre sur pied deux mille combattants. On attribue cette diminution à des maladies contagieuses, qui ces dernières années ont fait parmi eux de grands ravages.

Le grand-chef des Natchez porte le nom de *soleil*, et c'est toujours, comme parmi les Hurons, le fils de sa plus proche parente qui lui succède. On donne à cette femme la qualité de femme-chef; et quoique pour l'ordinaire elle ne se mêle pas du gouvernement, on lui rend de grands honneurs. Elle a même, aussi bien que le soleil, droit de vie et de mort: dès que quelqu'un a eu le malheur de déplaire à l'un ou à l'autre, ils ordonnent à leurs gardes, qu'on nomme *allouez*, de le tuer. *Va me défaire de ce chien*, disent-ils; et ils sont obéis sur-le-champ. Leurs sujets et les chefs mêmes des villages ne les abordent jamais qu'ils ne les saluent trois fois, en jetant un cri qui est une espèce de hurlement; ils font la même chose en se retirant, et se retirent en marchant à reculons. Lorsqu'on les rencontre, il faut s'arrêter, se ranger du chemin, et jeter les mêmes cris dont j'ai parlé, jusqu'à ce qu'ils soient passés. On est aussi obligé de leur porter ce qu'il y a de meilleur dans les récoltes, dans le produit de la chasse et dans celui de la pêche. Enfin, personne, non pas même leurs plus proches parents et ceux qui composent les familles nobles, lorsqu'ils ont l'honneur de manger avec eux, n'a droit de boire dans le même vase ni de mettre la main au plat.

Tous les matins, dès que le soleil paroît, le grand-chef se met à la porte de sa cabane, se tourne vers l'orient et hurle trois fois en se prosternant jusqu'à terre. On lui apporte ensuite un calumet, qui ne sert qu'en cette occasion: il fume, et pousse la fumée de son tabac vers l'astre du jour, puis il fait la même chose vers les trois autres parties du monde. Il ne reconnoît sur la terre de maître que le soleil, dont il prétend tirer son origine, exerce un pouvoir sans bornes sur ses sujets, peut disposer de leurs biens et de leur vie, et, quelques travaux qu'il leur commande, ils n'en peuvent exiger aucun salaire.

Lorsque le chef ou la femme-chef meurent, tous leurs allouez sont obligés de les suivre en l'autre monde; mais ils ne sont pas les seuls qui ont cet honneur, car c'en est un, et qui est fort recherché. Il y a tel chef dont la mort coûte la vie à plus de cent personnes, et on m'a assuré qu'il meurt peu de Natchez considérables à qui quelques-uns de leurs parents, de leurs amis ou de leurs serviteurs, ne fassent pas cortége dans le pays des âmes. Il paroît, par les diverses relations que j'ai vues de ces horribles cérémonies, qu'elles varient beaucoup. En voici une des obsèques d'une femme-chef, que je tiens d'un voyageur qui en fut témoin, et sur la sincérité duquel j'ai tout lieu de compter.

Le mari de cette femme n'étant pas noble, c'est-à-dire de la famille du soleil, son fils aîné l'étrangla selon la coutume; on vida ensuite la cabane de tout ce qui y étoit, et on y construisit une espèce de char de triomphe, où le corps de la défunte et celui de son époux furent placés. Un moment après, on rangea autour de ces cadavres douze petits enfants que leurs parents avoient aussi étranglés par ordre de l'aînée des filles de la femme-chef, et qui succédoit à la dignité de sa mère. Cela fait, on dressa dans la place publique quatorze échafauds ornés de branches d'arbre et de toiles, sur lesquelles on avoit peint différentes figures. Ces échafauds étoient destinés pour autant de personnes qui devoient accompagner la femme-chef dans l'autre monde. Leurs parents étoient tous autour d'elles, et regardoient comme un grand honneur pour leurs familles la permission qu'elles avoient eue de se sacrifier ainsi. On s'y prend quelquefois dix ans auparavant pour obtenir cette grâce, et il faut que ceux ou celles qui l'ont obtenue filent eux-mêmes la corde avec laquelle ils doivent être étranglés.

Ils paroissent sur leurs échafauds revêtus de leurs plus riches habits, portant à la main droite une grande coquille. Leur plus proche parent est à leur droite, ayant sous son bras gauche la corde qui doit servir à l'exécution et à la main droite un casse-tête. De temps en temps il fait le cri de mort, et à ce cri les quatorze victimes descendent de leurs échafauds et vont danser toutes ensemble au milieu de la place, devant le temple et devant la cabane de la femme-chef. On leur rend ce jour-là et les suivants de grands respects : ils ont chacun cinq domestiques, et leur visage est peint en rouge. Quelques-uns ajoutent que pendant les huit jours qui précèdent leur mort ils portent à la jambe un ruban rouge, et que pendant tout ce temps-là c'est à qui les régalera. Quoi qu'il en soit, dans l'occasion dont je parle, les pères et les mères qui avoient étranglé leurs enfants les prirent entre leurs mains, et se rangèrent des deux côtés de la cabane; les quatorze personnes qui étoient aussi destinées à mourir s'y placèrent de la même manière, et ils étoient suivis des parents et des amis de la défunte, tous en deuil, c'est-à-dire les cheveux coupés. Tous faisoient retentir les airs de cris si affreux, qu'on eût dit que tous les diables étoient sortis des enfers pour venir hurler en cet endroit. Cela fut suivi de danses de la part de ceux qui devoient mourir et de chants de la part des parents de la femme-chef.

Enfin, on se mit en marche. les pères et mères qui portoient leurs enfants morts paroissoient les premiers, marchant deux à deux : ils précédoient immédiatement le brancard où étoit le corps de la femme-chef, que quatre hommes portoient sur leurs épaules. Tous les autres venoient après, dans le même ordre que les premiers. De dix pas en dix pas ceux-ci laissoient tomber leurs enfants par terre ; ceux qui portoient le brancard marchoient dessus, puis tournoient tout autour d'eux, en sorte que quand le convoi arriva au temple ces petits corps étoient en pièces.

Tandis qu'on enterroit dans le temple le corps de la femme-chef, on déshabilla les quatorze personnes qui devoient mourir, on les fit asseoir par terre devant la porte, chacune ayant deux sauvages, dont l'un étoit assis sur ses genoux et l'autre lui tenoit les bras par derrière. On leur passa une corde au cou, on leur couvrit la tête d'une peau de chevreuil, on leur fit avaler trois pilules de tabac et boire un verre d'eau, et les parents de la femme-chef tirèrent des deux côtés les cordes en chantant jusqu'à ce qu'elles fussent étranglées. Après quoi on jeta tous ces cadavres dans une même fosse qu'on couvrit de terre.

Quand le grand-chef meurt, s'il a encore sa nourrice, il faut qu'elle meure aussi. Mais il est arrivé plusieurs fois que les François, ne pouvant empêcher cette barbarie, ont obtenu la permission de baptiser les petits enfants qui devoient être étranglés, et qui par conséquent n'accompagnoient pas ceux en l'honneur desquels on les immoloit dans leur prétendu paradis.

Nous ne connoissons point de nation, dans ce continent, où le sexe soit plus débordé que dans celle-ci. Il est même forcé par le soleil et les chefs subalternes à se prostituer à tout venant, et une femme, pour être publique, n'en est pas moins estimée. Quoique la polygamie soit permise et que le nombre des femmes qu'on peut avoir ne soit pas limité, ordinairement chacun n'a que la sienne : mais il peut la répudier quand il veut, liberté dont il n'y a pourtant guère que les chefs qui fassent usage. Les femmes sont assez bien faites pour des sauvages et assez propres dans leur ajustement et dans tout ce qu'elles font. Les filles de la famille noble ne peuvent épouser que des hommes obscurs, mais elles sont en droit de congédier leur mari quand bon leur semble, et d'en prendre un autre, pourvu qu'il n'y ait point d'alliance entre eux.

Si leurs maris leur font une infidélité, elles peuvent leur faire casser la tête, et elles ne sont point sujettes à la même loi. Elles peuvent même avoir autant de galants qu'elles le jugent à propos, sans que le mari puisse le trouver mauvais : c'est un privilége attaché au sang du soleil. Il se tient debout, en présence de sa femme, dans une posture respectueuse ; il ne mange point avec elle ; il la salue du même ton que ses domestiques : le seul privilége que lui procure une alliance si onéreuse, c'est d'être exempt de travail et d'avoir autorité sur ceux qui servent son épouse.

Les Natchez ont deux chefs de guerre, deux maîtres des cérémonies pour le temple, deux officiers pour régler ce qui se doit pratiquer dans les traités de paix ou de guerre ; un qui a l'inspection sur les ouvrages, et quatre autres qui sont chargés d'ordonner tout dans les festins publics. C'est le grand-chef qui donne ces emplois, et ceux qui en sont revêtus sont respectés et obéis comme il le seroit lui-même. Les récoltes se font en commun ; le soleil en marque le jour et convoque le village. Vers la fin de juillet, il indique un autre jour pour le commencement d'une fête qui en dure trois et qui se passe en jeux et en festins.

Chaque particulier y contribue de sa chasse, de sa pêche et de ses autres provisions, qui consistent en maïs, fèves et melons. Le soleil et la femme-chef y président, dans une loge élevée et couverte de feuillages : on les y porte dans un brancard, et le premier tient en sa main une manière de sceptre orné de plumages de diverses couleurs. Tous les nobles sont autour d'eux dans une posture respectueuse. Le dernier jour, le soleil harangue l'assemblée : il exhorte tout le monde à remplir exactement ses devoirs, surtout à avoir une grande vénération pour les esprits qui résident dans le temple, et à bien instruire les enfants. Si quelqu'un s'est signalé par quelque action de zèle, il fait son éloge. Il y a vingt ans que le feu du ciel ayant réduit le temple en cendres, sept ou huit femmes jetèrent leurs enfants au milieu des flammes pour apaiser les génies ; le soleil fit aussitôt venir ces héroïnes, leur donna publiquement de grandes louanges, et finit son discours en exhortant les autres femmes à imiter dans l'occasion un si bel exemple.

Les pères de famille ne manquent jamais d'apporter au temple les prémices de tout ce qu'ils recueillent, et on fait de même de tous les présents qui sont offerts à la nation. On les expose à la porte du temple, dont le gardien, après les avoir présentés aux esprits, les porte chez le soleil, qui les distribue à qui bon lui semble. Les semences sont pareillement offertes devant le temple avec de grandes cérémonies ; mais les offrandes qui s'y font de pains et de farine, à chaque nouvelle lune, sont pour le profit des gardiens du temple.

Les mariages des Natchez ne diffèrent presque pas de ceux des sauvages du Canada : la principale différence qui s'y trouve consiste en ce qu'ici le futur époux commence par faire aux parents de la fille les présents dont on est convenu, et que les noces sont suivies d'un grand festin. La raison pour laquelle il n'y a guère que les chefs qui aient plusieurs femmes, c'est que, pouvant faire cultiver leurs champs par le peuple, sans qu'il leur en coûte rien, le nombre de leurs épouses ne leur est point à charge. Les chefs se marient avec encore moins de cérémonie que les autres. Ils se contentent de faire avertir les parents de la fille sur laquelle ils ont jeté les yeux qu'ils la mettent au nombre de leurs femmes, mais ils n'en gardent qu'une ou deux dans leurs cabanes ; les autres restent chez leurs parents, où leurs maris les visitent quand il leur plaît. La jalousie ne règne point dans ces mariages ; les Natchez se prêtent même sans façon leurs femmes, et c'est apparemment de là que vient la facilité avec laquelle ils les congédient pour en prendre d'autres.

Lorsqu'un chef de guerre veut lever un parti, il plante dans un endroit marqué pour cela deux arbres ornés de plumes, de flèches et de casse-tête, le tout peint en rouge, aussi bien que les arbres, qui sont encore piqués du côté où l'on veut porter la guerre. Ceux qui veulent s'enrôler se présentent au chef, bien parés, le visage barbouillé de différentes couleurs, et lui déclarent le désir qu'ils ont de pouvoir apprendre sous ses ordres le métier des armes ; qu'il sont disposés à endurer toutes les fatigues de la guerre et prêts à mourir, s'il le faut, pour la patrie.

Quand le chef a le nombre de soldats que demande l'expédition qu'il médite, il fait préparer chez lui un breuvage qui se nomme la *médecine de la guerre*. C'est un vomitif fait avec une racine bouillie dans l'eau : on en donne à chacun deux pots, qu'il faut avaler tout de suite et que l'on rend presque aussitôt avec les plus violents efforts. On travaille ensuite aux préparatifs, et, jusqu'au jour fixé pour le départ, les guerriers se rendent soir et matin dans une place où, après avoir dansé et raconté leurs beaux faits d'armes, chacun chante sa chanson de mort. Ce peuple n'est pas moins superstitieux sur les songes que les sauvages du Canada : il n'en faut qu'un de mauvais augure pour rebrousser chemin quand on est en marche.

Les guerriers marchent avec beaucoup d'ordre et prennent de grandes précautions pour camper et pour se rallier. On envoie souvent à la découverte, mais on ne pose point de sentinelles pendant la nuit : on éteint tous les feux, on se recommande aux esprits, et on s'endort avec sécurité, après que le chef a averti tout le monde de ne point ronfler trop fort et d'avoir toujours près de soi ses armes en bon état. Les idoles sont exposées sur une perche penchée du côté des ennemis ; et tous les guerriers, avant que de s'aller coucher, passent les uns après les autres, le casse-tête à la main, devant ces prétendues divinités. Ils se tournent ensuite vers le pays ennemi, et font de grandes menaces que le vent emporte souvent d'un autre côté.

Il ne paroît pas que les Natchez exercent sur leurs prisonniers, durant la marche, les cruautés qui sont en usage dans le Canada. Lorsque ces malheureux sont arrivés au grand village, on les fait chanter et danser plusieurs jours de suite devant le temple, après quoi ils sont livrés aux parents de ceux qui ont été tués durant la campagne. Ceux-ci, en les recevant, fondent en pleurs ; puis, après avoir essuyé leurs larmes avec les chevelures que les guerriers ont rapportées, ils se cotisent pour récompenser ceux qui leur ont fait présent de leurs esclaves, dont le sort est toujours d'être brûlés.

Les guerriers changent de nom à mesure qu'ils font de nouveaux exploits ; ils les reçoivent des anciens chefs de guerre, et ces noms ont toujours quelque rapport à l'action par laquelle on a mérité cette distinction ; ceux qui pour la première fois ont fait un prisonnier ou enlevé une chevelure doivent pendant un mois s'abstenir de voir leurs femmes et de manger de la viande. Ils s'imaginent que s'ils y manquoient, les âmes de ceux qu'ils ont tués ou brûlés les feroient mourir, ou que la première blessure qu'ils recevroient seroit mortelle, ou du moins qu'ils ne remporteroient plus aucun avantage sur leurs ennemis. Si le soleil commande ses sujets en personne, on a grand soin qu'il ne s'expose pas trop, moins peut-être par zèle pour sa conservation qu'à cause que les autres chefs de guerre et les principaux du parti seroient mis à mort pour ne l'avoir pas bien gardé.

Les jongleurs des Natchez ressemblent assez à ceux du Canada et traitent les malades à peu près de la même façon. Ils sont bien payés quand le malade guérit, mais, s'il meurt, il leur en coûte souvent à eux-mêmes la vie. Il y a dans cette nation une autre espèce de jongleurs, qui ne courent pas moins de risques que ces médecins : ce sont certains vieillards fainéants, qui, pour faire subsister leurs familles sans être obligés de travailler, entreprennent de procurer la pluie ou le beau temps, selon les besoins. Vers le printemps on se cotise pour acheter de ces prétendus magiciens un temps favorable aux biens de la terre. Si c'est de la pluie qu'on demande, ils se remplissent la bouche d'eau, et avec un chalumeau dont l'extrémité est percée de plusieurs trous comme un entonnoir, ils soufflent en l'air du côté où ils aperçoivent quelque nuage, tandis que, le chichikoué d'une main et leur Manitou de l'autre, ils jouent de l'un et lèvent l'autre en l'air, invitant, par des cris affreux, les nuages à arroser les campagnes de ceux qui les ont mis en œuvre.

S'il est question d'avoir du beau temps, ils montent sur le toit de leurs cabanes, font signe aux nuages de passer outre; et si les nuages passent et se dissipent, ils dansent et chantent autour de leurs idoles, puis avalent de la fumée de tabac et présentent au ciel leurs calumets. Tout le temps que durent ces opérations, ils observent un jeûne rigoureux et ne font que danser et chanter. Si on obtient ce qu'ils ont promis, ils sont bien récompensés; s'ils ne réussissent pas, ils sont mis à mort sans miséricorde. Mais ce ne sont pas les mêmes qui se mêlent de procurer la pluie et le beau temps : leurs génies, disent-ils, ne peuvent donner que l'un ou l'autre.

Le deuil, parmi ces sauvages, consiste à se couper les cheveux, à ne se point peindre le visage, et à ne se point trouver aux assemblées; mais j'ignore combien il dure. Je n'ai pu savoir non plus s'ils célèbrent la grande Fête des Morts dont je vous ai donné la description; il paroît que dans cette nation, où tout est en quelque façon esclave de ceux qui commandent, tous les honneurs mortuaires sont pour ceux-ci, surtout pour le soleil et pour la femme-chef.

Les traités de paix et d'alliance se font avec beaucoup d'appareil, et le grand-chef y soutient toujours sa dignité en véritable souverain. Dès qu'il est averti du jour de l'arrivée des ambassadeurs, il donne ses ordres aux maîtres des cérémonies pour les préparatifs de leur réception, et nomme ceux qui doivent nourrir tour à tour ces envoyés, car c'est aux dépens de ses sujets qu'il fait tous les frais de l'ambassade. Le jour de l'entrée des ambassadeurs chacun a sa place marquée selon son rang; et quand ces ministres sont à cinq cents pas du grand-chef, ils s'arrêtent, et chantent la paix.

Ordinairement l'ambassade est composée de trente hommes et de six femmes. Six des meilleures voix marchent à la tête du cortége, et entonnent; les autres suivent, et le chichikoué sert à régler la mesure. Quand le soleil fait signe aux ambassadeurs d'approcher, ils se remettent en marche; ceux qui portent le calumet dansent en chantant, se tournent de tous côtés, se donnent de grands mouvements et font quantité de grimaces et de contorsions. Ils recommencent le même manége autour du grand-chef quand ils sont arrivés auprès de lui; ils le frottent ensuite avec leur calumet depuis les pieds jusqu'à la tête, puis ils vont rejoindre leur troupe.

Alors ils remplissent un calumet de tabac, et, tenant du feu d'une main, ils avancent tous ensemble vers le grand-chef, et lui présentent le calumet allumé. Ils fument avec lui, poussent vers le ciel la première vapeur de leur tabac, la seconde vers la terre et la troisième autour de l'horizon. Cela fait, ils présentent leurs calumets aux parents du soleil et aux chefs subalternes. Ils vont ensuite frotter de leurs mains l'estomac du soleil, puis ils se frottent eux-mêmes tout le corps; enfin, ils posent leurs calumets sur des fourches, vis-à-vis le grand-chef, et l'orateur de l'ambassade commence sa harangue, qui dure une heure.

Quand il a fini, on fait signe aux ambassadeurs, qui jusque là étoient demeurés debout, de s'asseoir sur des bancs placés pour eux près du soleil, lequel répond à leur discours et parle aussi une heure entière. Ensuite un maître des cérémonies allume un grand calumet de paix, et y fait fumer les ambassadeurs, qui avalent la première gorgée. Alors le soleil leur demande des nouvelles de leur santé; tous ceux qui assistent à l'audience leur font le même compliment; puis on les conduit dans la cabane qui leur est destinée, et où on leur donne un grand repas. Le soir du même jour le soleil leur rend visite; mais quand ils le savent prêt à sortir de chez lui pour leur faire cet honneur, ils le vont chercher, le portent sur leurs épaules dans leur logis et le font asseoir sur une grande peau. L'un d'eux se place derrière lui, appuie ses deux mains sur ses épaules, et le secoue assez longtemps, tandis que les autres, assis en rond par terre, chantent leurs belles actions à la guerre.

Ces visites recommencent tous les matins et tous les soirs, mais à la dernière le cérémonial change. Les ambassadeurs plantent un poteau au milieu de leur cabane, et s'asseyent tout autour: les guerriers qui accompagnent le soleil, parés de leurs plus belles robes, dansent, et tour à tour frappent le poteau, et racontent leurs plus beaux faits d'armes; après quoi ils font des présents aux ambassadeurs. Le lendemain ceux-ci ont, pour la première fois, la permission de se promener dans le village, et tous les soirs on leur donne des fêtes, qui ne consistent que dans des danses. Quand ils sont sur leur départ, les maîtres de cérémonies leur font fournir toutes les provisions dont ils ont besoin pour leur voyage, et c'est toujours aux dépens des particuliers.

La plupart des nations de la Louisiane avoient autrefois leur temple aussi bien que les Natchez, et dans tous ces temples il y avoit un feu perpétuel. Il semble même que les Maubiliens avoient sur tous les peuples de cette partie de la Floride une espèce de primatie de religion, car c'étoit à leur feu qu'il falloit rallumer celui que, par négligence ou par malheur, on avait laissé éteindre. Mais aujourd'hui le temple des Natchez est le seul qui subsiste, et il est en grande vénération parmi tous les sauvages qui habitent dans ce vaste continent, et dont la diminution est aussi considérable et a été encore plus prompte que celle des peuples du Canada, sans qu'il soit possible d'en savoir la véritable raison. Des nations entières ont absolument disparu depuis quarante ans au plus. Celles qui subsistent encore ne sont plus que l'ombre de ce qu'elles étoient lorsque M. de La Salle découvrit ce pays.

DEUXIÈME EXTRAIT DE CHARLEVOIX.

Il y avoit déjà plusieurs années que les Chichacas, à l'instigation de quelques Anglois, avoient formé le dessein de détruire de telle sorte toute la colonie de la Louisiane, qu'il n'y restât pas un seul François. Ils avoient conduit leur intrigue avec un si grand secret, que les Illinois, les Acansas et les Thonicas, à qui ils n'avoient pas osé le communiquer, parce qu'ils savoient que leur attachement pour nous étoit à toute épreuve, n'en avoient pas eu le moindre vent. Toutes les autres nations y étoient entrées; chacune devoit faire main basse sur tous les habitants qu'on lui avoit marqués, et toutes devoient frapper le même jour, à la même heure. Les Tchactas mêmes, la plus nombreuse nation de ce continent, et de tout temps nos alliés, avoient été gagnés, du moins ceux de l'est, qu'on appelle la grande nation; ceux de l'ouest, ou la petite nation, n'y avoient point pris de part, mais ils gardèrent longtemps le secret, et ce ne fut que par hasard qu'ils le découvrirent, et lorsqu'il étoit déjà trop tard pour donner avis à tout le monde de se tenir sur ses gardes.

M. Perrier ayant appris que les premiers avoient quelque démêlé avec M. Diron d'Artaguette, lieutenant du roi et commandant au fort de la Maubile, fit inviter les chefs de toute la nation à le venir trouver à la Nouvelle-Orléans, leur faisant espérer une entière satisfaction sur tous leurs griefs. Ils y vinrent, et après qu'ils se furent expliqués sur le sujet qui les avoit fait appeler, ils dirent au commandant général que la nation étoit charmée qu'il lui eût envoyé un officier pour résider dans leur pays, et qu'il les eût invités à le venir voir. Ils n'en dirent pas davantage, mais ils s'en retournèrent fort disposés 1° à manquer de parole aux Chichacas, à qui ils avoient promis de détruire toutes les habitations qui dépendoient du fort de la Maubile; en second lieu, à faire en sorte que les Natchez exécutassent leur projet. C'est ce que les Natchez leur ont depuis reproché en face et en présence des François, sans qu'ils aient osé le nier. On n'a jamais douté que leur dessein n'ait été de nous obliger d'avoir recours à eux, et par ce moyen de profiter et de ce que nous leur donnerions pour les engager à nous secourir, et du butin qu'ils feroient sur les Natchez.

Ainsi le commandant général étoit, sans le savoir, à la veille de voir une partie de la colonie détruite par des ennemis dont il ne se défioit point, et trahi par les alliés sur lesquels il croyoit pouvoir compter, et qui étoient en effet une de ses grandes ressources, mais qui vouloient profiter de nos malheurs. Au reste, il étoit d'autant plus aisé à ceux que les Chichacas avoient mis dans leurs intérêts de réussir dans leurs projets, qu'aucune habitation françoise n'étoit à l'épreuve d'une surprise et d'un coup de main. Il y avoit bien en quelques endroits des forts, mais, à l'exception de celui de la Maubile, ils n'étoient que de pieux dont les deux tiers étoient pourris; et eussent-ils été en état de défense, ils ne pouvoient garantir de la fureur des sauvages qu'un petit nombre d'habitations voisines. On étoit d'ailleurs partout dans une sécurité qui auroit mis ces barbares en état de massacrer tous les François jusque dans les places les mieux gardées, comme il arriva le 28 de novembre aux Natchez, de la manière que je vais dire.

M. de Chépar, qui commandoit dans ce poste, s'étoit un peu brouillé avec ces sauvages; mais il paroît que ceux-ci avoient porté la dissimulation jusqu'à lui persuader que les François n'avoient point d'alliés plus fidèles qu'eux.

Le jour destiné pour l'exécution du complot général n'étoit point encore venu; mais deux choses déterminèrent les Natchez à l'anticiper : la première est qu'il venoit d'arriver au débarquement quelques bateaux assez bien pourvus de marchandises pour la garnison de ce poste, pour celle des Yazous, et pour plusieurs habitants, et qu'ils vouloient s'en emparer avant que la distribution s'en fît, la seconde, que le commandant avoit reçu la visite de MM. Kolly père et fils, dont la concession n'étoit pas éloignée de là, et de plusieurs autres personnes considérables; car ils comprirent d'abord qu'en prétextant d'aller à la chasse pour donner à M. de Chépar de quoi régaler ses hôtes, ils pourroient s'armer tous, sans qu'on se défiât de rien. Ils en firent la proposition au commandant; elle fut agréée avec joie, et sur-le-champ ils allèrent traiter avec les habitants pour avoir des fusils, des balles et de la poudre, qu'ils payèrent comptant.

Cela fait, ils se répandirent, le lundi 28, de grand matin, dans toutes les habitations, publiant qu'ils alloient partir pour la chasse, observant d'être partout en plus grand nombre que les François. Ils chantèrent ensuite le calumet en l'honneur du commandant et de sa compagnie, après quoi ils retournèrent chacun à leur poste. Un moment après, au signal de trois coups de fusil tirés consécutivement à la porte du logis de M. de Chépar, ils firent main basse en même temps partout. Le commandant et M. Kolly furent tués des premiers. Il n'y eut de résistance que dans la maison de M. de La Loire des Ursins, commis principal de la compagnie des Indes, où il y avoit huit hommes. On s'y battit bien. Huit Natchez y furent tués, six François le furent aussi; les deux autres se sauvèrent. M. de La Loire venoit de monter à cheval : au premier bruit qu'il entendit, il voulut retourner chez lui, mais il fut arrêté par une troupe de sauvages, contre lesquels il se défendit assez longtemps, jusqu'à ce que, percé de plusieurs coups, il tomba mort, après avoir tué quatre Natchez. Ainsi, ces barbares perdirent en cet endroit douze hommes, mais ce fut tout ce que leur coûta leur trahison.

Avant que d'exécuter leur coup, ils s'étoient assurés de plusieurs nègres, entre lesquels étoient deux commandants. Ceux-ci avoient persuadé aux autres qu'ils seroient libres avant les sauvages; que nos femmes et nos enfants seroient leurs esclaves, et qu'ils n'auroient rien à craindre des autres postes, parce que le massacre se feroit en même temps partout. Il paroît néanmoins que le secret n'avoit été confié qu'à un petit nombre.

FIN DE LA DESCRIPTION.

TABLEAUX

DE LA NATURE

1784-1790

—

POÉSIES DIVERSES

PRÉFACE.

Dans l'Avertissement placé à la tête du premier volume des Œuvres complètes (édition de 1829), j'ai dit : « J'ai longtemps fait des vers avant de descendre à la prose. Ce n'étoit qu'avec regret que M. de Fontanes m'avoit vu renoncer aux Muses : moi-même je ne les ai quittées que pour exprimer plus rapidement des vérités que je croyois utiles. »

Dans la Préface des ouvrages politiques, j'ai dit : « Les Muses furent l'objet du culte de ma jeunesse ; ensuite je continuai d'écrire en prose avec un penchant égal sur des sujets d'imagination, d'histoire, de politique et même de finances. Mon premier ouvrage, l'*Essai historique*, est un long traité d'histoire et de politique. Dans le *Génie du Christianisme*, la politique se retrouve partout, et je n'ai pu me défendre de l'introduire jusque dans l'*Itinéraire* et dans *les Martyrs*. Mais par l'impossibilité où sont les hommes d'accorder deux aptitudes à un même esprit, on ne voulut sortir pour moi du préjugé commun qu'à l'apparition de la *Monarchie selon la Charte*. »

Vous avez fait beaucoup de vers, me dira-t-on : soit; mais sont-ils bons ? Voilà toute la question pour le public.

Je sais fort bien que ce n'est pas à moi, mais au public à trancher cette question. Je ne pourrois appuyer mes espérances que sur une autorité grave à la vérité, mais peut-être fascinée par les illusions de l'amitié. Je vais présenter quelques observations dont je ne prétends faire aucune application à ma personne : je le dis avec sincérité, et j'espère qu'on le croira.

Les grands poëtes ont été souvent de grands écrivains en prose ; qui peut le plus peut le moins : mais les bons écrivains en prose ont été presque toujours de méchants poëtes. La difficulté est de déterminer, lorsqu'on écrit aussi facilement en prose qu'en vers, et en vers qu'en prose, si la nature vous avoit fait poëte d'abord et prosateur ensuite, ou prosateur en premier lieu et poëte après.

Si vous avez écrit plus de vers que de prose, ou plus de prose que de vers, on vous range dans la catégorie des écrivains en vers ou en prose, d'après le nombre et le succès de vos ouvrages.

Si l'un des deux talents domine chez vous, vous êtes vite classé.

Si les deux talents sont à peu près sur la même ligne, à l'instant on vous en refuse un, par *cette impossibilité où sont les hommes d'accorder deux aptitudes à un même esprit,* comme je l'ai déjà remarqué. On vous loue même excessivement de ce que vous avez pour déprécier ce que vous avez encore, mais ce qu'on ne veut pas reconnoître ; on vous élève aux nues pour vous rabaisser au-dessous de tout. L'envie est fort embarrassée, car elle se voit obligée d'accroître votre gloire pour la détruire, et si le résultat lui fait plaisir, le moyen lui fait peine

Répétez, par exemple, jusqu'à satiété que presque tous les grands talents politiques et militaires de la Grèce, de l'Italie ancienne, de l'Italie moderne, de l'Allemagne, de l'Angleterre, ont été aussi de grands talents littéraires, vous ne parviendrez jamais à convaincre de cette vérité de fait la partie médiocre et envieuse de notre société. Ce préjugé barbare qui sépare les talents n'existe qu'en France, où l'amour-propre est inquiet, où chacun croit perdre ce que son voisin possède, où enfin on avoit divisé les facultés de l'esprit comme les classes des citoyens. Nous avions nos trois ordres intellectuels, le génie politique, le génie militaire, le génie littéraire, comme nous avions nos trois ordres politiques, le clergé, la noblesse et le tiers état ; mais dans la constitution des trois ordres intellectuels, *il étoit de principe* qu'ils ne pouvoient jamais se trouver réunis dans la même chambre, c'est-à-dire dans la même tête.

Le gouvernement public dont nous jouissons maintenant fera disparoître peu à peu ces notions dignes des Velches. Il étoit tout simple que dans une monarchie militaire, où l'on n'avoit besoin ni de l'étude politique, ni de l'éloquence de la tribune, les lettres parussent un amusement de cabinet ou une occupation de collége. Force sera aujourd'hui de reconnoître que le consul

PRÉFACE.

Cicéron étoit non-seulement un grand orateur, mais encore un grand écrivain, comme César étoit un grand historien et un grand poëte.

De ces considérations (que, pour le dire encore une fois, je présente dans un intérêt général, nullement dans celui de ma vanité), je passe à l'*historique* de mes poésies.

Si j'avois voulu tout imprimer, le public n'en auroit pas été quitte à moins de deux ou trois gros volumes. Je faisois des vers au collége, et j'ai continué d'en faire jusqu'à ce jour : *je me suis gardé de les montrer aux gens.* Les Muses ont été pour moi des divinités de famille, des Lares que je n'adorois qu'à mes foyers.

Les poésies, en très-petit nombre, que je me suis déterminé à conserver sont divisées en deux classes, savoir : les poésies échappées à ma première jeunesse, et celles que j'ai composées aux différentes époques de ma vie. J'en ai marqué les dates autant que possible, afin qu'on pût suivre dans mes vers, comme on a suivi dans ma prose, l'ordre chronologique des idées et le développement graduel de l'art.

Tous mes premiers vers, sans exception, sont inspirés par l'amour des champs; ils forment une suite de petites idylles sans *moutons*, et où l'on trouve à peine un *berger*. J'ai compris les vers de 1784 à 1790 sous ce titre : *Tableaux de la Nature*. Je n'ai rien ou presque rien changé à ces vers : composés à une époque où Dorat avoit gâté le goût des jeunes poëtes, ils n'ont rien de maniéré, quoique la langue y soit quelquefois fortement invertie; ils sont d'ailleurs coupés avec une liberté de césure que l'on ne se permettoit guère alors. Les rimes sont soignées, les mètres variés, quoique disposés à se former en dix syllabes. On retrouve dans ces essais de ma Muse des descriptions que j'ai transportées depuis dans ma prose.

C'est dans ces idylles d'une espèce nouvelle que le lecteur rencontrera les premières lignes qui aient jamais été imprimées de moi. Le neuvième tableau fut inséré dans l'*Almanach des Muses* de 1790; il y figure à la page 205 sous ce titre, que je lui ai conservé : *l'Amour de la campagne,* par le chevalier de C***. On en parla dans la société de Ginguené, de Lebrun, de Chamfort, de Parny, de Flins, de La Harpe et de Fontanes, avec lesquels j'avois des liaisons plus ou moins étroites. Je prenois mal mon temps pour faire *Ma veille des armes* dans l'*Almanach des Muses*: on étoit déjà en pleine révolution, et ce n'étoit plus avec des quatrains qu'on pouvoit aller à la renommée.

Voici ce que je lis dans les Mémoires inédits de ma vie, au sujet de mon début dans la carrière littéraire. Après avoir fait le tableau des diverses sociétés de Paris à cette époque et le portrait des principaux acteurs, je dis :

« On me demandera : Et l'histoire de votre présentation, que devint-elle ? — Elle resta là. — Vous ne chassâtes donc plus avec le roi après avoir monté dans les carrosses ? — Pas plus qu'avec l'empereur de la Chine. — Vous ne retournâtes donc plus à la cour ? — J'allai deux fois jusqu'à Sèvres, et revins à Paris. — Vous ne tirâtes donc aucun parti de votre position et de celle de votre frère ? — Aucun. — Que faisiez-vous donc ? — Je m'ennuyois. — Ainsi vous ne vous sentiez aucune ambition ? — Si fait : à force d'intrigues et de soucis, je parvins, par la protection de Delisle de Sales, à la gloire de faire insérer dans l'*Almanach des Muses* une idylle (*l'Amour de la campagne*) dont l'apparition me pensa faire mourir de crainte et d'espérance. »

Au retour de l'émigration, mon ami M. de Fontanes, qui connoissoit mes secrets poétiques, m'engagea à laisser insérer dans le *Mercure* les vers intitulés *la Forêt*. Tandis que j'étois à Londres, M. Peltier avoit publié dans son journal mon imitation de l'élégie de Gray sur un *Cimetière de campagne*. Cette imitation a été réimprimée, en 1828, dans les *Annales romantiques*. Les autres pièces ont été publiées pour la première fois, en 1828, dans l'édition de mes Œuvres complètes.

TABLEAUX
DE LA NATURE

I.

INVOCATION.

Je voudrois célébrer dans des vers ingénus
Les plantes, leurs amours, leurs penchants inconnus,
L'humble mousse attachée aux voûtes des fontaines,
L'herbe qui d'un tapis couvre les vertes plaines,
Sur ces monts exaltés le cèdre précieux
Qui parfume les airs et s'approche des cieux
Pour offrir son encens au Dieu de la nature,
Le roseau qui frémit au bord d'une onde pure,
Le tremble au doux parler, dont le feuillage frais
Remplit de bruits légers les antiques forêts,
Et le pin qui, croissant sur des grèves sauvages,
Semble l'écho plaintif des mers et des orages :
L'innocente nature et ses tableaux touchants,
Ainsi qu'à mon amour auront part à mes chants.

II.

LA FORÊT.

Forêt silencieuse, aimable solitude,
Que j'aime à parcourir votre ombrage ignoré !
Dans vos sombres détours, en rêvant égaré,
J'éprouve un sentiment libre d'inquiétude !
Prestige de mon cœur ! je crois voir s'exhaler
Des arbres, des gazons, une douce tristesse :
Cette onde que j'entends murmure avec mollesse,
Et dans le fond des bois semble encor m'appeler.
Oh ! que ne puis-je, heureux, passer ma vie entière
Ici, loin des humains ! — Au bruit de ces ruisseaux,
Sur un tapis de fleurs, sur l'herbe printanière,
Qu'ignoré je sommeille à l'ombre des ormeaux !
Tout parle, tout me plaît sous ces voûtes tranquilles :
Ces genêts, ornements d'un sauvage réduit,
Ce chèvrefeuille atteint d'un vent léger qui fuit,
Balancent tour à tour leurs guirlandes mobiles.
Forêts, dans vos abris gardez mes vœux offerts !
A quel amant jamais serez-vous aussi chères ?
D'autres vous rediront des amours étrangères ;
Moi de vos charmes seuls j'entretiens vos déserts [1].

III.

LE SOIR, AU BORD DE LA MER.

Les bois épais, les sirtes mornes, nues,
Mêlent leurs bords dans les ombres chenues.
En scintillant dans le zénith d'azur,
On voit percer l'étoile solitaire :
A l'occident, séparé de la terre,

---

1. Vers imprimés dans *le Mercure.* Voyez la Préface.

L'écueil blanchit sous un horizon pur,
Tandis qu'au nord, sur les mers cristallines,
Flotte la nue en vapeurs purpurines.
D'un carmin vif les monts sont dessinés;
Du vent du soir se meurt la voix plaintive;
Et, mollement l'un à l'autre enchaînés,
Les flots calmés expirent sur la rive.

Tout est grandeur, pompe, mystère, amour :
Et la nature, aux derniers feux du jour,
Avec ses monts, ses forêts magnifiques,
Son plan sublime et son ordre éternel,
S'élève ainsi qu'un temple solennel,
Resplendissant de ses beautés antiques.
Le sanctuaire où le Dieu s'introduit
Semble voilé par une sainte nuit;
Mais dans les airs la coupole hardie,
Des arts divins, gracieuse harmonie,
Offre un contour peint des fraîches couleurs
De l'arc-en-ciel, de l'aurore et des fleurs.

IV.

LE SOIR, DANS UNE VALLÉE.

Déjà le soir de sa vapeur bleuâtre
Enveloppoit les champs silencieux;
Par le nuage étoient voilés les cieux :
Je m'avançois vers la pierre grisâtre.

Du haut d'un mont une onde rugissant
S'élançoit : sous de larges sycomores,
Dans ce désert d'un calme menaçant,
Rouloient des flots agités et sonores.
Le noir torrent, redoublant de vigueur,
Entroit fougueux dans la forêt obscure
De ces sapins, au port plein de langueur,
Qui, négligés comme dans la douleur,

Laissent tomber leur longue chevelure,
De branche en branche errant à l'aventure.
Se regardant dans un silence affreux,
Des rochers nus s'élevoient, ténébreux ;
Leur front aride et leurs cimes sauvages
Voyoient glisser et fumer les nuages :
Leurs longs sommets, en prisme partagés,
Étoient des eaux et des mousses rongés.
Des liserons, d'humides capillaires,
Couvroient les flancs de ces monts solitaires ;
Plus tristement des lierres encor
Se suspendoient aux rocs inaccessibles ;
Et contrasté, teint de couleurs paisibles,
Le jonc, couvert de ses papillons d'or,
Rioit au vent sur des sites terribles.

Mais tout s'efface, et surpris de la nuit,
Couché parmi des bruyères laineuses,
Sur le courant des ondes orageuses
Je vais pencher mon front chargé d'ennui.

V.

NUIT DE PRINTEMPS.

Le ciel est pur, la lune est sans nuage :
Déjà la nuit au calice des fleurs
Verse la perle et l'ambre de ses pleurs ;
Aucun zéphyr n'agite le feuillage.
Sous un berceau, tranquillement assis,
Où le lilas flotte et pend sur ma tête,
Je sens couler mes pensers rafraîchis
Dans les parfums que la nature apprête.
Des bois dont l'ombre, en ces prés blanchissants,
Avec lenteur se dessine et repose,
Deux rossignols, jaloux de leurs accents,
Vont tour à tour réveiller le printemps
Qui sommeilloit sous ces touffes de rose.

Mélodieux, solitaire Ségrais,
Jusqu'à mon cœur vous portez votre paix!
Des prés aussi traversant le silence,
J'entends au loin, vers ce riant séjour,
La voix du chien qui gronde et veille autour
De l'humble toit qu'habite l'innocence.
Mais quoi! déjà, belle nuit, je te perds!
Parmi les cieux à l'aurore entr'ouverts,
Phébé n'a plus que des clartés mourantes,
Et le zéphyr, en rasant le verger,
De l'orient, avec un bruit léger,
Se vient poser sur ces tiges tremblantes.

VI.

NUIT D'AUTOMNE.

Mais des nuits d'automne
Goûtons les douceurs;
Qu'aux aimables fleurs
Succède Pomone.
Le pâle couchant
Brille encore à peine;
De Vénus, qu'il mène,
L'astre va penchant;
La lune, emportée
Vers d'autres climats,
Ne montrera pas
Sa face argentée.
De ces peupliers,
Au bord des sentiers,
Les zéphyrs descendent,
Dans les airs s'étendent,
Effleurent les eaux,
Et de ces ormeaux
Raniment la sève :
Comme une vapeur,
La douce fraîcheur

De ces bois s'élève.
Sous ces arbres verts,
Qu'un vent frais balance,
J'entends en silence
Leurs légers concerts :
Mollement bercée,
La voûte pressée
En dôme orgueilleux
Serre son ombrage,
Et puis s'entr'ouvrant,
Du ciel lentement
Découvre l'image.
Là, des nuits l'azur
Dans un cristal pur
Déroule ses voiles.
Et le flot brillant
Coule en sommeillant
Sur un lit d'étoiles.

Oh ! charme nouveau !
Le son du pipeau
Dans l'air se déploie,
Et du fond des bois
M'apporte à la fois
L'amour et la joie.
Près des ruisseaux clairs,
Au chaume d'Adèle
Le pasteur fidèle
Module ses airs.
Tantôt il soupire,
Tantôt il désire ;
Se tait : tour à tour
Sa simple cadence
Me peint son amour
Et son innocence.
Dans son lit heureux
La pauvre attentive
Écoute, pensive,
Ces sons dangereux :
Le drap qui la couvre
Loin d'elle a roulé,

Et son œil troublé
Mollement s'entr'ouvre.
Tout entière au bruit
Qui pendant la nuit
La charme et l'accuse,
Adèle au vainqueur
Son aveu refuse
Et donne son cœur.

VII.

LE PRINTEMPS, L'ÉTÉ ET L'HIVER.

Vallée au nord, onduleuse prairie,
Déserts charmants, mon cœur, formé pour vous,
Toujours vous cherche en sa mélancolie.
A ton aspect, solitude chérie,
Je ne sais quoi de profond et de doux
Vient s'emparer de mon âme attendrie.
Si l'on savoit le calme qu'un ruisseau
En tous mes sens porte avec son murmure,
Ce calme heureux que j'ai, sur la verdure,
Goûté cent fois seul au pied d'un coteau,
Les froids amants du froid séjour des villes
Rechercheroient ces voluptés faciles.

Si le printemps les champs vient émailler,
Dans un coin frais de ce vallon paisible,
Je lis assis sous le rameux noyer,
Au rude tronc, au feuillage flexible.
Du rossignol le suave soupir
Enchaîne alors mon oreille captive,
Et dans un songe au-dessus du plaisir
Laisse flotter mon âme fugitive.
Au fond d'un bois quand l'été va durant,
Est-il une onde aimable et sinueuse
Qui, dans son cours, lente et voluptueuse,
A chaque fleur s'arrête en soupirant?

Cent fois au bord de cette onde infidèle
J'irai dormir sous le coudre odorant,
Et disputer de paresse avec elle.

Sous le saule nourri de ta fraîcheur amie,
Fleuve témoin de mes soupirs,
Dans ces prés émaillés, au doux bruit des zéphyrs,
Ton passage offre ici l'image de la vie.
En des vallons déserts, au sortir de ces fleurs,
Tu conduis tes ondes errantes :
Ainsi nos heures inconstantes
Passent des plaisirs aux douleurs.

Mais si voluptueux, du moins dans notre course,
Du printemps nous allons jouir,
Nos jours plus doucement s'éloignent de leur source,
Emportant avec eux un tendre souvenir :
Ainsi tu vas moins triste au rocher solitaire,
Vers ces bois où tu fuis toujours,
Si de ces prés ton heureux cours
Entraîne quelque fleur légère.

De mon esprit ainsi l'enchantement
Naît et s'accroît pendant tout un feuillage.
L'aquilon vient, et l'on voit tristement
L'arbre isolé sur le coteau sauvage
Se balancer au milieu de l'orage.
De blancs oiseaux en troupes partagés
Quittent les bords de l'Océan antique :
Tous en silence à la file rangés
Fendent l'azur d'un ciel mélancolique.
J'erre aux forêts où pendent les frimas :
Interrompu par le bruit de la feuille
Que lentement j traîne sous mes pas,
Dans ses pensers mon esprit se recueille.

Qui le croiroit? plaisirs solacieux,
Je vous retrouve en ce grand deuil des cieux :
L'habit de veuve embellit la nature.
Il est un charme à des bois sans parure :

Ces prés riants entourés d'aunes verts,
Où l'onde molle énerve la pensée,
Où sur les fleurs l'âme rêve bercée
Aux doux accords du feuillage et des airs,
Ces prés riants que l'aquilon moissonne,
Plaisent aux cœurs. Vers la terre courbés
Nous imitons, ou flétris ou tombés,
L'herbe en hiver et la feuille en automne.

VIII.

LA MER.

Des vastes mers tableau philosophique,
Tu plais au cœur de chagrins agité :
Quand de ton sein, par les vents tourmenté,
Quand des écueils et des grèves antiques
Sortent des bruits, des voix mélancoliques,
L'âme attendrie en ses rêves se perd,
Et, s'égarant de penser en penser
Comme les flots de murmure en murmure,
Elle se mêle à toute la nature :
Avec les vents, dans le fond des déserts,
Elle gémit le long des bois sauvages,
Sur l'Océan vole avec les orages,
Gronde en la foudre et tonne dans les mers.

Mais quand le jour sur les vagues tremblantes
S'en va mourir; quand, souriant encor,
Le vieux soleil glace de pourpre et d'or
Le vert changeant des mers étincelantes,
Dans des lointains fuyants et veloutés
En enfonçant ma pensée et ma vue,
J'aime à créer des mondes enchantés,
Baignés des eaux d'une mer inconnue.
L'ardent désir, des obstacles vainqueur,

Trouve, embellit des rives bocagères,
Des lieux de paix, des îles de bonheur,
Où, transporté par les douces chimères,
Je m'abandonne aux songes de mon cœur.

IX.

L'AMOUR DE LA CAMPAGNE.

Que de ces prés l'émail plaît à mon cœur!
Que de ces bois l'ombrage m'intéresse!
Quand je quittai cette onde enchanteresse,
L'hiver régnoit dans toute sa fureur.

Et cependant mes yeux demandoient ce rivage;
Et cependant d'ennuis, de chagrins dévoré,
Au milieu des palais, d'hommes froids entouré,
Je regrettois partout mes amis du village.
Mais le printemps me rend mes champs et mes beaux jours.
Vous m'allez voir encore, ô verdoyantes plaines!
Assis nonchalamment auprès de vos fontaines,
Un Tibulle à la main, me nourrissant d'amours.
Fleuve de ces vallons, là, suivant tes détours,
J'irai seul et content gravir ce mont paisible
Souvent tu me verras, inquiet et sensible,
Arrêté sur tes bords en regardant ton cours.

J'y veux terminer ma carrière;
Rentré dans la nuit des tombeaux,
Mon ombre, encor tranquille et solitaire,
Dans les forêts cherchera le repos.

Au séjour des grandeurs mon nom mourra sans gloire,
Mais il vivra longtemps sous les toits de roseaux,

Mais d'âge en âge en gardant leurs troupeaux,
Des bergers attendris feront ma courte histoire :

« Notre ami, diront-ils, naquit sous ce berceau ;
Il commença sa vie à l'ombre de ces chênes ;
   Il la passa couché près de cette eau,
   Et sous les fleurs sa tombe est dans ces plaines [1]. »

X.

LES ADIEUX.

Le temps m'appelle : il faut finir ces vers.
A ce penser défaillit mon courage.
Je vous salue, ô vallons que je perds !
Écoutez-moi : c'est mon dernier hommage.
Loin, loin d'ici, sur la terre égaré,
Je vais traîner une importune vie :
Mais, quelque part que j'habite ignoré,
Ne craignez point qu'un ami vous oublie.
Oui, j'aimerai ce rivage enchanteur,
Ces monts déserts qui remplissoient mon cœur
Et de silence et de mélancolie ;
Surtout ces bois, chers à ma rêverie,
Où je voyois, de buisson en buisson,
Voler sans bruit un couple solitaire,
Dont j'entendois, sous l'orme héréditaire,
Seul, attendri, la dernière chanson.
Simples oiseaux, retiendrez-vous la mienne ?
Parmi ces bois, ah ! qu'il vous en souvienne !
En te quittant je chante tes attraits,
Bord adoré ! De ton maître fidèle
Si les talents égaloient les regrets,

---

1. Vers imprimés dans l'*Almanach des Muses*, année 1790, p. 205. Voyez la Préface.

Ces derniers vers n'auroient point de modèle.
Mais aux pinceaux de la nature épris
La gloire échappe et n'en est point le prix.
Ma Muse est simple, et rougissante et nue;
Je dois mourir ainsi que l'humble fleur
Qui passe à l'ombre, et seulement connue
De ces ruisseaux qui faisoient son bonheur.

FIN DES TABLEAUX DE LA NATURE

POÉSIES DIVERSES

I.

LES TOMBEAUX CHAMPÊTRES.

ÉLÉGIE IMITÉE DE GRAY[1].

Londres, 1796.

Dans les airs frémissants j'entends le long murmure
De la cloche du soir qui tinte avec lenteur;
Les troupeaux en bêlant errent sur la verdure;
Le berger se retire et livre la nature
A la nuit solitaire, à mon penser rêveur
Dans l'orient d'azur l'astre des nuits s'avance,
Et tout l'air se remplit d'un calme solennel.
Du vieux temple verdi sous ce lierre immortel
L'oiseau de la nuit seul trouble le grand silence.
On n'entend que le bruit de l'insecte incertain,
Et quelquefois encore, au travers de ces hêtres,
Les sons interrompus des sonnettes champêtres
Du troupeau qui s'endort sur le coteau lointain.

Dans ce champ où l'on voit l'herbe mélancolique
Flotter sur les sillons que forment ces tombeaux,
Les rustiques aïeux de nos humbles hameaux
Au bruit du vent des nuits dorment sous l'if antique.
De la jeune Progné le ramage confus,

---

1. Cette imitation a été imprimée à Londres, dans le journal de Peltier. Voyez la Préface.

Du zéphyr, au matin, la voix fraîche et céleste,
Les chants perçants du coq ne réveilleront plus
Ces bergers endormis sous cette couche agreste.
Près de l'âtre brûlant une épouse modeste
N'apprête plus pour eux le champêtre repas;
Jamais à leur retour ils ne verront, hélas!
D'enfants au doux parler une troupe légère,
Entourant leurs genoux et retardant leurs pas,
Se disputer l'amour et les baisers d'un père.
Souvent, ô laboureurs! Cérès mûrit pour vous
Les flottantes moissons dans les champs qu'elle dore;
Souvent avec fracas tombèrent sous vos coups
Les pins retentissants dans la forêt sonore.
En vain l'ambition, qu'enivrent ses désirs,
Méprise et vos travaux et vos simples loisirs :
Eh! que sont les honneurs? L'enfant de la victoire,
Le paisible mortel qui conduit un troupeau,
Meurent également; et les pas de la gloire,
Comme ceux du plaisir, ne mènent qu'au tombeau.
Qu'importe que pour nous de vains panégyriques
D'une voix infidèle aient enflé les accents?
Les bustes animés, les pompeux monuments,
Font-ils parler des morts les muettes reliques?

Jetés loin des hasards qui forment la vertu,
Glacés par l'indigence aux jours qu'ils ont vécu,
Peut-être ici la mort enchaîne en son empire
De rustiques Newtons de la terre ignorés,
D'illustres inconnus dont les talents sacrés
Eussent charmé les dieux sur le luth qui respire :
Ainsi brille la perle au fond des vastes mers;
Ainsi meurent aux champs des roses passagères
Qu'on ne voit point rougir, et qui, loin des bergères,
D'inutiles parfums embaument les déserts.

Là dorment dans l'oubli des poëtes sans gloire,
Des orateurs sans voix, des héros sans victoire :
Que dis-je? des Titus faits pour être adorés.
Mais si le sort voila tant de vertus sublimes,
Sous ces arbres en deuil combien aussi de crimes
Le silence et la mort n'ont-ils point dévorés!

Loin d'un monde trompeur, ces bergers sans envie,
Emportant avec eux leurs tranquilles vertus,
Sur le fleuve du temps passagers inconnus,
Traversèrent sans bruit les déserts de la vie.
Une pierre, aux passants demandant un soupir,
Du naufrage des ans a sauvé leur mémoire;
Une Muse ignorante y grava leur histoire
Et le texte sacré qui nous aide à mourir.
En fuyant pour toujours les champs de la lumière,
Qui ne tourne la tête au bout de la carrière?
L'homme qui va passer cherche un secours nouveau :
Que la main d'un ami, que ses soins chers et tendres,
Entr'ouvrent doucement la pierre du tombeau!
Le feu de l'amitié vit encor dans nos cendres.
Pour moi qui célébrai ces tombes sans honneurs,
Si quelque voyageur, attiré sur ces rives
Par l'amour de rêver et le charme des pleurs,
S'informe de mon sort dans ses courses pensives,
Peut-être un vieux pasteur, en gardant ses troupeaux,
Lui fera simplement mon histoire en ces mots :
« Souvent nous l'avons vu, dans sa marche posée,
Au souris du matin, dans l'orient vermeil,
Gravir les frais coteaux à travers la rosée,
Pour admirer au loin le lever du soleil.
Là-bas, près du ruisseau, sur la mousse légère,
A l'ombre du tilleul que baigne le courant,
Immobile il rêvoit, tout le jour demeurant
Les regards attachés sur l'onde passagère.
Quelquefois dans les bois il méditoit ses vers
Au murmure plaintif du feuillage et des airs.
Un matin nos regards, sous l'arbre centenaire,
Le cherchèrent en vain au repli du ruisseau;
L'aurore reparut, et l'arbre et le coteau,
Et la bruyère encor, tout étoit solitaire.
Le jour suivant, hélas! à la file allongé,
Un convoi s'avança par le chemin du temple.
Approche, voyageur! lis ces vers, et contemple,
Ce triste monument que la mousse a rongé. »

ÉPITAPHE.

Ici dort à l'abri des orages du monde
Celui qui fut longtemps jouet de leur fureur.
Des forêts il chercha la retraite profonde,
Et la mélancolie habita dans son cœur.
De l'amitié divine il adora les charmes,
Aux malheureux donna tout ce qu'il eut, des larmes.
Passant, ne porte point un indiscret flambeau
Dans l'abîme où la mort le dérobe à ta vue :
Laisse-le reposer sur la rive inconnue,
    De l'autre côté du tombeau.

II.

A LYDIE

IMITATION D'ALCÉE, POETE GREC.

Londres, 1797.

Lydie, es-tu sincère? Excuse mes alarmes :
    Tu t'embellis en accroissant mes feux ;
Et le même moment qui t'apporte des charmes
    Ride mon front et blanchit mes cheveux.

Au matin de tes ans, de la foule chérie,
    Tout est pour toi joie, espérance, amour ;
Et moi, vieux voyageur, sur ta route fleurie
    Je marche seul et vois finir le jour.

Ainsi qu'un doux rayon quand ton regard humide
    Pénètre au fond de mon cœur ranimé,
J'ose à peine effleurer d'une lèvre timide
    De ton beau front le voile parfumé.

Tout à la fois honteux et fier de ton caprice,
    Sans croire en toi, je m'en laisse enivrer.
J'adore tes attraits, mais je me rends justice :
    Je sens l'amour et ne puis l'inspirer.

Par quel enchantement ai-je pu te séduire ?
N'aurois-tu point dans mon dernièr soleil
Cherché l'astre de feu qui sur moi sembloit luire
Quand de Sapho je chantois le réveil ?

Je n'ai point le talent qu'on encense au Parnasse.
Eussé-je un temple au sommet d'Hélicon,
Le talent ne rend point ce que le temps efface ;
La gloire, hélas ! ne rajeunit qu'un nom.

Le *Guerrier de Samos,* le *Berger d'Aphélie* [1],
Mes fils ingrats, m'ont-ils ravi ta foi ?
Ton admiration me blesse et m'humilie :
Le croirois-tu ? je suis jaloux de moi.

Que m'importe de vivre au delà de ma vie ?
Qu'importe un nom par la mort publié ?
Pour moi-même un moment aime-moi, ma Lydie,
Et que je sois à jamais oublié !

III.

MILTON ET DAVENANT.

Londres, 1797.

Charles avoit péri : des bourreaux-commissaires,
Des lois qu'on appeloit révolutionnaires,
L'exil et l'échafaud, la confiscation...
C'étoit la France enfin sous la Convention.

Dans les nombreux suivants de l'étendard du crime
L'Angleterre voyoit un homme magnanime :
Milton, le grand Milton (pleurons sur les humains)
Prodiguoit son génie à de sots puritains ;
Il détestoit surtout, dans son indépendance,
Ce parti malheureux qu'une noble constance
Attachoit à son roi. Par ce zèle cruel,
Milton s'étoit flétri des honneurs de Cromwell.

[1]. Deux ouvrages d'Alcée.

Un matin que du sang il avoit appétence,
Des prédicants-soldats traînent en sa présence
Un homme jeune encor, mais dont le front pâli
Est prématurément par le chagrin vieilli,
Un royaliste enfin. Dans le feu qui l'anime,
Milton d'un œil brûlant mesure sa victime,
Qui, loin d'être sensible à ses propres malheurs,
Semble admirer son juge et plaindre ses erreurs.
« Dis-nous quel est ton nom, sycophante d'un maître,
Vassal au double cœur d'un esclave et d'un traître.
Réponds-moi. » — « Mon nom est Davenant. » A ce nom
Vous eussiez vu soudain le terrible Milton
Tressaillir, se lever, et, renversant son siége,
Courir au prisonnier que la cohorte assiége.

« Ton nom est Davenant, dis-tu ? ce nom chéri !
Serois-tu ce mortel, par les Muses nourri,
Qui, dans les bois sacrés égarant sa jeunesse,
Enchanta de ses vers les rives du Permesse ? »

Davenant repartit : « Il est vrai qu'autrefois
La lyre d'Aonie a frémi sous mes doigts. »

A ces mots, répandant une larme pieuse,
Oubliant des témoins la présence envieuse,
Milton serre la main du poëte admiré.
Et puis de cette voix, de ce ton inspiré
Qui d'Ève raconta les amours ineffables :
« Tu vivras, peintre heureux des élégantes fables ;
J'en juré par les arts qui nous avoient unis
Avant que d'Albion le sort les eût bannis.
A des cœurs embrasés d'une flamme si belle,
Eh ! qu'importe d'un Pym la vulgaire querelle ?
La mort frappe au hasard les princes, les sujets ;
Mais les beaux vers, voilà ce qui ne meurt jamais,
Soit qu'on chante le peuple ou le tyran injuste :
Virgile est immortel en célébrant Auguste !
Quoi ! la loi frapperoit de son glaive irrité
Un enfant d'Apollon ?... Non, non, postérité !
Soldats, retirez-vous ; merci de votre zèle !
Cet homme est sûrement un citoyen fidèle,

Un grand républicain : je sais de bonne part
Qu'il s'est fort réjoui de la mort de Stuart. »

« Non, » crioit Davenant, que ce reproche touche.
Mais Milton, de sa main en lui couvrant la bouche,
Au fond du cabinet le pousse tout d'abord,
L'enferme à double tour, puis avec un peu d'or
Éconduit poliment la horde jacobine.

Vers son hôte captif ensuite il s'achemine,
Fait apporter du vin, qu'il lui verse à grands flots,
Sème le déjeûner d'agréables propos :
De politique point, mais beaucoup de critiques
Sur l'esprit des Latins et les grâces attiques.
Davenant récita l'idylle du *Ruisseau;*
Milton lui repartit par le vif *Allegro*,
Du doux *Penseroso* redit le chant si triste
Et déclama les chœurs du *Samson agoniste*.
Les poëtes, charmés de leurs talents divers,
Se quittèrent enfin en murmurant leurs vers.

Cependant, fatigué de ses longues misères,
Le peuple soupiroit pour les lois de ses pères :
Il rappela son Roi ; les crimes réfrénés
Furent par un édit sagement pardonnés.
On excepta pourtant quelques hommes perfides,
Complices et fauteurs des sanglants régicides :
Milton, au premier rang, s'étoit placé parmi.

Dénoncé par sa gloire, au toit d'un vieil ami
Il avoit espéré trouver ombre et silence.
De son sort, une nuit, il pesoit l'inconstance :
D'une lampe empruntée à la tombe des morts
La lueur pâlissante éclairoit ses remords.
Il entend tout à coup, vers la douzième heure,
Heurter de son logis la porte extérieure ;
Les verrous sont brisés par de nombreux soldats.
La fille de Milton accourt ; on suit ses pas.
Dans l'asile secret un chef se précipite :
Un chapeau de ses yeux venant toucher l'orbite

Voile à demi ses traits; il a les yeux remplis
De larmes qu'un manteau reçoit dans ses replis.
Milton ne le voit point : privé de la lumière,
La nuit règne à jamais sous sa triste paupière.

« Eh bien! que me veut-on? dit le chantre d'Adam.
Parlez : faut-il mourir? » — « C'est encor Davenant, »
Répond l'homme au manteau. Milton soudain s'écrie :
« O noire trahison! moi qui sauvai ta vie! »

« Oui, » repart le poëte interdit, rougissant,
« Mais vous êtes coupable et j'étois innocent.
Ferme stoïcien, montrez votre courage!
Mon vieil ami, la mort est le commun partage :
Ou plus tôt, ou plus tard, le trajet est égal
Pour tous les voyageurs. Voici l'ordre fatal. »

La fille de Milton, objet rempli de charmes,
Ouvre l'affreux papier qu'elle baigne de larmes :
C'est elle qui souvent, dans un docte entretien,
Relit le vieil Homère à l'Homère chrétien
Et des textes sacrés interprète modeste,
A son père elle rend la lumière céleste
En échange du jour qu'elle reçut de lui.
Au chevet paternel empruntant un appui,
D'une voix altérée elle lit la sentence :
« *Voulant à la justice égaler la clémence,*
Il nous plaît d'octroyer, de pleine autorité,
A Davenant, pour prix de sa fidélité,
La grâce de Milton. Charles. » Qu'on se figure
Les transports que causa la touchante aventure,
Combien furent de pleurs dans Londres répandus
Pour les talents sauvés et les bienfaits rendus!

IV.

CLARISSE.

IMITATION D'UN POETE ÉCOSSAIS.

Londres, 1797.

Oui, je me plais, Clarisse, à la saison tardive,
Image de cet âge où le temps m'a conduit ;
Du vent à tes foyers j'aime la voix plaintive
    Durant la longue nuit.

Philomèle a cherché des climats plus propices ;
Progné fuit à son tour : sans en être attristé,
Des beaux jours près de toi retrouvant les délices,
    Ton vieux cygne est resté.

Viens dans ces champs déserts où la bise murmure
Admirer le soleil, qui s'éloigne de nous ;
Viens goûter de ces bois qui perdent leur parure
    Le charme triste et doux.

Des feuilles que le vent détache avec ses ailes
Voltige dans les airs le défaillant essaim :
Ah ! puissé-je en mourant me reposer comme elles
    Un moment sur ton sein !

Pâle et dernière fleur qui survit à Pomone,
La veilleuse [1] en ces prés peint mon sort et ma foi :
De mes ans écoulés tu fais fleurir l'automne,
    Et je veille pour toi.

Ce ruisseau, sous tes pas, cache au sein de la terre
Son cours silencieux et ses flots oubliés :
Que ma vie inconnue, obscure et solitaire,
    Ainsi passe à tes pieds !

---

1. Nom populaire du colchique.

Aux portes du couchant le ciel se décolore ;
Le jour n'éclaire plus notre aimable entretien :
Mais est-il un sourire aux lèvres de l'Aurore
    Plus charmant que le tien?

L'astre des nuits s'avance en chassant les orages :
Clarisse, sois pour moi l'astre calme et vainqueur
Qui de mon front troublé dissipe les nuages
    Et fait rêver mon cœur.

V.

L'ESCLAVE.

Tunis, 1807.

Le vigilant derviche à la prière appelle
Du haut des minarets teints des feux du couchant.
Voici l'heure au lion qui poursuit la gazelle ;
Une rose au jardin moi je m'en vais cherchant.
Musulmane aux longs yeux, d'un maître que je brave
Fille délicieuse, amante des concerts,
Est-il un sort plus doux que d'être ton esclave,
    Toi que je sers, toi que je sers?

Jadis, lorsque mon bras faisoit voler la prame
Sur le fluide azur de l'abîme calmé,
Du sombre désespoir les pleurs mouilloient ma rame :
Un charme m'a guéri : j'aime et je suis aimé.
Le noir rocher me plaît ; la tour que le flot lave
Me sourit maintenant aux grèves de ces mers :
Le flambeau du signal y luit pour ton esclave,
    Toi que je sers, toi que je sers !

Belle et divine es-tu, dans toute ta parure,
Quand la nuit au harem je glisse un pied furtif !
Les tapis, l'aloès, les fleurs et l'onde pure,
Sont par toi prodigués à ton jeune captif.
Quel bonheur ! au milieu du péril que j'aggrave,
T'entourer de mes bras, te parer de mes fers,

Mêler à tes colliers l'anneau de ton esclave,
    Toi que je sers, toi que je sers!

Dans les sables mouvants, de ton blanc dromadaire
Je reconnois de loin le pas sûr et léger;
Tu m'apparois soudain : un astre solitaire
Est moins doux sur la vague au pauvre passager;
Du matin parfumé le souffle est moins suave,
Le palmier moins charmant au milieu des déserts.
Quel sultan glorieux égale ton esclave,
    Toi que je sers, toi que je sers!

Mon pays, que j'aimois jusqu'à l'idolâtrie,
N'est plus dans les soupirs de ma simple chanson;
Je ne regrette plus ma mère et ma patrie;
Je crains qu'un prêtre saint n'apporte ma rançon.
Ne m'affranchis jamais! laisse-moi mon entrave!
Oui, sois ma liberté, mon Dieu, mon univers!
Viens, sous tes beaux pieds nus, viens fouler ton esclave,
    Toi que je sers, toi que je sers!

VI.

SOUVENIR DU PAYS DE FRANCE[1].

ROMANCE.

Combien j'ai douce souvenance
Du joli lieu de ma naissance!
Ma sœur, qu'ils étoient beaux les jours
    De France!
O mon pays, sois mes amours
    Toujours!

Te souvient-il que notre mère,
Au foyer de notre chaumière,

---

1. Cette pièce et les deux suivantes ont été reproduites par Chateaubriand dans les *Aventures du dernier Abencerage* (Voir p. 126).

Nous pressoit sur son cœur joyeux,
    Ma chère?
Et nous baisions ses blancs cheveux
    Tous deux.

Ma sœur, te souvient-il encore
Du château que baignoit la Dore ;
Et de cette tant vieille tour
    Du Maure,
Où l'airain sonnoit le retour
    Du jour?

Te souvient-il du lac tranquille
Qu'effleuroit l'hirondelle agile,
Du vent qui courboit le roseau
    Mobile,
Et du soleil couchant sur l'eau,
    Si beau?

Oh! qui me rendra mon Hélène,
Et ma montagne et le grand chêne?
Leur souvenir fait tous les jours
    Ma peine :
Mon pays sera mes amours
    Toujours!

VII.

BALLADE DE L'ABENCERAGE.

Le roi don Juan
Un jour chevauchant
Vit sur la montagne
Grenade d'Espagne ;
Il lui dit soudain :
 Cité mignonne,
 Mon cœur te donne
 Avec ma main.

Je t'épouserai,
Puis apporterai

En dons à ta ville
Cordoue et Séville.
Superbes atours
  Et perles fines
  Je te destine
  Pour nos amours.

Grenade répond :
Grand roi de Léon,
Au Maure liée,
Je suis mariée.
Garde tes présents :
  J'ai pour parure
  Riche ceinture
  Et beaux enfants.

Ainsi tu disois ;
Ainsi tu mentois.
O mortelle injure !
Grenade est parjure !
Un chrétien maudit
  D'Abencerage
  Tient l'héritage :
  C'étoit écrit !

Jamais le chameau
N'apporte au tombeau,
Près de la piscine,
L'haggi de Médine.
Un chrétien maudit
  D'Abencerage
  Tient l'héritage :
  C'étoit écrit !

O bel Alhambra !
O palais d'Allah !
Cité des fontaines !
Fleuve aux vertes plaines !
Un chrétien maudit
  D'Abencerage
  Tient l'héritage :
  C'étoit écrit !

VIII.

LE CID.

ROMANCE.

Air des Folies d'Espagne.

Prêt à partir pour la rive africaine,
Le Cid armé, tout brillant de valeur,
Sur la guitare, aux pieds de sa Chimène,
Chantoit ces vers que lui dictoit l'honneur :

Chimène a dit : Va combattre le Maure ;
De ce combat surtout reviens vainqueur.
Oui, je croirai que Rodrigue m'adore,
S'il fait céder son amour à l'honneur.

— Donnez, donnez et mon casque et ma lance !
Je veux montrer que Rodrigue a du cœur :
Dans les combats signalant sa vaillance,
Son cri sera pour sa dame et l'honneur.

Maure vanté par ta galanterie,
De tes accents mon noble chant vainqueur
D'Espagne un jour deviendra la folie,
Car il peindra l'amour avec l'honneur.

Dans le vallon de notre Andalousié,
Les vieux chrétiens conteront ma valeur :
Il préféra, diront-ils, à la vie
Son Dieu, son roi, sa Chimène et l'honneur.

IX.

NOUS VERRONS.

Paris, 1810.

Le passé n'est rien dans la vie,
Et le présent est moins encor :
C'est à l'avenir qu'on se fie
Pour nous donner joie et trésor.
Tout mortel dans ses vœux devance
Cet avenir où nous courons ;
Le bonheur est en espérance,
On vit, en disant : Nous verrons.

Mais cet avenir plein de charmes,
Qu'est-il lorsqu'il est arrivé ?
C'est le présent qui de nos larmes
Matin et soir est abreuvé !
Aussitôt que s'ouvre la scène
Qu'avec ardeur nous désirons,
On bâille, on la regarde à peine ;
On voit, en disant : Nous verrons

Ce vieillard penche vers la terre ;
Il touche à ses derniers instants :
Y pense-t-il ? Non ; il espère
Vivre encor soixante et dix ans.
Un docteur, fort d'expérience,
Veut lui prouver que nous mourons :
Le vieillard rit de la sentence,
Et meurt en disant : Nous verrons.

Valère et Damis n'ont qu'une âme ;
C'est le modèle des amis.
Valère en un malheur réclame
La bourse et les soins de Damis :
« Je viens à vous, ami sincère,
Ou ce soir au fond des prisons...

— Quoi! ce soir même? — Oui! — Cher Valère,
Revenez demain : Nous verrons. »

Gare! faites place aux carrosses
Où s'enfle l'orgueilleux manant
Qui jadis conduisoit deux rosses
A trente sous, pour le passant.
Le peuple écrasé par la roue
Maudit l'enfant des Porcherons;
Moi, du prince évitant la boue,
Je me range, et dis : Nous verrons.

Nous verrons est un mot magique
Qui sert dans tous les cas fâcheux :
Nous verrons, dit le politique;
Nous verrons, dit le malheureux.
Les grands hommes de nos gazettes,
Les rois du jour, les fanfarons,
Les faux amis et les coquettes,
Tout cela vous dit : Nous verrons.

X.

PEINTURE DE DIEU.

TIRÉE DE L'ÉCRITURE.

Paris, 1810.

Savez-vous, ô pécheur! quel est ce Dieu jaloux
Quand l'œuvre de l'impie allume son courroux?
Sur un char foudroyant il roule dans l'espace;
La Mort et le Démon volent devant sa face;
Les trois cieux, dont il fait trembler l'immensité,
S'abaissent sous les pas de son éternité;
Le soleil pâlissant et la lune sanglante
Marchent à la lueur de sa lance brûlante;
Des gouffres de l'enfer il fait sortir la nuit;
Il parle, tout se tait; la mer le voit, et fuit,

Et l'Abîme, du fond des vagues tourmentées,
Lève en criant vers lui ses mains épouvantées.
Au crime couronné ce Dieu redit : « Malheur! »
Et c'est le même Dieu qui bénit la douleur!

XI.

POUR LE MARIAGE DE MON NEVEU.

Au Ménil, 1812.

L'autel est prêt; la foule l'environne :
Belle Zélie, il réclame ta foi.
Viens, de ton front est la blanche couronne
Moins virginale et moins pure que toi.

J'ai quelquefois peint la grâce ingénue
Et la pudeur sous ses voiles nouveaux :
Ah! si mes yeux plus tôt t'avoient connue,
On auroit moins critiqué mes tableaux.

Mon cher Louis, chez la race étrangère
Tu n'iras point t'égarer comme moi :
A qui la suit la fortune est légère;
Il faut l'attendre et l'enfermer chez soi.

Cher orphelin, image de ta mère,
Au ciel pour toi je demande ici-bas
Les jours heureux retranchés à ton père
Et les enfants que ton oncle n'a pas.

Fais de l'honneur l'idole de ta vie;
Rends tes aïeux fiers de leur rejeton,
Et ne permets qu'à la seule Zélie
Pour un moment de rougir à ton nom.

XII.

POUR LA FÊTE DE MADAME DE ***.

Verneuil, 1812.

De tes amis vois la troupe fidèle
Pour te fêter s'unir à tes enfants :
Tu nous parois toujours fraîche et nouvelle
Comme la fleur qu'ils t'offrent tous les ans.

Par la vertu quand la grâce est produite,
Son charme au temps ne peut être soumis;
Des jours pour toi nous seuls marquons la fuite :
Tu restes jeune avec de vieux amis.

XIII.

VERS

TROUVÉS SUR LE PONT DU RHONE.

Il est minuit, et tu sommeilles;
Tu dors, et moi je vais mourir.
Que dis-je, hélas ! peut-être que tu veilles!
Pour qui?... l'enfer me fera moins souffrir.

Demain quand, appuyée au bras de ta conquête,
Lasse de trop d'amour et cherchant le repos,
Tu passeras ce fleuve, avance un peu la tête
 Et regarde couler ces flots.

XIV.

LES MALHEURS DE LA RÉVOLUTION.

Paris, 1813.

Sors des demeures souterraines,
Néron, des humains le fléau !
Que le triste bruit de nos chaînes
Te réveille au fond du tombeau.
Tout est plein de trouble et d'alarmes :
Notre sang coule avec nos larmes ;
Ramper est la première loi :
Nous traînons d'ignobles entraves ;
On ne voit plus que des esclaves :
Viens : le monde est digne de toi.

Ils sont dévastés dans nos temples
Les monuments sacrés des rois :
Mon œil effrayé les contemple ;
Je tremble et je pleure à la fois.
Tandis qu'une fosse commune
Des grandeurs et de la fortune
Reçoit les funèbres lambeaux,
Un spectre, à la voix menaçante,
A percé la tombe récente
Qui dévora les vieux tombeaux.

Sa main d'une pique est armée :
Un bonnet cache son orgueil ;
Par la mort sa vue est charmée :
Il cherche un tyran[1] au cercueil.
Courbé sur la poudre insensible,
Il saisit un sceptre terrible
Qui du lis a flétri la fleur,
Et d'une couronne gothique
Chargeant son bonnet anarchique,
Il se fait roi de la douleur.

1. Louis XI. Ce roi ne fut point enterré à Saint-Denis : peu importe au poëte.

Voilà le fantôme suprême,
François, qui va régner sur vous
Du républicain diadème
Portez le poids léger et doux.
L'anarchie et le despotisme,
Au vil autel de l'athéisme,
Serrent un nœud ensanglanté,
Et s'embrassant dans l'ombre impure,
Ils jouissent de la torture
De leur double stérilité.

L'échafaud, la torche fumante,
Couvrent nos campagnes de deuil.
La Révolution béante
Engloutit le fils et l'aïeul.
L'adolescent qu'atteint sa rage
Va mourir au champ du carnage
Ou dans un hospice exilé;
Avant qu'en la tombe il s'endorme,
Sur un appui de chêne ou d'orme,
Il traîne un buste mutilé.

Ainsi quand l'affreuse Chimère[1]
Apparut non loin d'Ascalon,
En vain la tendre et foible mère
Cacha ses enfants au vallon.
Du Jourdain les roseaux frémirent;
Au Liban les cèdres gémirent,
Les palmiers à Jézerael,
Et le chameau, laissé sans guides,
Pleura dans les sables arides
Avec les femmes d'Ismael.

Napoléon de son génie
Enfin écrase les pervers;
L'ordre renaît : la France unie
Reprend son rang dans l'univers.
Mais, géant, fils aîné de l'homme,
Faut-il d'un trône qu'on te nomme

---

1. Prise ici pour le monstre marin d'Andromède.

Usurpateur? Mal fécondé,
L'illustre champ de ta victoire
Devoit-il renier la gloire
Du vieux Cid et du grand Condé?

Racontez, nymphes de Vincenne,
Racontez des faits inouïs [1],
Vous qui présidiez sous un chêne
A la justice de Louis!
Oh! de la mort chantre sublime [2],
Toi qui d'un héros magnanime
Rends plus grand le grand souvenir,
Quels cris aurois-tu fait entendre,
Si, quand tu pleurois sur sa cendre,
Ton œil eût sondé l'avenir?

Le vieillard-roi dont la clef sainte
De Rome garde les débris
N'a pu, dans l'éternelle enceinte,
A son front trouver des abris.
On peut charger ses mains débiles
De fers ingrats [3], mais inutiles,
Car il reste au juste nouveau
La force de sa croix divine,
Et de sa couronne d'épine,
Et de son sceptre de roseau.

Triomphateur, notre souffrance
Se fatigue de tes lauriers;
Loin du doux soleil de la France
Devois-tu laisser nos guerriers [4]?
La Duna, que tourmente Éole,
Au Neptune inconnu du pôle
Roule leurs ossements blanchis,
Tandis que le noir Borysthène
Va conter le deuil de la Seine
Aux mers brillantes de Colchis.

A l'avenir ton âme aspire;
Avide encore du passé,

---

1. Mort du duc d'Enghien.   2. Bossuet.
3. Le pape à Fontainebleau.   4. Campagne de Moscou.

Tu veux Memphis; du temps l'empire
Par l'aigle sera traversé.
Mais, Napoléon, ta mémoire
Ne se montrera dans l'histoire
Que sous le voile de nos pleurs :
Lorsqu'à t'admirer tu m'entraînes,
La liberté me dit ses chaînes,
La vertu m'apprend ses douleurs.

XV.

VERS ÉCRITS SUR UN SOUVENIR[1]

DONNÉ PAR LA MARQUISE DE GROLLIER A M. LE BARON DE HUMBOLDT.

Paris, 1818.

Vous qui vivrez toujours, comment pourrez-vous croire
Qu'on vous offre des fleurs si promptes à mourir?
« Présentez, direz-vous, ces filles du Zéphyr
   A la beauté, mais non pas à la gloire. »
Des dons de l'amitié connoissez mieux le prix ;
   Dédaignez moins ces fleurs nouvelles :
   En les peignant sur vos écrits,
J'ai trouvé le secret de les rendre immortelles.

XVI.

CHARLOTTEMBOURG,

OU LE TOMBEAU DE LA REINE DE PRUSSE.

Berlin, 1821.

LE VOYAGEUR.

Sous les hauts pins qui protègent ces sources,
Gardien, dis-moi quel est ce monument nouveau?

---

1. Ce *Souvenir* renfermoit des pensées de l'illustre voyageur, et étoit orné de fleurs peintes par Mme de Grollier.

LE GARDIEN.

Un jour il deviendra le terme de tes courses :
O voyageur ! c'est un tombeau.

LE VOYAGEUR.

Qui repose en ces lieux ?

LE GARDIEN.

      Un objet plein de charmes.

LE VOYAGEUR.

Qu'on aima ?

LE GARDIEN.

   Qui fut adoré.

LE VOYAGEUR.

Ouvre-moi.

LE GARDIEN.

     Si tu crains les larmes,
N'entre pas.

LE VOYAGEUR.

    J'ai souvent pleuré.
Le voyageur et le gardien entrent.

LE VOYAGEUR.

De la Grèce ou de l'Italie
On a ravi ce marbre à la pompe des morts.
Quel tombeau l'a cédé pour enchanter ces bords ?
   Est-ce Antigone ou Cornélie ?

LE GARDIEN.

La beauté dont l'image excite tes transports
   Parmi nos bois passa sa vie.

LE VOYAGEUR.

Qui pour elle à ces murs de marbre revêtus
   A suspendu ces couronnes fanées ?

LE GARDIEN.

   Les beaux enfants dont ses vertus
   Ici-bas furent couronnées.

LE VOYAGEUR.

On vient.

LE GARDIEN.

    C'est un époux : il porte ici ses pas
Pour nourrir en secret un souvenir funeste.

LE VOYAGEUR.

Il a donc tout perdu?

LE GARDIEN.

Non : un trône lui reste.

LE VOYAGEUR.

Un trône ne console pas.

XVII.

LES ALPES OU L'ITALIE.

1822.

Donc reconnoissez-vous au fond de vos abîmes
  Ce voyageur pensif,
Au cœur triste, aux cheveux blanchis comme vos cimes,
  Au pas lent et tardif?

Jadis de ce vieux bois, où fuit une eau limpide,
  Je sondois l'épaisseur,
Hardi comme un aiglon, comme un chevreuil rapide,
  Et gai comme un chasseur.

Alpes, vous n'avez point subi mes destinées!
  Le temps ne vous peut rien;
Vos fronts légèrement ont porté les années
  Qui pèsent sur le mien.

Pour la première fois, quand, rempli d'espérance,
  Je franchis vos remparts,
Ainsi que l'horizon, un avenir immense
  S'ouvroit à mes regards.

L'Italie à mes pieds, et devant moi le monde,
  Quel champ pour mes désirs!
Je volai, j'évoquai cette Rome féconde
  En puissants souvenirs.

Du Tasse une autre fois je revis la patrie :
  Imitant Godefroi,
Chrétien et chevalier, j'allois vers la Syrie
  Plein d'ardeur et de foi.

Ils ne sont plus ces jours que point mon cœur n'oublie;
    Et ce cœur aujourd'hui
Sous le brillant soleil de la belle Italie
    Ne sent plus que l'ennui.

Pompeux ambassadeurs que la faveur caresse,
    Ministres, valez-vous
Les obscurs compagnons de ma vive jeunesse
    Et mes plaisirs si doux?

Vos noms aux bords riants que l'Adige décore
    Du temps seront vaincus,
Que Catulle et Lesbie enchanteront encore
    Les flots du Bénacus.

Politiques, guerriers, vous qui prétendez vivre
    Dans la postérité,
J'y consens : mais on peut arriver sans vous suivre,
    A l'immortalité.

J'ai vu ces fiers sentiers tracés par la Victoire,
    Au milieu des frimas,
Ces rochers du Simplon que le bras de la Gloire
    Fendit pour nos soldats :

Ouvrage d'un géant, monument du génie,
    Serez-vous plus connus
Que la roche où Saint-Preux contoit à Meillerie
    Les tourments de Vénus?

Je vous peignis aussi, chimère enchanteresse,
    Fictions des amours!
Aux tristes vérités le temps, qui fuit sans cesse,
    Livre à présent mes jours.

L'histoire et le roman font deux parts de la vie,
    Qui si tôt se ternit :
Le roman la commence, et lorsqu'elle est flétrie
    L'histoire la finit.

XVIII.

LE DÉPART.

Paris, 1827.

Compagnons, détachez des voûtes du portique
Ces dons du voyageur, ce vêtement antique,
Que j'avois consacrés aux dieux hospitaliers.
Pour affermir mes pas dans la course prochaine,
Remettez dans ma main le vieil appui de chêne
      Qui reposoit à mes foyers.

Où vais-je aller mourir? Dans les bois des Florides?
Aux rives du Jourdain, aux monts des Thébaïdes?
Ou bien irai-je encore à ce bord renommé,
Chez un peuple affranchi par les efforts du brave,
Demander le sommeil que l'Eurotas esclave
      M'offrit dans son lit embaumé?

Ah! qu'importe le lieu? Jamais un peu de terre,
Dans le champ du potier, sous l'arbre solitaire,
Ne peut manquer aux os du fils de l'étranger.
Nul ne rira du moins de ma mort advenue;
Du pèlerin assis sur ma tombe inconnue
      Du moins le pas sera léger.

FIN DES POÉSIES DIVERSES.

MOÏSE

TRAGÉDIE EN CINQ ACTES

PRÉFACE.

Les Israélites, conduits par Moïse et poursuivis par Pharaon, sortirent d'Égypte et passèrent la mer Rouge ; ils emportoient avec eux les os de Joseph, selon que Joseph le leur avoit fait promettre sous serment, en leur disant : « Dieu vous visitera ; emportez d'ici mes os avec vous. »

Le passage de la mer Rouge accompli, Marie, prophétesse, sœur de Moïse et d'Aaron, chanta le cantique d'actions de grâces au Seigneur, qui avoit enseveli Pharaon et son armée dans les flots. Le peuple de Dieu entra dans la solitude de Sur, puis il vint à Mara, où Moïse adoucit les eaux amères. De Mara, les Israélites arrivèrent à Élim ; il y avoit là douze fontaines. D'Élim ils passèrent à Sin ; ils y murmurèrent contre Moïse et Aaron, regrettant l'abondance de la terre d'Égypte. Dieu envoya la manne, qui tomboit le matin comme une rosée, et que l'on recueilloit chaque jour. Les Hébreux, partis de Sin, campèrent à Raphidim, où le peuple murmura de nouveau. Moïse, par l'ordre du Seigneur, frappa la pierre d'Oreb avec la verge dont il avoit frappé le Nil, et il en sortit de l'eau.

Les Amalécites vinrent à Raphidim attaquer Israel : ils descendoient d'Amalec, petit-fils d'Ésaü. Ésaü, fils d'Isaac, avoit été supplanté par son frère Jacob, auquel il avoit vendu son droit d'aînesse pour un plat de lentilles. Dans la suite, Dieu voulut que Saül exterminât la race des Amalécites.

Josué combattit les ennemis à Raphidim, et remporta la victoire. Moïse prioit sur le haut d'une colline, en tenant les mains élevées vers le ciel ; Aaron et Hur lui soutenoient les mains des deux côtés, car Amalec avoit l'avantage lorsque les mains de Moïse s'abaissoient de lassitude.

De Raphidim, les Hébreux gagnèrent le désert de Sinaï. Moïse alla parler à Dieu, qui l'avoit appelé au haut de la montagne : il étoit accompagné de Josué. Le troisième jour on commença à entendre des tonnerres et à voir briller des éclairs. Une nuée très-épaisse couvrit la montagne ; une trompette sonnoit avec grand bruit; Moïse parloit à Dieu, et Dieu lui répondoit. Le Seigneur promulgua ses lois au milieu de la foudre; il donna à Moïse les deux tables du Témoignage, qui étoient de pierre et écrites du doigt de Dieu. Moïse descendit de la montagne avec les Tables. Josué ouït du tumulte dans le camp; Moïse reconnut que ce n'étoient point les voix confuses de gens qui poussoient leur ennemi, mais les voix de personnes qui chantoient.

Pendant l'absence de Moïse, le peuple s'étoit élevé contre Aaron, et lu avoit dit: « Faites-nous des dieux qui marchent devant nous. » Un Veau d'or avoit été formé, et les Hébreux l'avoient adoré avec des chants et des danses. Moïse brisa les Tables de la loi et le Veau d'or. Ensuite il se tint à la porte du camp, et dit: « Si quelqu'un est au Seigneur, qu'il se joigne à moi. » Et les enfants de Lévi s'assemblèrent autour de lui. Moïse ordonna à chacun d'eux de passer et de repasser au travers du camp, d'une tente à l'autre, et de tuer chacun son frère, son ami, et celui qui lui étoit le plus proche; et il y eut environ vingt-trois mille hommes de tués ce jour-là.

Nadab, fils d'Aaron, ayant offert un feu étranger au Seigneur, fut dévoré par le feu du ciel. Caleb et Josué furent les seuls des Hébreux sortis d'Égypte qui entrèrent dans la Terre promise; Moïse même n'y entra point, et ne la vit que du sommet du mont Abarim.

C'est de cette histoire que j'ai tiré le fond de la tragédie de *Moïse*. Le sujet de cette tragédie est la *première idolâtrie des Hébreux;* idolâtrie qui compromettoit les destinées de ce peuple et du monde. Je suppose que parmi les causes qui précipitèrent Israel dans le péché, il y en eut une principale. Ici même, dans l'invention, je reste encore fidèle à l'histoire sainte; toute l'Écriture nous apprend que les Hébreux furent entraînés à l'idolâtrie par les femmes étrangères. Il suffit de citer l'exemple de Salomon: « Le roi Salomon aima passionnément plusieurs femmes étrangères... Le Seigneur avoit dit aux enfants d'Israel: Vous ne prendrez point des femmes de Moab et d'Ammon, des femmes d'Idumée, des Sidoniennes et du pays Héthéen, car elles vous pervertiront le cœur pour vous faire adorer leurs dieux..... Salomon servoit Astarthé, déesse des Sidoniens, et Moloch, l'idole des Ammonites... Il bâtit un temple à Chamos, l'idole des Moabites. »

La tragédie apprendra aux lecteurs quelle est Arzane: je ne sais si l'on a jamais remarqué que Judith, qui cause une si grande admiration aux soldats d'Holoferne, est le premier modèle de l'Armide du Tasse dans le camp de Godefroi de Bouillon. Arzane, reine des Amalécites, environnée de jeunes filles de Tyr et de Sidon, adorant Astarthé et les divinités de la Syrie, m'a mis à même d'opposer des fables voluptueuses à la sévère religion des Hébreux.

PRÉFACE.

Les personnes versées dans la lecture des livres saints verront ce que j'en ai imité : elles auront lieu de le remarquer dans le rôle entier de Moïse et dans les chœurs. Le chant de la *Courtisane*, dans le chœur des Amalécites, est tiré du chapitre VII des *Proverbes* de Salomon, *Victimas pro salute vovi, hodie reddidi vota mea*. Le chœur du troisième acte rappelle le XVIII⁰ psaume, *Cœli enarrant gloriam Dei*, et le chœur du IV⁰ reproduit le cantique de Marie après le passage de la mer Rouge : *Equum et ascensorem ejus dejecit in mare*.

A Dieu ne plaise que je prétende un seul instant avoir soutenu l'éloquence de l'Écriture; je dis ce que j'ai tenté, non ce que j'ai fait. Racine, tout Racine qu'il étoit, a quelquefois été vaincu dans ses efforts, comme l'a remarqué La Harpe. Qu'est-ce donc que moi, chétif, qui ai osé mettre en scène non pas Joad, mais Moïse même, ce législateur aux rayons de feu sur le front, ce prophète qui délivroit Israel, frappoit l'Égypte, entr'ouvroit la mer, écrivoit l'histoire de la Création, peignoit d'un mot la naissance de la lumière, et parloit au Seigneur face à face, bouche à bouche : *Ore ad os loquor ei? (Num., cap. XII.)*

Le lieu de la scène est fixé dès les premiers vers de *Moïse;* l'exposition vient tout de suite après. Les trois unités sont observées, toutes les entrées et les sorties motivées; enfin c'est un ouvrage strictement classique. L'auteur en demande de grandes excuses :

Pardonne à sa *foiblesse* en faveur de son âge.

J'avois autrefois conçu le dessein de faire trois tragédies : la première sur un sujet antique, dans le système complet de la tragédie grecque; la seconde sur un sujet emprunté de l'Écriture; la troisième sur un sujet tiré de l'histoire des temps modernes.

Je n'ai exécuté mon dessein qu'en partie : j'ai le plan en prose et quelques scènes en vers de ma tragédie grecque, *Astyanax*. Saint Louis eût été le héros de ma tragédie *romantique;* je n'en ai rien écrit. Pour sujet de ma tragédie hébraïque, j'ai choisi *Moïse*. Cette tragédie en cinq actes, avec des chœurs, m'a coûté un long travail; je n'ai cessé de la revoir et de la corriger depuis une vingtaine d'années. Le grand tragédien Talma, qui l'avoit lue, m'avoit donné d'excellents conseils, dont j'ai profité : il avoit à cœur de jouer le rôle de *Moïse*, et son incomparable talent pouvoit laisser la chance d'un succès.

La tragédie de *Moïse* appartenoit, par mon contrat de vente, aux propriétaires de mes Œuvres; je ne m'étois réservé que le droit d'accorder ou de refuser la permission de la mise en scène. Je résistai longtemps aux sollicitations des propriétaires ; mais enfin, soit foiblesse, soit mauvaise tentation d'auteur, je cédai. *Moïse*, lu au comité du Théâtre-François, en 1828, fut reçu à l'unanimité. M. le vicomte Sosthènes de La Rochefoucauld se prêta avec beaucoup de complaisance à tous les arrangements ; M. Taylor s'occupa des ordres à donner pour les décorations et les costumes avec cet amour des arts qui le distingue ; M. Halévy, dont le beau talent est si connu, se voulut bien charger d'écrire la musique nécessaire, et les chœurs de l'Opéra se devoient joindre à la Comédie-Françoise pour l'exécution de la pièce telle que je l'avois conçue.

Plusieurs personnes désiroient encore voir donner *Moïse*, afin d'essayer une diversion en faveur de cette pauvre école classique, si battue, si délaissée, à laquelle je devois bien quelque réparation, moi l'aïeul du romantique par mes enfants sans joug, *Atala* et *René*. Ces personnes espéroient quelque succès dans la pompe du spectacle du *Moïse*, la multitude des personnages, le contraste des chœurs, la manière dont ces chœurs (marquant le midi, le coucher du soleil, le minuit, le lever du soleil) se trouvent liés à l'action. Je pense moi-même, et je puis le dire sans amour-propre, puisqu'il ne s'agit que d'un effet tout matériel, indépendant du talent de l'auteur, je pense que la descente de Moïse du mont Sinaï, à la clarté de la lune, portant les Tables de la loi ; que le chœur du troisième acte avec sa double musique, l'une lointaine dans le camp, l'autre grave et plaintive sur le devant de la scène ; que le chœur du quatrième acte, groupé sur la montagne au lever de l'aurore ; que le dénoûment en action amené par le sacrifice ; que les décorations représentant la mer Rouge au loin, le mont Sinaï, le désert avec ses palmiers, ses nopals, ses aloès, le camp avec ses tentes noires, ses chameaux, ses onagres, ses dromadaires ; je pense que cette variété de scènes donneroit peut-être à *Moïse* un mouvement qui manque trop, il en faut convenir, à la tragédie classique. Une autre innovation que je conseillois pouvoit encore ajouter à cet intérêt de pure curiosité : selon moi, les chœurs doivent être déclamés et non chantés, soutenus seulement par une sorte de mélopée, et coupés par quelques morceaux d'ensemble de peu de longueur ; autrement, vous mêlez deux arts qui se nuisent, la musique à la poésie, l'opéra à la tragédie. Ainsi, par exemple, la prière du troisième chœur,

> N'écoute point, dans ta colère,
> O Dieu ! le cri de ces infortunés !

me sembleroit d'un meilleur effet débitée que chantée,

PRÉFACE.

Quoi qu'il en soit de mes foiblesses et de mes rêves, aussitôt que l'on sut que *Moïse* alloit être joué, des représentations m'arrivèrent de toutes parts : les uns avoient la bonté de me croire un trop grand personnage pour m'exposer aux sifflets ; les autres pensoient que j'allois gâter ma vie politique et interrompre en même temps la carrière de tous les hommes qui marchoient avec moi. Quand j'aurois fait *Athalie*, le temps étoit-il propre aux ouvrages de cette nature, aux ouvrages entachés de classique et de religion ? Le public ne vouloit plus que de violentes émotions, que des bouleversements d'unités, des changements de lieux, des entassements d'années, des surprises, des effets inattendus, des coups de théâtre et de poignard. Que seroit-ce donc si, menacé même pour un chef-d'œuvre, je n'avois fait, ce qui étoit possible et même extrêmement probable, qu'une pièce insipide ? Car enfin, puisque j'écrivois passablement en prose, n'étoit-il pas évident que je devois être un très-méchant poëte ? Les considérations qui ne s'appliquoient qu'à moi m'auroient peu touché : je n'avois aucune envie d'être président du conseil, et la liberté de la presse m'avoit aguerri contre les sifflets ; mais quand je vis que d'autres destinées se croyoient liées à la mienne, je n'hésitai pas à retirer ma pièce : si je fais toujours bon marché de ma personne, je n'exposerai jamais celle de mes voisins.

La fortune, qui s'est constamment jouée de mes projets, n'a pas même voulu me passer une dernière fantaisie littéraire. Je ne puis plus attendre une occasion incertaine et éloignée de voir jouer *Moïse*. Que de trônes auront croulé avant qu'on soit disposé à s'enquérir comment Nadab prétendoit élever le sien ! *Moïse* ne m'appartient pas ; il a dû entrer dans la collection de mes Œuvres, qu'il étoit plus que temps de compléter. On lira donc cette tragédie, si on la lit, dans la solitude et le silence du cabinet, au lieu de la voir environnée des prestiges et du bruit du théâtre ; c'est la mettre à une rude épreuve : si elle étoit jouée après avoir été imprimée, elle auroit perdu son plus puissant et peut-être son seul attrait, la nouveauté.

PERSONNAGES.

MOISE.
AARON, frère de Moïse.
MARIE, sœur de Moïse et d'Aaron.
NADAB, fils d'Aaron.
CALEB, prince de la tribu de Juda, attaché à celle de Lévi.
DATHAN, compagnon de Nadab.
ARZANE, reine des Amalécites.
NÉBÉE, jeune Tyrienne de la suite d'Arzane.
CHŒUR DE JEUNES FILLES AMALÉCITES.
CHŒUR DE JEUNES FILLES ISRAÉLITES.
CHŒUR DE LÉVITES.
VIEILLARDS, PRINCES DU PEUPLE, PASTEURS, PEUPLE ET SOLDATS.

Le Théâtre représente le désert de Sinaï. On voit à droite le camp des douze Tribus, dont les tentes, faites de peaux de brebis noires, sont entremêlées de troupeaux de chameaux, de dromadaires, d'onagres, de cavales, de moutons et de chèvres; on voit à gauche le rocher d'Oreb frappé par Moïse, et d'où sort une source; quelques palmiers; sous ces palmiers le cercueil ou le tombeau de Joseph, déposé sur des pierres qui lui servent d'estrade. Le fond du théâtre offre de vastes plaines de sable, parsemées de buissons de nopals et d'aloès, terminées d'un côté par la mer Rouge, et de l'autre par les monts Oreb et Sinaï, dont les croupes viennent border l'avant-scène. — La scène est sous les palmiers, près de la source, à la tête du camp.

MOÏSE

ACTE PREMIER.

SCENE PREMIERE.

NADAB, seul.

Il regarde quelque temps autour de lui, comme pour reconnoître les lieux où il se trouve.

A la porte du camp, sous ces palmiers antiques,
Où des vieillards hébreux les sentences publiques
Des diverses tribus terminent les débats,
Par quel nouveau sentier ai-je égaré mes pas?

Après un moment de silence, en s'avançant sur la scène.

Silencieux abris, profonde solitude
Ne pouvez-vous calmer ma noire inquiétude?
Soulève enfin, Nadab, ton œil appesanti;
Vois les fils de Jacob au pied du Sinaï,
Le désert éclatant de miracles sans nombre,
La colonne à la fois et lumineuse et sombre,
L'eau sortant du rocher, des signes dans les airs,
Dieu prêt à nous parler du milieu des éclairs :
Prétends-tu, sourd au bruit de la foudre qui gronde,
Coupable fils d'Aaron, changer le sort du monde?
Mais que te fait, Nadab, le Seigneur et sa loi?
Le monde et les Hébreux ne sont plus rien pour toi.

Il s'approche du cercueil de Joseph.

Ma main aux bords du Nil déroba cette cendre ;
Je pouvois sans rougir alors m'en faire entendre.
O Joseph ! fils aimé, qui dors dans ce tombeau,
A l'épouse du roi toi qui parus si beau,
Rends mon cœur moins ardent, ou ma voix plus puissante,
Ou donne-moi ton charme, ou ta robe innocente !
De Joseph retrouvé je n'ai point la grandeur,
Mais de Joseph perdu j'ai l'âge et le malheur.

SCÈNE II.

AARON, DATHAN.

AARON, appelant Nadab, qui s'éloigne et disparoît sous les palmiers.

Nadab !... Il n'entend point ! Dans sa mélancolie
Son âme est à présent toujours ensevelie.
O mon cher fils ! reçois mes bénédictions :
Tes maux doublent le poids de mes afflictions ;
Mes jours ont été courts et mauvais sur la terre,
Et n'ont point égalé ceux d'Isaac mon père.
Nadab, que l'Éternel prenne pitié de toi !

DATHAN.

Sur le sort des Hébreux, Aaron, éclairez-moi.
Par Moïse envoyé vers le Madianite,
Depuis trois mois sorti du camp israélite,
Je trouve à mon retour le peuple menaçant,
L'Iduméen détruit et le Prophète absent ;
J'ignore également nos maux et notre gloire :
Daignerez-vous, Aaron, m'en raconter l'histoire ?

AARON.

Dathan, cher compagnon que regrettoit mon fils,
Quand Israel, fuyant les princes de Memphis,
Eut franchi de la mer les ondes divisées,
Nos tribus par le ciel toujours favorisées,
En suivant du désert le merveilleux chemin,
Non loin du Sinaï s'arrêtèrent enfin.
Ce fut là qu'Amalec, à sa haine fidèle,
Nous chercha pour vider son antique querelle.

Thémar régnoit alors sur ce peuple nombreux ;
Il vint à Raphidim attaquer les Hébreux.
Aux autels d'Adonis son épouse attachée,
Méprisant du fuseau la gloire humble et cachée,
Arzane, dans l'orgueil de toute sa beauté,
Presse, anime Thémar, et marche à son côté :
De sa main au vainqueur une palme est promise.
La trompette a sonné ; les traits sifflent : Moïse,
Sur un mont à l'écart, debout, les bras levés,
Prioit le Dieu par qui les flots sont soulevés.
Ses redoutables bras étendus sur nos têtes
Paroissoient dans le ciel assembler les tempêtes :
Quand il les abaissoit, de fatigue vaincu,
Amalec triomphoit d'Israel abattu ;
Mais quand ses bras au ciel reportoient sa prière,
Nos plus fiers ennemis rouloient sur la poussière.
Soutenant dans les airs ce bras fort et puissant,
Qui sans porter de coups versoit des flots de sang,
J'achevai parmi nous de fixer la victoire.
Un seul jour vit périr Thémar et sa mémoire :
Sa veuve, à des dieux sourds ayant ses vœux offerts,
N'en fut pas entendue et tomba dans nos fers,

DATHAN.

Je ne vois jusqu'ici que d'heureuses prémices.

AARON.

Écoute. Après avoir réglé les sacrifices,
Mon frère, qu'en secret appelle l'Éternel,
Moïse se dérobe aux regards d'Israel ;
Il monte au Sinaï ; Josué l'accompagne :
Depuis quarante jours caché sur la montagne,
Mille bruits de sa mort dans le camp répandus
Tiennent de nos vieillards les esprits suspendus.
On s'agite au milieu du peuple, qui murmure,
Je ne sais quel démon souffle une flamme impure ;
Le soldat se soulève et proclame en ce lieu
Et Nadab pour son chef et Baal pour son dieu.

DATHAN.

Nadab accepte-t-il cet honneur populaire ?

AARON.

De ses mâles vertus rejetant le salaire,
Mon fils porte en son sein un trait qu'il veut cacher,
Et que toi seul, Dathan, tu pourras arracher.
Pâle et silencieux dans sa marche pensive
Il erre autour du camp comme une ombre plaintive.
Il prononce tout bas le nom de ses aïeux;
Son regard languissant se tourne vers les cieux;
La nuit, à sa douleur se livrant sans obstacles,
On l'a trouvé pleurant auprès des tabernacles.
Mais j'aperçois Caleb, ce flambeau de la loi,
Et ma sœur, dont les chants raniment notre foi.
Dathan, cherche Nadab, et dis-lui que son père
L'attend ici.

SCÈNE III.

AARON, MARIE, CALEB.

AARON, à Marie.

Marie, en qui Jacob espère,
Dans vos yeux attristés quels malheurs ai-je lus?
Qu'allez-vous m'annoncer?

MARIE.

Notre frère n'est plus!
Josué, de Moïse héritier prophétique,
De même a disparu sur la montagne antique :
Ils n'ont pu sans mourir contempler Jéhovah.
Comme ils prioient, dit-on, au sommet du Sina,
Du Seigneur à leur voix la Gloire est descendue,
Dans une ombre effrayante, au milieu d'une nue;
La nue en s'entr'ouvrant les a couverts de feux,
Et le ciel tout à coup s'est refermé sur eux;
Ils sont morts consumés.

AARON.

O ma sœur! ô Marie!
O promesse du ciel! ô future patrie!
Par qui du saint prophète a-t-on su le trépas?

MARIE.

Par les chefs envoyés pour découvrir ses pas.

CALEB.

Jeûnons, pleurons, veillons revêtus du cilice :
Crions vers le Très-Haut du fond du précipice.
Le destin de la terre est au nôtre lié...
Et Nadab, que je vois, l'a peut-être oublié.

SCÈNE IV.

NADAB, AARON, MARIE, CALEB.

NADAB, à Aaron.

Dathan, qui m'a rejoint au mont de la Gazelle,
M'a dit que dans ce lieu votre voix me rappelle,
Aaron.

AARON.

Oui, je voulois vous parler sans témoins,
Mais ce moment, Nadab, réclame d'autres soins.

NADAB.

Ma volonté toujours à la vôtre est soumise ;
Commandez.

AARON.

L'Éternel nous a ravi Moïse.

NADAB, à part.

Moïse ! Est-ce, ô Seigneur ! ou grâce ou châtiment ?

AARON.

Que de maux produira ce triste événement !

NADAB.

Il change nos devoirs avec nos destinées.
Aux sables d'Ismael désormais confinées,
Nos tribus, qui n'ont plus les doux regards du ciel,
Ne verront point la terre et de lait et de miel.
De cent peuples voisins calmant la défiance,

Élevons avec eux la pierre d'alliance,
Et fixons de Jacob l'avenir incertain,
Sans regretter le Nil, sans chercher le Jourdain.

CALEB.

Eh quoi! le fils d'Aaron tient un pareil langage!
A rester dans ces lieux c'est lui qui nous engage!
Ami, si nous perdons notre libérateur,
Toi, sorti de son sang, sois notre conducteur :
Atteins, perce et détruis cette race proscrite
Dont au livre éternel la ruine est écrite.

NADAB.

Je laisse à ta valeur ces sanglants embarras.

CALEB.

Ah! je sais quelle main a désarmé ton bras.
Le conseil de nos chefs, par qui tout se décide,
Dira s'il faut sauver une race homicide
Qui, jusque dans ce camp, avec un art fatal,
Introduit et répand le culte de Baal.

NADAB.

Charitable Caleb, sont-ce là les cantiques
Que du temple promis rediront les portiques?
Sur un autel de paix au Dieu que tu défends,
Tu veux donc immoler des femmes, des enfants?

CALEB.

Quand on est criminel, on subit sa sentence.

NADAD.

Quand on est sans pitié, croit-on à l'innocence?

CALEB.

A de trop doux penchants crains de t'abandonner.

NADAB.

Toi, sache quelquefois pleurer et pardonner.

CALEB.

La rigueur est utile.

NADAB.

    Et la clémence auguste.

CALEB.

Le foible est méprisable.

NADAB.

    Et le fort est injuste.

CALEB.

Retourne à tes devoirs, au Jourdain viens mourir.

NADAB.

Un peu de sable ici suffit pour me couvrir.

AARON.

Jeunes hommes, cessez ; n'augmentez pas nos larmes;
Confondez vos regrets et mariez vos armes.
Vous, Caleb, de ma sœur adoucissez l'ennui :
La publique douleur me réclame aujourd'hui.
Que Dieu de ses desseins dissipe les ténèbres!
Vous, Nadab, ordonnez aux trompettes funèbres
De convoquer trois fois, dans un morne appareil,
Les princes des tribus aux tentes du conseil.

SCÈNE V.

MARIE, CALEB,

CALEB.

Exemple d'Israel, prophétesse Marie,
La source de nos pleurs n'est donc jamais tarie?
D'invisibles filets Nadab environné
D'Arzane n'a pu fuir le trait empoisonné.
Je crains encor sur lui la perverse puissance
Du dangereux ami dont il pleuroit l'absence,
De l'inique Dathan, froidement factieux,
Ennemi de Moïse et contempteur des cieux.

MARIE.

Et que fait Israel? quel espoir le soulage?

CALEB.

Ce peuple à l'esprit dur, au cœur foible et volage,
Déjà las de la gloire et de la liberté,
Regrette lâchement le joug qu'il a porté.
« Abandonnons, dit-il, ces plages désolées ;
Retournons à Tanis, où des chairs immolées,
Où des plantes du Nil l'Égyptien pieux
Nourrissoit nos enfants à la table des dieux. »
Peuple murmurateur, race ingrate et perfide !

MARIE.

La terre, cher Caleb, pour le juste est aride,
Mais il s'élève à Dieu : le palmier de Jeddiel
A ses pieds dans le sable et son front dans le ciel.

CALEB.

Des chefs séditieux pour combattre l'audace,
Il est temps qu'au conseil j'aille prendre ma place.
Dans ce triste moment les vierges d'Israel,
Instruites par vos soins à prier à l'autel,
Pour plaindre et partager votre douleur auguste
S'avancent.

Le chœur des jeunes filles Israélites entre dans ce moment sur la scène : Caleb sort.

MARIE, au chœur.

Approchez, postérité du juste,
Doux tresor de Jacob par le ciel réclamé.
Désarmez du Seigneur le carquois enflammé ;
Au Père qui nous frappe, au Dieu qui nous châtie,
Présentez de vos pleurs la pacifique hostie :
Il est pour l'affligé des cantiques touchants.
Et souvent la douleur s'exprime par des chants.

SCÈNE VI.

MARIE, LE CHŒUR DES JEUNES FILLES ISRAÉLITES.

Cette scène est en partie déclamée, en partie chantée. Le chœur est divisé en deux demi-chœurs qui se placent l'un à droite et l'autre à gauche de Marie : le premier demi-chœur tient à la main des harpes et le second des tambours.

PREMIER DEMI-CHŒUR.

Imitons dans nos concerts
Le pélican des déserts :
Jacob, ta gloire est passée,
Et de ton Dieu la clémence est lassée

SECOND DEMI-CHŒUR.

Au divin Maître ayons recours;
A ses douces lois qu'on se range ;
Qu'il soit la vigne de secours
Où le pécheur toujours vendange.
Sa grâce est au cœur pur, au cœur religieux,
Ce qu'est à nos autels un parfum précieux.

UNE ISRAÉLITE DU PREMIER DEMI-CHŒUR.

N'espérons rien pour finir nos souffrances,
De ses bontés.

UNE ISRAÉLITE DU SECOND DEMI-CHŒUR.

A ses clartés
Nous voulons rallumer nos vives espérances.

UNE ISRAÉLITE SEULE.

Suspendons notre harpe, en ces temps de regrets,
Au palmier de la solitude.
Jourdain! fleuve espéré! séjour de quiétude!
Mes yeux ne te verront jamais.
Où sont les cèdres superbes,
Liban, que tu devois au temple projeté?
Jacob, de son Dieu rejeté,
Rampe, plus bas que les herbes,
Dans le lit du torrent desséché par l'été.

DEUX ISRAÉLITES.

Douloureux mystère
D'un trépas caché,
Pleurons à la terre
Moïse arraché.
Loin du frais rivage
Où fut son berceau,
L'onagre sauvage
Foule son tombeau.

LA PLUS JEUNE DES ISRAÉLITES.

Mais qui me gardera sous l'aile de ma mère?
Moïse a disparu, Moïse étoit mon père.
O terre de Gessen! prés émaillés de fleurs
Où je cueillois ma parure!
Comme un jeune olivier privé d'une onde pure,
Je languis et je meurs.

TOUT LE CHOEUR.

Dieu nourrit de ses dons l'innocente colombe,
Le juste au temps marqué sortira de sa tombe.
D'Amalec les dieux mortels
Ne peuvent renverser les desseins éternels.

UNE ISRAÉLITE.

Ma sœur, avez-vous vu cette superbe Arzane?
De quel regard profane
Elle insultoit nos autels!

UNE AUTRE ISRAÉLITE.

Plus inconstante que les ondes,
Ses démarches sont vagabondes;
Ses lèvres et son cœur pour tromper sont d'accord;
Sa douce volupté d'amertume est suivie,
Et quand sa bouche invite à jouir de la vie,
Ses pas nous mènent à la mort.

UNE TROISIÈME ISRAÉLITE.

De nos jeunes guerriers le prince et le modèle,
Nadab étoit auprès d'elle.

TOUT LE CHOEUR.

Ah! fuyons, fuyons, mes sœurs,
Des passions les trompeuses douceurs!

TROIS ISRAÉLITES.

Ne vous reposez point à la source étrangère ;
    Buvez l'onde de vos ruisseaux.
Qu'une épouse fidèle, à l'ombre des berceaux,
Soit plus belle à vos yeux que la biche légère,

TOUT LE CHOEUR.

    Ah ! fuyons, fuyons, mes sœurs,
  Des passions les trompeuses douceurs !

PREMIER DEMI-CHOEUR.

L'homme marche à travers une nuit importune.

SECOND DEMI-CHOEUR.

Attachons-nous au Dieu qui bénit l'infortune ;

UNE ISRAÉLITE.

    Qui sur un lit de pleurs mouillé
Retourne le mourant, soutient son front livide ;

LA PLUS JEUNE DES ISRAÉLITES.

    Qui mesure le vent à l'agneau dépouillé
      Par le pasteur avide.

TOUT LE CHOEUR.

   Ingrats mortels, en vain vous résistez
Au Dieu qui vous conduit dans ces sublimes voies,
    Et qui d'intarissables joies
Rassasîra les cœurs en son nom contristés.

MARIE.

Mes enfants, c'est assez : allez, toujours dociles,
Vous livrer au repos sous vos tentes tranquilles.
Voici l'heure pesante accordée au sommeil :
Tout se tait à présent sous les feux du soleil ;
Les vents ont expiré ; du palmier immobile
L'ombre se raccourcit sur l'arène stérile ;
L'Arabe fuit du jour les traits étincelants,
Et le chameau s'endort dans les sables brûlants.

FIN DU PREMIER ACTE.

ACTE DEUXIÈME.

SCÈNE PREMIÈRE.

ARZANÉ, NÉBÉE.

NÉBÉE.

Nadab veut vous parler dans ce lieu solitaire.
Arzane, expliquez-moi cet étonnant mystère.
Quelle joie inconnue éclate dans vos yeux!
Dormirons-nous bientôt aux champs de nos aïeux
Par votre ordre à Séir un moment retournée,
Je n'ai point vu d'Oreb la funeste journée;
Mais je suis revenue au bruit de vos malheurs,
Pour vous offrir du moins le secours de mes pleurs.

ARZANE.

Qu'il en coûte, Nébée, à servir l'infortune!
Qu'un sceptre brisé pèse à l'amitié commune!
La tienne est rare et grande : oui, tu mérites bien
Que je t'ouvre mon cœur dans un libre entretien.

NÉBÉE.

J'ai su que, par Moïse à mourir condamnées,
Les femmes d'Amalec qui comptoient seize années,
Ou qui du joug d'hymen portèrent le fardeau,
Devoient livrer leur sang au glaive du bourreau.

ARZANE.

On m'arracha des rois les saintes bandelettes,
Et le malheur me mit au rang de mes sujettes.

NÉBÉE.

Ciel!

ARZANE.

Dans un parc formé par d'épineux rameaux,
Nous attendions la mort comme de vils troupeaux.
L'Hébreu vient; on entend un long cri d'épouvante
Déjà brilloit du fer la lumière mouvante,
Lorsque le fils d'Aaron, que la pitié combat,
Retint le glaive ardent avant qu'il retombât.
Il contemple attendri ces femmes éplorées
Qui lui tendoient de loin leurs mains décolorées.
Je paroissois surtout attirer ses regards;
Soit qu'un habit de deuil et des cheveux épars
A ma frêle beauté prêtassent quelques charmes,
Soit enfin qu'une reine, en répandant des larmes,
Trouve dans ses revers de nouvelles splendeurs
Et n'ait fait seulement que changer de grandeurs.

NÉBÉE.

Nadab au doux pardon inclina ses pensées.

ARZANE.

« Femmes, vivez, dit-il : nos tribus offensées
M'ont vainement chargé d'un devoir trop cruel,
Et je vais implorer les anciens d'Israel. »
Coré, Sthur, Abiron, dans un conseil propice,
Firent avec Nadab suspendre mon supplice.
D'un ramas d'affranchis digne législateur,
Moïse alla chercher quelque oracle menteur.
Resté maître en ce camp, Nadab, qu'un dieu possède,
De soins officieux incessamment m'obsède :
Il m'aime, et toutefois n'ose me découvrir
Le feu qui le dévore et que j'ai su nourrir.
Aujourd'hui même enfin, par sa bouche informée
De la mort du tyran qui gourmandoit l'armée,
Ici plus longuement il veut m'entretenir,
Et de ma délivrance avec moi convenir.

NÉBÉE.

Je conçois maintenant l'espoir qui vous enflamme :
Vous êtes adorée, et l'amour dans votre âme...

ARZANE.

Non : je n'ai point trahi mes aïeux, mes revers.
Lorsque le sort me livre à ce peuple pervers,
Reine, malgré le sort je n'ai point la foiblesse
De partager les feux d'un amour qui me blesse:
Mais je sais écouter des soupirs ennemis,
Pour sortir de l'abîme où le ciel nous a mis :
De l'odieux Jacob je troublerai la cendre.

NÉBÉE.

Arzane! de l'amour on ne se peut défendre!

ARZANE.

Tu te trompes, Nébée, et dans mon sein ce cœur
Au nom du peuple juif ne bat que de fureur.
Faut-il te rappeler nos discordes antiques,
Des deux fils d'Isaac les haines domestiques,
Le droit du premier-né si follement vendu,
Et l'innocent festin qui perdit Ésaü?
Nous, d'un prince trahi postérité fidèle,
Lorsque nous embrassons une cause si belle,
Nous voyons triompher les ignobles drapeaux
Du gendre vagabond d'un pâtre de chameaux!

NÉBÉE.

Mais Nadab lui succède.

ARZANE.

     A Nadab, à sa gloire
Mon époux doit la mort et l'Hébreu la victoire.

NÉBÉE.

Quel est votre projet, votre espoir?

ARZANE.

       Me venger.
Écouter les aveux du soldat étranger ;
Feindre pour l'asservir, et par quelque artifice
Nous sauver, en poussant Jacob au précipice.
Oui, je triompherai si Nadab amoureux
Au culte d'Abraham arrache les Hébreux.

NÉBÉE.

Vos croyez donc leur Dieu puissant et redoutable?

ACTE II, SCÈNE I.

ARZANE.

Je sais du moins, je sais qu'il est impitoyable.
Amalec autrefois déserta son autel
Lorsqu'il maudit Édom et bénit Israel.
Jaloux de son pouvoir, jamais il ne pardonne :
Il frappera Jacob, si Jacob l'abandonne.

NÉBÉE.

Nadab...

ARZANE.

Est l'ennemi du sang de mes aïeux.

NÉBÉE.

Il est sincère.

ARZANE.

Eh bien ! je le tromperai mieux.

NÉBÉE.

Il fait de vous servir sa plus constante étude ;
On vous reprochera...

ARZANE.

Poursuis !

NÉBÉE.

L'ingratitude,

ARZANE.

Non, si par le succès mes vœux sont couronnés :
On ne traite d'ingrats que les infortunés.

NÉBÉE.

Nadab...

ARZANE.

M'est odieux.

NÉBÉE.

Sa clémence...

ARZANE.

M'outrage.

NÉBÉE.

Il veut votre bonheur.

ARZANE.

Ma honte est son ouvrage.

NÉBÉE.

Il vous rendra le trône.

ARZANE.

Il m'a donné des fers.

NÉBÉE.

S'il s'attache à vos pas?

ARZANE.

Je le mène aux enfers.

NÉBÉE.

A vos desseins secrets que je prévois d'obstacles!

ARZANE.

L'amour de la patrie enfante des miracles.
Mais j'aperçois Nadab... Reine de la beauté,
Prête-moi ta ceinture, ô brillante Astarthé!
Donne à tous mes discours ta grâce souveraine;
Déesse de l'amour, sers aujourd'hui la haine,
Descends! A ton secours amène tous les dieux :
Si Jéhovah triomphe, ils tomberont des cieux.

SCÈNE II.

NADAB, ARZANE, NÉBÉE.

ARZANE.

De ses destins, Nadab, votre esclave incertaine
Accourt à votre voix près de cette fontaine...
Si par ces yeux baissés je juge de mon sort,
Je crains bien qu'Amalec ne soit pas libre encor.

NADAB.

Étrangère, il me faut vous le dire sans feinte :
Les vieillards de Caleb ont écouté la plainte.
Le conseil, à qui seul le pouvoir appartient,
Pour quelques jours encor dans ce camp vous retient.
Sans gardes cependant vous pouvez de la plage

ACTE II, SCÈNE II.

Parcourir les sentiers et l'arène sauvage.
Dathan, dont l'amitié ne craint aucun péril,
Amène auprès de vous vos compagnes d'exil.
On vous rend des honneurs inconnus sous nos tentes,

Dathan entre en ce moment sur la scène, suivi du chœur des jeunes filles Amalécites il se retire ensuite, et Nébée va se placer à la tête du chœur au fond du théâtre.

Et bientôt au milieu des pompes éclatantes,
Rendue à vos sujets, embrassant l'avenir,
Vous perdrez de Nadab l'importun souvenir.

ARZANE.

Arzane par vos mains à la mort fut ravie,
Et d'un nouveau bienfait cette grâce est suivie !
Mon cœur reconnoissant ne peut s'exprimer mieux
Que par mon peu d'ardeur à sortir de ces lieux.

NADAB.

A ce langage adroit je ne puis me méprendre,
Vous flattez l'ennemi dont vous croyez dépendre,
Mais, nourrie à Séir pour plaire et pour aimer,
Nos farouches vertus ne peuvent vous charmer.

ARZANE.

Amalec et Jacob diffèrent de maxime,
Il est vrai : nous croyons, sans nous en faire un crime,
Qu'aimer est le bonheur, plaire un don précieux,
Et que la volupté nous rapproche des dieux.
Sous des berceaux de fleurs, nos heures fortunées
S'envolent mollement l'une à l'autre enchaînées.
Le dieu que nous servons approuve nos désirs :
Dans une île féconde, au doux chant des plaisirs,
La beauté l'enfanta sur les mers de Syrie ;
Il préside en riant aux banquets de la vie.
Pour attirer sur vous ses bienfaisants regards,
J'ai déjà, les pieds nus et les cheveux épars,
De nos rites sacrés suivant l'antique usage,
Trois fois pendant la nuit conjuré son image...
Mais n'ai-je point, Nadab, armé votre courroux?
Vous détestez le dieu que je priois pour vous.
Pardonnez à ces vœux que dans mon innocence
M'arracha le transport de la reconnoissance.

NADAB.

Qu'entends-je! Amalécite, apprenez donc mon sort.
Longtemps de mon amour je captivai l'essor;
Vous adorant toujours, mais respectant vos larmes,
Je n'aurois pas osé vous parler de vos charmes :
Un mot, dont l'homme heureux ne sent pas la valeur,
Trop souvent peut blesser l'oreille du malheur.
Quand Moïse vivoit vous aviez tout à craindre ;
A cacher mon ardeur je savois me contraindre :
Aujourd'hui que le ciel pour vous se veut calmer,
Votre bonheur me rend le droit de vous aimer.

ARZANE.

Épargnez...

NADAB.

    Vous sauver changea ma vie entière!
Ce cœur, que vous avez habité la première,
Vit l'amour se lever terrible et violent
Comme l'astre de feu dans ce désert brûlant.
Le repos pour jamais s'envola de mon âme ;
Mon esprit s'égara dans des songes de flamme.
Abjurant la grandeur promise à nos neveux,
A l'autel des Parfums je n'offrois plus mes vœux ;
Je n'allois plus, lévite innocent et modeste,
Chaque aurore au désert cueillir le pain céleste.
Dans les champs de l'Arabe, et loin des yeux jaloux,
Mon bonheur eût été de me perdre avec vous.
De toi seule connue, à toi seule asservie,
L'Orient solitaire auroit caché ma vie.
Pour appui du dattier empruntant un rameau,
Le jour j'aurois guidé ton paisible chameau ;
Le soir, au bord riant d'une source ignorée,
J'aurois offert la coupe à ta bouche altérée,
Et sous la simple tente, oubliant Israel,
Pressé contre mon cœur la nouvelle Rachel.

ARZANE.

Confuse, à vos regards je voudrois disparoître ;
Mais je suis votre esclave et vous êtes mon maître.

NADAB.

A qui maudit vos fers le reproche est bien dur!

ACTE II, SCÈNE II.

Mais de vous délivrer il est un moyen sûr.
Vous connoissez du camp le trouble et les alarmes;
De la féconde Égypte on regrette les charmes;
On veut que des tribus je conduise les pas.
Épouse de Nadab, ouvrez-nous vos États;
D'un peuple de bannis soyez la souveraine :
Le soldat à l'instant va briser votre chaîne.

ARZANE.

Je vois Marie.

SCÈNE III.

MARIE, ARZANE, NADAB, NÉBÉE, CHŒUR DE JEUNES FILLES AMALÉCITES.

MARIE.

Aaron n'est point ici, Nadab?

NADAB.

Il pleure le prophète au torrent de Cédab.

MARIE.

Rendez grâce au Seigneur; sa paix nous accompagne :
Moïse reparoît sur la sainte montagne.
Cherchant partout Aaron, je cours lui répéter
Ce qu'un chef des pasteurs vient de me raconter.

SCÈNE IV.

NADAB, ARZANE, NÉBÉE, CHŒUR DE JEUNES FILLES AMALÉCITES.

ARZANE.

Fils d'Aaron, à mon sort il faut que je succombe :
Vous me parliez d'hymen, et je touche à ma tombe.

NADAB, sans écouter Arzane.

Nous allons te revoir enfin, fameux mortel,

Encor tout éclatant des feux de l'Éternel.
Honneur à tes vertus et gloire à ton génie!

ARZANE.

Veillé-je? dans mes maux quelle affreuse ironie!
Quoi, Nadab! ces desseins où tous deux engagés,
Ces projets de l'amour...

NADAB.

Ils ne sont point changés.

ARZANE.

Entre Moïse et moi vous tenez la balance :
De votre passion je vois la violence.

NADAB.

Femme, je suis sans force à tes pieds abattu ;
Mais ne puis-je du moins admirer la vertu?

ARZANE.

Qui pourra m'arracher de ce sanglant théâtre
Où la mort me poursuit?

NADAB.

Ce cœur qui t'idolâtre.

ARZANE.

Mais les remords viendront arrêter vos efforts.

NADAB.

Mais si je t'obéis, que te font mes remords?

ARZANE.

De ces hauts sentiments je serai la victime.

NADAB.

Laisse-moi m'enchanter d'innocence et de crime,
Connaître mes devoirs sans te manquer de foi,
Apercevoir l'abîme et m'y jeter pour toi.

ARZANE.

Je ressens vos douleurs et n'en suis point complice.

NADAB.

Cesse de t'excuser : j'adore mon supplice,
Ma souffrance est ma joie, et je veux à jamais

Conserver la douceur du mal que tu me fais.
Hélas! mon fol amour m'épouvante moi-même;
Je me sens sous le coup de quelque arrêt suprême :
D'involontaires pleurs s'échappent de mes yeux;
La nuit dans mon sommeil j'entends parler tes dieux;
Prêt à sacrifier à leurs autels coupables,
Je me réveille au bruit de mes cris lamentables.
Dis : n'est-ce pas ainsi, dans ses tourments divers,
Qu'une âme est par le ciel dévouée aux enfers?

ARZANE.

On va vous délivrer du joug de l'étrangère.

NADAB.

Des légers fils d'Agar la voix est mensongère :
L'Arabe aime à conter : je veux sonder des bruits
Aisément élevés, plus aisément détruits.
De Moïse en ces lieux je viendrai vous apprendre
Le destin. Quel parti qu'alors vous vouliez prendre,
Contre tout ennemi prompt à vous secourir,
Arzane, je saurai vous sauver ou mourir.

Nadab sort.

SCÈNE V.

ARZANE, NÉBÉE, CHŒUR DE JEUNES FILLES AMALÉCITES.

ARZANE.

Ah, Nébée! à ce coup je ne saurois survivre!
L'implacable destin s'attache à me poursuivre.

NÉBÉE.

Et moi, je ressentois un doux enchantement
En écoutant des vœux si chers!

ARZANE.

     Autre tourment,
Incestueux projet, effroyable à mon âme!
Je hais du fils d'Aaron et la main et la flamme.
Amalec recevoir Israel dans ses bras!
Recueillir dans mon sein une race d'ingrats!
Je légitimerois ces exécrables frères,

Qui menacent nos fils, qui trahirent nos pères,
Ces esclaves du Nil, bâtisseurs de tombeaux,
Ignobles artisans flétris par leurs travaux,
Qui, d'Égypte chassés avec tous leurs prophètes,
Proclament en tremblant d'insolentes conquêtes,
Se disent héritiers des florissants États
De cent peuples divers qu'ils ne connoissent pas!

NÉBÉE.

Sauvez, sauvez vos jours!

ARZANE.

Voudrois-tu donc, Nébée,
Aux autels de Jacob voir Arzane courbée,
Contrainte d'embrasser le culte menaçant
Du Dieu cruel qui veut exterminer mon sang?
S'il faut suivre aujourd'hui la fortune jalouse,
S'il faut que de Nadab je devienne l'épouse,
Que lui-même, parjure au culte de Nachor,
Serve avec moi Baal, et Moloch et Phogor;
Que son hymen des Juifs brise les lois publiques;
Qu'il me donne sa main aux autels domestiques
Des dieux de mon palais, des dieux accoutumés
A couronner les vœux contre Jacob formés!

NÉBÉE.

Du retour du Moïse on n'a pas l'assurance.
Espérons.

ARZANE.

Laisse-là ta menteuse espérance.

NÉBÉE.

L'étoile d'Astarthé paroît sur l'horizon :
Pour hâter le retour du jeune fils d'Aaron,
Saluons l'astre heureux par des chants agréables.

Le chœur des Amalécites s'avance du fond du théâtre.

ARZANE, au chœur.

Captives, suspendez ces pleurs inépuisables.
Voici l'instant prédit où les filles d'Édom
Vont sauver d'Amalec et la race et le nom.
Nos guerriers ne sont plus, mais vous restez encore :

ACTE II, SCÈNE V.

Formez les chœurs brillants des peuples de l'aurore.
Des femmes de Byblos répétez les soupirs ;
Du farouche Israel enflammez les désirs.
Loin d'ici la pudeur et la froide innocence !
Il nous faut des plaisirs conduits par la vengeance.
Chantez l'Amour : c'est lui qui du Dieu d'Israel
Doit corrompre l'encens et renverser l'autel.

LE CHOEUR.

Amour, tout chérit tes mystères,
Tout suit tes gracieuses lois :
L'hirondelle au palais des rois,
L'aigle sur les monts solitaires,
Et le passereau sous nos toits.

UNE AMALÉCITE.

Ton vieux temple, entouré des peuples de la terre,
S'élève, révéré de chaque âge nouveau,
Comme au milieu d'un champ la borne héréditaire,
Ou la tour du pasteur au milieu du troupeau.

LE CHOEUR.

Amour, tout chérit tes mystères,
Tout suit tes gracieuses lois :
L'hirondelle au palais des rois,
L'aigle sur les monts solitaires,
Et le passereau sous nos toits.

UNE AMALÉCITE.

Invoquons du Liban la déesse charmante.
De nos longs cheveux d'or que la tresse élégante
   Tombe en sacrifice à l'Amour.
Soulevons les enfers, répétons tour à tour
Du berger chaldéen la parole puissante.

UNE AUTRE AMALÉCITE.

Qui méprise l'Amour dans ses fers gémira.

DEUX AMALÉCITES.

De prodiges divers l'Amour remplit l'Asie,
   Il embauma l'Arabie
   Des pleurs de la tendre Myrrha ;
Du pur sang d'Adonis il peignit l'anémone :

Fleur des regrets, symbole du plaisir,
Elle vit peu de temps, et le même zéphyr
　　La fait éclore et la moissonne.

UNE AMALÉCITE.

Prenons notre riche ceinture,
Nos réseaux les plus fins, nos bagues, nos colliers,
　　Vengeons aujourd'hui nos guerriers ;
　　Les remparts et les boucliers
Sont vains contre l'Amour dans toute sa parure.

LE CHŒUR.

Que dit à son amant, de plaisir transporté,
　　Cette prêtresse d'Astarthé
Qui voudroit attirer le jeune homme auprès d'elle,
Et lui percer le cœur d'une flèche mortelle?

UNE AMALÉCITE.

CHANT DE LA COURTISANE.

« Beau jeune homme, dit-elle, arrête donc les yeux
Sur la tendre Abigail, que ta froideur opprime.
　　Je viens d'immoler la victime
　　Et d'implorer la faveur de nos dieux.

« Viens, que je sois ta bien-aimée.
J'ai suspendu ma couche en souvenir de toi :
　　D'aloès je l'ai parfumée.
Sur un riche tapis je recevrai mon roi ;
Dans l'albâtre éclatant la lampe est allumée ;
Un bain voluptueux est préparé pour moi.
L'époux qu'on a choisi, mais qui n'a pas mon âme,
Est parti ce matin pour ses plants d'oliviers :
　　Il veut écouler ses viviers,
　　Sa vigne ensuite le réclame.
Il a pris dans sa main son bâton de palmier,
Et mis deux sicles d'or dans sa large ceinture ;
Il ne reviendra point que de son orbe entier
　　L'astre des nuits n'ait rempli la mesure.

« Tandis qu'en son champ il vendange,
　　Enivrons-nous de nos désirs.

De tant de jours perdus qu'un jour heureux nous venge :
Il n'est de bon que les plaisirs. »

DEUX AMALÉCITES.

O filles d'Amalec! si par un tel langage
De nos tyrans nous embrasions les cœurs,
Nous verrions à nos pieds cette race sauvage,
Et les vaincus deviendroient les vainqueurs!

LES MÊMES AVEC UNE TROISIÈME AMALÉCITE.

Arzane, lève-toi dans l'éclat de tes larmes!
Triomphe par tes charmes!
Que l'amour sur ton front s'embellissant encor
Attaque des Hébreux les princes redoutables,
Et livre tout Jacob à nos dieux formidables.

LE CHOEUR.

Baal, Moloch et Phogor!

ARZANE.

Nadab ne revient pas. Déjà la lune éclaire
Des rochers du Sina le sommet solitaire :
De la garde du camp on voit briller les feux.

Au chœur.

Retournez vers Jacob ; mêlez-vous à ses jeux ;
Pour subjuguer son cœur faites briller vos grâces.

A Nébée.

Et toi du fils d'Aaron cherche et poursuis les traces :
J'attendrai ton retour auprès des pavillons
Où depuis si longtemps dans les pleurs nous veillons.

FIN DU DEUXIÈME ACTE.

ACTE TROISIÈME.

SCÈNE PREMIÈRE.

MOISE, seul.

Il fait nuit; on voit à la clarté de la lune Moïse qui descend du mont Sinaï, portant les Tables de la loi. Il s'avance vers le bocage des palmiers, et dépose les Tables de la loi au tombeau de Joseph.

Sur ces tableaux divins la main de l'Éternel
Grava toutes les lois du monde et d'Israel.
O toi qui déroulas tous les cieux comme un livre,
Qui détruis d'un regard et d'un souffle fais vivre,
Qui traças au soleil sa course de géant,
Qui d'un mot fis sortir l'univers du néant!
Dis par quelle bonté, maître de la nature,
Tu daignois t'abaisser jusqu'à ta créature,
Et parler en secret à mon cœur raffermi
Comme un ami puissant cause avec son ami.
Depuis que je t'ai vu dans les feux du tonnerre,
Je ne puis attacher mes regards à la terre,
Et mon œil cherche encor, frappé de ta splendeur,
Dans ce beau firmament l'ombre de ta grandeur.

Moïse s'assied sur une pierre auprès du tombeau de Joseph.

Avant de me montrer à la foule empressée,
Je veux de nos tribus connoître la pensée :
Josué, descendu par un chemin plus court,
Doit avoir à mon frère annoncé mon retour;
Attendons sous cette ombre au conseil favorable
Du grand Melchisédech l'héritier véritable.

Il regarde quelque temps le camp en silence.

Qu'avec un doux transport je vois ce camp tranquille,
D'un peuple fugitif unique et noble asile !
Peuple que j'ai sauvé, que je porte en mon cœur,
De tous tes ennemis sois à jamais vainqueur.
Servant au monde entier de modèle et d'exemple,
Garde du Tout-Puissant la parole et le temple.
Séparé par ta loi, ton culte, tes déserts,
Du reste corrompu de ce vaste univers,
O Jacob! sois en tout digne du droit d'aînesse.
Je veux, en dirigeant ta fougueuse jeunesse,
En profitant du feu de ton esprit hautain,
Te forger en un peuple et de fer et d'airain.
Ouvrage des mortels, et prompt à se dissoudre,
Les empires divers rentreront dans la poudre ;
Toi seul subsisteras parmi tous ces débris ;
Les ruines du temps t'offriront des abris ;
En te voyant toujours, les races étonnées
Iront se racontant tes longues destinées
Et se montrant du doigt ce peuple paternel
Que Moïse marqua du sceau de l'Éternel !

Mais, Jacob, pour monter où le Seigneur t'appelle,
Il faut à ses desseins n'être jamais rebelle :
Sous le courroux du ciel tu pourrois succomber,
Et la foudre est sur toi toujours prête à tomber.
Prions pour ton salut tandis que tu sommeilles.

Il se lève, et étend ses bras vers le ciel.

Dieu de paix !...

On entend des sons lointains de musique et des bruits de danses.

Mais quel son vient frapper mes oreilles?
Ce n'est point là le cri du belliqueux soldat
Qui chante Sabaoth en courant au combat.
Je reconnois l'accent d'une race coupable.
Quel noir pressentiment et me trouble et m'accable?
Aaron sous ces palmiers est bien lent à venir.
Fidèle Josué, qui te peut retenir?
Laissons à ce tombeau ces Tables tutélaires.
Marchons... Qui vient ici?

SCÈNE II.

NADAB, MOISE.

NADAB, sans voir Moïse, qui reste appuyé sur le tombeau de Joseph.

     Ces lieux sont solitaires.
Elle est entrée au camp... Oui, j'aurai trop tardé.
Le retour de Moïse est un bruit hasardé,
D'un Arabe menteur la nouvelle incertaine

Il avance au bord de la scène, et demeure quelque temps en silence.

Que mon sein oppressé se soulève avec peine !
Que cet air est brûlant ! Pour achever son tour,
La nuit semble emprunter le char ardent du jour.
Image de mon cœur, cette arène embrasée
Reçoit en vain du ciel la bénigne rosée.

Autre silence.

Ici de la beauté j'entendis les accents.
Sur sa trace de feu qu'on répande l'encens !
Qu'on l'adore !... Où m'emporte une imprudente ivresse ?
On n'a point jusqu'ici couronné ma tendresse :
Si j'étois le jouet de quelque illusion !
Connoissons notre sort.

Il va pour rentrer au camp : en passant devant le bocage de palmiers, il aperçoit Moïse

     O sainte vision !
N'est-ce pas de Joseph l'ombre majestueuse ?
Viens-tu me consoler ? Que ta voix vertueuse
Des chagrins de mon cœur adoucisse le fiel,
Et donne-moi la paix que tu goûtes au ciel.

MOÏSE, sans quitter le tombeau.

Le ciel des passions n'entend point la prière.

NADAB.

Moïse !

MOÏSE, descendant du tombeau.

  C'est lui-même.

NADAB

En touchant la poussière,
Prophète du Seigneur, je m'incline à vos pieds
Et baisse devant vous mes yeux humiliés.

MOÏSE.

De quelque noir chagrin votre âme est agitée.

NADAB.

Le camp, qui déploroit votre mort racontée,
Vouloit mettre en mes mains un dangereux pouvoir.

MOÏSE.

Eh bien! qu'avez-vous fait?

NADAB.

J'espérois vous revoir.

MOÏSE.

Et n'avez-vous, Nadab, rien de plus à m'apprendre?

NADAB.

Sans doute ici bientôt les vieillards se vont rendre.

On entend la musique du camp.

MOÏSE.

Vous me dites, Nadab, que les tribus en deuil
Gémissent sur le sort de Moïse au cercueil;
Et j'entends les concerts, horribles ou frivoles,
Dont les fils de Baal fatiguent leurs idoles.
Qui produit ces clameurs? qui peut y prendre part?

NADAB.

Nos captives souvent, assises à l'écart,
Aiment à répéter les hymnes de leurs pères.

MOÏSE.

Des captives ici? des femmes étrangères?
Arzane n'a donc pas satisfait au Seigneur?
Elle vit; et peut-être, écoutant votre ardeur,
Elle reçoit ces vœux sortis d'une âme impure,
Dont le vent de la nuit m'apportoit la souillure
Jusqu'au chaste tombeau du pudique Joseph.

NADAB.

Des Hébreux triomphants le magnanime chef
Craindroit-il une femme esclave de nos armes,
Qui mange un pain amer détrempé de ses larmes?
Sur le compte des grands je ne suis pas suspect :
Leurs malheurs seulement attirent mon respect.
Je hais le Pharaon que l'éclat environne ;
Mais s'il tombe, à l'instant j'honore sa couronne ;
Il devient à mes yeux roi par l'adversité.
Des pleurs je reconnois l'auguste autorité.
Courtisan du malheur, flatteur de l'infortune,
Telle est de mon esprit la pente peu commune :
Je m'attache au mortel que mon bras a perdu,
Et je voudrois sauver la race d'Ésaü.

MOÏSE.

Vous, sauver d'Astarthé la nation flétrie !
Regarder sans horreur l'infâme idolâtrie,
Quand j'apporte aux Hébreux les lois de Jéhovah !
Sur ce marbre sacré lui-même les grava,
Lisez : l'astre des nuits vous prête sa lumière.

NADAB, lisant.

N'ADORE QU'UN SEUL DIEU.

MOÏSE.

                Telle est la loi première.
Et vous seul, immolant l'avenir d'Israel,
De cet unique Dieu renversez-vous l'autel ?
Jacob, trahirois-tu tes hautes destinées ?
Ne veux-tu point, courbé sous le poids des années,
T'avancer sur la terre, antique voyageur,
Pour apprendre aux humains le grand nom du Seigneur?
Tu portes dans tes mains ce livre salutaire
Où je traçai de Dieu le sacré caractère :
Contrat original, titre où l'homme enchanté
Retrouvera ses droits à l'immortalité.
L'infidèle Jacob perdroit son rang suprême !
Mais entrons dans ce camp ; voyons tout par nous-même.

NADAB.

Arrêtez !

ACTE III, SCÈNE II.

MOÏSE.

Et pourquoi?

NADAB.

Pour soustraire au danger
Des jours qu'au prix des miens je voudrois protéger.

MOÏSE.

Vous!

NADAB.

Je dois l'avouer...

MOÏSE.

Eh bien?

NADAB.

Dans votre absence
Le camp, s'abandonnant à l'aveugle licence,
A rejeté vos lois.

MOÏSE.

Par Jacob annoncé,
Dieu! ne retranche point l'avenir menacé!

NADAB.

Écoutez un moment.

MOÏSE.

Laisse-moi, téméraire!
J'ai prévu ta foiblesse, Aaron! malheureux frère,
Qu'as-tu fait?

NADAB.

Permettez que je guide vos pas.

MOÏSE.

Non : j'affronterai seul tes coupables soldats;
Demeure, ou va plutôt, car j'entrevois ton crime;
Dans son bercail impur va chercher la victime
Dont le sang répandu peut encor te sauver.

NADAB.

Ne vous obstinez pas, Moïse, à tout braver.
J'irai vous annoncer aux troupes alarmées.

MOÏSE.

Tu n'es plus le soldat du Seigneur des armées.

NADAB.

Vous repoussez mon bras?

MOÏSE.

Qu'ai-je besoin de toi?
L'Ange exterminateur marchera devant moi.

Moïse sort.

SCÈNE III.

NADAB, seul.

Moi, livrer aux bourreaux une femme éplorée!
Que plutôt par l'enfer mon âme dévorée...

SCÈNE IV.

NADAB, ARZANE.

ARZANE.

N'espérant plus, Nadab, votre prochain retour,
J'avois quitté ces lieux avec la fin du jour :
Vainement sur vos pas j'ai fait voler Nébée.
Dans mes pensers amers tristement absorbée,
J'ai mouillé quelque temps ma couche de mes pleurs :
La nuit, en accroissant mes nouvelles douleurs,
A redoublé ma crainte, et je suis revenue
Aux bords où, je le vois, vous m'avez attendue.

NADAB.

Arzane, de nos jours le sort est éclairci :
Avec moi, dans l'instant, Moïse étoit ici.

ARZANE.

Ici! quelle fureur sera bientôt la sienne!

NADAB.

Il menace déjà votre vie et la mienne.

ACTE III, SCÈNE IV.

ARZANE.

Eh bien! que ferez-vous?

NADAB.

Ce que j'avois promis.
Devenez mon épouse, et mes nombreux amis,
Annonçant aux soldats la fertile Idumée,
Rangeront à vos pieds le conseil et l'armée.
Je ferai plus : il faut à la fille d'Édom
Un époux revêtu des pompes de Sidon.
Demain, pour égaler l'honneur de ma conquête,
L'huile sainte des rois coulera sur ma tête.
Donnez par votre amour une âme à mes projets,
Et j'abaisse Moïse au rang de mes sujets.

ARZANE.

A part.   Haut.
Ciel! le dessein est grand! je le pense moi-même;
Il n'est pour nous, Nadab, d'abri qu'au rang suprême.
Mais mesurez la cime avant que d'y monter ;
Dans l'arène glissante où vous voulez lutter,
En songeant au succès, prévoyez la défaite.
Pourrez-vous étouffer la voix d'un vieux Prophète
Parlant au nom des cieux à des hommes tremblants,
Dans l'imposant éclat de ses longs cheveux blancs?

NADAB.

Si vous m'aimez, alors tout me sera facile.

ARZANE.

Voulez-vous d'un esprit aussi ferme qu'habile
D'un pouvoir souverain créer les éléments?
De la foi d'Israel changez les fondements.
Si le peuple, poussé vers des dieux qu'il appelle,
Est plus que vous encore à Moïse rebelle,
Les Juifs, craignant ce chef implacable et jaloux,
Pour se sauver de lui se donneront à vous.
Tout indique à vos yeux la route qu'il faut suivre :
Onze de vos tribus aujourd'hui veulent vivre
Sous le dieu d'Amalec : secondez leurs efforts.
Dans cette Arche nouvelle enfermez des ressorts;
A des miracles feints opposez des miracles;
Comme Moïse, ayez des prêtres, des oracles,

Et bientôt le soleil vous verra dans ces lieux
Le pontife et le roi d'un peuple glorieux.

NADAB.

Nadab, lâche apostat! Arzane en vain l'espère!
Vous-même chérissez les dieux de votre père :
Si je vous proposois aussi de les quitter?

ARZANE.

Quand auprès d'Astarthé je voudrois m'acquitter
Des tendres et doux vœux que son culte réclame,
La foiblesse me sied : et que suis-je? une femme!
Mais un homme au-dessus des vulgaires mortels
Prend conseil de sa gloire et choisit ses autels.
Votre Dieu vous menace et sa loi vous condamne :
Vous ne pouvez régner que par le dieu d'Arzane.
Régnez sur elle; allez au premier feu du jour
Chercher votre couronne au temple de l'Amour,
Et tandis qu'Amalec frappera la victime,
Vous offrirez des fleurs : ce n'est pas un grand crime.

NADAB.

O magique serpent! décevante beauté,
Par quels secrets tiens-tu tout mon cœur enchanté?
Es-tu fille d'Enfer ou des Esprits célestes?
Réponds-moi!

ARZANE.

    Du malheur je suis les tristes restes.
Suppliante à vos pieds, sans trône et sans époux,
Je n'ai d'autre soutien ni d'autre espoir que vous.

NADAB.

C'en est fait : il le faut! A toi je m'abandonne!
Qu'importe le poison quand ta main me le donne?
Mais en goûtant au fruit, présent de ton hymen,
Du moins entre avec moi sous les berceaux d'Éden,
Ève trop séduisante, au jardin des délices
Que nos félicités précèdent nos supplices!
Tu ne m'as point encor révélé tes secrets,
Et même en ce moment tes regards sont muets.
Un mot peut tout fixer dans mon âme incertaine.

ACTE III, SCÈNE IV.

Dis : ai-je mérité ton amour ou ta haine?
Si tu l'aimes, Nadab est prêt à s'immoler.

ARZANE.

Que faire?

NADAB.

Explique-toi.

ARZANE.

Je ne saurois parler.

NADAB.

M'aimes-tu? M'aimes-tu, divine Amalécite?

ARZANE.

Ma voix s'éteint...

NADAB.

Promets à ce cœur qui palpite
Que demain à l'autel...

ARZANE.

A l'autel de mes dieux?...

NADAB.

O douleur!

ARZANE, à part.

En formant un hymen odieux
Du moins perdons Jacob.

NADAB, à part.

Dans ta juste colère
Ne te souviens, Seigneur, que d'Abraham mon père.

A Arzane.

Achevons!

ARZANE.

Vous m'aimez?

NADAB.

Ah! cent fois plus que moi,
Puisqu'aux feux éternels je me livre pour toi!

ARZANE.

Vous dites que demain au lever de l'aurore,
A l'autel de mes dieux...

NADAB.

Je n'ai rien dit encore.

ARZANE.

Je mourrai donc !

SCÈNE V.

NÉBÉE, ARZANE, NADAB.

NÉBÉE, accourant précipitamment.

Fuyez ! le péril est pressant :
Tout prend autour de vous un aspect menaçant.
Je veillois près d'ici dans mon inquiétude,
Quand j'ai vu s'avancer vers cette solitude,
A pas lents et légers, Caleb avec Lévi.
De cent prêtres armés ce cruel est suivi ;
Leurs yeux sinistrement étincellent dans l'ombre ;
Ils se parlent tout bas d'une voix triste et sombre.
J'ai surpris quelques mots de leur noir entretien :
De vous donner la mort ils cherchent le moyen.

NADAB.

Contre vos jours, Arzane, un lévite conspire :
Tout est fini ; demain je vous rends votre empire.
De Pharaon vaincu prenez le plus beau char ;
Des soldats éblouis enchantez le regard.
Je vous déclarerai mon épouse adorée ;
Du sceptre d'Ésaü vous serez décorée.
D'Édom et de Jacob que les dieux fraternels
Soient enfin encensés sur les mêmes autels.

Arzane et Nébée sortent par un côté du théâtre ; Nadab les suit de loin, pour les protéger contre les lévites, qui entrent sur la scène du côté opposé : il s'arrête quand Arzane a disparu, et parle aux lévites du fond du théâtre.

SCÈNE VI.

NADAB, CALEB, CHŒUR DES LÉVITES.

NADAB.

Lévites! je me ris de vos sourdes pratiques;
Je brave vos poignards et crains peu vos cantiques.
Vous m'y forcez; je vais aussi porter des coups :
Que le crime et la honte en retombent sur vous!

SCÈNE VII.

CALEB, CHŒUR DES LÉVITES.

UN LÉVITE.

Quel reproche insensé! quelle voix! Ce profane
Ne craint plus d'annoncer ses projets pour Arzane.

CALEB.

Josué m'avoit dit que notre auguste chef
Devoit attendre Aaron au tombeau de Joseph;
Je venois avec vous lui porter nos épées,
Au sang de l'ennemi plus d'une fois trempées :
Mais déjà dans le camp il aura pénétré.

LE MÊME LÉVITE.

Au négligent pasteur l'aigle enfin s'est montré.

CALEB.

Adultère Israel, dans ton brutal caprice,
Tu désertes d'Abel l'innocent sacrifice,
Et, cessant d'immoler la colombe et l'agneau,
Du meurtrier Caïn tu rejoins le troupeau!
Vous, par qui l'esprit saint s'explique et prophétise,
Prêtres sacrés! avant d'aller trouver Moïse,
Que l'ange du Seigneur, dans ce ciel de saphirs,
Porte jusqu'au Très-Haut nos chants et nos soupirs.

La lune est au milieu de sa belle carrière,
Et c'est l'heure où des nuits nous offrons la prière.

PRIÈRE.

Dieu, dont la majesté m'accable,
Pure essence, divine ardeur,
Qui peut comprendre la grandeur
De ton nom incommunicable?

Je me retire à ta lumière,
Au tabernacle de ta loi :
Des nuits où nous veillons pour toi
C'est peut-être ici la dernière.

Si nous tombons dans les tempêtes
Qu'excitent de noirs assaillants,
Nous dormirons près des vaillants,
Un glaive placé sous nos têtes.

Mais que plutôt par toi nos bras soient affermis,
    Et de tes saints dissipe les alarmes ;
Par la bride et le mors dompte tes ennemis.

LES LÉVITES, *tirant leurs épées, qu'ils élèvent vers le ciel en fléchissant le genou.*

Bénis nos armes !

CHŒUR DES LÉVITES.

CHANT NOCTURNE.

Les cieux racontent la gloire
Du souverain Créateur ;
La nuit garde la mémoire
Du sublime ordonnateur
Qui fit camper sous ses voiles
Cette milice d'étoiles
Dont les bataillons divers,
Dans leur course mesurée,
Traversent de l'empyrée
Les magnifiques déserts.

UN LÉVITE.

Le soleil, élevant sa tête radieuse,
Ferme de ce grand chœur la marche harmonieuse :
Ainsi, de l'autel d'or franchissant le degré,

Un pontife éclatant et consomme et termine
Une pompe divine
Dans un temple superbe au Seigneur consacré.

LE PLUS JEUNE DES LÉVITES.

Image de la mort du juste,
Douce nuit où du ciel éclate la beauté,
Se peut-il que l'impie en son iniquité
Profane ton silence auguste?

On entend la musique du camp.

UN LÉVITE.

Ah! quels horribles sons s'échappent de ce lieu!
Oh! de l'enfer détestable puissance!
Dans ce camp perverti c'est Baal qu'on encense,
Ici nous prions le vrai Dieu!

Moment de silence, pendant lequel on entend une seconde fois la musique du camp.

UN AUTRE LÉVITE.

Méchants! votre hymne criminelle
De la nuit des enfers ranime tous les feux :
Vous invoquez Satan, qu'il exauce vos vœux!
Tombez dans la nuit éternelle!

Nouveau silence et musique du camp

UN TROISIÈME LÉVITE.

Ah! retournez plutôt à vos devoirs,
Esclaves malheureux des femmes étrangères.

LE PLUS JEUNE DES LÉVITES.

Prions pour eux, ce sont nos frères :
Ils ont bu comme nous le vin de nos pressoirs,
Et sucé le lait de nos mères!

PRIÈRE GÉNÉRALE, prononcée par Caleb.

N'écoute point dans ta colère,
O Dieu! le cri de ces infortunés;
Prends pitié de leurs nouveau-nés;
Donne la paix à leur misère.

Que le bruit des astres roulants
Te rende sourd aux clameurs de l'impie,

Et n'entends que la voix qui prie
Pour le péché de tes enfants.

La fraîche et brillante rosée,
Au bord des flots les tamarins en fleur,
Le vent qui, perdant sa chaleur,
Glisse sur la mer apaisée;

Tout rit : du firmament serein
S'ouvre à nos yeux le superbe portique :
O Dieu ! sois doux et pacifique
Comme l'ouvrage de ta main !

FIN DU TROISIÈME ACTE.

ACTE QUATRIÈME.

SCÈNE PREMIÈRE.

MOISE, AARON, DATHAN, VIEILLARDS ET CHEFS D'ISRAEL.

MOÏSE.

Terre, frémis d'horreur! Pleurez, portes du ciel!
Sur la fleur de Juda l'enfer vomit son fiel.
La maison de Jacob, par Nadab corrompue,
Aux princes des démons ici se prostitue,
Et déjà, consultant les devins et les sorts,
Rugit devant ses dieux comme au festin des morts.

AARON.

Moïse, ma douleur à la vôtre est égale.
Sitôt que Josué, dans cette nuit fatale,
Est venu m'annoncer votre étonnant retour,
J'ai rassemblé ces chefs, et par un long détour,
Choisissant avec eux les routes les plus sombres,
Je vous ai rencontré seul, errant dans les ombres.
Daignez me pardonner si, malgré mes efforts,
J'ose vous ramener à ces tranquilles bords.
Le conseil des vieillards, comme moi, vous conjure
D'éviter d'Amalec la faction impure.
Vos jours sont menacés! A des hommes ingrats
La nuit qui règne encore a dérobé vos pas :
Que de périls divers pour mon fils et mon frère!

MOÏSE.

Ne pleurez pas sur moi ; pleurez d'un cœur sincère
Sur ce peuple infecté du poison de l'erreur,

Et que Dieu va punir dans toute sa fureur.
Profitez, ô vieillards! du moment qui vous reste,
Et détournez Nadab de son projet funeste.

UN VIEILLARD.

Hélas! nous voudrions secourir Israel,
Mais Dieu même a rompu son pacte solennel.

MOÏSE.

Peuple de peu de foi! vous doutez des oracles!
Vos yeux ont oublié l'éclat de cent miracles!
Dieu vous semble impuissant dans vos dégoûts amers,
Et du haut de ce roc on aperçoit les mers
Naguère sous vos pas par Moïse entr'ouvertes,
Et de la manne encor vos tentes sont couvertes!
Seigneur! ils ont osé murmurer contre toi,
Te trahir à l'instant où j'apportois la loi
Qui promet à Jacob une terre féconde,
Le sceptre à ses enfants et le Sauveur au monde!

AARON.

Béni soit l'Éternel qui ne trompe jamais!

DATHAN.

Et pourquoi donc ce Dieu, si prodigue en bienfaits,
Égare-t-il nos pas au désert où nous sommes?

MOÏSE.

Pour t'enseigner les maux et les vertus des hommes;
Pour former aux combats nos foibles légions
Dans le mâle berceau de l'aigle et des lions.
Toi qui jusqu'au Très-Haut veux porter ton délire,
T'assieds-tu près de lui dans le céleste empire?
Vis-tu le Créateur dans les premiers moments
De ce vaste univers creuser les fondements,
Des vents et des saisons mesurer la richesse,
Et jusque sous les flots promener sa sagesse?
Des portes de l'abîme as-tu posé le seuil?
As-tu dit à la mer : « Brise ici ton orgueil? »
Misérable Dathan! quoi! vermisseau superbe,
Tu veux comprendre Dieu quand tu rampes sous l'herbe!
Admire et soumets-toi : le néant révolté
Peut-il dans ses desseins juger l'éternité?

UN CHEF.

J'entends des pas ; vers nous quelqu'un se précipite.

AARON.

Qui s'avance ? Est-ce toi, mon fils ?

UN VIEILLARD.

C'est un lévite.

SCÈNE II.

Les Précédents, UN LÉVITE.

LE LÉVITE.

Interprète du ciel, confident d'Éloé,
Moïse, je vous cherche : au nom de Josué,
Du progrès de nos maux j'accours pour vous instruire.
L'ouvrage de vos mains est prêt à se détruire ;
Le camp vous a proscrit, et ces chefs assemblés,
S'ils reviennent à vous, seront tous immolés.
Marie avec Caleb, retirés vers l'oracle,
S'efforcent de sauver le sacré tabernacle.
Ici même l'aurore et le nouveau soleil
Des noces de Nadab mèneront l'appareil :
Une idole y sera brillante et parfumée,
Et soudain les tribus marchent vers l'Idumée.
Déjà l'on a donné le signal du départ ;
On abaisse la tente, on lève l'étendard ;
Et le lâche Israel, que corrompent des traîtres,
Va fuir en reniant le dieu de ses ancêtres.

LES VIEILLARDS, à Moïse, immobile, qui commence à sentir l'inspiration

O Moïse !

AARON.

Il redit l'oracle du saint lieu,
Et pour l'homme attentif il est l'écho de Dieu !

LES VIEILLARDS.

Écoutons !

MOÏSE, inspiré.

Anathème à ta race volage,
Jacob! si par tes mains tu te fais une image!
Que maudit soit ton champ, ton pavillon, ton lit,
Et que sur Gelboé ton figuier soit maudit :
Tombant dans l'avenir d'abîmes en abîmes,
De malheurs en malheurs et de crimes en crimes,
Un jour on te verra couronner tes forfaits
En égorgeant l'Agneau descendu pour la paix.
Alors, peuple proscrit dispersé sur la terre,
Tu traîneras partout ta honte et ta misère ;
Tu viendras pauvre et nu, enfant déshérité,
Pleurer sur les débris de ta triste cité,
Dans ces débris épars trouver pour ton supplice
D'un Dieu ressuscité la tombe accusatrice,
Et mourir de douleur près du seul monument
Qui n'aura rien à rendre au jour du jugement.

LES VIEILLARDS.

Ciel!

AARON.

Arrachons Nadab à son indigne flamme.
Je l'ai fait appeler pour attendrir son âme ;
Sans doute il va venir, il m'obéit encor.

A Moïse.

Prêtez-moi de vos vœux le fraternel accord ;
Brisez de Jéhovah la flèche dévorante ;
Éteignez le courroux dans sa droite fumante.
Vous avez comme moi de chers et doux liens :
Pensez à vos enfants, vous prîrez pour les miens.

MOÏSE.

Il reste au Tout-Puissant une tribu fidèle,
Je vais m'y réunir ; je marche où Dieu m'appelle.

AARON.

Prophète, que Nadab ne soit pas condamné !
Si mon fils est coupable, il est infortuné.

MOÏSE.

Vous allez voir Nadab : eh bien ! qu'il se repente,
Que du chemin du crime il remonte la pente.

ACTE IV, SCÈNE II.

Ce qu'il dénie au ciel, tâchez de l'obtenir;
J'attendrai vos succès pour régler l'avenir.
Adieu! Lévites saints, je vous porte ces Tables,
Que souilleroient ici des hommes détestables.

Il prend les Tables de la loi au tombeau de Joseph, et s'éloigne, suivi du lévite.

DATHAN, aux vieillards.

Et nous, sans redouter sa menace et ses cris,
De l'union d'Arzane acceptons le haut prix.

Il sort avec les chefs et les vieillards.

SCÈNE III.

AARON, seul.

Tout fuit! Moment affreux! La céleste colère
Me laisse seul chargé du destin de la terre.
Pourrai-je triompher d'un amour criminel?
Sauverai-je mon fils, en sauvant Israel?
O Père des humains, inspire ma tendresse!

SCÈNE IV.

AARON, NADAB.

NADAB, parlant à des soldats qu'on ne voit pas.

Fidèles compagnons que mon sort intéresse,
Je ne crains plus ici les prêtres conjurés;
N'allez pas plus avant; vous, Ruben, demeurez.

AARON.

Approche, infortuné; dans le sein de ton père
Viens confesser ta faute et cacher ta misère.

NADAB.

Ciel, qui savez mes maux, fortifiez mon cœur!

A Aaron.

Vous me désirez voir?

AARON.

            Ferois-tu mon malheur,
Toi, dont j'ai soutenu la paisible jeunesse?
Instruisant ton berceau, protégeant ta foiblesse,
C'est moi qui le premier t'appris le divin nom
Du Dieu que tu trahis pour la fille d'Édom.
Non; mon fils bien aimé n'est point inexorable;
Il m'entendra.

NADAB.

          Aaron, votre bonté m'accable.
Craignez mon désespoir; ne me commandez pas
De conduire aujourd'hui mon Arzane au trépas.

AARON

Tu peux aimer encor cette femme étrangère?

NADAB.

Comme en ses jeunes ans vous aimâtes ma mère.
Me condamnerez-vous?

AARON.

            Je te plains seulement;
Je te viens consoler dans ton égarement.
Quel mortel ne fut point éprouvé dans sa vie?
Chaque jour, à nos cœurs une joie est ravie :
J'ai vu mourir ta mère, et plein de mes regrets,
Du Seigneur en pleurant j'adore les décrets.
Sache donc, s'il le faut, pour t'épargner un crime,
Souffrir que le ciel rompe un nœud illégitime.

NADAB.

Ma parole est liée.

AARON.

         Aurois-tu donc promis
D'abandonner ton Dieu, Moïse et tes amis?

NADAB.

J'ai promis de sauver celle qu'on a proscrite.

AARON.

Ainsi ton cœur se tait quand je le sollicite.

NADAB.

Ne cherchez plus le fils sorti de votre sang,
Un noir feu me consume et s'attache à mon flanc,
J'offre de tous les maux l'assemblage bizarre ;
Je pleure, je souris, et ma raison s'égare ;
Je touche également aux vertus, aux forfaits ;
Des sépulcres, la nuit, je viole la paix ;
Altéré de combats, quelquefois j'en frissonne...
J'irois du Roi des rois attaquer la couronne !
Puis, reprenant soudain des sentiments plus doux,
Je songe à votre peine, et je gémis sur vous.
Longtemps dans ce chaos je tourne, je me lasse.
Enfin, quand mon délire et s'apaise et s'efface,
Dans mon cœur éclairé d'un tendre et nouveau jour,
Je ne retrouve plus que mon funeste amour.

AARON.

Formidable peinture ! étrange frénésie !
Serois-tu donc, Nadab, la victime choisie ?
Reviens, prodigue enfant, à tes champs nourriciers.
Si le ciel te frappoit, parjure à tes foyers !
Sur ma tête plutôt que ton péché retombe.
Moi, marqué pour la mort, je creuserois la tombe
De cet enfant chéri dont les saintes douleurs
A mon dernier linceul réservoient quelques pleurs !
Jeune guerrier, ma main desséchée et débile
Viendroit t'ensevelir dans ce sable stérile !
Mes os à ce penser ont tressailli d'effroi.
Dieu d'Abraham, Dieu fort, Dieu bon, épargne-moi !
Ne me demande pas, souveraine Justice,
Même pour m'éprouver, un cruel sacrifice :
Je me dirois toujours, tremblant et peu soumis :
« Si l'ange va tarder, que deviendra mon fils ? »
Je n'ai point, j'en conviens, la fermeté d'un père ;
J'ai plutôt la foiblesse et le cœur d'une mère.
Rachel pleura ses fils au tombeau descendus ;
Rien ne la consola, parce qu'ils n'étoient plus.

NADAB.

Père compatissant !

AARON.

Enfant de ma tendresse,

N'es-tu pas le soleil qui charme ma vieillesse?
La lumière du jour, le doux rayon des cieux,
Qui réchauffe mon cœur, qui réjouit mes yeux?
Si Nadab à ton joug, Seigneur, est indocile,
Tout homme est ton ouvrage, et tout homme est fragile.
Dans ta miséricorde attends le criminel.
O Dieu! sois patient : n'est-tu pas éternel?

NADAB.

Malheur à moi! d'Aaron je vois couler les larmes!
Il faut de l'étrangère oublier tous les charmes.
Mon père, entre tes bras recueille ton enfant;
Sur ton paisible sein presse mon sein brûlant;
Que j'y trouve un asile, et que dans la tempête
Tes bénédictions reposent sur ma tête.

AARON.

Honneur de mes vieux ans, couronne de mes jours,
Donne à ton repentir un large et libre cours;
Laisse à ton père Aaron achever la victoire.
Nadab, tu t'attendris; tes pleurs feront ma gloire.
Prie avec moi le Dieu que tu voulois quitter :

Il prie.

« Dieu clément, contre nous cesse de t'irriter;
Reçois dans ton bercail la brebis égarée,
Par des loups ravissants à moitié déchirée. »
As-tu prié, mon fils? Es-tu calmé? Sens-tu
Cette tranquillité que nous rend la vertu?
Moïse nous attend prosterné sur la pierre;
Viens avec le prophète achever ta prière.
Gravissons du Sina le roc silencieux,
Et pour trouver la paix rapprochons-nous des cieux.

Il entraîne Nadab, et tout à coup il aperçoit Arzane.

Quel fantôme envieux épouvante ma vue!

SCÈNE V.

AARON, NADAB, ARZANE.

ARZANE, à Nadab.

Ma présence est ici sans doute inattendue;
Mais pardonnez, Nadab, si la fille des rois
Demande à vous parler pour la dernière fois.
On dit que dans ces lieux, écoutant votre père,
Recevant ses conseils, cédant à sa colère,
Vous allez, par ma mort, noblement consentir
Au pardon qu'on promet à votre repentir.
Voilà ce que Dathan s'est hâté de m'apprendre.
A des reproches vains je ne sais point descendre;
Je dédaigne la vie, et je viens seulement
Entendre mon arrêt, subir mon jugement.

NADAB.

Arzane!

AARON.

Quelle femme insolente et rebelle
Ose mêler sa voix à la voix paternelle?
Du sang et du devoir respecte le lien,
Mon fils.

ARZANE.

Nadab, aussi ne me devez-vous rien?
Moi, des rois d'Amalec et la veuve et la fille,
Je vous livrois mes dieux, mon peuple et ma famille.
Falloit-il, puisque enfin vous vouliez m'immoler,
Par des aveux trompeurs chercher à me troubler,
A ternir sur mon front l'éclat du diadème?

NADAB.

Soupçonner mon amour! j'en appelle à vous-même:
Que diriez-vous, Arzane, en cet affreux moment,
Si je vous accusois de me tromper?

ARZANE, surprise et troublée.

Comment!

Qui? moi?

AARON, à Nadab.

N'en doute pas, c'est le ciel qui t'inspire.
A perdre les Hébreux cette étrangère aspire,
Sans partager ta flamme. Altier, dur et moqueur,
Son regard a trahi le secret de son cœur.
Elle te hait, Nadab, comme elle hait ta race.
Aussitôt qu'à tes yeux elle aura trouvé grâce,
Tu la verras, quittant un langage suspect,
Redevenir pour toi la veuve d'Amalec.
Tes fils, dignes enfants de cette digne mère,
Sortiront de son sein en maudissant leur père;
Et peut-être, effaçant le crime de Caïn,
Ils lèveront sur toi leur parricide main.

ARZANE, à part.

Ne laissons pas la haine altérer mon visage.

Haut.

Le ciel lit mieux au fond de ce cœur qu'on outrage.

NADAB.

Aaron auroit-il dit la triste vérité?

ARZANE.

Que son reproche, hélas! n'étoit-il mérité!
Je m'égare...

NADAB.

Achevez!

ARZANE.

Un dieu qui m'humilie
Me force à révéler ma honte et ma folie.
Cruel, quand, sans remords, tu manques à ta foi...

AARON, l'interrompant.

Nadab, crains des aveux qui ne trompent que toi.

ARZANE.

Jusqu'au fond du tombeau bénissant ta mémoire...

AARON, l'interrompant.

Regarde-la, mon fils, pour cesser de la croire.

ACTE IV, SCÈNE V.

ARZANE.

Je ne regretterai, dans le sombre séjour,
Que de ne pouvoir plus t'exprimer mon amour!

NADAB.

Aveux délicieux! douce et divine flamme,
Qui pénètre et descend dans le fond de mon âme!
Qu'est-ce que l'univers au prix d'un tel bonheur?
Et qu'importent Moïse et toute sa grandeur,
Et les desseins du ciel et le sort de la terre?
Nadab sûr d'être aimé redevient téméraire.

AARON.

Quel blasphème est sorti de ta bouche, ô Nadab!

Arzane s'incline aux pieds d'Aaron; Aaron la repousse.

Fuis, exécrable enfant de Loth et de Moab,
Et reçois pour présent de l'hymen qui s'apprête
La malédiction dont je frappe ta tête!

Arzane se relève.

NADAB, *égaré tout le reste de la scène.*

Arzane le prend par la main.

Femme, as-tu disparu? Ta main brûle ma main.

ARZANE.

Des tentes d'Israel c'est ici le chemin.

AARON.

N'engage pas mon fils dans le sentier du crime.

NADAB.

Arzane, suis mes pas... Évite cet abîme.
J'entends gronder la foudre, et la terre a tremblé.

AARON.

Malheureux, par l'enfer ton esprit est troublé.

NADAB.

Silence!... c'est sa voix; c'est la voix de Moïse.

AARON.

Il te montre la terre à tes aïeux promise.

NADAB.

Il fait rouler du Nil les flots ensanglantés,
L'ange pâle des morts se tient à ses côtés,
Le feu du ciel descend sur ma tête profane.

AARON.

Demeure avec Aaron.

NADAB.

Il a maudit Arzane.

AARON.

Il bénira Nadab.

NADAB.

Rejeté loin du port,
D'Arzane désormais je partage le sort.

AARON.

Ne revendique point l'anathème d'un père.
J'anéantis l'arrêt lancé dans ma colère,
S'il atteint jusqu'à toi.

NADAB.

Vous ne le pouvez plus :
Par le Dieu paternel vos vœux sont entendus.

(Il suit Arzane.)

Astarthé, qu'à tes chants notre union s'achève :
Marchons ; l'autel est prêt et l'aurore se lève.

AARON.

Arrête !

NADAB.

Il est trop tard !

AARON.

Viens !

NADAB.

Je suis entraîné.

AARON.

Dieu te pardonnera.

NADAB.

Vous m'avez condamné.

AARON, à Marie, qui s'avance à la tête des chœurs.

Ma sœur, secourez-moi ! Priez tous ! Au prophète,
Pour racheter mon fils, je vais offrir ma tête.

SCÈNE VI.

MARIE, CALEB, CHŒUR DE LÉVITES, CHŒUR DE JEUNES FILLES ISRAÉLITES.

Le jour commence à paroître : les lévites, ceints de leurs épées, tiennent dans la main droite un bâton blanc et dans la gauche une trompette. Quatre lévites portent le tabernacle, qu'ils ont enlevé du camp. Les jeunes filles israélites portent des harpes et des tambourins.

CALEB.

Moïse nous ordonne, au matin renaissant,
D'aller le retrouver près du puits d'Élissan,
Tandis qu'à nos autels les vierges retirées
Rediront au Seigneur les plaintes consacrées.
Partons. Que de l'enfer soi confondu l'orgueil!

MARIE.

Mais de Joseph ici laissons-nous le cercueil?
Verra-t-il des faux dieux les infâmes emblèmes?
Non : les morts ont horreur de ces dieux morts eux-mêmes.
Dérobons ce cercueil, et courons le cacher
Auprès du tabernacle, à l'abri d'un rocher.
C'est Jacob tout entier qui fuit l'idolâtrie :
Les enfants, les tombeaux, font toute la patrie.

Caleb, à la tête des lévites, Marie, à la tête des jeunes filles israélites, gravissent le Sinaï. Six lévites enlèvent le cercueil de Joseph; quatre autres lévites portent le tabernacle. L'aurore paroît; les lévites sonnent de temps en temps de la trompette. Les deux chœurs se groupent diversement sur les rochers, et chantent ou déclament, en marchant, ce qui suit :

CHŒUR DES LÉVITES.

Emportons les os de nos pères;
De nos trésors c'est le plus beau.
Joseph vivant fut trahi par ses frères;
Ne trahissons point son tombeau.

CHŒUR DE JEUNES FILLES ISRAÉLITES.

Nous gardons la douceur de nos foyers antiques,
Dans les champs de l'exil et sous de nouveaux cieux,
En conservant nos autels domestiques
Et les cendres de nos aïeux.

DEUX LÉVITES.

Quel pouvoir est le sien! que d'œuvres redoutables
Moïse, aimé du ciel, accomplit à la fois!

DEUX JEUNES FILLES.

Il commande : la mer, aux vagues indomptables,
Comme un enfant docile, exécute ses lois.

CALEB.

Que notre bouche répète,
Au fracas des tambours, au son de la trompette,
L'hymne qu'au bord des flots chantoit en son honneur
Marie, instruite du Seigneur.

CHOEUR GÉNÉRAL.

Dieu protège et défend l'innocent qu'on opprime :
Du cruel Pharaon, pour sauver la victime,
Il a paru comme un guerrier,
Et précipité dans l'abîme
Le cheval et le cavalier.

UNE ISRAÉLITE.

Mezraïm disoit dans sa rage :
« Frappons les Hébreux fugitifs;
La mer ne leur ouvre un passage
Que pour nous livrer nos captifs.
Qu'Israel, au joug indocile,
De nos murs pétrissant l'argile,
Accomplisse ses vils destins;
Et que la Juive la plus fière
S'épuise à broyer sur la pierre
Le pur froment de nos festins. »

UN LÉVITE.

Le Seigneur entendit ces clameurs insolentes,
Et se levant soudain,
Sur la mer partagée en deux voûtes roulantes
Il étendit sa main.

UN AUTRE LÉVITE.

De la mer aussitôt les ondes suspendues
Cèdent au bras puissant,

Et sur les Égyptiens les vagues épandues
Tombent en mugissant.

CHŒUR GÉNÉRAL.

Oh! quel spectacle!
Les chars, les javelots,
Engloutis au sein des flots,
Les hurlements et les sanglots,
La noire mort croissant dans ce chaos,
Du vengeur d'Israël attestent le miracle.

CHŒUR DE JEUNES ISRAÉLITES.

Oh! des méchants inutiles complots!

CHŒUR DES LÉVITES.

Oh! quel spectacle!

UN LÉVITE.

Des ossements muets les arides monceaux
S'entassèrent au bord où tant de voix gémirent.

UNE ISRAÉLITE.

Les princes de Tanis aux enfers descendirent
Comme une pierre au fond des eaux.

CHŒUR GÉNÉRAL.

Dieu protége et défend l'innocent qu'on opprime :
Du cruel Pharaon pour sauver la victime,
Il a paru comme un guerrier,
Et précipité dans l'abîme
Le cheval et le cavalier.

MARIE.

Du favori de Dieu vive l'antique gloire,
Qui présage à nos cœurs sa nouvelle victoire!
Que du lâche Éphraïm nos concerts méritants
Attirent les regards sur ces sommets distants;
Qu'il voie avec remords nos cohortes fidèles
Couronnant du Sina les roches éternelles,
Abraham et Jacob penchés du haut des cieux,
Les anges se mêlant à nos hymnes pieux,
Et Moïse à l'écart, prosterné sur la poudre,
Suppliant le Seigneur et retenant la foudre.

<small>Les chœurs disparoissent peu à peu derrière les rochers.</small>

FIN DU QUATRIÈME ACTE.

ACTE CINQUIÈME.

SCÈNE PREMIÈRE.

NADAB, DATHAN.

Dans cet acte, Nadab est revêtu d'armes brillantes et porte le manteau royal.

DATHAN.

Votre absence, Nadab, va surprendre l'armée ;
Elle en paroît déjà justement alarmée :
Objet de tant de vœux, vous les devez combler.

NADAB.

N'est-ce donc pas ici qu'on se doit assembler?

DATHAN.

Sans doute, mais du camp que votre absence trompe
Il ne vous convient pas de devancer la pompe.
Montrez-vous radieux aux soldats satisfaits.

NADAB.

Sais-je ce que je veux? Sais-je ce que je fais?
A ces bords où mes pas et mes destins s'enchaînent,
L'amour et le remords tour à tour me ramènent.

DATHAN.

Cachez du moins le trouble où flotte votre esprit.

NADAB.

Que plutôt sur mon front ce trouble soit écrit.

ACTE V, SCÈNE I.

DATHAN.

Les conseils éternels ont rejeté Moïse,
Et c'est vous à présent que le ciel favorise.

NADAB.

Pure religion, dont je souille l'autel,
J'entends en ce moment ton soupir maternel.
Combien j'étois heureux quand tes chastes entraves
Au pied d'un Dieu jaloux tenoient mes sens esclaves,
Quand un simple bandeau, déroulé par ta main,
Sous un lin virginal cachoit mon front serein !
Dathan, j'ai tout perdu par ma coupable audace,
J'ai trahi le passé, l'avenir et ma race.
Oh! que le premier crime est pesant sur le cœur!

DATHAN.

Calmez l'emportement d'une injuste douleur :
Aux rives de Séir tout vous sera prospère.

NADAB.

Je ne chanterai point dans la terre étrangère.

DATHAN.

Sous le manteau des rois le chagrin est léger.

NADAB.

Que ne suis-je vêtu du sayon du berger!
Et que n'ai-je, innocent au jour de la tempête,
Une pierre au désert pour reposer ma tête!

DATHAN.

Venez : pour votre hymen tout s'apprête en ce lieu.

NADAB.

Il ne manque à l'autel que mon père et mon Dieu.

DATHAN.

Éloignez ces ennuis : voilà, plein d'espérance,
Au-devant de vos pas le peuple qui s'avance.

NADAB.

Quel charme! Quel éclat! Fuyez, tristes remords!
L'aspect de la beauté me rend tous mes transports.

SCÈNE II.

NADAB, ARZANE, NÉBÉE, DATHAN, CHŒUR DE JEUNES FILLES AMALÉCITES, SOLDATS, PEUPLE, ETC.

<small>Arzane paroît traînée sur un char; onze drapeaux annoncent les onze tribus présentes au sacrifice. Les jeunes Amalécites déposent au milieu du théâtre un autel sur lequel on voit une idole : elles placent devant cet autel un trépied allumé; quelques-unes tiennent les corbeilles des offrandes. Dathan porte le flambeau nuptial et Nébée le vase à l'encens.</small>

NADAB, à Arzane.

Arzane, qu'au bonheur l'heureux Nadab invite,
Sous le sceptre d'Édom rangez l'Israélite.

<small>Aux soldats.</small>

Soldats, que votre sort à mon sort doit unir,
N'accusez plus vos chefs : tous vos maux vont finir.
Vous avez demandé des dieux dont la puissance
Vous guidât à des lieux de paix et d'abondance,
Où vous pussiez fixer, à l'abri des tyrans,
Vos tombeaux voyageurs et vos berceaux errants :
Ces biens qu'en soupirant vous espériez à peine
Vous sont tous accordés par une grande reine.
Née aux monts de Séir, du sang de nos aïeux,
Elle va réunir notre race et nos dieux.

UN DES CHEFS DES SOLDATS.

Qu'Arzane et que Nadab règnent pour nos délices,
Et conduisent nos pas sous des cieux plus propices.

UN DES PRINCES DU PEUPLE.

Sauvez-nous du désert; nous vous en prions tous,
Et faites-nous des dieux qui marchent devant nous.

NADAB, à Dathan.

Cher Dathan, préparez la pompe nuptiale.

ARZANE, à part.

Je règne et meurs.

NADAB, à part.

D'où sort cette nuit infernale?

<small>Dathan allume le flambeau nuptial; les Amalécites déposent les offrandes au pied de l'idole; le peuple les imite. Nébée présente l'encens à Arzane. Arzane prend l'encens des mains de Nébée, l'élève au-dessus du trépied devant l'idole, et dit.</small>

ACTE V, SCÈNE II.

ARZANE.

Puissant Dieu d'Amalec, dont Jacob aujourd'hui
Reconnoit la grandeur et recherche l'appui,
Ouvre tes bras d'airain, ta poitrine enflammée,
Pour verser sur Jacob la faveur réclamée.
O Moloch ! sois propice à tes nouveaux sujets :
Les mères d'Israel payeront tes bienfaits.

Elle répand l'encens sur le trépied, et passe l'urne à Nadab.

NADAB.

Nadad sacrifier au dragon de l'abîme !

DATHAN.

Le temps fuit.

NADAB.

Puisse-t-il toujours manquer au crime !

DATHAN.

Tous les yeux sont sur vous.

NADAB.

Sinaï ! Sinaï !

ARZANE.

Répandez donc l'encens.

NADAB.

Jacob, je t'ai trahi !

ARZANE.

Achevez.

NADAB.

Je ne puis.

ARZANE.

Qu'attendez-vous ?

NADAB.

Mon père.

ARZANE.

Couronne mon amour.

NADAB.

Et s'il me trompe ?

ARZANE.

Espère.

NADAB.

Pense au ciel, qui me voit.

ARZANE.

Songe à tes derniers vœux.

NADAB.

Consommons le forfait!

MOÏSE, *du haut du Sinaï, où il apparoît tenant les Tables de la loi.*

Arrête, malheureux!

L'urne à l'encens tombe des mains de Nadab : il se fait un moment de silence.

SCÈNE III.

MOISE, NADAB, ARZANE, DATHAN, NÉBÉE.
SOLDATS, PEUPLE, ETC.

ARZANE.

Jacob! je reconnois ton malfaisant génie.

MOÏSE, *toujours sur les rochers.*

De mon front sillonné dernière ignominie!
Veillé-je, ou n'est-ce pas l'idolâtre Israel,
Qui d'un monstre du Nil environne l'autel?
O Tables de la loi! du ciel présent insigne,
De vos Commandements ce peuple n'est plus digne,
Tombez et brisez-vous.

Il brise les Tables de la loi, descend des rochers et marche à l'autel.

Disparois à mes yeux,
Disparois à jamais, simulacre odieux!

Il renverse l'autel et l'idole.

Vous qu'un ange toujours protège de son aile,
Lévites, accourez : Moïse vous appelle.
Et toi, noble Marie, amène dans ce lieu
Ton foible bataillon, si puissant devant Dieu.

Les lévites et les jeunes Israélites, entrant de tous côtés sur la scène, se rangent autour de Moïse.

ACTE V, SCÈNE III.

NADAB, tirant son épée.

Soldats! livrerez-vous mon épouse à ces traîtres?
Défendez votre roi contre la main des prêtres.

MOÏSE.

Que tout fidèle Hébreu, par son zèle emporté
D'un repentir soudain, passe de mon côté.

Le peuple fait un mouvement.

NADAB.

Infâmes déserteurs!

MOÏSE.

N'écoutez point l'impie,
Et qu'à la voix des saints Israel se rallie!

Le peuple et les soldats passent du côté de Moïse.

NADAB, à Arzane.

Je te défendrai seul, objet cher et cruel,
Contre ce peuple entier, Moïse et l'Éternel.

MOÏSE.

Vengeurs du sanctuaire, entourez la victime,
Et désarmez le bras qu'avoit armé le crime.

Des lévites environnent Arzane et désarment Nadab; d'autres emmènent Dathan.

ARZANE.

Cessez, vils meurtriers : je saurai bien sans vous
Mourir comme une reine. Oui, je vous brave tous.
Heureuse, en expirant, j'ai vengé ma patrie;
C'est par moi que Jacob connaît l'idolâtrie.
Retourne si tu veux, ô peuple renié!
A ton Dieu dévorant, à ton Dieu sans pitié.
Je te livre à l'arrêt qui déjà te condamne,
Et ton sang va couler après celui d'Arzane.

MOÏSE.

Qu'on l'entraîne.

NADAB, s'arrachant des mains des lévites et se précipitant vers Arzane.

Sur moi tournez votre poignard.
Arzane, que mon corps te serve de rempart;
Permets avec le tien que mon sang se confonde:
Que nos âmes ensemble abandonnent le monde,

Et que le dernier souffle exhalé de mon cœur
Des feux qui me brûloient te porte encor l'ardeur.

ARZANE, le repoussant.

Quoi! jusque dans la mort m'accabler de ta flamme!
Laisse, laisse aux enfers descendre en paix mon âme.
Disons-le maintenant à la face des cieux,
Comme tout Israel tu m'étois odieux.
Fils d'Aaron, dans l'espoir de te perdre moi-même,
J'avois, pour mon supplice, eu la foiblesse extrême
De me vouloir sauver en me donnant à toi.
Mais cet effort étoit trop au-dessus de moi;
Et lorsque de l'amour j'affectois le langage,
Les pleurs le démentoient sur mon pâle visage.
Je suis enfin soustraite à ces secrets tourments;
Le tombeau me dérobe à tes embrassements.
Quel bonheur d'échapper à l'amant qu'on déteste!
Adieu, parjure enfant d'une race funeste;
De mon dernier aveu que le dur souvenir
Augmente la douleur de ton dernier soupir,
Et songe, en expirant à ton culte infidèle,
Que je n'avois pour toi qu'une haine immortelle.

Elle arrache son voile, et sort avec les Amalécites sous la garde d'une troupe de lévites.

MOÏSE.

Allez, brisez la tête à cet ingrat serpent,
Et tarissez les flots du venin qu'il répand.

SCÈNE IV.

MOISE, NADAB, MARIE, PEUPLE ET SOLDATS.

MARIE.

Du Très-Haut, pour Nadab, implorons la clémence.

NADAB, dans la stupeur.

Mon songe disparoît dans un abîme immense.
Ta malédiction, Aaron infortuné,
Comme un manteau brûlant couvre ton premier-né.

ACTE V, SCÈNE IV.

Tu ne m'entendras plus te parler, te sourire ;
Tu ne me verras plus chaque matin te dire :
« Viens, mon père, au soleil réchauffer tes vieux ans ;
Viens prier l'Éternel et bénir tes enfants. »

Il fait quelques pas sur le théâtre.

Mais par quel corps sanglant est ma marche heurtée ?
Aux corbeaux du désert une femme jetée...
Noirs vautours attachés à ce sein éclatant,
Je demande ma part du festin palpitant.
Tu ne peux plus du moins repousser ma tendresse,
Arzane ; dans mes bras je te tiens, je te presse ;
Nous aurons au soleil montré dans un seul jour
Des prodiges nouveaux et de haine et d'amour.
Jéhovah ! puisque Arzane à ma flamme est ravie,
Je te rends tes présents, je renonce à la vie :
Pour aller aux enfers m'unir à la beauté,
Je cours t'offrir l'encens que respire Astarthé.

Il fuit.

MOÏSE, aux lévites.

Suivez-le, gardez-le de sa propre misère.
Ne verse point sur lui, Seigneur, dans ta colère,
Les feux dont Séboïm jadis fut consumé,
Et que de ton courroux le trésor soit fermé !

Les lévites suivent Nadab. Moïse parlant à Marie.

Vous, femme forte et sage, à la vertu nourrie,
Soignez l'âme d'Aaron d'un coup affreux meurtrie :
Par mes ordres secrets Benjamin et Caleb
Ont arrêté mon frère à la source d'Oreb.

Marie sort ; le ciel commence à se couvrir ; on entend un coup de tonnerre. Moïse, après avoir regardé le ciel et la montagne, dit :

Quel présage effrayant ! Dieu vient : à sa présence
La mer a fui ; la terre attend dans le silence,
Et les cieux, dont il fait trembler l'immensité,
S'abaissent sous les pas de son éternité.

SCÈNE V.

LES PRÉCÉDENTS, UN LÉVITE.

LE LÉVITE.

Par la fureur du peuple Arzane lapidée
Est rendue aux démons qui l'avoient obsédée.
Mais Nadab l'a suivie : en proie au désespoir,
Chargeant de feux impurs un impur encensoir,
Il souilloit l'holocauste, alors que sur la poudre
Il est tombé soudain.

MOÏSE.

Qui l'a frappé?

LE LÉVITE.

La foudre.

MOÏSE.

O justice incréée, arbitre souverain,
Je n'ai donc plus l'espoir de désarmer ta main!

Au peuple.

Oui! vous serez punis : il faudra que l'épée
Cherche encor parmi vous la victime échappée.
Vous mourrez au désert, et vos jeunes enfants
Dans Jéricho sans vous entreront triomphants.
Caleb et Josué, sauvés par le Dieu juste,
Seuls du sacré Jourdain passeront l'onde auguste.
Moi-même, tout flétri de votre iniquité,
Du pays de Jacob je serai rejeté.
Salut, mon Abarim, d'où les yeux de Moïse
Découvriront les bords de la Terre promise,
Abarim où, chantant mon cantique de mort,
Je bénirai ce peuple en un tendre transport.

Il étend les mains sur le peuple, qui s'incline.

Tribus, je vous bénis comme à ma dernière heure.
Au sein de mes enfants que je vive et je meure,
Et qu'après mon trépas un voyageur divin
Des vrais champs d'Abraham leur montre le chemin.

FIN DE MOÏSE.

LETTRE

A M. DE FONTANES

SUR LA

DEUXIÈME ÉDITION DE L'OUVRAGE DE Mme DE STAEL[1]

J'attendois avec impatience, mon cher ami, la seconde édition du livre de Mme de Staël, sur *la littérature*. Comme elle avoit promis de répondre à votre critique, j'étois curieux de savoir ce qu'une femme aussi spirituelle diroit pour la défense de la *perfectibilité*. Aussitôt que l'ouvrage m'est parvenu dans ma solitude, je me suis hâté de lire la préface et les notes, mais j'ai vu qu'on n'avoit résolu aucune de vos objections[2]. On a seulement tâché d'expliquer le mot sur lequel roule tout le système. Hélas! il seroit fort doux de croire que nous nous perfectionnons d'âge en âge, et que le fils est toujours meilleur que son père. Si quelque chose pouvoit prouver cette excellence du cœur humain, ce seroit de voir que Mme de Staël a trouvé le principe de cette illusion dans son propre cœur. Toutefois, j'ai peur que cette dame, qui se plaint si souvent des hommes en vantant leur perfectibilité, ne soit comme ces prêtres qui ne croient point à l'idole dont ils encensent les autels.

Je vous dirai aussi, mon cher ami, qu'il me semble tout à fait indigne d'une femme du mérite de l'auteur d'avoir cherché à vous répondre en élevant des doutes sur vos opinions politiques. Et que font ces prétendues opinions à une querelle purement littéraire? Ne pourroit-on pas rétorquer l'argument contre Mme de Staël, et lui dire qu'elle

---

1. *De la Littérature dans ses rapports avec la morale*, etc. (1801).
2. M. de Fontanes avoit fait trois extraits d'une excellente critique sur la première édition de l'ouvrage de Mme de Staël.

a bien l'air de ne pas aimer le gouvernement actuel [1], et de regretter les jours d'une plus grande liberté? Mme de Staël étoit trop au-dessus de ces moyens pour les employer.

A présent, mon cher ami, il faut que je vous dise ma façon de penser sur ce nouveau cours de littérature; mais en combattant le système qu'il renferme, je vous paroîtrai peut-être aussi déraisonnable que mon adversaire. Vous n'ignorez pas que ma folie est de voir *Jésus-Christ* partout, comme Mme de Staël la *perfectibilité*. J'ai le malheur de croire, avec Pascal, que la religion chrétienne a seule exprimé le problème de l'homme. Vous voyez que je commence par me mettre à l'abri sous un grand nom, afin que vous épargniez un peu mes idées étroites et ma superstition antiphilosophique. Au reste, je m'enhardis en songeant avec quelle indulgence vous avez déjà annoncé mon ouvrage [2]; mais cet ouvrage, quand paroîtra-t-il? Il y a deux ans qu'on l'imprime, et il y a deux ans que le libraire ne se lasse point de me faire attendre ni moi de corriger. Ce que je vais donc vous dire dans cette lettre sera tiré en partie de mon livre futur sur les beautés de la religion chrétienne. Il sera divertissant pour vous de voir comment deux esprits partant de deux points opposés sont quelquefois arrivés aux mêmes résultats. Mme de Staël donne à la philosophie ce que j'attribue à la religion; et, en commençant par la littérature ancienne, je vois bien, avec l'ingénieux auteur que vous avez réfuté, que notre théâtre est supérieur au théâtre ancien; je vois bien encore que cette supériorité découle d'une plus profonde étude du cœur humain. Mais à quoi devons-nous cette connoissance des passions? — Au christianisme et non à la philosophie. Vous riez, mon ami; écoutez-moi:

S'il existoit une religion dont la qualité essentielle fût de poser une barrière aux passions de l'homme, elle augmenteroit nécessairement le jeu de ces passions dans le drame et dans l'épopée; elle seroit, par sa nature même, beaucoup plus favorable au développement des caractères que toute autre institution religieuse qui, ne se mêlant point aux affections de l'âme, n'agiroit sur nous que par des scènes extérieures. Or, la religion chrétienne a cet avantage sur les cultes de l'antiquité : c'est un vent céleste qui enfle les voiles de la vertu et multiplie les orages de la conscience autour du vice.

Toutes les bases du vice et de la vertu ont changé parmi les hommes, du moins parmi les hommes chrétiens, depuis la prédication de l'Évangile. Chez les anciens, par exemple, l'humilité étoit une bassesse et l'orgueil une qualité. Parmi nous, c'est tout le contraire : l'orgueil est

---

[1]. Le consulat, en 1801.   [2]. *Génie du Christianisme.*

le premier des vices et l'humilité la première des vertus. Cette seule mutation de principes bouleverse la morale entière. Il n'est pas difficile de voir que c'est le christianisme qui a raison, et qui lui seul a rétabli la véritable nature. Mais il résulte de là que nous devons découvrir dans les passions des choses que les anciens n'y voyoient pas, sans qu'on puisse attribuer ces nouvelles vues du cœur humain à une perfection croissante du génie de l'homme.

Donc, pour nous la racine du mal est la vanité et la racine du bien la charité ; de sorte que les passions vicieuses sont toujours un composé d'orgueil et les passions vertueuses un composé d'amour. Avec ces deux termes extrêmes, il n'est point de termes moyens qu'on ne trouve aisément dans l'échelle de nos passions. Le christianisme a été si loin en morale, qu'il a pour ainsi dire donné les abstractions ou les règles mathématiques des émotions de l'âme.

Je n'entrerai point ici, mon cher ami, dans le détail des caractères dramatiques, tels que ceux du père, de l'époux, etc. Je ne traiterai point aussi de chaque sentiment en particulier : vous verrez tout cela dans mon ouvrage. J'observerai seulement à propos de l'amitié, en pensant à vous, que le christianisme en développe singulièrement les charmes, parce qu'il est tout en contrastes comme elle. Pour que deux hommes soient parfaits amis, ils doivent s'attirer et se repousser sans cesse par quelque endroit : il faut qu'ils aient des génies d'une même force, mais d'un genre différent, des opinions opposées, des principes semblables, des haines et des amours diverses, mais au fond la même dose de sensibilité ; des humeurs tranchantes et pourtant des goûts pareils ; en un mot, de grands contrastes de caractère et de grandes harmonies de cœur.

En amour, Mme de Staël a commenté *Phèdre* : ses observations sont fines, et l'on voit par la leçon du Scoliaste qu'il a parfaitement entendu son texte. Mais si ce n'est que dans les siècles modernes que s'est formé ce mélange des sens et de l'âme, cette espèce d'amour dont l'amitié est la partie morale, n'est-ce pas encore au christianisme que l'on doit ce sentiment perfectionné? N'est-ce pas lui qui, tendant sans cesse à épurer le cœur, est parvenu à répandre de la spiritualité jusque dans le penchant qui en paroissoit le moins susceptible? Et combien n'en a-t-il pas redoublé l'énergie en le contrariant dans le cœur de l'homme? Le christianisme seul a établi ces terribles combats de la chair et de l'esprit, si favorables aux grands effets dramatiques. Voyez dans *Héloïse* la plus fougueuse des passions luttant contre une religion menaçante. Héloïse aime, Héloïse brûle ; mais là s'élèvent des murs glacés ; là, tout s'éteint sous des marbres insensibles ; là, des châtiments ou des récompenses éternelles attendent sa chute ou son triomphe. Didon ne perd qu'un amant ingrat : oh! qu'Héloïse est travaillée d'un tout autre soin! Il faut qu'elle choisisse entre Dieu et un amant fidèle, et qu'elle n'espère pas détourner secrètement, au profit d'Abeilard, la moindre partie de son cœur : le Dieu qu'elle sert est un Dieu jaloux, un Dieu qui veut être aimé de préférence ; il punit jusqu'à l'ombre d'une pensée, jusqu'au songe qui s'adresse à d'autres qu'à lui. Au reste, on sent que ces cloîtres, que ces voûtes, que ces mœurs austères, en contraste avec l'amour malheureux, en doivent augmenter encore la force et la mélancolie. Je suis fâché que Mme de Staël ne nous ait pas développé *religieusement* le système des passions. La *perfectibilité* n'étoit pas, du moins selon moi, l'instrument dont il falloit se servir pour mesurer des foiblesses. J'en aurois plutôt appelé aux erreurs mêmes de ma vie : forcé de faire l'histoire des songes, j'aurois interrogé mes songes ; et si j'eusse trouvé que nos passions sont réellement plus déliées que les passions des anciens, j'en aurois seulement conclu que nous sommes plus parfaits en illusions.

Si le temps et le lieu le permettoient, mon cher ami, j'aurois bien d'autres remarques à faire sur la littérature ancienne : je prendrois la liberté de combattre plusieurs jugements littéraires de Mme de Staël.

Je ne suis pas de son opinion touchant la métaphysique des anciens : leur dialectique étoit plus verbeuse et moins pressante que la nôtre, mais en métaphysique ils en savoient autant que nous.

Le genre humain a-t-il fait un pas dans les sciences morales? Non ; il avance seulement dans les sciences physiques : encore, combien il seroit aisé de contester les principes de nos sciences! Certainement Aristote, avec ses dix catégories, qui renfermoient toutes les forces de la pensée, étoit aussi savant que Bayle et Condillac en *idéologie*; mais on passera éternellement d'un système à l'autre sur ces matières : tout est doute, obscurité, incertitude en métaphysique. La réputation et l'influence de Locke sont déjà tombées en Angleterre. Sa doctrine, qui devoit prouver si clairement qu'il n'y a point d'idées innées, n'est rien moins que certaine, puisqu'elle échoue contre les vérités mathématiques, qui ne peuvent jamais être entrées dans l'âme par les sens. Est-ce l'odorat, le goût, le toucher, l'ouïe, la vue, qui ont démontré à Pythagore que, dans un triangle rectangle, le carré de l'hypoténuse est égal à la somme des carrés faits sur les deux autres côtés? Tous les arithméticiens et tous les géomètres diront à Mme de Staël que les nombres et les rapports des trois dimensions de la matière sont de pures abstractions de la pensée, et que les sens, loin d'entrer pour quelque chose dans ces connoissances, en sont les plus grands ennemis. D'ailleurs, les vérités mathématiques, si j'ose le dire, sont innées en nous, par cela seul qu'elles sont éternelles. Or, si ces vérités sont éternelles, elles ne peuvent être que les émanations d'une source de vérité qui existe quelque part. Cette source de vérité ne peut être que Dieu. Donc l'idée de Dieu, dans l'esprit humain, est à son tour une idée innée ; donc notre âme, qui contient des vérités éternelles, est au moins une immortelle substance.

Voyez, mon cher ami, quel enchaînement de choses, et combien Mme de Staël est loin d'avoir approfondi tout cela. Je serai obligé, malgré moi, de porter ici un jugement sévère. Mme de Staël, se hâtant d'élever un système, et croyant apercevoir que Rousseau avoit plus pensé que Platon, et Sénèque plus que Tite-Live, s'est imaginé tenir tous les fils de l'âme et de l'intelligence humaine ; mais les esprits pédantesques, comme moi, ne sont point du tout contents de cette marche précipitée. Ils voudroient qu'on eût creusé plus avant dans le sujet, qu'on n'eût pas été si superficiel, et que dans un livre où l'on fait la guerre à l'imagination et aux préjugés, dans un livre où l'on traite de la chose la plus grave du monde, la pensée de l'homme, on eût moins senti l'imagination, le goût du sophisme et la pensée inconstante et versatile de la femme.

Vous savez, mon cher ami, ce que les philosophes nous reprochent, à nous autres gens religieux ; ils disent que nous n'avons pas la *tête forte*. Ils lèvent les épaules de pitié quand nous leur parlons du *sentiment moral*. Ils demandent *qu'est-ce que tout cela prouve?* En vérité, je vous avouerai, à ma confusion, que je n'en sais rien moi-même, car je n'ai jamais cherché à me démontrer mon cœur ; j'ai toujours laissé ce soin à mes amis. Toutefois, n'allez pas abuser de cet aveu et me trahir auprès de la philosophie. Il faut que j'aie l'air de m'entendre, lors même que je ne m'entends pas du tout. On m'a dit, dans ma retraite, que cette manière réussissoit. Mais il est bien singulier que tous ceux qui nous accablent de leur mépris pour notre défaut d'*argumentation*, et qui regardent nos misérables idées comme *les habitués de la maison*[1], oublient le fond même des choses dans le sujet qu'ils traitent, de sorte que nous sommes obligés de nous faire violence et de *peser*, au péril de nos jours, contre notre tempérament religieux, pour rappeler à ces penseurs ce qu'ils auroient dû penser.

N'est-il pas tout à fait incroyable qu'en parlant de l'avilissement des Romains sous les empereurs, Mme de Staël ait négligé de nous faire valoir l'influence du christianisme naissant sur l'esprit des

---

1. Phrase de Mme de Staël.

hommes? Elle a l'air de ne se souvenir de la religion, qui a changé la face du monde, qu'au moment de l'invasion des barbares. Mais, bien avant cette époque, des cris de justice et de liberté avoient retenti dans l'empire des Césars. Et qui est-ce qui les avoit poussés, ces cris? Les chrétiens. Fatal aveuglement des systèmes! Mme de Staël appelle la *folie du martyre* des actes que son cœur généreux loueroit ailleurs avec transport : je veux dire de jeunes vierges préférant la mort aux caresses des tyrans, des hommes refusant de sacrifier aux idoles, et scellant de leur sang, aux yeux du monde étonné, le dogme de l'unité d'un Dieu et de l'immortalité de l'âme ; je pense que c'est là de la philosophie.

Quel dut être l'étonnement de la race humaine lorsqu'au milieu des superstitions les plus honteuses, *lorsque tout étoit Dieu, excepté Dieu même,* comme parle Bossuet, Tertullien fit tout à coup entendre ce symbole de la foi chrétienne : « Le Dieu que nous adorons est un seul Dieu, qui a créé l'univers avec les éléments, les corps et les esprits qui le composent, et qui par sa parole, sa raison et sa toute-puissance, a transformé le néant en un monde pour être l'ornement de sa grandeur... Il est invisible, quoiqu'il se montre partout ; impalpable, quoique nous nous en fassions une image ; incompréhensible, quoique appelé par toutes les lumières de la raison... Rien ne fait mieux comprendre le souverain Être que l'impossibilité de le concevoir : son immensité le cache et le découvre à la fois aux hommes [1]. »

Et quand le même apologiste osoit seul parler la langue de la liberté au milieu du silence du monde, n'étoit-ce point encore de la philosophie? Qui n'eût cru que le premier Brutus, évoqué de la tombe, menaçoit le trône des Tibères, lorsque ces fiers accents ébranlèrent les portiques où venoient se perdre les soupirs de Rome esclave :

« Je ne suis point l'esclave de l'empereur. Je n'ai qu'un maître, c'est le Dieu tout-puissant et éternel, qui est aussi le maître de César [2]... Voilà donc pourquoi vous exercez sur nous toutes sortes de cruautés! Ah! s'il nous étoit permis de rendre le mal pour le mal, une seule nuit et quelques flambeaux suffiroient à notre vengeance. Nous ne sommes que d'hier, et nous remplissons tout : vos cités, vos îles, vos forteresses, vos camps, vos colonies, vos tribus, vos décuries, vos conseils, le palais, le sénat, le forum[3] ; nous ne vous laissons que vos temples. »

---

1. Tertul., *Apologet.*, cap. xvii.
2. *Ceterum liber sum illi. Dominus enim meus unus est, Deus omnipotens, et æternus, idem qui et ipsius.* (*Apologet.*, cap. xxxiv.)
3. *Ibid.*, cap. xxxvii.

Je puis me tromper, mon cher ami, mais il me semble que Mme de Staël, en faisant l'histoire de l'esprit philosophique, n'auroit pas dû omettre de pareilles choses. Cette littérature des Pères, qui remplit tous les siècles, depuis Tacite jusqu'à saint Bernard, offroit une carrière immense d'observations. Par exemple, un des noms injurieux que le peuple donnoit aux premiers chrétiens étoit celui de *philosophe* [1]. On les appeloit aussi *athées* [2], et on les forçoit d'abjurer leur religion en ces termes : Αἶρε τοὺς ἀθέους, *confusion aux athées* [3]. Étrange destinée des chrétiens! Brûlés sous Néron pour cause d'athéisme; guillotinés sous Robespierre pour cause de crédulité : lequel des deux tyrans eut raison? Selon la loi de la *perfectibilité*, ce doit être Robespierre.

On peut remarquer, mon cher ami, d'un bout à l'autre de l'ouvrage de Mme de Staël, des contradictions singulières. Quelquefois elle paroît presque *chrétienne*, et je suis prêt à me réjouir. Mais l'instant d'après, la *philosophie* reprend le dessus. Tantôt, inspirée par sa sensibilité naturelle, qui lui dit qu'il n'y a rien de touchant, rien de beau sans religion, elle laisse échapper son âme. Mais tout à coup l'*argumentation* se réveille et vient contrarier les élans du cœur, l'analyse prend la place de ce vague infini où la pensée aime à se perdre; et l'*entendement* cite à son tribunal des causes qui *ressortissoient* autrefois à ce vieux siége de la vérité que nos pères gaulois appeloient les *entrailles de l'homme*. Il résulte que le livre de Mme de Staël est pour moi un mélange singulier de vérités et d'erreurs. Ainsi, lorsqu'elle attribue au christianisme la mélancolie qui règne dans le génie des peuples modernes, je suis absolument de son avis; mais quand elle joint à cette cause je ne sais quelle maligne influence du Nord, je ne reconnois plus l'auteur qui me paroissoit si judicieux auparavant. Vous voyez, mon cher ami, que je me tiens dans mon sujet, et que je passe maintenant à la littérature moderne.

La religion des Hébreux, née au milieu des foudres et des éclairs, dans les bois d'Horeb et de Sinaï, avoit je ne sais quelle tristesse formidable. La religion chrétienne, en retenant ce que celle de Moïse avoit de sublime, en a adouci les autres traits. Faite pour les misères et pour les besoins de notre cœur, elle est essentiellement tendre et mélancolique. Elle nous représente toujours l'homme comme un voyageur qui passe ici-bas dans une vallée de larmes et qui ne se repose qu'au tombeau. Le dieu qu'elle offre à nos adorations est le Dieu des infortunés;

---

1. Saint-Just., *Apologet.*; Tert., *Apologet.*, etc.
2. Athenagor., *Legat. pro Christ.*; Arnob., lib. i.   3. Euseb., lib. iv, cap. xv.

il a souffert lui-même, les enfants et les foibles sont les objets de sa prédilection, et il chérit ceux qui pleurent.

Les persécutions qu'éprouvèrent les premiers fidèles augmentèrent sans doute leur penchant aux méditations sérieuses. L'invasion des barbares mit le comble à tant de calamités, et l'esprit humain en reçut une impression de tristesse qui ne s'est jamais effacée. Tous les liens qui attachent à la vie étant brisés à la fois, il ne reste plus que Dieu pour espérance et les déserts pour refuge. Comme au temps du déluge, les hommes se sauvèrent sur le sommet des montagnes, emportant avec eux les débris des arts et de la civilisation. Les solitudes se remplirent d'anachorètes, qui, vêtus de feuilles de palmier, se dévouoient à des pénitences sans fin pour fléchir la colère céleste. De toutes parts s'élevèrent des couvents où se retirèrent des malheureux trompés par le monde, et des âmes qui aimoient mieux ignorer certains sentiments de l'existence que de s'exposer à les voir cruellement trahis. Une prodigieuse mélancolie dut être le fruit de cette vie monastique; car la mélancolie s'engendre du vague des passions, lorsque ces passions, sans objet, se consument d'elles-mêmes dans un cœur solitaire.

Ce sentiment s'accrut encore par les règles qu'on adopta dans la plupart des communautés. Là des religieux bêchoient leurs tombeaux, à la lueur de la lune, dans les cimetières de leurs cloîtres; ici, ils n'avoient pour lit qu'un cercueil : plusieurs erroient comme des ombres sur les débris de Memphis et Babylone, accompagnés par des lions qu'ils avoient apprivoisés au son de la harpe de David. Les uns se condamnoient à un perpétuel silence ; les autres répétoient, dans un éternel cantique, ou les soupirs de Job, ou les plaintes de Jérémie, ou les pénitences du roi-prophète. Enfin, les monastères étoient bâtis dans les sites les plus sauvages : on les trouvoit dispersés sur les cimes du Liban, au milieu des sables de l'Égypte, dans l'épaisseur des forêts des Gaules et sur les grèves des mers britanniques. Oh! comme ils devoient être tristes, les tintements de la cloche religieuse qui dans le calme des nuits appeloient les vestales aux veilles et aux prières, et se mêloient sous les voûtes du temple aux derniers sons des cantiques et aux foibles bruissements des flots lointains ! Combien elles étoient profondes les méditations du solitaire qui, à travers les barreaux de sa fenêtre rêvoit à l'aspect de la mer, peut-être agitée par l'orage ! la tempête sur les flots, le calme dans la retraite! des hommes brisés par des écueils au pied de l'asile de la paix! l'infini de l'autre côté du mur d'une cellule, de même qu'il n'y a que la pierre du tombeau entre l'éternité et la vie!... Toutes ces diverses puissances du malheur, de la religion, des souvenirs, des mœurs, des scènes de la nature, se réunirent pour faire du génie chrétien le génie même de la mélancolie.

Il me paroît donc inutile d'avoir recours aux barbares du Nord pour expliquer ce caractère de tristesse que Mme de Staël trouve particulièrement dans la littérature angloise et germanique, et qui pourtant n'est pas moins remarquable chez les maîtres de l'école françoise. Ni l'Angleterre, ni l'Allemagne, n'a produit Pascal et Bossuet, ces deux grands modèles de la mélancolie en sentiments et en pensées.

Mais Ossian, mon cher ami, n'est-il pas la grande fontaine du Nord où tous les bardes se sont enivrés de mélancolie, de même que les anciens peignoient Homère sous la figure d'un grand fleuve où tous les petits fleuves venoient remplir leurs urnes? J'avoue que cette idée de Mme de Staël me plaît fort. J'aime à me représenter les deux aveugles, l'un sur la cime d'une montagne d'Écosse, la tête chauve, la barbe humide, la harpe à la main, et dictant ses lois, du milieu des brouillards, à tout le peuple poétique de la Germanie; l'autre, assis sur le sommet du Pinde, environné des Muses qui tiennent sa lyre, élevant son front couronné sous le beau ciel de la Grèce, et gouvernant avec un sceptre orné de lauriers la patrie du Tasse et celle de Racine.

« Vous abandonnez donc ma cause? » allez-vous vous écrier ici. Sans doute, mon cher ami; mais il faut que je vous en dise la raison secrète : *c'est qu'Ossian lui-même est chrétien*. Ossian chrétien! Convenez que je suis bien heureux d'avoir converti ce barde, et qu'en le faisant entrer dans les rangs de la religion j'enlève un des premiers héros à *l'âge de la mélancolie*.

Il n'y a plus que les étrangers qui soient encore dupes d'Ossian. Toute l'Angleterre est convaincue que les poëmes qui portent ce nom sont l'ouvrage de M. Macpherson lui-même. J'ai été longtemps trompé par cet ingénieux mensonge : enthousiaste d'Ossian comme un jeune homme que j'étois alors, il m'a fallu passer plusieurs années à Londres, parmi les gens de lettres, pour être entièrement désabusé. Mais enfin je n'ai pu résister à la conviction, et les palais de Fingal se sont évanouis pour moi, comme beaucoup d'autres songes.

Vous connoissez toute l'ancienne querelle du docteur Johnson et du traducteur supposé du barde calédonien. M. Macpherson, poussé à bout, ne put jamais montrer le manuscrit de *Fingal*, dont il avoit fait une histoire ridicule, prétendant qu'il l'avoit trouvé dans un vieux coffre chez un paysan; que ce manuscrit étoit en papier et en caractères runiques. Or Johnson démontra que ni le papier ni l'alphabet runique n'étoient en usage en Écosse à l'époque fixée par M. Macpherson. Quant au texte qu'on voit maintenant imprimé avec quelques poëmes de Smith, ou à celui qu'on peut imprimer encore [1], on sait que les poëmes d'Ossian ont été traduits *de l'anglois* dans la langue *calédonienne ;* car plusieurs montagnards écossois sont devenus complices de la fraude de leur compatriote. C'est ce qui a trompé.

Au reste, c'est une chose fort commune en Angleterre que tous ces manuscrits *retrouvés.* On a vu dernièrement une tragédie de Shakespeare, et, ce qui est plus extraordinaire, des ballades du temps de Chaucer, si parfaitement imitées pour le style, le parchemin et les caractères antiques, que tout le monde s'y est mépris. Déjà mille volumes se préparoient pour développer les beautés et prouver l'authenticité de ces merveilleux ouvrages, lorsqu'on surprit l'*éditeur* écrivant et composant lui-même ces poëmes saxons. Les admirateurs en furent quittes pour rire et pour jeter leurs commentaires au feu ; mais je ne sais si le jeune homme qui s'étoit exercé dans cet art singulier ne s'est point brûlé la cervelle de désespoir.

Cependant il est certain qu'il existe d'anciens poëmes qui portent le nom d'*Ossian.* Ils sont irlandois ou erses d'origine. C'est l'ouvrage de quelque moine du XIIIe siècle. Fingal est un géant qui ne fait qu'une enjambée d'Écosse en Irlande, et les héros vont en Terre Sainte pour expier les meurtres qu'ils ont commis.

Et pour dire la vérité, il est même incroyable qu'on ait pu se tromper sur l'auteur des poëmes d'Ossian. L'homme du XVIIIe siècle y perce de toutes parts. Je n'en veux pour exemple que l'apostrophe du barde au soleil : « O soleil ! lui dit-il, qui es-tu ? d'où viens-tu ? où vas-tu ? ne tomberas-tu point un jour ? etc. [2] »

Mme de Staël, qui reconnoît si bien l'histoire de l'entendement humain, verra qu'il y a là dedans tant d'idées complexes sous les rapports moraux, physiques et métaphysiques, qu'on ne peut presque sans absurdité les attribuer à un sauvage. En outre, les notions les plus abstraites du *temps*, de la *durée,* de l'*étendue*, se trouvent à chaque page d'Ossian. J'ai vécu parmi les sauvages de l'Amérique, et j'ai remarqué qu'ils parlent souvent des temps écoulés, mais jamais des temps à naître. Quelques grains de poussière au fond du tombeau leur restent en témoignage de la vie dans le néant du passé ; mais qui peut leur indiquer l'existence dans le néant de l'avenir ? Cette anticipation du futur, qui nous est si familière, est néanmoins une des plus

---

1. Quelques journaux anglois ont dit, et des journaux françois ont répété, que le texte véritable d'Ossian alloit enfin paroître ; mais ce ne peut être que la version écossoise faite sur le texte même de Macpherson.

2. J'écris de mémoire, et je puis me tromper sur quelques mots ; mais c'est le sens, et cela suffit.

fortes abstractions où la pensée de l'homme soit arrivée. Heureux toutefois le sauvage qui ne sait pas, comme nous, que la douleur est suivie de la douleur, et dont l'âme, sans souvenir et sans prévoyance, ne concentre pas en elle-même, par une sorte d'éternité douloureuse, le passé, le présent et l'avenir !

Mais ce qui prouve incontestablement que M. Macpherson est l'auteur des poëmes d'Ossian, c'est la perfection, ou *le beau idéal de la morale* dans ces poëmes. Ceci mérite quelque développement.

Le beau idéal est né de la société. Les hommes très-près de la nature ne le connoissent pas. Ils se contentent dans leurs chansons de peindre exactement ce qu'ils voient. Mais comme ils vivent au milieu des déserts, leurs tableaux sont toujours grands et poétiques. Voilà pourquoi vous ne trouvez point de mauvais goût dans leurs compositions. Mais aussi elles sont monotones, et les sentiments qu'ils expriment ne vont pas jusqu'à l'héroïsme.

Le siècle d'Homère s'éloignoit déjà de ces premiers temps. Qu'un sauvage perce un chevreuil de sa flèche; qu'il le dépouille au milieu de toutes les forêts; qu'il étende la victime sur les charbons du tronc d'un chêne, tout est noble dans cette action. Mais dans la tente d'Achille il y a déjà des bassins, des broches, des couteaux. Un instrument de plus, et Homère tomboit dans la bassesse des descriptions allemandes ; ou bien il falloit qu'il cherchât le *beau idéal physique, en commençant à cacher.* Remarquez bien ceci. L'explication suivante va tout éclaircir.

A mesure que la société multiplia les besoins et les commodités de la vie, les poëtes apprirent qu'ils ne devoient plus, comme par le passé, peindre tout aux yeux, mais voiler certaines parties du tableau, Ce premier pas fait, ils virent encore qu'il falloit *choisir*; ensuite, que la chose choisie étoit susceptible d'une forme plus belle et d'un plus bel effet dans telle ou telle position. Toujours cachant et choisissant, retranchant ou ajoutant, ils se trouvèrent peu à peu dans des formes qui n'étoient plus naturelles, mais qui étoient plus belles que celles de la nature, et les artistes appelèrent ces formes *le beau idéal.* On peut donc définir le beau idéal l'*art de choisir et de cacher.*

Le beau idéal *moral* se forma comme le beau idéal *physique.* On déroba à la vue certains mouvements de l'âme, car l'âme a ses honteux besoins et ses bassesses comme le corps. Et je ne puis m'empêcher de remarquer que l'homme est le seul de tous les êtres vivants qui soit susceptible d'être représenté plus parfait que nature et comme approchant de la Divinité. On ne s'avise pas de peindre le beau idéal d'un aigle, d'un lion, etc. Si j'osois m'élever jusqu'au *raisonnement,* mon cher ami, je vous dirois que j'entrevois ici une grande pensée de l'Auteur des êtres et une preuve de notre immortalité.

La société où la morale atteignit le plus vite tout son développement dut atteindre le plus tôt au beau idéal des caractères. Or c'est ce qui distingue éminemment les sociétés formées dans la religion chrétienne. C'est une chose étrange, et cependant rigoureusement vraie, qu'au moyen de l'Évangile la morale avoit acquis chez nos pères son plus haut point de perfection, tandis qu'ils étoient de vrais barbares dans tout le reste.

Je demande à présent où Ossian auroit pris cette morale parfaite qu'il donne partout à ses héros? Ce n'est pas dans sa religion, puisqu'on convient qu'il n'y a point de religion dans ses ouvrages. Seroit-ce dans la nature même? et comment le sauvage Ossian, sur un rocher de la Calédonie, tandis que tout étoit cruel, barbare, sanguinaire, grossier autour de lui, seroit-il arrivé en quelques jours à des connoissances morales que Socrate eut à peine dans les siècles les plus éclairés de la Grèce, et que l'Évangile seul a révélées au monde, comme le résultat de quatre mille ans d'observations sur le caractère des hommes? La mémoire de Mme de Staël l'a trahie, lorsqu'elle avance que les poésies scandinaves ont la même couleur que les poésies du prétendu barde écossais. Chacun sait, que c'est tout le contraire. Les premières ne respirent que brutalité et vengeances. M. Macpherson lui-même a bien soin de remarquer cette différence, et de mettre en contraste les guerriers de *Morven* et les guerriers de *Lochlin*. L'ode que Mme de Staël rappelle dans une note a même été citée et commentée par le docteur Blair, en opposition aux poésies d'Ossian. Cette ode ressemble beaucoup à la chanson de mort des Iroquois : « Je ne crains point la mort, je suis brave : que ne puis-je boire dans le crâne de mes ennemis et leur dévorer le cœur! etc. » Enfin M. Macpherson a fait des fautes en histoire naturelle qui suffiroient seules pour découvrir le mensonge. Il a planté des chênes où jamais il n'est venu que des bruyères, et fait crier des aigles où l'on n'entend que la voix de la barnache et le sifflement du courlieu.

M. Macpherson étoit membre du parlement d'Angleterre. Il étoit riche; il avoit un fort beau parc dans les montagnes d'Écosse, où, à force d'art et de soin, il étoit parvenu à faire croître quelques arbres; il étoit en outre très-bon chrétien et profondément nourri de la lecture de la Bible[1]; il a chanté sa montagne, son parc et le génie de sa religion.

---

[1]. Plusieurs morceaux d'Ossian sont visiblement imités de la Bible, et d'autres traduits d'Homère, tels que la belle expression *the joy of grief*; χρυεροῖο τεταρπώμεστα

Cela, sans doute, ne détruit rien du mérite des poëmes de *Temora* et de *Fingal*; ils n'en sont pas moins le vrai modèle d'une sorte de mélancolie du désert, pleine de charmes. J'ai fait venir la petite édition qu'on vient de publier dernièrement en Écosse; et, ne vous en déplaise, mon cher ami, je ne sors plus sans mon Homère de Westein dans une poche, et mon Ossian de *Glascow* dans l'autre. Mais cependant il résulte de tout ce que je viens de vous dire que le système de Mme de Staël touchant l'influence d'Ossian sur la littérature du Nord s'écroule; et quand elle s'obstineroit à croire que le barde écossois a existé, elle a trop d'esprit et de raison pour ne pas sentir que c'est toujours un mauvais système que celui qui repose sur une base aussi contestée[1]. Pour moi, mon cher ami, vous voyez que j'ai tout à gagner par la chute d'Ossian, et que chassant la *perfectibilité* mélancolique des tragédies de Shakespeare, des *Nuits* d'Young, de l'*Héloïse* de Pope, de la *Clarisse* de Richardson, j'y rétablis victorieusement la mélancolie des idées religieuses. Tous ces auteurs étoient chrétiens, et l'on croit même que Shakespeare étoit catholique.

Si j'allois maintenant, mon cher ami, suivre Mme de Staël dans le siècle de Louis XIV, c'est alors que vous me reprocheriez d'être tout à fait extravagant. J'avoue que sur ce sujet je suis d'une superstition ridicule. J'entre dans une sainte colère quand on veut rapprocher les auteurs du xvIII^e siècle des écrivains du xvII^e; et même, à présent que je vous en parle, ce seul souvenir est prêt à m'emporter *la raison hors des gonds*, comme dit Blaise Pascal. Il faut que je sois bien séduit par le talent de Mme de Staël pour rester muet dans une pareille cause.

Mon ami, nous n'avons pas d'historiens, dit-elle. Je pensois que Bossuet étoit quelque chose! Montesquieu lui-même lui doit son livre de la *Grandeur et de la décadence de l'empire romain*, dont il a trouvé l'abrégé sublime dans la troisième partie du *Discours sur l'Histoire universelle*. Les Hérodote, les Tacite, les Tite-Live sont petits, selon moi, auprès de Bossuet; c'est dire assez que les Guichardin, les Mariana, les Hume, les Robertson, disparoissent devant lui. Quelle revue il fait de la terre! il est en mille lieux à la fois : patriarche sous

---

γάϊω. *Od.*, lib. II, v. 211, *le plaisir de la douleur*. J'observerai qu'Homère a une teinte mélancolique dans le grec que toutes les traductions ont fait disparaître. Je ne crois pas, comme Mme de Staël, qu'il y ait un âge particulier de la mélancolie; mais je crois que tous les grands génies ont été mélancoliques.

1. D'ailleurs, quand ces poëmes auroient existé avant Macpherson (ce qui est sans vraisemblance), ils n'étoient point rassemblés, et les poëtes célèbres de l'Angleterre ne les connoissoient pas. Gray lui-même, si voisin de nous, dans son ode du *Barde*, ne rappelle pas une seule fois le nom d'Ossian.

le palmier de Tophel, ministre à la cour de Babylone, prêtre à Memphis, législateur à Sparte, citoyen à Athènes et à Rome, il change de temps et de place à son gré ; il passe avec la rapidité et la majesté des siècles. La verge de la loi à la main, avec une autorité incroyable, il chasse pêle-mêle devant lui et Juifs et gentils au tombeau : il vient enfin lui-même à la suite du convoi de tant de générations, et, marchant appuyé sur Isaïe et sur Jérémie, il élève ses lamentations prophétiques à travers la poudre et les débris du genre humain.

Sans religion on peut avoir de l'esprit, mais il est presque impossible d'avoir du génie. Qu'ils me semblent petits, la plupart de ces hommes du XVIIIe siècle, qui, au lieu de l'instrument infini dont les Racine et les Bossuet se servoient pour trouver la note fondamentale de leur éloquence, emploient l'échelle d'une étroite philosophie, qui subdivise l'âme en degrés et en minutes, et réduit tout l'univers, Dieu compris, à une simple soustraction du néant !

Tout écrivain qui refuse de croire en un Dieu auteur de l'univers et juge des hommes, dont il a fait l'âme immortelle, bannit l'infini de ses ouvrages. Il enferme sa pensée dans un cercle de boue, dont il ne sauroit plus sortir. Il ne voit plus rien de noble dans la nature. Tout s'y opère par d'impurs moyens de corruption et de régénération. Le vaste abîme n'est qu'un peu d'eau *bitumineuse ;* les montagnes sont de petites protubérances de pierres *calcaires* ou *vitrescibles*. Ces deux admirables flambeaux des cieux, dont l'un s'éteint quand l'autre s'allume, afin d'éclairer nos travaux et nos veilles, ne sont que deux masses pesantes formées au hasard par je ne sais quelle agrégation fortuite de matière. Ainsi, tout est désenchanté, tout est mis à découvert par l'incrédule : il vous dira même qu'il sait ce que c'est que l'homme ; et si vous voulez l'en croire, il vous expliquera d'où vient la pensée, et ce qui fait que votre cœur se remue au récit d'une belle action ; tant il a compris facilement ce que les plus grands génies n'ont pu comprendre ! Mais approchez, et voyez en quoi consistent les hautes lumières de la philosophie ! Regardez au fond de ce tombeau ; contemplez ce cadavre enseveli, cette statue du néant, voilée d'un linceul : c'est tout l'homme de l'athée.

Voilà une lettre bien longue, mon cher ami, et cependant je ne vous ai pas dit la moitié des choses que j'aurois à vous dire.

On m'appellera capucin, mais vous savez que Diderot aimoit fort les capucins. Quant à vous, en votre qualité de poëte, pourquoi seriez-vous effrayé d'une barbe blanche ? Il y a longtemps qu'Homère a réconcilié les muses avec elle. Quoi qu'il en soit, il est temps de mettre fin à cette épître. Mais, comme vous savez que nous autres papistes avons la fureur de vouloir convertir notre prochain, je vous avouerai en confidence que je donnerois beaucoup de choses pour voir Mme de Staël se ranger sous les drapeaux de la religion. Voici ce que j'oserois lui dire si j'avois l'honneur de la connoître :

« Vous êtes sans doute une femme supérieure : votre tête est forte, et votre imagination quelquefois pleine de charmes, témoin ce que vous dites d'Herminie déguisée en guerrier. Votre expression a souvent de l'éclat et de l'élévation

« Mais, malgré tous ces avantages, votre ouvrage est bien loin d'être ce qu'il auroit pu devenir. Le système en est monotone, sans mouvement et trop mêlé d'expressions métaphysiques. Le sophisme des idées repousse, l'érudition ne satisfait pas, et le cœur surtout est trop sacrifié à la pensée. D'où proviennent ces défauts? De votre philosophie. C'est la partie éloquente qui manque essentiellement à votre ouvrage. Or, il n'y a point d'éloquence sans religion. L'homme a tellement besoin d'une éternité d'espérance, que vous avez été obligée de vous en former une sur la terre par votre système de *perfectibilité*, pour remplacer cet *infini*, que vous refusez de voir dans le ciel. Si vous êtes sensible à la renommée, revenez aux idées religieuses. Je suis convaincu que vous avez en vous le germe d'un ouvrage beaucoup plus beau que tous ceux que vous nous avez donnés jusqu'à présent. Votre talent n'est qu'à demi développé; la philosophie l'étouffe; et si vous demeurez dans vos opinions, vous ne parviendrez point à la hauteur où vous pouviez atteindre en suivant la route qui a conduit Pascal, Bossuet et Racine à l'immortalité. »

Voilà comme je parlerois à Mme de Staël sous les rapports de la gloire. Quand je viendrois à l'article du bonheur, pour rendre mes sermons moins ennuyeux, je varierois ma manière. J'emprunterois cette langue des forêts qui m'est permise en ma qualité de sauvage. Je dirois à ma néophyte :

« Vous paroissez n'être pas heureuse : vous vous plaignez souvent, dans votre ouvrage, de manquer de cœurs qui vous entendent. Sachez qu'il y a de certaines âmes qui cherchent en vain dans la nature les âmes auxquelles elles sont faites pour s'unir, et qui sont condamnées par le Grand-Esprit à une sorte de veuvage éternel.

« Si c'est là votre mal, la religion seule peut le guérir. Le mot *philosophie*, dans le langage de l'Europe, me semble correspondre au mot *solitude* dans l'idiome des sauvages. Or, comment la *philosophie* remplira-t-elle le vide de vos jours! Comble-t-on le désert avec le désert?

« Il y avoit une femme des monts Apalaches qui disoit : Il n'y a point de bons génies, car je suis malheureuse, et tous les habitants des cabanes sont malheureux. Je n'ai point encore rencontré d'homme, quel que fût son air de félicité, qui n'entretînt une plaie cachée. Le cœur le plus serein en apparence ressemble au puits naturel de la savane *Alachua* : la surface vous en paroît calme et pure, mais lorsque vous regardez au fond du bassin tranquille, vous apercevez un large crocodile que le puits nourrit dans ses ondes.

« La femme alla consulter le jongleur du désert de *Scambre* pour savoir s'il y avoit de bons génies. Le jongleur lui répondit : Roseau du fleuve, qui est-ce qui t'appuiera s'il n'y a pas de bons génies? Tu dois y croire par cela seul que tu es malheureuse. Que feras-tu de la vie si tu es sans bonheur, et encore sans espérance? Occupe-toi, remplis secrètement la solitude de tes jours par des bienfaits. Sois l'astre de l'infortune ; répands tes clartés modestes dans les ombres ; sois témoin des pleurs qui coulent en silence, et que les misérables puissent attacher les yeux sur toi sans être éblouis. Voilà le seul moyen de trouver ce bonheur qui te manque. Le Grand-Esprit ne t'a frappée que pour te rendre sensible aux maux de tes frères et pour que tu cherches à les soulager. Si notre cœur est comme le puits du crocodile, il est aussi comme ces arbres qui ne donnent leur baume pour les blessures des hommes que lorsque le fer les a blessés eux-mêmes.

« Le jongleur du désert de *Scambre*, ayant ainsi parlé à la femme des monts Apalaches, rentra dans le creux de son rocher. »

Adieu, mon cher ami, je vous aime et vous embrasse de tout mon cœur.

(*L'Auteur du Génie du Christianisme.*)

FIN DE LA LETTRE A M. DE FONTANES.

TABLE.

	Pages
Préfaces de diverses éditions d'Atala	4
Atala	17
René	71
Les Aventures du dernier Abencerage	97

POEMES.

Préface	133
Dargo	137
Duthona	145
Gaul	155
Lettre sur l'Art du dessin	165
Pensées, Réflexions et Maximes	171

LES NATCHEZ.

Préface	184
Livre premier	187
Livre deuxième	200
Livre troisième	214
Livre quatrième	225
Livre cinquième	235
Livre sixième	247
Livre septième	265
Livre huitième	280
Livre neuvième	294
Livre dixième	305
Livre onzième	320
Livre douzième	328
Suite	344
Note	511

DESCRIPTION DU PAYS DES NATCHEZ.

                                                                      Pages

Premier extrait de Charlevoix... 513
Deuxième extrait... 524

TABLEAUX DE LA NATURE.

Préface.. 529

    I. Invocation... 533
   II. La Forêt.. 534
  III. Le Soir au bord de la Mer.. 534
   IV. Le Soir dans une Vallée.. 535
    V. Nuit de Printemps... 536
   VI. Nuit d'Automne.. 537
  VII. Le Printemps, l'Été et l'Hiver................................... 539
 VIII. La Mer... 541
   IX. L'Amour de la Campagne.. 542
    X. Les Adieux.. 543

POÉSIES DIVERSES.

     I. Les Tombeaux champêtres. — Élégie.............................. 545
    II. A Lydie. — Imitation d'Alcée.................................... 548
   III. Milton et Davenant.. 549
    IV. Clarisse. — Imitation d'un poëte écossois....................... 553
     V. L'Esclave.. 554
    VI. Souvenir du pays de France. — Romance........................... 555
   VII. Ballade de l'Abencerage.. 556
  VIII. Le Cid. — Romance... 558
    IX. Nous verrons... 559
     X. Peinture de Dieu.. 560
    XI. Pour le Mariage de mon Neveu..................................... 561
   XII. Pour la fête de Madame de ***.................................... 562
  XIII. Vers trouvés sur le pont du Rhône................................ 562
  XIV. Les Malheurs de la Révolution. — Ode............................ 563
   XV. Vers écrits sur un Souvenir donné par la marquise de Grollier
       à M. le baron de Humboldt.. 566
  XVI. Charlottembourg, ou le Tombeau de la Reine de Prusse............. 566
 XVII. Les Alpes ou l'Italie.. 568
XVIII. Le Départ... 570

MOISE.

	Pages
Préface...	573
Acte premier...	579
Acte second...	590
Acte troisième...	604
Acte quatrième..	619
Acte cinquième..	634
Lettre à M. de Fontanes sur la deuxième édition de l'ouvrage de Mme de Staël...	643

FIN DE LA TABLE DU TOME III.

PARIS. — IMPRIMERIE DE J. CLAYE, RUE SAINT-BENOIT, 7

www.ingramcontent.com/pod-product-compliance
Lightning Source LLC
Chambersburg PA
CBHW050314240426
43673CB00042B/1408